Hans Spemann

Stuttgart, 27. Juni 1869 — Freiburg i. Br., 12. September 1941

Hans Spemann — von 1919 bis 1937 Direktor des Zoologischen Instituts der Universität Freiburg — war einer der überragenden Entwicklungsphysiologen in der ersten Hälfte unseres Jahrhunderts, dessen Ausstrahlung bis tief in die heutige Forschung hineinreicht. Strenge Disziplin im Denken wie im Arbeiten, ungewöhnliche manuelle Geschicklichkeit und erfinderische Originalität seiner mikrochirurgischen Operationstechnik waren die Grundlagen seiner wissenschaftlichen Erfolge.
Spemann fand mit Hilfe von mikrochirurgischen Transplantationsexperimenten an Molchkeimen einen Wirkungsfaktor, der — neben autonomen Entwicklungsprogrammen der Einzelzellen — entscheidend zur dynamischen Ordnung dieses faszinierenden Geschehens beiträgt. Für die Entdeckung und Erforschung dieses „Organisatoreffektes" erhielt Spemann 1935 als erster deutscher Biologe den Nobelpreis für Physiologie und Medizin.

Verhandlungen der Gesellschaft
Deutscher Naturforscher und Ärzte

115. Versammlung · 17. bis 20. September 1988 · Freiburg i. Br.

ORDNUNG UND CHAOS IN DER UNBELEBTEN UND BELEBTEN NATUR

Verhandlungen der Gesellschaft
Deutscher Naturforscher und Ärzte

115. Versammlung · 17. bis 20. September 1988 · Freiburg i. Br.

ORDNUNG UND CHAOS IN DER UNBELEBTEN UND BELEBTEN NATUR

2., unveränderte Auflage

Mit Beiträgen von
P. Ax, J. Brickmann, E. Brun, F. Busse, W. W. Franke, H.-J. Freund,
W. Gerok, S. Großmann, G. Hämmerling, H. Haken, H. Heimann, H. Horner,
F. Huber, H. Jäckle, U. E. Lüttge, H. Markl, W. Martienssen, V. ter Meulen,
H. Nöth, H.-O. Peitgen, M. Schachner, G. Wegner, C. C. v. Weizsäcker

Herausgegeben von Wolfgang Gerok, Hermann Haken, Harald zur Hausen,
Werner Nachtigall, Herbert W. Roesky, Heinrich Nöth, Heinz Gibian

Mit 130 Abbildungen
davon 9 in Farbe
und 8 Tabellen

WVG

Wissenschaftliche Verlagsgesellschaft mbH Stuttgart 1990

CIP-Titelaufnahme der Deutschen Bibliothek

Ordnung und Chaos in der unbelebten und belebten Natur:
17. bis 20. September 1988, Freiburg i. Br. / mit Beitr. von P. Ax ...
Hrsg. von Wolfgang Gerok ... — 2., unveränd. Aufl. — Stuttgart: Wiss. Verl.-Ges. ;
Stuttgart : Hirzel, 1990
(Verhandlungen der Gesellschaft Deutscher Naturforscher und Ärzte ; 115)
(Edition Universitas)
ISBN 3-8047-1144-8
NE: Ax, Peter; Gerok, Wolfgang [Hrsg.]; Gesellschaft Deutscher Naturforscher und
Ärzte: Verhandlungen der Gesellschaft ...

Printed in Germany
Satz und Druck: Druckerei Karl Hofmann, Schorndorf.

Inhaltsverzeichnis

Teil II: Berichte und Mitteilungen

Geleitwort

Klaus Mangold, Freiburg i. Br.

150 Jahre nach der ersten Tagung der Gesellschaft in Freiburg — die 16. Versammlung fand nämlich 1838 hier statt — treten die Mitglieder der Gesellschaft Deutscher Naturforscher und Ärzte zum vierten Mal in Freiburg zusammen. Damals galt die vordringlichste Sorge meiner Kollegen im Amt des Örtlichen Geschäftsführers „die möglichst gelindeste zollamtliche Behandlung der anreisenden hohen Herren" sicherzustellen. Mir scheint es, daß wir dieses Problem in der Vorbereitung Ihrer Tagung gelöst hätten.

Ordnung und Chaos — belebte und unbelebte Natur — Begriffe mit hoher innerer Spannungsgeladenheit bezeichnen die Themenvielfalt der Diskussionen in den nächsten Tagen. Das Tagungsprogramm ist von Faszination auch deshalb, weil es die Interdependenzen in einer sich stark wachsend spezialisierend verstehenden Welt hervorhebt: Kommunikation zwischen Chemie, Physik, Biologie und Medizin. Haben wir nicht schon zu sehr an die Sprachlosigkeit der wissenschaftlichen Bereiche untereinander geglaubt? Ich bin sehr froh zu sehen, daß das Programm ein traditionelles Ziel dieser Gesellschaft widerspiegelt, nämlich das Entgegentreten dieser Spezialisierung, die sich nicht als Selbstzweck verstehen darf.

In den Erläuterungen zum Rahmenthema heißt es, daß die Tagung aufzeigen wird, wie einerseits aus ungeordneten, chaotischen Zuständen Ordnungsstrukturen entstehen und andererseits eine Umkehrung der Ordnung zum ungeordneten Zustand stattfinden kann. Der Wechsel zwischen Ordnung und Chaos wird als ein wichtiger Bestandteil vieler Prozesse in den Naturwissenschaften beschrieben.

Dabei müssen wir unseren Blick aber auch auf andere wissenschaftliche Bereiche richten, die mit Naturwissenschaften unmittelbar nichts zu tun haben. Chaos und Ordnung sind auch Phänomene in der Kunst und Musik. Bei den Donaueschinger Musiktagen 1987 war Chaos und Ordnung eines der bestimmenden Themen der Programmgestaltung. Und in der Malerei hat uns die Paul-

Eröffnungsrede zur 115. Versammlung der Gesellschaft Deutscher Naturforscher und Ärzte. — Dr. Klaus Mangold, RHODIA AG, Freiburg i. Br., und Örtlicher Geschäftsführer der 115. Versammlung.

Klee-Ausstellung in Bern zu Beginn dieses Jahres gezeigt, daß auch dort Ordnung und Unordnung ihren Niederschlag finden. In seinen Bauhaus Skizzenbüchern schreibt Paul Klee über das Chaos: ,,Sein Wesenszustand ist grau. Das Chaos ist ein Durcheinander, ein ungeordneter Zustand der Dinge. Kosmogenetisch ist es ein mystischer Urzustand der Welt, aus dem sich erst allmählich oder plötzlich, aber aus sich selbst heraus oder durch die Tat eines Schöpfers der geordnete Kosmos bildet".

Lassen Sie mich aber bitte meinen Blick richten auf die Ökonomie. Der öffentliche Abendvortrag am Montag wird sich mit den Wechselwirkungen von Chaos und Ordnung in ökonomischen Systemem wissenschaftlich befassen. Gestatten Sie mir zu diesem Punkt einige Ausführungen aus der Sicht eines Vertreters der Industrie:

Zur Ordnung im ökonomischen Sinne hat der große und verehrte Lehrer für Volkswirtschaftslehre an der Freiburger Universität, A. F. von Hayek, grundlegende Ausführungen gemacht. Seine Abgrenzung von ,,taxis" als der *Organisation* von Ordnung gegenüber ,,Kosmos" als der individuellen Möglichkeit zur Bestimmung des Erfolges durch den Einzelnen, ist noch heute gültig. ,,Kosmos" in diesem Sinne ist ein Bekenntnis auch zur freiheitlichen Verfassung der Märkte.

Diese freiheitliche Grundstruktur unserer Wirtschaft ist keine Selbstverständlichkeit und sie ist oft bedroht durch die, die nach mehr Staat in Handel und Industrie rufen. Das wirtschaftliche Tun soll dadurch in das Korsett staatlichen Zwanges eingebunden werden. Dies ist keine theoretische Bemerkung, wie die folgenden Beispiele erhellen: Die Determinanten für die Gestaltung des Wachstums sollen die Spreu (sprich: quantitativ) vom Weizen (sprich: qualitativ) trennen. Dabei frage ich mich bei den Diskussionen darüber immer wieder: Wer und nach welchen Kriterien soll eigentlich bestimmen, was wir im einzelnen für qualitativ wünschenswert erachten? Ist Wachstum in den Entwicklungsländern eine echte Alternative gegenüber der geforderten Stagnation oder noch schlimmer dem Null-Wachstum in den Industrieländern? Dieser Gegensatz mit dem Ruf nach Staat wird die Verschuldung in der Dritten Welt nicht lösen helfen. Ihnen, sehr verehrter Herr Bundespräsident, gebührt Dank, daß Sie darauf kürzlich aus Anlaß der bald in Berlin stattfindenden Tagung des Internationalen Währungsfonds und der Weltbank mit besonderer Eindringlichkeit hingewiesen haben.

Ein anderes Beispiel finden wir im Umweltschutz. Gerade aus dem Bereich der mir besonders nahestehenden chemischen Industrie gibt es zahlreiche Hinweise darauf, daß die Industrie unter marktwirtschaftlichen Kategorien ihre ohne jeden Zweifel vorhandenen Probleme besser zu lösen vermag als unter dem Diktat staatlicher Anordnungen, Verfügungen und Gesetze. Die hohen Investitionen gerade der chemischen Industrie in den Umweltschutz belegen dies.

Das Bekenntnis zum individuellen Ordnungssystem — auch verstanden als eine Steuerungsdeterminante gegen Chaos — setzt allerdings in seinem Funktionieren voraus, daß die leitenden Männer der Wirtschaft ein Commitment zu Verantwortlichkeit und Ethik Ihres Tuns übernehmen. Führungskräfte werden sich mehr denn je an diesen Kriterien messen lassen müssen.

In einer Gesellschaft, die wachsend von Ängsten, von mangelndem Glauben an Zukunft, Fortschritt und Wohlstand geprägt ist, wäre es fatal, diese Imperative unternehmerischen Führens außer acht zu lassen. Hermann Lübbe hat kürzlich in hoher Eindringlichkeit darauf hingewiesen, daß die ,,Lebensluft Zukunft" knapp zu werden beginnt und der Ratlosigkeit des Bürgers keine schlüssigen Antworten mehr gegeben werden. Nur ist, meine sehr verehrten Damen und Herren, das Vertrauenskapital derer, die Antwort geben können und auch dazu berufen sind, reduziert: Wissenschaft und Industrie scheinen sich in einer Akzeptanzkrise ihres Sagens und Handelns zu befinden, die schwer auflösbar erscheint. Viele, mit denen wir sprechen sollten, halten uns nämlich — wenn auch aus unterschiedlichsten Gründen — die Einbuße unserer Glaubwürdigkeit entgegen, weil sie sich enttäuscht fühlen: Von der Wissenschaft wegen der angeblich nicht als vollständig erachteten Aufklärung über komplexe Sachverhalte (Energie, Kernkraft und Ressourcen sind dafür die Stichworte), von der Wirtschaft wegen ihres oft widersprüchlichen Tuns. Wissenschaft und Wirtschaft müssen bald und mit eigener Tatkraft aus dieser Krise herausfinden. Denn nur auf der Grundlage breiten Vertrauens wird es möglich sein, die sich immer komplexer und schneller entwickelnden Tendenzen und Systeme zu begreifen. Mit einem latent vorhandenen Mißtrauen wird es auch nicht möglich sein, die Wechselwirkung zwischen dem sozialen Frieden in unserem Lande und den Erfordernissen einer hoch entwickelten Gesellschaft zu erfassen.

Die Wirtschaft wird allerdings — will sie ihre Ordnungskriterien bewahren und Chaos vermeiden helfen — auch als klassisch geltende Positionen überdenken müssen.

Hans Jonas hat in seiner Verknüpfung der Begriffe von Verantwortung und Ethik zu recht darauf hingewiesen, daß jede Verantwortlichkeit nicht an unserer Generation endet, sondern wir uns aktiv für die weitere Existenz von Mensch und Natur einsetzen müssen. Diese Verpflichtung wird heute vielfach anerkannt, und sie besteht zu recht. Das Anerkennen allein reicht aber nicht aus, sondern gefragt ist auch die Kommunikation, die wir ebenso aktiv gestalten müssen mit denen, die Fragen an Wirtschaft und Wissenschaft haben. Wir haben sicherlich große Versäumnisse begangen dadurch, daß wir diese offene Kommunikation mit denen, die uns kritisch hinterfragen, abgelehnt oder sogar die Fragenden brüsk zurückgewiesen haben.

Dabei glaube ich nicht an die Ausschließlichkeit der Begriffe Ökonomie und Ethik, ebensowenig wie ich an den Gegensatz zwischen Ökonomie und Ökologie glaube. Die Vernunftethik der Wirtschaft (Ulrich) hat nämlich während der vergangenen 30 Jahre schon vielfach sozialethische Prinzipien und ökologische Rationalität zu festen Bestandteilen ihrer Wertordnung gemacht. In einer kürzlich mit unserem Betriebsrat abgeschlossenen Vereinbarung wird z. B. das Kriterium des Umweltschutzes bei unternehmerischen Entscheidungen gegenüber den rein wirtschaftlichen Interessen prioritär gewichtet.

Es ermuntert in dieser Diskussion auch sehr, daß im vergangenen Jahr an der Wirtschaftswissenschaftlichen Fakultät der Hochschule St. Gallen ein Lehrstuhl für Wirtschaftsethik gebildet wurde. Es ist zu hoffen, daß sich daraus eine Belebung der Diskussionen über die Wechselwirkung zwischen Ethik und Wirtschaft entwickelt.

Meine sehr verehrten Damen und Herren, es ist im Sinne der Hayekschen Definition von Ordnung (= Kosmos) sehr zu wünschen, daß sich diese Entwicklungen als Bestimmungsfaktoren in der Interdependenz zwischen Chaos und Ordnung und innerhalb der Verpflichtung zur Individualität weiterbilden.

In diesem Sinne hoffe ich auf fruchtbare Gespräche und Anregungen bei der 115. Versammlung der Deutschen Gesellschaft für Naturforscher und Ärzte. Der kritische Bewunderer Ihrer Gesellschaft, Johann Wolfgang von Goethe, hat anläßlich der Versammlung 1829 in Heidelberg gegenüber Eckermann bemerkt:

„Diese Versammlungen . . . sind vortrefflich, daß man sich gegenseitig kennen- und möglicherweise lieben lerne, woraus dann folgt, daß man irgendeine neue Lehre eines bedeutenden Menschen wird gelten lassen und dieser wiederum geneigt sein wird, uns in unseren Richtungen eines anderen Faches anzuerkennen und zu fördern."

Auch im Sinne dieser Ausführungen wünsche ich Ihnen eine offene und konstruktive Diskussion während der nächsten Tage.

Rede von Bundesminister Dr. Heinz Riesenhuber bei der Eröffnungssitzung

Es ist mir eine besondere Ehre und Freude, mit Ihnen wieder die Jahrestagung der Gesellschaft Deutscher Naturforscher und Ärzte eröffnen zu dürfen. Die Gesellschaft ist mir wichtig seit der Zeit meines Studiums, und es ist für mich eine beglückende Erfahrung über viele Jahre, ihr Mitglied sein zu dürfen. Nicht nur, daß es der Gesellschaft Deutscher Naturforscher und Ärzte immer wieder gelungen ist, hervorragende Wissenschaftler zu Vorträgen zu versammeln. Ich habe auch den Eindruck, daß hier in besonderer Weise der umfassende Geist der Naturwissenschaft bewahrt und weitergeführt wird. Die Gesellschaft ist geprägt durch die stets neue Zeit, durch die stets neuen Fragen und die stets neuen Möglichkeiten, aber auch aus einem Verständnis der Ganzheitlichkeit der Welt.

Zum Geist des 19. Jahrhunderts — auch schon des 18. Jahrhunderts, als die Naturwissenschaften in Europa aufkamen — gehörte einerseits die Freude an der Erkenntnis der Wirklichkeit, an der Brillanz der einzelnen Entdeckungen, andererseits die Faszination der Hoffnung, Wahrheit zu erkennen und immer weiter zu ihr vorzudringen. Es gab aber andererseits auch die Erfahrung, aus einer Fülle einzelner Erkenntnisse den Blick auf die gesamte Wirklichkeit jeweils neu gewinnen zu können. Nicht die einzelne Wissenschaft mit ihrer einzelnen Erkenntnis faszinierte die Menschen, sondern die Möglichkeit, einen Blick auf die Gesamtheit unserer Wirklichkeit zu gewinnen. Mehr noch: Nicht nur der Blick auf die Wahrheit, auch der Blick auf die Schönheit, auf die Schönheit der Strukturen von Natur und Wissenschaft, eben der Naturwissenschaft, faszinierten.

Die Gesellschaft Deutscher Naturforscher und Ärzte hat einen Namen, der für manche ein wenig altfränkisch klingt. Heute spricht man statt vom Naturforscher vom Naturwissenschaftler, und wie weit der Arzt durch den Mediziner abgelöst wurde, ist schon eine grundsätzlichere Frage. Der Unterschied in beiden Begriffen ist gleichartig. Der Mediziner beschäftigt sich mit dem Funktionieren eines naturwissenschaftlich verstehbaren Organismus, mit der Möglichkeit, in ihn einzugreifen, ihn zu verändern — von der Chirurgie bis zur Chemotherapie.

Der Arzt will dies auch. Er aber nimmt darüber hinaus den Menschen als ein Wesen, das lebt und aus Leib und Seele besteht. Er weiß, daß eine Krankheit nicht nur aufgrund des naturwissenschaftlich Begreifbaren entsteht, sondern auch aus der Haltung des Menschen zu seiner Krankheit, aus seinem Mut —

auch aus seiner Demut — und aus seiner Fähigkeit, sich in extremen Situationen als Mensch zu finden und zu bewähren. Der Naturforscher sieht die Welt immer in ihrer Gesamtheit und in ihrer Möglichkeit, sie zu begreifen.

Zur Tradition der Gesellschaft gehört es, neue Fragen im Querschnitt zu sehen. Sie haben dies auch diesmal aufgegriffen: Ordnung und Chaos — ein altes Paradigma. Die Aussage, es sei Aufgabe des Wissenschaftlers, Ordnung in das Chaos zu bringen, ist eine stolze Aussage. Adorno hat dem die Aussage gegenübergestellt, die Aufgabe des Künstlers sei es, Chaos in die Ordnung zu bringen. Die Auseinandersetzung zwischen den beiden Aussagen wurde, sozusagen gegensätzlich, nahezu unverbunden in der Gesellschaft ausgetragen, nicht aus einer gemeinsamen Sicht. Sie wurde ausgetragen im Herzen des einzelnen Menschen selbst — unverbunden, dichotomisch nebeneinander gesehen.

Aber was jetzt entsteht, ist das Verständnis dafür, daß beides bedingt miteinander zu tun hat. Die Mathematik, die erst die Ordnung ermöglicht hat im Verständnis der Natur, wird plötzlich die Quelle zum Verständnis des Chaos. Daß Ordnung aus Chaos entsteht und Chaos wieder zur Ordnung wird, daß Ordnung zu Chaos zerfallen kann, und daraus wieder Neues entsteht, und daß dies nicht nur eine Erfahrung ist, sondern etwas, was auch aus der Mathematik verstanden werden kann, ist eine durchaus neue Erkenntnis. Daß die wirkliche Welt nicht zweidimensional oder dreidimensional ist, sondern gebrochene Dimensionen haben kann, daß sie sich jetzt nicht nur in einer einfachen Determiniertheit zutreffend beschreiben läßt, sondern in der Vielfalt der möglichen Entwicklungen, auch dies ist eine neue Erkenntnis. Länger schon diskutiert und als ein Paradigma zum Verständnis der Wirklichkeit von dem Mathematiker Mandelbrot erst vor wenigen Jahren in die Diskussion gerückt und dann von vielen aufgegriffen, haben Ordnung und Chaos viel miteinander zu tun. Aber auch in Kunst und Wissenschaft stehen sie nicht mehr so im alten Gegensatz, wie zu der Zeit, als Adorno seine Antinomie aufbaute, und wie es damals scheinbar gegeben war.

Es ist eine beglückende Erfahrung, wieder mit Herrn Engler zusammenzusein und zu sehen, daß sich Kunst und Wissenschaft durchaus berühren können, beispielsweise wenn eine Computergrafik entsteht. Wenn es darüber hinaus die faszinierende Erfahrung gibt, daß auch ein Politiker Computergrafiken anfertigen kann, und sich Herr Späth daran freut, daß seine Computergrafiken für 5000 DM verkauft werden, dann ist dies natürlich eine Coincidentia oppositorum von außerordentlichem Reiz.

Es ist ja nicht so, daß wir eine fraktale Geometrie der Natur nur als ein formales Prinzip verstehen. Es ist ja auch nicht so, daß wir mit dem Leitmotiv des Kongresses formale Selbstähnlichkeiten von Wissenschaftsstrukturen vorführen wollen. Sondern es ist so, daß sich aus dieser übergeordneten Sicht ein neuer Blick auf die Gesamtheit von Wirklichkeiten ergeben kann. Wenn es dann noch gelingt, daß dies auch ein Politiker versteht, dann ist dies natürlich eine — nicht nur persönlich beglückende — Erfahrung.

Das sagt noch nicht viel über uns selbst aus, persönliches Glück ist nur von sehr persönlicher Relevanz. Aber es zeigt doch, daß in einer Welt, die sich durch eine wachsende Komplexität auszeichnet, eine rationale Bestimmung der Wirklichkeit — und damit eine begründete Entscheidung — nur dann möglich wird, wenn aus dem Kontakt der verschiedenen Bereiche das Gespräch entsteht, wenn der eine das Denken des anderen begreift, es einbezieht in sein eigenes Denken und Handeln, und wenn aus diesem umfassenden Gespräch wieder ein Blick auf die Wirklichkeit entstehen kann. Wenn also in dieser komplexen Welt Entscheidungen, auch politische Entscheidungen, rational begründet sein sollen, dann entstehen sie nur aus dem Blick aufs Ganze. Dieser kann aber nur gewonnen werden aus dem Gespräch der einzelnen, aus ihrer Kompetenz über das hinaus, was ihre Kompetenz eigentlich ausmacht.

Das ist auch die Idee hinter dem, wie wir Wissenschaftspolitik anlegen wollen. Es ist einerseits die Ermöglichung hervorragender Leistung, denn es gibt keinen Ersatz für ein glänzendes Handwerk und keinen Ersatz für die singuläre Idee, die Durchbrüche ermöglicht und die nicht das Resultat eines demokratischen Abstimmungsprozesses sein kann. Es ist die Idee, herausragende Voraussetzungen zu schaffen — über die Haushalte hinaus. Die Bundesregierung hat in den letzten Jahren die Ausgaben für die Grundlagenforschung stärker erhöht als für irgend einen anderen Bereich der Wissenschaft, nämlich um mehr als 1 Milliarde. Ja, was noch mehr ist: Dies war eine Steigerung von einem guten Viertel auf fast 40% des BMFT-Haushalts.

Es kommt aber nicht nur darauf an, daß wir viel Geld für etwas ausgeben. Es kommt auch darauf an, daß dabei etwas entsteht. Wie ein bekannter Unternehmensberater geschrieben hat: „Es kommt nicht darauf an, daß die Müllabfuhr teuer ist. Es kommt darauf an, daß die Straßen sauber sind." Insofern leben wir durchaus nicht in der Illusion, daß ein Mehr an Geld auch ein Mehr an Geist und an Ideen bedeutet. Aber einen geeigneten Rahmen und eine gewisse Voraussetzung kann das Geld schon liefern. So unverbunden ist die geistige Welt mit der materiellen Welt und dem, was darauf entsteht, nun auch wieder nicht.

Wenn wir Gentechnologie-Zentren anlegen, dann ist dies ein Gespräch über die verschiedenen biologischen Wissenschaften und gleichzeitig die Chance, daß sich in großer Zahl Nachwuchswissenschaftler in einer neuen Wissenschaft engagieren, und Neues aufgreifen. Klinische Forschergruppen entstehen über die einzelnen Wissenschaften hinweg und bewirken die Zusammenführung in der klinischen Forschung, die ja noch nicht überall in Deutschland einen besonders faszinierenden Rang hat. Man braucht da nur das Urteil des Wissenschaftsrats nachzulesen. Der Gottfried-Wilhelm-Leibniz-Preis — eine nur zufällige, aber vielleicht ganz bedenkenswerte Namensgleichheit mit einem anwesenden Preisträger — ist natürlich nicht nur die Freude daran, daß man hier einem hervorragenden Wissenschaftler mit Beträgen bis zu 3 Millionen DM exzellente Arbeitsbedingungen gibt. Es ist auch die Möglichkeit, die herausragende Einzelleistung sichtbar und erkennbar zu machen. Es ist die Möglichkeit, die Faszination der Wissenschaft an einzelnen Punkten aufzuzeigen, die Ermöglichung des herausragenden Gedankens, der herausragenden Leistung.

Das andere ist ein Paradigma genauso hohen Ranges: Der Sprung über die Grenzen hinweg, die Zusammenarbeit in der Weise, daß Wissenschaften zusammengeführt werden und daraus ein neuer Blick auf Wirklichkeit entsteht. Was wir zur künstlichen Intelligenz zwischen den Instituten in Kaiserslautern und Saarbrücken begründet haben, umschließt die Geisteswissenschaften und die Linguistik bis hin zur Informatik und zum Verständnis der benötigten Hardware. Wenn wir Zentren der Ökosystemforschung aufbauen für das, was zwischen Wald und Feld, Ufer, Schilfgürtel und See geschieht, beispielsweise was die Düngemittel, die dann in den See kommen, für das Ökosystem bedeuten, und wenn uns die Biologie erläutert, wie dies alles zusammenspielt und wo es gefährdet ist, wenn wir dies insgesamt als ein System verstehen, gelingt dies nicht aus einer Wissenschaft allein, sondern aus dem Gespräch, aus dem Zusammenspiel über die Grenzen hinweg. Und wenn wir dies nicht verstehen, in seinem Zusammenspiel, in seiner Komplexität, in einem lebendigen und nach vorne offenen System, dann können wir die anstehenden Entscheidungen nicht zutreffend fällen.

Das gilt auch für die Grenzen zwischen Wissenschaft und Wirtschaft. Die große Kraft der deutschen Chemie, die vor gut 100 Jahren hier in Deutschland entstand, entstand dadurch, daß einzelne Chemiker Unternehmen gegründet haben. Daß aus der Forschung von Unternehmen wissenschaftliche Durchbrüche möglich sind, daß hier nicht zwei Welten existieren, auf der einen Seite sozusagen die reine Wissenschaft und der anderen die Industrie, sondern daß diese in einem Geflecht leben und daß nur dadurch, daß es ein Geflecht wird, sich Dynamik entwickeln kann, daß neue Fragen aufgeworfen werden, die oft wichtiger sind als neue Antworten, daß sich daraus eine vielfältige, lebendige Landschaft aufbauen kann, darauf kommt es auch heute an. Hinzu kommt, daß diese Landschaft auch über die nationalen Grenzen hinweg entsteht, daß schneller als je zuvor Wissenschaften zusammenwachsen, daß Europa sich integriert.

Daß die Geisteswissenschaften und die Naturwissenschaften — auch dies gehört dazu — ein in der Sache gegründetes Gespräch führen, das ist eine alte Schwierigkeit in Deutschland. Es ist kein Unglück — ich habe es gelegentlich schon erwähnt — wenn ein Geisteswissenschaftler von Mathematik nicht sehr viel versteht. Dies ist erträglich. Die Sache wird schwierig, wenn er stolz darauf ist, von Mathematik nichts zu verstehen. Dann wird der Dialog erschwert. Die Frage, wie über einen solchen Abgrund hinweg zwischen zwei Kulturen, die ja in Deutschland eine gewisse Tradition haben, auch ein Gespräch möglich ist, ist nicht nur eine Frage der Ästhetik einer sich weiterentwickelnden Kultur, sondern eine grundlegende Frage für die Gestaltbarkeit unserer Wirklichkeit.

Ein anderer Aspekt ist, daß neue Technik und neue Wissenschaften neue

Möglichkeiten und neue Chancen, aber auch neue Gefährdungen bringen können — und dies durchaus in einem physischen Sinn. Die Diskussionen über die Fragen der Umweltgefährdung bis hin zum Klima, vom Treibhauseffekt bis zum Ozonloch, sind durchaus grundsätzliche Fragen. Dies ist das eine. Daß andererseits das, was die Medizinwissenschaft und die Gentechnologie können, möglicherweise etwas anderes bedeutet für unser Verständnis vom Menschen und dessen, was ihm erlaubt sei, ist das andere.

Die Freiheit der Grundlagenforschung, die Freiheit der Wissenschaft, sind nicht nur eine Aussage des Grundgesetzes, sie sind ihr eigentliches Lebenselement. Wenn die Forschung nicht frei ist — nicht nur in der Wahl der Methode, auch des Themas — dann wird immer nur der Stand der Wissenschaft reproduziert. Aber die Freiheit der Forschung findet Grenzen, wenige zwar, vielleicht auch nur eine einzige Grenze dort, wo sie die Würde des Menschen berühren kann. Wo diese Grenze jeweils liegt, weiß die Wissenschaft nicht unmittelbar und nicht allein aus sich selbst.

Daß hier in den vergangenen sechs Jahren ein so umfassendes Gespräch gelungen ist zwischen den Geisteswissenschaften und den Naturwissenschaften, daß Philosophen und Theologen, ja selbst Juristen, verstanden haben, was Gentechnologie sein kann in ihrer Anwendung auf den Menschen, auch in ihren ganz umfassend eröffneten technologischen Möglichkeiten, hat etwas entstehen lassen, was Wirklichkeit aus dem Gespräch angemessen gestaltbar macht. Dies ist nicht selbstverständlich, aber eine Bedingung dafür, daß Kultur wachsen kann. Was vor uns liegt, ist ja nicht nur eine Welt, die zunehmend durch Technik geprägt ist. Was vor uns liegt, ist auch eine Welt, bei der unter jeweils neuen Bedingungen erkannt werden muß, wie die Dimension der Humanität gewonnen werden kann, die macht, daß wir in dieser Welt — und hier sage ich es wieder — als Menschen, vielleicht sogar mit der Möglichkeit des persönlichen Glücks, leben können.

Was hier entsteht, ist eine weltumspannende Kultur. Sie ist nicht nur eine technologische Kultur, sondern wird befruchtet durch die Vielfalt kultureller Traditionen der Völker, die nicht darin untergehen, sondern die technologische Kultur mitgestalten aus ihrer eigenen Erfahrung der Welt und aus der großen Tradition des geisteswissenschaftlichen Denkens, die beispielsweise in Japan oder Indien völlig anders ist als hier in Europa. Die Weltkultur, die so entsteht, ist vielfältig und farbig. Die Möglichkeiten von Menschlichkeit in unterschiedlicher Weise zu entwickeln — nicht gegeneinander, sondern in der Erwartung, daß die Menschen dann die Technik prägen und nicht nur die Technik aufnehmen — das ist eine der großen menschlichen Aufgaben.

Wenn wir zunehmend verstehen, was zwischen Chaos und Ordnung geschieht, dann heißt dies nicht, daß wir es vorhersagen könnten. Dies ist ein Glück, denn neben vielem anderen entsteht daraus Offenheit der Zukunft. Aus Offenheit der Zukunft aber entsteht Freiheit, und aus Freiheit entsteht Verantwortung. Aus Verantwortung wiederum entsteht die Notwendigkeit, sich nicht nur der Wirklichkeit zu stellen, sondern sich selbst in diese Wirklichkeit einzubringen.

Daß dieses bei Ihnen in unterschiedlicher Weise auf den verschiedenen Dankebenen geschieht, scheint mir eine der eindrucksvollsten und wichtigsten Erfahrungen dieser Jahre zu sein.

Wenn Robert Axelrod zeigt, wie sich hier — auch dies hat mit Ihrem Thema zu tun — aus der Vielfalt egoistischer, konkurrierender, ja antagonistischer Interessen Kooperation entwickelt, dann ist dies der Umschlag der chaotischen Einzelinteressen in eine Ordnung. Die Marktwirtschaft hat immer gewußt, daß man die Vielfalt jeweils egoistischer Eigennutze zusammenschließen kann zu einem System, das allen nützt. Aber dies im einzelnen zu begreifen, nicht nur auf der Makroebene, sondern in seiner Entwicklung vom Individuum her, dies ist das Neue. Daß Informationen, die weltweit verfügbar und zugänglich sind, einbezogen werden können in ein gesamtes Denken, das ist eine völlig andere Ebene des Denkens.

In der Tradition des Denkens der Wissenschaft war diese Ganzheit immer da, aber sie ist manchmal aus dem Blick geraten. Wenn wir in die Geschichte der Naturwissenschaften und Philosophie der letzten 160 Jahre zurücksehen, dann ist es eine der faszinierenden Fragen, wie Naturwissenschaftler Philosophen geworden sind, die philosophische Diskussion gestaltet haben und aus ihrem Leben in der Naturwissenschaft und in der Philosophie ihr eigenes Leben gestaltet, mit ihrer Persönlichkeit die Welt geprägt haben. Wenn dann einer noch dazu gut kocht, ist es natürlich auch eine schöne Sache, Herr Maier-Leibnitz. Ja, aber es zeigt nur die Vielfalt und Fülle, aus der wir leben und auf die wir hin zu leben haben, und, meine sehr verehrten Damen und Herren, daß in diesem Geist diese Tagung wieder gelinge mit der Brillanz ihrer einzelnen Vorträge. Sie haben großartige Redner zu faszinierenden Themen.

Das Faszinierende geschieht normalerweise nicht im Abarbeiten einer Tagesordnung. Wer beginnt, eine Tagesordnung abzuarbeiten, hat sehr oft aufgehört zu denken. Daß dies geschieht in einem umfassenden, einem freundschaftlichen und verantwortlichen Gespräch, aus dem sich ein gemeinsamer Geist entwickelt, das wünsche ich Ihnen für diese Tagung. Ich wünsche Ihnen, daß dieser Geist, der unsere Gesellschaft über die Zeit geprägt hat, wenn auch nicht immer in der gleichen Strahlkraft und Klarheit, auch in den kommenden Jahren das Denken prägt, in unserem Land und in einer komplexen Welt einer Menschheit, die zusammenwächst und die sich ihrer gemeinsamen Verantwortung für eine begrenzte Welt zunehmend bewußter wird. Daran zu arbeiten, ist unsere Aufgabe, und ich glaube, die Idee unserer Gesellschaft.

Ordnung und Chaos als Elemente von Gesundheit und Krankheit

Wolfgang Gerok, Freiburg i. Br.

Es ist ein bewährter Brauch dieser Gesellschaft, daß der Vorsitzende aus der Sicht seines Arbeitsgebietes zum Generalthema der Tagung Stellung nimmt. Ich bin Arzt, mein wissenschaftliches Arbeitsgebiet ist die klinische Medizin. Deshalb werde ich einige Überlegungen zu Ordnung und Chaos als Elemente von Gesundheit und Krankheit vortragen.

Wir alle neigen zu der Annahme, daß für den Zustand der Gesundheit eine stabilisierte Ordnung der Lebensvorgänge in unserem Organismus charakteristisch ist, während Krankheit auf einer Störung oder einem Verlust dieser Ordnung beruht. Gesundheit wird identifiziert mit Ordnung, Krankheit mit gestörter oder verlorener Ordnung, also mit Chaos. Die Sprache zeigt dies sehr deutlich, wenn der Kranke dem Arzt mitteilt, er fühle sich „nicht in Ordnung" oder „irgendetwas ist nicht mehr in Ordnung". Diese Identifikation von Gesundheit und Ordnung auf der einen Seite, Krankheit und Chaos auf der anderen Seite, mag darauf beruhen, daß die uralte Sehnsucht nach einer akzeptierten Ordnung und Harmonie in der Welt in dem Wunsche nach Gesundheit eine Entsprechung findet, und wir andererseits den Verlust der Ordnung ebenso schmerzlich empfinden wie den Verlust der Gesundheit.

Ich möchte im folgenden darstellen, daß diese einfache Zuordnung mit einigen Fakten und Beobachtungen nicht in Einklang steht.

In einem ersten Abschnitt werde ich zu zeigen versuchen, daß im Zustand der Gesundheit sowohl Elemente der Ordnung als auch des Chaos enthalten sind, ja erst gemeinsam diesen Zustand hervorbringen.

In einem zweiten Teil soll Krankheit durch das Übergewicht oder die Unterentwicklung von einem der beiden Elemente charakterisiert werden. Als Beispiel werde ich zunächst eine Krankheit als Folge einer erstarrten Ordnung und im folgenden zwei Krankheiten, die durch Herrschaft der Unordnung bestimmt sind, darstellen.

Der dritte Teil wird einige Folgerungen aus diesen Fakten und Beobachtungen enthalten.

Festvortrag des Vorsitzenden der Gesellschaft Deutscher Naturforscher und Ärzte 1987/88. — Prof. Dr. Wolfgang Gerok, Medizinische Klinik der Universität Freiburg i. Br.

Gesundheit = Ordnung und Chaos

Krankheit = a) „erstarrte" Ordnung
b) „ungesteuertes" Chaos

Ordnung und Chaos als Elemente der Gesundheit

Wie immer wir Leben in Gesundheit oder unter den Bedingungen der Krankheit definieren, zwei Eigenschaften sind ihm eigen: Dynamik und Komplexität.

Dynamik: Leben ist kein statisches Phänomen, sondern durch einen ständigen Auf- und Abbau von Substanz, durch einen fortwährenden Fluß von Energie und von Informationen gekennzeichnet. Dieses ständige ,,Sterb und Werde" durchzieht unseren ganzen Organismus, von der kleinsten Zellorganelle bis zu allen Organen; es erlischt erst mit dem Tode des Gesamtorganismus.

Komplexität: Bei den Vorgängen im Organismus handelt es sich selten um einstängige ,,lineare" Prozesse; nahezu immer liegt in biologischen Systemen ein Netzwerk von Interaktionen vor (Abb. 1). Während dem einsträngigen linearen Prozeß eine eindeutige Kausalkette entspricht, besteht bei einem Netzwerk von Interaktionen nur noch eine eingeschränkte Kausalität. Aus der Ursache A ließe sich nur dann das Ergebnis B begründen und voraussagen, wenn alle anderen Faktoren im Netzwerk ausgeschaltet oder exakt definiert werden könnten.

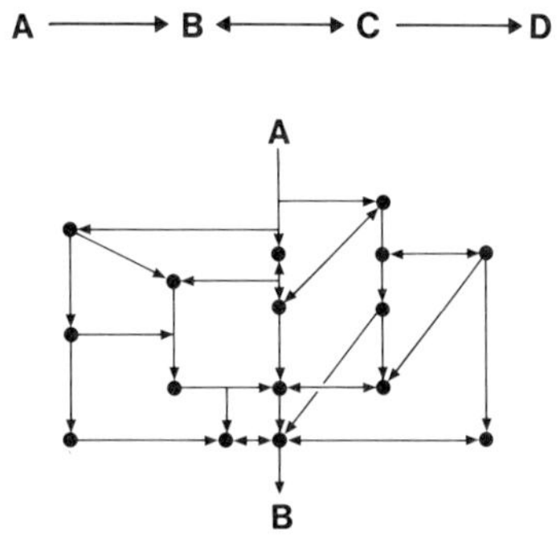

Abb. 1. Linearer Prozeß (oben) und Prozeßnetzwerk (unten). — In biologischen Systemen handelt es sich meist nicht um lineare Prozesse, sondern um ein Prozeßnetzwerk, bei dem sich aus der Ursache A das Ergebnis B nicht mit Sicherheit voraussagen läßt.

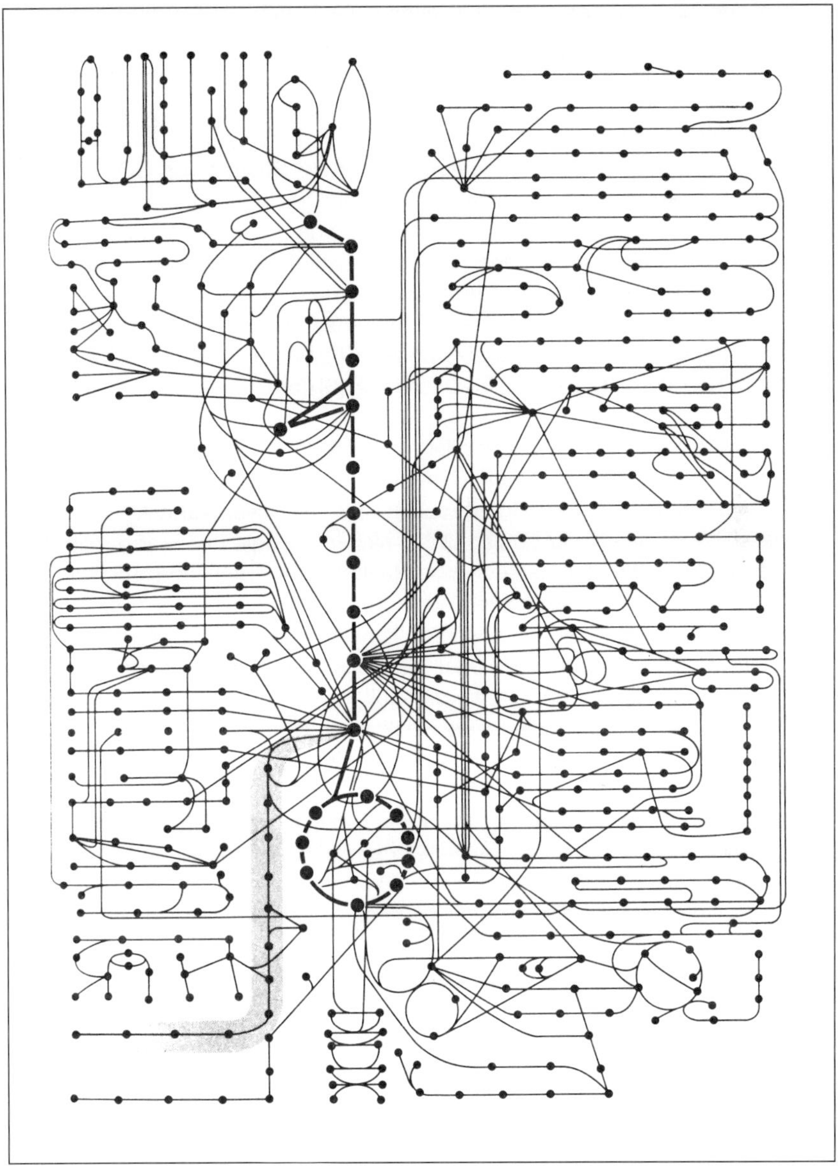

Abb. 2. Schematische Darstellung eines Teils der Stoffwechselreaktionen, die in einer Leberzelle ablaufen. — Jeder Punkt kennzeichnet ein Zwischenprodukt (Metabolit) in einem Stoffwechselweg (ausgezogene Linie). Die Reaktionen stellen ein typisches Netzwerk dar. Hervorgehoben sind der Abbau von Glukose zum Zitratzyklus (dickere Linie) und davon abzweigend die Synthese von Cholesterin aus Azetyl-COA (grau unterlegt).

Vernetzte Interaktionen als Kennzeichen eines hohen Grades der Komplexität bestehen im Organismus auf der Ebene der Organe und der Zellen. Am eindrucksvollsten sind diese Vernetzungen im subzellulären Bereich. Als Beispiel zeigt Abbildung 2 schematisch einen Teil der biochemischen Reaktionen, die in einer Zelle der Leber ablaufen. Im mittleren Teil ist der Weg des Abbaus von Glukose über verschiedene Zwischenprodukte bis zur Bildung von CO_2 im Citratzyklus mit dicken Linien und Punkten gekennzeichnet. Die Abbildung läßt erkennen, wie eine fast unübersehbare Zahl von Reaktionsfolgen in diesen Stoffwechselweg einmündet oder von ihm abzweigt, wobei diese Reaktionsfolgen ihrerseits wieder untereinander vernetzt sind.

Es ist einleuchtend, daß die Analyse eines so komplexen Systems äußerst schwierig ist. Das Prinzip der Forschung zur Überwindung dieser Schwierigkeiten hat schon vor 200 Jahren R. Descartes [6] formuliert. Seine Anweisung lautet:

> „Wenn ein Problem so komplex ist, als daß du es nicht auf einmal lösen kannst, so zerlege es in so viele Unterprobleme, die dann entsprechend klein sind, daß du jedes dieser Unterprobleme für sich lösen kannst."

Dieses Prinzip des Reduktionismus hat sich in Biologie und Medizin außerordentlich bewährt. Die zu untersuchende Reaktion oder Reaktionsfolge wird aus dem Netz der Interaktionen isoliert oder die interagierenden Faktoren werden ausgeschaltet. Die Bedingungen werden konstant gehalten, mit Ausnahme der systematischen Änderung eines oder allenfalls nur weniger Parameter, deren Einfluß auf die Reaktion geprüft werden soll.

Nach diesem Prinzip konnten viele Reaktionen in lebenden Systemen analysiert werden. Sie befinden sich in der Regel im Zustand des Gleichgewichts oder nahe dem Gleichgewicht, unterliegen den Gesetzen der Gleichgewichts-Thermodynamik und können in ihrer Kinetik durch eine Differentialgleichung exakt beschrieben werden. Das bedeutet, daß bei Kenntnis der Ausgangsbedingungen das Ergebnis vorausbestimmt und voraussagbar ist. Was aber aus den Ausgangsbedingungen voraussagbar ist, dem muß ein hoher Grad der Ordnung innewohnen.

Doch entspricht dieses Bild von streng determinierten und daher starr geordneten lebenden Systemen nicht der Wirklichkeit. Denn dieses Bild beruht, wie wir gesehen haben, auf einer Reduktion der Bedingungen, auf einer Vereinfachung der komplexen Situation. In der Wirklichkeit unterscheiden sich lebende Systeme von den reduktionistischen Modellen in vier Punkten:

1. Sie besitzen einen hohen Grad der Komplexität durch Vernetzung der Prozesse und Kausalketten.
2. Es sind offene Systeme, die im Gegensatz zum künstlich isolierten Teilprozeß fortwährend Materie, Energie und Informationen aufnehmen und abgeben.
3. Die in lebenden Systemen ablaufenden Reaktionen befinden sich meist nicht im, sondern fern vom Gleichgewicht. Auch sind viele Reaktionen irreversibel.

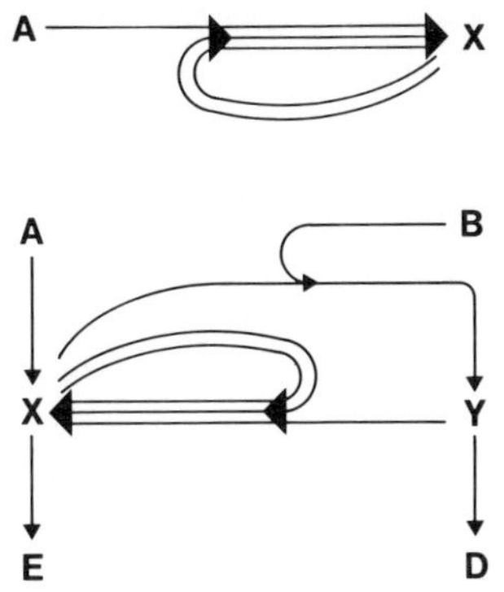

$A + 2X \longrightarrow 3X$

$2X + Y \longrightarrow 3X$

$B + X \longrightarrow Y + D$

Abb. 3. Reaktionsschleifen bei biochemischen Prozessen (nach Progogine und Stengers [14]).

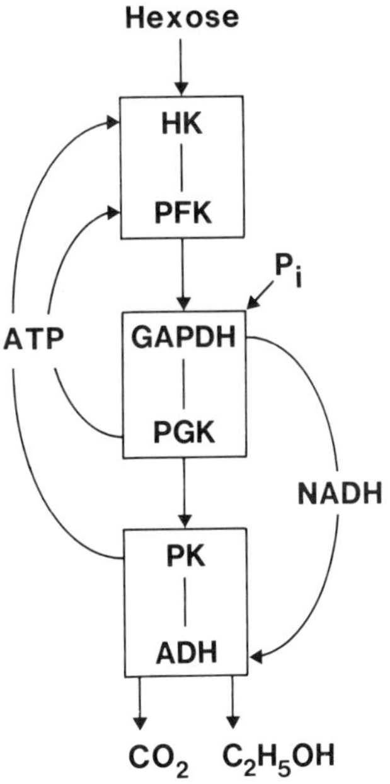

Abb. 4. Reaktionsnetz der Glykolyse mit Abbau einer Hexose zu CO_2 und Äthanol. — Die in den Blöcken aufgeführten Buchstabenfolgen bezeichnen jeweils eines der Glykolyseenzyme (z. B. HK = Hexokinase). Das gebildete ATP wirkt in einer Reaktionsschleife auf vorgeschaltete Reaktionen (Nach Hess und Markus [11]).

4. Bei katalytischen Reaktionen in lebenden Systemen sind Reaktionsschleifen die Regel. Dabei beeinflußt das Produkt einer Reaktion seine eigene Synthese im Sinne der Beschleunigung (Autokatalyse) oder Hemmung. Über Katalyseschleifen können sich auch zwei Stoffwechselwege wechselseitig beeinflussen (wechselseitige Katalyse) (Abb. 3). Die Kinetik solcher Reaktionen ist nicht mit linearen Differentialgleichungen zu beschreiben [14].

Es bedurfte der Entwicklung neuer physikalischer und biochemischer Verfahren in Verbindung mit moderner Computertechnik, um die Auswirkungen dieser Eigenschaften in komplexen lebenden Systemen zu analysieren. Dabei zeigten sich ganz unerwartete und überraschende Reaktionen dieser Systeme. Dies ist sehr eindrucksvoll von B. Hess und seiner Arbeitsgruppe [4, 9—13] am Beispiel der Glykolyse gezeigt worden. Bei diesem Stoffwechselprozeß, dessen Enzyme in fast allen Zellen vorhanden sind, wird Glukose in Äthanol und CO_2 unter Bildung von ATP umgewandelt (Abb. 4). Die Rückkoppelung im Sinne einer Katalyseschleife kommt durch die Aktivierung der Phosphofruktokinase durch ADP zustande. Wird, entsprechend einem offenen System, Hexose mit konstanter Flußrate zugeführt, so ist auch die Glykolyserate zunächst konstant (Abb. 5). Sie kann aber auch um den stationären Zustand mit konstanter Frequenz und Amplitude oszillieren. Ändert sich die Zufuhr der Hexose sinusförmig, sind die Variationen der Glykolyserate und der Konzentrationen ihrer Metaboliten noch vielgestaltiger:

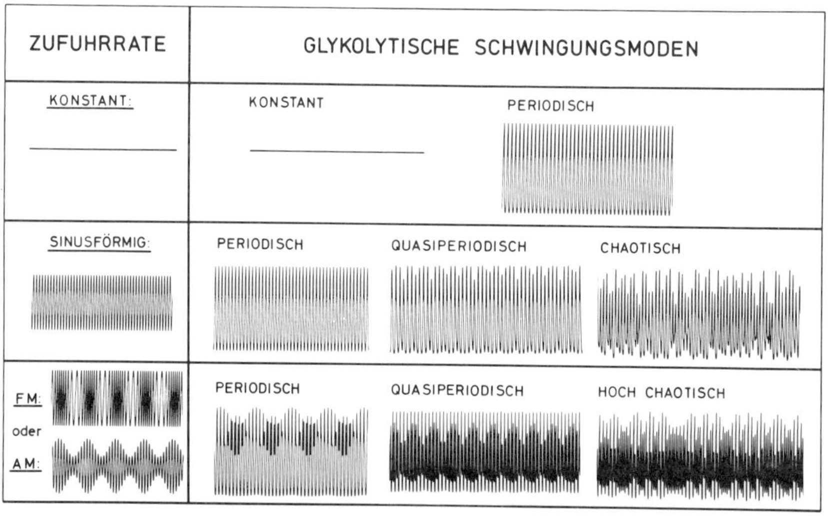

Abb. 5. Verschiedene Typen glykolytischer Schwingungsmoden in Abhängigkeit von der Zufuhr der Hexose (Nach Hess und Markus [11]).

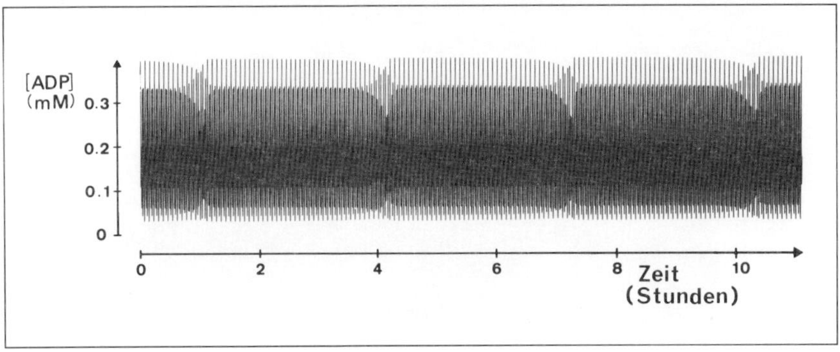

Abb. 6. Selbsterzeugte Modulation der glykolytischen Uhr mit einer längeren (Stunden-) und einer kürzeren (Minuten-)Periodik (Nach Hess und Markus [11]).

— sie können streng periodisch oszillieren,

— es können quasi periodische Schwingungen auftreten, die sich aus der additiven Überlagerung von zwei oder mehr periodischen Oszillationen ergeben, und

— es können chaotische Schwingungen mit völlig ungeordneter Frequenz und Amplitude die Folge sein.

Noch ausgeprägter sind die Veränderungen, wenn bei der sinusförmigen Zufuhr der Hexose die Frequenz oder die Amplitude moduliert sind. Unter diesen Bedingungen treten sehr vielgestaltige periodische und quasi periodische Oszillationen der Glykolyse auf; auch kann das System noch chaotischer werden im Sinne eines raschen und unvorhersagbaren Wechsels der Metabolitkonzentrationen.

Ich möchte auch auf zwei weitere Eigenschaften dieser Systeme hinweisen:

1. Bei quasi periodischen Oszillationen kann autonom, das heißt ohne Änderung der sinusförmigen Substratzufuhr, eine zweifache Periodik auftreten: eine Basisperiode mit Frequenz im Minutenbereich und eine modulierende Periode im Bereich von Stunden (Abb. 6). Dies ist wahrscheinlich die Grundlage der ,,inneren biologischen Uhr", die gleichsam mit einem Minuten- und Stundenzeiger läuft.
2. Durch Metabolitpulse, das heißt durch plötzliche Zufuhr oder Verbrauch eines Metaboliten im System, kann die periodische in eine chaotische Schwingung unmittelbar, ohne Verzögerung, übergehen und umgekehrt. Hier führt der Weg vom geordneten Zustand zum Chaos und wieder zur Ordnung (Abb. 7).

Stabile Zustände, periodische und quasi periodische Oszillationen, sowie chaotische Reaktionen sind auch für andere biologische Prozesse nachgewiesen worden, zum Beispiel für die Änderung von Membranpotentialen und Transportraten von Substraten durch Biomembranen [Übers. s. 5, 15].

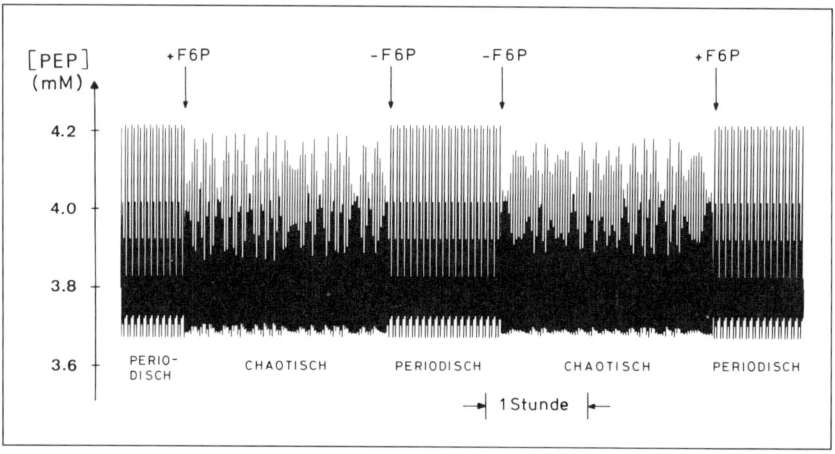

Abb. 7. Durch Metabolitpulse (rasche Zufuhr oder schneller Verbrauch von Fruktose-6-Phosphat) werden periodische in chaotische Schwingungen umgeschaltet und umgekehrt (Nach Hess und Markus [11]).

Zusammengefaßt:
Unter normalen Bedingungen, also beim Gesunden, sind verschiedene Reaktionstypen in lebenden Systemen möglich:

- Reaktionen im oder nahe beim Gleichgewicht, deren Kinetik einer linearen Differentialgleichung gehorcht. Wahrscheinlich sind solche streng determinierten Reaktionen in biologischen Systemen eher die Ausnahme als die Regel.
- Oszillierende Reaktionen mit konstanter Frequenz und Amplitude oder mit Quasiperiodik durch Überlagerung von zwei oder mehr Schwingungen.
- Schließlich die chaotischen, völlig ungeordneten Reaktionen, bedingt durch Reaktionen fern vom Gleichgewicht und Katalyseschleifen. Hier gilt das Prinzip der starken Kausalität nicht mehr, das heißt ähnliche Ursachen haben keine ähnlichen Wirkungen. Der Weg zum Chaos ist durch bestimmte Bedingungen vorgezeichnet — man spricht deshalb vom deterministischen Chaos — aber die Reaktion ist nicht mehr prognostizierbar, weil sie außerordentlich sensibel gegenüber kleinsten Änderungen der Reaktionsbedingungen ist und sich Änderungen der Reaktion exponentiell verstärken können.

Worin liegt der Sinn für den Organismus, zwischen geordneten und chaotischen Reaktionen, zwischen strengem Determinismus und deterministischen Chaos wählen zu können?

Die geordneten Reaktionen verleihen den biologischen Systemen Stabilität und Konstanz, die oszillierenden Reaktionen dienen außerdem als extrem ,,stoßsichere" innere Uhr.

Die chaotischen Reaktionen ermöglichen dagegen die Flexibilität eines biologischen Systems, seine rasche Anpassung an veränderte Umweltbedingungen durch „trial und error" und die Kreation neuer Eigenschaften des Systems.

Stabilisierung des Bewährten und Konstanz einerseits, Flexibilität und Kreativität andererseits — dies sind die Eigenschaften, die von den verschiedenen Reaktionstypen lebender Systeme gewährleistet werden. Gesundheit ist die Wanderung auf dem Grat, auf dem sich Chaos und Ordnung ständig die Waage halten.

Ordnung und Chaos als Elemente der Krankheit

Krankheit durch erstarrte Ordnung

Im folgenden soll dargestellt werden, wie Krankheit durch eine erstarrte Ordnung, durch Verlust der Möglichkeit zu chaotischen Reaktionen gekennzeichnet sein kann. Als Beispiel wähle ich eine Erkrankung des Knochensystems: die Osteoporose. Knochen ist aufgebaut aus einer organischen Grundsubstanz, im wesentlichen bestehend aus Kollagenfasern vom Typ I, und eingelagerten anorganischen Calciumsalzen, überwiegend als Hydroxylapatit. Knochengewebe unterliegt einem ständigen Auf- und Abbau. Von diesem dynamischen Prozeß sind sowohl die organische Grundsubstanz (Matrix), als auch die anorganischen Bestandteile betroffen. Ein wichtiger Regulator des Knochenumsatzes ist das Parathormon, das von den Nebenschilddrüsen gebildet wird (Abb. 8). Die Aus-

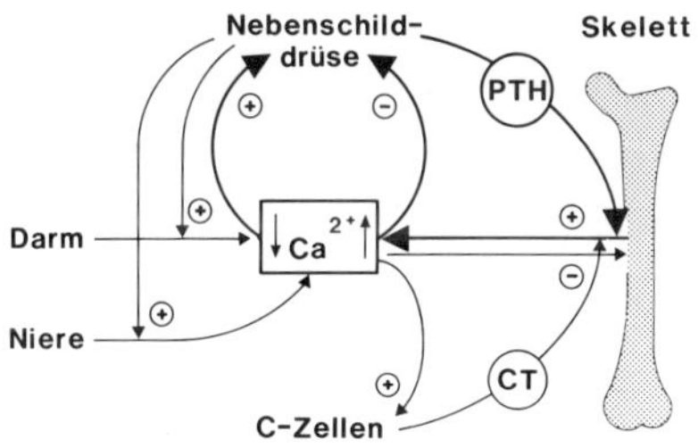

Abb. 8. „Reaktionsschleifen" bei der Regulation der Calciumkonzentration im Blut und des Knochenstoffwechsels durch das Parathormon (PTH) und das gegensteuernde Hormon Calcitonin (CT). — PTH stimuliert die Freisetzung von Ca^{2+} aus dem Knochen; der dadurch bewirkte Anstieg der Calciumkonzentration im Blut hemmt die PTH-Ausschüttung der Nebenschilddrüse. Absinken des Calciumspiegels stimuliert die Nebenschilddrüse. Die Vernetzung der Reaktionen ist in der Wirklichkeit noch sehr viel komplexer durch die nicht eingetragenen Interaktionen des Vitamins D und seiner Metaboliten.

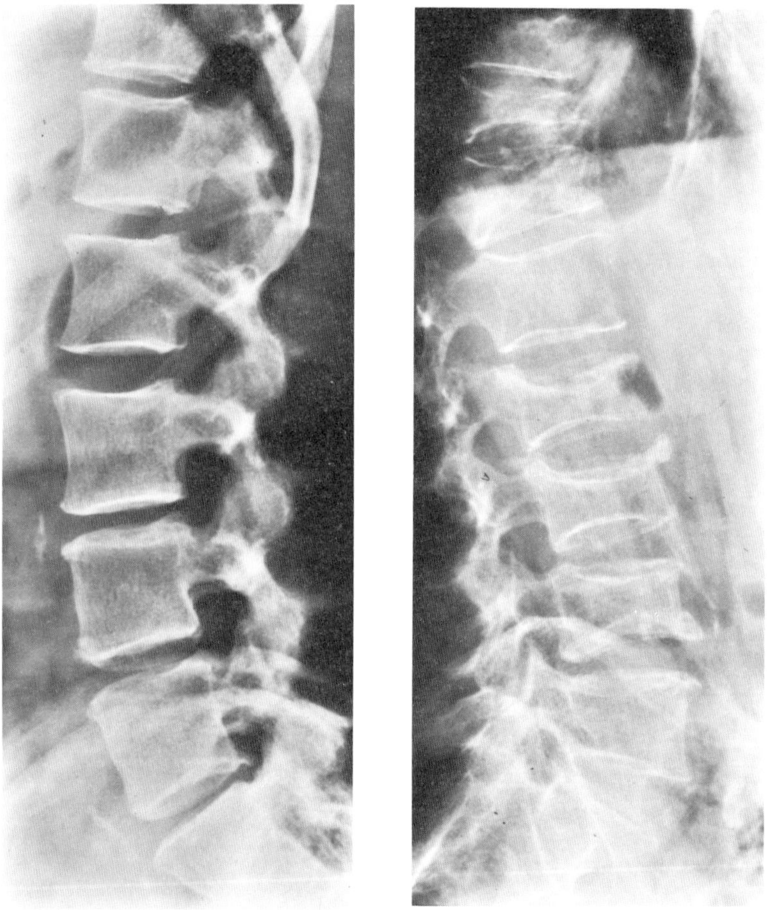

a b

Abb. 9. Lendenwirbelsäule beim Gesunden **(a)** und bei einem gleichaltrigen Kranken mit schwerer Osteoporose **(b).** Die Struktur der Knochenbälkchen ist bei Osteoporose vergröbert; Einbrüche von Wirbelkörpern sind Folge der verminderten Festigkeit.

schüttung des Hormons durch die endokrine Drüse wird von der Calciumkonzentration im Blut gesteuert. Ein Absinken des Calciumspiegels im Blut, zum Beispiel durch gesteigerten Einbau von Calciumsalzen in den Knochen, löst eine gesteigerte Bildung und Sekretion des Parathormons aus, das über einen Abbau von Knochensubstanz mit Freisetzung von Calcium den Calciumspiegel im Blut wieder normalisiert. Ein Anstieg der Calciumkonzentration im Blut durch gesteigerten Knochenabbau hat den entgegengesetzten Effekt. Auf weitere Faktoren, zum Beispiel Calcitonin und Vitamin D-Metaboliten, die den Knochenstoffwechsel und die Calciumkonzentration im Blut zusätzlich zum Parathormon beeinflussen, kann hier nicht eingegangen werden. Sie alle bilden ein sehr komplexes Netzwerk der Interaktionen.

Bei der Osteoporose liegt ein Schwund der Gesamtmasse des Knochens vor. Von diesem Schwund sind anorganische und organische Substanzen gleichermaßen betroffen. Der Knochen zeigt im Röntgenbild eine veränderte Struktur; die Kompakta wird dünner, die Spongiosa schwindet, das Gerüst der Knochenbälkchen wirkt im Röntgenbild vergröbert (Abb. 9). Der derart umgestaltete Knochen verliert seine Festigkeit, so daß in schweren Fällen der Erkrankung spontane Knochenbrüche auftreten können.

Bei der Suche nach der Ursache dieser Umgestaltung des Knochens war es naheliegend, nach Veränderungen der Konzentration von Calcium und Parathormon zu fahnden. Alle diese Untersuchungen verliefen negativ. Die Konzentration von Calcium und Parathormon, wie auch aller übrigen Faktoren der Regulation des Knochenstoffwechsels, sind auch bei schwerster Osteoporose normal.

Durch Messung der Calcium- und Parathormonkonzentrationen in kurzen Zeitabständen von 2 Minuten haben R. Hesch und Mitarbeiter [8] einen unerwarteten und wahrscheinlich wichtigen Aspekt der Erkrankung aufgedeckt. Beim Gesunden schwanken die Konzentrationen des Parathormons im Blut regellos chaotisch (Abb. 10a). Dabei werden regellose Mikroschwankungen durch unregelmäßig auftretende Makropulse überlagert. In geringerem Ausmaß zeigen auch die Calciumkonzentrationen im Blut diese regellosen Schwankungen. Bei Osteoporose fehlen hingegen diese Schwankungen im zeitlichen Ablauf nahezu völlig (Abb. 10b). Offensichtlich ist ein normaler Knochenumsatz an die regellosen Schwankungen des Signals Parathormon gebunden, während ein Verlust dieser chaotischen Schwankungen, das heißt Erstarrung in einer Ordnung mit Nivellierung der Konzentration, kennzeichnend für die Erkrankung der Osteoporose ist.

Ähnliche Phänomene, das heißt Verlust der normalen chaotischen Schwankungen und Erstarrung in einer konstanten Ordnung, sind auch bei anderen endokrinen Erkrankungen, bei Störungen der Herztätigkeit, der Atmung und im Elektroenzephalogramm bei Erkrankungen des Nervensystems nachgewiesen worden [Übers. s. 5, 15].

Das Beispiel der Osteoporose zeigt, daß beim Gesunden eine Ordnung, repräsentiert durch die konstanten mittleren Konzentrationen der Calcium- und Hormonkonzentration, mit einem chaotischen Verhalten, gekennzeichnet durch die regellosen Oszillationen, kombiniert sein muß, um eine normale Dynamik und Struktur des Knochens zu garantieren, während andererseits ein Verlust des Regellosen, eine erstarrte Ordnung den krankhaften Zustand kennzeichnen.

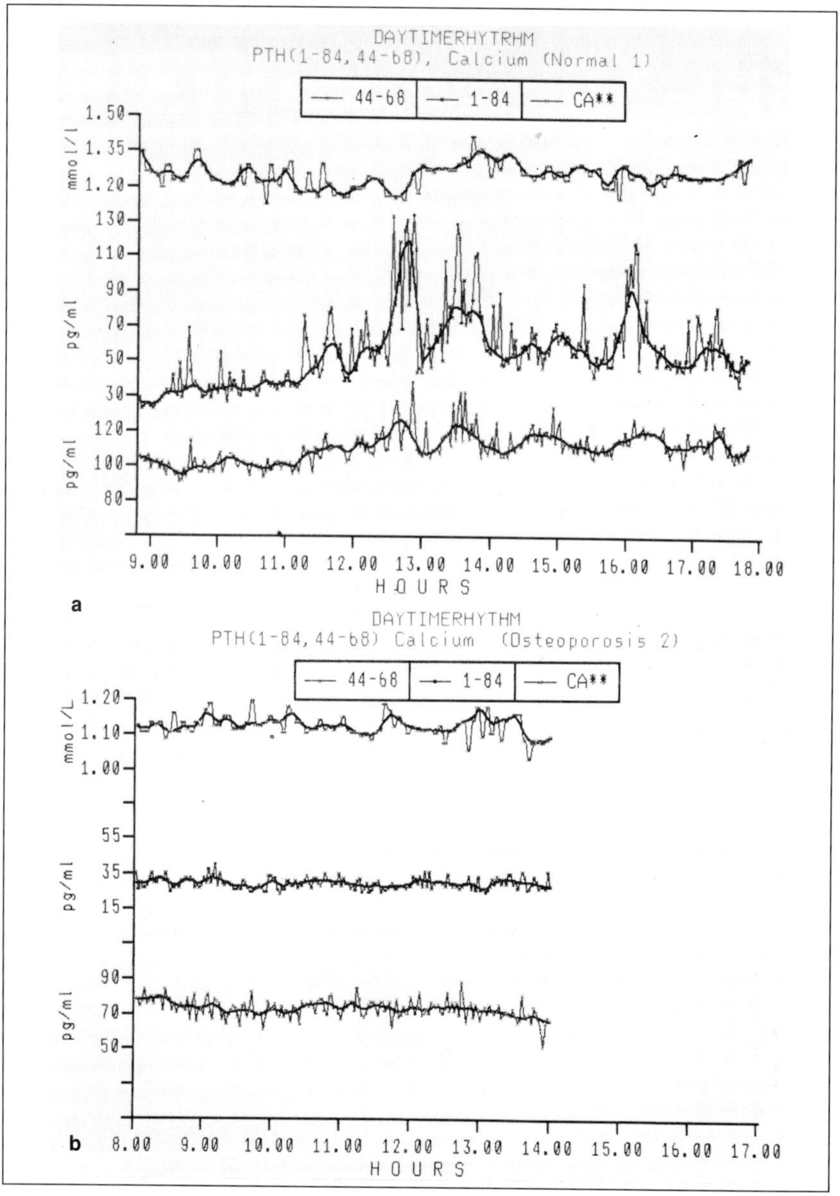

Abb. 10. Zeitlicher Verlauf der Calciumkonzentration im Blut (oben), der Konzentration von Parathormon (Mitte) und eines Teilstücks des Hormons mit den Aminosäuren 44—68 (unten). — **a.** Starke chaotische Schwankungen der Parathormonkonzentration beim Gesunden. — **b.** Weitgehender Verlust der Oszillationen bei schwerer Osteoporose.

Krankheit durch Übergewicht des Chaos

Beispiel 1: Cholestase

Das erste Beispiel, das hier vorgestellt werden soll, befaßt sich mit einem Phänomen der Leberkrankheiten, der Cholestase. Man versteht darunter eine Abnahme oder ein völliges Versiegen des Gallenflusses von der Leber in den Darm.

Die Bildung und Sekretion der Galle ist eine lebenswichtige Funktion der Leber. Ein längerfristiges völliges Versiegen des Gallenflusses ist mit dem Leben nicht vereinbar. Eine Einschränkung des Gallenflusses führt zu Krankheitssymptomen, zum Beispiel zur Gelbsucht durch Zunahme des nicht ausreichend eliminierbaren Gallenfarbstoffs Bilirubin im Blut und Gewebe. Die Einschränkung der Gallesekretion ist leicht erklärbar, wenn ein Hindernis in den Gallengängen vorliegt, zum Beispiel ein Gallenstein. Doch kennt der Arzt auch das Phänomen der sogenannten nicht-mechanischen Cholestase. Hier liegt der Defekt in der Leberzelle selbst. Sie kann Galle nicht bilden und/oder ausscheiden.

Um dieses Phänomen zu verstehen, ist ein kurzer Exkurs in die Physiologie der Gallesekretion notwendig. Voraussetzung für die Gallesekretion ist die Produktion von Gallensäuren. Sie werden in der Leber auf einem komplizierten Stoffwechselweg, an dem die Enzyme mehrerer Zellorganellen beteiligt sind, aus Cholesterin gebildet und über einen Mechanismus, der noch nicht vollständig aufgeklärt ist, in die Gallekanälchen ausgeschieden (Abb. 11). Mit zunehmender Ausscheidung von Gallensäuren steigt die Flußrate der Galle linear an (Abb. 12a). Dieser galletreibende, ,,choleretische" Effekt der Gallensäuren ist

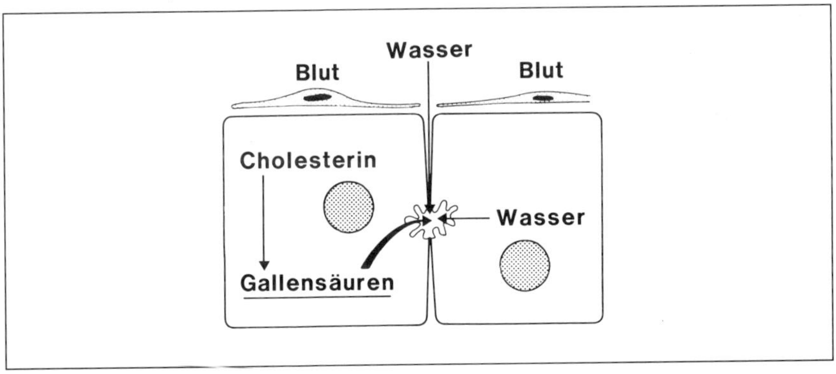

Abb. 11. Extrem vereinfachtes Schema der Gallesekretion. — In der Leberzelle werden aus Cholesterin die primären Gallensäuren (Cholsäure und Chenodesoxycholsäure) gebildet und als Konjugate in die Gallenkanälchen, die sich zwischen zwei benachbarten Leberzellen befinden, ausgeschieden. Zum Ausgleich des osmotischen Druckgradienten, bedingt durch die Gallensäurensekretion, strömt Wasser aus der Zelle und über den Interzellularspalt in die Gallenkanälchen ein.

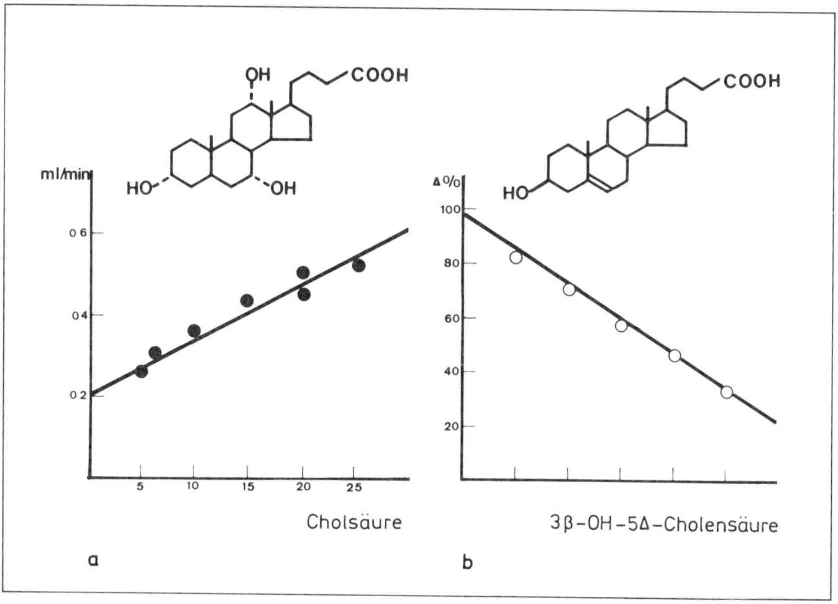

Abb. 12a. Cholsäure, eine normale primäre Gallensäure, steigert den Gallenfluß. Mit steigender Ausscheidung der Gallensäure nimmt der Gallefluß zu (choleretischer Effekt). — **b.** 3*β*-Hydroxy-Δ-5-Cholensäure, eine atypische „foetale" Gallensäure, hemmt den Gallenfluß (cholestatischer Effekt).

seit langem bekannt und wird auch pharmakologisch genutzt. Gallensäuren, die leberspezifischen Abbauprodukte des Cholesterins, sind für die Gallesekretion unabdingbar.

Beim Gesunden werden unter normalen Bedingungen in der Leber im wesentlichen zwei Gallensäuren gebildet, die sich in ihrer Struktur nur geringfügig durch eine Hydroxylgruppe am Steroidring unterscheiden: Cholsäure und Chenodesoxycholsäure (Abb. 13). Beide Gallensäuren wirken choleretisch, das heißt sie stimulieren den Gallefluß.

In der Leber des Foeten, also vor der Geburt, werden dagegen zahlreiche andere Gallensäuren gebildet, die sich durch Zahl und Lokalisation der Ringhydroxylierung, durch Variationen des Steroidskeletts oder durch die Art der Konjugation von den normalen Gallensäuren unterscheiden [1, 2] (Abb. 13). Man hat den Eindruck, daß die foetale Leber „ziemlich chaotisch" die verschiedensten Synthesewege erprobt, um sich dann nach der Geburt auf zwei Wege zu beschränken. Zu welchem genauen Zeitpunkt der Entwicklung dieser Umschlag erfolgt, ist noch unklar. Auch ist ungeklärt, wodurch die Umschaltung der Gallensäurensynthese ausgelöst wird. Es zeigt sich aber eine klare zeitliche Ordnung:

Bestimmte Wege der Gallensäurensynthese werden nur in bestimmten Lebensabschnitten beschritten. Diese zeitliche Ordnung von Stoffwechselprozessen im Verlauf der Entwicklung ist Ausdruck der Differenzierung eines biologischen Systems.

Unter den Bedingungen von Leberkrankheiten kann beim Erwachsenen eine Umkehrung dieses Differenzierungsprozesses eintreten: Reduzierung der Synthese der normalen Gallensäuren und Wiedereröffnung der Stoffwechselwege, die normalerweise nur in der foetalen Leber beschritten werden, mit Bildung von Gallensäuren, die beim Erwachsenen atypisch sind. Man hat dies als metabolische Retrodifferenzierung bezeichnet [2].

Die Retrodifferenzierung im Stoffwechsel der Gallensäuren hat beim Erwachsenen weitreichende Konsequenzen, denn einige dieser atypischen Gallensäuren haben einen, im Vergleich zu den normalen Gallensäuren entgegengesetzten biologischen Effekt auf die Gallesekretion: Sie wirken cholestatisch. Als Beispiel ist in Abbildung 12a die beim Erwachsenen normale Gallensäure Cholsäure und ihr choleretischer Effekt dargestellt, im Vergleich zu der nur geringfügig strukturell veränderten atypischen Gallensäure, der 3-beta-Hydroxy-Δ-5-Cholensäure, die den Gallenfluß hemmt (Abb. 12b).

Der cholestatische Effekt wird noch verstärkt durch eine positive Rückkoppelung: Eine Einschränkung des Gallenflusses führt zur Bildung der atypischen,

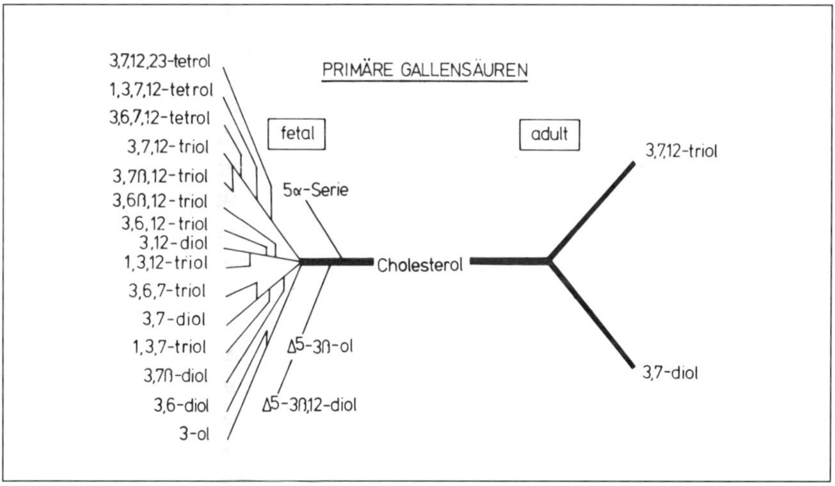

Abb. 13. Beim gesunden Erwachsenen werden in der Leber zwei primäre Gallensäuren gebildet: Cholsäure (3, 7, 12-Trihydroxy-Cholansäure) und Chenodesoxycholsäure (3, 7-Dihydroxy-Cholansäure). In der Leber des Foeten entsteht dagegen eine große Zahl verschiedener „atypischer" Gallensäuren. Bei Cholestase des Erwachsenen werden die Synthesewege wieder eröffnet: Metabolische Retrodifferenzierung (Nach Back und Walter [1, 2]).

„foetalen" Gallensäuren, die wiederum den Gallenfluß hemmen (Abb. 14). Es liegt also ein sich selbst verstärkender Prozeß vor, der ausgehend von kleinen Änderungen der Anfangsbedingungen sich zur schweren chaotischen Reaktionen der Krankheit „aufschaukeln" kann. Die Verhältnisse werden dadurch noch komplexer, daß bei der Synthese der atypischen Gallensäuren Verzweigungen auftreten, wobei teilweise auch stärker hydrophile und dadurch über die Niere ausscheidbare Gallensäuren entstehen. Dies führt zu einer großen Variationsbreite der weiteren Folgezustände. Auch können an der Entstehung einer Cholestase noch weitere Faktoren beteiligt sein, die untereinander zu einem Netzwerk verflochten sind [7]. Ich kann diese Einzelheiten nicht darstellen. Aber ich hoffe an diesem Beispiel gezeigt zu haben, wie eine Störung der Zuordnung von Stoffwechselvorgängen zu bestimmten Lebensphasen (metabolische Retrodifferenzierung), in Verbindung mit einer Reaktionsschleife der Selbstverstärkung zu chaotischen metabolischen Situationen und damit zu Krankheitsphänomenen führen kann.

Beispiel 2: Hepatitis-B-Virus und hepatozelluläres Karzinom

Die Infektion mit dem Hepatitis-B-Virus ist eine der häufigsten Infektionen; man rechnet weltweit mit 200 Millionen Infizierten, also 5% der Weltbevölkerung. Allerdings bestehen sehr starke regionale Unterschiede. Das Virus, ein sphärisches Partikel, zählt heute zu den am besten untersuchten Viren. Die Proteine der Hülle und des Kerns, das komplette Genom und die Enzyme für die Virusreplikation sind in ihren strukturellen Einzelheiten weitgehend bekannt.

Der Infektion mit dem klar definierten Virus entspricht jedoch kein einheitliches Krankheitsbild, vielmehr kann der Organismus sehr vielgestaltig auf das Eindringen des Erregers reagieren (Abb. 15). Der klassische Krankheitsverlauf ist die akute Leberentzündung (akute Hepatitis), bei der in der Regel nach etwa 6 Wochen die Viren vollständig eliminiert sind und die Entzündung ausheilt. Die

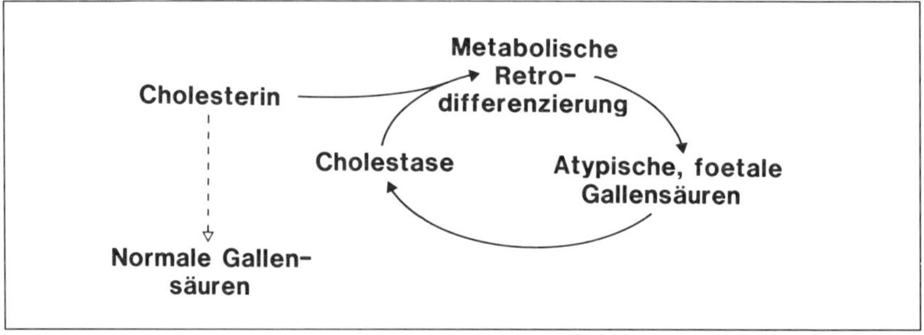

Abb. 14. „Reaktionsschleife" bei Entstehung einer Cholestase. — Eine geringgradige Beeinträchtigung des Gallenflusses (Cholestase) kann zur metabolischen Retrodifferenzierung mit Bildung atypischer, foetaler Gallensäuren führen, die ihrerseits die Cholestase verstärken.

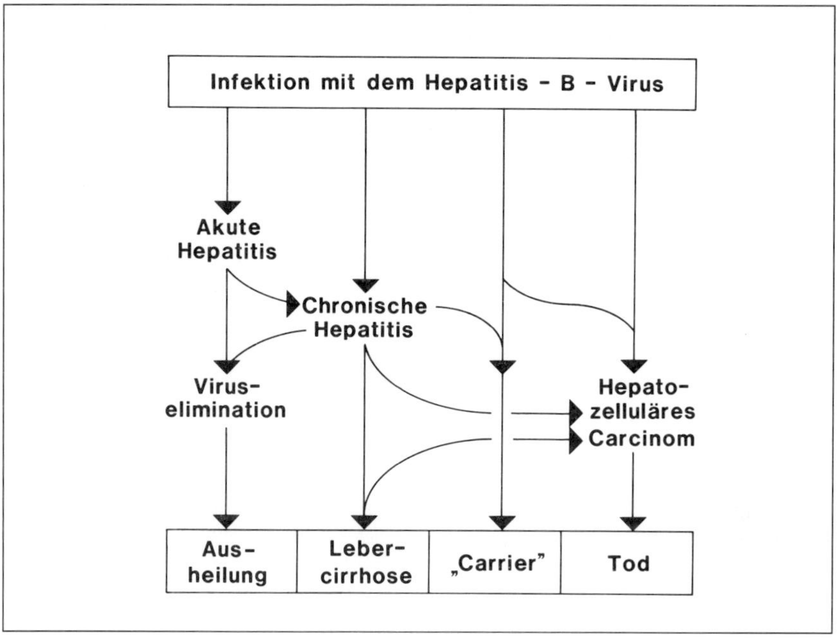

Abb. 15. Folgen der Infektion mit dem Hepatitis-B-Virus. — Die Infektion mit dem definierten Virus kann verschiedene Reaktionsfolgen auslösen, die untereinander vernetzt sind und zu verschiedenen Endzuständen (untere Zeile) führen.

frühere Infektion ist dann nur noch durch die im Blut nachweisbaren Antikörper gegen die Virusproteine erkennbar. Wenn das Virus nicht eliminiert wird, geht die akute in eine chronische Hepatitis über, die aber wahrscheinlich auch ohne das Zwischenstadium der akuten Hepatitis entstehen kann. Im weiteren Verlauf ist eine Ausheilung der chronischen Hepatitis, aber auch das Fortschreiten zur Lebercirrhose möglich. Das Virus kann aber auch vom Organismus ohne Krankheitssymptome beherbergt werden. Dieser Carrier-Status kann bereits primär bestehen oder sich nach einer akuten oder chronischen Hepatitis entwickeln. Am Ende der Reaktionsskala des Organismus auf die Virusinfektion steht das hepatozelluläre Karzinom, bei dem ein ungeordnetes Wachstum der maligne transformierten Leberzellen mit Absiedelung von Metastasen in anderen Organen rasch zum Tode führt.

Die Gründe für diese verschiedenen Reaktionsweisen und Krankheitsverläufe auf ein klar definiertes infektiöses Agens sind nur teilweise geklärt. Humorale und zelluläre Immunmechanismen, Alter zum Zeitpunkt der Infektion, bereits bestehende Leberschäden oder Lebererkrankungen spielen wahrscheinlich von Seiten des Wirtsorganismus eine wichtige Rolle, von seiten des Virus sein Infek-

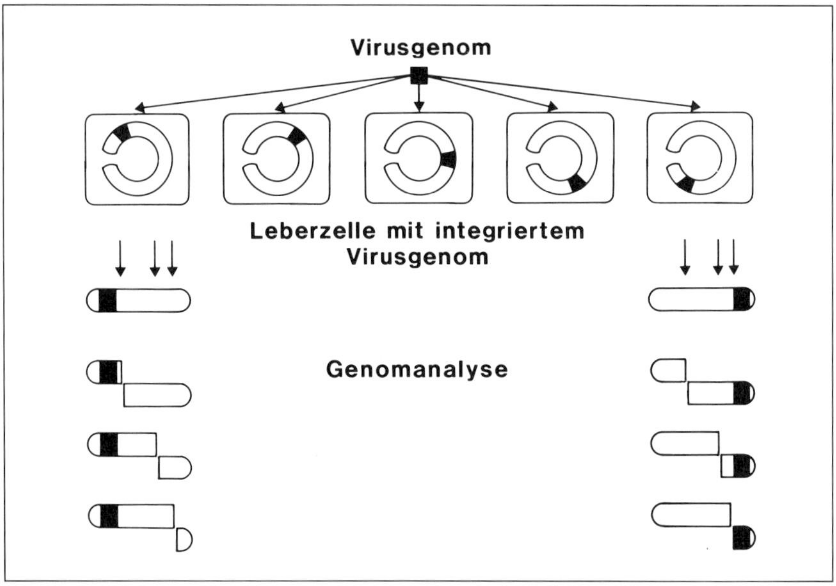

Abb. 16. Schematische Darstellung der Genomanalyse nach Integration des Virusgenoms in das Genom der Wirtszelle. — Nach Isolierung der DNA erfolgt die Spaltung des Genoms durch Restriktionsenzyme an definierten Stellen (Pfeile). Die Auftrennung der Bruchstücke nach ihrer Größe mit Kennzeichnung des integrierten Virusgenoms ergibt ein typisches Muster, das durch den Ort der Integration des Virusgenoms in das Genom der Wirtszellen bestimmt wird.

tionsweg, seine Replikationsfähigkeit und die Art seiner Integration in das Genom des Wirtsorganismus.

Insgesamt wird deutlich, daß die Reaktionen des menschlichen Organismus auf ein klar definiertes Krankheitsagens einen hohen Grad der Komplexität aufweisen. Obwohl unsere Kenntnisse der Kausalketten noch sehr lückenhaft sind, zeigen sich Verzweigungen und Vernetzungen, die einen strengen Determinismus ausschließen. Es gibt die regelhafte „geordnete“ Reaktion bei akuter Hepatitis mit Viruselimination und vollständiger Ausheilung, die Reaktion eingeschränkter Ordnung beim chronisch Kranken, die fehlende Reaktion beim Carrier und eine tödliche chaotische Reaktion beim hepatozellulären Karzinom.

Ich möchte diese theoretische Darstellung an einem Beispiel erläutern:

Ein 73 Jahre alter Mann, der wegen stark reduzierter Leistungsfähigkeit und Gewichtsverlust die Klinik aufsuchte, hatte 20 Jahre zuvor eine akute Virus-Hepatitis durch gemacht, die damals scheinbar folgenlos abgeheilt war. Die im Blut noch vorhandenen Antikörper zeigten, daß es sich um eine Infektion mit dem Hepatitis-B-Virus gehandelt hat. Proteine des Virus und Virus-DNA waren nicht mehr nachweisbar. Offenbar fand vor 20 Jahren die reguläre „geordnete" Reaktion auf die akute Infektion mit Elimination des Virus und Ausheilung der Hepatitis statt. Die Ultraschalluntersuchung zeigte jedoch nun große echodichte Knoten im Lebergewebe, röntgenologisch wurden auch Knoten in der Lunge nachgewiesen. Histologisch handelte es sich um ein hepatozelluläres Karzinom.

Mein Mitarbeiter H. Blum [3] hat bei diesem Kranken nachgewiesen, daß Virus-DNA in das Genom der Tumorzellen, hingegen nicht in das seiner normalen Leberzellen integriert ist. Der Ort der Integration des Virusgenoms kann bei verschiedenen hepatozellulären Karzinomen stark variieren. Dies läßt sich durch Genomanalyse zeigen; deren Prinzip ist stark vereinfacht und schematisch in Abbildung 16 dargestellt. Die DNA als Träger der Erbsubstanz wird aus den Leberzellen oder den Tumorzellen isoliert und durch Restriktionsenzyme an definierten Stellen „geschnitten". Die entstehenden Bruchstücke des Genoms können mit bestimmten Verfahren nach ihrer Größe getrennt werden. Je nach dem Integrationsort des Virusgenoms ergeben sich verschiedene Muster der DNA-Bruchstücke. Alle Tumorzellen, die sich von einer einzigen Zelle mit integriertem Virusgenom ableiten, müssen das gleiche Muster der DNA-Bruchstücke aufweisen. Geht dagegen ein Tumor von verschiedenen Zellen und dementsprechend unterschiedlicher Integration des Virusgenoms aus, so ist ein unterschiedliches Muster zu erwarten. Eine Analyse des Genoms von Primärtumor, Lebermetastase und Lungenmetastase bei dem geschilderten Kranken zeigte einen identischen Ort der DNA-Integration in das Genom der Tumorzellen im Primärtumor und den Metastasen (Abb. 17). Demnach ist der Tumor durch die monoklonale Expansion, das heißt Änderung des Genoms von nur einer Leberzelle entstanden. Ein minimales Ereignis an nur einer Zelle, der Einbau eines Bruchstückes des Virsugenoms in das Genom einer Wirtszelle, ist das Primärereignis für die chaotische Reaktion des Tumorwachstums.

Das Beispiel zeigt eindrücklich, wie nahe beieinander Ordnung und Chaos als Elemente bei einer Krankheit liegen können. In der ersten Phase der Krankheit herrscht das Prinzip der Ordnung, das infektiöse Agens wird durch die regulären Abwehrmechanismen eliminiert und die Leberentzündung als Reaktion auf die Infektion heilt aus. Die wiederhergestellte Ordnung ist aber nicht vollständig: Von den etwa 500 Millionen Zellen der Leber haben eine oder einige wenige einen Teil des Virusgenoms in ihr eigenes Genom integriert. Im Vergleich zur Gesamtleber ist dies ein Minimalereignis, das aber den Umschlag in das ungeordnete chaotische Wachstum des tödlichen hepatozellulären Karzinoms auslöst.

Schlußfolgerungen

Die Erforschung komplexer Systeme mit ihren vernetzten Prozeß- und Kausalketten, Verzweigungen möglicher Reaktionswege, Katalyseschleifen und Reaktionen fern vom Gleichgewicht hat viele Eigenschaften biologischer Systeme

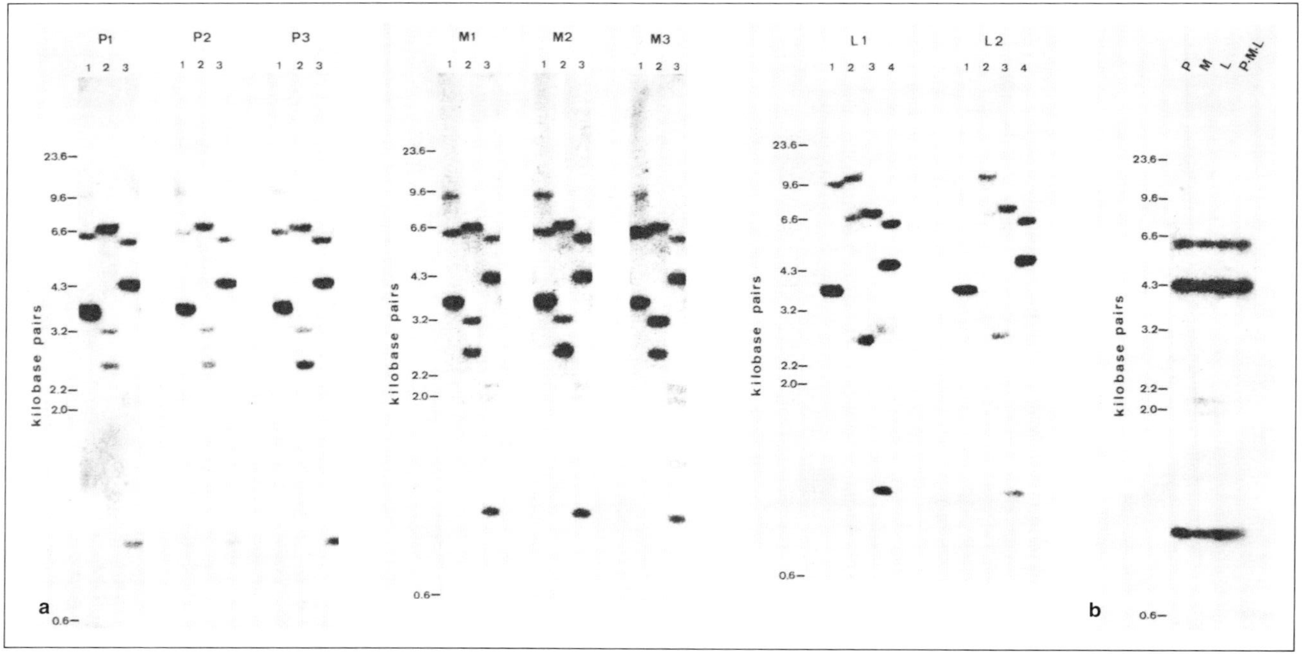

Abb. 17a. Genomanalyse mit Nachweis des integrierten Genoms des Hepatitis-B-Virus aus drei Gewebsproben des Primärtumors (hepatozelluläres Carcinom) (P1—P3), aus drei Proben von Lebermetastasen (M1—M3) und aus zwei Proben von Lungenmetastasen (L1, L2). (Southern-blot-Analyse.) Bei jeder Probe wird das Genom durch drei Restriktionsenzyme (Bahn 1, 2 und 3) „geschnitten“. Durch Hybridisierung wird in den Bruchstücken das integrierte Virusgenom nachgewiesen. Das identische Muster in allen Proben aus Primärtumor, Leber- und Lungenmetastasen beweist die monoklonale Entstehung des Tumors und seiner Metastasen — **b.** Gemeinsame Southern-blot-Analyse von Gewebsproben aus Primärtumor (P), Lebermetastasen (M) und Lungenmetastasen (L) sowie der gemeinsamen Proben (P + M + L). Alle DNA-Proben wurden mit einem Restriktionsenzym (Dra I) „geschnitten“. Ordinate: Größenskala der DNA-Fragmente. Die Identität der Bruchstücke beweist die monoklonale Tumorentstehung (Nach Blum und Mitarb. [3]).

unserem Verständnis näher gebracht: Die Vielfalt der Erscheinungen bei definierten Bedingungen, ihre Abhängigkeit vom „gerichteten Pfeil der Zeit" und das Auftreten von Diskontinuitäten bei kontinuierlicher Änderung der Bedingungen. Diese Erkenntnisse gewinnen in zunehmendem Maß an Bedeutung für die Erforschung und Erklärung von Phänomenen der Gesundheit und der Krankheit.

Der klassische reduktionistische Ansatz, die Untersuchung einzelner Prozesse und Strukturen unter vereinfachten Bedingungen, wird damit nicht obsolet, sondern ist weiterhin unerläßlich. Man muß die Bausteine kennen, um den Aufbau eines komplexen Ganzen erfassen zu können. Aber eine umfassende Erklärung der Phänomene auf diesem reduktionistischen Weg ist nicht erreichbar. Das Ganze als komplexes System hat mehr Eigenschaften und Fähigkeiten als seine einzelnen Elemente, oder mit anderen Worten: Das Ganze ist mehr als die Summe seiner Teile.

Ich hoffe, daß ich an einigen konkreten Beispielen zeigen konnte, daß Ordnung *und* Chaos gemeinsam als Elemente des Zustandes von Gesundheit und Krankheit wirksam sind und daß Krankheit ebenso durch eine erstarrte Ordnung wie durch ein ungesteuertes Chaos gekennzeichnet sein kann.

Es liegt nahe, Parallelen zu anderen Lebensbereichen zu ziehen: Auch die Entwicklung zur Persönlichkeit ist nach Auffassung vieler Psychologen durch Ebenen der Ordnung und chaotische Krisen charakterisiert. Krankhafte Störungen psychischer Reaktionen können die Merkmale der Erstarrung oder des nicht beherrschten Chaos aufweisen. Auch die Strukturen der modernen Gesellschaft und ihrer Institutionen sind offene Systeme mit irreversiblen Prozessen, vernetzten Kausalketten und vielfachen Rückkoppelungsschleifen; daraus resultieren die Aufhebung der starken Kausalität und die Möglichkeit chaotischer Reaktionen. Nicht zuletzt zeigt auch die Entwicklung der Wissenschaft, die ja ein vielfach vernetzter Erkenntnisprozeß ist, Ebenen der streng determinierten Ordnung innerhalb eines Paradigmas und unvorhersagbare Brüche des Paradigmawechsels.

Solche Parallelen müssen jedoch dort eine Grenze finden, wo ethische Werte zur Diskussion stehen, zum Beispiel beim Phänomen menschlicher Freiheit. Komplexe Systeme mit Verzweigungen der Reaktionswege und Entscheidungsmöglichkeiten zwischen verschiedenen Prozessen sind keine Erklärung des Phänomens der Freiheit. Menschliche Freiheit liegt außerhalb davon; sie umgreift die komplexen biologischen Systeme im Menschen, sie erhöht den Grad der Komplexität. In diesem Bereich, der den komplexen biologischen Systemen übergeordnet ist, bedarf der Wert der Freiheit des Gegengewichtes durch die Werte des Vertrauens und der Verantwortung. Freiheit, Vertrauen und Verantwortung sind nicht Objekte wissenschaftlicher Erklärung und Begründung, sondern die Voraussetzung wissenschaftlicher Forschung, zumindest sollten sie es sein. Freiheit, Vertrauen und Verantwortung werden in besonderem Maße in der

Abb. 18. Eduard Munch: Das kranke Kind.

Medizin nötig sein, wenn wir auf dem schmalen Grat zwischen Ordnung und Chaos das Ziel und den Sinn unserer Erkenntnis und unseres Handelns bestimmen.

Edward Munch hat in seinem Bild vom kranken Kind (Abb. 18) auf diese Fragen eine Antwort gegeben, die eindrücklicher ist als alle Worte. In der Gestalt der gebeugten Mutter ist die Erstarrung im Schmerz und die Verzweiflung über das Unfaßbare, Chaotische spürbar. Dagegen leuchtet im Gesicht des kranken Kindes etwas auf, was über erstarrte Ordnung und blindes Chaos hinausweist.

Literatur

[1] Back, P., K. Walter: Gastroenterology **78,** 671 (1980).
[2] Back, P., K. Walter: Verh. Dtsch. Ges. Inn. Med. **86,** 793 (1980).
[3] Blum, H. E., W. B. Offensperger, E. Walter, S. Offensperger, A. Wahl, C. Zeschnigk, W. Gerok: J. Cancer Res. Clin. Oncol. **113,** 466 (1987).
[4] Boiteux, H., A. Goldbeter, B. Hess: Proc. Natl. Acad. Sci. **72,** 3829 (1975).
[5] Degn, H., A. V. Holden, L. F. Olsen (Hrsg.): Chaos in biological systems. Plenum press. New York 1987.
[6] Descartes, R.: Abhandlungen über die Methode des richtigen Vernunftgebrauchs und der wissenschaftlichen Wahrheitsforschung. Reclams Universialbibliothek 3767.
[7] Gerok, W., S. Matern: Klin. Wschr. **59,** (1981), 575—589.
[8] Harms, H. M., U. Kapteina, W. R. Külpmann, G. Brabant, R. D. Hesch: J. Clin. Endocr. Metab. 1988, im Druck.
[9] Hess, B., A. Boiteux: Ber. Bunsenges. Phys. Chem. **84,** 392 (1980).
[10] Hess, B., M. Markus: Ordnung und Chaos in chemischen Uhren. In: B. O. Küppers (Hrsg.): Ordnung aus dem Chaos. S. 157. Piper-Verlag. München 1987.
[11] Hess, B., M. Markus: Chemische Uhren. In: A. Dress, H. Hendrichs, G. Küppers (Hrsg.): Selbstorganisation. Die Entstehung von Ordnung in Natur und Gesellschaft. S. 61. Piper-Verlag. München 1986.
[12] Hess, B., M. Markus: TIBS **12,** 45 (1987).
[13] Markus, M., B. Hess: Proc. Natl. Acad. Sci. **81,** 4394 (1984).
[14] Prigogine, I., I. Stengers: Dialog mit der Natur. Neue Wege naturwissenschaftlichen Denkens. 5. Aufl. S. 143. Piper-Verlag. München 1986.
[15] Rensing, L., U. van der Heiden, M. C. Mackey (Hrsg.): Temporal disorder in human oscillatory systems. Springer Verlag. Berlin 1987.

Ordnung und Chaos in der Wirtschaft

Carl Christian von Weizsäcker, Köln

Ordnung und Chaos als subjektive Begriffe

Ordnung und Chaos sind Begriffe, die ein Urteil eines Betrachters über ein Stück Realität zum Ausdruck bringen. Es ist der Betrachter, der Ordnung oder der Chaos sieht. Unterstellen wir eine Fläche mit vielen kleinen grünen Flecken auf einem weißen Untergrund. Dann gebe es rote Flecken, die kreisförmig angeordnet sind. Wer normalsichtig ist, sieht den roten Kreis und die Regelmäßigkeit oder Gesetzmäßigkeit der Anordnung der roten Flächen. Wer rot-grün-farbenblind ist, sieht diese Ordnung nicht.

Wir müssen uns also bemühen, eine Ordnung zu erkennen, wenn wir ein komplexes Phänomen wie die Wirtschaft untersuchen wollen. Das, was wir als Chaos diagnostizieren, kann eine von uns noch nicht entdeckte Ordnung sein. Lassen Sie mich hierfür ein kleines Beispiel vorführen.

Der wirtschaftliche Laie erhofft sich vom Nationalökonomen gern gute Tips über die künftige Entwicklung der Börse. Der kluge Ökonom wird sich außerstande erklären, solche Tips zu geben. Könnte er dies, wird er seinem Gesprächspartner sagen, so wäre er selbst ja wohl sehr viel wohlhabender als er es augenscheinlich ist, wenn er sich bereitfindet, für ein nicht allzu üppiges Salär z. B. als Professor an einer Massenuniversität zu wirken. Das wird der Gesprächspartner vielleicht einsehen. Wenn er nun vielleicht wissenschaftlich interessiert ist, dann könnte sich ein Gespräch darüber entwickeln, was man denn wissenschaftlich über Börsenkurse aussagen kann.

In den vergangenen Jahren und bis heute liest man häufig über sogenannte Insider-Informationen. Das ist insbesondere in den USA ein Thema. Dort ist die Ausnutzung von Insider-Informationen für Börsenoperationen strafbar. Ein Beispiel: In der angesehenen Zeitschrift ,,Business Week" gibt es eine regelmäßige Börsenempfehlung, die sich großen Ansehens erfreut. Das hat dazu geführt, daß die Kurse der Aktien, die in ,,Business Week" empfohlen wurden, am Tag des Erscheines (Freitag) der Zeitschrift jeweils beträchtlich nach oben gehen.

Abendvortrag — Prof. Dr. Carl Christian von Weizsäcker, Staatswissenschaftliches Seminar der Universität Köln.

Nun hat ein Angestellter einer Maklerfirma sich an einen Angestellten der Druckerei herangemacht, in der „Business Week" gedruckt wird. Von diesem erhielt er die neue „Business Week" ab Druckerpresse schon am Donnerstag morgen. So konnte er die Aktien, die empfohlen wurden, einen Tag früher kaufen und somit am nächsten Tag von den gestiegenen Kursen profitieren.

Wer also über Informationen, die kursbestimmend sind, früher verfügt als der Markt, kann diese Vorausinformation nutzen, um Geld zu verdienen. Das ist einleuchtend. Aber es gilt auch die Umkehrung: wer nur über Informationen verfügt, die auch im Markt bekannt sind, kann mit diesen Informationen kein Geld verdienen, denn die heutigen Kurse haben diese Information ja schon berücksichtigt. Auch das leuchtet ein. Aber das hat ganz bestimmte Konsequenzen für die Kursentwicklung. Eine Information, die allen zur Verfügung steht, ist die Zeitreihe der vergangenen Kurse. Das aber bedeutet: eine statistisch-mathematische Analyse dieser Zeitreihen kann keine Information zutage fördern, die geeignet wäre, Geld zu verdienen. Wenn zum Beispiel der Kurs einer Aktie sich so entwickeln würde, wie die Temperatur am Münsterplatz hier in Freiburg (in Kelvin), dann wäre es ja ein leichtes, durch eine statistische Analyse festzustellen, daß man diese Aktie im Winter kaufen und im Sommer verkaufen muß und dabei gut Geld verdienen kann. Aber wenn alle im Winter kaufen und im Sommer verkaufen, dann entwickeln sich die Kurse nicht wie die Temperatur am Münsterplatz in Freiburg. Denn die Kurse bilden sich nach Angebot und Nachfrage. Kurszeitreihen, die offenkundige Gewinnchancen aus ihren Regelmäßigkeiten bieten, zerstören sich also von selbst und sind damit nicht stabil.

Wir kommen damit zu der Erkenntnis: Mit Hilfe von öffentlich zugänglichen Informationen ist es nicht möglich, eine intersubjektiv nachvollziehbare Methode zu entwickeln, die es einem erlaubt, systematisch und langfristig mit seinem Kapital mehr Geld zu verdienen als der normalen Verzinsung dieses Kapitals unter Berücksichtigung des Risikos entspricht. Diese Aussage widerspricht nicht der Tatsache, daß es Personen gibt, die kraft einer überlegenen Intuition an der Börse auch ohne Insider-Informationen überdurchschnittlich viel Geld verdienen. Nur ist die Art und Weise ihres Handelns nicht einfach von jemand anderem ohne diese Intuition erlernbar.

Herrscht nun Ordnung oder Chaos an der Börse? Für den einzelnen Börsenteilnehmer mag die eben abgeleitete Erkenntnis absoluter Unvorhersagbarkeit den Eindruck des Chaos machen. Für ihn ist die Börse chaotisch. Für den wissenschaftlichen Betrachter führt dieselbe Erkenntnis zu einem Eindruck von Ordnung. Erstens statistisch: er kann das statistische Bildungsgesetz der Börsenkurse ableiten: aus dem Gesagten folgt nämlich, daß der Logarithmus des Aktienkurses sich verhält wie ein stochastischer Prozeß, der in der Physik als Brown'sche Bewegung bekannt ist und auch Random Walk genannt wird. Es folgt weiter, daß die Börse, wenn sie tatsächlich diese Eigenschaft der Unvorhersagbarkeit hat, einen wichtigen Ordnungsfaktor in der Wirtschaft darstellt: indem sie alle neuen Informationen sofort in ihrer Kursbildung umsetzt, ist sie eine der besten Informationsverbreitungsmaschinen. Gerade ihre Unvorhersagbarkeit zeigt an, daß sie Informationen besonders gut verarbeitet. Wie ein Brennglas verschiedene Lichtstrahlen bündelt, bündelt oder verdichtet der Börsenkurs eines Unternehmens alle für die Wertbestimmung dieses Unternehmens relevanten öffentlich zugänglichen Informationen. Man kann sich deshalb an ihr als an einem zuverlässigen, anderen Indikatoren vorauseilenden Indikator orientieren. Nicht um an der Börse Geld zu verdienen, beobachtet man dann die Börsenkurse, sondern um seine außerbörslichen Dispositionen möglichst optimal zu treffen. Der vor einem knappen Jahr, am 19. Oktober 1987 erfolgte Börsencrash hatte deshalb so starke Auswirkungen auf wirtschaftspolitische Maßnahmen und unternehmerische Dispositionen. Aus dieser Sicht ist die Börse ein Ordnungsfaktor, das Gegenteil von Chaos.

Die Analogie zwischen Natur und Gesellschaft

Da ich als Sozialwissenschaftler zu Naturwissenschaftlern und Ärzten spreche, liegt es im Rahmen meines Themas nahe, auf die vielen Versuche einzugehen, Analogien zwischen Natur und Gesellschaft zu ziehen. Platons Idealgesellschaft in seiner Politeia ist dem menschlichen Organismus — genauer der menschlichen Seele nachgebildet. Am Beginn der modernen Physiologie steht die Entdeckung des Blutkreislaufs durch Harvey früh im 17. Jahrhundert. Diese Entdeckung inspirierte hundert Jahre später den französischen Arzt Quesnay zur ersten Formulierung des Wirtschaftskreislaufs. Adam Smith entwickelte das Prinzip der unsichtbaren Hand: Im Wettbewerb des Marktes verhalten sich die einzelnen Mitglieder der Gesellschaft so, als ob sie das Gemeinwohl zum Ziele hätten, während sie doch nur ihre eigenen egoistischen Ziele im Auge haben. Es entwickelte sich hieraus und aus verwandten Gedanken von Hume, Mandeville und anderen die Idee, daß wohlgeordnete Verhältnisse auch anders erklärbar sind als durch Voraussetzung eines alles dirigierenden und koordinierenden Planers. Wie Friedrich August von Hayek nachgewiesen hat, haben diese Ideen Darwin und die anderen Pioniere der biologischen Evolutionsidee beeinflußt. Heute spielt umgekehrt der Gedanke der biologischen Evolution für die Sozialwissenschaft eine große Rolle. Umgekehrt spricht Marvin Minsky etwa von einer „Society Theory of the Brain": das Funktionieren der Gesellschaft wird als Vorbild für das Funktionieren des Gehirns genommen.

Die Analogiebildung Gesellschaft — Natur ist ohne jeden Zweifel äußerst fruchtbar und anregend. Aber sie ist auch problematisch, sie kann zu falschen Diagnosen und Therapievorschlägen führen. Karl Popper hat in einer genauen Analyse gezeigt, daß Platons Politeia die geistige Quelle des modernen Totalitarismus ist. Platons Definition von Gerechtigkeit als das, was dem Staat nützt und seine Idealvorstellung eines isolierten, nach außen kontaktarmen Staates (das Gegenteil einer offenen Gesellschaft) wird von Popper als geistiger Nährboden des Totalitarismus angesehen. Es besteht kein Zweifel, daß diese Gedanken bei Platon an Plausibilität gewannen, weil er die Analogie zwischen Gesellschaft und menschlicher Seele zog. Das Idealbild des Menschen als Individuum mit kohärentem Charakter, dessen Wille in der Lage ist, sich und alle Sinne auf ein Ziel auszurichten, führt durch die Analogiebildung hin zu einem Staat mit einem Volk, einem Reich und einem Führer.

Die moderne Chaostheorie, wie sie auf dieser Tagung im Mittelpunkt des Interesses steht, betrachtet dynamische, nicht-lineare Systeme. Aus dem Zustand des Systems zu einem bestimmten Zeitpunkt entwickelt sich mittels der Bewegungsgesetze ein anderer Zustand in der Zukunft. Die Bewegungsgesetze liegen ein für allemal fest. Für viele die Naturwissenschaft interessierende Phänomene ist das eine adäquate Beschreibung. Die Bewegungsgesetze der Elemente des Systems liegen fest. In den Sozialwissenschaften sind die Elemente des Systems die einzelnen Individuen. Sie sind mit Bewußtsein, Willen und Voraussicht begabt. Ihr Verhalten wird beeinflußt durch ihre Erwartungen über die Zukunft. Unterstellt man, daß zwischen dem Geschehen im Gesamtsystem und den Erwartungen der Individuen über dieses System ein Zusammenhang besteht, so gibt es sozusagen eine Rückwirkung vom künftigen Zustand des Gesamtsystems auf das heutige Verhalten seiner Elemente. Es ist unwahrscheinlich, daß sich unter diesen Bedingungen vergleichbare Chaosphänomene finden lassen. Damit ist allerdings noch nicht bewiesen, daß es in der Volks- oder Weltwirtschaft kein Chaos geben kann.

Lassen Sie mich ein Beispiel geben. Vielen Leuten bekannt ist der Schweinezyklus: Ist der Schweinepreis hoch, entschließen sich viele Schweinezüchter, mehr Tiere aufzuziehen. Ein Jahr später ist deshalb ein hohes Angebot am Markt, das nur abgesetzt werden kann, wenn der Preis drastisch sinkt. Der niedrige Preis führt dazu, daß von den Schweinezüchtern jetzt weniger Schweine aufgezogen werden. Das aber führt wieder ein Jahr später zu einem geringen Angebot, also einem hohen Preis. So schaukelt der Preis immer hin und her, zwischen hoch und niedrig. Das ist der Schweinezyklus. Dieses Phänomen ist empirisch beobachtet worden, und es ist nicht schwer, ein dynamisches Modell zu konstruieren, das den Schweinezyklus mathematisch beschreibt. Dennoch kann man sich auf den Schweinezyklus nicht verlassen. Wenn man dies könnte, dann könnte jedermann die zyklische Entwicklung der Preise voraussagen, auch die Schweinezüchter. Sie würden ihr Verhalten ändern, und das würde den Zyklus zerstören.

Das wirtschaftliche Ordnungsproblem: produktive Kooperation

Das wesentliche Ordnungsproblem menschlichen Wirtschaftens resultiert daraus, daß die Kooperation von Menschen für die Beteiligten Vorteile bringt und deshalb stabile Formen dieser Kooperation gefunden werden sollten. Ein wesentlicher Teil dieser Kooperationsvorteile beruht darauf, daß Ressourcen gemeinsam und deshalb wirtschaftlicher genutzt werden können. Eine Küche, eine Dusche, eine Toilette kann von mehr als einer Person genutzt werden. So ist das Zusammen-Wohnen wirtschaftlicher als das isolierte Wohnen aller Personen. Aber auch menschliche „Ressourcen" können gemeinschaftlich günstiger genutzt werden. Ein Herzchirurg etwa ist eine solche Ressource, die mit großem Aufwand erstellt wird: Jahrzehnte der Ausbildung und ein erheblicher materieller Aufwand. Die Arbeitsteilung und Spezialisierung ist somit ein besonders hervorstechendes Beispiel der Kooperationsvorteile in der Form gemeinschaftlicher Nutzung von Ressourcen, die eigens für ihre gemeinschaftliche Nutzung produziert werden.

Mit Hilfe der Arbeitsteilung kann dem Menschen zur Erfüllung seiner Bedürfnisse ein Vielfaches des Wissens und der Fertigkeiten zur Verfügung gestellt werden, die er sich selbst erwerben könnte. Die Arbeitsteilung und die menschliche Kooperation überhaupt hat sich in einem jahrtausendelangen historischen Evolutionsprozeß herausgebildet. Dieser Prozeß ist noch keineswegs abgeschlossen. Ihm verdanken wir den enorm hohen Lebensstandard der westlichen Welt, ebenso aber auch die Fähigkeit der Menschheit, auf diesem Globus fünf und mehr Milliarden Menschen gleichzeitig zu ernähren.

Während wir alle an den Ergebnissen dieser gigantischen menschlichen Kooperation interessiert sind, ist es die spezielle Aufgabe des Ökonomen, zu verstehen, wie und unter welchen Bedingungen diese Kooperation eigentlich funktioniert. Kooperation fällt nicht einfach vom Himmel. Sie muß in irgendeiner Weise bewußt herbeigeführt, geplant werden, und das erfordert Aufwand. Es gibt auch Kooperationshindernisse. Dazu gehört beispielsweise die räumliche Distanz. Die Stadt als Ansammlung von Menschen auf engem Raum ist ein Phänomen, das erklärbar ist aus dem Bedürfnis, das Kooperationshindernis räumliche Distanz zu reduzieren. Die städtische Wirtschaft erreicht deswegen immer einen höheren Grad der Arbeitsteilung als die ländliche.

Kooperation kann entweder bewußt geplant sein oder sie kann spontan erfolgen. Die verabredete, bewußt geplante Kooperation findet sich zum Beispiel im Arbeitsprozeß, der sich in einem Unternehmen, einem Institut, einer Behörde, einer Armee oder auch einem privaten Haushalt abspielt. Daneben gibt es die spontane Kooperation. Ein interessantes Beispiel aus dem Ersten Weltkrieg: Während des Stellungskriegs in den Schützengräben entwickelten sich zwischen sich gegenüberliegenden feindlichen Einheiten stillschweigende Stillhalteabkommen. Die eine Seite beschoß die andere nicht, wenn dies auch umgekehrt nicht geschah. Diese spontane Kooperation war natürlich immer dadurch gefährdet, daß die jeweiligen Heeresführungen sie bekämpften. Bei von oben angeordneten Großangriffen mußte sie jeweils zusammenbrechen. Aber sie blieb ein regelmäßig anzutreffendes Phänomen, das vielleicht vielen Menschen das Leben gerettet hat. Oder auch: Wenn in einer unwegsamen Gegend die Bewohner bestimmte Routen bevorzugt nehmen, durch Benutzung einen gangbaren Weg schaffen und so gemeinsam eine Ressource nutzen und durch Nutzung instandhalten. Aber auch die gemeinschaftliche Nutzung der gleichen Sprache, um sich zu verständigen, ist eine solche Form spontaner Kooperation. Bei diesem Beispiel wird deutlich, daß spontane Kooperation (sprachliche Verständigung) genutzt werden kann, um geplante Kooperation zu ermöglichen, die meist ohne sprachliche Verständigung nicht möglich wäre oder doch rudimentär bleiben müßte. Aber es gibt auch das umgekehrte: die Planung der spontanen Kooperation. Wer sich Gäste einlädt, um mit ihnen einen netten und lustigen Abend zu verbringen, plant einen Erfolg, der erst durch Spontanität eintreten kann. Wer sich unternehmerisch betätigt und ein neues Produkt auf den Markt bringt, plant die spontane Kooperation zwischen ihm und dem Rest der Gesellschaft, die sich aber erst verwirklicht, wenn das Produkt tatsächlich gekauft wird.

Damit aber sind wir bei dem neben der Sprache wichtigsten Medium spontaner Kooperation, dem Markt. Der Kauf und Verkauf von Gütern über den Markt ist die Form, in der die Arbeitsteilung sich auf dem Wege der spontanen Kooperation vollzieht und im historischen Prozeß ständig verfeinert. Sie ist begleitet von der geplanten Kooperation im Unternehmen, in dem unter einer Oberleitung ein planmäßiger arbeitsteiliger Produktionsprozeß abläuft.

Kooperationskosten

Beide Formen der Kooperation sind mit Kooperationskosten verbunden. Diese sind aber verschiedener Art. Vor allem aber ist ihre Abhängigkeit von dem Ausmaß der Kooperation verschieden. Jeder von uns kennt das Phänomen, daß sich die Zahl der Hände, die sich gegenseitig schütteln, ungefähr mit dem Quadrat der Zahl der Personen steigt, die sich durch Händedruck begrüßen. Es liegt nahe, zu folgern, daß die Kooperationskosten in einem Betrieb mit dem Quadrat seiner Mitarbeiter ansteigen. Ganz so stark wird der Anstieg nicht sein, weil mit zunehmender Größe andere Kooperationsformen gewählt werden. Von einer bestimmten Größe der Versammlung an wird man z. B. bei der Begrüßung darauf verzichten, jedem anderen Teilnehmer die Hand zu schütteln. Mit wachsender Größe des Teams werden z. B. Kooperationsformen völliger Gleichberechtigung zurücktreten und hierarchisch strukturierte Formen in den Vordergrund treten. Die mehrstufige Hierarchie ist für große Organisationen wahrscheinlich die einzige praktikable Form der Kooperation. Dennoch bleibt die Erkenntnis, daß die Kooperationskosten überproportional mit der Größe der Organisation steigen.

Ganz anders stellt sich die Sache beim Markt, bei der spontanen Kooperation dar. Die Kooperationskosten des Marktes nennen wir auch Transaktionskosten. Sie bestehen z. B. im Zeitaufwand des Verhandelns, der Kontrolle über die vertragsgemäße Leistung des Kooperationspartners und anderes mehr. Es besteht kein Grund weshalb die Transaktionskosten überproportional mit der Zahl der Marktteilnehmer steigen sollten. Im Gegenteil, mit steigender Marktgröße lohnen sich Marktverfahren, die die Transaktionskosten pro Transaktion senken, die aber ein bestimmtes Mindesttransaktionsvolumen voraussetzen. Börsen sind ein Beispiel für eine solche transaktionskostensenkende Institution, die erst bei hohem Transaktionsvolumen eingesetzt werden kann. Entscheidend ist aber, daß es von den Transaktionskosten her keine obere Grenze für die Größe der Märkte gibt. Demgegenüber sind der geplanten Kooperation Grenzen gesetzt durch mit der Größe überproportional wachsende Kooperationskosten. Andererseits gebietet die geplante Kooperation solange über Vorteile, als die Kooperationskosten niedrig sind. Diese Kooperation im kleinen kann dann ungleich intensiver sein, als es der spontanen Marktkooperation möglich ist.

Das Gesetz der zunehmenden Interdependenz

Somit entsteht das uns gewohnte, ungeplant entstandene Gesamtbild eines großen Kooperationsnetzes, in dem zahlreiche Knoten der intensiveren geplanten Kooperation miteinander durch die einzelnen Fäden verbunden sind, die wir Marktbeziehungen nennen. Es ist wichtig, zu verstehen, daß dieses Netz der Kooperation einerseits im ganzen und auf kurze und mittlere Sicht eine große Stabilität aufweist, daß es aber andererseits in vielen Details sich ständig ändert. Die über die Zeit kumulierten Änderungen führen im wirtschaftlichen Entwicklungsprozeß zu fundamentalen Umstrukturierungen. Die Stabilität der Kooperationsbeziehungen ist besonders zu betonen. Nur durch sie ist eine solch feine und hochgezüchtete Kooperationsstruktur denkbar. Denn mit bekannten Gesichtern kooperiert man leichter als mit unbekannten. Wenn wir in der Regel über Monate bis Jahre und Jahrzehnte am gleichen Arbeitsplatz tätig sind, und die Kollegen, mit denen wir zusammenarbeiten, nur ganz allmählich wechseln, wenn die Hausfrau jeden Tag oder jede Woche für den Einkauf des täglichen Bedarfs dieselben Läden frequentiert, wenn man über Jahre oder Jahrzehnte zum selben Hausarzt, in dieselbe Stammkneipe, in dieselbe Kirche geht, so zeigt sich an diesen Konstanten des Alltags die enorme Zähigkeit der wirtschaftlichen Kooperationsbeziehungen. Der Suchaufwand für geeignete Kooperationspartner ist entsprechend kleiner. Langandauernde Kooperationsbeziehungen sparen Kooperationskosten. Diese basieren auf einem gewissen Ausmaß an Vertrauen zwischen Kooperationspartnern. Vertrauen ist ein sozialer Mechanismus zur Herabsetzung von Kooperationskosten.

Diese Beobachtung gilt auch für eine der wichtigsten Institutionen der Kooperation, für das Geld. Die Menschen haben das Geld ebensowenig erfunden wie die Sprache. Erst recht nicht die Nationalökonomen. Das Geld hat sich von einem bestimmten Stand der Kooperation an aus bestimmten Vorformen entwickelt. Nachträglich können wir seine enorm wichtige Funktion für die Erleichterung und damit für die Verfeinerung der Kooperation registrieren und analysieren. Durch Geld, das allgemeine Kaufkraft bedeutet, können Menschen veranlaßt werden, Leistungen für andere zu erbringen, die ihnen nicht gegen für sie unmittelbar nützliche Gegenleistungen abgegolten werden müssen. Die Ge-

genleistung besteht in abstrakter Kaufkraft, die vom Leistenden beliebig für den Kauf einer anderen Leistung eingesetzt werden kann. Das Leistungsgeflecht kann dadurch wesentlich verfeinert werden. Die Arbeitsteilung kann viel weiter geführt werden. Aber auch der Institution des Geldes liegt Vertrauen zugrunde, nämlich Vertrauen in seine bleibende Kaufkraft. Dieses Vertrauen muß durch die Erfahrung ständig bestätigt werden. Aus Ländern und Zeiten mit sehr hoher Inflation kennt man Fälle, wo das Vertrauen in das Geld schwindet. Dieses führt regelmäßig zu Rückbildungen in der Kooperation und Arbeitsteilung mit entsprechenden Verlusten an Produktivität und Lebensstandard. Einige lateinamerikanische Länder bieten hierfür ein aktuelles Beispiel.

Es ist für die Geldwirtschaft insbesondere zu betonen, daß es in ihr Ketten von Kooperationen derart gibt, daß je zwei benachbarte Glieder der Kette sich gut kennen und vertrauensvoll zusammenarbeiten, daß aber in der Regel weiter entfernte Kettenglieder einander nicht kennen. Diese können nun aber indirekt miteinander kooperieren, weil sie indirekt durch eine Vertrauenskette miteinander verbunden sind. So widerspricht die Voraussetzung des Vertrauens nicht dem Phänomen, daß ganz Unbekannte miteinander kooperieren.

Der Zähigkeit der Kooperationsbeziehungen widerspricht nicht, daß sich ein ständiger Wandel vollzieht. Es gibt Fortschritt, auch gelegentlich Rückschritt. Der technisch-wirtschaftliche Fortschritt manifestiert sich zum Beispiel darin, daß die Produktionskosten sinken, daß neue Produkte geschaffen werden, aber auch insbesondere darin, daß die Kooperationskosten sinken. Auf diesen Aspekt der sinkenden Kooperationskosten möchte ich nunmehr eingehen. Wenn zum Beispiel die Transporttechnik sich verbessert, so wird großräumigere Kooperation möglich. Die Erfindung des Telefons senkt die Kooperationskosten erheblich und erlaubt deshalb eine Verfeinerung des Kooperationsnetzes und der Arbeitsteilung. Denken Sie an den historischen Prozeß ständig weitergehender Spezialisierung in der ärztlichen Versorgung. Die räumliche Ausdehnung des „Marktes" für einen ärztlichen Spezialisten von heute wäre nicht möglich ohne die modernen Verkehrs- und Kommunikationsmittel. Da die Verkehrs- und Kommunikationstechnik ständig leistungsfähiger wird, steigt der Grad der Interdependenz der menschlichen Handlungen durch steigende Kooperation und Arbeitsteilung. Wir können sprechen von einem Gesetz der wachsenden Interdependenz.

Ein mögliches Maß der Arbeitsteilung und damit der Interdependenz läßt sich übrigens leicht denken, ohne daß sich bisher die Ökonomie der Mühe unterzogen hätte, die dafür nötigen empirischen Messungen auch tatsächlich durchzuführen. Ohne hier auf methodische Details einzugehen, wie man zu den entsprechenden Zahlen kommt, läßt sich denken, daß man für jeden Menschen, der Arbeit leistet, einen Vektor aufstellt, der angibt, für welche Endverbraucher letztlich diese Arbeit geleistet wird. Der Arbeitsteilung ist um so weiter gediehen, je stärker auf verschiedene Endverbraucher die Arbeitsleistung verteilt ist. So liegt nahe, den so definierten Arbeitsvektor eines Berufstätigen als Wahrscheinlichkeitsverteilung aufzufassen: wie wahrscheinlich ist es, daß ein zufällig herausgegriffenes Arbeitspartikel des Herrn Maier dem Endverbraucher Schulz zukommt? Für den so definierten Arbeitsvektor des Herrn Maier kann man jetzt das Maß der Entropie feststellen. Der Grad der Arbeitsteilung in der Volkswirtschaft wäre dann das durchschnittliche Entropiemaß der Arbeitsvektoren aller am Arbeitsprozeß beteiligten Personen.

Die normative Definition von Ordnung

Ein weiterer Unterschied zwischen Natur und Gesellschaft (oder Wirtschaft) besteht darin, daß in der Gesellschaft ein Bewertungskriterium existiert, das in dieser Form in der Natur fehlt. Die Wirtschaft ist ja für einen Zweck da, nämlich den Wohlstand oder allgemeiner das Wohlbefinden der Mitglieder der Gesellschaft möglichst groß zu machen. Eine Gesellschaft, in der alle hungern, kommt diesem Ziel weniger nah als eine Gesellschaft, in der alle satt sind. Eine Gesellschaft, in der ein friedliches Zusammenleben möglich ist, ist einer Gesellschaft vorzuziehen, in der Mord und Totschlag herrschen. Entsprechende eindeutige Kriterien zum wertenden Vergleich verschiedener Zustände von Systemen in der Natur gibt es nicht. Es fehlt hier die normative Dimension, die für den Vergleich von hypothetischen Zuständen einer Gesellschaft selbstverständlich ist.

Es liegt natürlich nahe, den Begriff der Ordnung und den Gegenbegriff des Chaos mit diesem Kriterium des Wohlstands in Verbindung zu bringen. Eine Gesellschaft, in der die Mitglieder sich darauf verlassen können, täglich ihren Nahrungsbedarf decken zu können, hat ein höheres Maß an Ordnung als eine Gesellschaft, in der die Lebensmittelzufuhr unsicher ist und oft Hunger ausbricht. Eine friedliche Gesellschaft ist geordneter als eine solche, in der jeder gegen jeden Krieg führt. Verstehen wir Ordnung in diesem Sinn, dann wird Ordnung ein Ziel und Chaos ein Zustand, dem man zu vermeiden sucht. Man kann dann einen Schritt weitergehen und das Maß an Ordnung identifizieren mit dem Grad des Wohlstandes, der in einem Wirtschaftssystem erreicht worden ist.

Nach diesem Kriterium wäre der Ordnungsgrad einer Volkswirtschaft wie der Schweiz oder der Bundesrepublik oder der USA wesentlich höher als der Indiens oder Chinas oder auch der Sowjetunion. Diese Aussage ist für einen Anhänger der Planwirtschaft osteuropäischer Prägung sehr paradox. Die Planwirtschaft wird ja gerade mit den anarchischen Eigenschaften der Marktwirtschaft begründet. Sie soll dazu dienen, das Chaos des Marktes oder die naturwüchsigen Strukturen des Marktes durch bewußt von Menschen geplanten Strukturen, also durch Ordnung zu ersetzen. Aber die intendierte Ordnung ist eben noch nicht die realisierte Ordnung. Je ehrgeiziger das Ordnungsziel, desto größer kann die Lücke zwischen dem Ziel und dem Erreichten werden. Chruschtschow war noch des Glaubens, der Sozialismus, die Planwirtschaft könne den Kapitalismus in zwei Jahrzehnten ein- und überholen. Die

Gorbatschow-Ära ist dadurch geprägt, daß auch in der offiziellen Doktrin zugegeben wird, daß die bisherige Form von Planung sich für dieses Ziel nicht eignet. In der realen Planwirtschaft Osteuropas sind zahlreiche Chaoselemente enthalten. Die faktische Koordinationskraft der Planwirtschaft ist geringer als die der Marktwirtschaft. Die Leistungskraft spontaner Koordination ist von den Planwirtschaftlern nicht gesehen worden. Natürlich gibt es in Osteuropa zahlreiche Formen spontaner Marktkoordination, die von der Regierung teils geduldet, teils bekämpft werden. Aber ohne sie käme man gar nicht aus. Immerhin muß die Planwirtschaft auf einen wesentlichen Teil der Koordinationskraft der spontanen Kooperation über den Markt verzichten, da der Staat die Entstehung entsprechender Märkte verhindert. So ist im Ergebnis der Grad der Arbeitsteilung in der Planwirtschaft geringer, das Netz der Kooperation weniger feinmaschig als in der Marktwirtschaft. Es ist anhand dieses Ost-West-Vergleichs zu konstatieren, daß der Prozeß der menschlichen Kooperation und ihrer Entwicklung im großen nicht geplant werden kann. Immer nur kleine Teilbereiche sind planbar. Friedrich August von Hayek ist sein Leben lang nicht müde geworden, uns diese Erkenntnis zu lehren.

Evolution, Innovation und Innovationsketten

Ein weiterer wesentlicher Unterschied zwischen Systemen in der Natur und gesellschaftlichen Systemen ist das Evolutionstempo. Der Grundgedanke der Evolution kann sicherlich auf Gesellschaften angewendet werden. Aber im Detail bestehen wichtige Unterschiede, die man beachten muß, wenn die Analogiebildung nicht zu Fehlern führen soll. Die Hauptursache des Unterschieds ist wieder die Tatsache, daß die Elemente natürlicher Systeme sich nach festliegenden Regeln verhalten, während die Elemente des Systems Gesellschaft, die einzelnen Menschen, planend-antizipierend handeln und deshalb der Systemzustand ihre Verhaltensregeln beeinflußt. Die biologische Evolution vollzieht sich deshalb relativ langsam, weil sie auf der zufälligen Mutation von Genen beruht, wobei der Genpool schon weitgehend lokal optimiert ist, was zur Folge hat, daß eine zufallsgesteuerte Mutation mit ganz überwiegender Wahrscheinlichkeit die Überlebensfähigkeit negativ und nicht positiv beeinflußt. Anders in der menschlichen Gesellschaft. Der biologischen Mutation entspricht hier die Innovation, die aber in der Regel von einem einzelnen bzw. einer kleinen Gruppe bewußt geplant und ins Werk gesetzt ist. Sie ist deshalb keine Zufallsauswahl aus einer sehr großen Menge von möglichen Veränderungen, sondern eine schon sehr stark gerichtete Veränderung. Die Erfolgswahrscheinlichkeit einer versuchten Innovation ist deshalb ungleich größer als die einer zufälligen Mutation. Da zudem der menschliche Geist Veränderungen ausdenken kann, die in einem Sprung als Zufallsmutation praktisch eine Wahrscheinlichkeit Null hätten, führen die Innovationen in einem geeigneten sozialen Klima zu einem Tempo der Veränderung und des Fortschritts, das um Größenordnungen höher ist als in der organischen Natur.

Die moderne menschliche Gesellschaft ist nicht zu verstehen, wenn man nicht sieht, daß sie eine auf ständige Veränderung angelegte Gesellschaft ist. In den Worten von Karl Marx, sicher einem der besten Analytiker des Kapitalismus, können wir formulieren: „Die Bourgeoisie kann nicht existieren, ohne die Produktionsinstrumente, also die Produktionsverhältnisse, also sämtliche gesellschaftlichen Verhältnisse fortwährend zu revolutionieren" (Kommunistisches Manifest). Das Gesetz der wachsenden Interdependenz führt im übrigen zu einer tendenziellen Beschleunigung dieser permanenten Revolution. Innovationen wie der Personal Computer haben innerhalb eines knappen Jahrzehnts die Volkswirtschaften der westlichen Industrieländer durchdrungen. Vor zweihundert Jahren hätte eine vergleichbare Innovation ein halbes oder ganzes Jahrhundert für die Durchdringung eines vergleichbar großen Gebiets gebraucht.

Im übrigen bauen Innovationen aufeinander auf. Sie bilden eigentliche Innovationsketten. Dafür möchte ich ein Beispiel geben. In der ökonomischen Theorie der erschöpfbaren Ressourcen, zu denen etwa Bodenschätze wie Kohle, Öl, Gas und andere gehören, gibt es die berühmte Formel von Hotelling. Der amerikanische Ökonom Hotelling hat vor einem halben Jahrhundert richtig abgeleitet, wie der Preis einer erschöpfbaren Ressource sich entwickeln sollte, wenn die Menge an Vorräten dieser Ressource bekannt ist. Rechnet man die Förderkosten heraus, so bleibt ein Nettoknappheitspreis der erschöpfbaren Ressource, und dieser Preis steigt nach der Hotellingschen Formel im Zeitverlauf gemäß der Zinseszinsformel an. Die ökonomische Begründung ist leicht zu verstehen. Ein vorhandener Vorrat eines erschöpfbaren Rohstoffes ist wie ein Kapitalgut. Diesen Vorrat nicht heute schon auszubeuten, ist analog zu sehen einer Investition in die Zukunft. Die Rendite einer solchen Investition muß bestimmt sein durch den Marktzinssatz. Diese Rendite besteht aber in der Höherbewertung der erschöpfbaren Ressource in der Zukunft, und so muß diese Höherbewertung im Gleichgewicht sich an diesem Marktzinssatz orientieren.

Sieht man die Praxis der Rohstoffmärkte an, so ist von der Hotelling-Formel nichts wiederzufinden. Der Ölpreis ist in der Nachkriegszeit, aber auch schon vorher, gemessen in konstanter Kaufkraft bis 1972 ständig gesunken. In dieser Zeit hatte man die Hotelling-Formel schon weitgehend vergessen. Durch den drastischen Anstieg des Ölpreises in der Energiekrise 1973/74 begannen sich die Wirtschaftstheoretiker der Hotelling-Formel wieder zu erinnern. Es begann eine Periode der Prognose immer höherer Ölpreise, die stark an die Hotelling-Formel angelehnt waren. Es ist aber nicht sicher, daß die Preise derart weitersteigen. Heute ist der Ölpreis real wiederum auf einem Niveau, das durchaus mit dem vergleichbar ist, wie es etwa in den 60er Jahren schon einmal geherrscht hat.

Was ist das Problem der Hotelling-Formel? Sie berücksichtigt nicht die Dynamik des Innovationsprozesses oder des technischen Fortschritts. Als die Ölindustrie im Jahre 1859 begann, war die Kenntnis über die Ölvorräte minimal. Schon im Verlauf des 19. Jahrhunderts hat man viel über Ölvorräte dazugelernt. Immer neue Felder wurden entdeckt und dieser Prozeß ist bis heute nicht abgeschlossen. Erst kürzlich haben die Experten auf diesem Gebiet ihre Schätzungen über die vorhandenen Ölvorräte erheblich nach oben revidiert. Dabei ist das Kriterium ständig gewesen, Vorräte, die wirtschaftlich abbaubar sind. Aber der Begriff der wirtschaftlichen Abbaubarkeit selbst ist natürlich nicht nur eine Funktion des jeweiligen Ölpreises, sondern er ist insbesondere auch eine Funktion des jeweiligen Stands der Technik. Heute wird im offenen Meer, etwa in der Nordsee, unter Bedingungen Öl abgebaut, wie sie noch vor einigen Jahrzehnten wohl undenkbar gewesen wären, und wie man sie sich vor 100 Jahren kaum hat vorstellen können. Es hat einen erheblichen technischen Fortschritt in der Fördertechnik gegeben. Dadurch sind Vorräte wirtschaftlich abbaubar geworden, die es früher nicht gewesen sind.

Dabei geht es nicht nur um das Finden neuer Ölfelder, sondern es geht insbesondere auch um die bessere Ausnutzung vorhandener Felder. Erst vor kurzem hat Morris Adelman, der bekannte Erdölökonom am MIT, dafür ein schönes Beispiel genannt. In Kalifornien gibt es das Feld mit dem Namen ,,Kern River". Es wurde 1899 entdeckt. Nachdem man es 43 Jahre lang ausgebeutet hatte, schätzte man es in den 40er Jahren auf einen verbleibenden Reservebestand von 54 Mio barrel. In den darauf folgenden 43 Jahren, also bis zum Jahre 1985, hat dieses Feld nicht 54, sondern 730 Mio barrel an Öl geliefert. Am Ende dieser Periode, 1986, schätzt man die verbleibenden wirtschaftlich abbaubaren Reserven auf 900 Mio barrel.

Das Beispiel des Erdöls zeigt uns ein allgemeines Phänomen. Ausgelöst durch irgendeinen historisch wichtigen Vorgang entsteht eine neue Branche, in diesem Fall die Ölindustrie. Im Verlauf der Tätigkeit dieser Branche akkumuliert sie ständig weitergehendes Know how — technisches, kommerzielles und sonstiges. Indem produziert wird, wird gelernt. Dieser Lernprozeß, der branchenweit stattfindet, steigert die Produktivität der Branche, steigert das Wissen über die Einsatzmöglichkeiten des Hauptprodukts der Branche. Eine Innovation hat dann nicht nur die Funktion, die Produktivität unmittelbar zu verbessern, sondern sie ist meist Ausgangspunkt weiterer Innovationen, die in der Zukunft liegen.

Diesen Entwicklungsprozeß einer Branche möchte ich als zukunftsoffenes System bezeichnen. Ganz anders als bei der Hotelling-Formel konnte man hier von etwas sprechen, was ich meinem verehrten älteren Fachkollegen Adelman zu Ehren nennen möchte: Adelmans Gesetz: Alle statischen Berechnungen über erschöpfbare Ressourcen sind grundsätzlich falsch. Mit der Ausbeutung dieser Ressourcen wächst das Wissen über zusätzliche vergleichbare Ressourcen. Zusammen mit dem technischen Fortschritt bewirkt dies, daß der Preis der Ressource im Zeitverlauf der Tendenz nach sinkt und nicht steigt. Natürlich ist weder die Hotelling-Formel noch Adelmans Gesetz die volle Wahrheit.

Ordnung, Stabilität, Krise und Chaos

Kritiker und Befürworter des Kapitalismus oder des marktwirtschaftlichen Systems haben sich lange darüber gestritten, ob dieses System stabil oder krisen- und katastrophenanfällig sei. Die Frage, so glaube ich, kann nicht eindeutig beantwortet werden. Denn die Systemeigenschaften wirken auf das Verhalten der Individuen zurück, und dies kann zu einer Veränderung der Systemeigenschaften führen. Ein eindeutig stabiles System würde vermutlich die Individuen sehr wagemutig machen. Aus diesem Wagemut aber könnte gut ein instabiles Systemverhalten resultieren. Umgekehrt könnte ein stark instabiles System zu einem Rückzug der Individuen aus großen Teilen der Verflechtung und Interdependenz führen, und das könnte neben einem Zerfall des Gesamtsystems auch zu stabileren Systemen auf niedrigerer Integrationsstufe führen. Von diesen aus könnte ein neuer Anlauf in Richtung auf ein höher integriertes stabiles System gemacht werden. Ich glaube also, daß angesichts seiner hohen Innovationskraft das kapitalistische System nie als eindeutig stabil, aber auch nie als eindeutig instabil angesehen werden kann. Diese Ambiguität ist das Symptom seiner großen Wandlungs- und Entwicklungsfähigkeit.

Es ist interessant, dieser Frage noch etwas unter dem besonderen Aspekt der Krise nachzugehen. Die Wirtschaftsgeschichte lehrt uns, daß es immer Krisen gegeben hat. Diese haben sich allerdings ihrer Natur nach gewandelt. Zumindest kann man das für die industrialisierten Länden sagen. Die Krisen der vorindustriellen Epoche waren in der Regel Kriege, Seuchen und Hungerkatastrophen. Die Hungerkrisen wurden z. B. durch witterungsbedingt schlechte Ernten ausgelöst. Dahinter stand aber doch ein generelles Phänomen: der Bevölkerungsdruck und die Unfähigkeit, für Notzeiten auf gesellschaftlicher Ebene vorzukehren. Beide Dinge hingen miteinander zusammen: Weil beim damaligen Kooperationsgrad eine soziale Vorsorge nicht möglich war, sorgten die Eltern für sich durch Produktion vieler Kinder, die für sie Arbeitskräfte waren und sie im Alter um so sicherer versorgten, je zahlreicher sie waren. Dieses individuell rationale Verhalten sorgte für den Übervölkerungsdruck, der Kriege und Hungersnöte in häufiger aber im einzelnen unvorsehbarer Folge brachte. Diese Krisen hatten nun zur Folge, daß die soziale Vorsorge erst recht nicht gelang, ein circulus vitiosus. Die Krisen hatten zugleich die Funktion, die Bevölkerung zu stabilisieren. Insofern waren die Krisen ein Stabilitätsmoment. Aus der Ferne betrachtet besitzt diese vorindustrielle Zeit ein hohes Maß an Stabilität und Wiederholung des immer wieder gleichen. Aber das Leben des durchschnittlichen Individuums war sehr stark von Schicksalsschlägen heimgesucht, ob derer es sich in der Religion tröstete, die ihrerseits das Gesamtsystem als von Gott gewollt rechtfertigte und somit stützte.

In der industriellen Epoche wuchs zuerst die Bevölkerung sehr rasch an, weil man durch verbesserte Hygiene und verbesserte Transportmöglichkeiten von Nahrungsmitteln die bevölkerungsstabilisierenden Krisen beseitigte. Aber es entstand zugleich in den Städten eine neue Form der Vorsorge, die nicht mehr auf eine große Kinderzahl angewiesen war. So sanken auf die Dauer die Geburtenraten. Es bedurfte der Krisen alter Art nicht mehr, um die Bevölkerung zu stabilisieren. Das auf dem Geldwesen aufbauende weitaus intensivere System der Arbeitsteilung, d. h. die industrielle Revolution war die Mutter dieser segensreichen Entwicklung. Zugleich aber entstand mit dem Geldsystem eine neue Art von Krisen: die berühmten Kreditkrisen der Zeit zwischen 1815 und 1932. Da sie immer wiederkehrten, entstand der Eindruck, sie seien dem Kapitalismus inhärent. Im Kern handelte es sich um Vertrauenskrisen, die Perioden des Überoptimismus folgten. In den Zeiten des Booms war es leicht, Kredit zu erhalten, weil unter den Gläubigern die Kreditrisiken zu gering veranschlagt wurden. Die Krisen hatten sozusagen die Funktion, Investoren und Geldgeber wieder auf den Boden der Tatsachen zurückzuholen.

Im Verlauf des 20. Jahrhunderts hat man gelernt, mit den speziellen Problemen der Kreditkrisen besser umzugehen, so daß sie in der alten Form nicht mehr auftauchen werden. Aber die in unserer Zeit so intensiv diskutierte Verschuldungskrise der Dritten Welt zeigt, daß es voreilig wäre, vom grundsätzlichen Ende der Krisen zu sprechen. Vielleicht bedarf es solcher Krisen, um den Menschen den Realitätssinn zu bewahren. Da Optimismus und Pessimismus ansteckend sind, besteht ständig die Gefahr, daß sich die kollektive Stimmung zu stark von der Realität in die eine oder andere Richtung wegbewegt. Während die im Trend immer noch vorhandenen Potentiale der Lebensstandard-Steigerung dafür sorgen, daß pessimistische Wellen sich im Zeitverlauf totlaufen, ist es vielleicht jeweils eine Krise oder deren mehrere, die für eine Korrektur des Stimmungspegels nach unten sorgen. Indessen ist das, was ich hier vortrage, spekulativ. Ziemlich sicher bin ich mir nur, daß die Rückkoppelung vom Systemzustand auf das individuelle Verhalten in sozialen Systemen es unmöglich machen, ein hinreichend differenziertes System als inhärent stabil oder inhärent instabil zu charakterisieren.

Was geschieht eigentlich in einer Krise wie der großen Weltwirtschaftskrise Anfang der dreißiger Jahre. Die Produktion geht drastisch zurück. Das beruht im wesentlichen darauf, daß ein Mangel an Liquidität das bisherige Preisniveau an sich obsolet gemacht hat. Aber die Marktteilnehmer orientieren sich in ihrer Preissetzung noch an den Preisen der Vergangenheit, die aber sozusagen nicht mehr die „richtigen" Preise sind. An solchen Krisen erkennt man die Bedeutung des oben diskutierten Kontinuitätsprinzips. Das feinmaschige Kooperationsnetz basiert auf einem langsamen und allmählichen Wandel. Ein zu abrupter Schock führt zu Orientierungslosigkeit und damit der Tendenz nach zu Unterbrechungen der Kooperation und somit letztlich zu Einbußen der volkswirtschaftlichen Produktivität. Analog dazu muß man die gegenwärtig in Ländern wie Brasilien zu beobachtende Hyperinflation interpretieren, die auch zu starken Verzerrungen der Preisrelationen, zu Orientierungslosigkeit und so zu großen Produktionsverlusten führt. Der Lebensstandard in jenen Ländern mit hoher Inflation ist in den letzten Jahren erheblich zurückgegangen.

Spiegelbildlich dazu kann man den Effekt der deutschen Währungsreform aus dem Jahre 1948 nennen, die uns allen anläßlich des 40jährigen Jubiläums in Erinnerung gerufen wurde. Durch Schaffung einer stabilen Währung und die Freigabe der Preise konnte der Markt seine Rolle als Medium der spontanen Kooperation wieder spielen. Dies führte in kurzer Zeit zu vermehrter, bzw. wiedergewonnener Arbeitsteilung und so zu einer raschen Steigerung des Lebensstandards. Mit dieser optimistischen Reminiszenz möchte ich schließen.

Ordnung und Chaos: Neue Denkansätze in der Chemie

Heinrich Nöth, München

Unter den wissenschaftlichen Tagungen, die weltweit oder auch in unserem Lande veranstaltet werden, kommt der Versammlung der Gesellschaft Deutscher Naturforscher und Ärzte ein besonderer Rang zu: Unter einem Leitthema wird der derzeitige Stand der Naturwissenschaften und Medizin dargelegt und zur Diskussion gestellt. Sie bietet damit ein Forum, das wie kaum eine andere Tagung den Blick über den Zaun des engeren Fachgebietes hinaus erlaubt und damit den Boden für das Gespräch zwischen den Wissenschaftlern unterschiedlichster Fachrichtungen vorbereitet. Ordnung und Chaos in der unbelebten und belebten Natur: Unter diesem vielversprechenden Titel verbergen sich neue Denkansätze, auch im Bereich der Chemie, die sich in ihrer Auswirkung bisher wohl eher nur erahnen lassen und im normalen Gedankengebäude der Chemie noch kaum oder nur sehr zögernd Eingang gefunden haben. Kein Wunder, denn auch die Einführung von Symmetriekonzepten, also ordnender Prinzipien, die dazu meist noch zu ästhetisch ansprechenden Resultaten führten, dauerte bis zur allgemeinen Akzeptanz mehrere Jahrzehnte, obwohl sich ihre Nützlichkeit in einigen Bereichen sehr schnell herausgestellt hatte. Dabei will ich nun wahrlich nicht sagen, daß den Computerbildern der Fraktale das ästhetische Element fehlen würde; im Gegenteil, von diesem Chaos fühlt man sich richtig angesprochen.

Wenn der Chemiker sich an einem hochsymmetrischen Molekül erfreut, etwa dem Tetraedermodell des Methans oder dem Sechsringmodell des Benzols, dann strahlen diese nur deshalb soviel Symmetrie aus, weil wir starre Molekülmodelle vor uns haben, die so etwas ähnliches wie einen zeitlich gemitteln Zustand simulieren. Dabei wissen wir natürlich und unterstellen dies oft unbewußt dem Modell, daß die Atome um ihre Ruhelage schwingen, das heißt daß eine zeitaufgelöste Betrachtungsweise zu einer wesentlich geringeren Symmetrie, also zu einer geringeren Ordnung führt. Chemisches Verhalten können wir aber

---

Ansprache des Präsidenten der Gesellschaft Deutscher Chemiker anläßlich der GDCh-Festsitzung im Rahmen der 115. Versammlung der Gesellschaft Deutscher Naturforscher und Ärzte am 19. September 1988 in Freiburg i. Br. — Prof. Dr. Heinrich Nöth, Universität München eigentlich erst aus einem zeit- und energieaufgelösten Modell ableiten. Um so erstaunlicher ist es, daß es unserem Altvorderen *ohne* Kenntnis der modernen Methoden der Struktur- und Reaktionsaufklärung möglich war, ein umfassendes Wissen hohen prädikativen Wertes zu erarbeiten. Dies gelang mit bereits recht einfachen Modellvorstellungen. Um mit Liebig zu sprechen: Chemiker müssen Sehtiere sein: die Augen sehen nichts, was im Geist nicht vorher gedacht worden ist.

Aber ebenso, wie die Einführung des Symmetriekonzepts die Chemie von der konzeptiven Seite aus in ungeahnter Weise befruchtet und zur Systematisierung beigetragen hat, so werden sich auch aus der Theorie des deterministischen Chaos heraus sicher neue und originelle Modelle für die Chemie entwickeln — nach der Pause werden wir sehen, wozu das Chaos in der Chemie schon geführt hat!

Ob man die Theorie des deterministischen Chaos schon als didaktisches Konzept in die Ausbildung der jungen Chemikergeneration einbringen kann, vermag ich nicht zu beurteilen, da ich von dieser Theorie noch viel zu wenig verstehe. Geht man aber von Zeitungsmeldungen aus, dann könnte man fast annehmen, Chaos sei im Bereich der Chemie so etwas wie ein Normalzustand! Um dem abzuhelfen, muß man folglich die Ordnung durch Gesetze wieder herstellen!

Während mir die Anwendung der Theorie des Chaos auf chemische Probleme überhaupt kein Kopfzerbrechen macht, würde ich graue Haare bekommen, wenn ich sie nicht schon hätte, angesichts der Flut von Vorschriften, Verordnungen und Gesetzen, die den Umgang, Herstellung und Produktion von Stoffen in Laboratorien und der Industrie regelt. Nicht, daß ich mich gegen gesetzgeberische Maßnahmen aussprechen möchte: Wo Gefahren bestehen, muß der Gesetzgeber eingreifen, denn der Staat hat eine Vorsorgepflicht gegenüber dem Bürger. Wo Regelungen notwendig sind, sollten sie allein schon zur Gewährung der Rechtssicherheit eingeführt werden. Aber sie müssen überschaubar und praktikabel sein! Studiert man beispielsweise die Gefahrstoffverordnung näher, dann erkennt man schnell, daß die buchstabengetreue Auslegung oder Anwendung etwa in chemischen Praktika nahezu unmöglich ist und einen bürokratischen und personellen Aufwand erfordert, der meines Erachtens nicht vertretbar ist. Ob bei der Abfassung dieser Verordnung zum Beispiel Hochschullehrer der Chemie mit entsprechender Praxiserfahrung zur Beratung hinzugezogen wurden, weiß ich leider nicht. Der Anschein spricht jedenfalls nicht dafür, denn wie wäre es sonst erklärbar, daß nun eine Kommission Vorschläge für Realisierungsmöglichkeiten erarbeiten muß, denn nicht nur Universitätslaboratorien sind von dieser Verordnung betroffen, sondern auch der Chemieunterricht in der Schule.

Die Tatsache, daß praktisch jeder Chemiker, einschließlich derjenigen, die an der Universität tätig sind, in seiner Arbeit von einer ganzen Reihe neuer Gesetze, Verordnungen und Vorschriften berührt wird, läßt mich fordern, daß die Studierenden der Chemie künftig in speziellen Vorlesungen mit der Auslegung der gesetzlichen Bestimmungen vertraut gemacht werden müssen. Ich sehe dies auch unter dem Gesichtspunkt, daß man erwägen sollte, zu gegebenem Zeitpunkt die Diplomchemikerprüfung als Staatsprüfung einzuführen. Dies könnte mit dazu beitragen, daß dem Chemiker neue, leitende Positionen etwa im Bereich des Umweltschutzes, der Produktionsüberwachung u. a. eröffnet werden, wissen wir doch, daß in nahzu allen naturwissenschaftlichen Fächern chemische Methoden und Analysenverfahren unabdingbar sind, und in sehr vielen Fällen Chemiker die Untersuchungen durchführen, die Methoden weiter entwickeln und die Ergebnisse bewerten ohne aber dafür nach außen die Verantwortung übernehmen zu dürfen. Dies muß anders werden, und dafür wird sich die GDCh in Zukunft verstärkt einsetzen.

Ich will hier und heute nicht auf das „bad image" der Chemie eingehen; es ist mediengemacht und wird dem Verantwortungsbewußtsein unserer Kollegen in Forschung, Produktion und Vertrieb, in staatlichen Untersuchungsämtern und an den Hochschulen in keiner Weise gerecht. Hierzu wird etwas an anderer Stelle zu sagen sein. Das häufig gezeichnete Zerrbild von der Chemie ist alleine schon deshalb unangebracht, weil die Wissenschaft Chemie meines Erachtens noch nie so faszinierend war wie heute, und die chemische Industrie noch nie einen so großen Aufwand getrieben hat, die Umwelt so wenig wie möglich zu belasten. Einige Beispiele sollen dies verdeutlichen. Ich denke etwa an die Synthese von Verbindungen mit einem Alkalimetall-Anion, oder an Metallkohlenstoffcluster, wie LaC_{60}, an die keramischen Supraleiter ebenso wie an die plastischen Metalle. Die enantioselektive Synthese hat sich zu einem vorausplanbaren, also nichtchaotischen Werkzeug des synthetisierenden organischen Chemikers entwickelt und die enantioselektive Katalyse steht vor der Tür. Die Herstellung reinster Stoffe war Voraussetzung für die Entwicklung der Computerindustrie. Aufregende Ergebnisse hört man über neue Materialien für die nichtlineare Optik. Das Tor zur supramolekularen Chemie ist aufgestoßen und eröffnet nicht nur neue Anwendungsgebiete sondern führt den Chemiker zu neuen Denkansätzen in einer ihm üblicherweise sonst nicht nahestehenden molekularen Dimension. Oder wer hätte vor zehn Jahren angenommen, daß es gelingen würde, metallisch leitende organische Polymere herzustellen. Sie befinden sich heute bereits in elektrischen Batterien. Die Beschäftigung mit Membranen und dem Transport durch Membranen führte zur Entwicklung von Anlagen zur energiegünstigen Meerwasserentsalzung, und Membrane aus silylierten Polyacetylen ermöglichen eine Anreicherung von Sauerstoff und in nicht allzu ferner Zukunft wohl auch eine Trennung der Luftbestandteile in reine Komponenten. Die sich immer stärker entwickelnde Membrantechnologie kann eine Antwort zur Lösung von Umwelt- und Energieproblemen sein und werden.

Diese wenigen Beispiele mögen genügen, um zu zeigen, daß die Chemie eine außerordentlich lebendige Wissenschaft ist, die gerade im Wechselspiel mit ihren Nachbardisziplinen dem forschenden Geist und geschickten Experimentator faszinierende Möglichkeiten eröffnet, und die darüber hinaus auch nützlich ist.

Wie bisher, so wird die Chemie auch in Zukunft das Ihre zum Wohle der Menschheit beisteuern, denn, auch für Chemiker gilt das, was Albert Einstein einmal formulierte: ,,Die Sorge um den Menschen selbst und sein Schicksal muß stets das Hauptanliegen aller fachwissenschaftlichen Bestrebungen bilden, das sollte man mitten unter seinen Diagrammen und Formeln nie vergessen.“

TEIL I

Vorträge

Synergetik: Vom Chaos zur Ordnung und weiter ins Chaos

Hermann Haken, Stuttgart

Die Begriffe Ordnung und Chaos spielen in der Physik eine zentrale Rolle und haben hier ganz bestimmte Bedeutungen. Um diese zu illustrieren, stellen wir uns ein Gas vor, das ja aus einzelnen Atomen oder Molekülen besteht. Diese fliegen wirr in allen Richtungen durcheinander, wobei sie durch Zusammenstöße ständig ihre Geschwindigkeiten und Richtungen ändern und auch ständig verschiedene Lagen einnehmen (Abb. 1). Diesen Zustand bezeichnet der Physiker als mikroskopisches Chaos. Zuweilen ist auch das Wort „graues Chaos" gebräuchlich. Der Physiker kann die Größe dieses Chaos messen und berechnen. Ihm steht hierfür die Entropie als Maß für die Unordnung zur Verfügung.

Stellen wir uns nun einmal vor, daß wir in dem Gas Ordnung schaffen, indem wir alle Moleküle in eine Reihe bringen und alle in gleicher Richtung mit gleicher Geschwindigkeit laufen lassen (Abb. 2). Für diesen geordneten Zustand ver-

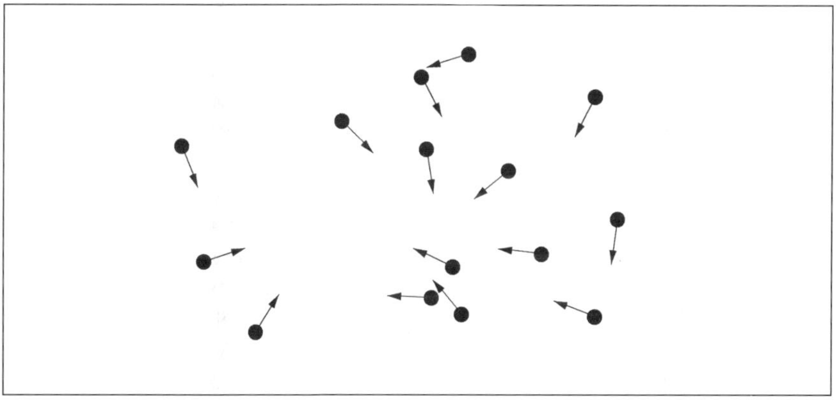

Abb. 1. Momentaufnahme der Atome oder Moleküle eines Gases mit ihren Geschwindigkeitspfeilen.

Prof. Dr. Dr. h. c. Hermann Haken, Institut für Theoretische Physik und Synergetik der Universität Stuttgart.

Abb. 2. Gasatome, die nach Lage und Geschwindigkeit künstlich angeordnet worden sind.

schwindet die Entropie. Überlassen wir dieses System sich selbst, so stellt sich aufgrund von Zusammenstößen der Moleküle untereinander und mit den Wänden sehr rasch wieder der für ein Gas typische ungeordnete Zustand ein. Die Entropie ist auf einen maximalen Betrag angewachsen. Hieraus schlossen die Physiker bereits im letzten Jahrhundert, daß das mikroskopische Chaos im Universum immer mehr anwächst und das Universum dabei schließlich den sogenannten Wärmetod erleidet.

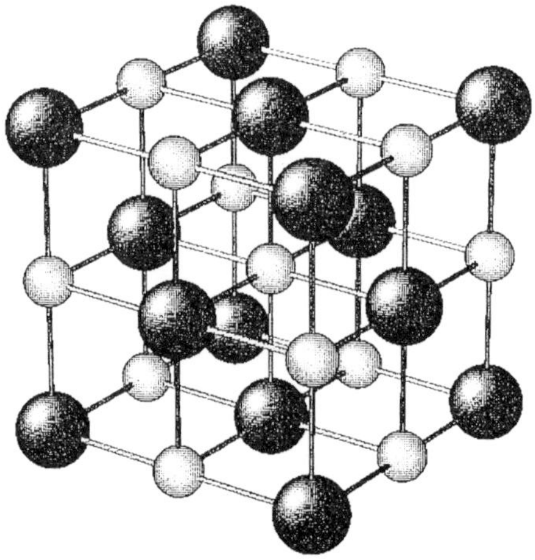

Abb. 3. Beispiel des Aufbaus eines Kristallgitters mit seinen räumlich-periodisch angeordneten Bausteinen.

Wie sind aber nun trotzdem Strukturbildungen, die wir überall beobachten können, möglich? Entziehen wir dem Gas Bewegungsenergie, kühlen wir es also ab, so entsteht zunächst eine Flüssigkeit, die bei weiterer Abkühlung in einen Kristall übergehen kann (Abb. 3). In ihm sind die einzelnen Atome oder Moleküle streng periodisch, das heißt in Form eines Gitters, angeordnet. Den hier vorliegenden Zustand müssen wir als tote Ordnung bezeichnen. Dieser stellt sicher kein geeignetes Beispiel für Ordnungen, wie sie in Lebewesen auftreten, dar. Glücklicherweise konnten wir aber vor einigen Jahrzehnten in der damals neuartigen Lichtquelle Laser ein System auffinden, das eine Art lebender Ordnung realisieren kann. Der Laser besteht zum Beispiel aus einer Glasröhre, die mit Gas gefüllt ist. Die Röhre ist an den beiden Endflächen von Spiegeln begrenzt, die das Licht immer wieder reflektieren, zum Teil aber auch austreten lassen. Der Laser ist ein sogenanntes offenes System. Ihm wird zum Beispiel in Form von elektrischem Strom ständig Energie zugeführt, durch den die Elektronen in den einzelnen Atome angeregt werden. Bei einer Lampe senden diese einzelnen angeregten Atome unabhängig voneinander Lichtwellen aus, die wieder ein mikroskopisches Chaos darstellen (Abb. 4). Im Laser hingegen tritt eine zeitlich streng periodisch geordnete Lichtwelle auf, die etwa anschaulich einer Wasserwelle mit ihren gleichmäßig hohen Wellenbergen und -tälern entspricht. Hier ist offenbar eine makroskopische Ordnung entstanden. Da die Lichtwelle auf- und abschwingt, ist diese Ordnung dynamisch. Während bei der Lampe die einzelnen angeregten Atome unabhängig voneinander agieren, ist jetzt eine ausgesprochene Korrelation der Bewegung der Elektronen in den Atomen Grundlage für die makroskopisch geordnete Laserlichtwelle.

Wie ich anschließend an meine damaligen Arbeiten nachwies, ist die spontane Entstehung geordneter Strukturen in offenen Systemen kein Einzelfall, son-

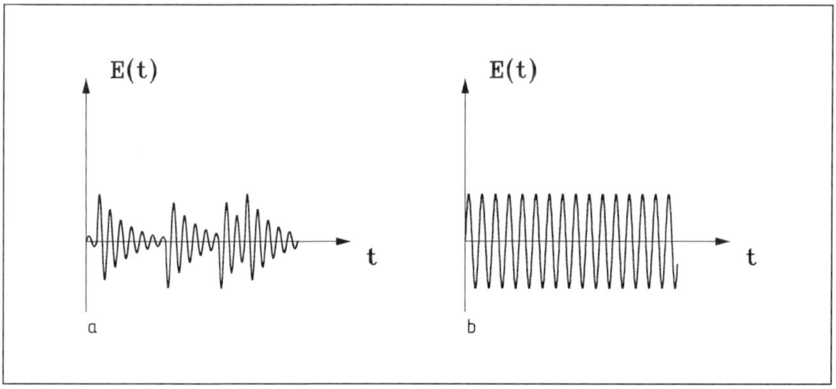

Abb. 4. Die Lichtfeldstärke E aufgetragen gegenüber der Zeit t bei einer Lampe. — **b.** Das gleiche aufgetragen bei einem Laser.

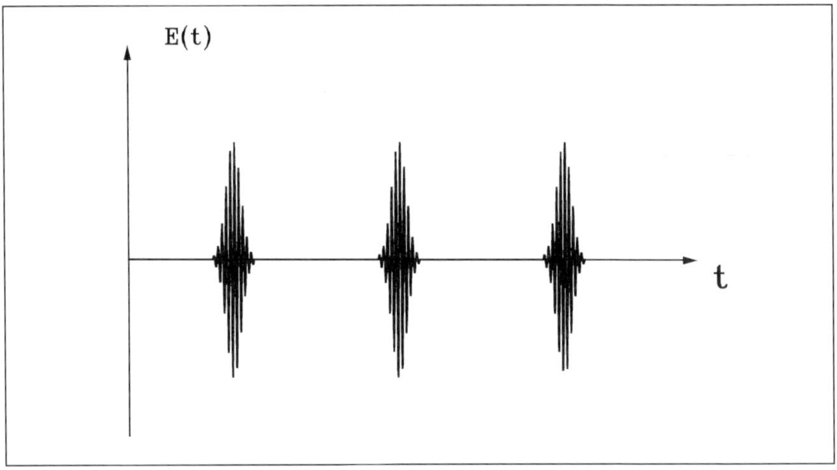

Abb. 5. Die zeitlich streng geordneten kurzen Lichtimpulse.

dern ist in Natur und Technik weit verbreitet. Dies führte mich vor etwa 20 Jahren dazu, ein interdisziplinäres Forschungsgebiet zu begründen, das ich SYNERGETIK nannte und das sich als erstes der systematischen Behandlung derartiger Übergänge von mikroskopischem Chaos zu makroskopischer Ordnung widmet. Wie die dazu entwickelte mathematische Theorie zeigte, wird die Ordnung in den verschiedensten Systemen durch ganz bestimmte Veränderliche, die sogenannten Ordner, bestimmt [1]. Im Beispiel des Laserlichts ist die Lichtwelle ein solcher Ordner. Diese kann die Bewegung der Elektronen in den Atomen in seinen Bann zwingen oder, in der Sprache der Synergetik, sie versklavt die Atome. Umgekehrt kommt das Lichtfeld erst durch die Lichtausstrahlung der Atome zustande, so daß wir eine zirkuläre Kausalität vor uns haben. Das Verhalten des einen bedingt das Verhalten des anderen (Lichtwelle — Atom).

Der Übergang vom ungeordneten Licht einer Lampe zum geordneten Licht des Lasers erfolgt, wenn wir die dem Laser zugeführte Stromstärke erhöhen. Interessanterweise bleibt bei weiterer Erhöhung der Stromstärke die Laserlichtwelle nicht für immer bestehen, sondern wird von einer ganz bestimmten Stromstärke an durch regelmäßige, sehr kurze Lichtblitze ersetzt (Abb. 5). Unter anderen Bedingungen tritt an die Stelle der geordneten Lichtwelle eine ganz unregelmäßige Lichtausstrahlung [2] (Abb. 6). Im Gegensatz zum mikroskopischen Chaos, bei dem die einzelnen Atome völlig unabhängig voneinander agieren, wirken jetzt aber immer noch sehr viele Atome zusammen. Mit anderen Worten, die neue unregelmäßige Ausstrahlung wird durch wenige Freiheitsgrade oder, genauer, durch wenige Ordner hervorgerufen. Aus Gründen, die wir gleich sehen werden, bezeichnet man diesen neuen Zustand als „deterministisches

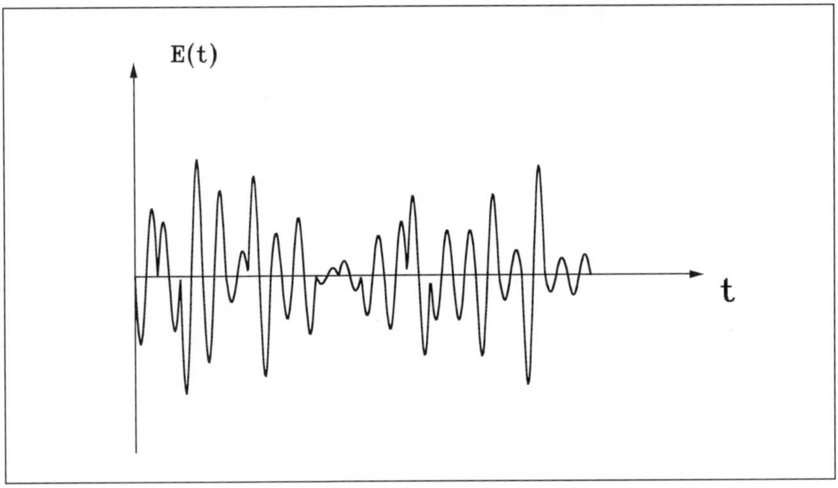

Abb. 6. Beispiel für Laserlichtchaos.

Chaos". Ein solches Chaos war bereits von Poincaré, einem berühmten französischen Mathematiker, um die Jahrhundertwende im Zusammenhang mit seinen Studien zur Mechanik gefunden worden. Diese Art von Bewegungsabläufen ist dann aber völlig in Vergessenheit geraten und erst der amerikanische Metereologe Lorenz [3] zeigte im Jahr 1963, daß bereits durch das Zusammenwirken weniger Freiheitsgrade diese Art von unregelmäßiger Bewegung, d. h. deterministisches Chaos, entsteht.

Das Zustandekommen solcher unregelmäßiger Bewegung kann man leicht veranschaulichen, wenn man eine kleine Stahlkugel immer wieder von oben her auf eine senkrecht stehende Rasierklinge fallen läßt. Auch wenn sich die Anfangslagen der Stahlkugel nur geringfügig jeweils voneinander unterscheiden, so wird sie das eine Mal in weitem Bogen nach links, das andere Mal nach rechts ausgelenkt. Man spricht hier von einer Empfindlichkeit des Systems gegenüber Anfangsbedingungen und das hat zu dem bekannten Ausspruch von Lorenz geführt, daß der Schlag eines Schmetterlingsflügels in Peking nach einigen Tagen das Wetter an der Westküste der USA verändern kann. Auf jeden Fall ist klar geworden, daß Wettervorhersagen über längere Zeiträume grundsätzlichen Einschränkungen unterliegen.

Das bisher gesagte kann folgendermaßen zusammengefaßt werden. Ändern wir bestimmte Parameter, etwa die Stromzufuhr bei einem Laser, so kann bei bestimmten Parameterwerten sich das Verhalten des Systems schlagartig ändern, etwa der Übergang von mikroskopischem Chaos zu makroskopischer Ordnung oder von einem Ordnungszustand zu einem neuen Zustand des Systems, z. B. dem des deterministischen Chaos.

In den Sitzungen der Gruppe Physik wird Herr Martienssen anhand von eindrucksvollen Experimenten diese Zusammenhänge nochmals eindrücklich beleuchten und dem Verständnis näherbringen.

Herr Grossmann wird sich mit der Frage beschäftigen, inwieweit Ordnung in die Vorgänge des deterministischen Chaos gebracht werden kann, indem hier allgemeine Gesetzmäßigkeiten aufgefunden werden. Herr Grossmann hat hierzu selbst grundlegende Arbeiten durchgeführt [4]. Wie er zeigt, weisen die Kurven des deterministischen Chaos eine sogenannte Selbstähnlichkeit auf. Schaut man sich nämlich eine solche zackenreiche Kurve erst in natürlicher Größe, dann unter der Lupe und schließlich unter einem Mikroskop an, so erkennt man immer wieder den gleichen Kurvenverlauf und man kann gar nicht sagen, mit welcher Vergrößerung man die Kurve betrachtet. Die Kurve ist sich also auf allen Längsskalen selbst ähnlich.

Der Mathematiker Peitgen wird sich sodann in seinem Vortrag mit der fraktalen Geometrie beschäftigen. Wenn wir von geometrischen Figuren sprechen, so denken wir gemeinhin an Dreiecke, Quadrate, auf jeden Fall aber an Figuren mit glatten Rändern. Bereits im letzten Jahrhundert zeigten Mathematiker wie Weierstrass, Peano und Koch, daß sich auch Kurven mit einer immer feiner werdenden Zeichnung konstruieren lassen. Julia und Fatouh führten diese Studien an scheinbar ganz einfachen mathematischen Abbildungen weiter. Die schier unglaubliche Komplexität, zugleich die ständigen Wiederholungen der Muster und insbesondere ihre faszinierende Schönheit wurden aber erst durch die Computergraphik enthüllt, und verhalfen, insbesondere durch Peitgen, der fraktalen Geometrie zu ihrer heutigen Beachtung. Für den Naturwissenschaftler stellt sich die Frage, inwieweit diese mathematischen Konstrukte Gesetzmäßigkeiten der Natur wiedergeben. Wie Herr Martienssen demonstriert, wachsen bei der Abscheidung von Zink aus Elektrolyten kleine Bäumchen, die eine Art fraktaler Struktur haben. Wie Herr Peitgen zeigen wird, lassen sich durch einfache Rechenvorschriften Figuren erzeugen, die einem Farn täuschend ähnlich sehen. Handelt es sich um eine oberflächliche Analogie oder liegt hier eine verborgene biologische Gesetzmäßigkeit zugrunde? Die immer wieder in Peitgens Computergraphiken auftauchende Mandelbrot-Menge hat bislang keine Bedeutung in den Naturwissenschaften.

Herr Brun wird anhand seiner grundlegenden Experimente am Radiowellenlaser zeigen, wie ein Experimentator Kenngrößen des deterministischen Chaos, wie etwa die sogenannten Dimensionen oder Ljapunov Exponenten, mißt und bestimmt. Den Ljapunov Exponenten kann man sich sehr einfach vorstellen, wenn man an das vorher besprochene Beispiel der auf die Rasierklinge fallenden Stahlkugel denkt. Die Ljapunov Exponenten messen nämlich, wie schnell sich eine nach links fallende Stahlkugel von der entsprechenden nach rechts fallenden Stahlkugel trennt.

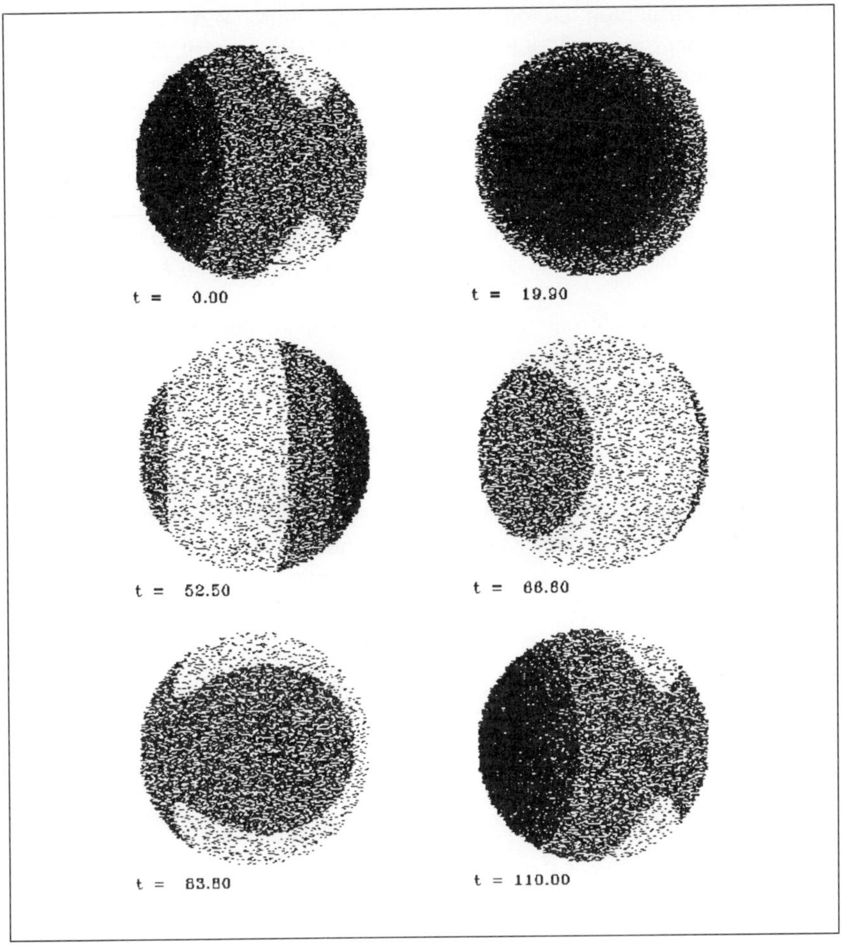

Abb. 7. Beispiel für die zeitliche Veränderung der Erwärmung einer Atmosphäre auf einer Kugel; heiße Stellen sind dunkle, kalte Stellen hell markiert (nach [5]).

Bisher hatten wir vornehmlich von der Bildung zeitlicher Strukturen gesprochen, das heißt von Vorgängen, bei denen sich eine bestimmte Größe, etwa die Wellenhöhe einer Wasserwelle, im Laufe der Zeit ändert. Im Rahmen der Synergetik befaßt man sich aber auch ganz grundsätzlich mit der Entstehung räumlicher Strukturen. Ein Paradebeispiel hierfür sind Flüssigkeiten in einem Behälter, etwa einer rechteckigen Schale, die von unten her erhitzt wird. Von einer bestimmten Erhitzung an können sich hier spontan makroskopische Strukturen bilden, etwa Rollen, die wie Nudelhölzer gegeneinander laufen oder bienenwabenartige Strukturen. Zu makroskopischen Strukturen kommt es auch in der Atmosphäre der Erde und der Planeten, wenn hier Schwerkraft, Erwärmung und eventuell Rotation zusammenwirken. Von meinem Mitarbeiter Friedrich und mir wurde gezeigt, daß selbst bei kugelsymmetrischer Erwärmung und ohne Rotation komplizierte Bewegungsmuster entstehen, die von einer statischen Verteilung über eine Rotationsbewegung der Luftmassen bis hin zum deterministischen Chaos reichen [5] (Abb. 7). Ganz wesentliche Beiträge wurden von Busse [6] geliefert, der über eine Reihe seiner theoretischen und experimentellen Ergebnisse berichten und z. B. sein Modell für die Strömungen auf dem Jupiter vorstellen wird.

Zum Abschluß möchte ich noch einige Bemerkungen über die Auswirkung der allgemeinen Begriffsbildungen und Methoden der Synergetik auf die Biologie sagen. Betrachten wir hierzu die Gestaltbildung (Morphogenese), zu der der englische Mathematiker Turing [7] einen grundlegenden Beitrag geliefert hatte. Er untersuchte nämlich ein einfaches mathematisches Modell für chemische Umwandlungen, die in einer Körperzelle ablaufen. Koppelte er nun zwei ganz gleichartige Zellen miteinander, so stellte sich plötzlich dem Modell zufolge in der einen Zelle eine höhere Konzentration eines Stoffes, in der anderen eine niedrigere ein. Nimmt man an, daß durch bestimmte Stoffkonzentrationen Gene angeschaltet werden, die die Zelldifferenzierung steuern, so erkennen wir hier

Abb. 8. Zebras.

Abb. 9. Beispiel eines Gruppenphotos, das von unserem Computer mit seinen einzelnen Gesichtern analysiert und erkannt wird.

die Grundlage für eine Theorie der räumlichen Zelldifferenzierung. Unsere eigenen Modellrechnungen mit den Konzepten der Ordnungsparameter zeigten auf, wie sich zum Beispiel Zebrastreifen auf Fellen (Abb. 8) oder Kreisringe auf Schmetterlingsflügeln bilden können [8].

Unsere neueren Untersuchungen ergaben erstmalig die Möglichkeit, detaillierte Modelle für bestimmte spontane Verhaltensänderungen, etwa bei Handbewegungen, aufzustellen. So hatte der amerikanische Physiologe S. Kelso Testpersonen veranlaßt, ihre Hände (oder auch Zeigefinger) parallel hin- und herzubewegen. Mußten nun die Personen ihre Hände schneller bewegen, so trat eine völlig unfreiwillige Änderung der Handbewegungen auf: die Hände wurden nun antiparallel, das heißt symmetrisch bewegt. Wir konnten hierbei eine verblüffende, in allen Einzelheiten zutreffende Analogie zu den Phasenübergängen in synergetischen Systemen, bei denen Selbstorganisation auftritt, nachweisen [9]. Bei der Bewegungsänderung handelt es sich also nicht wie bei einem Computer um die Umschaltung von einem festen Programm auf ein anderes, sondern um ein typisches Phänomen der Selbstorganisation. Derartige spontane

Änderungen sind übrigens bei Menschen und Tieren weit verbreitet, etwa beim Übergang vom Trab zum Galopp eines Pferdes.

Die Physik, und insbesondere die Synergetik, wenden sich in zunehmendem Maße komplexen Vorgängen zu, von denen, wie wir soeben sahen, solche in der Biologie nicht ausgespart bleiben. Ein noch junges Forschungsgebiet stellen neuronale Netze dar oder, mit anderen Worten, einfache Modelle zur Erklärung von Gehirnfunktionen. Ein solches Modell, über das Herr Horner referieren wird, basiert auf den sogenannten Spingläsern. Eine Alternative dazu bildet der von mir konzipierte synergetische Computer, der die Wirkungsweise von Systemen fern vom thermischen Gleichgewicht, die spontan Muster bilden, ausnützt [10].

Die Grundidee [11] hierzu ist relativ einfach darzustellen. Der Zustand des Computers wird durch einen Punkt in einem (allerdings vieldimensionalen) Raum dargestellt, in dem es Berge und Täler gibt. Jedem einmal gespeicherten Muster, etwa einem Gesicht und dem zugehörigen Namen, entspricht eine Talsohle. Wird nun ein Gesicht ohne Namen oder nur ein Teil eines der gespeicherten Gesichter dem Computer vorgelegt, so ist das so, als ob wir eine Kugel, deren Lage den dem Teilgesicht entsprechenden Zustand des Computers darstellt, auf einen Bergabhang legen. Die Kugel wird in das nächstgelegene Tal laufen und uns so melden, welchem der gespeicherten Gesichter das angebotene Teilgesicht am ähnlichsten ist. Mit diesem Verfahren lassen sich auch ganze Gruppenphotos entschlüsseln (Abb. 9). Hat der Computer ein erstes Gesicht erkannt, so sperrt man beim zweiten Durchgang das zugehörige Tal; der Computer muß sich nun einem der nächsten Gesichter zuwenden [12].

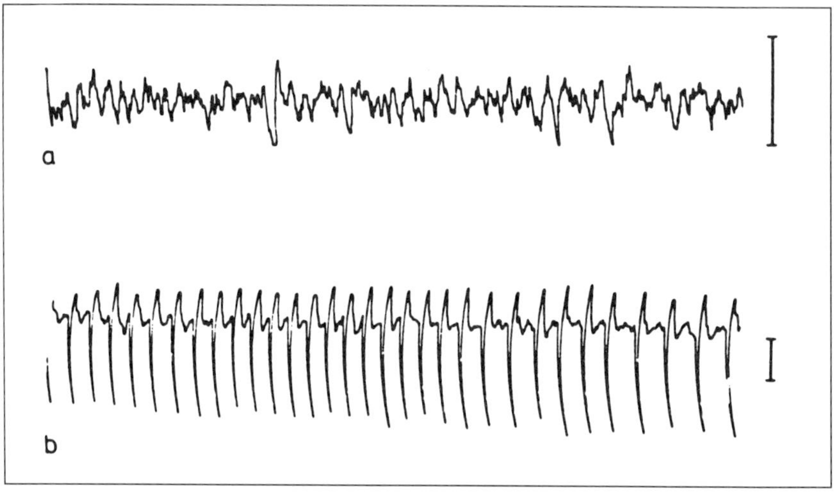

Abb. 10. Elektroenzephalogramm — **a.** EEG bei einem gesunden Menschen, der einer normalen Denktätigkeit nachgeht. — **b.** EEG bei einem epileptischen Anfall.

Kehren wir abschließend zum Generalthema zurück: In der Synergetik gelang es, allgemeine Gesetzmäßigkeiten für die spontane Entstehung von Strukturen in den verschiedensten Gebieten aufzufinden, wobei diese Strukturen geordnet oder vom Typus des deterministischen Chaos sind. Darüber hinaus gelingt es nun, Systeme zu konstruieren, die spontan von uns gewünschte Muster bilden, wenn wir auch nur einen Teil eines solchen Musters vorgeben. Wieviele Überraschungen für uns noch in den Begriffen „Ordnung" und „Chaos" stecken, mögen die folgenden Befunde erhellen, die Ärzte bei der Aufnahme von Gehirnströmen erhalten (Abb. 10). Die untere, gleichmäßig gezackte Kurve stellt das EEG bei einem Epileptiker beim Anfall dar, die obere dagegen das EEG bei einem gesunden Menschen, der denkt. Wie uns die Informationstheorie lehrt, muß die Kurve chaotisch aussehen, sonst könnte sie nicht genügend Information wiedergeben. Aber können wir auch ihre Bedeutung erkennen?

Literatur:

[1] H. Haken: Synergetik. Eine Einführung. 2. erw. Aufl. Springer. Berlin, Heidelberg, New York 1983.
H. Haken: Erfolgsgeheimnisse der Natur. 4. Aufl. DVA. Stuttgart 1986.
[2] H. Haken: Phys. Lett. **53 A,** 77 (1975).
[3] E. N. Lorenz: J. Atmospheric Sci. **20,** 130, 448 (1963).
[4] S. Grossmann, S. Thomae: Z. Naturforsch. **A 32,** 1353 (1977).
[5] R. Friedrich, H. Haken: Phys. Rev. A, Vol. **34,** 2100—2120 (1986).
[6] Vgl. den Beitrag von F. Busse.
[7] A. M. Turing: Philos. Trans. R. Soc. London **B 237,** 37 (1952).
[8] H. Haken, H. Olbrich: J. Math. Biol. **6,** 317 (1978).
[9] H. Haken, J. A. S. Kelso, H. Bunz: Biolog. Cyb. **51,** 347—356 (1985).
G. Schoener, H. Haken, J. A. S. Kelso: Biolog. Cyb. **53,** 247—257 (1986).
[10] H. Haken: In: Computational Systems: Natural and Artificial. Ed. H. Haken. Springer Series in Synergetics. Springer. Berlin, Heidelberg, New York 1987.
[11] H. Haken: Synergetics. An Introduction. Springer. Berlin, Heidelberg, New York 1977.
[12] A. Fuchs, H. Haken: Biol. Cyb., **60,** 19 (1988).

Gesetz und Zufall in der Natur

Werner Martienssen, Frankfurt am Main
und die Mitarbeiter Uwe Krüger, Michael Bauer, Heiner Heng

«Nous devons donc envisager l'état présent de l'univers comme l'effet de son état antérieur, et comme la cause de celui qui va suivre. Une intelligence qui, pour un instant donné, connaîtrait toutes les forces dont la nature est animée, et la situation respective des êtres qui la composent, si d'ailleurs elle était assez vaste pour soumettre ces données à l'analyse, embrasserait dans la même formule les mouvements des plus grands corps de l'univers et ceux du plus léger atome: rien ne serait incertain pour elle, et l'avenir comme le passé serait présent à ses yeux.»
P. S. Laplace, «Introduction à la théorie analytique des probabilités», (Paris 1812) [1]

„Die physikalische Forschung hat in den letzten vier bis fünf Jahrzehnten klipp und klar bewiesen, daß zumindest für die erdrückende Mehrzahl der Erscheinungsabläufe, deren Regelmäßigkeit und Beständigkeit zur Aufstellung des Postulats der allgemeinen Kausalität geführt haben, die gemeinsame Wurzel der beobachteten strengen Gesetzmäßigkeiten der Zufall ist."
E. Schrödinger, Antrittsvorlesung Zürich (9. September 1922)

Probabilistische und deterministische Beschreibungen haben die Entwicklung der modernen Naturwissenschaften über Jahrhunderte hinweg nahezu gleichberechtigt geprägt. So war die Periode zwischen 1650 und 1750 gleichermaßen gekennzeichnet durch den deterministischen Ansatz in Newtons „Principia mathematica" und durch die wahrscheinlichkeitstheoretischen Arbeiten von Bernoulli zur Beschreibung stochastischer Prozesse bei Glücksspielen und bei der thermischen Bewegung von Molekülen. Erst die wissenschaftstheoretische Reflexion der Newtonschen Mechanik durch den französischen Naturforscher P. S. Laplace hat eine polarisierende Sichtweise der beiden Beschreibungen ergeben, wobei sich als Konsequenz der oben wiedergegebenen dogmatischen Formulierung eine eindeutige Präferenz für die Newtonsche Sichtweise herausgebildet hat. Als Leitfaden für das klassische physikalische Weltbild galt fortan sein Determinismus. In ihm spricht sich der Glaube an eine Einheit der Natur, die in Begriffen der Mechanik beschrieben werden kann, am entschiedensten aus. Der Grundgedanke dieses Determinismus ließe sich formulieren: *Wer hinreichende Kenntnisse hat, kann alles, was geschehen wird, nach den Gesetzen*

Prof. Dr. Werner Martienssen, Physikalisches Institut der Universität Frankfurt und Frankfurt-Darmstädter Sonderforschungsbereich „Nichtlineare Dynamik".

der Mechanik vorausberechnen. Das Beispiel der Himmelsmechanik, welche Sonnenfinsternisse und Planetenkonjunktionen mit „astronomischer" Genauigkeit vorherzuberechnen gestattet, zeigt, daß diese Erwartung an die physikalische Naturbeschreibung zumindest in einzelnen Fällen auch wirklich erfüllt werden kann.

Generell wäre in einer dergestalt deterministischen Welt allerdings alles vorbestimmt und es gäbe keinen Raum für „freie" Entscheidungen. Die meisten Naturwissenschaftler haben die sich daraus ergebenden, gleichsam calvinistisch anmutenden Konsequenzen nie wirklich akzeptieren können.

Schrödingers Stellungnahme lenkt die Aufmerksamkeit auf den offenkundigen Erfolg statistischer Erklärungen, deren Legitimation, zum Beispiel im Bereich der Thermodynamik, gerade auf dem Zufall *„als gemeinsame Wurzel der beobachteten strengen Gesetzmäßigkeiten"* gründet. Zusätzlich zu ihrem praktischen Nutzen wäre der probabilistischen Beschreibung damit eine eigenständige physikalische Bedeutung beizumessen. Statistische Erklärungen müßten demzufolge nicht notwendigerweise aus zugrundeliegenden deterministischen Zusammenhängen herleitbar sein, sondern gewännen ihre Aussagekraft aus der Existenz zufälliger Erscheinungsabläufe. Der Zufall kann dabei zwei verschiedene Ursachen haben. Er kann einerseits bedingt sein durch einen Mangel an grundsätzlich möglicher Detailkenntnis über das betrachtete System. Wäre die Detailkenntnis verfügbar, so könnte das Systemverhalten vorausberechnet werden. Nur weil die Kenntnis nicht zur Verfügung steht, erscheint uns das Verhalten zufällig. So wird beispielsweise die Brownsche Bewegung eines Staubteilchens, das unter dem Mikroskop betrachtet wird, durch das ständige Bombardement der in thermischer Bewegung befindlichen Wassermoleküle verursacht. Da die Moleküle sehr zahlreich sind und für das Mikroskop unsichtbar auftreten, erscheint die Bewegung des Staubteilchens zufällig; sie ist subjektiv zufällig, weil die Unvorhersagbarkeit nur durch einen Mangel an grundsätzlich zugänglicher Information bedingt ist. Andererseits können Zufallsprozesse ihren Ursprung auch in objektiv nicht vorhersagbaren Ereignissen haben, bei denen die Vorhersage deshalb nicht möglich ist, weil dazu erforderliche zusätzliche Detailkenntnisse aus prinzipiellen Gründen nicht gewonnen werden können.

Bei genauerer Betrachtung der Laplaceschen Gedankengänge fällt auf, daß der verwendete Determinismus-Begriff deutlich auf den empirischen Charakter wissenschaftlicher Naturerkenntnis Bezug nimmt. Es wird nicht ontologisch gesprochen von dem, was an sich ist, sondern epistemologisch davon, was wir wissen können. Folglich ist es notwendig, einerseits vom erkannten Objekt und andererseits vom erkennenden Subjekt zu sprechen. Damit werden wir aber unmittelbar auf die entscheidende Frage geführt, was im Sinne des oben wiedergegebenen Grundgedankens hinreichende Kenntnisse aus der Sicht des erkennenden Subjektes sind. Aus der Tatsache, daß die Gesetze der Mechanik als Differentialgleichungen nach der Zeit formuliert werden, folgt, daß für die

Berechnung einer Lösungsfunktion zusätzlich zur Kenntnis dieser allgemeinen Gesetze die eines ,,Anfangszustandes" kommen muß. Nach Maßgabe der Differentialgleichung bestimmt der Zustand zu einer gegebenen Zeit t_0 Art und Umfang seiner Veränderung zu jeder beliebigen Zeit t in Vergangenheit und Zukunft.

Der inhaltliche Unterschied von Gesetz und Anfangszustand kann begrifflich noch auf andere Weise umschrieben werden. In der philosophischen Tradition heißt ein Ding oder Ereignis *kontingent,* wenn es nicht *notwendig* ist, sondern sein oder auch nicht sein kann. Diese Begriffsunterscheidung findet in der mathematischen Naturbeschreibung mit Hilfe von Differentialgleichungen ein natürliches Anwendungsfeld. Bezeichnet man alles als *notwendig,* was durch die allgemeinen Gesetze eindeutig bestimmt ist, so ist der Anfangszustand *kontingent,* aber bei gegebenem Anfangszustand sind die dazu aus der Differentialgleichung folgenden späteren Zustände *notwendig.*

Diese Betrachtungsweise erlaubt es uns, den Begriff der Kausalität, der eng mit dem Determinismus-Begriff verknüpft ist, etwas näher zu analysieren [2]. Kausalität bedeutet zunächst: Jedes Ereignis in der Gegenwart wird auf eine Ursache in der Vergangenheit zurückgeführt, und jede Ursache in der Gegenwart hat eine genau bestimmte Wirkung in der Zukunft. Kennt man den Jetzt-Zustand eines Systemes sowie die Kräfte, die in dem System wirksam sind, so läßt sich seine Zukunft vorhersagen. Diese Eigenschaft begründet zum Beispiel die Reproduzierbarkeit von Messungen in den Naturwissenschaften. Im Hinblick auf die dargelegte Unterscheidung zwischen kontingentem Charakter des Anfangszustandes und notwendiger Entwicklung der Bewegung nach Maßgabe einer Differentialgleichung wird der Begriff ,,Ursache" dabei in der physikalischen Literatur etwas undifferenziert sowohl auf die Anfangsbedingung als auch auf das zugrundeliegende Gesetz angewendet. Dadurch wird es möglich, den dargestellten kausalen Zusammenhang zwischen Ursache und Wirkung in der einfachen Form auszudrücken: *,,Gleiche Ursachen haben gleiche Wirkungen".*

Dieses sehr evidente Prinzip, das die Kausalität des zugrundeliegenden Sachverhaltes in sehr knapper Form zum Ausdruck zu bringen scheint, gestattet allerdings keine Aussage darüber, wie stark kleine Änderungen der Startwerte den aus der Differentialgleichung folgenden Bewegungsablauf beeinflussen. Angesichts einerseits der großen Erfolge bei der Berechnung des Bewegungsablaufs mechanischer Systeme seit Galilei und angesichts andererseits der offensichtlichen Unmöglichkeit, in Hinblick auf die Wiederholung eines Experimentes exakt gleiche Anfangsbedingungen zu schaffen, besteht unter Naturwissenschaftlern die zumeist unausgesprochene, aber doch sehr fest gefügte Überzeugung, eine vergleichbar einfache Aussage über die Kausalität könne auch für den Fall leicht differierender Anfangswerte getroffen werden. Sie würde lauten: *,,Ähnliche Ursachen haben ähnliche Wirkungen".* Implizit wird hierbei angenommen, der Bewegungsablauf eines Systemes werde durch kleine Veränderungen der Anfangsbedingungen auch über längere Zeiten hinweg nur wenig verändert, hänge also nicht sensitiv von den Anfangsbedingungen ab. Eine solche Annahme scheint auf den ersten Blick auch der unmittelbaren Alltagserfahrung zu entsprechen. Schon vor mehr als hundert Jahren wies jedoch J. C. Maxwell auf die Problematik dieses induktiven Schlusses hin:

„Es gibt einen oft zitierten Satz, welcher lautet: Dieselben Ursachen bringen immer dieselben Wirkungen hervor. Um diesen Satz verständlich zu machen, müssen wir definieren, was wir unter denselben Ursachen und unter denselben Wirkungen verstehen; denn es ist klar, daß kein Ereignis je mehr als einmal stattfindet, so daß die Ursachen und Wirkungen nicht in allen Beziehungen gleiche sein können. . . . Ein anderer Grundsatz, der mit dem zu Anfang zitierten nicht verwechselt werden darf, sagt: Ähnliche Ursachen bringen ähnliche Wirkungen hervor. Dieser Satz ist nur dann richtig, wenn kleine Veränderungen in dem Anfangszustande des Systemes nur kleine Veränderungen in seinem Endzustande zur Folge haben. Bei einer großen Anzahl von physikalischen Phänomenen ist diese Bedingung erfüllt; aber es gibt (andere) Fälle. . . . so wenn die Verrückung der Weichen einen Eisenbahnzug veranlaßt, in einen anderen hineinzurennen, statt seinen richtigen Weg einzuhalten."

J. C. Maxwell, „Matter und Motion" (London 1876) [3]

Tatsächlich haben die Untersuchungen zur nichtlinearen Dynamik in den letzten Jahren deutlich werden lassen, daß die Annahme einer unsensitiven Grundstruktur der Erscheinungsabläufe selbst in der klassischen Mechanik keineswegs immer gewährleistet ist. Vielmehr zeigen selbst so einfache Modellsysteme wie das getriebene mathematische Pendel die Eigenschaft, daß kleinste Änderungen der Anfangsbedingungen den Bewegungsablauf radikal verändern können. Eine systematische Variation der Startbedingungen kann in einem solchen Fall zu einer ganz unsystematischen Variation „chaotischer" Bewegungsabläufe führen, und dies ohne jede Verletzung der bekannten Naturgesetze.

Mathematisch ausgedrückt bedeutet dies folgendes: Es gibt Bewegungsgleichungen, die zwar bei wiederholter Berechnung einer Lösungsfunktion zu exakt gleichen Anfangszuständen immer das gleiche Ergebnis liefern — der Determinismus und damit die Kausalität im Sinne: *Gleiche Ursachen haben gleiche Wirkungen* sind gewahrt —, die aber bei minimaler Veränderung der Anfangswerte zu ganz anderen Lösungsfunktionen führen. Der Bewegungsablauf solcher Systeme hängt empfindlich von den Anfangsbedingungen ab. Der Determinismus bleibt nach wie vor bewahrt, aber es gilt nicht mehr die Kausalität in dem weiteren Sinne: *Ähnliche Ursachen haben ähnliche Wirkungen.* Dieses Systemverhalten wird kurz als *„deterministisches Chaos"* [4,5] bezeichnet. Die charakteristische sensible Abhängigkeit von den Anfangsbedingungen ist für die in der Natur beobachteten Vorgänge überraschenderweise sogar eher die Regel, stellt jedenfalls keineswegs einen Effekt für das Kuriositätenkabinett dar. Notwendige aber keineswegs hinreichende Bedingung für solch ein Verhalten ist die Nichtlinearität der Bewegungsgleichungen.

Die mathematische Beschreibung komplexer nichtlinearer Systeme ergibt vielfach Gleichungssysteme mit einer großen Anzahl von Freiheitsgraden. Es ist oft vermutet worden, daß das irreguläre Verhalten solcher Systeme auf die große Anzahl von Freiheitsgraden zurückzuführen ist. Ein wesentliches Ergebnis der Nichtlinearen Dynamik besteht jedoch in der Erkenntnis, daß das Auftreten des deterministischen Chaos eine Folge der Nichtlinearität des Systemes und nicht eine Folge der Vielzahl von Freiheitsgraden ist. Auch schon in niedrigdimensionalen Systemen, wie zum Beispiel dem im übernächsten Abschnitt behandelten getriebenen mathematischen Pendel, können deterministisch chaotische Bewegungen auftreten.

Interessant ist weiterhin, daß charakteristische Eigenschaften komplexer nichtlinearer Systeme oft schon durch wesentlich niedrigdimensionalere nichtlineare Gleichungssysteme erfaßt und näherungsweise beschrieben werden können. Aus diesem Grunde erscheint es durchaus sinnvoll, die Differentialgleichungen komplexer Systeme im Interesse eines strukturellen Einblicks zunächst auf niedrigdimensionalere Systeme zu reduzieren. Nach dem Poincaré-Bendixon-Theorem kann deterministisch chaotisches Verhalten der Lösungen von nichtlinearen Differentialgleichungen nur dann eintreten, wenn das System mindestens dreidimensional ist. Bei diskreten Abbildungen kann dagegen deterministisch chaotisches Verhalten auch schon in eindimensionalen Systemen beobachtet werden. Als ein Beispiel für ein eindimensionales diskretes System, das bei geeigneter Wahl der Parameter deterministisches Chaos erzeugen kann, sollen im folgenden die Iterationen der logistischen Abbildung näher diskutiert werden.

Logistische Abbildung

Die sogenannte „logistische Abbildung“ ist als besonders einfache Modellabbildung 1977 von Großmann und Thomae [6] in die Nichtlineare Dynamik eingeführt worden. Es handelt sich dabei um eine eindimensionale diskrete Abbildung des Intervalls [0, 1] auf sich selbst:

$$x_{n+1} = f(x_n) = r\, x_n\, (1-x_n),\ 0 < r \leq 4;\ n = 0, 1, 2, \ldots \qquad (1)$$

Die Variable x wird sukzessive nach der obigen Vorschrift iteriert und ergibt eine Zahlenfolge $\{x_n\}$. Der sogenannte „Kontrollparameter“ r wird bei der Iteration festgehalten. Die charakteristischen Eigenschaften dieser Abbildung ergeben sich aus der Tatsache, daß die Iterierte sowohl zu dem Momentanwert x_n der Variablen als auch zu der Differenz $(1-x_n)$ proportional ist. Funktionale Zusammenhänge dieser Art findet man in den verschiedensten Fach-Disziplinen, beispielsweise in der Biologie, wo das Wachstum von Tierpopulationen bei unterschiedlichem Nahrungsangebot (Kontrollparameter) mit der logistischen Abbildung beschrieben werden kann.

Eine geometrische Konstruktion, die den Verlauf der Zahlenfolge $\{x_n\}$ veranschaulicht, können wir auf folgende Weise gewinnen (Abb. 1a). Von dem gewählten Startwert x_0 auf der Abszisse ausgehend suchen wir uns auf der Parabel $f(x_0) = r\, x_0\, (1-x_0)$ den zugehörigen Funktionswert und erhalten so den Wert x_1. Durch Projektion auf die Winkelhalbierende übertragen wir nun den Wert x_1 von der Ordinate auf die Abszisse und lesen darüber an der Parabel den Wert x_2 ab. In Abbildung 1a sehen wir, wie die Werte x_n von x_0 beginnend auf diese Weise auf den Punkt x^* zulaufen.

Die Folge der Zahlen $x_1, x_2, \ldots$, die nach der Wahl eines beliebigen Startwertes x_0 bei gegebenen Kontrollparametern r durch die logistische Abbildung erzeugt wird, läßt sich mit Hilfe eines Taschenrechners ermitteln. Die Rechnungen zeigen eine interessante Abhängigkeit der Zahlenfolgen von dem gewählten Wert r. Für kleine r konvergiert die Folge sehr schnell gegen einen festen Wert; wir sagen, die Zahlen laufen gegen einen Fixpunkt x^* (Abb. 1a). Sofern jedoch

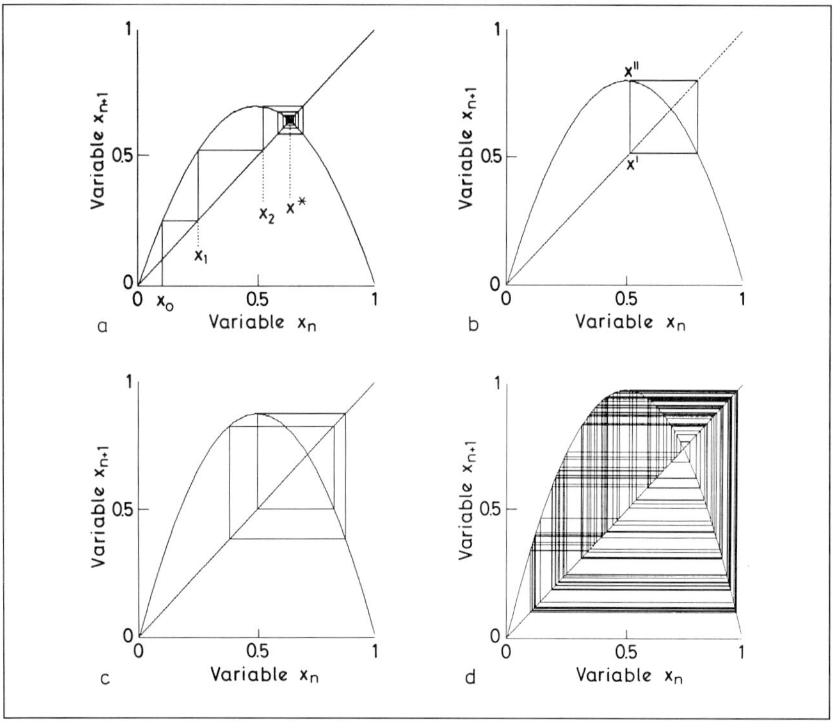

Abb. 1. Schematische Darstellung der Iterationen der logistischen Abbildung. — **a.** Für $1 < r < 3$: Konvergenz gegen einen Fixpunkt. — **b.** Für $3 < r < 3{,}4495\ldots$: Oszillationen mit der Periode 2. — **c.** Für $3{,}4495\ldots < r < 3{,}5441\ldots$: Oszillationen mit der Periode 4. — **d.** Für $3{,}5699\ldots < r \leq 4$: deterministisch chaotisches Verhalten.

über einen ersten kritischen Wert r_1 hinaus erhöht wird, zeigt sich ein ganz anderer Verhaltenstyp. Die Iteration springt nun nach Ablauf einer Einschwingphase zwischen zwei Werten x' und x'' hin und her (Abb. 1b), eine „geordnete Bewegung" mit der Periode 2 (das heißt Wiederholung nach jeweils zwei Iterationen) ist erreicht. Das System hat selbst — ohne daß ein Oszillator darin erkennbar wäre — eine periodische Struktur organisiert. Nach einer weiteren Erhöhung von r auf $r \geq r_2$ wiederholt sich derselbe Zahlenwert in der Iterationsfolge erst nach vier Schritten wieder, es hat sich eine geordnete Bewegung mit der Periode 4 eingestellt (Abb. 1c). Wird r noch weiter erhöht, so stellen sich immer mehr Periodenverdopplungen ein, bis, wie in Abbildung 1d dargestellt, eine irreguläre, chaotische Folge von Werten x_n erzeugt wird. Das System kehrt niemals an eine bereits zuvor aufgesuchte Stelle auf der Parabel zurück, es ist keine Periodizität mehr erkennbar.

Die bei der Erhöhung des Parameters r entstehende periodenverdoppelnde Kaskade können wir ebenfalls anhand einer zeichnerischen Darstellung erklären. Wir stellen fest, daß die Iterationen für $0 < r < 3$ auf einen Fixpunkt

$$x^* = f(x^*)$$
$$\text{mit } x^* = 1 - \frac{1}{r}$$

zulaufen. Dabei handelt es sich, wie wir in Abb. 1a gesehen haben, um den Schnittpunkt der Winkelhalbierenden mit der Funktion f(x). Bei gegebenen r streben die Iterationswerte für jeden beliebigen Anfangswert x_0 immer ein und demselben Fixpunkt entgegen. Das ist in Abb. 2a für die beiden Anfangswerte

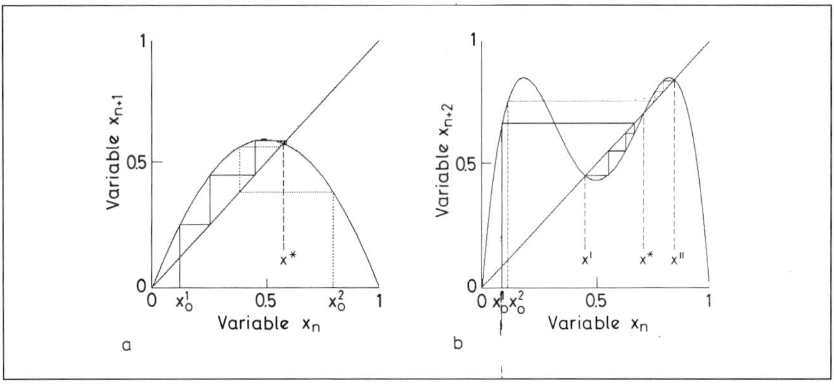

Abb. 2. Die erste und die zweite Iterierte der logistischen Abbildung f(x) und $f^2(x)$. — **a.** Bei Auftragung der ersten Iterierten f(x) streben die Werte x_n einem Fixpunkt x* zu. Dieser ist unabhängig von dem gewählten Startwert x_0. — **b.** Oberhalb des ersten kritischen Wertes $r = r_1$ wird der Fixpunkt x* instabil; die Darstellung der Funktion $f(f(x)) = f^2(x)$ läßt als Schnittpunkt mit der Winkelhalbierenden die zwei neuen stabilen Fixpunkte x' und x'' erkennen.

x_0^1 und x_0^2 dargestellt: Beide Treppenlinien enden in dem Fixpunkt x*. Entscheidend für die Stabilität des Fixpunktes ist der Betrag der Steigung der Funktion f(x) an diesem Punkt: $|f'(x^*)| = |r-2rx^*| = |r-2|$. Solange $|f'(x^*)| < 1$ ist, erweist sich der Fixpunkt als stabil.

Für $r = r_1 = 3$ wird $|f'(x^*)| = 1$, in diesem Augenblick wird der Fixpunkt x* instabil. An seine Stelle treten zwei neue stabile Fixpunkte x' und x''. Ihr Zustandekommen zeigt Abb. 2b. Hier ist die zweite Iterierte der logistischen Abbildung als Funktion

$$x_{n+2} = f(f(x_n)) = f^2(x_n)$$

dargestellt. Die beiden neuen stabilen Fixpunkte x' und x'' ergeben sich wieder als Schnittpunkte mit der Winkelhalbierenden. Erhöht man r weiter, so werden mit wachsender Funktionssteigung an den Stellen x' und x'' bei einem bestimmten r_2 auch die Fixpunkte x' und x'' instabil und es ergeben sich vier neue stabile Fixpunkte. Dieser Vorgang wiederholt sich bis zu einem Wert r_∞, wobei für die Folge der r_n gilt:

$$\lim_{n\to\infty} \frac{r_{n+2}-r_{n+1}}{r_{n+1}-r_n} = \delta$$

Der Abstand zwischen benachbarten r_n verringert sich also für große n ständig um den Faktor $\delta = 4{,}6692016\ldots$, die sogenannte Feigenbaumkonstante [7]. Die Folge r_n bildet eine geometrische Reihe, die gegen den Wert r_∞ konvergiert, von dem an die Iterationen der logistischen Abbildung keine Periodizität mehr aufweisen. Die Iterierten x_n bilden von dann an eine irreguläre Folge.

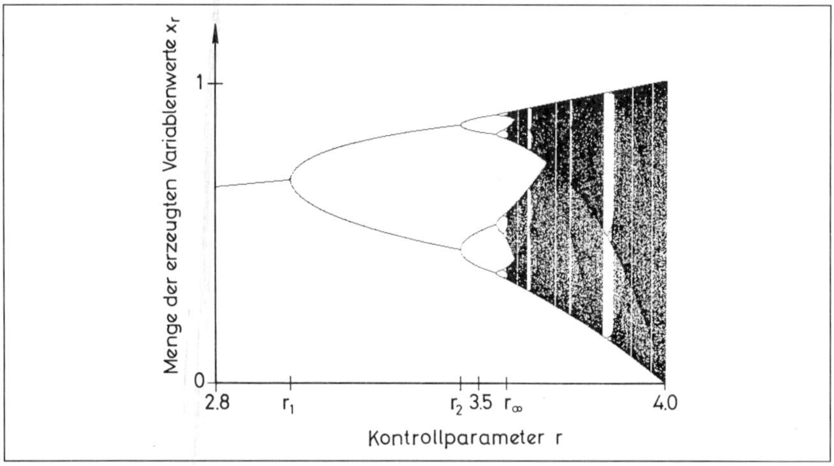

Abb. 3. Das Feigenbaumszenario, berechnet mit der logistischen Abbildung. Auf der Abszisse ist der Kontrollparameter r im Wertebereich $2{,}8 < r < 4$ aufgetragen; die Ordinate zeigt die bei jedem Wert des Kontrollparameters durch die Iteration entstehende Menge der Iterationswerte x_n. Der Wertebereich der Ordinate liegt im Intervall [0, 1].

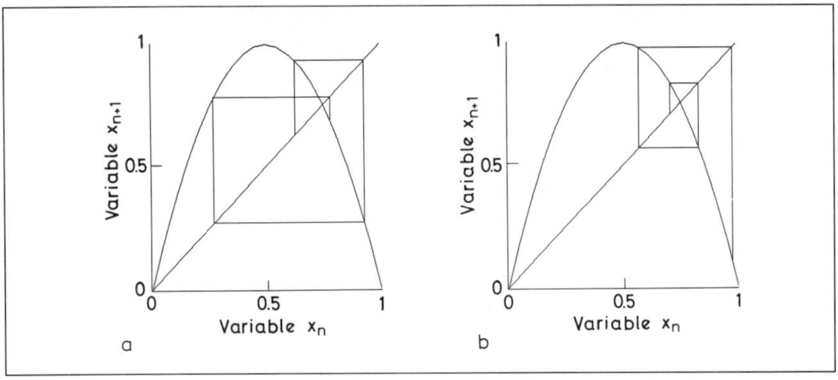

Abb. 4. Eine geringfügige Veränderung der Anfangsbedingungen von **a** x_0^1 = 0,3000 auf **b** x_0^1 = 0,3001 führt bereits nach 11 Iterationsschritten zu völlig unterschiedlichen Zahlenfolgen. Die ersten Iterationen wurden im Interesse besserer Übersichtlichkeit nicht eingezeichnet, die Iterationsschritte 11—15 können im Bild nachverfolgt werden. Als Kontrollparameter wurde r = 3,96 gewählt.

Trägt man die bei gegebenem Kontrollparameter r nach Ablauf der transienten Anlaufphase erhaltenen Zahlenfolgen x_n über dem Kontrollparameter r auf, so ergibt sich das Verzweigungsdiagramm der logistischen Abbildung, kurz Periodenverdopplungs- oder Feigenbaumszenario [7, 8] genannt (Abb. 3). Deutlich zu erkennen ist die periodenverdoppelnde Kaskade bis r_∞, das einsetzende Chaos sowie mehrere sogenannte Fenster mit verschiedenen Anzahlen von Fixpunkten innerhalb des chaotischen Bereiches. Für $r < 3$ ist die Folge der Iterationen für $n \to \infty$ stationär; für $3 < r < 3{,}5699\ldots$ erzeugt die Abbildung (1) geordnete, periodische Zahlenfolgen, für $3{,}5699\ldots < r < 4$ entstehen deterministisch chaotische Zahlenfolgen; sie sind deterministisch, weil durch Gleichung (1) eindeutig bestimmt; sie sind gleichzeitig chaotisch, weil sie keinerlei reguläre Struktur erkennen lassen.

In diesem deterministisch chaotischen Bereich führt eine winzige Veränderung des Anfangswertes x_0 zu voneinander ganz verschiedenen Zahlenfolgen x_n. Diese Abhängigkeit ist in den Abb. 4a, b zu sehen, in denen niedrigindizierte Iterationen der logistischen Abbildung bei gegebenem r für zwei nur ganz geringfügig unterschiedliche Anfangswerte gezeigt werden.

Die universellen Eigenschaften der Periodenverdopplungsroute ins Chaos sind keineswegs ausschließlich auf die logistische Abbildung beschränkt. Feigenbaum [7] hat vielmehr gezeigt, daß alle Differenzengleichungen erster Ordnung des Typs $x_{n+1} = f(x_n)$ diesen charakteristischen Weg ins Chaos hervorbringen können, sofern die Funktion $f(x_n)$ eine monomere Moduloabbildung erzeugt, d. h. auf dem Einheitsintervall $0 \leq x_n \leq 1$ ein singuläres Maximum hat. Der Wert der Feigenbaumkonstanten δ und damit das Skalenverhalten beim Übergang zu chaotischer Dynamik hängt einzig von der Ordnung dieses Maximums ab, welches im Falle der logistischen Abbildung quadratisch ist ($f'(x_{max}) = 0$, $f''(x_{max}) < 0$). Da diese Bedingungen für das Auftreten der Feigenbaumroute von überraschender Allgemeinheit sind, nimmt es nicht wunder, daß in zahlreichen nichtlinearen physikalischen Systemen als Weg ins Chaos das Periodenverdopplungsszenario wiedergefunden wird.

Getriebenes Pendel

Ein reales physikalisches System, an dem sich viele Charakteristika auch von komplexen nichtlinearen Systemen demonstrieren lassen, ist das getriebene mathematische Pendel. Im Schwerefeld der Erde erfährt es eine Kraft, die über eine Sinusfunktion mit dem Auslenkungswinkel zusammenhängt. Diese Kraft versucht das Pendel in seine Ruhelage zurückzutreiben. Mit Hilfe eines Elektromotors, der an der Pendelachse montiert ist, kann dem Pendel als äußere Anregung ein zusätzliches Drehmoment aufgeprägt werden; hier wollen wir eine harmonisch periodische Anregung proportional $\sin \omega \cdot t$ wählen. Berücksichtigt man noch eine der Pendelgeschwindigkeit proportionale Reibung, so erhält man als Bewegungsgleichung eine Differentialgleichung zweiter Ordnung im Ausschlagswinkel θ:

$$T \cdot \ddot{\Theta} + R \cdot \dot{\Theta} + K \cdot \sin \theta = A \cdot \sin \omega \cdot t \qquad (2)$$

Dabei bedeuten T den Trägheitskoeffizienten, R den Reibungskoeffizienten und K den Kraftkoeffizienten. Der periodische externe Antrieb wird durch seine Amplitude A und die Kreisfrequenz ω charakterisiert. Für den Grenzfall kleiner Auslenkungen θ kann die Funktion $\sin \theta$ durch den Winkel θ selbst angenähert werden; die Bewegungsgleichung (2) geht dann in die eines (gedämpften, getriebenen) harmonischen Oszillators über.

Mit einer Gleichung vom Typ der Gleichung (2) lassen sich über das mathematische Pendel hinaus auch viele andere physikalische Phänomene beschreiben, als Beispiele seien hier Leitfähigkeitsphänomene in festen Körpern [9, 10] und das Tunneln von Cooperpaaren beim Josephsoneffekt [11—13] genannt. Der Pendelgleichung kommt deshalb eine besondere Bedeutung als Modellgleichung für Untersuchungen im Rahmen der Nichtlinearen Dynamik zu. Trotz ihrer einfachen Form ist doch schon eine Vielzahl der für die Nichtlineare Dynamik charakteristischen Effekte in ihr enthalten [14—16].

Wie bereits von Poincaré gezeigt, ist es beim Studium dynamischer Systeme sehr zweckmäßig, sich die Bewegung an Hand der Trajektorien (Phasenraumbahnen) im Phasenraum zu veranschaulichen. Dabei handelt es sich um die Darstellung der Bewegung in einem abstrakten Raum, dessen Koordinaten durch die Freiheitsgrade des Systemes repräsentiert werden. Abhängig von den Eigenschaften des betrachteten Systemes können diese Freiheitsgrade ganz unterschiedliche Bedeutungen haben; während der Phasenraum eines einfachen mechanischen Systemes beispielsweise durch die Orts- und Impulsvariable der Teilchen dargestellt werden kann, können die entsprechenden Freiheitsgrade eines ökologischen Systemes durch die Populationen unterschiedlicher Spezies gegeben sein.

Das getriebene mathematische Pendel besitzt drei Freiheitsgrade, es sind also drei Größen erforderlich, um den augenblicklichen Bewegungszustand zu charakterisieren: Beispielsweise die aktuellen Werte für den Winkel θ, die Winkelgeschwindigkeit $\dot{\Theta}$ und für die Phase $\omega \cdot t$ der anregenden Kraft. Diese drei Größen genügen als Anfangswerte, um aus der Schar der möglichen Lösungsfunktionen eine der gegebenen physikalischen Situation entsprechende Lösung auszuwählen. Die genannten Größenarten spannen einen das System vollständig beschreibenden, dreidimensionalen Phasenraum auf. Der Übersichtlichkeit halber werden daneben auch vereinfachende Phasenraumdarstellungen herangezogen, beispielsweise begnügt man sich beim getriebenen Pendel oft mit einer zweidimensionalen Projektion des oben beschriebenen Phasenraumes auf die vom Winkel θ und der Winkelgeschwindigkeit $\dot{\theta}$ aufgespannte Ebene. Das auf diese Weise entstehende sogenannte Phasen-Portrait liefert zwar nicht mehr eine eindeutige Darstellung des Systemverhaltens (Trajektorien scheinen sich zu schneiden), erlaubt aber, eine erste Charakterisierung des dynamischen Verhaltens vorzunehmen.

Eine besondere Bedeutung kommt dabei dem sogenannten Attraktor zu, derjenigen Untermannigfaltigkeit des Phasenraumes, die der Menge aller der Phasenraumpunkte entspricht, die das System — nach Ablauf der Einschwingzeit — durchläuft. In der oben beschriebenen zweidimensionalen Darstellung lassen sich leicht vier verschiedene Attraktortypen unterscheiden.

In Abbildung 5a ist der Fall ohne externen Antrieb (homogene Pendelgleichung, $A = 0$) dargestellt. Solch ein nicht von außen angetriebenes Pendel besitzt nur zwei Freiheitsgrade; hier wird die Bewegung des Systemes also bereits vollständig durch den Verlauf der Phasenraumbahnen in der Ebene θ, $\dot{\theta}$ erfaßt. Als Attraktor finden wir hier einen Fixpunkt, die Ruhelage des Systems. Bedingt durch die endliche Reibung kommt das einmal angestoßene Pendel nach einiger Zeit immer in diesem Zustand zur Ruhe. Alle Phasenraumbahnen laufen also, unabhängig von den gewählten Anfangsbedingungen, auf diesen Fixpunkt zu.

Bei kleinen Amplituden A der Antriebskraft verhält sich das Pendel wie ein periodisch getriebener harmonischer Oszillator, es führt erzwungene Schwingungen mit der Kreisfrequenz ω des äußeren Antriebes aus. Die Lösungsfunktion der Gleichung (2) ist in diesem Fall durch den äußeren Antrieb eindeutig vorgegeben; unter der Einwirkung von Störungen kehrt das System nach Ablauf der Einschwingzeit immer in eben diese selbe erzwungene Schwingung zurück. Die Phasenraumbahn in diesem Zustand stellt eine in sich geschlossene Ellipse dar (Abb. 5b). Ein solcher eindimensionaler Attraktor wird als „Grenz-Zyklus" bezeichnet.

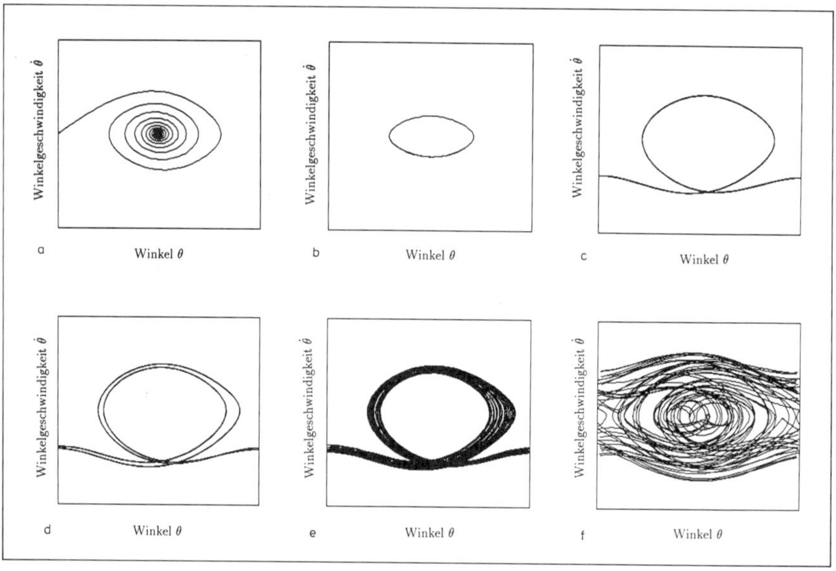

Abb. 5. Pendelbewegungen bei verschiedenen Antriebsamplituden A, dargestellt an Hand von Phasenportraits. — **a.** Antriebslose Bewegung des Pendels nach der Auslenkung aus der Ruhelage. Die Trajektorie läuft auf einen Fixpunkt zu. — **b.** Periodische Bewegung bei kleiner Antriebsstärke. Der Attraktor ist ein eindimensionaler Grenzzyklus. Die Bewegung entspricht den erzwungenen Schwingungen eines gedämpften harmonischen Oszillators. — **c.** Periodische Bewegung, die aus einer Oszillation und einer Rotation zusammengesetzt ist. Der Attraktor ist auch hier ein eindimensionaler Grenzzyklus. Zu diesem Zustand findet sich kein Äquivalent in der harmonischen Näherung. — **d.** Aufspaltung der in Abbildung 5c dargestellten periodischen Bewegung durch geringe Vergrößerung der Antriebsstärke. Der Attraktor bleibt ein Grenzzyklus, dessen Periode doppelt so lang wurde. Die Aufspaltung entspricht der ersten Bifurkation im Feigenbaumszenario (Abb. 3). — **e.** Bewegung des Pendels nach Durchlaufen einer Folge von Periodenverdopplungen. Durch Vergrößerung der Antriebsstärke kann eine Periodenverdopplungssequenz bis ins Chaos durchgefahren werden. — **f.** Chaotische Bewegung nach dem Überschreiten eines kritischen Wertes für die Antriebsstärke. Die Attraktordimension hat den ganzzahligen Bereich verlassen.

Im Gegensatz zum harmonischen Oszillator, dessen Trajektorien bei periodischer Anregung stets die Gestalt geschlossener Ellipsen haben, kann das mathematische Pendel bei größeren Ausschlägen auch ganz andere periodische Schwingungszustände einnehmen. In Abbildung 5c ist beispielsweise eine Periode-1-Bewegung dargestellt, die sich abwechselnd aus einer Oszillation und einer vollen Rotation (mit Überschlag am Kulminationspunkt) zusammensetzt. Auch wenn es aus der Abbildung nicht auf den ersten Blick hervorgeht, so ist auch hier die Phasenraumbahn (in der zweidimensionalen Projektion) geschlossen. In der Darstellung ist der Winkel θ modulo 2π aufgetragen, daher korrespondiert ein Überschlagen des Pendels einem Springen der Trajektorie von Bildrand zu Bildrand.

Vergleichbar zu den Periodenverdopplungen bei der logistischen Abbildung (Abb. 3), die den Übergang ins Chaos ankündigen, finden wir auch beim Pendel für geeignete Wahl der Parameter Periodenverdopplungsrouten ins Chaos. Abbildung 5d zeigt solch eine erste Aufspaltung der in Abbildung 5c dargestellten Trajektorie, wie wir sie bei vorsichtiger Vergrößerung der Antriebsamplitude A erhalten. Nach einer Folge immer dichter liegender weiterer Aufspaltungen (Abb. 5e) bei weiterer Vergrößerung der Antriebsamplitude verschwindet die Periodizität und das System wird chaotisch.

Solch ein Verhalten ist in Abbildung 5f dargestellt. Das System ist in einen deterministisch chaotischen Zustand übergegangen. Die Gestalt der Phasenraumbahn ist komplexer, raumfüllender, ihre Dimension verläßt den ganzzahligen Bereich. Die Phasenraumbahn findet immer wieder neue Spuren, sie kehrt nie an den Anfang zurück. Würde sie je an einen früheren Punkt zurückkehren, so müßte sich die Bewegung von dann an periodisch wiederholen. Solch ein periodisches Verhalten wird aber in der deterministisch chaotischen Phase nicht beobachtet. Analysieren wir die Dimension des Attraktors im dreidimensionalen Phasenraum genauer, so finden wir eine Dimension zwischen zwei und drei. Für derartige Attraktoren wurde der Begriff „Seltsamer Attraktor" geprägt.

Eine eindeutige Phasenraumdarstellung der an Hand der Abbildungen 5a—f erläuterten Bewegungsszenarien kann durch eine perspektivische Darstellung im vollständigen dreidimensionalen Phasenraum des Pendelsystems gewonnen werden. In den Abbildungen 6a—c ist als dritte Dimension zusätzlich zu Winkel θ und Winkelgeschwindigkeit $\dot{\theta}$ die Phase $\omega \cdot t$ der anregenden Kraft modulo 16π aufgetragen. Abbildung 6a zeigt den stabilen Grenz-Zyklus, der sich bei kleinen Amplituden der Antriebskraft einstellt und das Pendelsystem zu erzwungenen Schwingungen anregt (siehe Abb. 5b). Die Periodizität der Bewegung ist deutlich daran erkennbar, daß die Spiralstruktur der Phasenraumbahn immer wieder von neuem durchlaufen wird, in der hier gewählten Modulo-Projektion also nach jeweils 16 Perioden derselbe Phasenraumpunkt erneut aufgesucht wird. Abbildung 6b korrespondiert zu Abbildung 5c und verdeutlicht, daß auch im Falle dieser komplexen Periode-1-Bewegung des nichtlinearen Oszillators eine geschlossene Phasenraumbahn vorliegt. Die Darstellung des deterministisch chaotischen Zustandes in Abbildung 6c entspricht Abbildung 5f. Bei genauer Betrachtung des dreidimensionalen Phasenraumbildes wird deutlich, daß sich die Trajektorien auch in der chaotischen Phase niemals schneiden. Diese Überschneidungsfreiheit charakterisiert alle deterministischen Systeme; Anfangszustand und Endzustand sind durch eine einzige geschlossene Phasenraumbahn eindeutig miteinander verknüpft.

In der deterministisch chaotischen Phase reagiert das System äußerst empfindlich auf kleinste Veränderungen der Anfangsbedingungen; zwei eng benach-

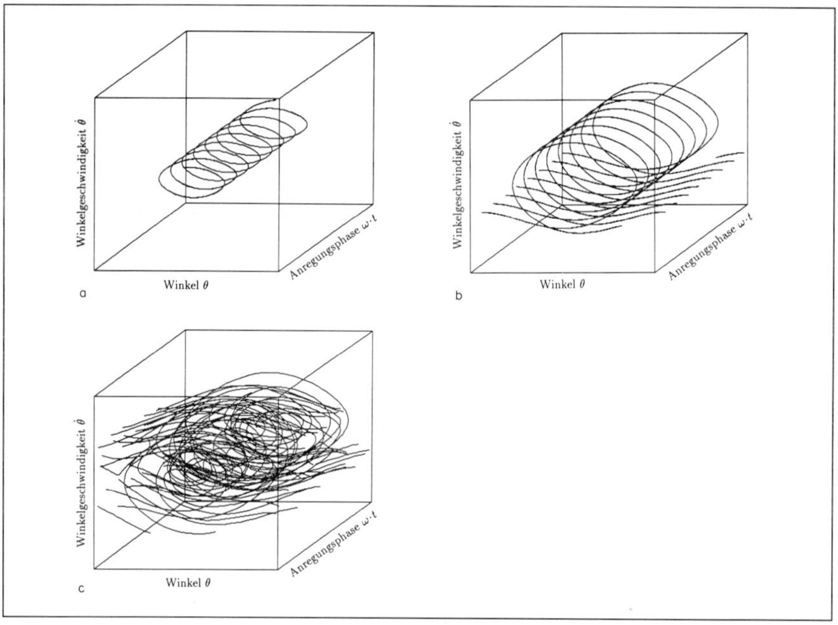

Abb. 6. Perspektivische Darstellung der Pendelbewegungen im vollständigen dreidimensionalen Phasenraum. Als dritte Dimension ist die Antriebsphase $\omega \cdot t$ mod 16π aufgetragen. — **a.** Periodischer Zustand wie in Abbildung 5a. Die Periodizität zeigt sich in der nach 16 Perioden immer wieder neu durchlaufenen Spiralstruktur der Phasenraumbahn. — **b.** Periodischer Zustand wie in Abbildung 5b. Auch hier gehen die Phasenraumbahnen immer wieder in sich selbst über, der Attraktor ist eindimensional. — **c.** Chaotischer Zustand wie in Abbildung 5f. Der Attraktor ist jetzt ein Seltsamer Attraktor. Nur in dieser dreidimensionalen Darstellung kommt zum Ausdruck, daß sich die Trajektorien niemals schneiden.

barte Anfangsbedingungen können schon nach verhältnismäßig kurzer Laufzeit zu weit voneinander entfernten Phasenraumbahnen führen. Obwohl das Verhalten dieses Systems, wie die Iterationen der logistischen Abbildung, durch deterministische Gesetze beschrieben wird, ergibt die sensitive Abhängigkeit von den Anfangsbedingungen eine irreguläre, scheinbar nur durch den Zufall bestimmte Verhaltensweise. Kleinste Störungen, die in einem realen physikalischen System immer vorhanden sind, mögen im gegebenen Augenblick vielleicht nur eine winzige Veränderung des Zustandes bewirken, haben aber wegen der sensitiven Abhängigkeit des Bewegungsablaufes von den Anfangsbedingungen zur Folge, daß die Phasenraumbahn für das gestörte System nach kurzer weiterer Laufzeit von der Phasenraumbahn des ungestörten Systems ganz und gar verschieden ist. Da sich solche kleinsten Störungen unserer Kenntnis entziehen, ist eine langfristige Vorhersage des Systemverhaltens unter diesen Umständen nicht mehr möglich.

Selbst wenn wir versuchen würden, den Bewegungszustand in einem gegebenen Augenblick mit größter Präzision zu messen, so bleibt die Meßgenauigkeit prinzipiell doch immer begrenzt. Innerhalb der gegebenen Genauigkeit wird das Ergebnis durch den Zufall bestimmt. Damit bleibt die Vorausberechenbarkeit des Systemes wieder auf kurze Zeiträume unmittelbar nach dem Augenblick der Messung beschränkt.

Fraktale Strukturen

Neben der zeitlichen Strukturbildung finden wir bei der Bildung räumlicher Strukturen ein weiteres illustratives Beispiel für das Zusammenwirken von Gesetz und Zufall in der Natur. Besonderes Interesse haben in letzter Zeit Teilchen-Aggregations- und Wachstums-Prozesse gefunden, bei denen ,,fraktale Strukturen" entstehen. Der Begriff ,,Fraktal" wurde von B. Mandelbrot [17] eingeführt. Mandelbrot stellt der Euklidischen Geometrie, die vorwiegend glatte Strukturen wie Geraden, Kreise, Rechtecke, Kuben, Ellipsoide etc. behandelt, eine fraktale Geometrie gegenüber, die die geometrischen Eigenschaften von Strukturen analysiert, wie wir sie besonders häufig in der Natur vorfinden: Küstenlinien, Wolkenformationen, Baum-Silhouetten, Farbgrenzen im Vogelgefieder und so fort. Fraktale zeichnen sich dadurch aus, daß sie unabhängig von der betrachteten Längenskala immer wieder einander ähnliche Strukturen enthalten; sie sind selbstähnlich: Ein Ausschnitt aus einer Küstenlinie, aus kleinerem Abstand betrachtet, sieht ähnlich aus wie die ganze Küstenlinie, betrachtet aus größerem Abstand.

Zunächst soll hier ein einfaches Modell vorgestellt werden, mit dem man Fraktale in numerischer Simulation erzeugen kann. Es handelt sich um das von Witten und Sander [18] vorgeschlagene Modell eines diffusionsgesteuerten Wachstumsprozesses. Die Bildungsvorschrift ist einfach: Ein erstes Teilchen, das einen Kondensationskeim repräsentiert, wird in der Mitte einer Fläche plaziert. Ein zweites Teilchen startet an irgendeinem Punkt in großem Abstand vom ersten und führt eine Zufallsbewegung (Brownsche Molekularbewegung) aus. Dabei wird die Bewegungsrichtung in jedem Schritt zufällig ausgewählt. Das zweite Teilchen irrt nun so lange umher, bis es das erste Teilchen erreicht und an diesem ,,festklebt". Ist dies geschehen, so startet ein drittes Teilchen ,,im Unendlichen" und führt seinerseits eine Zufallsbewegung aus, bis es eines der beiden ersten Teilchen erreicht und ebenfalls festklebt.

Bei der Simulation dieses Modelles auf einem Computer wandelt man die Bildungsvorschrift in einigen Punkten etwas ab, was jedoch keinen wesentlichen Einfluß auf das Ergebnis hat (Abb. 7). Die Teilchen starten nicht in sehr großem Abstand, sondern auf einem Kreis in einiger Entfernung vom Mittelpunkt. Der Startpunkt auf dem Kreis wird durch einen Zufallszahlengenerator festgelegt. Sollte sich das Teilchen im Zuge seiner Zufallsbewegung soweit vom Mittelpunkt entfernen, daß ein baldiges Zusammenkleben mit der schon entstandenen

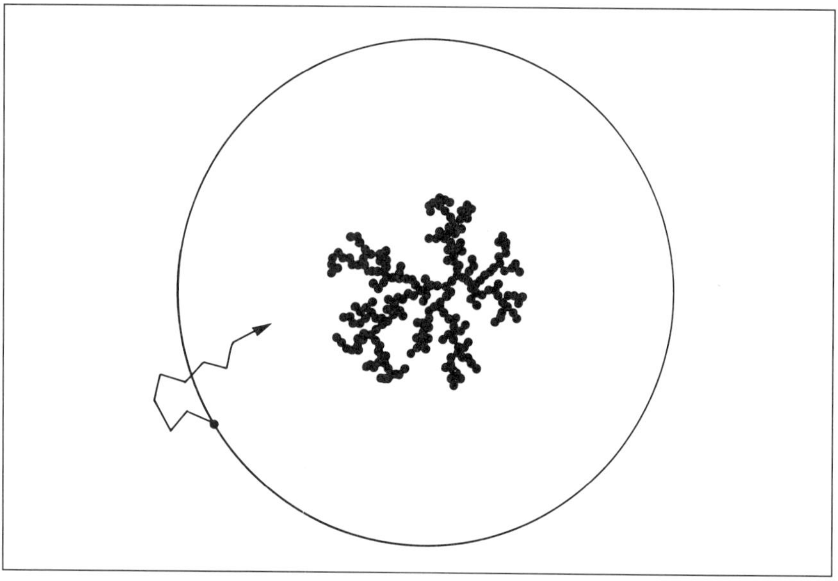

Abb. 7. Schematische Darstellung des numerischen Verfahrens zur Erzeugung einer fraktalen Struktur. Auf einen beliebigen Punkt des Kreises wird ein Teilchen gesetzt, das via Zufallsbewegung auf das Fraktal zuläuft und schließlich dort haften bleibt. Anschließend startet ein neues Teilchen.

Struktur unwahrscheinlich wird (z. B. mehr als doppelte Entfernung vom Mittelpunkt), so wird es erneut gestartet. Das auf diese Weise erzeugte Fraktal ist in Abbildung 8 zu sehen.

Schon auf den ersten Blick fühlt man sich an Dinge wie Schneeflocken, Blitze oder Korallen erinnert. Diese Ähnlichkeit ist es auch, die Anlaß gibt, hinter diesen Bildern tiefer liegende universelle Merkmale zu vermuten. Es gibt in der Tat eine Eigenschaft, die all diesen Strukturen gemeinsam ist: Sie besitzen eine charakteristische fraktale Dimension. Diese braucht keine ganze Zahl zu sein, wie man es bei regelmäßigen Strukturen gewohnt ist.

Um deutlich zu machen, was in diesem Zusammenhang mit ,,Dimension" gemeint ist, vergegenwärtigen wir uns eine Vorschrift, nach der sich diese Größe bestimmen läßt: Man bestimme die Anzahl N der Teilchen innerhalb von Kreisen mit den Radien R um den Mittelpunkt. Der Radius R wird variiert und die zugehörigen Teilchenzahl N ermittelt. Es stellt sich heraus, daß sich N als Funktion von R wie

$$N \sim R^D$$

ändert. Der Exponent D ist die fraktale Dimension der Struktur. Für eine gerade Linie erhalten wir das Ergebnis, daß die Teilchenzahl dem Radius direkt propor-

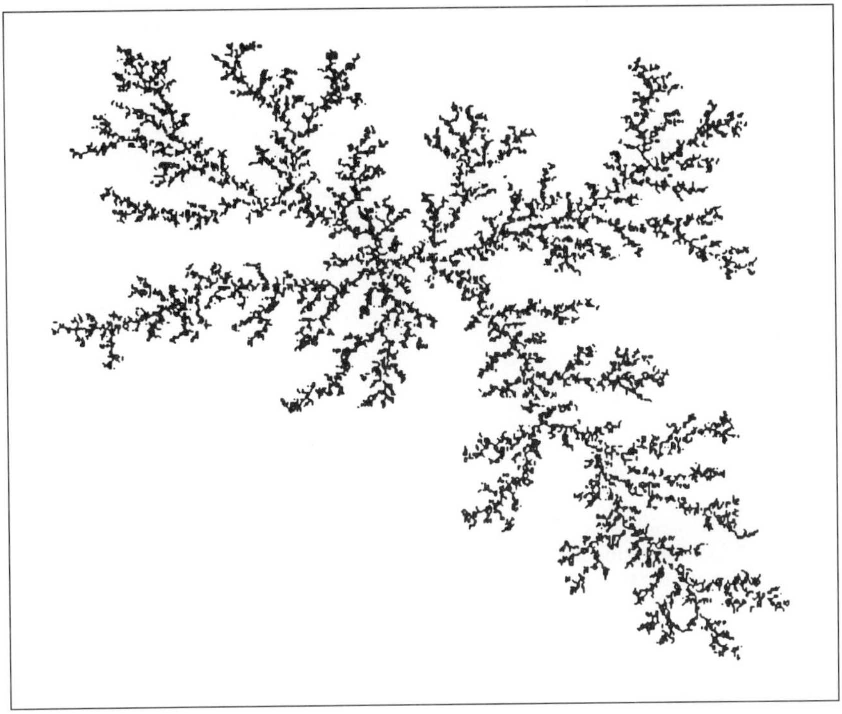

Abb. 8. Das nach dem Witten-Sanders-Modell auf einem Computer erzeugte Fraktal.

tional ist. Die Dimension ist also gleich eins. Entsprechend erhält man für eine ausgefüllte Fläche eine Porportionalität zum Quadrat des Radius, was eine Dimension zwei ergibt.

Wendet man diese Vorschrift jedoch auf eine (unendlich ausgedehnt gedachte) Struktur an, die nach obigem Bildungsgesetz gewachsen ist, so findet man eine Dimension von ungefähr 1,7. Hat die Struktur nur eine begrenzte Ausdehnung, so gilt die Proportionalität nicht mehr für Radien, die größer sind als die Ausdehnung der Struktur. Dennoch spricht man auch bei solchen Gebilden von Fraktalen, da die wesentliche Eigenschaft ja innerhalb der Struktur erfüllt ist. Eine Dimensionsanalyse der Struktur von Abbildung 8 ist in Abbildung 9 dargestellt. Hier ist die Teilchenzahl N gegen den Radius R in einer doppeltlogarithmischen Darstellung aufgetragen. Wir erhalten in einem bestimmten Intervall von log R eine Gerade. Die Steigung der Gerade ergibt in diesem Fall die fraktale Dimension D = 1,72.

Wiederholen wir die Simulation der Fraktal-Entstehung mit einer anderen Folge von Zufallszahlen, so entstehen im Detail andere Strukturen; sie sind lokal deutlich voneinander verschieden. Global ähneln sie einander aber sehr, sie

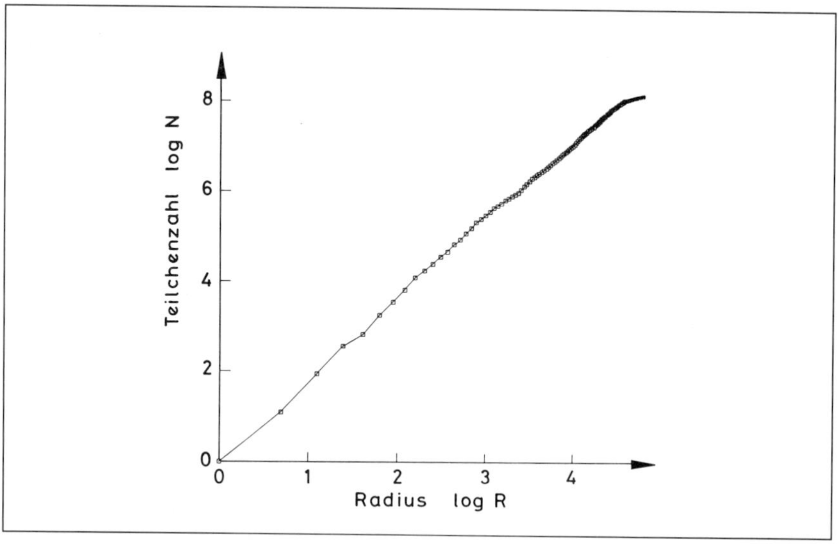

Abb. 9. Doppeltlogarithmische Auftragung der Teilchenzahl N gegen den Radius R für das in Abbildung 8 dargestellte Fraktal. Die Einzelheiten sind im Text erläutert.

,,repräsentieren den gleichen Stil" und sind näherungsweise durch die gleiche fraktale Dimension gekennzeichnet. Ihnen allen gemeinsam ist das Bildungsgesetz. Es ist dieses Gesetz, das den Stil und die fraktale Dimension bestimmt, die lokale Gestalt dagegen wird vom Zufall (hier durch die Folge der Zufallszahlen) geprägt.

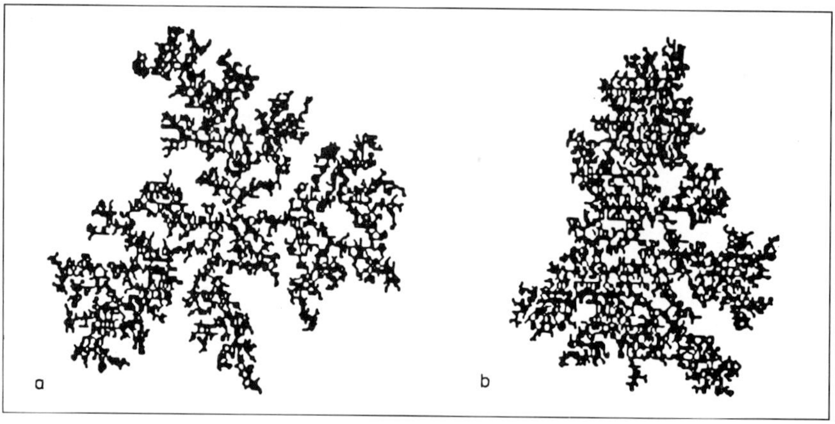

Abb. 10. Numerisch simulierte Fraktale unter Maßgabe eines gegenüber Abbildung 8 leicht veränderten Bildungsgesetzes. — **a.** Die ,,Klebewahrscheinlichkeit" für das herandiffundierende Teilchen nimmt mit wachsendem Abstand vom Mittelpunkt ab. — **b.** Das entsprechende Fraktal für eine noch stärker mit dem Mittelpunktsabstand abnehmende ,,Klebewahrscheinlichkeit".

Eine Veränderung des Bildungsgesetzes hat auch eine Veränderung der globalen Struktur und damit der fraktalen Dimension zur Folge. Die Abbildungen 10a, b zeigen dafür zwei Beispiele: Hier wurde zusätzlich eine vom jeweiligen Radius abhängige ,,Klebewahrscheinlichkeit" eingeführt; die Gebilde werden jetzt dichter, ihre fraktalen Dimensionen rücken näher an zwei heran.

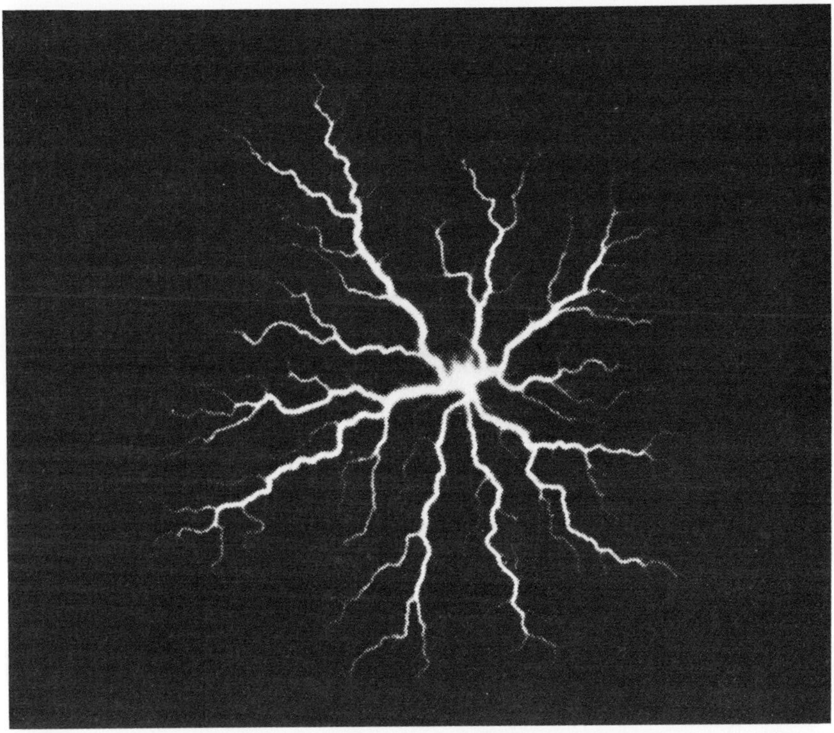

Abb. 11. Elektrische Entladung zwischen einer punktförmigen Elektrode in der Mitte und einer Ringelektrode am Rand der Figur. Zwischen den Elektroden befindet sich das komprimierte Gas SF_6 bei 0,3 MPa (entnommen aus [19]).

Auf Strukturen ähnlicher Art stoßen wir bei vielen Naturphänomenen. Abbildung 11 zeigt zum Beispiel eine elektrische Entladung von einer zentralen Punktelektrode zu einer äußeren Ringelektrode in einem komprimierten Gas [19]. Um die Entladung möglichst auf eine Fläche zu beschränken, wird der Versuch auf einer Glasplatte durchgeführt. Mittels digitaler Bildanalyse wurde eine fraktale Dimension D = 1,7 nachgewiesen. Andere bekannte Beispiele sind die Strukturen, in denen sich Metalle bei der Elektrolyse von Salzlösungen an der Kathode niederschlagen [20] oder die Strukturen, die bei der gegenseitigen Durchdringung zweier unterschiedlicher viskoser Flüssigkeiten zwischen zwei

Glasplatten entstehen [21]. Die mikroskopischen Vorgänge bei der Entstehung aller dieser Gebilde sind ganz unterschiedlicher Natur. Dennoch wird insgesamt eine überraschende Ähnlichkeit mit den oben dargestellten Computer-Simulationen deutlich. Allen Strukturen diesen Typs liegen offenbar verwandte, systemunabhängige Bildungsgesetze zugrunde. Ihren Formenreichtum im einzelnen verdanken sie dem Spiel des Zufalls.

Ausblick

Die wesentliche Erkenntnis, auf die wir im Zuge unserer Betrachtung gestoßen sind, liegt darin, daß ein nichtlineares physikalisches System — auch wenn es nur wenige Freiheitsgrade besitzt — trotz der zugrundeliegenden streng deterministischen Bewegungsgleichung ein irreguläres, langfristig nicht vorhersagbares Verhalten hervorbringen kann. Im Prinzip, so scheint es, müßte die Zukunft dabei nach wie vor eindeutig im Laplaceschen Sinne vorausberechenbar sein. Dies ist jedoch nicht der Fall, weil die unzureichend genaue Kenntnis der Anfangsbedingungen, verbunden mit der Eigenschaft, daß kleine Abweichungen exponentiell verstärkt werden und zu großen Veränderungen im Langzeitverhalten der Observablen führen, die Vorausberechenbarkeit des Systemverhaltens auf kurze Zeit-Intervalle begrenzt.

In diesem Zusammenhang müssen wir uns die *prinzipielle* Bedeutung der Tatsache vergegenwärtigen, daß keine physikalische Variable jemals mit beliebiger Präzision gemessen werden kann. Es handelt sich hierbei nicht um eine pedantische mathematische Fußnote von gleichsam pädagogischem Charakter. Vielmehr erweist es sich als notwendig, die Vorstellung eines über zwei Jahrhunderte hinweg als Kontinuum gedachten Phasenraumes aufzugeben und festzustellen, daß die notwendigerweise begrenzte Kenntnis der Phasenraumvariablen in makroskopischen Systemen eine Kornstruktur (coarse graining) des Phasenraumes bewirkt. Die Existenz einer solchen Kornstruktur, die auf dem endlichen Auflösungsvermögen der Meßapparaturen beruht, zwingt zu einer genaueren Spezifizierung des Zufallsbegriffes. Die ,,Entscheidung" des Pendels, am Überschlagspunkt entweder nach rechts oder nach links herunter zu fallen, wird, sofern äußere Störungen ausgeschlossen sind, von kleinsten Variationen bei der Wahl der Anfangsbedingungen bestimmt; sie ist in diesem Sinne zufällig. Wir sprechen hier von *subjektivem Zufall,* der auftritt, weil eine grundsätzlich gewinnbare Detailkenntnis über das betrachtete System, mit der eine Vorhersage des Systemsverhaltens möglich wäre, nicht in ausreichendem Umfang zur Verfügung steht.

Nun könnte man leicht entgegnen, es ließe sich doch zumindest gedanklich eine Versuchsapparatur konstruieren, die bei entsprechend sorgfältiger Durchführung des Experimentes den Systemzustand in einem Augenblick mit beliebiger Genauigkeit erfassen kann und damit auch bei noch so empfindlicher Systemdynamik doch eine langfristige Prädiktion der Bewegung im Laplaceschen Sinne ermöglicht. Dagegen spricht jedoch die Quantenmechanik. Die Heisenbergsche Unschärferelation legt mit der Planckschen Konstanten h eine grundsätzliche Grenze fest für die Präzision mit der konjugierte Variablen wie Ort und Impuls unabhängig voneinander gemessen werden können. Als direkte Folge der Unschärferelation ergibt sich eine kleinste, auch durch aufwendigste Experimente nicht mehr zu unterschreitende Korngrenze. Diese Erkenntnis konstituiert den Begriff des *objektiven Zufalls,* der immer dann vorliegt, wenn die mikroskopische Körnigkeit für den stochastischen Charakter eines Erscheinungsablaufes verantwortlich ist. Diesem objektiven Zufall unterliegt zum Beispiel der Prozeß des radioaktiven Zerfalls, bei dem physikalische Aussagen zur Lebensdauer eines einzelnen Atomkerns nur im Sinne der Statistik getroffen werden können.

Die extrem sensitive Abhängigkeit nichtlinear dynamischer Systeme von kleinsten Schwankungen der Anfangsbedingungen hat zur Folge, daß die Vorhersage makroskopischen Systemverhaltens an diese quantenmechanische Grenze stoßen kann. Es ist allerdings eine nach wie vor offene Frage, auf welche Weise die chaotische Systemdynamik eines klassischen Systemes im korrespondierenden Quantensystem zum Ausdruck kommt. Eine der klassischen Theorie des deterministischen Chaos vergleichbare geschlossene Theorie des Quantenchaos existiert bislang nicht. Entscheidend für unsere Überlegungen ist hier jedoch die Tatsache, daß der durch die Quantenmechanik begründete objektive Zufall eine grundsätzliche Grenze der Vorhersagbarkeit festlegt: Das Verhalten eines nichtlinearen makroskopischen Systemes kann durch beliebig kleine Variationen der Anfangsbedingungen radikal verändert werden, eine beliebig genaue Kenntnis der Anfangsbedingungen ist prinzipiell nicht erreichbar: eine Vorhersage des Systemverhaltens in der deterministisch chaotischen Phase demzufolge über eine begrenzte Vorhersagezeit hinaus grundsätzlich nicht möglich.

Tatsächlich wirken also Gesetz und Zufall beim Entstehen des deterministischen Chaos in sehr spezifischer Art und Weise zusammen. Der Dynamik liegt in jedem Fall eine eindeutige Gesetzmäßigkeit zugrunde. Bei der numerischen Iteration der logistischen Abbildung zum Beispiel resultiert bei Wiederholung der Rechnung mit den gleichen Eingangsdaten stets die gleiche Zahlenfolge. Sobald jedoch ein reales physikalisches System betrachtet wird, stoßen wir bei der Festlegung der Anfangsbedingungen auf die durch subjektiven oder objektiven Zufall vorgegebenen Korngrenzen, die keine beliebig genaue Bestimmung zulassen. Die Existenz einer aus unterschiedlichen Gründen resultierenden diskreten Struktur des Phasenraumes wirkt sich deshalb so dramatisch auf den Bewegungsablauf aus, weil nichtlineare Systeme sensitiv auf geringste Schwankungen oder Störungen reagieren können. Im Sinne der in der Einleitung verwendeten Begriffsbildung folgt die dynamische Entwicklung des Systemes nach wie vor *notwendig* aus dem Bewegungsgesetz. Der *kontingente* Charakter der

Anfangsbedingung bewirkt jedoch, daß innerhalb der Korngrenzen benachbarte Anfangsbedingungen a priori gleichberechtigt sind, der Zufall entscheidet über die Auswahl im Einzelfall. Die exponentielle Divergenz der Phasenraumbahnen in der deterministisch chaotischen Phase hat zur Folge, daß selbst eng benachbarte Anfangsbedingungen ganz unterschiedliche weitere Bewegungsabläufe bewirken können.

In bezug auf die anfangs verwendete epistemologische Fassung der Laplaceschen Aussage ist festzustellen, daß *„hinreichende Kenntnisse"* der Anfangs- oder Randbedingungen eines physikalischen Systemes in aller Regel nicht gewonnen werden können und damit eine Langzeit-Vorhersage in der deterministisch chaotischen Phase im allgemeinen nicht möglich ist. Insoweit die Vorstellung von einer unendlich feinen Auflösung bei der Festlegung des Zustandes im Phasenraumes Fiktion ist, kommt auch der daraus abgeleiteten Determinismus-Vorstellung keine wirkliche physikalische Bedeutung zu. Die beobachteten Vorgänge sind deshalb natürlich keineswegs plötzlich indeterministisch geworden. Lediglich die apodiktische Verknüpfung zwischen Determinismus, Kausalität und prinzipieller Vorhersagbarkeit läßt sich im Lichte der Nichtlinearen Dynamik nicht mehr aufrechterhalten.

Chaotisches Systemverhalten bedingt allerdings nicht nur Einschränkungen der physikalischen Beschreibungsmöglichkeiten, sondern eröffnet auch neue Einblicke in bislang als offenkundig unbeschreibbar geltende Phänomene. Chaotisches und scheinbar zufälliges Verhalten der Lösungsfunktionen deterministischer Systeme kann nun im Rahmen der Theorie des deterministischen Chaos als natürlich inhärente Eigenschaft vieler nichtlinearer zeitlicher und räumlicher Prozesse aufgefaßt und beschrieben werden. Die ausgiebige Anwendung globaler Phasenraumanalysen auf der Grundlage diskreter Abbildungen und Methoden der Renormierungsgruppentheorie haben dabei insbesondere deutlich werden lassen, daß dem chaotischen Verhalten elegante geometrische Strukturen zugrundeliegen [22]. Auf einer übergeordneten Ebene der mathematischen Beschreibung erkennen wir in vielfältiger Weise Ordnung im Chaos, quantifizierbar durch universelle Systemcharakteristika wie die fraktale Dimension räumlicher Strukturen oder die Eigenschaften des dem zeitlichen Verhalten zugrundeliegenden seltsamen Attraktors.

Die Theorie nichtlinear dynamischer Systeme vermittelt uns einen Einblick in Wachstumsprozesse und in Geschehensabläufe in der belebten und in der unbelebten Natur. Sie bringt uns einen Schritt näher an das Geheimnis der Natur, wie aus wenigen Naturgesetzen eine solche Vielfalt der Erscheinungen und Formen entstehen konnte, wie wir sie sehen, wenn wir aus dem Fenster, in ein Fernrohr oder durch ein Mikroskop blicken. Wäre diese Welt nur chaotisch, so wäre sie hoffnunglos. Jede technische Konstruktion würde versagen und jedes planvolle Handeln wäre zum Scheitern verurteilt. Wäre diese Welt nur deterministisch, so wäre sie langweilig. Gerade die harmonische Mischung aus Ordnung und Unordnung, aus Einheit und Vielfalt in der Gestalt von Bäumen, Wolken, Schneekristallen oder Küstenlinien, die allesamt aus nichtlinear dynamischen Prozessen hervorgegangen sind, erweckt in uns den Eindruck von Natürlichkeit und Schönheit. Die biologische Evolution bedarf der genetischen Variabilität durch strukturierte Kontrolle und Verstärkung kleiner Fluktuationen in gleicher Weise wie der menschliche Intellekt in dem Bemühen, neue Gedanken hervorzubringen und zu formulieren. So vermittelt uns das Gesetz die Einheit und Ordnung, der Zufall die Vielfalt und den Reichtum der Natur. Es ist das Zusammenspiel von Gesetz und Zufall, was dem Blick in die Welt besondere Faszination verleiht.

Literatur

[1] Laplace, P. S.: Introduction à la théorie analytique des probabilités. Oeuvres Complètes. Paris 1812.
[2] Thomas, H., U. Deker: Bild der Wissenschaft, Heft 1, S. 63 (1983); Bergzaberner Oberstufengespräche (Hrsg.: G. Konrad). Winterhalbjahr 1985/86.
[3] Maxwell, J. C.: Matter and Motion. London 1876, zitiert aus der deutschen Übersetzung: Substanz und Bewegung. Verlag F. Vieweg & Bohn. Braunschweig 1881.
[4] Haken, H.: Synergetics. 2. Aufl. Springer-Verlag. Berlin 1982 (Hrsg.): Chaos and Order in Nature 1981; Evolution of Order and Chaos. Springer-Verlag. Berlin, Heidelberg 1982.
[5] Schuster, H. G.: Deterministic Chaos. 2. Aufl. VCH-Publishers. Weinheim 1988.
[6] Großmann, S., S. Thomae: Z. Naturf. **A 32,** 1353 (1977).
[7] Feigenbaum, M. J.: J. Stat. Phys. **19,** 25 (1978).
[8] Coullet, P., C. Tresser: J. Phys. (Paris) Colloq. **39,** C 5 (1978).
[9] Grüner, G.: A. Zettl. Phys. Reports **119,** 117 (1985).
[10] Martin, S., W. Martienssen: Phys. Rev. Lett. **56,** 1522 (1986); Z. Phys. **B68,** 299 (1987).
[11] Steward, W. C.: Appl. Phys. Lett **12,** 277 (1968).
[12] Kautz, R. L.: J. Appl. Phys. **52,** 6241 (1981).
[13] Bauer, M., U. Krüger, W. Martienssen: eingereicht bei Europhys. Lett.
[14] D'Humière, D. P., M. R. Beasley, B. A. Huberman, A. Libchaber: Phys. Rev. **A26,** 3483 (1982).
[15] Bohr, T., P. Bak, M. H. Jensen: Phys. Rev. **A30,** 1960, 1970 (1984).
[16] Heng, H., W. Martienssen, U. Krüger: in Vorbereitung.
[17] Mandelbrot, B.: The Fractal Geometry of Nature. W. H. Freeman. San Francisco 1982.
[18] Witten, T. A., L. M. Sander: Phys. Rev. Lett. **47,** 1400 (1981); Phys. Rev. **B27,** 5686 (1983).
[19] Niemeyer, L., L. Pietronero, H. J. Wiesmann: Phys. Rev. Lett. **52,** 1033 (1984).
[20] Matsushita, M., M. Sano, Y. Hayahawa, H. Honjo, Y. Sawada: Phys. Rev. Lett. **53,** 286 (1984).
[21] Nittman, J., G. Daccord, H. E. Stanley: Nature, **314,** 141 (1985).
[22] Peitgen, H.-O., P. H. Richter: The Beauty of Fractals. Springer-Verlag. Berlin, Heidelberg 1986.

Selbstähnlichkeit
Das Strukturgesetz im und vor dem Chaos

Siegfried Großmann, Marburg/Lahn

Prinzipien

Erkennen heißt auch ordnen. So ordnen wir eine heute schier unglaubliche Fülle von Naturphänomenen, Experimenten und technischen Anwendungen nach allgemeinen, grundlegenden Prinzipien, die die Naturgesetze ganzer großer Teilgebiete beherrschen und durchdringen. Sie manifestieren sich bis in die scheinbar entlegensten Details.

Zwei bedeutende und allumfassende Prinzipien der physikalischen Naturerkenntnis sind das Determiniertheitsprinzip und das Überlagerungsprinzip. Die moderne Entwicklung rüttelt an beiden; besser, sie weist beide in die ihnen zustehenden Schranken, innerhalb derer sie ihre königliche Rolle weiterhin behalten. Ist dem Determinismus durch das sogenannte „Chaos" ein Alternativprinzip erwachsen, so bildet sich auch zum Überlagerungsprinzip zunehmend deutlicher eine Alternative heraus, die man als das „Prinzip der Selbstähnlichkeit" oder „Skalenprinzip" bezeichnen kann. Andere Benennungen sind „Affin-Prinzip" oder „hierarchisches Prinzip". Die bleibende Domäne von Determinismus und Überlagerungsprinzip sind die *linearen* Naturerscheinungen. Chaos und Skalenprinzip beherrschen die *nichtlineare* Natur.

Überlagerungsprinzip

Das grundlegende Ordnungsprinzip der *linearen* Naturbeschreibung besagt: Sofern ein Naturvorgang mit gewisser Amplitude $x_1(t)$ zeitlich ablaufen kann, $x_1(t)$ also eine mögliche Lösung des zugrunde liegenden Naturgesetzes ist; und sofern das auch für einen anderen, weiteren Vorgang $x_2(t)$ der Fall ist; dann ist auch die Summe $x_1(t) + x_2(t)$, genannt $x_s(t)$, ein (dritter) möglicher Geschehensablauf:

Überlagerungsprinzip oder Additionsprinzip:

$$x_1(t) + x_2(t) = x_s(t). \qquad (\text{Ü})$$

Prof. Dr. Siegfried Großmann, Fachbereich Physik der Philipps-Universität Marburg.

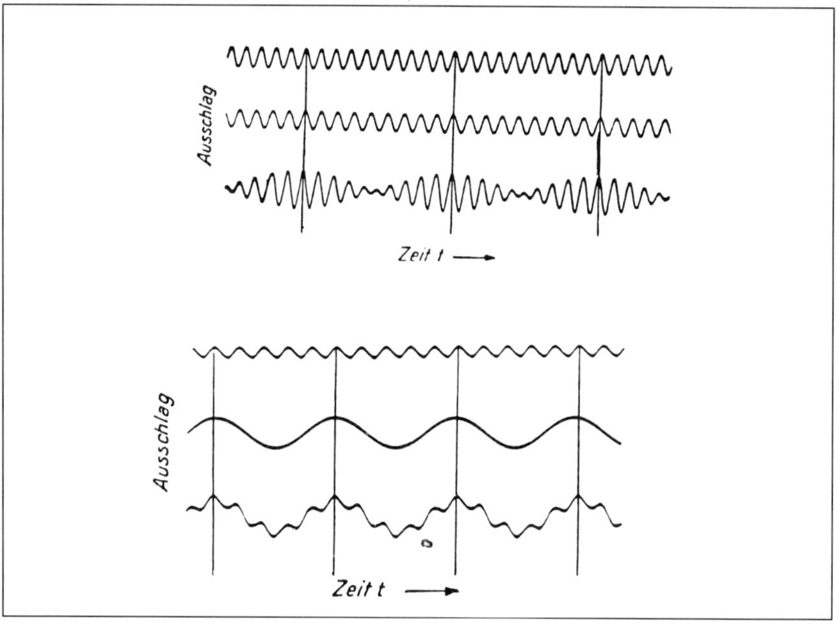

Abb. 1. Sinusschwingungen im Frequenzverhältnis 1:5 (oben) und 9:10 (unten) und ihre jeweiligen Überlagerungen.

Realisierung und Anwendung bis in den technischen Alltag hinein in Hülle und Fülle. Beispiele sind die bunte Welt aller kleinen Schwingungen (Abb. 1), die akustische Überlagerung in der musikalischen Welt, auch die unangenehmen Schwebungen bei leicht verstimmten Instrumenten, besonders aber die elektromagnetischen Erscheinungen einschließlich der Optik.

So basiert die moderne Holographie auf der Überlagerung von Bildsignal und Referenzstrahl und die spätere Entschlüsselung der Mischbotschaft durch erneute Superposition mit einem Referenzstrahl. Die statischen elektrischen Phänomene sind, so komplex sie auch seien, durch Überlagerung aus dem so klaren und einfachen Coulombschen Gesetz zu begründen, wonach sich zwei Ladungen umgekehrt proportional zum Abstandsquadrat anziehen oder abstoßen. Die zeitabhängigen Maxwellschen Gleichungen für elektromagnetische Vorgänge sind ebenfalls linear.

Der Michelson Versuch, mit dem die Unabhängigkeit der Lichtgeschwindigkeit vom Bezugssystem untersucht und damit das Fundament der Relativitätstheorie gelegt wurde, lebt von der Interferenzfähigkeit, also der Überlagerbarkeit des Lichtes.

Interferenzfähigkeit steht auch an der Wiege der Quantenmechanik, hier für die Wellenfunktionen. Der berühmte Welle-Korpuskel Dualismus manifestiert sich gerade in dieser überraschenden Interferenzfähigkeit und gibt Anlaß, die Quantenphänomene mit superponierbaren Wahrscheinlichkeitsamplituden zu erklären. Die Schrödingergleichung ist eine *lineare* Differentialgleichung.

Sie sehen also: wo man auch hinblickt, wir treffen einen guten Freund, das Superpositionsprinzip.

Nichtlinearität

In einer Vielzahl anderer Phänomene gilt das Überlagerungsprinzip nicht mehr. Zum Beispiel bildet sich unter gleichen Bedingungen stets dieselbe Kármánsche Wirbelstraße aus (Abb. 2a); sind Strömungsfelder nicht überlagerbar, ohne ihr Strömungsmuster zu ändern. Die Ursache ist die Nichtlinearität der Bewegungsgleichungen für Strömungen.

Nichtlinearitäten haben folgende charakteristische Konsequenzen: 1) Ausbildung von *Ordnung* und *Struktur* in offenen, dissipativen Systemen fern vom Gleichgewicht (Abb. 2a). 2) *Vielskaligkeit* (Abb. 2b): Gleichartige Muster bilden sich statistisch oder stets gleich in den verschiedensten Größen ineinandergeschachtelt aus. 3) *Chaos,* wie z. B. das unregelmäßige zeitliche Verhalten des Spannungsabfalls an einem Widerstand (Abb. 2c).

Unter „Chaos" verstehen wir eine andauernde zeitliche Veränderung der Systemvariablen, z. B. der Amplitude x(t) eines Pendels, der Wärmeleitfähigkeit einer Flüssigkeitsschicht, des Laser-Feldes o. ä. [3]. x(t) bleibt dabei in einer beschränkten Bandbreite $x_{min} \leq x(t) \leq x_{max}$, wiederholt sich aber *nicht periodisch,* sondern verhält sich immer wieder anders, „irregulär". Das Fourierspektrum ist kontinuierlich. Die Details der zeitlichen Entwicklung hängen empfindlich vom Anfangswert ab. Winzige Unterschiede der Anfangsamplitude führen nach einer gewissen Zeit zu völlig verschiedenem Zeitverlauf, wenn auch natürlich innerhalb der endlichen Bandbreite. Da solche anfänglichen Unterschiede, ob gewollt oder nicht, wegen unseres prinzipiell beschränkten Auflösungsvermögens nicht festzustellen, also absolut unvermeidbar sind, hat die empfindliche Abhängigkeit von den Anfangswerten zur Folge, daß die zeitliche Entwicklung des Systems grundsätzlich nicht längerfristig vorhersagbar ist und zwar trotz Kenntnis des verantwortlichen Naturgesetzes. Dieses ermöglicht nur Vorhersagen auf kurze Zeit. Die Zeitspanne Δt, innerhalb derer Vorhersagen mit der Genauigkeit Δx noch möglich sind, hängt nur schwach von der Meßungenauigkeit δx ab, nämlich logarithmisch,

$$\Delta t \approx (1/K)\ \ln\left(\frac{\Delta x}{\delta x}\right),\ \text{Meßfehler} \lesssim \Delta x \lesssim \text{Bandbreite}. \qquad (1)$$

K, die Summe der positiven Lyapunoff-Exponenten, ist durch die Nichtlinearitäten im Bewegungsgesetz bestimmt und berechenbar. Die Existenz *positiver*

2a
2b
2c

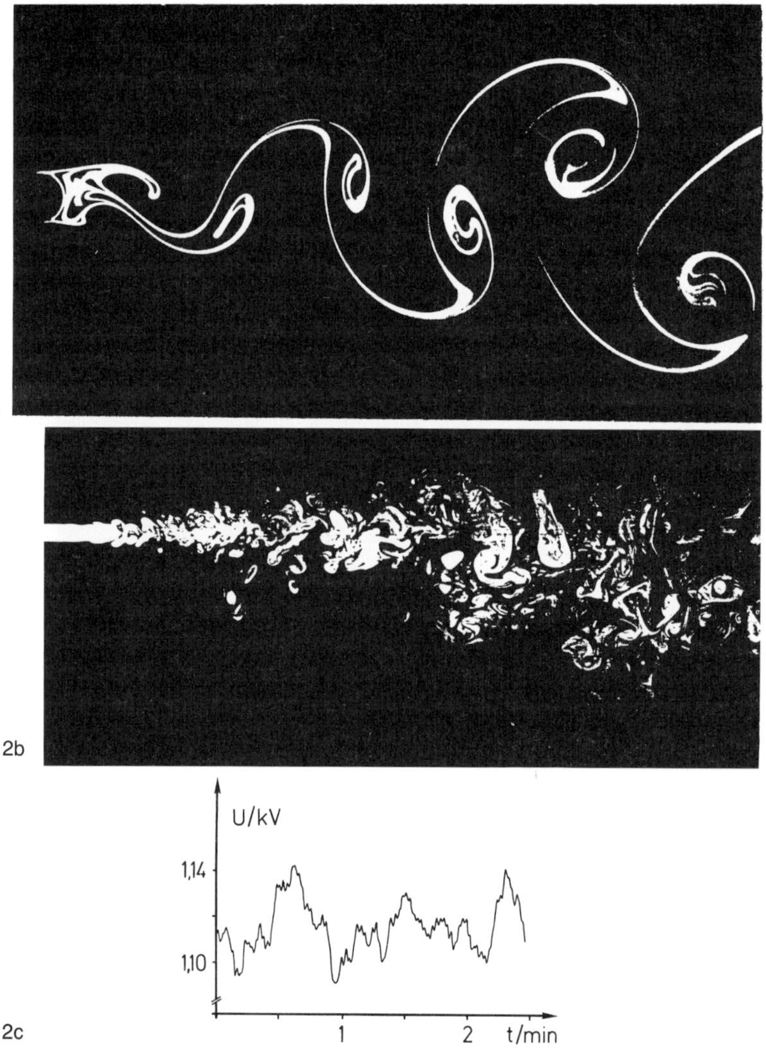

Abb. 2a. Eine Kàrmànsche Wirbelstraße hinter einem Zylinder, der von Wasser angeströmt wird [1] (u = 1,4 cm^2s^{-1}, Durchmesser 1,0 cm, Reynoldszahl 140). — **b.** Ein Wasserstrahl strömt in Wasser [1] und zerfällt turbulent, sichtbar gemacht durch Laser-induzierte Fluoreszenz. Die Reynoldszahl ist ungefähr 2300. — **c.** Spannungsabfall U an einem gleichstromdurchflossenen Barium-Natrium-Niobat-Einkristall (einige mA cm^{-2}, Temperatur 445° C, zusätzlich von feuchter O_2-Atmosphäre umspült). Permanente zeitliche Schwankungen auf makroskopischer Skala, ca. 2 % bis 3 % (Aufnahme S. Martin und W. Martienssen; siehe auch [2]).

Lyapunoff-Exponenten ist *die* charakteristische Eigenschaft nichtlinearer Naturgesetze und verantwortlich für Chaos. 1/K legt die Größenordnung der Vorhersagbarkeits-Zeitspanne fest. Genauer als anfänglich gemessen ($\Delta x < \delta x$) kann man selbst bei Kenntnis der Bewegungsgleichungen und ihrer Lösungen nicht vorhersagen.

Trotz Nichtlinearitäten im Naturgesetz kann man manchmal trotzdem noch überlagern. Näherungsweise etwa bei kleinen Abweichungen (Phononen, Plasmonen, Magnonen, . . .), exakt in charakteristischen Sonderfällen (Solitonen) [4]. Grundsätzlich aber ist überlagern bei nichtlinearem Naturgesetz nicht mehr möglich. Dafür tritt etwas anderes in Erscheinung, was seinerseits in der linearen Welt nicht zu finden ist.

Skalenprinzip

Die Naturgesetze sind i. a. Differentialgleichungen, in denen die zeitliche Änderung des gegenwärtigen Zustands geregelt wird. Bezeichne x(t) wieder die interessierende Größe. Die einfache *lineare* Bewegungsgleichung

$$dx(t)/dt = -ax(t), \quad a > 0, \tag{2}$$

repräsentiert einen dissipativen, reibungsdominierten Prozeß. Ihre Lösung lautet $x(t) = x_0 \exp(-at)$. Der Anfangswert x_0 ist *beliebig* wählbar, denn beim Einsetzen in (2) fällt x_0 als konstanter Faktor heraus. Verschiedene Lösungen lassen sich addieren; die Summe erfüllt wiederum die lineare Gleichung (2).

Ein nichtlineares Bewegungsgesetz erlaubt das nicht. Als Beispiel werde eine Nichtlinearität 3. Grades untersucht.

$$dx(t)/dt = -bx^3(t), \quad b > 0. \tag{3}$$

Auch (3) läßt sich ohne weiteres lösen und graphisch darstellen (Abb. 3). Aber die *Summe* $x_1 + x_2$ zweier möglicher Lösungen *erfüllt nicht* mehr Gl. (3). Dafür sorgen die Kreuzprodukte $x_1^2 x_2$, $x_1 x_2^2$.

Statt dessen offenbart uns die Lösung der nichtlinearen Gleichung (3) ein anderes Charakteristikum, das wiederum die Lösung der linearen Gleichung nicht hat.

$$x(t; x_0) = \frac{x_0}{\sqrt{1 + 2bx_0^2 t}}, \quad t \geq 0. \tag{4'}$$

Nach einiger Zeit überwiegt der t-Summand im Nenner, so daß

$$x(t) \cong \frac{1}{\sqrt{2bt}}. \tag{4}$$

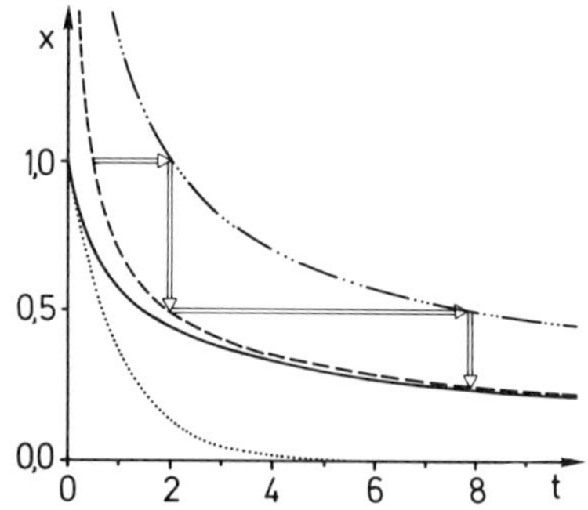

Abb. 3. Der zeitliche Verlauf der Lösung x(t) der nichtlinearen Differentialgleichung (3) (durchgezogene Linie). Auch die Lösung der linearen Gl. (2) ist angedeutet (punktiert). Für nicht zu kleine Zeiten t wird die Lösung durch $1/\sqrt{2bt}$ approximiert (gestrichelt). Diese Kurve ist selbstähnlich: Streckung der Zeit um λ (= 4, Pfeile) und Stauchung der Amplitude um $\lambda^{-1/2}$ (= 0,5) führt sie in sich über.

Diese für alle $t > 1/(2bx_0^2)$ gute Näherung hängt nicht mehr vom Anfangswert x_0 ab. Das Lösungsverhalten $x \sim t^{-1/2}$ ist auf unterschiedlichen Zeitskalen *ähnlich!*

Mißt man die Zeit statt im Sekundenmaßstab z. B. im Stundenmaßstab, ersetzt also t durch λt, erhält man

$$x(\lambda t) = \lambda^{-1/2} x(t). \tag{5}$$

Der (positive) Streck- oder Stauchfaktor λ kann ganz beliebig sein. Ist etwa $\lambda = 4$, so wird die Zeit vervierfacht; das kann durch eine Verkleinerung der Amplitude x auf die Hälfte ($4^{-1/2} = 1/2$) wieder aufgefangen werden, egal wie groß b ist. (5) gilt für alle Werte von t.

Gleichung (5) ist typisch für Skalenähnlichkeit oder Affininvarianz. In allgemeiner Form lautet diese:

Prinzip der Selbstähnlichkeit:	$x(\lambda t) = \lambda^{\nu} x(t).$	(S)

ν heißt Skalenexponent oder Ähnlichkeitsexponent. Aus (S) kann man sofort das zeitliche Verhalten bestimmen, indem man λ bei wachsender Zeit t so wählt, daß $\lambda t = c$ konstant bleibt.

$$x(t) \sim t^{\nu}. \tag{6}$$

Skaleninvarianz (S) und Potenzgesetz (6) bedingen einander wechselseitig.

Führt man die Skalentransformation $t \rightarrow t' = \lambda t$ in der Lösung der *linearen* Bewegungsgleichung durch, so kann man sie nur durch Umändern der Relaxationsrate a in $a' = a/\lambda$ auffangen, *nicht* aber durch Skalenänderung von x_0 bzw. x selbst. Die Änderung der Zeitskala *erzwingt* somit die Änderung des Ratenparameters a. Umgekehrt, der Ratenparameter a setzt einen Zeitmaßstab fest. Durch Vergleichen mit a^{-1} kann man stets sagen, ob viel oder wenig Zeit seit $t = 0$ vergangen ist.

Der Parameter b in (4) setzt einen solchen Zeitmaßstab *nicht*. Wie wir sahen, wird eine t-Streckung durch eine x-Skalierung aufgefangen, ohne daß b betroffen ist. Wir merken deshalb:

> Selbstähnlichkeit oder Skaleninvarianz ist synonym zum *Fehlen eines natürlichen Maßstabes* in dem betrachteten Phänomen.

Skalenunabhängige Phänomene heißen deshalb manchmal *αλλομετϱον* (allometrisch). Zwar haben wir bisher nur zeitliche Abläufe betrachtet, doch gilt dasselbe mutatis mutandis auch für räumliche Strukturen. Ein Beispiel hierfür ist die interessante Physik der Phasenübergänge, deren rasanter Fortschritt in der Entwicklung der Renormierungsgruppentheorie durch Kadanoff und Wilson kulminierte. Gewöhnlich wird der Längenmaßstab in Flüssigkeiten oder Festkörpern durch die atomare Korrelationslänge ξ gesetzt. Korrelationen zerfallen exponentiell. Am kritischen Punkt des Phasenübergangs ist ξ unendlich. Deshalb gibt es keinen natürlichen Längenmaßstab mehr. Die thermischen Fluktuationen werden selbstähnlich, skaleninvariant, die thermodynamischen Eigenschaften spezifische Wärme, Suszeptibilität, Zustandsgleichung usw. verhalten sich nach einem Potenzgesetz. Die Ordnungsparameter-Gleichung hat von linear auf nichtlinear gewechselt.

Der Grad 3 der Nichtlinearität ist nicht wesentlich. Einzig und allein entscheidend ist, daß der Exponent in (3) *nicht* 1 ist. Betrachtet man nämlich $dx/dt = -bx^{1+n}$, so lautet die Lösung, sobald t größer als $1/(nbx_0^n)$ geworden ist, $x(t) = 1/(nbt)^{1/n}$. Für $n = 2$ wiedererkennen wir (4). Der Ähnlichkeitsexponent ν hat den Wert $-1/n$. Auch nicht-ganze n sind erlaubt; ferner ist $n < 1$ zugelassen. Nur *eine* Wahl von n ist strikt ausgeschlossen: n darf nicht 0 sein. Genau dann kommt die exponentielle Lösung heraus, genau dann gilt das Überlagerungsprinzip.

Da der Ähnlichkeitsexponent mit dem Grad der Nichtlinearität verknüpft ist, denken wir (zunächst) an eine „reine" Nichtlinearität und nicht an eine Mischung verschiedener Nichtlinearitäten.

Wir halten fest: *Entweder* Superpositionsprinzip *oder* Affininvarianz, aber nicht beides vermischt. Ersteres regiert die lineare, letzteres die nichtlineare Welt.

Fraktale

Die monoton fallende Lösung (4) ist recht langweilig; selbst ein skalensetzender Zeitmaßstab fehlt ihr. Könnte nicht zum Beispiel ein kleines Zwischenmaximum im zeitlichen Verlauf vorkommen, etwa wie in Abb. 4a?

Das aber hätte überraschende Konsequenzen, *wenn man an der Selbstähnlichkeit* des Funktionsverlaufs *festhält.* Denn dann muß beim Herausschneiden eines jeden Teilstücks wieder ein (entsprechend verkleinertes) Zwischenhoch vorhanden sein (Abb. 4b, c). Erneut herausvergrößert muß sich das wiederholen, immer kleinere und kleinere Spitzchen sitzen auf ihresgleichen (Abb. 4d).

Die Eigenschaft der *Selbstähnlichkeit bei gleichzeitig vorhandener Struktur* erzwingt somit ein merkwürdiges Gebilde geometrisch sich verfeinernder Wiederholungen. Solche Strukturen heißen ,,Fraktale“ [5]. Nach dem Gesagten sind sie in der nichtlinearen Natur die ,,natürlichen“ Bewohner und gestalten sie zu einer phantastischen Welt voller Überraschungen und eigener Ästhetik [6].

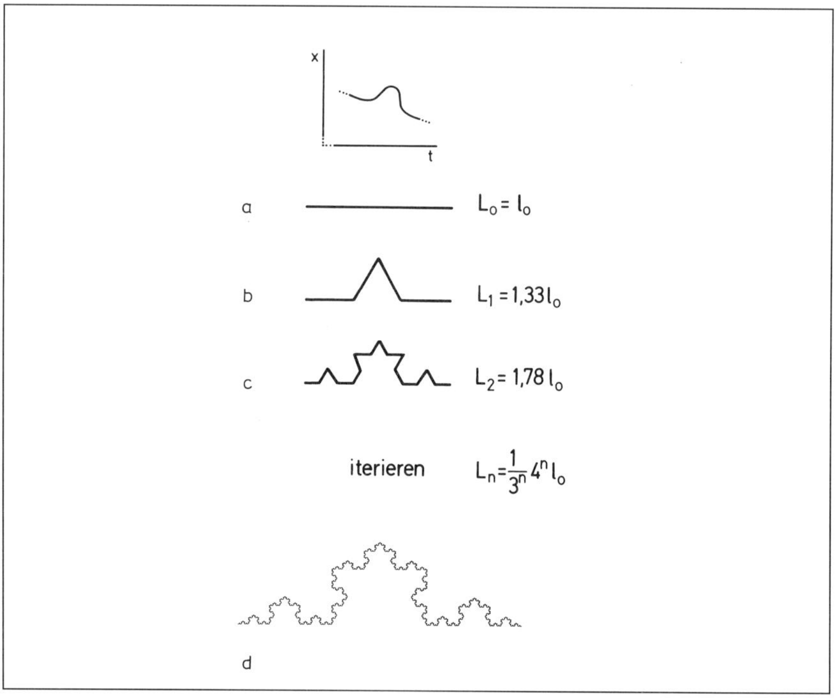

Abb. 4. Struktur im zeitlichen Abfall, schematisch **(a).** Der ursprünglich fast gerade Verlauf (durch die Gerade l_0 repräsentiert) wird höckrig (darunter, **(b),** durch 4 gerade Teilstücke der jeweiligen Länge $l_0/3$ dargestellt). **(c)** zeigt Unterhöcker, Teilstücklänge $l_0/9$. Bei Fortsetzung ergibt sich die sogenannte Kochkurve **(d)** mit unendlich vielen, unendlich kleinen Höckern. Alle Skalen l_0, $l_0/3$, $l_0/9$, . . . sind erkennbar.

Die im Grenzfall entstandene Kurve mit unendlich vielen, kleiner und kleineren Höckerchen ist zwar stetig aber nicht mehr differenzierbar. Sie kann also nicht aus einer gewöhnlichen Differentialgleichung wie (3) stammen oder aber sie muß schließlich ab einer gewissen Skalenverfeinerung ihre Selbstähnlichkeit verlieren. So ist es z. B. bei turbulenten Strömungen: Auf hinreichend kleinen Abständen glättet die molekulare Zähigkeit die Wirbelstruktur aus und nimmt der Strömung ihre Skalenähnlichkeit (siehe Abb. 2b).

Welche fraktalen Strukturen aus nichtlinearen Differentialgleichungen entstehen und umgekehrt, wie man aus vorgefundenen Fraktalen auf die erzeugenden nichtlinearen Gesetze schließen kann, ist uns oft noch unbekannt. Dies aufzuklären, ist eine der heutigen Herausforderungen. Klar aber scheint, daß die Geometrie der nichtlinearen, strukturierten Welt fraktal ist.

Die Kurve in Abbildung 4d sieht „dick" aus infolge der vielen Höckerchen und Noppen. Wie lang ist sie? Das erste, gerade Stück setzt den Maßstab l_0. Auf der nächsten Stufe sind die Einzelstücke $l_0/3$ lang. Dafür gibt es davon vier Stück, also $L_1 = (l_0/3) \cdot 4$. Im nächsten Schritt ist die Einzellänge $l_0/9$; hiervon gibt es 16 Einzelstücke; somit ist $L_2 = (l_0/3^2) \cdot 4^2$. Im n-ten Schritt der Verfeinerung beträgt die Länge $L_n = (l_0/3^n)\, 4^n$. Offensichtlich wächst L_n mit zunehmendem n nach unendlich, da die Stückzahlvergrößerung $z = 4$ bei jedem Schritt die Maßstabsverkleinerung $\lambda = 1/3$ überwiegt.

$l_0/3^n$ ist die Maßstabslänge auf der n-ten Stufe der Verfeinerung. Sie werde ϵ genannt. 4^n ist die Gesamtzahl $N(\epsilon)$ von Einzelstücken der Länge ϵ. Die Selbstähnlichkeit der Kurve äußert sich in einem Skalenverhalten dieser Stückzahl.

$$N\left(\frac{1}{3}\epsilon\right) = 4N(\epsilon). \tag{7}$$

Da haben wir wieder unsere Grundgleichung (S)! Den Ähnlichkeitsexponenten finden wir durch Vergleich mit $N(\lambda\epsilon) = \lambda^\nu N(\epsilon)$, d. h. aus $(1/3)^\nu = 4$. Somit ist $\nu = -\ln 4/\ln 3 = -1{,}261\,8\ldots$ Gleichwertig mit diesem Skalengesetz ist $N(\epsilon) \sim \epsilon^\nu$, vergl. (S) und (6). ν ist negativ. Deshalb schreiben wir $\nu = -d_F$, also $d_F = 1{,}261\,8\ldots$,

$$N(\epsilon) \sim \frac{1}{\epsilon^{d_F}}\,. \tag{8}$$

Die Länge der Linie bei Verwendung des Maßstabs ϵ beträgt $L(\epsilon) = \epsilon \cdot N(\epsilon) \sim \epsilon^{1-d_F} \sim \epsilon^{-0{,}2618}$ und wird ∞ für $\epsilon \to 0$. Der Gedanke kommt, die „dicke" Kurve besser mit kleinen Flächen, z. B. ϵ mal $\epsilon/10$ zu überdecken. Die Gesamtfläche ist dann $A(\epsilon) \sim \epsilon^2 . N(\epsilon) \sim \epsilon^{2-d_F} \sim \epsilon^{+0{,}7382}$; sie wird 0 für $\epsilon \to 0$. Die merkwürdige Noppenkurve ist also *mehr als eine Linie* (da ihre Länge unendlich ist), jedoch *weniger als eine Fläche* (da ihr Flächeninhalt 0 ist).

Das d-dimensionale Volumen

$$V_d(\epsilon) \sim \epsilon^d \cdot N(\epsilon) \sim \epsilon^{d-d_F} \tag{9}$$

sinkt also zwischen d = 1 und d = 2 von ∞ auf 0 bei Maßstabsverfeinerung. Wie man aus (9) abliest, geschieht das bei dem Zwischenwert $d = d_F = \ln 4/\ln 3 = 1{,}261\,8\ldots$ Für *diesen* Wert von $d = d_F$ ist V_{d_F} maßstabsunabhängig und endlich, weder ∞ noch 0. Ist es nicht naheliegend, d_F als die ,,Dimension" der Kochkurve anzusehen? Auch wenn d_F *nicht-ganz* ist, weder 1 noch 2, sondern ,,gebrochen", ,,fraktal"? $d_F > 1$ meldet: mehr als 1-dimensional, $d_F < 2$ besagt: weniger als flächig.

Die geniale Idee, gebrochene Dimensionen einzuführen, stammt von Felix Hausdorff (1868—1942). Damit stellte er einen wichtigen Begriff zur Kennzeichnung von Objekten der nichtlinearen Welt bereit, da diese i. a. selbstähnlich strukturiert, fraktal sind. Er gab auch eine scheinbar geringfügige aber wichtige Verbesserung für das d-dimensionale Volumen (9) fraktaler Mengen. (9) setzt ja voraus, daß alle $N(\epsilon)$ Teilstücke die *gleiche* Ausdehnung ϵ haben. Das ist oft bei anderen Fraktalen nicht so. Man benötigt dann unterschiedlich lange Maßstäbe ϵ_i, wobei $i = 1,2,\ldots, N(\epsilon)$, alle $\epsilon_i \leq \epsilon$. Statt $V_d(\epsilon) = \epsilon^d \cdot N(\epsilon)$ ergibt sich dann

$$V_d(\epsilon) = \sum_{i=1}^{N(\epsilon)} \epsilon_i^d. \qquad (10)$$

Natürlich soll man die Überdeckung mit den ϵ_i so gut wie möglich machen, $V_d(\epsilon)$ so klein wie möglich, und $\epsilon \to 0$. d_H, die ,,Hausdorff-Dimension", ist derjenige Wert für d, bei dem V_d von ∞ auf 0 fällt. Es gilt $d_H \leq d_F$.

Falls alle Teilstücke gleich sind, liefert (10) wieder (9) und d_H ist gleich d_F. Man liest d_F ab aus

Stückzahl $N(\epsilon) \sim 1/(\text{Maßstab } \epsilon)^{d_F}$	(11a)

oder auch aus

Vermehrung $z = 1/(\text{Verkleinerung } \lambda)^{d_F}$.	(11b)

Einfach und doch verblüffend, nicht wahr? Die ,,Länge" der Verbindungskurve zwischen zwei Punkten hängt von der Genauigkeit ab, von der Feinheit des Maßstabs, mit der man die Länge ausmißt. Sie ist also keine Größe ,,an sich", sondern eine maßstabs-abhängige Zahl!

In die Wissenschaftsgeschichte eingegangen ist Mandelbrots Frage (1967) (siehe [5]): ,,Wie lang ist die Küste von Großbritannien?" Mißt man sie auf Karten mit unterschiedlicher Feinheit des Maßstabs aus, so erweist sie sich als um so länger, je kleiner der Maßstab ist. Dann kann man nämlich mehr und mehr Details des Küstenverlaufs erfassen.

So ist es wohl auch zu erklären, wenn benachbarte Länder ihre gemeinsame Grenze unterschiedlich lang angeben. Für die spanisch-portugiesische Grenze etwa wird in spanischen Lexika 987 km, in portugiesischen 1 214 km angegeben. Im kleineren Portugal mißt man mit kürzeren Maßstäben.

Küsten und Ländergrenzen sind offenbar natürliche Fraktale. Ihre Selbstähnlichkeit auf unterschiedlichen Skalen ist statistischer Art. Ihre naive Länge ist unendlich bei beliebig feinem Maßstab. Übrigens, Großbritannien hat eine Küstendimension $d_F \cong 1{,}25$, wie schon L. F. Richardson (Nachlaß) empirisch gefunden hatte (siehe [5]).

Andere interessante Beispiele statistischer Selbstähnlichkeit sind die viel studierte DLA (diffusion limited aggregation) oder die Bildung metallischer Cluster durch Ausfällen von Ionen aus ihrem Elektrolyten unter einer angelegten Spannung. Auch Lichtenbergsche Figuren sind Fraktale.

Turbulenz

Ein besonders schönes Beispiel statistisch selbstähnlicher Strukturen sind die Wirbelverteilungen in voll turbulenten Strömungen. Sie sind eines der (wenigen) Beispiele, wo sich nach langer Forschung allmählich klärt [7], wie die Bewegungsgleichungen solche Affinähnlichkeit bewirken. Sie sind auch das historisch erste Beispiel der Einführung der Renormierungsgruppe [8].

Um die Wirbelverteilung in Luft- oder Wasserturbulenz zu sehen, muß man kleine Markierungen mitschwimmen lassen. Denn wegen der i. a. noch gut erfüllten Inkompressibilität sind die Dichteänderungen so klein, daß man die Wirbel optisch nicht wahrnimmt. Das Auge Leonardo da Vincis vermochte schon vor 500 Jahren in unnachahmlicher Schönheit Turbulenz zu erkennen [9]. Definiert man die Wirbelgeschwindigkeit als Differenz $\vec{v}(\vec{r};\vec{x}) = \vec{u}(\vec{x}+\vec{r}) - \vec{u}(\vec{x})$ der Strömungsgeschwindigkeiten an zwei um $\vec{r}$ entfernten Orten im Strömungsfeld, so ist im statistischen Mittel die Wirbelenergie $\sim \langle \vec{v}^2 \rangle$ von der Lage $\vec{x}$ im Strömungsfeld unabhängig (falls man dem Rand nicht zu nahe kommt). Wohl aber hängt sie von der Wirbel*größe* r ab und zwar selbstähnlich!

$$\langle \vec{v}^2 \rangle (\lambda r) = \lambda^\alpha \langle \vec{v}^2 \rangle (r). \tag{12}$$

Das quantifiziert das optische Empfinden, daß es im Wirbelfeld keine ausgezeichnete Längenskala gibt. Ein vergrößertes oder verkleinertes Bild eines Wirbelfeldes sieht jeweils gleich dem ursprünglichen Wirbelfeld aus.

Die affine Invarianz (12) entwickelter Turbulenz muß eine Konsequenz der nichtlinearen partiellen Differentialgleichung von Navier und Stokes (1845) für das Geschwindigkeitsfeld $\vec{u}(\vec{x}, t)$ sein,

$$\partial_t \vec{u} = -(\vec{u} \cdot \text{grad})\, \vec{u} - \text{grad}\, p + \nu \Delta \vec{u} + \vec{f}. \tag{13}$$

p ist der Druck pro Masse der Flüssigkeitselemente, ν die kinematische Zähigkeit, $\vec{f}$ die turbulenzerzeugende Kraft. (13) zu lösen, ist nicht möglich. In den

40er Jahren erkannten Kolmogoroff und Oboukhoff in Rußland, Onsager in Amerika sowie von Weizsäcker und Heisenberg in Deutschland, daß es aus physikalischen Gründen auf die pro Zeit (und pro Masse) dissipierte Energie $\bar{\epsilon}$ ankommen müsse. Denn die ständig zugeführte Energie, die von der Zähigkeit dann wieder weggefressen wird, macht die Turbulenz überhaupt erst möglich. Postuliert man $\bar{\epsilon} = \nu \langle(\partial u_i/\partial x_j)^2\rangle$ als *den* relevanten Parameter, so gewinnt man allein durch Einheitenvergleich

$$\alpha = 2/3, \text{ d. h. } \langle v^2\rangle \sim r^{2/3} \quad (14)$$

In [7] wird erklärt, warum in der Tat ausgehend von der Navier-Stokes-Gleichung (13) $\bar{\epsilon}$ die entscheidende Größe sein muß. Allerdings wird $\partial u_i/\partial x_j$ ebenso wie u_i selbst lokal statistisch fluktuieren. Deshalb sind Abweichungen von $\alpha = 2/3$ zu erwarten. Niemand kann bis heute sagen, welchen genauen Wert α hat bzw. wie man ihn systematisch berechnen könnte. Experimentell ist die mögliche Abweichung von 2/3 wegen ihrer Kleinheit noch im Meßfehler verborgen, so daß über Modelltheorien für die Abweichung noch nicht entschieden ist.

Die Skalenähnlichkeit turbulenter Wirbelfelder wirkt sich auf vielerlei Weise drastisch aus. Zum Beispiel ist die turbulente Diffusion ebenso wie die gewöhnliche Diffusion affin-invariant, jedoch mit einem anderen Ähnlichkeitsexponenten ν. Statt $R_t^2 \sim t$ wie bei gewöhnlicher Diffusion gilt für den Ausbreitungsradius R_t bei turbulenter Diffusion

$$R_t^2 \sim t^3. \quad (15)$$

$\nu = 3$ ist unglaublich groß und reflektiert die äußerst effiziente turbulente Ausbreitung, etwa von Schadstoffen in der Atmosphäre. Der TÜV bestimmt nach solchen Formeln die zu verlangende Schornsteinhöhe von Industrieanlagen, allerdings mit empirisch bestimmten, von der Höhe (Randeffekte!) abhängigen Exponenten ν, die erst ab ca. 250 m in $\nu = 3$ münden.

Das Skalengesetz $R_t^2 \sim t^3$ wurde früher „gewaltsam" an das Einsteinsche Diffusionsgesetz der normalen Diffusion angepaßt, welches $R_t^2 = 6Dt$ lautet. D wird als Diffusivität bezeichnet. Z. B. ist $D \cong 0{,}2\ cm^2s^{-1}$ für O_2 in Luft oder $D \cong 10^{-5}\ cm^2s^{-1}$ für Harnstoff in Wasser. D hängt von der Temperatur ab. Formal vergleichend kann man so tun, als ob turbulente Strömung eine Diffusivität hätte, die $\sim t^2$ wächst. Wegen $t \sim R_t^{2/3}$ nach (15) bedeutet das, daß sich die turbulente Diffusivität mit der Ausbreitungsskala R_t vergrößert!

$$D_{turb} \sim R_t^{4/3}. \quad (16)$$

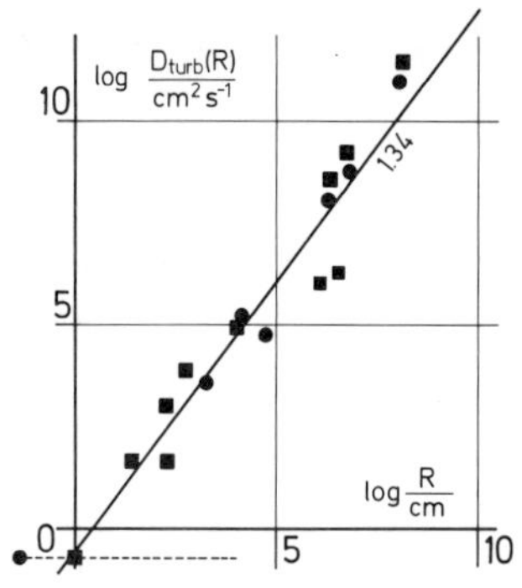

Abb. 5. Die Diffusivität D_{turb}/cm^2s^{-1} turbulenter Strömungen. Bei gewöhnlicher Diffusion ist D von R unabhängig (gestrichelt). Empirische Werte von Richardson gemessen oder übernommen (● aus [10], ■ spätere Arbeit). Die Ausgleichsgerade hat den Anstieg 4/3.

Ein zunächst kurioses Ergebnis. Und doch eine der ersten Feststellungen von Skalenverhalten in der Natur! In einer genialen, seiner Zeit weit vorauseilenden, breit assoziierenden Analyse verglich Louis Fry Richardson 1926 die diffusive Ausbreitung bei so verschiedenen Vorgängen wie der tanzenden Bewegung von Staubkörnchen in der sonnendurchstrahlten Zimmerluft, der Mitführung von Löwenzahnsamen im Wind, die er im Abstand von einigen Dezimetern losfliegen ließ, dem Flug von Kinder-Drachen und -Luftballons, von Wetterballons oder den Flugbahnen beim Ballonwettbewerb von Brighton an der englischen Kanalküste, den Zyklonen-Bahnen, der Verbreitung der Asche von Vulkanausbrüchen u. ä. [10]. Sein Ergebnis ist in Abbildung 5 dargestellt; damals unglaublich und unverständlich. Vermutlich ohne es zu wissen, hatte Richardson das Wirbelverteilungsgesetz (14) entdeckt, *das* Grundgesetz der Turbulenz, ein Vierteljahrhundert vor Kolmogoroff, von Weizsäcker, Heisenberg.

Eine andere Konsequenz der Wirbelähnlichkeit, die allerdings erst jüngst mit Kenntnis der fraktalen Selbstähnlichkeitsgeometrie aufgespürt wurde, betrifft die Wolkenform. Radarmessungen von der Erde und Satellitenaufnahmen aus der Höhe gestatten es, den Umfang von Wolken und Wolkenformationen verschiedenster Größe zu bestimmen [11]. Auf den Photoplatten sieht man die Wolken als 2-dimensionale Projektionen. Nach Euklidischer Weisheit ist der Flächeninhalt A mit dem Umfang U gemäß $A \sim U^2$ oder $U \sim \sqrt{A}$ verknüpft, wie uns wohl vertraut ist. Nicht so bei Fraktalen (etwa bei der Küste von England). Über fünf Größenordnungen zeigt Abb. 6, daß der Wolkenumfang mit der Fläche stärker wächst als euklidisch

$$U \sim (\sqrt{A})^{\Theta}, \ \Theta = 1{,}35 \pm 0{,}05. \tag{17}$$

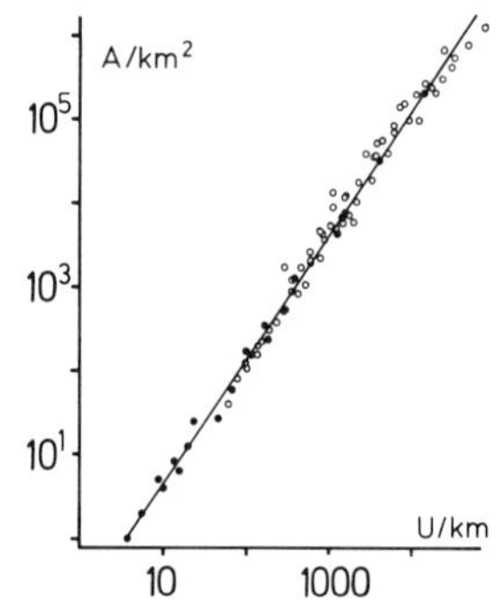

Abb. 6. Der selbstähnliche, fraktale Zusammenhang zwischen dem Umfang U (in km) der Wolken auf Satellitenbildern (o) bzw. Radaraufnahmen (●) und ihrem Flächeninhalt A (in km^2) nach Lovejoy [11].

Es ist klar, wie das zustande kommt. Wolkenränder werden durch Konvektion ausgebeult. Auf immer kleinerer Skala machen die kleineren Bewegungen immer kleinere Beulen, ein Prozeß ähnlich wie bei der Kochkurve in Abb. 4. Eine quantitative Umsetzung [12] dieser Überlegung liefert (17).

Begrenzte Selbstähnlichkeit

Warum gilt Skaleninvarianz, sofern sie auftritt, in aller Regel nur über einen gewissen Bereich von Skalenfaktoren? Warum tritt sie bei demselben System unter verschiedenen Bedingungen manchmal auf, manchmal nicht auf? Das liegt am Wechselspiel zwischen linearen *und* nichtlinearen Beiträgen zum Naturgesetz, das das Geschehen regelt und an ihrem von außen beeinflußbaren relativen Gewicht. Dieses „von außen regeln" der Parameter gestattet es, Systeme in selbstähnliche Zustände hineinzuführen bzw. wieder herauszuholen. Thermische Konvektion etwa ist für kleine Temperaturunterschiede laminar und wird erst bei großen turbulent.

Ich greife das frühere einfache Modell einer gewöhnlichen Differentialgleichung wieder auf, um daran klar zu machen, warum es von den Parametern abhängt, ob überhaupt Selbstähnlichkeit auftritt und falls ja, warum diese dann nur über einen gewissen Skalenbereich zu beobachten ist.

$$\frac{dx}{dt} = -ax - bx^3, \quad a, b \text{ positiv,} \tag{18}$$

enthält lineare und auch nichtlineare Anteile, wie es der Regelfall ist. (18) hat die relativ kompliziert aussehende, aber ganz einfach analytisch zu gewinnende (und in Abb. 7 dargestellte) Lösung

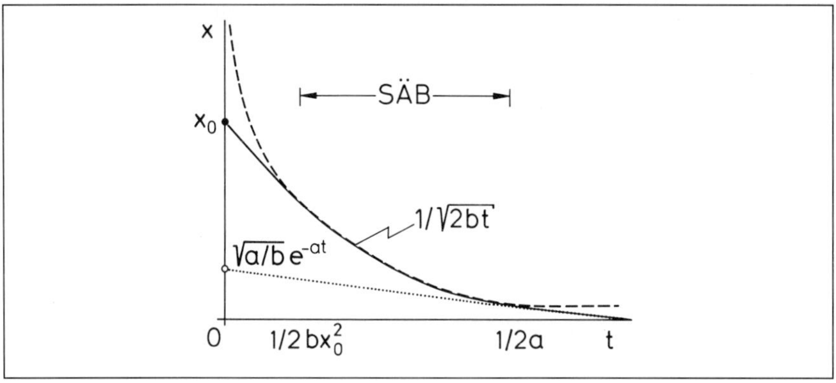

Abb. 7. Die Lösung x(t) der gemischt linear-nichtlinearen Differentialgleichung (18) mit ihren drei charakteristischen Bereichen: dem Anfangswert-dominierten Verhalten bei kleinen Zeiten t, dem universellen Skalenbereich für mittlere Zeiten (selbstähnlicher Bereich SÄB) und dem linearen, exponentiellen Endbereich (schematisch).

$$2at = \ln \left[\frac{a+bx^2(t)}{x^2(t)}\,\frac{x_0^2}{a+bx_0^2}\right]. \qquad (19)$$

Sofern b sehr klein ist (präzise gesagt, wenn $bx^2(t) << a$), gewinnt man aus (19) die bekannte exponentielle Lösung zurück. Kniffliger zu sagen ist, was es andererseits heißt, a als „klein" anzusehen. Denn da ja x(t) sowieso nach 0 schrumpft, wird für *jedes* $a \neq 0$ irgendwann $bx^2(t)$ kleiner als a. Abgesehen vom isolierten Sonderfall $a = 0$ wird also die Lösung (19) für lange Zeiten *immer* exponentiell, nach der linearen Gleichung, verlaufen. Sofern aber die Anfangsamplitude x_0 und die Parameter a, b so sind, daß wenigstens am Anfang

$$a << bx_0^2 \qquad (20)$$

erfüllt ist, gewinnt man aus (19) die nichtlineare Lösung (4), solange *auch* $bx^2(t)$ noch größer als a ist. Erst wenn im Laufe der Zeit $bx^2(t)$ sehr klein geworden ist, geht (19) in den exponentiellen Verlauf $\sqrt{a/b}\,\exp(-at)$ über. Hier nun ist die Amplitude nicht durch x_0 gegeben, sondern durch die Parameterwerte a und b allein bestimmt, wie immer man x_0 auch gewählt haben mag (wenn nur (20) erfüllt war). Der zeitliche Abfall von x(t) erfolgt also in *drei* charakteristischen Etappen (Abb. 7). In der ersten, $0 \leq t \lesssim 1/(2bx_0^2)$, ist die Amplitude durch den vom Experimentator gesetzten Anfangswert bestimmt. In der zweiten, $1/(2bx_0^2) \lesssim t \lesssim 1/(2a)$, verläuft sie unabhängig vom Anfangswert gemäß $x(t) \cong 1/\sqrt{2bt}$ (vergl. (4)). Sie ist jetzt selbstähnlich, mit immer demselben Skalenexponenten und unabhängig von allen Systemparametern (denn b spielt ja bei der Skalentransformation keine Rolle). In der dritten Etappe, $1/(2a) \lesssim t < \infty$, erfolgt exponentieller Abfall auf Null; die Abfallzeit ist durch a^{-1} gegeben; die Amplitude am Etappenübergang ist unabhängig vom Anfangswert, nur durch die Gleichungsparameter bestimmt, $\sqrt{a/b}$.

Es gibt also den selbstähnlichen Zwischenbereich überhaupt *nur dann,* wenn $1/(2bx_0^2) << 1/(2a)$ ist. Diese Bedingung ist äquivalent zu (20). Selbstähnlichkeit in der Lösung gemischt linear-nichtlinearer Gleichungen tritt folglich nur unter geeigneten Bedingungen für die Systemparameter und für die Anfangs- (oft Rand-)Werte auf. Und dann auch nur für einen gewissen, eingeschränkten Skalenbereich. Dessen Ausdehnung wird ebenfalls durch die Parameter bestimmt. Er kann ganz fehlen, nämlich falls $x_0 \lesssim \sqrt{a/b}$ ist. Dann ist die Nichtlinearität subdominant, nur ein lästiger Umstand in der Bewegungsgleichung, aber nichts Charakterisierendes.

Eine wesentliche, dimensionslose Zahl, die über das Auftreten oder Nichtauftreten eines Selbstähnlichkeitsbereichs entscheidet, wird durch (20) nahegelegt. Sie kann definiert werden als

$$Re = bx_0^2/a. \qquad (21)$$

Nur wenn diese „Reynoldszahl" groß gegen 1 ist, tritt der universelle Skalenbereich in Erscheinung.

Wir können mit Re auch das bekannte Reynoldssche Ähnlichkeitsgesetz *verschiedener* Lösungen von (18) formulieren: Zeitverläufe mit unterschiedlichen a, b, x_0 sind *ähnlich,* wenn sie dieselbe Reynoldszahl (21) haben. Mißt man nämlich x in Vielfachen von x_0 und die Zeit t in Vielfachen von $1/(bx_0^2)$, lautet die Bewegungsgleichung (18)

$$\dot{x} = -x/Re - x^3, \; x(0) = 1. \qquad (18')$$

Die Lösung ist allein durch Re bestimmt. Weil das bei der Navier-Stokes-Gleichung (13) auch so ist, können Flugzeuge und Autos in Windkanälen mittels kleinerer, billigerer Modelle getestet werden.

Kommen im Naturgesetz *verschiedene* Nichtlinearitäten vor, wird i. a. jeweils eine von ihnen in bestimmten Zeitphasen (oder räumlichen Abständen) dominieren. Je nach den Parametern gibt es dann *mehrere,* jeweils begrenzte Skalenbereiche, vielleicht auch nur einen, womöglich gar keinen, ehe die Linearität gewinnt.

Selbstähnlichkeit überall

Selbstähnlichkeit als Ausdruck nichtlinearer Bildungsgesetze begegnet einem nach Schärfung des Blicks häufig. Wenige weitere Beispiele mögen die Allgegenwärtigkeit ahnen lassen, Phantasie und Imagination stärken und auch eine Ahnung von der Breite und Tragfähigkeit dieser Begriffswelt um das geometrische, affine Skalenprinzip als Alternative zum additiven Überlagerungsprinzip vermitteln.

i) Seit längerem bekannt und heute Lehrbuchinhalt ist das empirische „Gesetz der Stoffwechselreduktion" [13]: der Grundumsatz W von Säugetieren wächst mit der Körpermasse M über fast 5 Zehnerpotenzen nach einem Potenzgesetz, der Umsatz pro Masse (der spezifische Umsatz) sinkt nach einem entsprechenden Skalengesetz.

$$W \sim M^{0,75}, \quad W/M \sim 1/M^{0,25}. \tag{22}$$

Isolierte Zellen zeigen dagegen in vitro gleiche Umsatzraten, unabhängig von der Masse des Herkunftstieres. Aus dem Grundumsatz W ist also keine charakteristische Größenskala abzuleiten. Er ist maßstabsunabhängig, allometrisch. Der für den Umsatz verantwortliche Mechanismus kann nicht volumenartig sein, denn dann sollte $W \sim M$ gelten. Er kann aber auch nicht naiv flächig sein (Rubnersche Flächenregel), weil dann $W \sim M^{2/3}$ wäre. 0,75 ist signifikant verschieden von 2/3. Einiges spricht dafür [14], daß das Gesetz (22) der spezifischen Stoffwechselreduktion mit wachsender Masse ein Ausdruck fraktaler Selbstähnlichkeit verschieden großer Organismen ist. 0,75 besagt, daß der relevante Mechanismus *weniger als volumenfüllend,* aber *mehr als flächig* ist. Sofern die im allometrischen Gesetz (22) vorkommende Masse proportional zum Volumen ist, wäre $d_F = 2{,}25$. Nach der These von Sernetz et al. spiegelt das die fraktale Faltung der Gewebe, die fraktale Verzweigung des Blutgefäßsystems, der Bronchien der Lunge wider, erkennbar auch in Nierenausgüssen usw.

ii) Bilder werden üblicherweise durch zeilenweises Abtasten in übertragbare Information verwandelt. Welch riesige Information steckt dann zum Beispiel in der Kochkurve von Abb. 4d! Geradezu revolutionär senken kann man die Informationsmenge, wenn man nur die vergleichsweise winzige Information überträgt, die in der iterativen Konstruktionsvorschrift steckt (also: $\lambda = 1/3$ und $z = 4$ sowie die Transformation von 4a auf 4b).

Das ist die Grundidee zur Verwendung von IFS (iterated function systems) zur Bildübertragung [15]. Ein Satz von affinen Verkleinerungstransformationen reproduziert von einem Bild verkleinerte Wiederholungen. Unter Iteration entsteht ein selbstähnliches Fraktal. Weitgehend unabhängig vom Ausgangsbild repräsentiert es den Endpunkt („Fixpunkt") des IFS, d. h. dessen affine Parameter. Überträgt man *diese,* kann man das Fraktal jederzeit reproduzieren.

Um ein beliebiges interessierendes Bild zu übertragen, hat man dasjenige IFS zu bestimmen, welches eben dieses Bild als Fixpunkt hat. Natürlich sind reale Bilder i. a. *nicht auf allen* Skalen fraktal, s. o. Es genügt aber, wenn das IFS das Bild innerhalb einer zugelassenen Abweichung zum Iterationsfixpunkt repräsentiert. — Fraktale als Grundelemente technischer Datenübertragung, welch ein Aspekt!

iii) Die Selbstähnlichkeit der Preisfluktuationen an der Börse ist eines der historischen Paradebeispiele, Mandelbrot 1963, siehe [5]. Natürlich handelt es sich um statistische Selbstähnlichkeit. Mandelbrot machte eine Aussage über die Statistik der *Preisänderungen* in einem gewissen Zeitraum Δt:

Sei P(t) ein Preis zu einem Zeitpunkt t. Seine logarithmische Änderung $\Delta(t; \delta t) = \log P(t+\delta t) - \log P(t)$ hat zu verschiedenen Zeiten t bei fest gewähltem zeitlichen Abstand δt (z. B. Tag, Woche, Monat etc.) verschiedene Werte, die man in einer Verteilungsfunktion $W(\Delta)$ für das Vorkommen einer logarithmischen Preisänderung $\geq \Delta$ zusammenfassen kann. Bemerkenswert ist einmal die Skalenähnlichkeit der Verteilungsfunktion

$$W(|\Delta|) \sim |\Delta|^{-1,7}. \tag{23}$$

Zum anderen erweist sie sich als bis auf einen Faktor unabhängig vom Zeitabstand δt, sei $\delta t = 1$ Tag oder $\delta t = 1$ Monat o. ä., wie Mandelbrots Analyse der Baumwollpreise belegt.

Chaosübergang

Wenn man die äußeren Bedingungen geeignet setzt, kann man nichtlineare Systeme (mit mindestens drei gekoppelten Variablen) i. a. in chaotische Zustände bringen. Schon im Übergangsbereich, „vor" dem Chaos, finden wir Selbstähnlichkeiten in Hülle und Fülle. An einem besonders charakteristischen Modell-Beispiel werde das erläutert.

Seien die Zeitschritte diskret, t = 0, 1, 2, ... und das Bewegungsgesetz die Iterationsvorschrift

$$x_{t+1} = f_a(x_t), \text{ z. B. } f_a(x_t) = 4ax_t\,(1-x_t). \tag{24}$$

Die äußere Bedingung wird durch einen wählbaren Parameter a beschrieben, $0 \leq a \leq 1$. Aus einem Anfangswert x_0 findet man x_1, hieraus durch Wiedereinsetzen x_2, danach x_3, usw. Je nach dem Wert von a nähern sich die Trajektorien (x_t) gewissen periodischen Bahnen oder aber sind chaotisch. Abb. 8 veranschaulicht das.

Wo man auch hinsieht, man findet selbstähnliche, verkleinerte Wiederholungen. Ließe es das Auflösungsvermögen nur zu, setzten sich diese unendlich fort. Als ein besonders eklatantes Beispiel ist ein Abschnitt aus dem Periode-3-Fenster herausvergrößert worden. Natürlich könnte man hier wieder die Periode 3 herausvergrößern und fände wieder dasselbe, usw. ad infinitum.

Wiedererkennen des Grundschemas: Streckung der zeitlichen Periode $(1 \to 3 \to 9 \to \ldots)$ und Vergrößern des Amplitudenabschnitts Δx ergeben wieder dieselbe Struktur. Natürlich gilt das erst asymptotisch nach einigen Zeitschritten, da ja das Bewegungsgesetz (24) außer der Nichtlinearität auch ein lineares Glied enthält, also Skalenähnlichkeit nur in begrenzten Bereichen gilt.

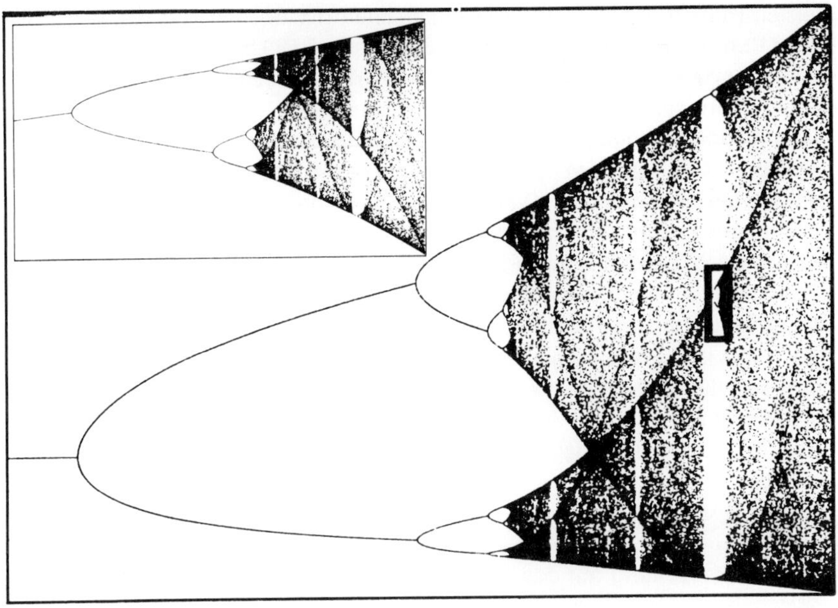

Abb. 8. Die Periodenverdopplungsfolge der Parabelabbildung und ihr chaotischer Bereich, durch „Fenster“ mit weiteren Perioden aufgelockert. Dargestellt sind die asymptotischen Trajektorien (x_t) bei festgehaltenem a, für jedes a zwischen etwa 0,25 bis 1 (nach rechts aufgetragen; x_t nach oben zwischen 0 und 1). Der gerahmte Bereich ist affin herausvergrößert worden. Weitere Einzelheiten siehe [3] oder [6].

Wir erkennen eine neue Art von Selbstähnlichkeit: Sei Δa der Abstand vom Häufungspunkt $a_\infty = 0{,}892\,486\ldots$ der Periodenverdopplungskaskade. Verkleinert man ihn um den Faktor $\delta = 4{,}669\ldots$, so verdoppelt sich die Periode T der Trajektorie, siehe [16], also

$$T\left(\frac{1}{\delta}\,\Delta a\right) = 2T\,(\Delta a). \tag{25}$$

Der Ähnlichkeitsexponent bestimmt sich aus $(1/\delta)^\nu = 2$ zu $\nu = -\ln 2/\ln\delta = -0{,}4498\ldots$ Das geometrische Affinprinzip betrifft also auch die Parameterabhängigkeit und nicht nur die Lösungen x_t.

Die Aufspaltung der Bahnen erfolgt durch Verkleinerung mit offenbar (Abb. 8) zwei verschiedenen Faktoren $\lambda_0 = 1/2{,}502\,8\ldots$ und λ_0^2. Die kritische Trajektorie am Ende a_∞ der Periodenverdopplung enthält deshalb vielerlei Verkleinerungen $\lambda_0^{m_1}\,(\lambda_0^2)^{m_2}$. Je nach Position auf dem kritischen Attraktor findet man deshalb lokal unterschiedliche fraktale Dimensionen. Man bezeichnet solche Gebilde als *Multifraktale* [17]. Die größte auftretende fraktale Lokaldimension ist hier $d_{F,max} = 0{,}756$ (aus $2 = 1/\lambda_0^{d_F}$), die kleinste $d_F = 0{,}378$ (aus $2 = 1/\lambda_0^{2d_F}$). Die meisten Punkte haben fraktale Nachbarschaft mit $d_F = 0{,}557$; die Menge all dieser Punkte selbst ist ein Fraktal der Dimension 0,539. Skalenähnlichkeiten die Fülle! (Übrigens, die kritische Trajektorie hat das Lebesgues-Maß, die Länge, 0 und ist doch gleich mächtig wie das Kontinuum.)

Die Verkleinerungen λ_0, λ_0^2 finden sich in experimentell beobachtbaren selbstähnlichen Serien im Fourierspektrum wieder. Das verhalf der nichtlinearen Dynamik vor 10 Jahren zum Durchbruch. Heute kennt man das aus zahlreichen, ganz unterschiedlichen Experimenten.

Die diskrete Modelldynamik (24) ist übrigens ein weiteres Beispiel, wo man die Ähnlichkeitsexponenten *aus der Bewegungsgleichung ausrechnen* kann. Die Zahlenwerte von δ und λ_0 spiegeln die quadratische Nichtlinearität wieder [16b]: Sie sind für alle möglichen Abbildungen $f_a(x)$ dieselben, in diesem Sinne universell, die genau ein Maximum haben, wenn dieses quadratisch ist (und die sogenannte Schwarzsche Ableitung negativ ist). Die entscheidende Skaleninvarianz, die ein Bewegungsgesetz f(x) nach (24) erfüllen muß, lautet

$$f(f(x)) = -\lambda_0 f(-x/\lambda_0). \tag{26}$$

Eine Zeitstreckung auf das Doppelte wird aufgefangen durch eine Amplitudenstauchung, wie wir es nun schon oft fanden. λ_0 und δ sind Eigenschaften und Konsequenzen von (26).

Weitere Selbstähnlichkeit am Chaos-Übergang: Im Bereich $a > a_\infty$ wird das an sich mögliche chaotische Verhalten immer wieder durch dominante stabile Perioden verdrängt. Unendlich viele, selbstähnlich ineinandergeschachtelte periodische Fenster treten auf (Abb. 8). Die Summe aller dieser Fenster erweist sich als *kleiner* als das Intervall $(a_\infty, 1]$, so daß das Maß (die Gesamtlänge) der chaotischen a-Werte nicht etwa 0 ist, sondern einen endlichen Wert hat [18]. Die Dimension dieser chaotischen a-Menge ist also 1. Da die Menge jedoch unendlich oft und beliebig fein unterbrochen ist, hat sie fraktale Eigenschaften, insbesondere Skalen-Selbstähnlichkeit. Solche Gebilde heißen *„dicke Fraktale“*; bei ihnen ist d_F ganz (und nicht gebrochen), hier $d_F = 1$, und das Maß ist nicht Null. Die fraktalen Eigenschaften manifestieren sich in der Löcherstruktur. Die Summe S (ϵ) aller Fenster kleiner als ein gewählter Maßstab ϵ schrumpft selbstähnlich, allometrisch

$$S(\epsilon) \sim \epsilon^\beta,\ \beta = 0{,}45 \pm 0{,}05, \tag{27}$$

wenn ϵ kleiner wird [18]. β ist erst numerisch bekannt und noch nicht analytisch berechnet worden.

Die von der Trajektorie chaotisch überdeckten Bereiche werden (Abb. 8) mit wachsendem a immer größer. An bestimmten Stellen verschmelzen chaotische Bänder zu einem größeren Gesamtband. Auch die Folge dieser Bandverschmelzungspunkte ist geometrisch selbstähnlich, ja es herrscht sogar *derselbe* Ähnlichkeitsexponent wie vor dem Chaos, also Gleichung (25), siehe [16a].

Zusammenfassung

Die Forschung hat erst in jüngster Zeit entdeckt, teilweise wiederentdeckt, welche charakteristischen Strukturbildungen durch *Nichtlinearitäten* entstehen. Nicht nur ist *chaotische,* trotz bekannter Entwicklungsgesetze nicht längerfristig voraussagbare zeitliche Entwicklung eine ihrer typischen Signaturen. Eine zweite Signatur ist die Ablösung des additiven Überlagerungsprinzips durch das multiplikative *Selbstähnlichkeits-* oder *Skaleninvarianzprinzip.* Es tritt als statistisches Affinitätsprinzip im Chaos auf, es tritt im nicht-chaotischen Bereich als regelmäßige Selbstähnlichkeit zeitlicher oder räumlicher Muster auf, und es regelt in selbstähnlicher, geometrischer Weise die Änderung des Systemzustandes mit den äußeren Parametern. Durch die Mischung linearer und nichtlinearer Komponenten in den Naturgesetzen sind sowohl die Skalenbereiche begrenzt (in der Regel auf nur wenige Größenordnungen) als auch die Parameterbereiche eingeschränkt, bei denen Selbstähnlichkeit in Erscheinung tritt.

Die Forschung arbeitet an der Schaffung und Klärung adäquater Begriffe, spürt Anwendungen auf und gewinnt neue Sicht vieler Phänomene, rätselt vor allem aber am bis auf Ausnahmen mysteriösen Zusammenhang zwischen aktuellem Naturgesetz und daraus folgendem Skalengesetz.

Literatur

[1] van Dyke, M.: An Album of Fluid Motion. The Parabolic Press. Stanford, Calif. 1982.
[2] Martin, S., H. Leber, W. Martienssen: Phys. Rev. Lett. **53,** 303 (1984).
[3] Großmann, S.: Phys. Bl. **39,** 139 (1983); — Schuster, H. G.: Deterministic Chaos, An Introduction. 2nd edition. VCH, Weinheim 1988.
[4] Eilenberger, G.: Solitons. Springer. Berlin 1983. — Möbius, P.: Czech. J. Phys. **B37,** 1041 (1987) (Nonlinear Superpositions in Nonlinear Evolution Equations).
[5] Mandelbrot, B. B.: The Fractal Geometry of Nature. Freeman, San Francisco 1982.
[6] Peitgen, H.-O., P. H. Richter: The Beauty of Fractals. Springer. Berlin 1986.
[7] Effinger, H., S. Großmann: Z. Phys. **B66,** 289 (1987).
[8] von Weizsäcker, C. F.: Z. Phys. **124,** 614 (1948).
[9] Beispiele seiner Wirbelzeichnungen findet man in [5] oder in L. P. Kadanoff: Physics Today, Dez. 1983, 46—53.
[10] Richardson, L. F.: Proc. Roy. Soc. (Lond.) **A110,** 709 (1926).
[11] Lovejoy, S.: Science **216,** 185 (1982).
[12] Hentschel, H. G. E., I. Procaccia: **Phys. Rev.** A29, 1461 (1984).
[13] Schmidt, R. F., G. Thews: Physiologie des Menschen. Springer. Berlin 1985 (22. Auflage) § 23. — Kleiber, M.: The fire of life. John Wiley, New York 1961.
[14] Sernetz, M., B. Gellèri, J. Hofman: J. Theor. Biol. **117,** 209 (1985).
[15] Barnsley, M. F., Chapter 5 in: The Science of Fractal Images. Eds. H.-O. Peitgen, D. Saupe: Springer. Berlin 1988.

[16] Großmann, S., S. Thomae: Z. Naturforsch. **32a,** 1353 (1977). — Feigenbaum, M.: J. Stat. Phys. **19,** 25 (1978).

[17] Jüngere Darstellungen von B. B. Mandelbrot bzw. I. Procaccia: Dimensions and Entropies in Chaotic Systems. Ed. G. Mayer-Kress: Springer. Berlin 1986, S. 19 bzw. S. 8.

[18] Farmer, J. D.: Phys. Rev. Lett. **55,** 351 (1985); s. auch [17], S. 54.

Fraktale: Computerexperimente (ent)zaubern komplexe Strukturen

Heinz-Otto Peitgen und Hartmut Jürgens, Bremen

Die Fraktale Geometrie wird Ihre Sicht der Dinge grundlegend verändern. Es ist gefährlich weiterzulesen. Sie werden es riskieren, Ihre kindliche Auffassung von Wolken, Wäldern, Galaxien, Blättern, Federn, Blumen, Felsen, Gebirgen, Teppichen und vielen anderen Dingen zu verlieren. Niemals werden Sie zu der Ihnen vertrauten Interpretation dieser Dinge zurückkönnen. *M. Barnsley*

Einleitung

Mit diesen Sätzen leitet ein bekannter amerikanischer Mathematiker, der zu den führenden Forschern auf dem Gebiet der Fraktalen Geometrie gehört und dessen Darstellung unsere Beschreibung beeinflußt hat, sein neues Buch ein [1]. Tatsächlich durchläuft seit dem Erscheinen von Mandelbrots Manifest „The Fractal Geometry of Nature" [3] im Jahre 1982 Mathematik und Naturwissenschaften eine Welle, die in ihrer Kraft, Kreativität und Weiträumigkeit längst ein interdisziplinäres Ereignis ersten Ranges geworden ist. Fraktale Geometrie ist in erster Linie eine neue Sprache. Sind die Elemente der überkommenen Sprache, der vertrauten Euklidischen Geometrie, Grundformen wie Linie, Kreis, Kugel usw., so entziehen sich die Elemente der neuen Geometrie einer direkten Anschauung. Sie sind nämlich Algorithmen, die sich erst mit Hilfe eines Computers in Formen und Strukturen verwandeln. Darüber hinaus ist der Vorrat dieser Elemente unerschöpflich groß. Beherrscht man die neue Sprache, so kann man die Form einer Wolke ebenso präzise und einfach beschreiben wie ein Architekt ein Haus in der Sprache der traditionellen Geometrie. Die Essenz der Mandelbrotschen Botschaft ist, daß viele natürliche Strukturen scheinbar unendlicher Komplexität (z. B. Wolken, Gebirge, Küstenlinien, tektonische Bruchlinien, Gefäßsysteme, Bruchflächen von Materialien usw.) eine geometrische Skaleninvarianz besitzen. Diese findet in der fraktalen Dimension eine angemessene mathematische Beschreibung. Die Bedeutung der Skaleninvarianz hat eine bemerkenswerte Parallele in der ebenfalls höchst aktuellen Chaostheorie, die Naturwissenschaftler und Mathematiker mit der Überraschung konfrontiert hat,

Prof. Dr. Heinz-Otto Peitgen, Institut für Dynamische Systeme, Universität Bremen, und Department of Mathematics, University of California, Santa Cruz. — Dr. Hartmut Jürgens, Institut für Dynamische Systeme, Universität Bremen.

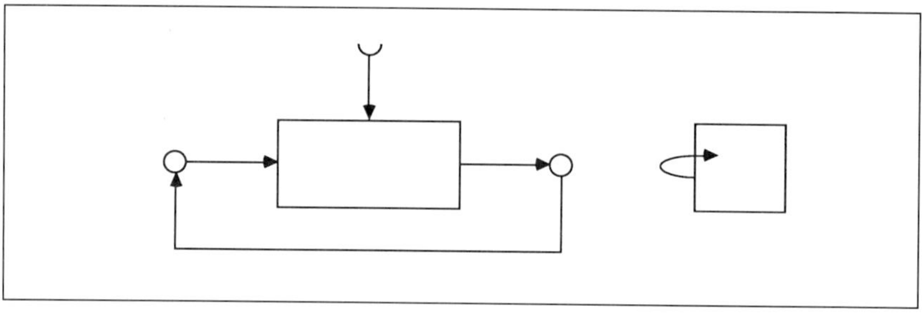

Abb. 1. Algorithmus und Rückkopplung.

daß zahlreiche Phänomene trotz strengem Determinismus prinzipiell nicht berechenbar sind. Diese Entsprechung ist nicht zufällig. Sie ist vielmehr Zeugnis einer tiefen Verwandtschaft, die an der Mandelbrot-Menge besonders eindrucksvoll diskutiert werden kann. Dieses 1980 von Benoit Mandelbrot [4] entdeckte mathematische Konstrukt gilt als das komplexeste und vielleicht schönste Objekt, das die Mathematik je gesehen hat. Ihr bizarrer Reichtum an Formen und Strukturen und die Tiefe der damit verbundenen mathematischen Probleme stehen in scheinbar groteskem Gegensatz zur Einfachheit des sie erzeugenden Codes. Die faszinierendste Eigenschaft der Mandelbrot-Menge wurde erst kürzlich entdeckt: Sie kann als Bildlexikon von unendlich vielen Algorithmen interpretiert werden; d. h. sie ist ein fraktaler Bildspeicher von schier unfaßbarer Effizienz und Organisation und damit *das* Paradigma für Ordnung und Chaos.

Fraktale und die moderne Chaostheorie verbindet auch, daß in ihnen die schrittmachenden Entdeckungen erst durch Computerexperimente möglich und gemacht wurden. Dies ist für das tradierte Mathematikverständnis eine Herausforderung, die von manchen als kraftvolle Erneuerung und Befreiung, von anderen als Entartung empfunden wird.

Fraktale — Eine neue geometrische Sprache

Die Metapher Sprache scheint uns am besten geeignet zu sein, in die fraktale Geometrie einzuführen und ihre wesentlichen Eigenschaften zu diskutieren. Während westliche Sprachen stets auf einem endlichen Alphabet oder *Elementen* basieren, verfügen östliche Sprachen — wie Chinesisch — über derart viele Zeichen, daß man sagen könnte, sie bestehen aus unendlich vielen *Elementen.* Analog einer westlichen Sprache besteht die traditionelle Geometrie, die Euklidische Geometrie[1], aus wenigen Elementen wie der geraden Linie, dem Kreis

[1] Die fraktale Geometrie ist nicht die erste neue Geometrie im Laufe der Entwicklung der modernen Mathematik. So hat z. B. das Konzept der Riemannschen Geometrie erst die Formulierung von Einsteins Thesen erlaubt. Allerdings beschäftigen sich die Geometrien der modernen Mathematik nicht mit so profanen Dingen wie Strukturen in Wolken, strömenden Flüssigkeiten oder gebrochenen Materialien.

usw. Die Fraktale Geometrie demgegenüber konstituiert sich aus unendlich vielen Elementen und entspricht so einer östlichen Sprachfamilie. Was sind nun ihre Elemente? Die einfachste Art, sie zu beschreiben, besteht darin, sie mit einfachen Algorithmen oder Rückkopplungsschleifen zu identifizieren (Abb. 1). Tatsächlich werden wir sehen, daß die fraktale Geometrie eher einer Sprachfamilie mit unendlich vielen Dialekten entspricht, von denen jeder seinerseits wieder durch unendlich viele Elemente beschrieben ist.

Der lineare fraktale Dialekt

Das bei weitem wichtigste Mitglied dieser Sprachfamilie ist die lineare, fraktale Geometrie, die besonders einfach zu verstehen ist und auch in die Grundidee der anderen Varianten sehr schön einführt. Wie alle fraktalen Dialekte wird sie mit unendlich vielen Elementen (Algorithmen) „gesprochen". Ihre Typographie beschreiben wir zunächst durch eine weitere Metapher, die Mehrfach-Verkleinerungs-Kopier-Maschine (MVKM), siehe Abbildung 2. Die Idee dieser Gedankenmaschine ist eine einfache Erweiterung eines gewöhnlichen Kopierers mit Verkleinerungsoption. Allerdings hat unser Kopierer mehrere Verkleinerungslinsen, die ein aufgelegtes Bild unabhängig voneinander verkleinern (mit möglicherweise verschiedenen Faktoren) und die Verkleinerung jeweils an einen bestimmten Ort plazieren.

Wenn wir diese Maschine in eine Rückkopplungsschleife (Abb. 1) einbauen, haben wir tatsächlich ein erstes Element des linearen, fraktalen Dialekts vor uns und für jede Wahl von Linsen (= Verkleinerungsfaktoren und Positionierungen) ein anderes. Abbildung 3 zeigt ein konkretes Beispiel. Man beobachtet, wie sich aus dem Anfangsbild (ein Reckteck) im ersten Schritt eine Dreierkonfiguration ergibt. Damit ist die spezielle MVKM beschrieben (drei gleichmäßige Verkleinerungen um den Faktor 1/2 und Verschiebungen). Wendet man die MVKM wieder an, ergibt sich Bild 3 in Abbildung 3 und so fort, bis man schon nach sechs An-

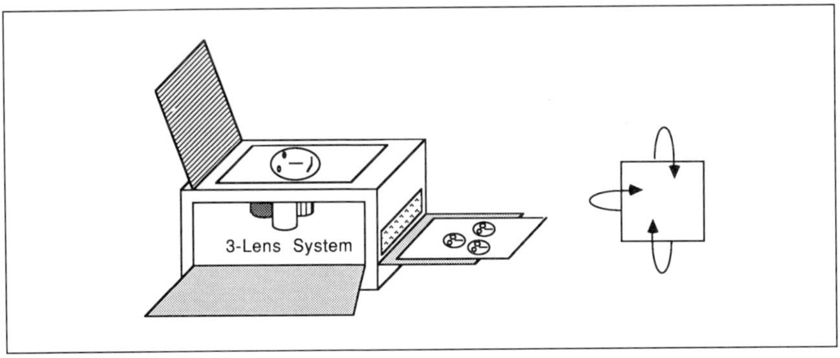

Abb. 2. Mehrfach-Verkleinerungs-Kopier-Maschine.

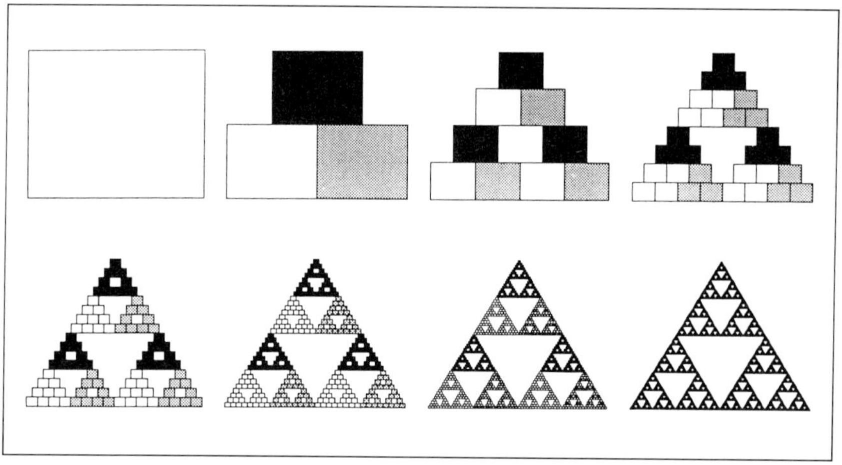

Abb. 3. Entwicklung eines Elements in der MVKM.

wendungen der MVKM ein endgültiges Bild zu sehen beginnt — wir wollen es das *Limesbild* nennen. Es ist das in der Mathematik seit 1916 bekannte *Sierpinski-Dreieck.* Dieses Objekt ist ein perfektes Muster der Kategorie *selbstähnlicher Objekte,* das heißt nimmt man ein noch so kleines Teildreieck heraus und vergrößert genügend stark, erhält man wieder das gesamte Bild.

Wie hängt nun das *Limesbild* von der Wahl des Anfangbildes ab? Darüber gibt das nächste Experiment in Abbildung 4 Auskunft. Hier haben wir zwei neue, verschiedene Anfangsbilder gewählt. Einmal ein Dreieck und dann den Schriftzug GDNÄ. Wieder generiert die MVKM als Rückkopplungsschleife schon nach sechs Iterationen ein Bild, das von dem entsprechenden in Abbildung 3 nicht mehr zu unterscheiden ist. Natürlich besteht jedes kleinste Detail zwar immer noch aus Rechtecken, Dreiecken oder GDNÄs, aber das *Limesbild,* von dem die letzten in Abbildung 4 schon ein gutes Bild geben, ist immer das gleiche. Es wird durch den gewählten Algorithmus — oder die fixierte MVKM — beschrieben. Dieses ist ein Ergebnis, das mathematisch recht einfach allgemeiner beschrieben und erhalten werden kann [6], siehe auch den übernächsten Abschnitt weiter unten. Jede Verkleinerung und Verschiebung ist nämlich durch eine affin-lineare Transformation — sagen wir f — der Ebene gegeben, die man üblicherweise wie in (1) durch eine Matrix und eine Vektor beschreibt.

$$f\begin{pmatrix} x \\ y \end{pmatrix} = \begin{pmatrix} a_{11} & a_{12} \\ a_{21} & a_{22} \end{pmatrix} \begin{pmatrix} x \\ y \end{pmatrix} + \begin{pmatrix} b_1 \\ b_2 \end{pmatrix} \quad (1)$$

Eine spezielle MVKM, das heißt ein Element des linearen, fraktalen Dialekts, ist dann durch N Wahlen $f_1 \ldots, f_N$ vom Typ (1) gegeben, also durch $6 \cdot N$ Daten

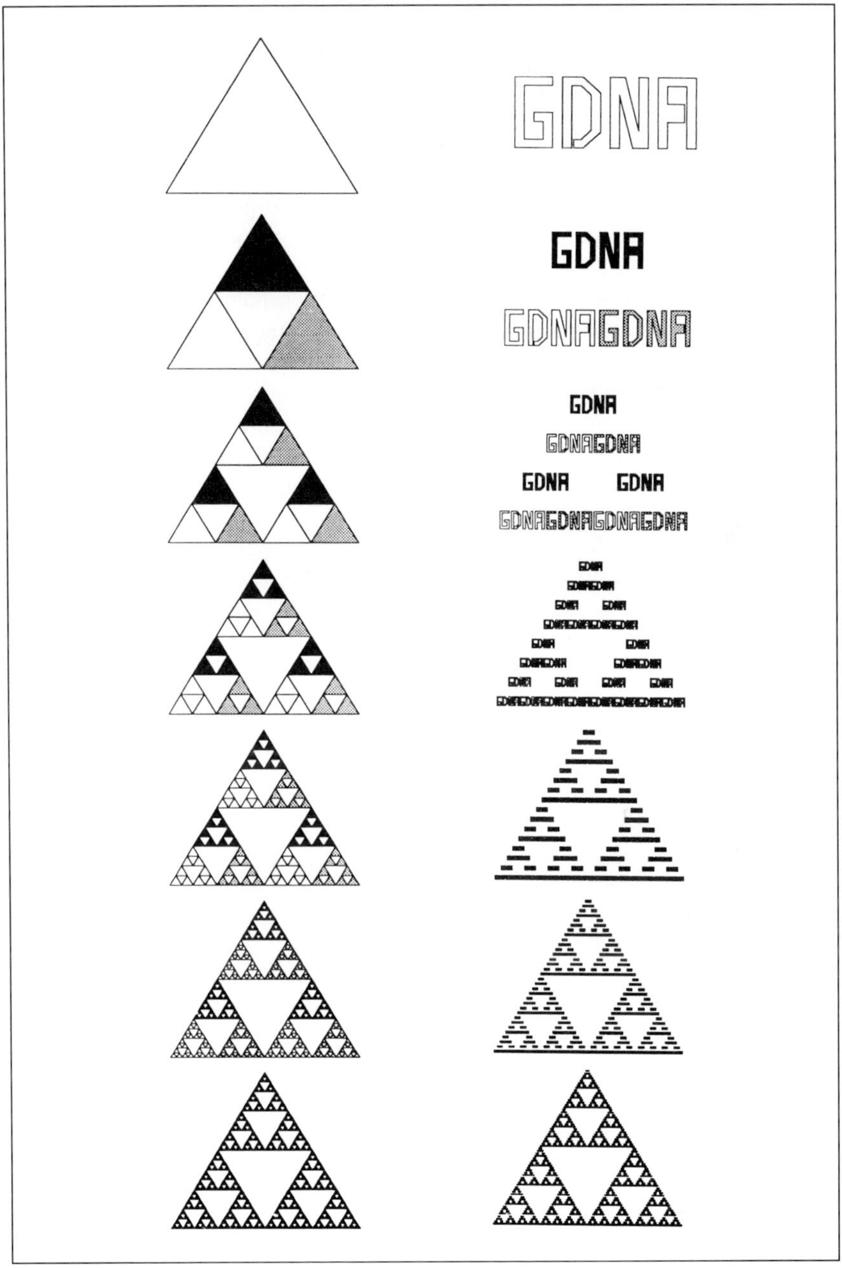

Abb. 4. Unabhängigkeit des Elements vom Anfangsbild.

eindeutig beschrieben[2]. Zu dem Satz von Transformationen $\{f_1, \ldots, f_N\}$ gehört die kanonische MVKM-Transformation, die auf Bildern B operiert:

$$F(B) = \cup_{k=1}^{N} f_x(B), \tag{2}$$

also die Vereinigung aller Punkte der Bilder $f_k(B)$, $k = 1, \ldots, N$. Das Limesverhalten in Abbildung 3 und 4 bedeutet nun, daß jedes Anfangsbild B (jede kompakte Teilmenge B)[3] unter wiederholter Anwendung von F zu genau einem *Limesbild* A_F führt.

Es ist bemerkenswert, daß die mathematischen Grundlagen hierfür, wie auch für die *Messung* eines Fraktals, von F. Hausdorff[4] (1868—1942) stammen. Abbildung 5 zeigt drei weitere Elemente des linearen, fraktalen Dialekts, deren Daten in Tafel I angegeben sind.

Es scheint, als ob diese Betrachtung von Bildern einen völlig neuartigen Zugang für ihre Kodierung eröffnet. Deshalb die Frage: Wieviele Bilder können auf diese Weise kodiert werden? Um dies zu beantworten, müssen wir zunächst die

		a_{11}	a_{12}	a_{21}	a_{22}	b_1	b_2
Sierpinski-Dreieck	f_1	0.5	0.0	0.0	0.5	0.0	0.0
	f_2	0.5	0.0	0.0	0.5	0.5	0.0
	f_3	0.5	0.0	0.0	0.5	0.25	0.43301
Farn	f_1	0.0	0.0	0.0	0.17	0.0	0.0
	f_2	0.84962	0.0255	—0.0255	0.84962	0.0	3.0
	f_3	—0.1554	0.235	0.19583	0.18648	0.0	1.2
	f_4	0.1554	—0.235	0.19583	0.18648	0.0	3.0
Kochkurve	f_1	0.33333	0.0	0.0	0.33333	0.0	0.0
	f_2	0.33333	0.0	0.0	0.33333	0.66666	0.0
	f_3	0.16667	—0.28867	0.28867	0.16667	0.33333	0.0
	f_4	—0.16667	0.28867	0.28867	0.16667	0.66666	0.0
Blatt	f_1	0.64987	—0.013	0.013	0.64987	0.175	0.0
	f_2	0.64948	—0.026	0.026	0.64948	0.165	0.325
	f_3	0.3182	—0.3182	0.3182	0.3182	0.2	0.0
	f_4	—0.3182	0.3182	0.3182	0.3182	0.8	0.0

Tafel I

[2] vgl. Tafel I.
[3] Die mathematisch präzisen Begriffe wollen wir im folgenden jeweils in kleingedruckter Form einfügen.
[4] Felix Hausdorff war deutscher Professor in Bonn. Er nahm sich zusammen mit seiner Frau im Februar 1942, wenige Tage vor seiner angekündigten Deportation, das Leben. Er war jüdischen Glaubens.

Frage präzisieren. Unter einem Bild wollen wir hierzu ein Raster von schwarzen und weißen Punkten verstehen. Für solche Bilder gilt unmittelbar, daß jedes beliebige durch die MVKM exakt kodiert werden kann. Dies sieht man so: Für jeden schwarzen Punkt des gegebenen Bildes wähle man ein f_k so, daß f_k alles auf diesen Punkt zusammenzieht. D. h. $a_{ij} = 0$ und $\binom{b_1}{b_2}$ lokalisiert den betreffenden Punkt. Die Kollektion dieser f_k hat dann natürlich das gegebene Schwarz-/Weiß-Bild als *Limesbild.* Offensichtlich ist diese Kodierung wenig attraktiv. Sie benötigt genauso viele f_k, wie das Bild schwarze Punkte hat. Das Kompressionsverhältnis wäre 1 : 1. Das Problem der Kodierung in dem linearen, fraktalen Dialekt besteht also darin, mit möglichst wenigen f_k für eine vorgegebene Approximationsgüte auszukommen, d. h. ein Kompressionsverhältnis von $1 : M$ mit $M \gg 1$, zu erzielen. Diese weitgehend noch offene Frage ist eins der zentralen Probleme der fraktalen Geometrie. Sie hat mehrere Verallgemeinerungen. Zum Beispiel, wenn man es versteht, Schwarz-/Weiß-Bilder zu kodieren, wie ist es dann mit Halbtonbildern oder gar Farbbildern? Wir wollen eine Antwort wenigstens andeuten.

Das Chaosspiel

Dazu betrachten wir noch einmal den (mathematischen) Farn in Abbildung 5. Man erkennt, daß die zugehörige MVKM aus vier Verkleinerungen besteht, von denen eine nur sehr wenig verkleinernd wirkt. Bei jeder Anwendung der MVKM müssen natürlich von jedem schon vorhandenen Rechteck vier Verkleinerungen gezeichnet werden. Mit anderen Worten: die Zahl der Rechtecke von Kopie zu Kopie wächst wie 4^m, wobei m die Zahl der Anwendungen der MVKM bezeichnet. Um zu erreichen, daß die Rechtecke, die im fünften Schritt noch sehr deutlich sind, so klein werden, daß das *Limesbild* (unten in Abb. 5) sichtbar wird, müßte man vielleicht 50mal iterieren, oder $4^{50} \sim 10^{30}$ Rechtecke berechnen und zeichnen. Dies überfordert jeden Rechner. Wie also sind die *Limesbilder* in Abbildung 5 (Farn und Blatt) entstanden? Mit einem Algorithmus, den wir das *Chaosspiel* nennen wollen.

Dazu stelle man sich einen Würfel mit vier (entsprechend der Anzahl der f_k) Zahlen vor. Zu *Beginn* des Spiels wählen wir einen beliebigen Punkt der Ebene und markieren ihn. Nun würfeln wir, ziehen also zufällig eine der Transformation $f_1, \ldots f_4$ (siehe Tafel I) und wenden sie auf den letzten Punkt an. Das Resultat ist ein neuer Punkt der Ebene. Wir würfeln erneut, wählen die zugehörige Transformation f_k usw. Man kann nun zeigen, daß die eben erzeugte Folge von Punkten das *Limesbild* dicht ausfüllt und daß das erhaltene (Schwarz-/Weiß-)Bild nicht von dem Würfel, das heißt von den für die Ziehung der f_k gewählten Wahrscheinlichkeiten abhängt. (Natürlich muß sich das Spiel auf das *Limesbild* erst einpendeln. Deshalb läßt man die ersten — zum Beispiel hundert — Punkte der Folge einfach weg.) Allerdings wird man das *Limesbild* um so schneller erhalten, je besser man die Wahrscheinlichkeiten p_k an die f_k anpaßt. Eine einfache Rea-

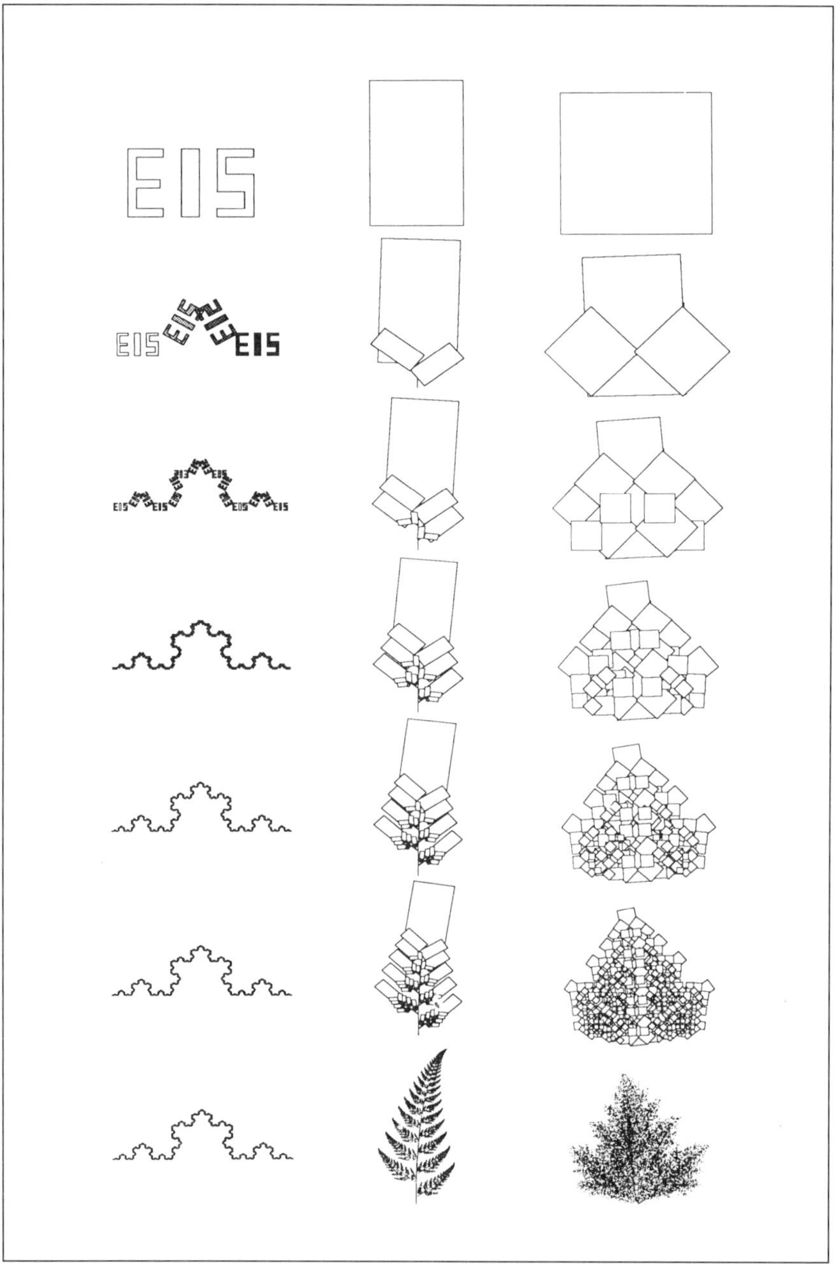

Abb. 5. Drei weitere Elemente.

lisierung haben wir als Computer-Pseudocode in den Algorithmusbeschreibungen *ChaosSpiel* und *NextPoint* wiedergegeben.

```
ALGORITHMUS ChaosSpiel (nx, ny, xmin, xmax, ymin, ymax, maxiter)
                Zeichnen des Attraktors der MVKM

Argumente    nx, ny          Bildauflösung in x- und y-Richtung
             xmin, xmax      x-Wertebereich des Bildfensters
             ymin, ymax      y-Wertebereich des Bildfensters
             maxiter         maximale Zahl der Iteration
Variablen    x, y            Koordinaten des Spielpunkt
             xfix, yfix      Hilfskoordinaten zum Finden eines Fixpunktes
             r               Zufallsvarible
Funktionen   DrawPoint()     zeichnet einen Punkt (setzt Pixel (ix, iy))
             Random()        berechnet Zufallswert im Bereich 0 bis 1 (gleichverteilt)
             NextPoint()     berechnet nächsten Punkt des Spiels

BEGIN
    xfix := yfix := 0
    DO
        x := xfix
        y := yfix
        NextPoint(x,y,0)
    UNTIL (x EQUAL xfix) AND (y EQUAL yfix)
    FOR iter = 0 TO maxiter DO
        r := Random()
        NextPoint(x,y,r)
        DrawPoint(nx · (x-xmin)/(xmax-xmin), ny · (y-ymin)/(ymax-ymin))
    END FOR
END
```

Für Zwecke der Effizienz wird man p_k umgekehrt proportional zur Kontraktivität des jeweiligen f_k wählen. Für Zwecke farbiger Bilder könnte man den f_k Farben zuordnen und die p_k entsprechend dem jeweiligen Farbanteil wählen. Der hierzu passende mathematische Hintergrund führt auf die Iteration von Maßen und ist in den Grundgedanken der Iteration von F auf Bildern (siehe oben) sehr verwandt (vgl. [6, 2, 7]).

Ist es nun reiner Zufall, daß die *Limesbilder* in Abbildungen 3—5 so gut gelingen, oder gibt es ein Rezept, das bei vorgelegtem Bild anleitet, wie die f_k gewählt werden sollten. Dies ist der Inhalt des nächsten Abschnitts.

Ein Kodierungsrezept oder das Collage-Theorem von Barnsley

Das Rezept ist für einfache (nahezu selbstähnliche) Strukturen weitgehend eine befriedigende Lösung des Kodierungsproblems, wenn es auch nicht zu einem automatischen Computeralgorithmus führt. Wir werden es zunächst ohne technische Details vorstellen und danach die Begriffe einführen, die für seine Präzisierung notwendig sind.

ALGORITHMUS NextPoint (x, y, r)
Berechne nächsten Punkt des Chaosspiels (linearer Dialekt)

Argumente	x, y	Koordinaten des Spielpunkt (Ein-/Ausgabe Variablen)
	r	Zufallsvariable
Variablen	index	Integer
	sum	reelle Zahl
Globale Daten	N	Anzahl der affin-linearen Abbildungen
	a11[N], a12[N]	Matrixelemente der Abbildungen
	a21[N], a22[N]	-dito-
	b1[N], b2[N]	Translationsvektoren der Abbildungen
	gew[N]	Gewicht der jeweiligen Abbildungen
	gewsum	Summe der Gewichte (Wahrscheinlichkeit ist gew[*]/gewsum)

```
BEGIN
    index := 1
    sum := gew[1]
    WHILE (sum < r · gewsum) DO
        index := index + 1
        sum = sum + gew[index]
    END WHILE
    sum := a11[index] · x + a12[index] · y + b1[index]
    y   := a21[index] · x + a22[index] · y + b2[index]
    x   := sum
END
```

Verschaffen wir uns zunächst eine Übersicht über die typische Wirkung affin-linearer Transformationen f_k der Ebene. Klar ist, wie eine einfache, gleichmäßige Kontraktion oder Drehung wirkt. Abbildung 6 stellt weitere Beispiele zusammen. Die Idee des Rezeptes ist nun so: Gegeben ein Bild *E*, das durch

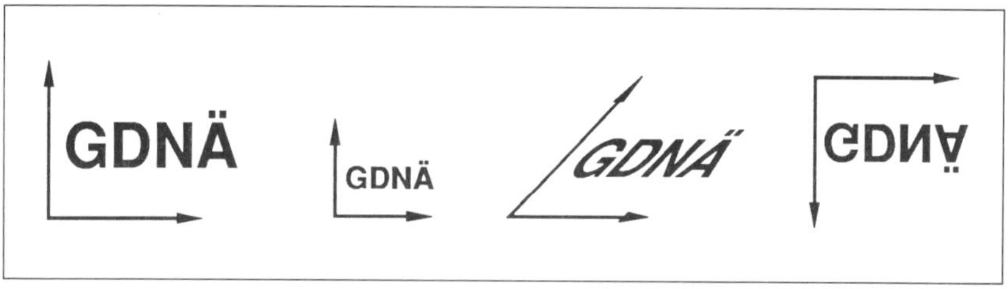

Abb. 6. Beispiele affin-linearer Kontraktionen.

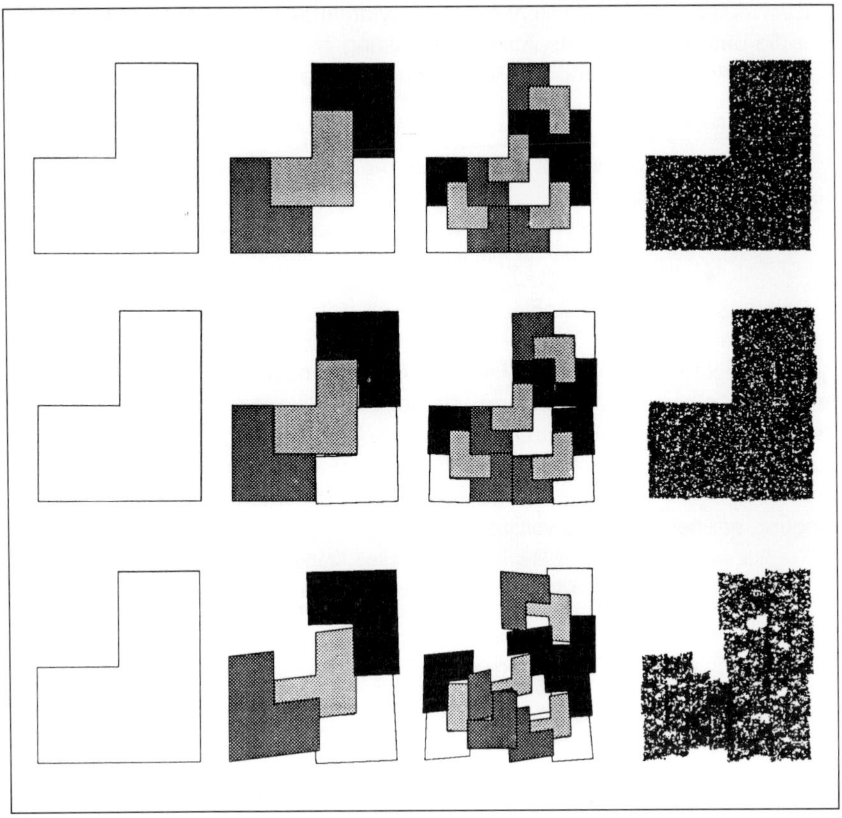

Abb. 7. Verschiedene Kodierungen.

affin-lineare f_k kodiert werden soll, das heißt die zugehörige MVKM soll ein *Limesbild A* liefern, welches möglichst gut mit E übereinstimmt. Ausgehend von E, wählt man nun (z. B. durch interaktives Probieren auf einem Graphikbildschirm) $f_1, \ldots, f_N$ derart, daß das Testbild $F(E) = \bigcup_{k=1}^{N}(E)$ möglichst gut mit E übereinstimmt. Dann besteht Gewähr, daß das zu $f_1, \ldots, f_N$ gehörige *Limesbild A* auch gut mit E übereinstimmt. Abbildung 7 zeigt, wie die L-förmige Fläche zunächst perfekt, dann gut, aber schließlich schlecht kodiert wird.

Für eine genauere Diskussion müssen wir die Begriffe Abstand und Kontraktion präzisieren:

Ist X eine Menge (z. B. die Punkte einer Ebene), so sagt man, daß $d(u,v)$ eine *Metrik* auf X ist, wenn für alle u, v und w aus X die folgenden Eigenschaften erfüllt sind:

- $d(u,v) \geq 0$ und $d(u,v) = 0$ genau dann, wenn $u = v$
- $d(u,v) = d(v,u)$
- $d(u,v) \leq d(u,w) + d(w,v)$

Eine Metrik ist also eine nicht-negative, symmetrische Funktion in zwei Variablen, die uns eine abstrakte Abstandsmessung erlaubt. Als Beispiel geben wir den Euklidischen Abstand für Punkte einer Ebene:

$$d(u,v) = \sqrt{(x_1 - y_1)^2 + (x_2 - y_2)^2} \text{ für } u = (x_1, x_2) \text{ und } v = (y_1, y_2).$$

Mit dem Begriff der Metrik läßt sich nun die Eigenschaft einer Transformation, kontraktiv zu sein, fassen:

Eine Transformation f heißt eine *Kontraktion*, wenn es eine Konstante C, mit $0 \leq C < 1$, derart gibt, daß für alle u und v aus X gilt:

- $d(f(u), f(v)) \leq Cd(u, v)$.

Das heißt f verkleinert Abstände bezüglich d. Die Konstante C heißt *Kontraktionskonstante* zu f.

Der bedeutende polnische Mathematiker S. Banach fand in diesem Zusammenhang Anfang des Jahrhunderts ein bemerkenswertes Resultat, das von großer Tragweite für die Mathematik ist, obwohl es mit heutigen Mitteln elementar zu beweisen ist. Es besagt, daß es zu der Kontraktion f in X genau einen Fixpunkt a gibt (dazu muß die Menge X lediglich noch eine weitere technische Bedingung erfüllen: sie muß vollständig sein).

Für eine bezüglich der Metrik d vollständige Menge X und eine Kontraktion f auf X mit Konstante C gelten die folgenden Eigenschaften:

- Es gibt genau einen Punkt a_f aus X mit $f(a_f) = a_f$ (Fixpunkt).
- Für jeden Punkt x_0 aus X strebt die Folge $x_1 = f(x_0)$, $x_2 = f(x_1)$, $x_3 = f(x_2)$, . . . gegen den eindeutigen Fixpunkt a_f.
- Für einen beliebigen Punkt e aus X gilt stets: Ist $d(e, f(e)) < \epsilon$, so ist $d(a_f, e) < \epsilon/(1 - C)$.

Damit können wir fast schon Klarheit in die bemerkenswerte Funktionstüchtigkeit unserer MVKM bringen. Wir benötigen nur noch den Begriff der Hausdorff-Metrik. Sie ist geeignet, die Übereinstimmung bzw. Nichtübereinstimmung von Bildern zu quantifizieren. Hier meinen wir mit Bild eine Ansammlung von schwarzen Punkten (möglicherweise unendlich viele) auf einer weißen Fläche, die begrenzt sein soll (eine kompakte Teilmenge der Ebene).

Zu einem Bild B und $\epsilon \geq 0$ definieren wir den *Kragen* (d. h. das Bild selbst vermehrt um die Menge der Punkte, die höchstens einen Abstand ϵ zum Bild haben):

$$(B + \epsilon) = \{x \text{ der Ebene: } d(b, x) \leq \epsilon, \text{ für ein } b \text{ aus } B\}, \tag{4}$$

wobei d eine Metrik der Ebene ist, zum Beispiel die Euklidische Metrik. Für zwei Bilder B und D (kompakte Teilmengen der Ebene) definiert man dann die Hausdorff-Metrik

$$d_H(B, D) = \min \{\epsilon : B \subset (D + \epsilon) \text{ und } D \subset (B + \epsilon)\} \tag{5}$$

Also die Kragengröße ϵ, so daß gerade B im Kragen von D und D im Kragen von B enthalten ist. Damit kann man nun Hutchinsons Resultat von 1981 [6] elegant beschreiben: Zunächst einmal ist die Transformation F unserer MVKM tatsächlich auch eine Kontraktion:

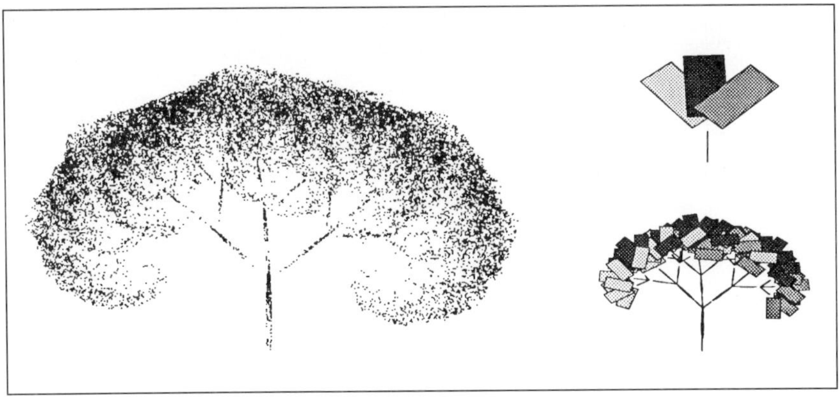

Abb. 8. Ein fraktaler Chaos-Baum.

Sind $f_1, \ldots, f_N$ affin-lineare Kontraktionen mit Kontraktionskonstanten $C_1, \ldots, C_N$, so ist F, definiert als $F(B) = \cup_{k=1}^{N}(B)$ *eine Kontraktion (bezüglich der Hausdorff-Metrik) auf der Menge der Bilder mit Kontraktionskonstante* $C = \max\{C_1, \ldots, C_N\}$.

Außerdem erfüllt die Menge der Bilder die technische Voraussetzung, um das Banachsche Fixpunktprinzip auf F anzuwenden (die Menge der kompakten Teilmengen der Ebene ist bezüglich der Hausdorff-Metrik vollständig, sofern die Ebene mit einer vollständigen Metrik ausgestattet ist, z. B. dem Euklidischen Abstand). Also gilt:

- Zu jedem F mit $F(B) = \cup_{k=1}^{N} f_k(B)$ gibt es genau ein *Limesbild* A_F, so daß $F(A_F) = A_F$.
- Wählt man ein beliebiges Anfangsbild B_0 und bildet die Folge $B_1 = F(B_0)$, $B_2 = F(B_1)$, $B_3 = F(B_2), \ldots$, d. h. wendet die durch F gegebenen MVKM wiederholt an, so strebt diese Folge gegen A_F im Sinne der Hausdorff-Metrik. (6)
- Schließlich, ist E ein vorgelegtes zu kodierendes Bild, so braucht man nur affin-lineare Kontraktionen $f_1, \ldots, f_N$ (mit Konstanten $C_1, \ldots C_N$) zu finden, derart, daß $d_H(E, F(E)) < \epsilon$ ist. Dann gilt für das *Limesbild* $A_F : d(E, A_F) < \epsilon/(1 - C)$, wobei $C = \max\{C_1, \ldots C_n\}$.

Der letzte Punkt ist also, wie alle anderen, eine einfache Übertragung abstrakter mathematischer Prinzpien auf unsere MVKM. Die Interpretation für den Zweck der Kodierung von Bildern stammt allerdings von Barnsley. Abbildung 8 illustriert noch einmal dieses Prinzip.

Der nichtlineare fraktale Dialekt

Gibt es im wesentlichen nur einen linearen Dialekt, so ist die Zahl der nichtlinearen Dialekte selbst unendlich groß. Einer ist allerdings unter diesen besonders prominent und — wie wir sehen werden — ausgezeichnet. Wir wollen ihn den *quadratischen Dialekt* nennen. Dieser Dialekt ist aufs intimste mit der aktuellen Chaostheorie verwandt, und seine Elemente werden aus der einfachen Gleichung

$$x^2 + c = u \quad (7)$$

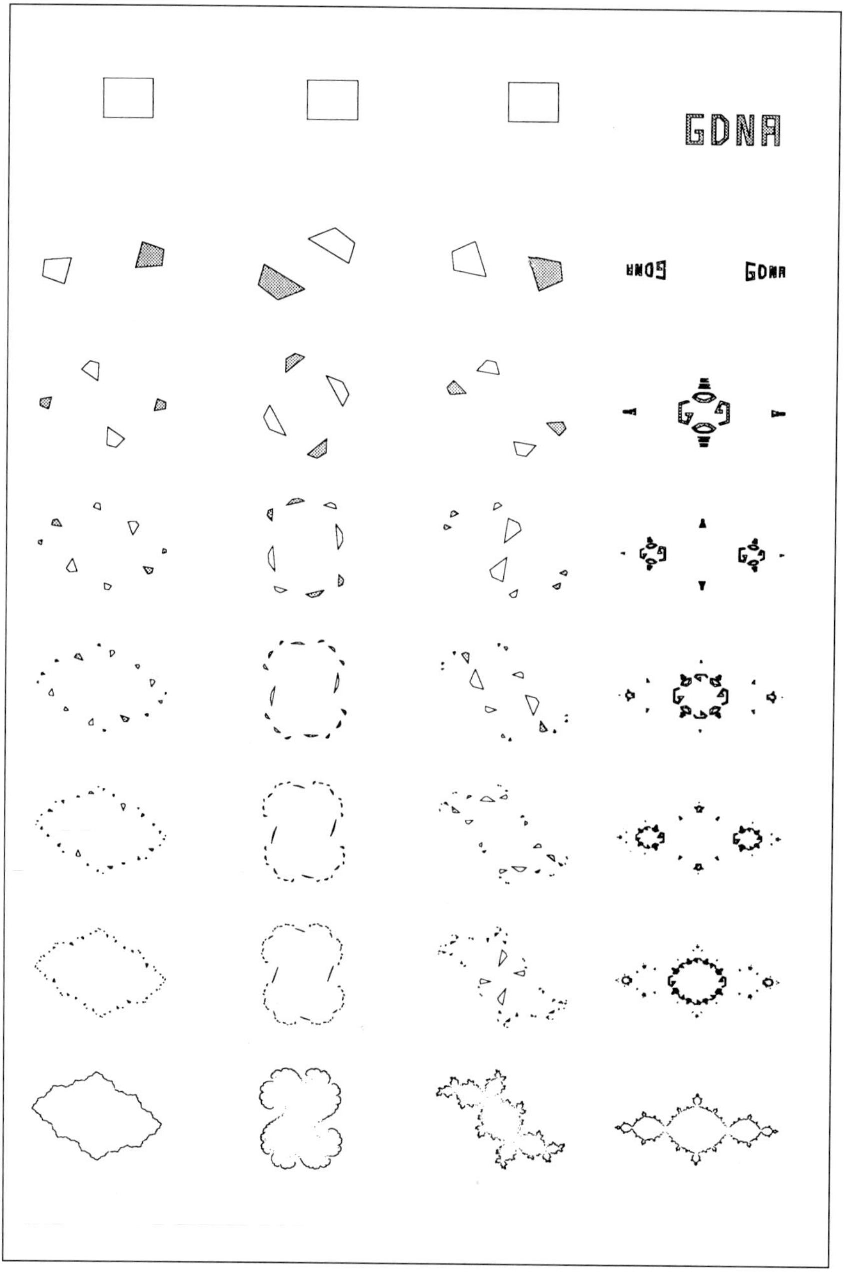

Abb. 9. Vier nichtlineare quadratische Elemente.

gewonnen. Die Zahlen *x, c, u* werden allerdings als *komplexe Zahlen* aufgefaßt, das heißt sie beschreiben einfach Punkte einer Ebene.

Julia-Mengen

Tatsächlich werden wir zwei Ebenen unterscheiden, die *u*-Ebene und die *c*-Ebene. Übrigens soll *c* an Kontrollparameter (Englisch: control) erinnern. Lösen wir (7) nach *x* auf, erhalten wir die beiden Lösungen

$$x_1 = +\sqrt{u-c}$$

und

$$x_2 = -\sqrt{u-c}. \tag{8}$$

Mit anderen Worten haben wir zu jedem fest gewählten *c* zwei Transformationen,

$$u \rightarrow +\sqrt{u-c}$$

und

$$u \rightarrow -\sqrt{u-c}, \tag{9}$$

die wir uns nun einfach in unsere MVKM eingebaut denken. Abbildung 9 belegt, daß es auch hier wieder *Limesbilder* gibt (allerdings muß man nun mit der Plazierung des jeweiligen Anfangsbildes aufpassen; das Anfangsbild selbst kann wieder beliebig sein).

Die Existenz der *Limesbilder* ist eine Konsequenz einer mathematischen Theorie, die man heute nach dem französischen Mathematiker Gaston Julia (1893—1978) die *Theorie der Julia-Mengen* nennt. Jedes *Limesbild* ist ein Beispiel einer Julia-Menge. Julia hatte um 1918 seine Theorie in einem vielbeachteten Meisterwerk begründet [12], das er übrigens als Kriegsverletzter in einem Lazarett schrieb. Seine und auch die zeitparallelen Arbeiten seines heftigsten Konkurrenten Pierre Fatou (1878—1929) gerieten übrigens recht bald in Verges-

```
ALGORITHMUS NextPoint (x, y, r)
                Berechne nächsten Punkt des Chaosspiels (quadratischer Dialekt)

Argumente    x, y     Koordinaten des Spielpunkt (Ein-/Ausgabe Variablen)
             r        Zufallsvariable
Variablen    temp     reelle Zahl
Funktionen   Sqrt()   berechnet die Quadratwurzel

BEGIN
    temp := Sqrt(x · x+y · y)
    x := Sqrt( (temp+x)/2)
    y := Sqrt( (temp – x)/2)
    IF (y < 0) THEN x := -x
    IF (r > 0.5) THEN
        x := -x
        y := -y
    ENDIF
END
```

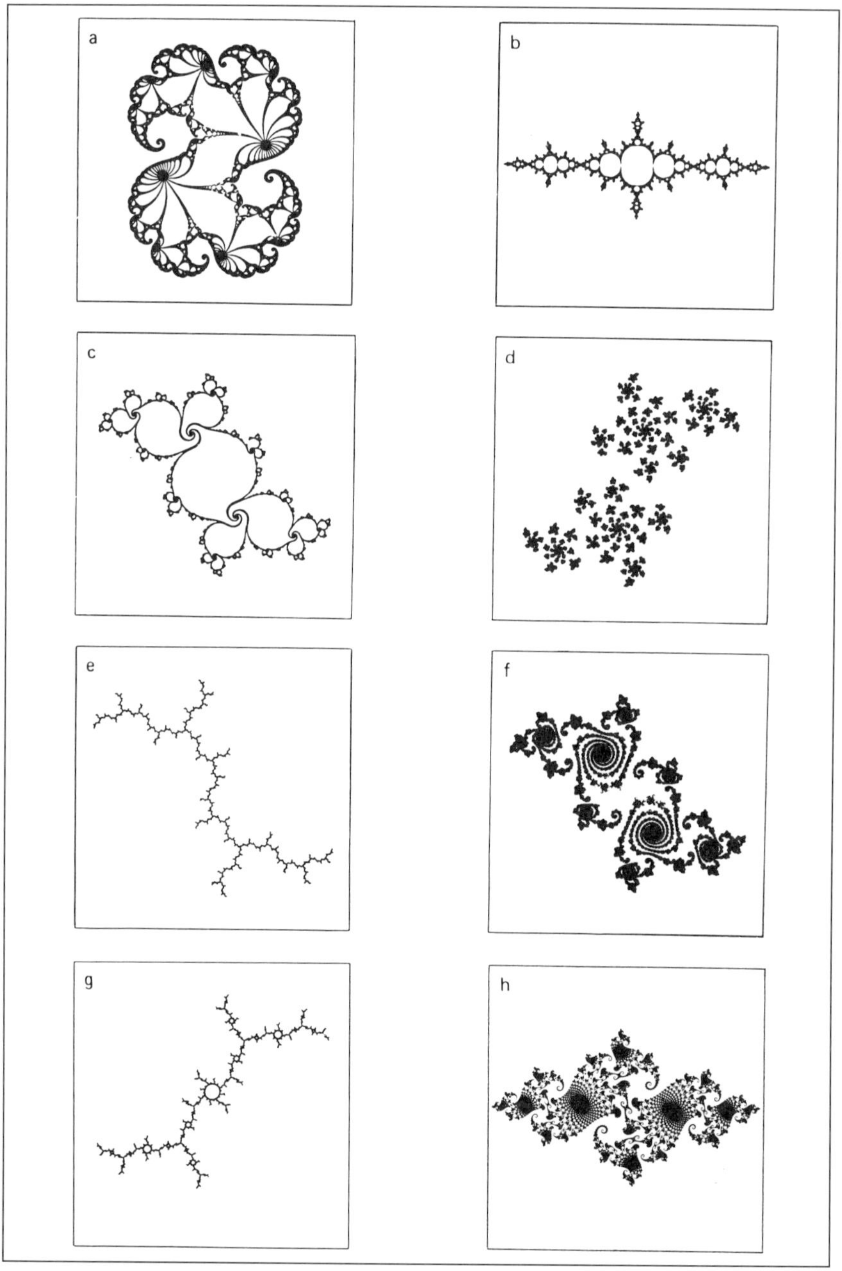

Abb. 10. Acht Julia-Mengen.

senheit und wurden erst durch das Werk Mandelbrots wieder populär. Julia und Fatou hatten noch keine Gelegenheit, ihre Entdeckungen zu sehen. Sie mußten sich mit der Betrachtung durch ein inneres Auge begnügen.

Auch das Chaosspiel hat eine Entsprechung für Julia-Mengen. Es ist gewissermaßen der Standardalgorithmus für ihre grafische Erzeugung. Man beginnt mit einem beliebigen Punkt der komplexen Ebene, sagen wir u_0. Dann wählt man zufällig eine der beiden Transformationen $+\sqrt{u_0 - c}$ oder $-\sqrt{u_0 - c}$ und erhält u_1. Nun fährt man mit u_1 fort und erzeugt schließlich eine Folge $u_0, u_1, u_2, u_3, \ldots$, die das *Limesbild* dicht ausmalt. Der Algorithmus *NextPoint* faßt die Details der Wurzelberechnung und der Auswahl zusammen. In Verbindung mit dem oben beschriebenen Algorithmus *ChaosSpiel* ist wieder ein vollständiges Programm gegeben. Für weitere Algorithmen verweisen wir auf [10].

Offensichtlich gibt es zu jedem c aus der komplexen Ebene genau ein Element des quadratischen Dialekts. Abbildung 10 zeigt für acht Wahlen von c die entsprechenden Julia-Mengen. Bis hierher haben wir gewissermaßen gelernt, in zwei fraktalen Dialekten zu sprechen, dem linearen und quadratischen. Die folgenden Paragraphen beschäftigen sich mit einer der schwierigsten und gleichzeitig wichtigsten Fragen der fraktalen Geometrie. In der Metapher von Sprachen können wir sie so formulieren: Gibt es für die fraktalen Dialekte eine Grammatik, und was sind die Beziehungen der Grammatiken untereinander?

Die Mandelbrot-Menge

Mathematisch genauer lautet die Frage: Gibt es ein Ordnungsprinzip in der unendlichen Vielfalt der Julia-Mengen? Die Antwort führt uns auf eine der schönsten Entdeckungen der Mathematik. Die Antwort liegt zunächst in einer im Prinzip schon Julia und Fatou bekannten Dichotomie (siehe Abb. 11), der Dichotomie für quadratische Polynome. Für jedes c ist das resultierende Bild durch einen der beiden folgenden Fälle erfaßt:

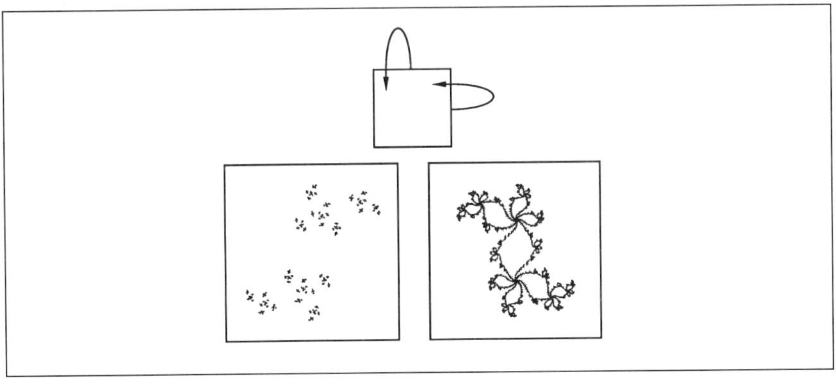

Abb. 11. Die quadratische Dichotomie.

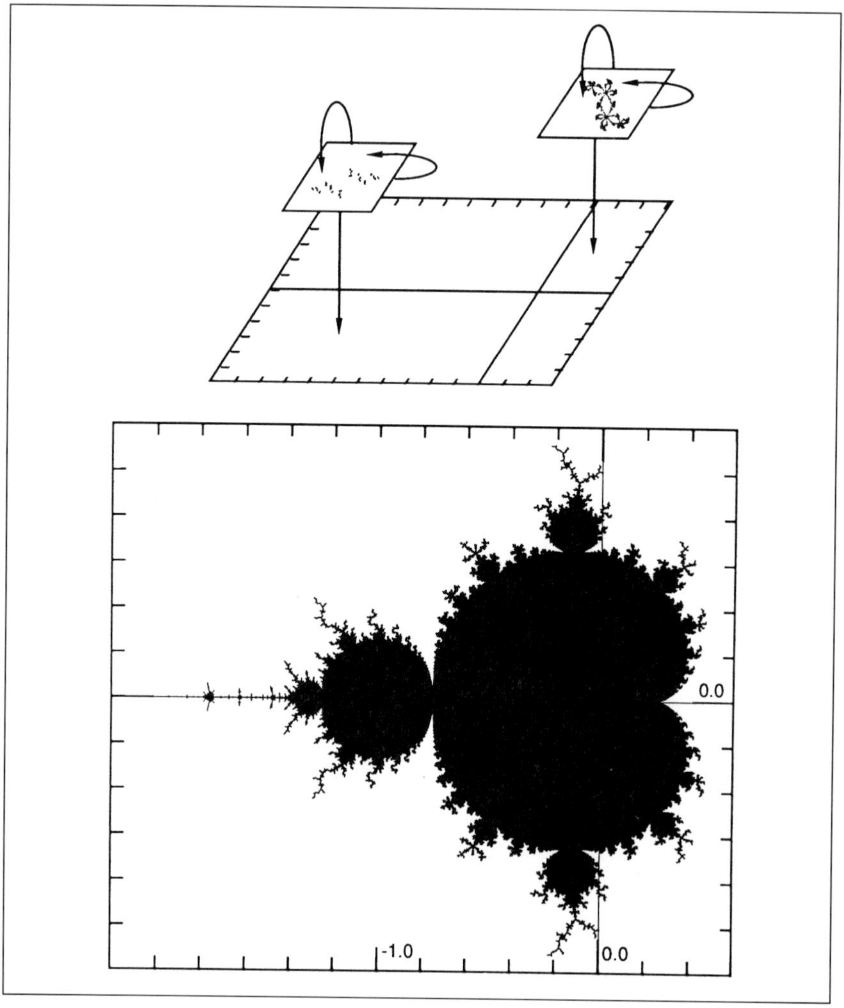

Abb. 12. Konstruktion der Mandelbrot-Menge.

- die Julia-Menge ist aus einem Stück (zusammenhängend)
- die Julia-Menge ist eine Wolke von unendlich vielen Punkten (eine Cantor-Menge) (10)

Damit können wir die Mandelbrot-Menge einführen. Formal ist sie die Menge M aller Punkte in der c-Ebene, für die die erste Alternative gilt. Das heißt man erhält ein computergrafisches Bild von M, wenn man für jeden c-Wert, für den das zugehörige Element des quadratischen Dialekts zusammenhängend ist, einen schwarzen Punkt setzt. Dies ist der Inhalt von Abbildung 12.

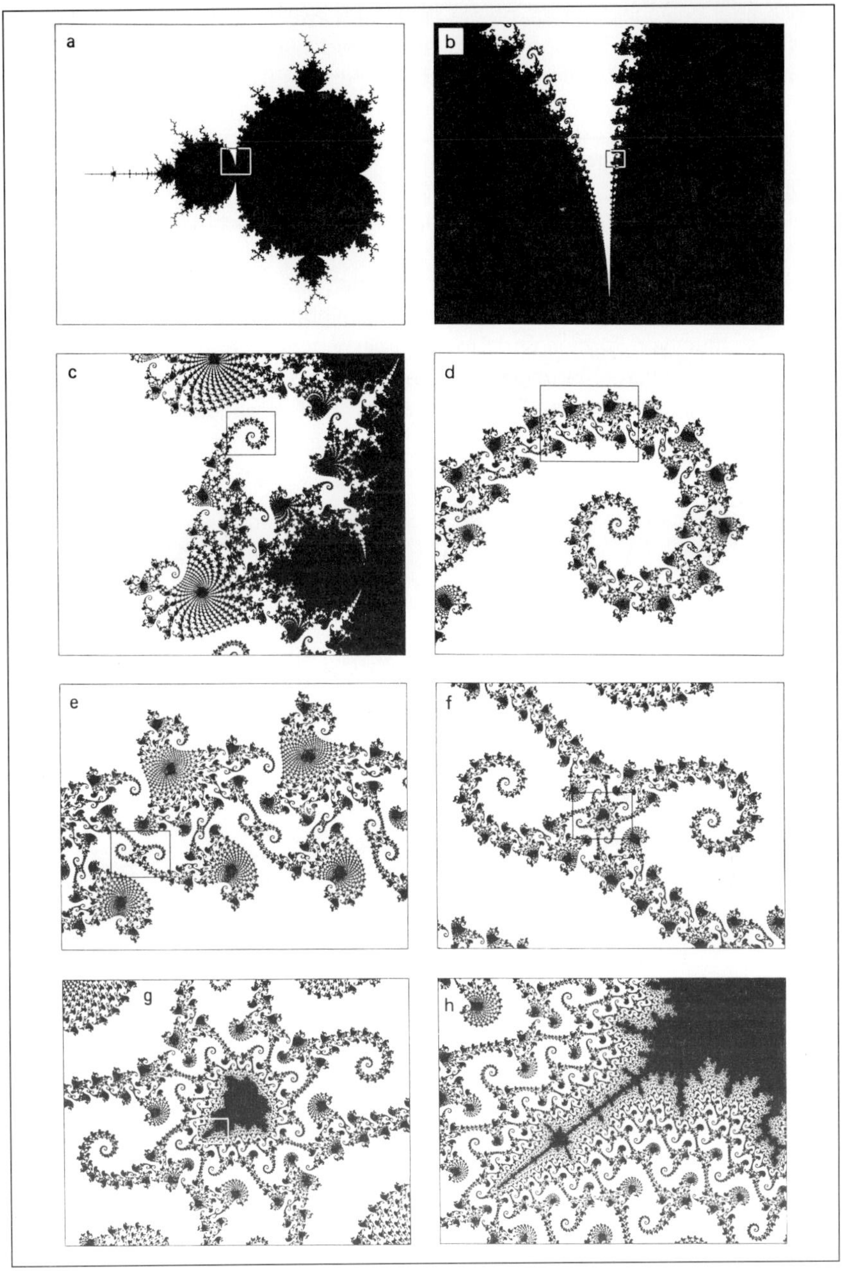

Abb. 13. Vergrößerungsserie am Rand der Mandelbrot-Menge.

Wie aber entscheidet man, ob die erste oder zweite Alternative gilt? Die Antwort ist wieder dem Meisterwerk Julias zu verdanken. Es reicht nämlich, das Limesverhalten der Iteration des kritischen Punktes 0 zu prüfen:

Das *Limesbild* zu c ist zusammenhängend, genau dann, wenn die Iteration
$$0 \rightarrow c \rightarrow c^2 + c \rightarrow (c^2 + c)^2 + c \rightarrow \ldots \qquad (11)$$
nicht über alle Schranken wächst.

Die Algorithmusbeschreibung *MSetLSM* gibt eine einfache Realisierung, die benutzt, daß man a priori schon weiß, daß M in der Kreisschreibe um 0 mit Radius 2 in der c-Ebene enthalten ist.

Wenn auch die Abbildung 12 bereits andeutet, daß die Mandelbrot-Menge ein kompliziertes Gebilde ist, so läßt sich noch nicht erahnen, daß sie einen unendlichen Reichtum von Formen und Strukturen in sich birgt. Abbildung 13 zeigt sieben fortgesetzte Vergrößerungen. Der Vergrößerungsfaktor des letzten Bildes in dieser Serie gegenüber der Totalen im ersten Bild ist ungefähr 10^7.

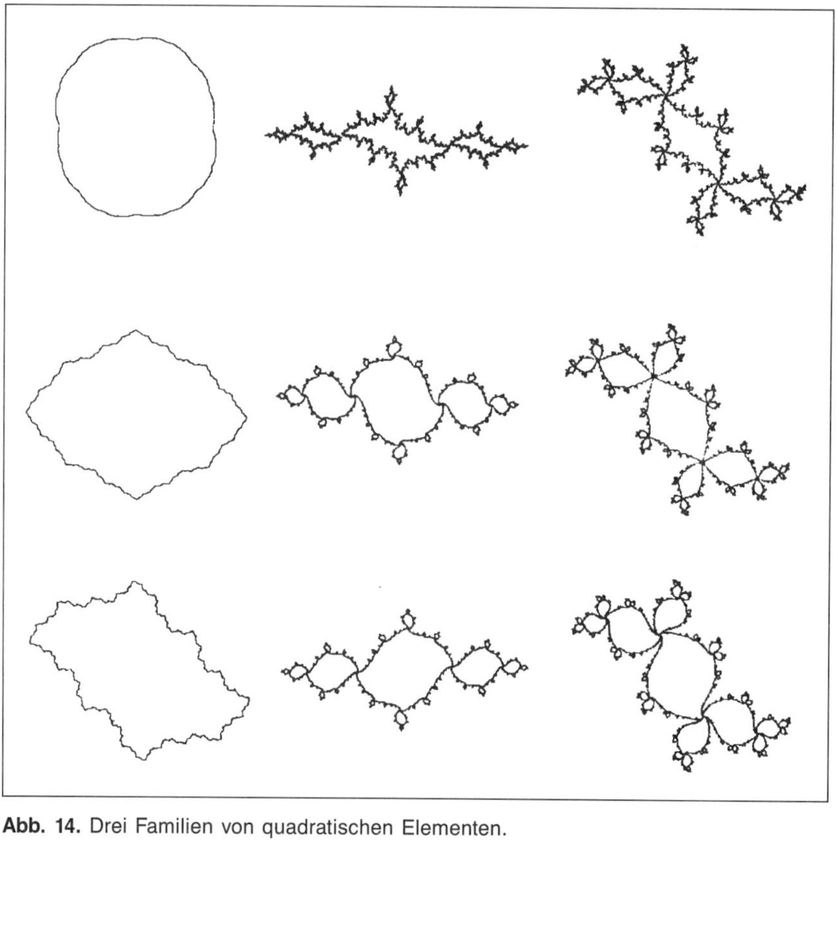

Abb. 14. Drei Familien von quadratischen Elementen.

Jedes Teil der Mandelbrot-Menge kennzeichnet eine Verwandtschaftsbeziehung (in der Metapher von Sprachen: Paragraph einer Grammatik) der zugehörigen Elemente des quadratischen Dialekts. Die Abbildung 14 zeigt zum Beispiel Elemente zum kardioiden Hauptkörper sowie den beiden prominentesten kreisscheiben-ähnlichen Teilen.

Für eine Detaildiskussion in dieser Hinsicht verweisen wir auf [9], wo auch näher auf die Wiederkehr der Mandelbrot-Menge bei Vergrößerung eingegangen wird. In der Metapher von Sprachen bedeutet die Wiederkehr, daß bestimmte Paragraphen der Grammatik Varianten der Gesamtgrammatik darstellen. Diese sind gewissermaßen für bestimmte Unterdialekte des quadratischen Dialekts zuständig.

Abschließend wollen wir auf die wohl wichtigste und gleichzeitig faszinierendste Eigenschaft der Mandelbrot-Menge eingehen.

Die Mandelbrot-Menge als Bildspeicher

Das Bild der Mandelbrot-Menge ist nicht nur die Visualisierung der Dichotomie (10), sondern auch ein Bildspeicher von unendlicher Effizienz: die Mandelbrot-Menge kann als ein bildhaftes Inhaltsverzeichnis aller unendlich vielen (zu jedem c-Wert eines) Elemente des quadratischen Dialekts interpretiert und *gesehen* werden. Dies zeigt die Abbildung 15. Die mathematische Präzisierung dieses Befundes ist noch nicht völlig abgeschlossen, aber schon jetzt weiß man dank der bemerkenswerten Arbeit der jungen chinesischen Mathematikerin Tan Lei [11] ziemlich erschöpfend Bescheid. Wir wollen ihr Resultat noch vorstellen und diesen Abschnitt mit einem letzten computergrafischen Experiment schließen.

Zunächst muß sich Tan Lei auf den Rand der Mandelbrot-Menge M beschränken. Fast jeder c-Werte des Randes von M erfüllt die folgende Präperiodizitätsbedingung[5]:

Es gibt einen periodischen Punkt $d = f_c^p(d)$, der nach k Iterationen, mit c beginnend, erreicht wird, $d = f_c^k(c)$. Der Punkt d, die Periode p und die Anzahl k sind natürlich von c abhängig. Die Ableitung von f_c^p an der Stelle d ist $\lambda = (f_c^p)'(d)$. Die Multiplikation mit λ entspricht einer Drehstreckung (Wir können schreiben $\lambda = r \cdot exp(2\pi\iota\alpha)$ mit $r > 1$.). Tan Leis Ergebnis können wir nun so beschreiben: Das zu c gehörende Element J_c des quadratischen Dialekts und die Mandelbrot-Menge M werden beide jeweils um den Punkt c durch wiederholte Multiplikation mit λ wie mit einem Mikroskop vergrößert. Das Bild wird dabei jeweils um den Faktor r größer und um den Winkel α gedreht. Verblüffenderweise erhält man in beiden Fällen (für J_c und M) *Limesbilder,* die (möglicherweise bis auf eine kleine Drehung) übereinstimmen:

[5] Wir schreiben zunächst für das Polynom $x^2 + c = f_c(x)$. Dann können wir iterieren: $f_c^2(x) = f_c(f_c(x))$, $f_c^3(x) = f_c(f_c(f_c(x)))$, . . .

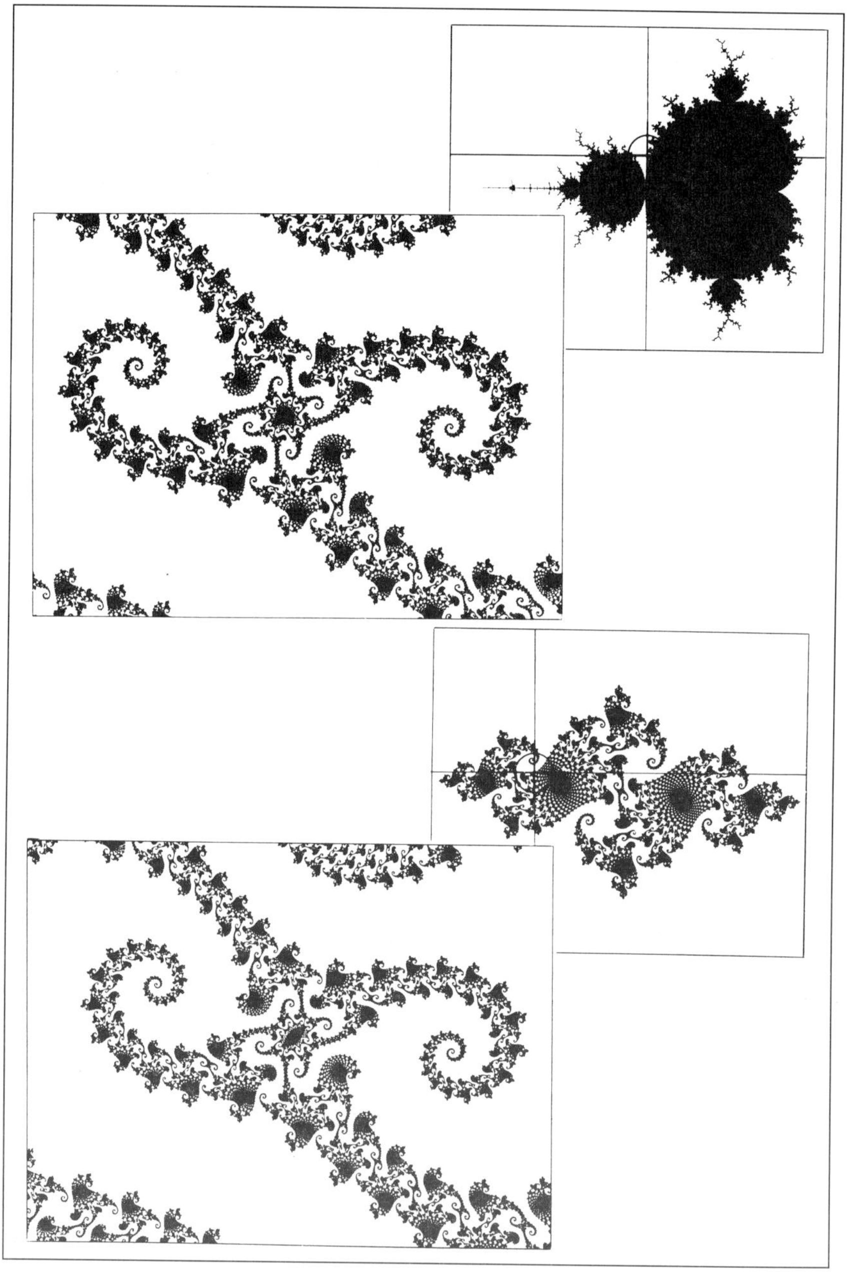

Abb. 15. Die Mandelbrot-Menge als Bildspeicher.

ALGORITHMUS MSetLSM (Mset, nx, ny, xmin, xmax, ymin, ymax, maxiter)
Zeichnen der Mandelbrot-Menge (Level Set Methode — LSM)

Argumente	nx, ny	Bildauflösung in x- und y-Richtung
	Mset[nx][ny]	Ausgabe Feld, Feldelemente, die den Wert *maxiter* erhalten, repräsentieren Punkte der Mandelbrot-Menge, andere Werte können für eine Farbkodierung des umgebenden Potentials genutzt werden.
	xmin, xmax	x-Wertebereich des Bildfensters
	ymin, ymax	y-Wertebereich des Bildfensters
	maxiter	maximale Zahl der Iteration
Variablen	ix, iy	Integer (Pixel Koordinate)
	iter	Integer
	cx, cy	Parameter des zu testenden Punktes
	x, y, x2, y2	Punktkoordinaten und Quadrate
	temp	reelle Zahl

```
BEGIN
  FOR iy = 0 TO ny-1 DO
    cy := ymin + iy · (ymax – ymin) / (ny – 1)
    FOR ix = 0 TO nx-1 DO
      cx := xmin + ix · (xmax – xmin) (nx – 1)
      x := y := x2 := y2 := 0.0
      iter := 0
      WHILE (iter < maxiter) AND (x2 + y2 < 4.0) DO
        temp := x2 – y2 + cx
        y := 2 · x · y + cy
        x := temp
        x2 := x · x
        y2 := y · y
        iter := iter + 1
      END WHILE
      MSet[ix][iy] := iter
    END FOR
  END FOR
END
```

Sei zur Julia-Menge J_c durch $\tau_c(u) = u - c$ die Verschiebung des Punktes c in den Nullpunkt des Koordinatensystems gegeben. Dann gilt $\lambda^n(\tau_c(J_c)) \to Z$ (im Sinne der Hausdorff-Metrik mit $n \to \infty$), wobei Z eine abgeschlossene Teilmenge der Riemannschen Zahlenkugel ist und $\lambda^n(\tau_c(M)) \to \varrho Z$ für eine komplexe Zahl ϱ. (Genau genommen hat man die Hausdorff-Metrik nur für kompakte Teilmengen zur Verfügung. Die obige Konvergenz ist so zuverstehen, daß man die unbeschränkt werdenden Objekte $\lambda^n(\tau_c(J_c))$, $\lambda^n(\tau_c(M))$ und Z nur in passenden zu n immer größer werdenden Kugeln betrachtet.) (12)

Eine unmittelbare Konsequenz aus Tan Leis Resultat ist, daß für das *Limesbild* Z gilt: $\lambda Z = Z$, das heißt insbesondere Z geht in sich selbst über unter Drehung um α. Diese Tatsache wollen wir noch auf den Punkt $c = \sqrt{-1} = i$ anwenden. Abbildung 16 zeigt im ersten Bild einen Ausschnitt von M, in dem der Pfeil $c =$

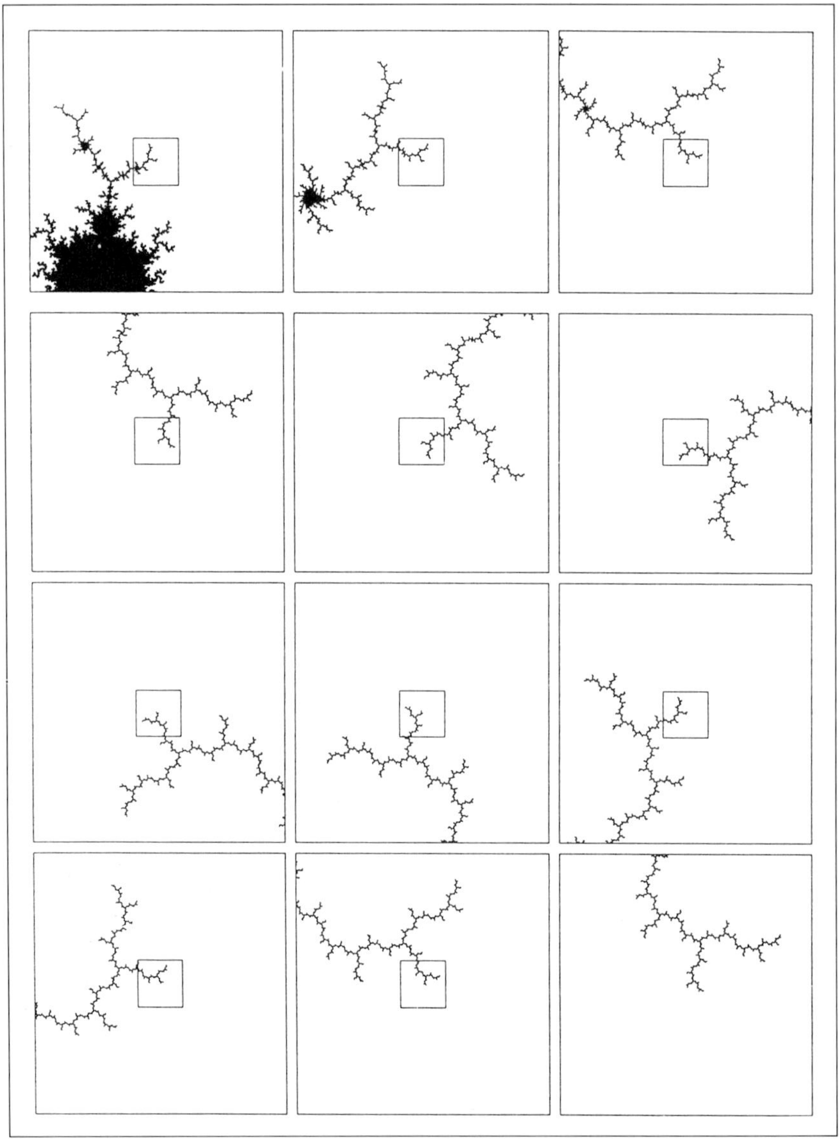

Abb. 16. Spiraligkeit der Mandelbrot-Menge bei $c = i$.

i markiert. Tatsächlich ist dieser c-Wert von der erlaubten Art: $i \to -1+i \to -i \to -1+i$, d. h. $k = 1$ und $p = 2$ im Sinne obiger (Prä-)Periodizitätsbedingung an f_c. Außerdem ist $\lambda = (f_i^2)'(-i) = (\sqrt{32}\ \exp(2\ \pi i/8)$, d. h. das zu erwartende *Limesbild* um die Spitze des Dendriten bei $c = i$ sollte bei Drehung um 45 Grad in sich übergehen. Dies ist nur möglich, wenn die vermeintliche Dendritenspitze tatsächlich eine Spirale ist. Wenn dies richtig ist, sollte der Spiralcharakter, den man ohne Tan Leis Resultat, allein aufgrund der Bilder von *M,* nicht vermutet hätte, auch sichtbar werden, indem man einfach um den Punkt $c = i$ herum *richtig* vergrößert. Richtig heißt offenbar in Schritten von Vergrößerungsfaktoren von $\sqrt{32}$. Dies zeigen die übrigen Bilder von Abbildung 16. Und tatsächlich bestätigt sich die Drehinvarianz.

Schlußbemerkungen

Alle bisher diskutierten Fraktale können als deterministisch angesehen werden. Auch die Fraktale, die mit dem Chaosspiel erzeugt werden, sind deterministisch. Die zufällige Wahl der Kontraktionen dient nur der Generierung des Bildes. Das *Limesbild* selbst ist von der Wahl der Wahrscheinlichkeiten unabhängig. Dies ist ganz anders bei den sogenannten *zufälligen Fraktalen,* die wir noch kurz streifen wollen.

Zufällige Fraktale

Wir wollen uns damit begnügen, kurz eine beispielhafte Konstruktion aus einem großen Ensemble vorzustellen. Die Methode ist als *Midpoint-Displacement-Method* bekannt und wird in vielen Variationen benutzt. Ihre Grundzüge sind in Abbildung 17 dargestellt.

Man beginnt mit einem Dreieck, markiert von diesem die Mittelpunkte seiner Seiten und hebt/senkt diese Mittelpunkte um einen zufällig gewählten Betrag. Diese neuen Punkte bilden mit den alten Eckpunkten des Dreiecks vier kleinere Dreiecke, auf die man nun die gleiche Modifikation anwendet usw. Offensichtlich sollten die Beträge, um die angehoben/abgesenkt wird, einem Verteilungsgesetz gehorchen, das in Abhängigkeit der zu modellierenden Fläche angepaßt wird. Sollte zum Beispiel die Fläche relativ glatt erscheinen, wird man ein Gesetz an-

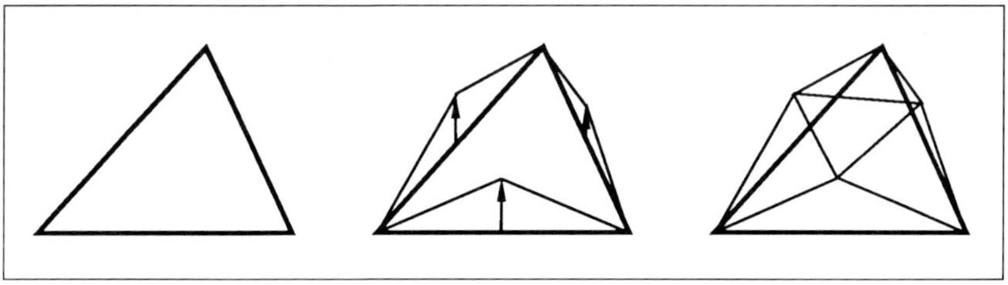

Abb. 17. Midpoint-Displacement-Methode.

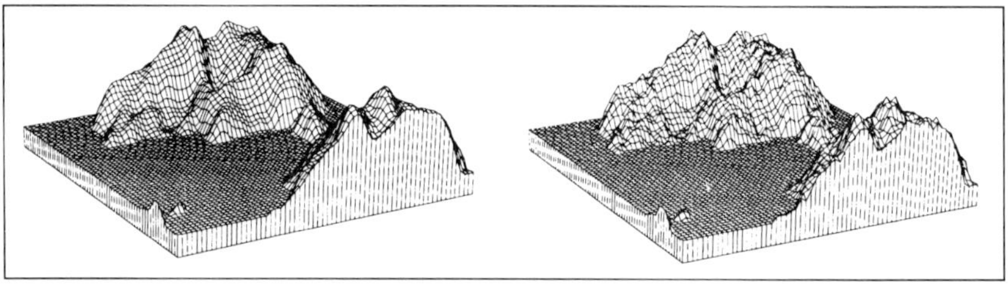

Abb. 18. Glatte und rauhe Flächen.

nehmen, nach dem die Beträge sehr rasch abfallen, während etwa für die Darstellung eines jungen Gebirges es sinnvoll erscheint, die Beträge relativ langsam abfallen zu lassen. Die Abbildung 18 zeigt den Unterschied. Offensichtlich bleibt die Wahl des Zufallsgesetzes bei dieser Konstruktion sichtbar. Es prägt die Gestalt der Form.

Diese prinzipielle Methode läßt sich vielfältig variieren. Inzwischen ist sie, zum Beispiel um Erosionsgesetze für die Modellierung von Gebirgen oder gemessene Daten von Erdbeben für die Untersuchung von Bruchfalten angereichert worden. Wir verweisen auf [3, 10]. Besonders R. Voss hat mit diesen Ideen Modelle von Planeten, Monden, Wolken und Gebirgen erzeugt, die der Wirklichkeit täuschend nahe kommen. Eine mit diesem Ansatz verwandte Methode, die auch eine deterministische Variante besitzt, wurde von dem holländischen Biologen A. Lindenmayer für die Beschreibung von Pflanzenformen entwickelt (L-Systeme, siehe [10, 8]).

Zum Abschluß gehen wir noch kurz auf das Problem der Messung von Fraktalen ein, die fraktale(n) Dimension(en).

Fraktale Dimension

Die fraktale(n) Dimension(en) sind zunächst einfach numerische Invarianten, die den Fraktalen zugeordnet sind. Leider gibt es verschiedene Begriffsbildungen, die allerdings alle mehr oder weniger auf eine Arbeit von F. Hausdorff aus dem Jahre 1919 [5] zurückgehen. Von ihm stammt der Begriff der Hausdorff-Dimension, den wir nun in seiner einfachsten Form vorstellen wollen.

Zunächst betrachten wir vertraute Objekte der (topologischen) Dimension 1, 2 und 3 (Gerade, Fläche, Kubus). Jedes unterteilen wir regelmäßig und stellen in der Tafel II eine Beziehung zwischen der Anzahl der Teile a und dem Skalierungsfaktor s her, der das Teil bei Skalierung mit s in das Ganze überführt.

Es besteht ein Potenzgesetz vom Typ

$$a = s^D, \tag{13}$$

in dem D als (von speziellen a und s unabhängige) Dimension erkannt wird. Mit anderen Worten, D berechnet sich zu

$$D = \log(a)/\log(s) \tag{14}$$

		Anzahl *a*	Skalierung *s*	Gesetz
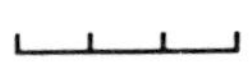	Gerade	3	3.0	$3.0^1 = 3$
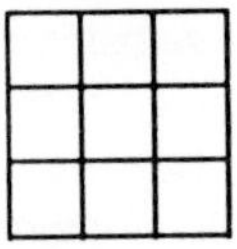	Fläche	9	3.0	$3.0^2 = 9$
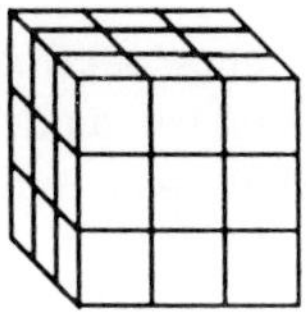	Kubus	27	3.0	$3.0^3 = 27$

Tafel II

		Anzahl *a*	Skalierung *s*	Dimension
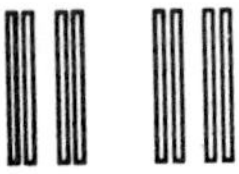	Cantor	2	3.0	log 2 / log 3 = 0.631
	Koch	4	3.0	log 4 / log 3 = 1.262
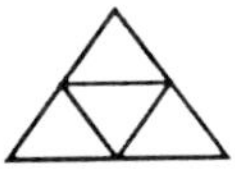	Sierpinski	3	2.0	log 3 / log 2 = 1.585
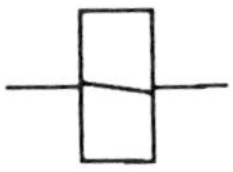	Peano	9	3.0	log 9 / log 3 = 2.0

Tafel III

In Tafel III führen wir diese Messung an der Cantor-Menge, der Koch-Kurve, dem Sierpinski-Dreieck und schließlich an einer Peano-Kurve durch, und wir sehen, daß sich für die Mehrzahl der schon als fraktal diskutierten Objekte eine *gebrochene* Dimension ergibt. Dies ist der Grund für die Namensgebung, die Mandelbrot in den 70er Jahren einführte.

Natürlich kann man die einfache Beziehung zwischen a und s in diesen Beispielen nur deshalb so problemlos herstellen, weil die Objekte alle *selbstähnlich* sind, das heißt jedes noch so kleine (geeignet gewählte) Teil wird nach richtiger Skalierung wieder das Ganze. Damit ist praktisch der Nutzen von (14), die man *Selbstähnlichkeits-Dimension* nennen könnte, schon erschöpft. Allerdings motiviert die Beziehung log (a) / log (s) die folgende, sonst recht willkürlich scheinende Definition einer fraktalen Dimension.

Zu einer Menge A (die wir uns der Einfachheit halber als Teilmenge der Ebene vorstellen, also etwa ein Bild) und einer kleinen Zahl $\epsilon > 0$ bilden wir zunächst die Überdeckungszahl $N(A, \epsilon)$: Dazu überdecken wir A mit endlich vielen Kugeln vom Radius höchstens ϵ, zentriert in Punkten x_i, also

$$A \subset \bigcup_{x_1 \epsilon A} K(x_i, \epsilon) \tag{15}$$

Dann sei $N(A, \epsilon)$ die Minimalanzahl von Kugeln $K(x_i, \epsilon)$, die für eine solche Überdeckung benötigt werden. Zwischen $N(A, \epsilon)$ und ϵ gibt es eine Beziehung, die man als Potenzgesetz ansetzt:

$$N(A, \epsilon) = C\epsilon^{-D}, \tag{16}$$

das heißt

$$D = \{\log (N(A, \epsilon)) - \log C\} / \log (1/\epsilon). \tag{17}$$

Um die unbekannte Konstante zu eliminieren, betrachtet man schließlich die rechte Seite von (17) für $\epsilon \to 0$, das heißt

$$D = \lim_{\epsilon \to 0} \log N(A, \epsilon) / \log (1/\epsilon), \tag{18}$$

falls der Grenzwert existiert. Diese Zahl nennt man die fraktale Dimension von A. Unsere letzte Abbildung 19 zeigt eine experimentelle Interpretation von (18), in der man Gitter verschiedener Maschenweiten über die Menge A legt und zählt, wieviele der Maschen A treffen. In einem log / log — Plot kann man dann D als Steigung einer die Messungen interpolierenden Geraden ablesen. Für weitere Details verweisen wir auf [3, 10, 7].

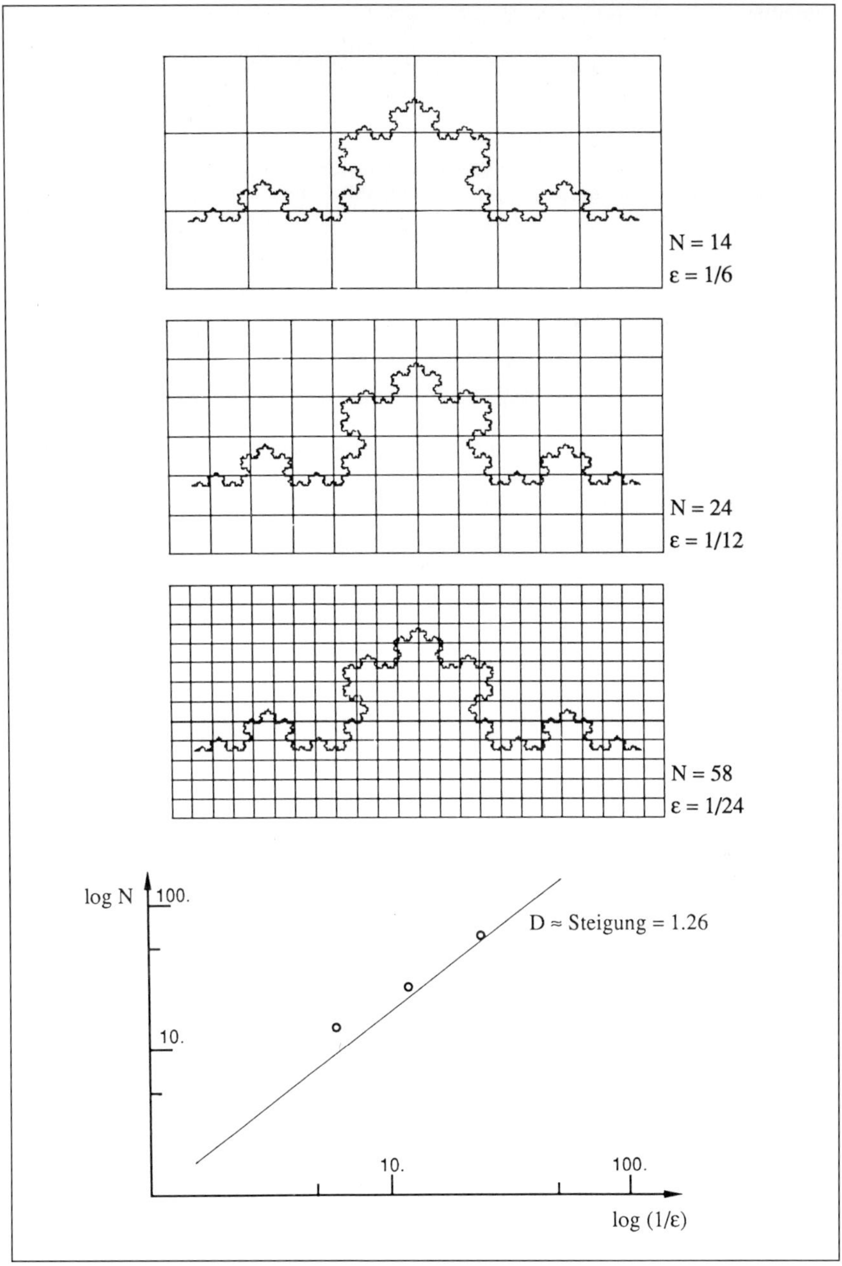

Abb. 19. Maschenzählen zur Bestimmung der fraktalen Dimension.

Literatur

[1] Barnsley, M. F.: Fractals Everywhere. Academic Press. New York. 1988.
[2] Barnsley, M. F., J. Elton, Journal of Appl. Probability **20,** 14 (1988).
[3] Mandelbrot, B. B.: The Fractal Geometry of Nature. W. H. Freeman and Co. New York 1982.
[4] Mandelbrot, B. B., Annals NY Acad. Sciences **357,** 249 (1980).
[5] Hausdorff, F.: Mathematische Annalen **79,** 157 (1919).
[6] Hutchinson, J., Indiana University Journal of Mathematics **30,** 713 (1981).
[7] Falconer, K. J.: The Geometry of Fractal Sets. Cambridge University Press. Cambridge 1985.
[8] Pruzinskiewicz, P.: Graphical applications of L-systems. Proc. of Graphics Interface 1986 — Vision Interface S. 247—253 (1986).
[9] Peitgen, H.-O., P. H. Richter: The Beauty of Fractals. Springer-Verlag. Heidelberg, Berlin, New York 1986.
[10] Peitgen, H.-O., D. Saupe (eds.): The Science of Fractal Images. Springer-Verlag. Heidelberg, Berlin, New York 1988.
[11] Tan Lei: Similarity between the Mandelbrot set and Julia sets. Preprint Institut für Dynamische Systeme. Universität Bremen, Bremen 1989.
[12] Julia, G., Journal de Math. Pure et Appl. **8,** 47 (1918).

Ordnungsstrukturen der Zelle: Filamente und Plaques

Werner W. Franke, Thomas M. Magin, Harald Herrmann, Heidelberg

Die äußere Gestalt der Zellen wie ihre innere Architektur, das heißt vornehmlich die Anordnung des Zellkerns und der Organellen, sind die hauptsächlichen mikroskopischen Kriterien zur Unterscheidung sowohl der einzelnen Zellen als auch der Gewebe. Es ist erstaunlich, daß die stofflichen Grundlagen für viele der morphologischen Prinzipien und Unterschiede der Zellarchitektur erst im letzten Jahrzehnt erarbeitet worden sind. Eine Schlüsselbeobachtung der Zellbiologen war dabei wohl die Erkenntnis, daß nach Aufbrechen der Zelle und Extraktion der löslichen Zellproteine — aber auch der meisten Membran-Bestandteile — immer noch eine Reststruktur erkennbar war, die in vielen Fällen sogar die typische Architektur der jeweiligen Zellen und Gewebe erhalten hatte und so eine Ansprache des Zelltyps erlaubte. Nach Extraktionen mit Puffern verschiedener

Tab. 1. Strukturkomponenten des Cytoskeletts der Wirbeltierzellen.

Strukturen	Proteine*
Filamente	
2— 5 nm Filamente	Verschiedene Proteine
5— 6 nm Microfilamente	Actine
7—12 nm Intermediärfilamente (IF)	Unterschiedliche Mitglieder der IF-Protein-Familie (vgl. Tab. 2)
20—25 nm Microtubuli	Tubuline (α, β)
Membran-Platten (Plaques)	
Desmosomen-Plaques	Plakoglobin, Desmoplakin, Desmoglein
Hemidesmosomen-Plaques	Pemphigoid-Antigene
Plaques der Adhaerens-Zellverbindungen	Plakoglobin, Vinculin, α-Actinin
Plaques der Adhaerens-Verbindungen mit der extrazellulären Matrix	Talin, Vinculin, α-Actinin

* Nur einige hauptsächliche und charakteristische Vertreter sind hier aufgeführt.

Prof. Dr. Werner W. Franke, Institut für Zell- und Tumorbiologie, Deutsches Krebsforschungszentrum, Heidelberg.

Ionenstärke und pH-Werte und mit Detergentien stellte sich dieser strukturhaltige Rückstand der Zelle („Cytoskelett") bei eingehender Untersuchung als komplexes Geflecht verschiedener Filamente und Plattenstrukturen (Plaques) heraus, die in unterschiedlichen Proportionen und Anordnungen zu der jeweiligen zelltyp-spezifischen Architektur beitragen. Die häufigsten dieser Strukturen, die allesamt aus Proteinen aufgebaut sind, sind in der Tabelle I zusammengefaßt. Neben diesen architektonischen Strukturelementen des Cytoplasmas gibt es aber auch ähnlich stabile Strukturen des Zellkerns („Karyoskelett") wie zum Beispiel die filzartige Unterfütterung der Zellkernhülle („Kern-Lamina"), bestimmte filamentöse Anordnungen der Nucleolus-Cortex und die Hauptelemente der Kernporen-Komplexe (neuere Übersichtsdarstellungen in [1, 2, 3]).

Während einige der Cytoskelett-Strukturen in ihrem biochemischen Aufbau schon recht gut bekannt sind — das gilt besonders für die Filamente — befinden sich die analytischen Untersuchungen zur Zusammensetzung der Plaques noch am Anfang. Gemeinsam ist aber all diesen Strukturen, daß sie unter den bestimmten Bedingungen der jeweiligen Zelle von einer bestimmten Kategorie von Proteinen durch Aneinanderlegen („Polymerisierung") gebildet werden („self assembly"). Dabei besteht jeweils ein zell- und zustandspezifisches Gleichgewicht zwischen freien und polymerisierten Untereinheiten, das jedoch in vielen Zellen sehr zugunsten der Polymer-Strukturen verschoben ist. Diese hohe Selbstanordnungstendenz verschiedener Cytoskelettproteine läßt sich auch durch Rekonstitution in vitro nachvollziehen, wobei unter adäquaten Bedingungen dieselben Strukturen entstehen wie in der lebenden Zelle.

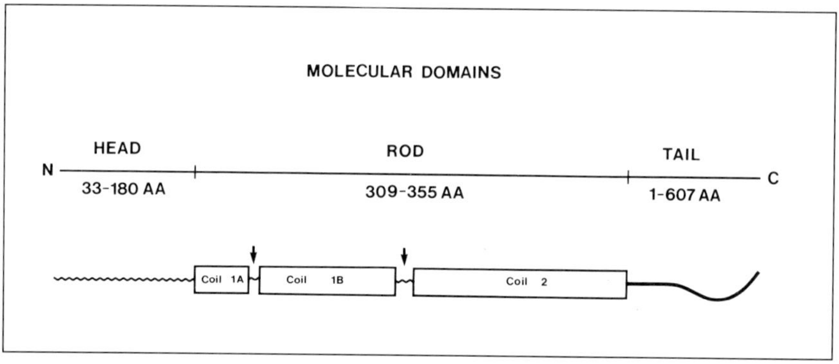

Abb. 1. Schematische Darstellung der einzelnen Konformationsabschnitte (Domänen; „molecular domains") von Intermediärfilament(IF)-Proteinen. — N: Aminoterminus. — C: Carboxyterminus. — AA: Aminosäure-Reste. — Head: Kopfstück. — Rod: Mittelstück. — Tail: Schwanzstück. — Die Zahl der Aminosäure-Reste pro Domäne in den verschiedenen IF-Proteinen, einschließlich der Kern-Lamine, ist jeweils angegeben. Die einzelnen α-Helices („Coils") des Mittelstücks sind als Rechteck-Blöcke gekennzeichnet, nicht-helikale Unterbrechungen darin mit einem Pfeil.

Ein weiteres Prinzip, das für die Cytoskelettproteine charakteristisch ist, ist das Vorkommen von Multi-Gen-Familien: Die jeweilige, nach morphologischen Kriterien nicht oder kaum unterscheidbare Struktur wird in verschiedenen Zelltypen nicht notwendigerweise aus demselben Protein aufgebaut, sondern kann in unterschiedlich differenzierten Zelltypen von verschiedenen, in ihrer Aminosäure-Sequenz sehr ähnlichen Mitgliedern einer Proteinfamilie gebildet werden (z. B. die Actine, die schweren und leichten Ketten der Myosine, die α- und β-Tubuline, die Intermediärfilament-Proteine usw.). Das bedeutet, daß die jeweils ein solches Protein kodierenden Gene in zelltyp-spezifischer Weise exprimiert werden: Beispielsweise werden die Mikrofilamente eines Bindegewebsfibroblasten von anderen Actinen gebildet als die einer durchaus ähnlich erscheinenden glatten Muskelzelle, und beide unterscheiden sich wiederum in ihrer Actin-Zusammensetzung von denen quergestreifter Muskelzellen [4].

Die Intermediärfilament-Proteine

Die gegenüber verschiedenen Extraktionslösungen besonders stabilen Intermediärfilamente (IFs) blieben trotz der Tatsache, daß sie in den meisten Zellen zu den häufigsten Proteinen überhaupt gehören, lange Zeit unerforscht, da geeig-

Tab. II. Die Familie der Intermediärfilament(IF)-Proteine.

IF-Protein-Klasse	M_r*	Sequenz-Homologie-Typus	Struktur und typisches Vorkommen
1. Cytokeratine			
Typ I (saure) Cytokeratine	40—64	I	IF; Epithelien
Typ II (bas.) Cytokeratine	52—68	II	
2. Nicht-Cytokeratine			
A. Vimentin	~55	III	IF; mesenchymale Zellen
Desmin	~53		IF; Muskelzellen
Gliafilament-Protein	50—52		IF; Astroglia-Zellen
Peripherin	~54		IF; diverse neuronale Zellen
B.			
Neurofilament-Polypeptide		IV	IF; Neuronen
NF-L	~68		
NF-M	100—110		
NF-H	110—130		
3. Lamine		V	Kern-Lamina;
Typ A	62—72		viele Zellen, aber nicht alle
Typ B	65—68		alle Zelltypen

* Relatives Molekulargewicht der einzelnen Polypeptide in Einheiten von 10^3.

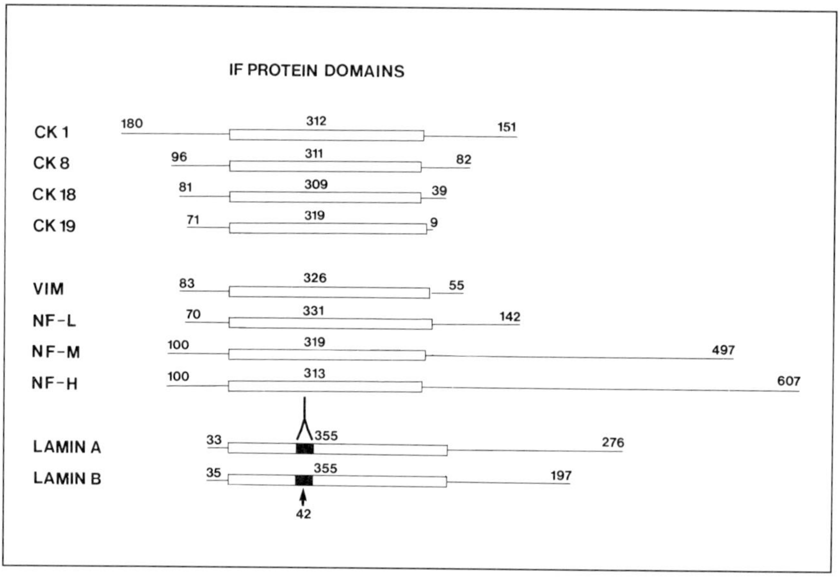

Abb. 2. Schematische Darstellung der relativen Abschnitte (Domänen) verschiedener Intermediärfilament(IF)-Proteine. Das jeweilige Mittelstück (rod) ist als rechteckiger Block herausgehoben; Kopf- und Schwanz-Stücke sind wie in Abbildung 1 angeordnet. Die Zahlen der jeweiligen Aminosäuren pro Domäne sind angegeben. Der mit einer Gabel bezeichnete, schwarz ausgefüllte Abschnitt in den Mittelstücken der Lamine stellt den Einschub von 42 Aminosäuren dar, der für diese Proteine typisch ist. — Bezeichnungen der einzelnen Proteine wie in Tabelle II; ferner VIM: Vimentin. — CK: menschliche Cytokeratine 1, 8 (beide vom Typ II), 18 und 19 (beide vom Typ I). — Man beachte die recht einheitliche Länge des Mittelstücks und die großen Unterschiede in den Kopf- und Schwanz-Abschnitten.

nete Methoden zu ihrer Analyse fehlten. Erst die Entwicklung von Verfahren zur Auftrennung und Charakterisierung einzelner Proteinketten (Polypeptide) im aufgefalteten (denaturierten) Zustand und von immunologischen Lokalisierungsverfahren hat in den letzten 10 Jahren die Aufklärung dieser komplexen Multi-Gen-Familie ermöglicht. In besonderer Weise zeichnet die IF-Proteine, die sowohl im Cytoskelett als auch im Karyoskelett (dort in Form der Lamin-Unterfamilie) vorkommen, ihre Rückfaltungs- und Selbstanordnungstendenz aus: Das entfaltete Polypeptid faltet sich, wenn das denaturierende Agens entfernt wird, sofort und in physiologischen Puffern in der richtigen Weise zurück, wobei dem zentralen α-Helix-Anteil dieser Moleküle eine besondere formende Rolle zukommt. Ebenso spontan lagern sich dann zunächst zwei solcher Ketten zu einer ineinander verschraubten Helix („coiled coil") zusammen, dann wieder zwei dieser Doppelketten zu einem tetrameren, stabförmigen Gebilde; und diese bilden dann schließlich — über die Zwischenstufe der Protofilamente — das eigentliche IF.

Die verschiedenen IF-Proteine lassen sich aufgrund ihrer chemischen Verwandtschaftsgrade und ihres prototypischen Vorkommens in bestimmte Klassen aufteilen (Tab. II; [5—8]). Da alle Hauptvertreter dieser großen Proteinfamilie inzwischen durch DNA-Klonierung sowohl in ihrer Aminosäure-Sequenz als auch in ihrer Gen-Struktur aufgeklärt sind, kann man in ihrem molekularen Aufbau das in Abbildung 2 dargestellte gemeinsame Prinzip feststellen (zum Beispiel [9, 10]). Ein zentrales Strukturelement von vorwiegend α-helikalem Charakter und ähnlicher Länge (309—358 Aminosäuren; entsprechend etwa 45—48 nm Län-

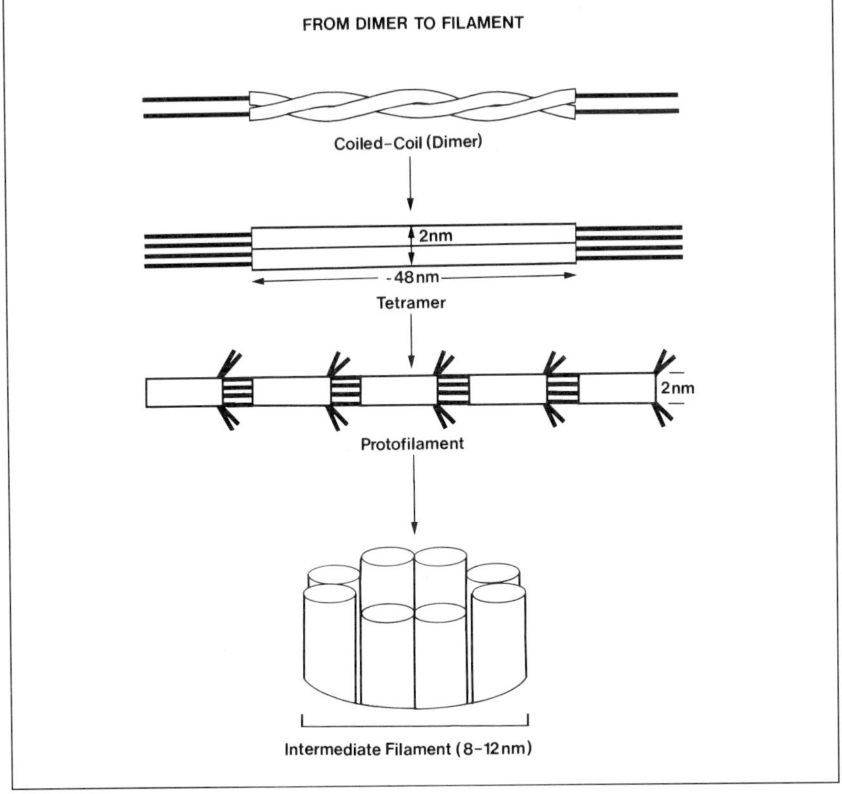

Abb. 3. Schematische Darstellung der Vorstellungen von der Hierarchie der Ordnungen beim Intermediärfilament(IF)-Aufbau. Bei dieser Darstellung wird angenommen, daß acht Protofilamente ein IF bilden. Man beachte, daß ein Teil der Schwanz-Domäne seitlich hervorragt und zwar im Protofilament (gezeichnet) wie im IF (aus Gründen der vereinfachten Darstellung hier nicht berücksichtigt).

ge) geht am aminoterminalen Ende in ein nicht-α-helikales Kopfstück („head"), am anderen, das heißt, dem carboxyterminalen Ende in ein ebenfalls überwiegend nicht-helikales Schwanzstück („tail") über, wobei die letzteren Abschnitte in den verschiedenen Polypeptiden dieser Proteinfamilie sehr unterschiedlich lang sein können (Abb. 2). Grundsätzlich sind die IF-Proteine des Cytoplasmas von den Laminen der Zellkern-Lamina dadurch unterschieden, daß in den letzteren ein zusätzliches Stück von 42 Aminosäuren in den Zentralstab („rod") eingeschoben ist (Abb. 2; vgl. [11, 12]). Eine aufgrund verschiedener Experimente vorgeschlagene Anordnung der Strukturdomänen dieser Proteine bei den einzelnen Zwischenstrukturen auf dem Wege zur IF-Bildung ist stark vereinfacht in der Abbildung 3 dargestellt.

Von besonderer Komplexität unter den IF-Proteinen ist die Gruppe der Cytokeratine, bei denen man allein in einer Art, dem Menschen, 19 verschiedene epitheliale Cytokeratine unterschieden hat [13, 14] und noch einmal 10 weitere, welche für die Differenzierung jener Zellen („Trichocyten") typisch sind, die das „Keratin" der Haare und Nägel bilden, aber auch in bestimmten anderen Zellen (z. B. den Papillen der Zungenoberseite) vorkommen ([15, 16]. Hierbei gilt wiederum das Prinzip der zelltyp-spezifischen Expression verschiedener Polypeptide: IF können in verschiedenen Epithelzelltypen von verschiedenen Cytokeratin-Polypeptiden gebildet werden, so daß ein bestimmter Zelltyp ein für ihn charakteristisches Muster von Cytokeratinen aufweist: Eine Epidermis-Zelle der menschlichen Haut etwa enthält einen ganz anderen Satz von Cytokeratinen als etwa die Zellen des Dünndarmepithels [13, 14]. Dabei ist als Besonderheit der Cytokeratin-Filamente zu beachten, daß sie — im Gegensatz zu den meisten anderen IF-Proteinen — obligatorische Heteropolymere sind, da ihr Baustein ein heterotypischer Tetramer bestehend aus je zwei Polypeptidketten von Vertretern der basischen und der sauren „Unterfamilie" ist [10, 14].

Da inzwischen Antikörper gegen all die verschiedenen IF-Protein-Gruppen gewonnen wurden (auch die meisten der verschiedenen Cytokeratine lassen sich durch für das einzelne Polypeptid spezifische Antikörper unterscheiden), kann man den IF-Protein-Typus einer Zelle in einem beliebigen Gewebe — etwa einem Schnittpräparat — mit einfachen immuncytochemischen Methoden bestimmen, ebenso wie man die Anordnung der jeweiligen IF-Bündel in einer bestimmten Zelle durch die spezifische Reaktion mit solchen Antikörpern darstellen kann [z. B. 5, 7]. Das typische Flechtwerk der Cytokeratin-IF-Bündel von Epithelzellen ist am Beispiel von menschlichen Carcinom-Zellen in der Abbildung 4 dargestellt.

▶

Abb. 4. Immunfluoreszenzmikroskopische Darstellung des Flechtwerks der Cytokeratin-Filament-Bündel (rot) in einer Zellkultur von menschlichen hepatozellulären Carcinom-Zellen der Linie PLC, während die Zellkerne mit einem DNA-spezifischen Fluorochrom (DAPI: 4'6-Di amidino-2-phenylindol · 2 HCl) in blauer Fluoreszenz dargestellt sind.

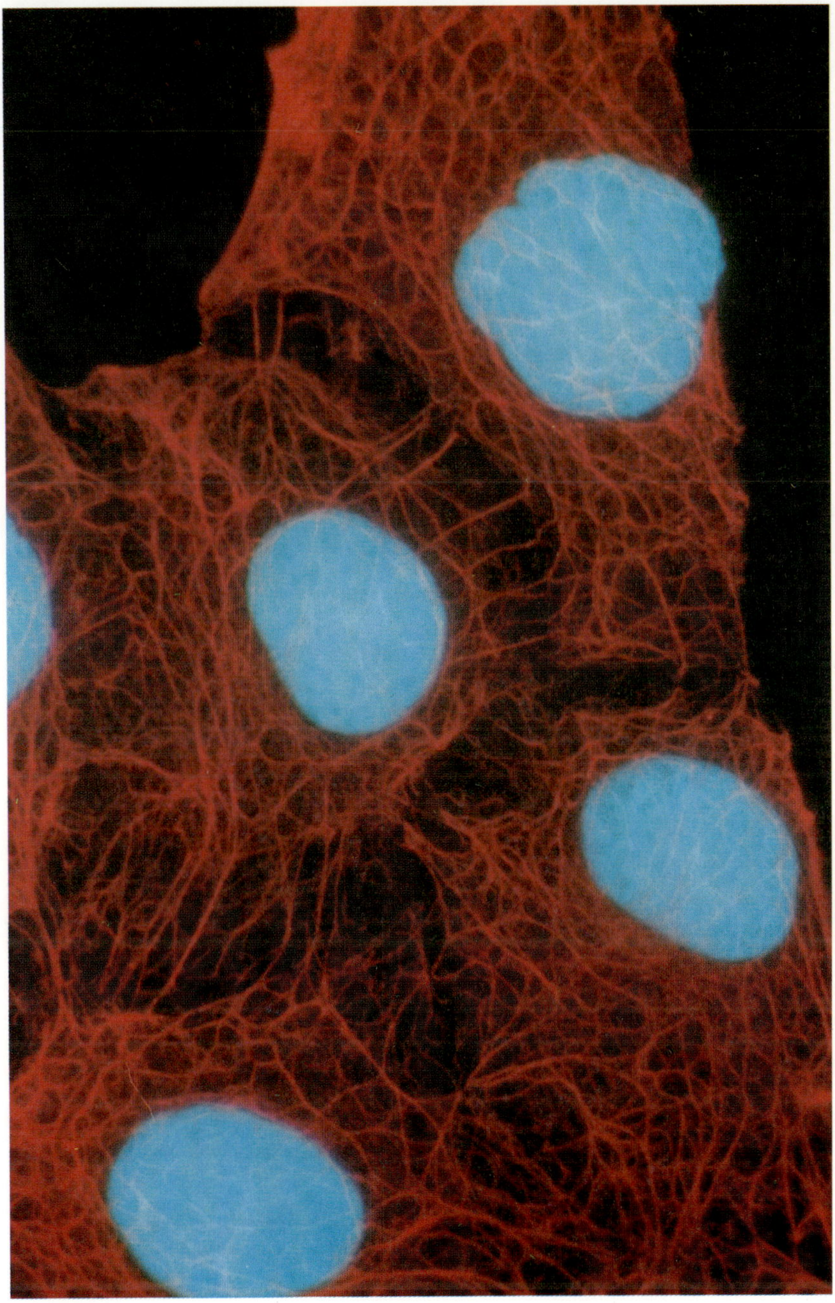

Membran-Plaques — Die Verankerungsstrukturen der Cytoskelett-Filamente
Bei Untersuchungen mit bestimmten lichtmikroskopischen Verfahren (z. B. mit der Phasenkontrast-Darstellung), vor allem aber durch die Elektronenmikroskopie hatten die Morphologen früherer Jahrzehnte bereits erkannt, daß in vielen Zellarten die verschiedenen Cytoskelett-Filament-Bündel in einer für den jeweiligen Zelltyp ganz spezifischen Art und Weise an bestimmten Membranstrukturen verankert sind und daß darüber hinaus solche Verankerungsstellen an der Zelloberfläche einer Zelle mit denen der Nachbarzellen korrespondieren und so spiegelbildsymmetrisch gebaute, gemeinsame Zellverbindungs-Strukturen („intercellular junctions") bilden. Dadurch wird offensichtlich in einem Gewebe die Architektur der einzelnen Zelle mit der aller anderen Zellen zu der für eben dieses Gewebe typischen Überstruktur ausgerichtet. Unter den verschiedenen Zellverbindungs-Strukturen sind hier vor allem die sogenannten Adhaerens-Verbindungen [17—19] von besonderer Bedeutung, die durch die Ausbildung von filzartigen Platten (Plaques) auf beiden cytoplasmatischen Seiten der beteiligten Plasmamembrandomäne ausgezeichnet sind. Hier kann man generell zwei Hauptgruppen von interzellulären Verbindungen unterscheiden: die Des-

Tab. III. Bisher identifizierte plaque-bildende Haupt-Proteine interzellulärer Verbindungsstrukturen.

	Desmosomen (M_r)[1]	Intermediäre Verbindungen[2]
1. **Transmembran-Glykoproteine**	Desmoglein (~165) Desmocollin I und II (~130 und ~115)[3]	Verschiedene Zell-Adhäsions-Moleküle (Cadherine; CAMs), z. B. L-CAM, Uvomorulin, E-cadherin (M_r 80—150)
2. **Cytoplasmatische Plaque-Proteine**	Plakoglobin (83) Desmoplakin I und II[4] (~250 und ~215) Desmocalmin (~240) D1 Antigen (⩾210)	Plakoglobin (83) Vinculin (~130) α-Actinin (~100)
3. **Plaque-assoziierte Filament-Proteine**	Intermediärfilament-Proteine (Cytokeratin, Desmin, Vimentin)	Microfilamente (Actin)

[1] M_r-Werte wie in Tabelle III.
[2] Zonulae adhaerentes, Fasciae adhaerentes, Puncta adhaerentia.
[3] Es gibt Hinweise darauf, daß Desmocollin auch in den Zonulae adhaerentes bestimmter polarer Epithelien vorkommt (M. Schmelz und W. W. Franke, nichtveröffentlichte Befunde.
[4] Während Desmoplakin I ein konstitutives Desmosomenprotein ist, d. h. in den Desmosomen aller bisher untersuchten Zellen gefunden wurde, ist die Verbreitung von Desmoplakin II noch unklar.

mosomen (Maculae adhaerentes), die spezielle Anheftungsstellen für die IF-Bündel darstellen, und die intermediären Verbindungen („intermediate junctions"), an deren Plaques die actin-haltigen Mikrofilamente inserieren und bei denen man je nach Größe und Form zwischen Zonulae adhaerentes (mit einem durchgehenden Ringwulst-Plaque — etwa in Epithelien und Endothelien), Fasciae adhaerentes und den meist sehr kleinen Puncta adhaerentia unterscheiden kann. Seit einigen Jahren sind Verfahren zur Anreicherung und Fraktionierung der verschiedenen Zellverbindungs-Strukturen entwickelt worden, die eine Identifizierung von bestimmten Hauptkomponenten dieser Zellverbindungs-Strukturen ermöglicht haben [19—24]. Dabei kann man generell drei Gruppen von Proteinen nach ihrer molekular-topologischen Anordnung unterscheiden, die zum Aufbau solcher Plaques beitragen (Tab. III): 1. Proteine, die die Membran mindestens einmal durchsetzen (Transmembran-Proteine), meist glykosyliert sind und mit einer — in der Regel der zuckertragenden — Domäne zum Kontakt zwischen den beiden Zelloberflächen beitragen können. Der cytoplasmatische Anteil dieser Transmembran-Proteine ist Bestandteil der Plaque-Struktur. 2. Die eigentlichen cytoplasmatischen Plaque-Proteine kommen in einem dynamischen Gleichgewicht zwischen einer frei im Cytoplasma verteilten

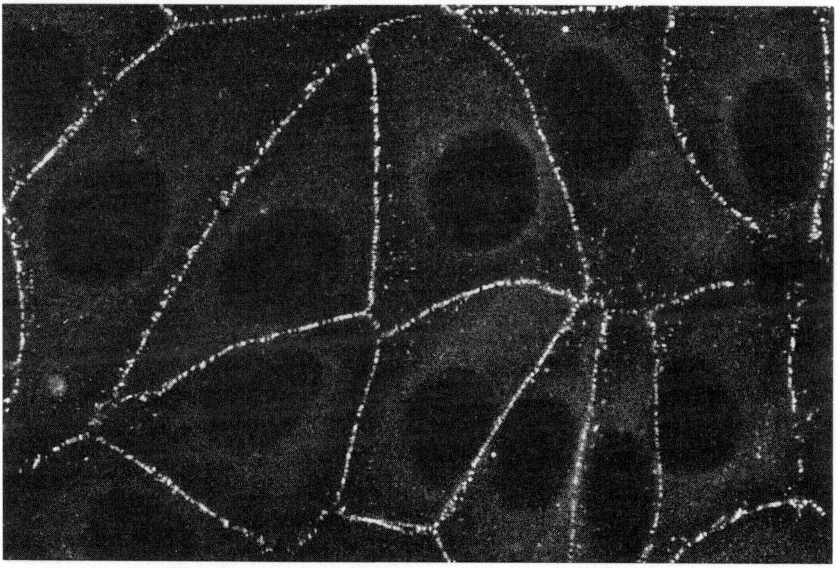

Abb. 5. Immunfluoreszenzmikroskopische Darstellung der Plaque-Strukturen der Desmosomen in einem dicht gewachsenen Zellkultur-Rasen der Rinder-Nierenepithel-Linie MDBK mit Antikörpern gegen ein Desmosomen-Plaque-Protein (D1; vgl. [20, 33]). Man beachte die dichte Lage der einzelnen Desmosomen.

und einer fest in den Plaque eingelagerten Form vor. 3. Schließlich treten auch die jeweiligen Cytoskelett-Filamente in die Plaque-Struktur ein, wobei vielfach ihre Konturen nicht mehr aufgelöst werden können.

In den letzten Jahren sind solche Plaque-bildenden Proteine isoliert, lokalisiert und in einigen Fällen auch bereits in ihrer Aminosäure-Sequenz bestimmt worden. Hierbei hat sich gezeigt, daß ein Protein, das Plakoglobin, in den Plaque-Strukturen beider Zellverbindungs-Typen vorkommt, während die meisten anderen Proteine bzw. Glykoproteine spezifisch entweder für die intermediären Verbindungen oder die Desmosomen sind. Die typische Erscheinung von Desmosomen-Proteinen und auch die Häufigkeit dieser Strukturen an der Zelloberfläche ist mit der Technik der Immunfluoreszenz-Mikroskopie in der Abbildung 5 dargestellt, während die Doppelmarkierungs-Immunfluoreszenz der

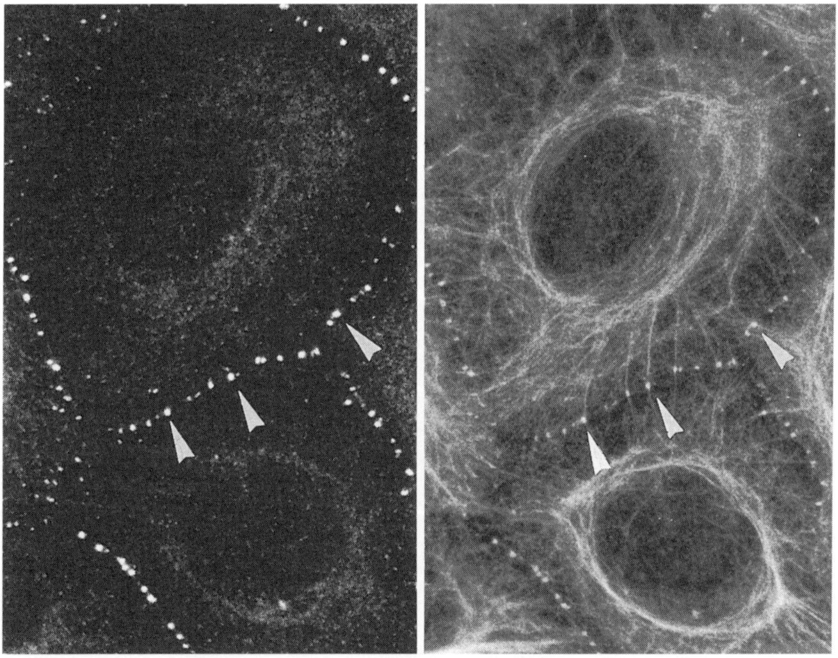

Abb. 6. Doppelmarkierungsdarstellung von Desmosomen und Cytokeratin-Filament-Bündeln in der Immunfluoreszenzmikroskopie einer Epithelzellschicht (MDBK-Zellen wie in Abb. 5) mit Antikörpern gegen ein Desmosomen-Plaque-Protein (links, Fluoreszenz-Kanal 1) und Antikörpern gegen Cytokeratine (rechts, Kanal 2). Man beachte, daß mit dieser Technik die Verankerung einzelner IF-Bündel an bestimmten Desmosomen-Plaques dargestellt werden kann (einige Beispiele sind mit Pfeilen bezeichnet; nähere Angaben in [33]).

Abbildung 6 die spezifische Anheftung einzelner IF- (hier Cytokeratin)-Bündel an bestimmten Desmosomen erkennen läßt. In solcher Weise läßt sich das dreidimensionale Flechtwerk der Filamente und ihrer Verankerungsstrukturen heute in ein- und derselben Zelle durchgängig und vollständig darstellen.

Cytoskelett-Proteine als Merkmale der Zelldifferenzierung in der Entwicklungsbiologie und Medizin

Wie schon erwähnt, kommen die meisten Cytoskelett-Proteine in Multi-Gen-Familien vor, von denen einzelne Mitglieder in bestimmten Mustern synthetisiert werden, die jeweils einen bestimmten Zelltyp bzw. einen bestimmten Differenzierungsweg kennzeichnen. Dabei stimmen bestimmte Expressionsmuster mit klassischen, vorwiegend aufgrund morphologischer Kriterien etablierten Zell- und Gewebe-Einteilungen überein. Andere Kombinationen von Cytoskelett-Proteinen lassen neue, oft feinere Zelltypisierungen zu oder führen zu neuen Fragen der Zelldifferenzierung bei der Embryogenese, speziell der Histogenese, oder bei der Entstehung und Ausbreitung von Tumoren. Hier hat besonders die Vielfalt der IF-Proteine zu einer sehr detaillierten Zellansprache geführt, zumal nicht nur die groben Alternativ-Expressionsmuster (vgl. Abb. 2) vorkommen, sondern auch zum Teil sehr komplexe „Co-Expressionsmuster" verschiedener IF-Proteine in derselben Zelle (vgl. [26—29]). Diese Vielfalt der zelltyp-spezifischen Expression von Filament- und Plaque-Proteinen hat somit zu einer wesentlichen Bereicherung der Zelltypisierungsmethoden in der Histodiagnostik, besonders der Tumordiagnostik geführt und wird bereits weltweit in der diagnostischen Praxis eingesetzt (Übersichten bei [7, 30—32]).

Literatur

[1] Bershadsky, A. D., J. M. Vasiliev: Cytoskeleton. S. 1—298. Plenum Press. New York 1988.
[2] Alberts, B. u. Mitarb.: Molecular Biology of the Cell. 2nd edit. S. 1—1146. Garland Publishing, Inc. 1983.
[3] Benavente, R. u. Mitarb.: J. Cell Sci. **1**, (Suppl.), 161 (1984).
[4] Vandekerckhove, J., K. Weber: Differentiation **14**, 123 (1979).
[5] Franke, W. W. u. Mitarb.: Proc. Natl. Acad. Sci. USA **75**, 5034 (1978).
[6] Lazarides, E.: Ann. Rev. Biochem. **51**, 219 (1982).
[7] Osborn, M., K. Weber: Lab. Invest. **48**, 372 (1983).
[8] Traub, P.: Intermediate Filaments. S. 1—266. Springer-Verlag. Berlin, Heidelberg 1985.
[9] Geisler, N., K. Weber: EMBO J. **1**, 1649 (1982).
[10] Steinert, W. W., D. Roop: Ann. Rev. Biochem. **57**, 593 (1988).
[11] Franke, W. W.: Cell **48**, 3 (1987).
[12] Höger, T. H., G. Krohne, W. W. Franke: Eur. J. Cell Biol. **47**, 283 (1988).
[13] Moll, R. u. Mitarb.: Cell **31**, 11 (1982).
[14] Quinlan, R. A. u. Mitarb.: Intermediate Filaments. Vol. 455. Wang, E., D. Fischman, R. K. H. Liem, T.-T. Sun edts. S. 282—306. New York Academy of Sciences. New York 1985.

[15] Heid, H. W., E. Werner, W. W. Franke: Differentiation **32,** 101 (1986).
[16] Heid, H. W., I. Moll, W. W. Franke: Differentiation **37,** 215 (1988).
[17] Farquhar, M. G., G. E. Palade: J. Cell Biol. **17,** 375 (1963).
[18] Staehelin, L. A.: Int. Rev. Cytol. **39,** 191 (1974).
[19] Cowin, P. u. Mitarb.: Cell **46,** 1063 (1986).
[20] Franke, W. W. u. Mitarb.: Differentiation **20,** 217 (1981).
[21] Gorbsky, G., M. S. Steinberg: J. Cell Biol. **90,** 243 (1981).
[22] Cowin, P., D. R. Garrod: Nature **302,** 148 (1983).
[23] Müller, H., W. W. Franke: J. Mol. Biol. **163,** 647 (1983).
[24] Franke, W. W. u. Mitarb.: Junctional Complexes of Epithelial Cells. Ciba Foundation Symp. 125. S. 26—44. John Wiley & Sons. New York 1987.
[25] Schmelz, M. u. Mitarb.: Eur. J. Cell Biol. **42,** 177 (1986).
[26] Franke, W. W. u. Mitarb.: Exp. Cell Res. **123,** 25 (1979).
[27] Schnitzer, J., W. W. Franke, M. Schachner: J. Cell Biol. **90,** 435 (1981).
[28] Achtstätter, T. u. Mitarb.: Differentiation **31,** 206 (1986).
[29] Franke, W. W., C. Grund, T. Achtstätter: J. Cell Biol. **103,** 1933 (1986).
[30] Franke, W. W. u. Mitarb.: Proc. Natl. Acad. Sci. USA **80,** 543 (1983).
[31] Gown, A. M., A. M. Vogel: Am. J. Clin. Pathol. **84,** 413 (1985).
[32] Moll, R. u. Mitarb.: Lab. Invest. **54,** 4 (1986).
[33] Franke, W. W. u. Mitarb.: Cancer Cells. S. 177. Cold Spring Harbor Laboratory. 1984.

Haupthistokompatibilitätskomplex: Der lange Weg vom Transplantationsantigen zur biologischen Funktion

Günter J. Hämmerling, Heidelberg

Als Winston Churchill wegen einer schweren Infektion im Krankenhaus das Bett hüten mußte, fragte er den Arzt nach der Bedeutung der Zahlen, die auf seinem Krankenblatt notiert waren. Der Arzt antwortete: „Das sind Ihre Lymphozyten, Sir". Winston Churchill wollte darauf wissen, wozu diese Lymphozyten gut seien. Der Arzt erwiderte: „Das wissen wir leider nicht." Darauf Winston Churchill: „Ja, warum zählt Ihr sie denn?" Diese Anekdote illustriert, wie wenig man vor etwa 5 Jahrzehnten über das Immunsystem wußte. Winston Churchill wäre begeistert gewesen, wenn er erfahren hätte, daß die Lymphozyten dasjenige System des Körpers bildeten, welches den Körper gegen fremde Eindringlinge schützte. War er doch gerade dabei, alle Kräfte Englands für die Abwehr der zu befürchtenden Invasion vom Festland zu sammeln.

Das Immunsystem

Heute wissen wir, daß die Lymphozyten aus hochspezialisierten Subpopulationen bestehen, die nicht nur in Antikörper bildende B-Zellen, sondern auch in T-Helferzellen und T-Killerzellen einzuteilen sind. Insgesamt besteht das Immunsystem eines Menschen aus etwa 10^{12} Lymphozyten, die zusammen zwei Kilogramm wiegen. Die Hälfte davon sind die B-Lymphozyten, die insgesamt 10^{20} Antikörpermoleküle produzieren. Der Umsatz an Lymphozyten und Antikörpermolekülen ist beachtlich: In etwa 10 Minuten sterben 10^7 Lymphozyten, und es werden 10^7 neue Lymphozyten und 10^{15} neue Antikörpermoleküle gebildet. Von besonderer Bedeutung ist, daß das Immunsystem eine Vielzahl verschiedener Antikörpermoleküle bilden kann. Die Schätzungen schwanken zwischen 10^8 bis 10^{10}. Mit dieser hohen Anzahl ist gewährleistet, daß für jedes nur erdenkliche Antigen bereits ein Antikörper vorgebildet ist. Da der Mensch nur über etwa 10^6 Gene verfügt, hat die ungeheuere Diverstität der Antikörper Immunologen und Genetiker seit langem fasziniert. Heute weiß man, daß die variablen Regionen der Antikörper, die das Antigen binden, aus verschiedenen kleinen Gensegmenten zusammengesetzt sind (V = variable genes, D = diversity segment, J = joi-

Prof. Dr. Günter J. Hämmerling, Institut für Immunologie und Genetik, Deutsches Krebsforschungszentrum Heidelberg.

ning segment), die während der Differenzierung eines B-Lymphozyten nahezu beliebig rekombiniert werden können. Dabei produziert ein gegebener Lymphozyt stets nur einen bestimmten Antikörper, der als Antigenrezeptor auf der Zelloberfläche verankert ist und nach Aktivierung der Zelle in großen Mengen abgegeben wird. Dieser Antikörper kann ein freies, das heißt extrazelluläres Antigen binden, zum Beispiel Bakterien, Viren, Toxinen usw., die eliminiert werden müssen. Durch Stimulierung mit einem Antigen, z. B. bei einer Impfung, wird ein antigenreaktiver B-Lymphozyt zu einem Klon expandiert, so daß bei einem erneuten Kontakt mit dem Antigen bereits eine Vielzahl von Lymphozyten für eine schnelle Zweitreaktion bereitsteht.

In der Regel können B-Lymphozyten jedoch nicht allein Antikörper bilden. Sie brauchen dazu die Hilfe von den sogenannten T-Helferzellen, die durch den T4-Marker charakterisiert sind. Eine weitere Gruppe von T-Zellen, die durch den T8-Marker charakterisierten T-Killerzellen können z. B. virusinfizierte Zellen lysieren und so die Stätte der viralen Replikation eliminieren. Die Antigenrezeptoren der T-Zellen sind ähnlich wie die Antikörpermoleküle aus verschiedenen Strukturelementen V, D und J aufgebaut (Abb. 1), deren unterschiedliche Kombination eine sehr große Vielzahl von Antigenbindungsstellen ergibt (etwa 10^8—10^{11}). Im Gegensatz zu Antikörpern können die Rezeptoren der T-Zellen weder freies Antigen erkennen noch werden sie nach Aktivierung ins Serum sezerniert. Die T-Zellrezeptoren erkennen nur zellgebundenes Antigen, welches in der Regel aus dem Zellinneren an die Zelloberfläche kommt. Dieses Antigen kann jedoch nicht als solches von den T-Lymphozyten erkannt werden, sondern stets nur in Verbindung mit einem anderen Oberflächenmolekül, nämlich einem Haupthistokompatibilitätsantigen (MHC-Antigen, MHC = Major Histocompatibility Complex). Es

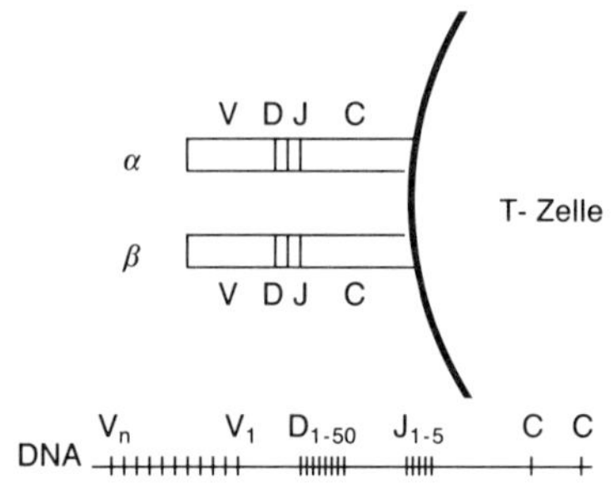

Abb. 1. Der T-Zellrezeptor. Die antigenbindende Region des T-Zellrezeptors besteht aus verschiedenen Segmenten (Variable V, Diversity D und Joining J). Die entsprechenden Gensegmente werden auf der DNA-Ebene während der Reifung der T-Zellen in verschiedenen Permutationen kombiniert und an die konstante Region C angefügt, was zu etwa 10^8—10^{10} verschiedenen Antigenbindungsstellen führen kann.

war ein langer Weg bis zur Erkenntnis, daß die Transplantations- bzw. Histokompatibilitätsantigene bei der Antigenerkennung durch T-Lymphozyten mitwirkten.

Entdeckung der Transplantationsantigene

Beobachtungen um 1915 von Little und Tyzzer [1] zeigten, daß Transplantationstumore der Maus nur in den Stämmen wuchsen, aus denen sie ursprünglich isoliert worden waren. Im Gegensatz dazu wurden sie von genetisch unterschiedlichen Mausstämmen abgestoßen. Die Schlußfolgerung war, daß diese Tumore fremde Antigene trugen, die vom Immunsystem erkannt werden konnten. Es setzte sich bald die Ansicht durch, daß diese Antigene auch auf den normalen Geweben zu finden waren, aus denen die Tumore entstanden waren. 1936 gelang es Peter Gorer, diese Antigene bei der Maus mit Hilfe von Antiseren zu identifizieren [2]. Er nannte sie Histokompatibilitätsantigen Nr. 2., woraus sich später der Begriff H-2 Komplex für den Haupthistokompatibilitätskomplex der Maus entwickelte. Von diesen Antigenen gibt es eine Vielzahl verschiedener Allele, die den Mendelschen Regeln folgende codominant vererbt werden. Beim Menschen wurden die Histokompatibilitätsantigene (HLA) erst in den 60iger Jahren entdeckt und charakterisiert. Dieses war vornehmlich das Werk von J. Dausset, R. Payne, J. van Rood und R. Ceppelini. Man erkannte bald, daß es mehrere solcher HLA-Antigene gab, die sich alle durch einen hohen Grad von Polymorphismus auszeichneten. Es sind die scheinbar geringfügigen allelischen Unterschiede in diesen MHC beziehungsweise HLA-Antigenen, die eine außerordentlich starke Transplantatabstoßung bewirkten.

Wegen der großen klinischen Bedeutung wurde der genetische Polymorphismus und die Struktur der Transplantatoinsantigene vornehmlich von den Transplantationsimmunologen untersucht. Da Transplantationen in der Natur jedoch nicht vorkommen, konnte die Abstoßung von Transplantaten jedoch nicht die wahre biologische Bedeutung der Transplantationsantigene sein. Erst eine Beobachtung aus dem Jahr 1965 von H. O. McDevitt und M. Sela wurde zum Schlüssel für das Verständnis der biologischen Funktion. McDevitt und Sela [3] beobachteten, daß ein bestimmter Mäusestamm mit den $H\text{-}2^b$ Histokompatibilitätsantigenen (C57Bl/6) eine sehr starke Antikörperantwort gegen das vollsynthetische Polypeptidantigen TGAL machen konnte, während durch Immunisierung des Mäusstammes CBA, der die Histokompatibilitätsallele $H\text{-}2^k$ trägt, keine Antikörper erhalten wurden (Tab. I). Für ein anderes synthetisches Antigen, HGAL, verhielt es sich genau umgekehrt: Mäuse des MHC-Haplotyps $H\text{-}2^k$ produzierten Antikörper, aber nicht Mäuse des Haplotyps $H\text{-}2^b$. Wie so oft in der Wissenschaft spielte das Glück hier eine große Rolle. Von allen Mausstämmen sind nur $H\text{-}2^b$ Mäuse gute High Responder für TGAL, und am Londoner Mill Hill Institute, wo McDevitt die ersten Versuche durchführte, gab es damals nur zwei Mausstämme: den High Responder C57Bl/6 und den Low Responder CBA. Es gehört zum großen Verdienst McDevitts, die Bedeutung seiner

Tab. I. MHC Kontrolle der Immunantwort. — Nach Immunisierung mit dem synthetischen Polypeptidantigen TGAL bilden nur Mäuse mit dem H-2^b Haplotyp Antikörper, aber nicht Mäuse mit dem H-2^k Haplotyp. Für ein anderes synthetisches Antigen, HGAL, verhält es sich umgekehrt. (H-2^2 × H-2^k)F_1 Mäuse bilden in beiden Fällen Antikörper und zeigen damit, daß die MHC Kontrolle der Immunantwort dominant ist (nach McDevitt [3]).

Stamm	H-2 Haplotyp	Antigen	Antikörper
C57Bl/6	H-2^b	(T,G)-A-L	+ + +
CBA	H-2^k	(T,G)-A-L	—
(C57 × CBA)F_1	H-$2^{b/k}$	(T,G)-A-L	+ + +
C57Bl/6	H-2^b	(H,G)-A-L	—
CBA	H-2^k	(H,G)-A-L	+ + +
(C57 × CBA)F_1	H-$2^{b/k}$	(H,G)-A-L	+ + +

Experimente sogleich erkannt zu haben. Durch Vererbungsstudien konnte gezeigt werden, daß die Fähigkeit, gegen ein bestimmtes Antigen Antikörper zu bilden oder nicht, direkt an den H-2 Haplotyp des Mausstamms gekoppelt war und zwischen den K und D Loci des H-2 Komplexes kartierte (Abb. 2). Die entsprechenden Gene nannte man ,,immune response genes" (IR Gene). Neben den Antikörpergenen existierte damit ein zweiter Satz von Genen, der die Spezifität und das Ausmaß einer Immunreaktion kontrollierte. Deshalb lag die Vermutung nahe, daß die ,,immune response" Gene die langgesuchten Gene für den T-Zell Rezeptor waren [4]. Da die ,,immune response" Gene im H-2 Komplex kodierten, wurde versucht, in H-2 disparaten Mausstämmen Antikörper gegen Produk-

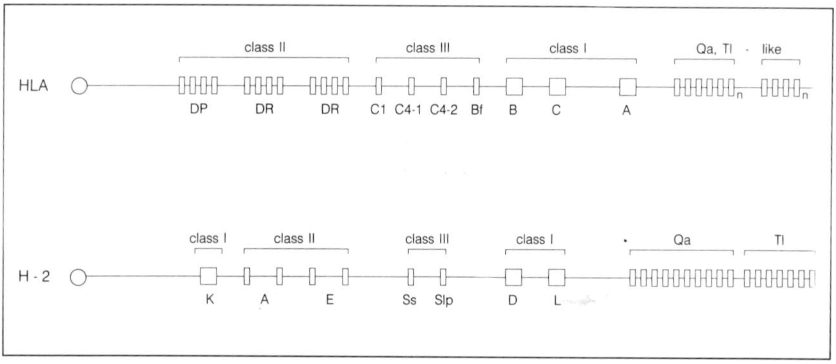

Abb. 2. Der Haupthistokompatibilitätskomplex (MHC). Der menschliche MHC Komplex (HLA) besteht aus den Klasse I Loci A, B und C und den Klasse II Loci DR, DQ und DP. Zusätzlich gibt es noch etwa 20—30 weitere Klasse II ähnliche Loci, Qa und T1. Bei der Maus (H-2 Komplex) und den meisten bisher untersuchten Vertebraten sieht der MHC Komplex ähnlich aus, wobei allerdings die Anzahl und Anordnung der Gene unterschiedlich sein kann.

te der „immune response" Gene herzustellen. Es wurden Antiseren erhalten, die mit einem neuen Antigen reagierten, welches Ia Antigen (immune response associated antigen) genannt wurde (später auch MHC Klasse II). Man hoffte, damit die molekulare Struktur des T-Zell Rezeptors aufklären zu können. Die 1973 durchgeführten Arbeiten [5] zeigten aber, daß die Ia Moleküle nicht wie erwartet auf T-Lymphozyten sondern auf B-Lymphozyten und Makrophagen exprimiert waren. Es dauerte einige Zeit, bis dieser Befund allgemein akzeptiert wurde, da er mit der Hypothese unvereinbar war, daß die Ia Antigene mit dem T-Zell Rezeptor identisch waren. Diese attraktive Hypothese mußte deshalb verworfen werden.

Der MHC Komplex

Es waren zentrale Fragen für die Immunologie der 70iger und 80iger Jahre, wie die MHC Gene und Moleküle aussehen und organisiert sind, und wie denn die MHC Antigene die Spezifität und das Ausmaß einer Immunantwort kontrollieren können. Die aufregenden Befunde von McDevitt (ähnliche wurden gleichzeitig von Benacerraf [6] erhoben) lenkten schlagartig das Interesse von zahlreichen Forschern verschiedener Fachrichtungen auf den MHC Komplex, der also nicht nur biologische Transplantatabstoßung bewirkte, sondern eine wichtige Funktion im Immunsystem zu haben schien. Abbildung 2 gibt den heutigen Wissensstand

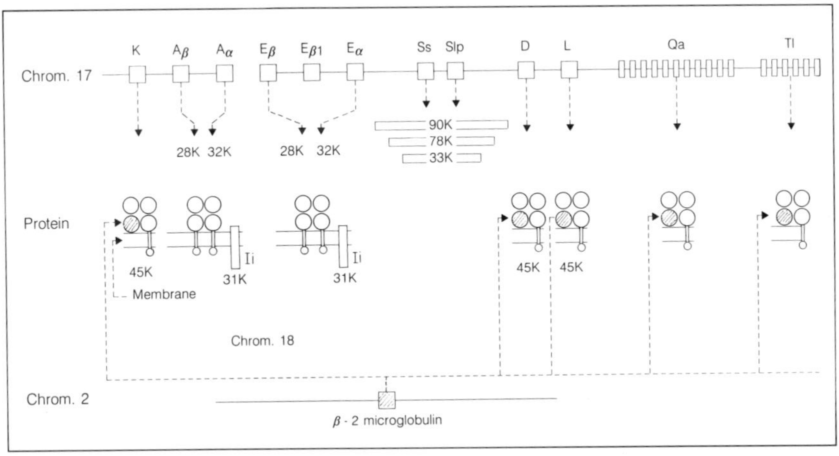

Abb. 3. Die vom MHC Komplex kodierten Proteine. Die von den Klasse I Genen (K, D und L bei der Maus) kodierten Proteine sind membranständige Glycoproteine, die mit $beta_2$ Mikroglobulin assoziiert sind. Die Klasse II Moleküle (A und E bei der Maus) sind ebenfalls membranständige Glycoproteine, die aus alpha und beta Ketten bestehende Dimere bilden. Im Zellinnern sind die Klasse II Moleküle mit der invarianten Kette (Ii) assoziiert. Klasse I und Klasse II Moleküle sind strukturell miteinander verwandt und gehören zur Immunglobulin Superfamilie. Ss und Slp sind Komplementfaktoren, die mit den Klasse I und Klasse II Molekülen nicht verwandt sind.

über die genetische Organisation der Histokompatibilitätsgene wieder, die im Haupthistokompatibilitätskomplex kodieren. Hier unterscheidet man in Klasse I Antigene (HLA-A, B, C bei Menschen bzw. H-2 K, D und L bei der Maus) und die strukturell eng verwandten Klasse II Antigene (HLA-DR, DQ und DP beim Menschen und I-A und I-E bei der Maus). Zusätzlich gibt es noch 10 bis 30 Klasse I ähnliche Gene, Qa beziehungsweise Tl, von denen etwa die Hälfte Pseudogene sind und die kaum Polymorphismus aufweisen. Klasse I und Klasse II Gene gehören zur Immunglobulin Superfamilie, da sie typische Ähnlichkeit mit den Immunglobulinen aufweisen. Im MHC Komplex kodieren auch verschiedene Faktoren für das Komplementsystem (Klasse III), die jedoch nicht mit den Immunglobulinen verwandt sind. Abbildung 3 zeigt schematisch die vom MHC Komplex kodierten Proteine. Die Klasse I Moleküle sind dabei stets mit beta 2 Mikroglobulin assoziiert, während die Klasse II Moleküle Dimere aus dem alpha und beta Ketten bilden.

Zahlreiche Untersuchungen ergaben, daß T-Helferzellen fremdes Antigen nur erkennen können, wenn es von Makrophagen präsentiert wird, und daß das Antigen nicht in freier Form erkannt werden kann, sondern stets nur zusammen mit dem la Molekül des makrophagen. Ähnliche Befunde waren 1974 von Zinkernagel und Doherty [7] für virusspezifische Killerzellen erhoben worden. Killerzellen können nicht freie Virusproteine erkennen, sondern diese stets nur zusammen mit einem MHC Klasse I Molekül der virusinfizierten Zelle. Zahlreiche Wissenschaftler versuchten, den postulierten Komplex aus MHC Molekül und Fremdantigen (z. B. Virusprotein) biochemisch zu identifizieren. Diese Versuche blieben jedoch weitgehend erfolglos. Man bewegte sich weitgehend im Dunkeln, da auch die molekulare Natur der T-Zell Rezeptors noch nicht bekannt war. Erst die letzten Jahre brachten nach und nach Licht in das Dunkel. Die neuen Erkenntnisse ergaben, daß MHC Moleküle wirklich einen Komplex mit dem Antigen bilden können, jedoch nicht mit dem kompletten Antigen, sondern nur mit einem kleinen Fragment, einem Peptid. Unklar blieb, wie dieses Peptid an das MHC Molekül binden konnte, und zwar so, daß dadurch die Erkennung durch den T-Zell Rezeptor beeinflußt war. Hier half die 1988 erfolgte cristallographische Strukturaufklärung eines HLA Moleküls weiter.

Die dreidimensionale Struktur eines HLA Klasse I Moleküls

HLA Moleküle sind membranständige Antigene. Deswegen war es schwierig, diese Moleküle in größeren Mengen und in solcher Reinheit zu isolieren, daß sie sich kristallisieren ließen. Dieses gelang schließlich für das HLA-A2 Antigen [8]. Die aus der Röntgenstrukturanalyse abgeleitete dreidimensionale Struktur ist in Abbildung 4 gezeigt. Von Bedeutung ist hier 4b, die die Aufsicht auf das HLA-A2 Molekül zeigt. Man sieht, daß zwei alpha-Helices auf einer Faltblattstruktur liegen. Diese beiden Helices bilden eine Vertiefung, in die andere Peptide passen und durch intermolekulare Kräfte wie Wasserstoffbrücken, van der Waals Kräfte

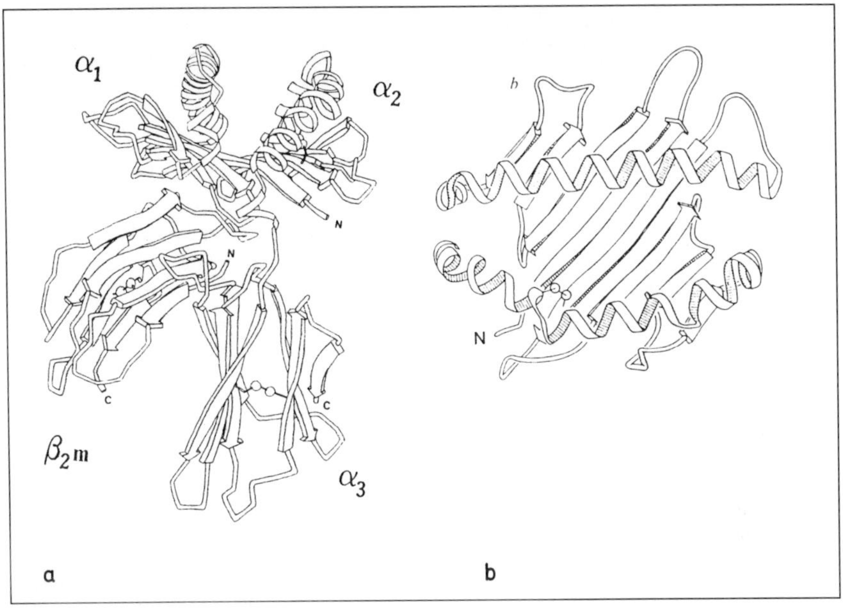

Abb. 4a. Die Struktur des HLA-A2 Klasse I Moleküls. Die 1987 fertiggestellte cristallographische Strukturanalyse des HLA-A2 Klasse I Moleküls hat ergeben, daß der obere Teil des Moleküls aus einer Faltblattstruktur besteht, auf der zwei alpha Helices liegen. — **b.** Die von der alpha Helices gebildete Vertiefung ist so groß, daß Antigenfragmente, das heißt Peptide, hineinpassen. Dieser Komplex von MHC Molekül und Peptid kann von dem T-Zellrezeptor erkannt werden. (Nach Bjorkmann [9]).

etc. festgehalten werden können. Diese Peptide können Bruchstücke eines Fremdantigens sein.

Wann und in welchem Kompartment der Zelle die Peptide an das MHC Molekül binden ist nicht bekannt, jedoch stellt man sich den Prozeß bei MHC Klasse I und Klasse II wie folgt vor (Abb. 5) (Übersichtartikel siehe [9]): Körpereigene Zellen werden zum Beispiel von einem Virus infiziert. Das Virus zwingt der Zelle sein genetisches Programm auf, d. h. es werden virale Proteine im Zellinnern produziert, die für die Vermehrung der Viren benötigt werden. Ein Teil dieser viralen Proteine wird von der Zelle abgebaut und in Bruchstücke, nämlich Peptide, zerlegt. Da jede Zelle über einen Mechanismus verfügt, mit dem die ständig neu synthetisierten Proteine wieder abgebaut werden sofern sie nicht ausgeschieden werden, erscheint es logisch, daß auch die viralen Proteine abgebaut werden. Unter den verschiedenen viralen Peptiden können nun solche dabei sein, die in die Antigenbindungsstelle eines MHC Klasse I Moleküls hineinpassen. Die meisten viralen Peptide werden jedoch nicht passen, da ihnen die strukturellen Voraussetzungen fehlen. Das MHC Klasse I Molekül, an welches das

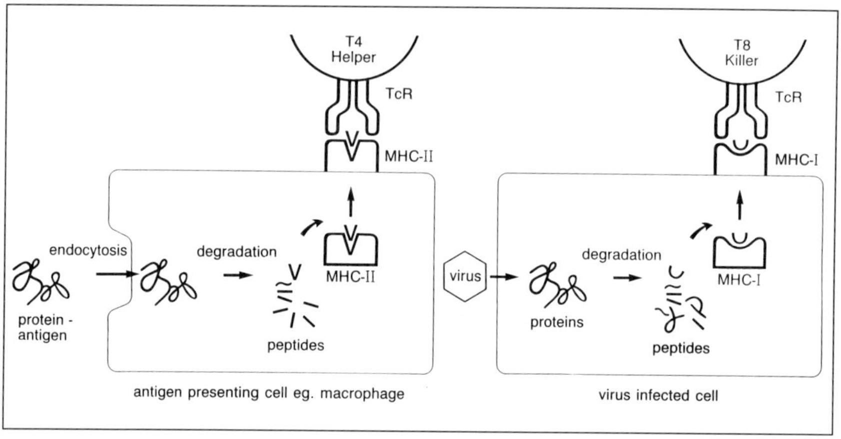

Abb. 5. Der T-Zellrezeptor erkennt MHC plus Peptid. Bei der Antigenerkennung durch T-8 Killerzellen wird angenommen, daß intrazellulär fremde Proteine abgebaut werden. Diese Proteine können von einer Infektion durch ein Virus stammen. Bei dem Abbau der viralen Proteine entstehen Peptide, die bei geeigneter Aminosäuresequenz in die Peptidbindungsstelle der MHC Klasse I Moleküle passen können. Diese Komplex werden aus MHC Klasse I plus dem viralen Peptid zur Zelloberfläche transportiert und dort von dem Rezeptor de T-8 Killerzelle erkannt. Im Fall der T-4 Helferzelle nehmen antigenpräsentierende Zellen, zum Beispiel Makrophagen, das Fremdantigen durch Endocytose auf. Durch Abbau entstehende Peptide können unter Umständen an das MHC Klasse II Molekül binden, welches dann auf der Zelloberfläche vom Rezeptor der T-4 Helferzelle erkannt wird.

virale Peptid gebunden ist, wandert an die Zelloberfläche und wird dort in die Plasmamembran integriert. Der Komplex von MHC Klasse I und Peptid sind nun auf der Außenseite der Zelle zugänglich und können dort von dem T-Zellrezeptor einer Killerzelle erkannt werden. Diese Killerzelle wird aktiviert und zerstört die virusinfizierte Zelle, und zwar im Idealfall in der ekliptischen Phase der Virusinfektion, in der es noch nicht zu Bildung von intakten Viruspartikeln gekommen ist.

Die Aktivierung von T-4 Helferzellen scheint ähnlich zu verlaufen, nur daß im ersten Schritt das Fremdantigen von Fresszellen (Makrophagen) oder anderen Antigen präsentierenden Zellen durch endocytotische Vorgänge aufgenommen wird. Im Zellinnern wird das Fremdantigen abgebaut. Unter den resultierenden Peptiden können solche dabei sein, die an ein MHC Klasse II Molekül binden. Dieser Komplex wird an die Oberfläche transportiert und kann dort vom T-Zellrezeptor der T-4 Helferzellen erkannt werden (Abb. 5). Man kann davon ausgehen, daß dieses Modell im Großen und Ganzen zutrifft, obwohl etliche Detailfragen noch gelöst werden müssen. Zum Beispiel ist völlig unklar, warum bei der Fülle der zelleigenen Peptide diese nicht dauernd die MHC Moleküle besetzen, warum die aus Fremdantigen bestehenden Peptide dennoch eine Chance haben, und wieviele MHC Moleküle denn überhaupt ein bestimmtes fremdes Peptid binden müssen, damit eine Immunantwort eingeleitet werden kann.

Auf der anderen Seite erklärt das Peptidmodell zahlreiche grundsätzliche Fragen, wie zum Beispiel die Kontrolle der Immunantwort durch MHC Moleküle, Beteiligung von MHC Antigenen bei der Abstoßung von Tumoren und bei der Autoimmunität, und die Frage nach dem ungewöhnlich hohen Polymorphismus der MHC Moleküle. Einige dieser Fragen werden im folgenden kurz diskutiert.

MHC Kontrolle der Immunantwort

Der in Tabelle I geschilderte experimentelle Befund der MHC Kontrolle der Immunantwort wird im Licht des Peptidmodells verständlich. Das synthetische Polypeptidantigen TGAL wird in Peptide zerlegt, die zwar an die Histokompatibilitätsantigene H-2^b binden können, nicht jedoch an Histokompatibilitätsantigene H-2^k. Deshalb können Mäuse mit den H-2^b Antigenen eine starke Immunantwort gegen TGAL machen, aber nicht Mäuse mit den H-2^k Antigenen. Für das andere in Tabelle 1 erwähnte Antigen, HGAL, ist es genau umgekehrt.

Beteiligung von MHC Molekülen bei der Tumorabstoßung

Zahlreiche Tumoren bei Mensch und Maus zeigen einen Defekt in der Expression ihrer MHC Klasse I Antigene. Es können ein, mehrere oder alle MHC Loci abgeschaltet sein. Zwischen 1—20 % aller Tumoren sind von diesem Defekt betroffen. Wir haben uns die Frage gestellt, ob der Verlust der MHC Klasse I Moleküle für das Tumorwachstum im Wirt von Bedeutung ist. Zur Beantwortung der Frage wurde ein Maustumor gewählt, der zwar noch die Klasse I Moleküle der H-2D Region exprimierte, jedoch nicht mehr Klasse I Moleküle der H-2K Region [10]. Durch Transfektion mit einem klonierten H-2K Gen konnten modifizierte Tumorzellen erhalten werden, die wieder das vorher fehlende H-2K Molekül auf der Zelloberfläche exprimierten. Dieses ist möglich, da sich das von außen eingeführte klonierte H-2K Gen an beliebigen Stellen in das Genom der Tumorzelle einlagern kann, wo es auch aktiv sein kann und nicht von den negativen Kontrollmechanismen betroffen ist, die das zelleigene H-2K Gen zum Schweigen gebracht haben. Die transfizierten H-2K Gene werden auf die Tochterzellen vererbt, so daß in der resultierenden Tumorlinie der ursprüngliche Defekt durch „Gentherapie" behoben ist. Nun kann das Wachstum des H-2K negativen Elterntumors mit dem H-2K intakten Tumor in demjenigen Mausstamm verglichen werden, aus dem der Tumor ursprünglich isoliert worden war. Es ist aus Abbildung 6 ersichtlich, daß zwar der H-2K negative Turmor gut im Wirtstier wachsen kann, jedoch nicht der H-2K positive Tumor. In anderen Tumorsystemen wurden analoge Beobachtungen gemacht. In einigen Fällen wuchs zwar noch der gentherapierte Tumor als ein Primärtumor, jedoch konnte er keine Metastasen mehr bilden. In allen Fällen konnte gezeigt werden, daß eine Immunantwort und damit eine Abstoßung des Tumors beziehungsweise der Metastasen nur gegen den

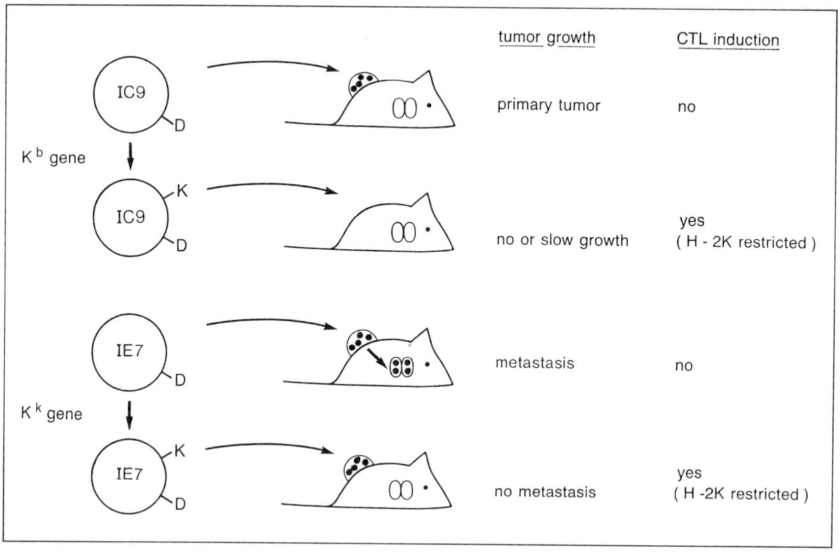

Abb. 6. Viele Tumoren haben eine defekte Expression ihrer MHC Klasse I Moleküle. Um die biologische Relevanz zu untersuchen, wurde in H-2K defekter Tumor der Maus (das Fibrosarkom IC9) mit einem aus normalen Zellen klonierten H-2K gentransfiziert. Während der parentale Elterntumor IC9 in syngenen Mäusen wächst, wird die H-2K positive Transfektande abgestoßen. Beim Beispiel des metastasierenden Tumors IE7 ist zu sehen, daß der H-2K transfizierte IE7-Tumor nicht mehr metastasieren kann. Gegen die H-2K transfizierten Tumoren kann die syngene Maus spezifische Killerzellen (CTL) bilden, die das Primärwachstum beziehungsweise die Metastasierung des Tumors verhindern (nach Wallich [10]).

H-2 positiven Tumor eingeleitet werden konnte, jedoch nicht gegen den H-2 negativen [10]. Diese Befunde illustrieren die Bedeutung von MHC Klasse I Molekülen für die Tumorabstoßung im Tiermodell.

Beim Menschen können entsprechende Experimente natürlich nicht durchgeführt werden. Statistische Untersuchungen von verschiedenen Laboratorien ergaben jedoch, daß bei gewissen Tumorarten, wie zum Beispiel colorektalen Carzinomen, Tumoren der Haut, B-Lymphomen etc. Tumoren mit Verlust von HLA Klasse I Antigenen wesentlich häufiger in der mehr malignen Gruppe anzutreffen waren, als Tumoren mit normaler Expression von HLA Antigenen [11]. Man kann sich vorstellen, daß Tumoren mit dem kompletten Satz von HLA Antigenen vom Immunsystem erkannt werden können (sofern sie ein fremdes Antigen, ein Tumorantigen aufweisen, siehe unten). Diese Tumorzellen können vom Immunsystem eliminiert werden. Diejenigen Zellen, die jedoch die Expression der wichtigen HLA Moleküle abschalten, können vom Immunsystem nicht mehr erkannt werden und haben damit einen Überlebensvorteil. Es ist zur Zeit noch unklar, ob diese Befunde Überlegungen für die klinische Diagnose beziehungsweise Therapie von Tumoren ausgenutzt werden können.

An diesem Punkt muß die Frage nach der molekularen Natur von Tumorantigenen gestellt werden, die bisher für die meisten Tumoren völlig unklar ist. Fast alle Versuche, spezifische Antikörper gegen ein Tumorantigen zu induzieren, schlugen fehl, während jedoch in vielen Systemen relativ leicht eine zytotoxische T-Zellantwort (Killerzellen) erhalten werden konnte. Dieser verwirrende Befund wird durch das Peptidmodell der Antigenerkennung verständlich. Wie oben erläutert, können Killerzellen geringe Mengen von fremden Antigenen zusammen mit dem zelleigenen MHC Molekül erkennen. Dieser MHC-Peptidkomplex kann jedoch nicht von Antikörpern erkannt werden, wahrscheinlich weil seine Menge nicht ausreicht oder weil die entscheidenden fremden Strukturen des Peptids in der Vertiefung des MHC Moleküls verborgen sind. Aus heutiger Sicht muß man die frühere Vorstellung revidieren, daß ein Tumorantigen notwendigerweise ein membranständiges Antigen ist. Es kann ebenso gut ein Antigen aus dem Zellinneren sein. Dieses erklärt die unzähligen fehlgeschlagenen Versuche, Antikörper gegen Tumorantigene herzustellen, mit dem schon 1900 von Paul Ehrlich postulierten Ziel damit nun eine Waffe zu haben, mit der sich Tumoren aufspüren und vernichten ließen.

Unklar bleibt, wie die Tumorantigene entstehen. Da Tumorzellen aus normalen Zellen entstehen, gibt es a priori keinen Grund, warum Tumore, die nicht viralen Ursprungs sind, fremde Proteine exprimieren sollen. Kürzlich konnte jedoch T. Boon [12] zeigen, daß ein von Killerzellen erkennbares Tumorantigen nichts anderes war, als ein zelleigenes Protein, bei dem durch eine Mutation eine einzige Aminosäure ausgetauscht war. Dieses führte zur Bildung eines neuen Peptids, welches vom Immunsystem erkannt werden konnte und so zur Tumorabstoßung führte (siehe Abb. 7).

Es ist vorstellbar, daß bei dem Prozeß der Transformation einer normalen Zelle in eine Tumorzelle, bei dem häufig Mutagene beteiligt sind, etliche Mutationen in der Zelle entstehen. Diese Mutationen müssen nicht alle etwas mit dem Transformationsprozeß zu tun haben, sondern können auch in einem Tumorantigen resultieren. Alternativ beziehungsweise zusätzlich ist vorstellbar, daß in den meisten normalen Zellen irgendein Gen mutiert ist. Diese Mutation ist jedoch vom Immunsystem nicht erkennbar, da sie nur in einer von vielen Zellen aufgetreten ist. Sie fällt auch nicht weiter ins Gewicht, da diese Zelle vielleicht nur eine begrenzte Lebensdauer hat. Wird diese Zelle jedoch in eine Tumorzelle umgewandelt, ist die präexistierende Mutation verewigt, vermehrt sich mit der Tumorzelle und kann schließlich vom Immunsystem erkannt werden.

Mit den neuen Erkenntnissen über das Zusammenspiel von MHC Molekülen, Antigenfragmenten und T-Zellrezeptoren wird die Tumorimmunologie auf eine solide und molekulare Basis gestellt. Es ist zu hoffen, daß sie in der Zukunft neue Wege für eine erfolgreiche Tumortherapie zeigen wird.

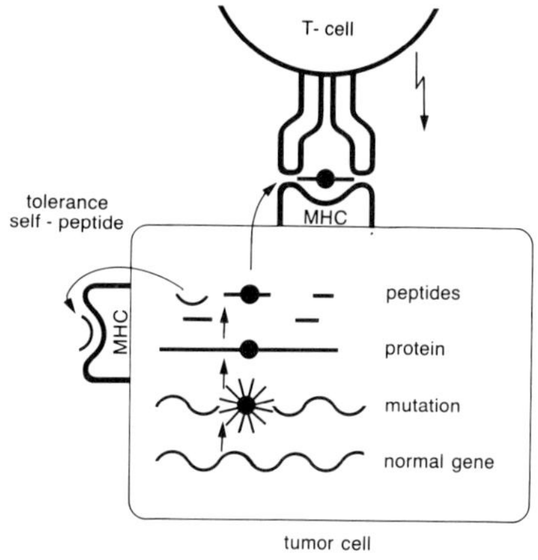

Abb. 7. Die molekulare Natur eines tumorspezifischen Antigens. Ein normales Gen mutiert, wodurch sich die Aminosäuresequenz des resultierenden Proteins ändert. Dadurch entsteht ein neues Peptid, das zusammen mit dem MHC Molekül der Tumorzelle und T-Zellen erkannt werden kann. Die Mutation kann in der Tumorzelle stattfinden oder in der normalen Zelle, aus der die Tumorzelle entstanden ist. (Nach T. Boon [12].)

MHC und Autoimmunität

Während die Expression vom MHC Antigenen eine wichtige Voraussetzung für eine erfolgreiche Abwehr von Tumoren durch das Immunsystem ist, scheint sich eine MHC Expression bei etlichen Autoimmunerkrankungen eher negativ auszuwirken. Es ist beobachtet worden, daß bei etlichen Autoimmunerkrankungen, wie zum Beispiel der Thyroiditis, der multiplen Sklerose, dem juvenilen Diabetes usw., die betroffenen Gewebe MHC Klasse II Moleküle exprimieren, obwohl sie vorher negativ waren. Diese Beobachtung und das oben diskutierte Peptidmodell der Antigenerkennung haben zu einer Hypothese geführt, nach der die aberrante Expression von MHC Klasse II Molekülen eine Autoimmunerkrankung bewirkt beziehungsweise verstärkt. Viele Gewebe im Körper exprimieren nicht die MHC Klasse II Moleküle. In der Regel können deshalb die gewebsspezifischen Proteine beziehungsweise Peptide dieser Zellen nicht vom Immunsystem erkannt werden. Das Immunsystem wird gegen diese gewebsspezifischen Proteine deshalb auch nicht tolerant. Wird nun durch äußere Umstände die Expression von MHC Klasse II Molekülen in diesen Geweben exprimiert, zum Beispiel durch Infektion, Interferone usw., kann es geschehen, daß nun gewebsspezifische Peptide zusammen mit dem MHC Klasse II Molekül an der Zelloberfäche auftauchen, wo sie nun vom Immunsystem als fremd erkannt werden. (Abb. 8). Dieses kann zu einer Autoaggression führen. Zukünftige Untersuchungen wer-

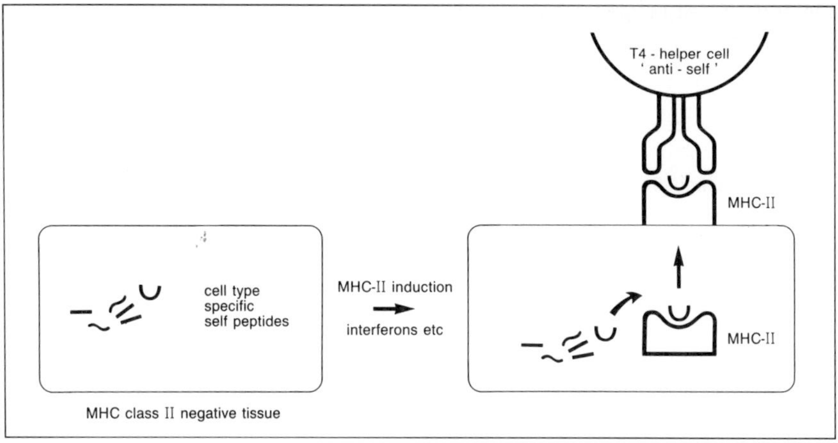

Abb. 8. Hypothetische Rolle von MHC Klasse II Molekülen bei Autoimmunerkrankungen. Durch äußere Einwirkungen können in manchen Geweben MHC Klasse II Moleküle induziert werden. Diese können gewebsspezifische Peptide binden und zur Oberfläche transportieren, wo sie vom Immunsystem wie ein fremdes Antigen erkannt werden.

den zeigen müssen, wieweit dieses Modell zutrifft, und ob sich hieraus therapeutische Ansätze ableiten lassen. Dieses Modell erklärt jedoch auch, warum einige Autoimmunerkrankungen an den HLA Komplex gekoppelt sind, das heißt häufiger bei Individuen mit bestimmten MHC Allelen auftreten als bei anderen MHC Allelen. Ebenso wie bei der oben erwähnten MHC Kontrolle der Immunantwort können gewebsspezifische Peptide unter Umständen besser an bestimmte MHC Allele binden als an andere, wodurch die Autoimmunprozesse beeinflußt werden.

Die Bedeutung des MHC Polymorphismus

Der MHC Komplex ist das genetische System mit dem höchsten Grad von Polymorphismus, das heißt der größten Zahl verschiedener Allele (siehe Tab. II). Aus der fundamentalen Rolle, die die MHC Moleküle für die Kontrolle der Immunantwort spielen, lassen sich evolutionäre Argumente für die Notwendigkeit eines ausgeprägten Polymorphismus ableiten. Nehmen wir an, es gäbe nur ein einziges HLA Antigen ohne Polymorphismus. Bei einer Infektion mit bestimmten Viren wäre es sehr wahrscheinlich, daß keines der viralen Peptide von diesem MHC Molekül gebunden werden kann. Das heißt, es könnte keine T-Zellimmunität induziert werden und unter Umständen könnte diese Infektion die gesamte Spezies Mensch eliminieren. Bei einem Polymorphismus der MHC Moleküle ist jedoch die Chance relativ groß, daß es Individuen mit MHC Allelen gibt, die die viralen Peptide binden können. Diese Individuen können die Infektionswelle überleben. Nach dieser Hypothese wird auch augenscheinlich, daß das Vorhan-

Tab. II. MHC Polymorphismus in verschiedenen Spezies (nach Klein [13]).

	MHC Klasse I	(Anzahl der Allele)	MHC Klasse II
Mensch	69		43
Maus	157		146
Ratte	18		22
Syrischer Hamster	1		7
Hund		sehr polymorph	
Haushuhn		sehr polymorph	
Hauskatze		kaum polymorph	
Gepard		kaum polymorph	

densein mehrerer MHC Loci in einem Individuum, das in der Regel meistens zusätzlich noch heterozygot ist, ebenfalls zur Überlebenschance dieses Individuums beiträgt. Diese teleologischen Argumente ergeben zwar Sinn, sind jedoch experimentell kaum beweisbar. Es gibt einige Spezies, wie den syrischen Hamster oder den Gepard, die kaum MHC Polymorphismus aufweisen und deshalb gegen die oben genannte Argumentation zu sprechen scheinen (Tab. II). Es ist jedoch anzunehmen, daß es sich hier um Beispiele einer ,,Flaschenhals" Evolution handelt, die besagt, daß diese Spezies einmal weitgehend ausgerottet waren, und daß die nachfolgende Entwicklung von wenigen Urahnen so kurze Zeit zurückliegt, daß keine Zeit für die Entstehung eines neuen Polymorphismus bestand.

Da hier geschilderten Befunde verdeutlichen, daß den MHC Klasse I und Klasse II Molekülen eine fundamentale Bedeutung bei der Erkennung von Fremdantigenen durch T-Zellen zukommt, die sich in der kurzen Formel zusammenfassen läßt: ohne MHC Moleküle gibt es keine Erkennung von Antigenen durch T-Zellen. Da die MHC Moleküle membranständige Glycoproteine sind, wird durch diesen Mechanismus die T-zellvermittelte Immunantwort gegen Zelloberflächen gelenkt, während Antikörper vornehmlich freies, das heißt extrazelluläres Antigen erkennen. Diese Arbeitsteilung erscheint als sehr sinnvoll, denn T8-Killerzellen sollen vornehmlich durch virale Infektion bzw. neoplastische Transformation veränderte Zellen vernichten, und T4-Helferzellen sollen vornehmlich durch Kontakt zu MHC plus Peptid aktiviert werden. Die MHC Moleküle bewirken dabei eine grobe Vorselektion der dem Immunsystem zu präsentierenden fremden Peptide, denn ein gegebenes MHC Molekül kann zwar viele jedoch nicht alle Peptide binden. Die Feinspezifität der immunologischen Reaktion ist dann durch den T-Zellrezeptor gewährleistet. Die relativ unspezifische Rezeptorfunktion der MHC Moleküle für Peptide wirft die interessante Frage zur Evolution auf, ob in primitiven Lebewesen, die noch nicht über ein Immunsystem verfügten, die MHC Moleküle ebenfalls Rezeptorfunktion besaßen, und ob auch heute noch in den höheren Vertebraten die MHC Moleküle neben der immunologischen Funktion noch andere wichtige Rezeptorfunktionen haben.

Literatur

[1] Little, C. C., E. E. Tyzzer, J. Med. Res. **33,** 393 (1916).
[2] Gorer, P. A., Brit. J. Exp. Pathol. **17,** 42 (1936).
[3] McDevitt, H. O., M. Sela, J. Exp. Med. **122,** 517 (1965).
[4] McDevitt, H. O., A. Chinitz, Science **163,** 1207 (1969).
[5] Hämmerling, G. J., B. D. Deak, G. Mauve, U. Hämmerling, H. O. McDevitt, in Immunogenetics 1, **68,** (1974).
[6] Levine, B. B., A. Ojeda, B. Berracerraf, J. Exp. Med. **118,** 953 (1963).
[7] Zinkernagel, R. M., P. C. Doherty, in Nature **248,** 701 (1974).
[8] Björkmann, P. J., M. A. Saper, B. Samraoui, W. S. Bennett, J. L. Strominger, D. C. Wiley, Nature **329,** 506 (1987).
[9] Marrack, P., J. Kappler, Immunology Today **9,** 308 (1988).
[10] Wallich, R., N. Bulbuc, G. J. Hämmerling, S. Katzav, S. Segal, M. Feldman, Nature **315,** 301 (1985).
[11] Hämmerling, G. J., D. Klar, W. Pülm, F. Momburg, G. Moldenhauer, Biochim. and Biophys. Acta **907,** 245 (1987).
[12] Plaen, De E., C. Lurquin, A. Van Pel, B. Mariamé, J.-P. Szikora, T. Wölfel, C. Sibilie, P. Chomez, T. Boon. Proc. Natl. Acad. Sci. USA. **85,** 2274 (1988).
[13] Klein: Natural History of the Major Histocompatibility Complex. S. 633 Wiley. New York (1986).

Regulationen und Folgen persistierender Virusinfektionen des Zentralnervensystems

Volker ter Meulen, Würzburg

Viren sind ubiquitäre Krankheitserreger, die für viele akute, subakute oder chronische Krankheitsprozesse des Menschen verantwortlich sind und sich von anderen Krankheitskeimen, wie Bakterien, Pilzen und Parasiten dadurch unterscheiden, daß sie sich nur in lebenden Zellen vermehren können. Als genetisches Material enthalten sie entweder Ribonukleinsäure oder Desoxyribonukleinsäure und besitzen keine Enzymsysteme zur Energiegewinnung sowie keinen proteinsynthetisierenden Apparat. Außerdem vermehren sich Viren nicht durch Wachstum und anschließende Teilung.

Die Entwicklung einer viralen Erkrankung wird nun ganz entscheidend von der Virus-Zell-Interaktion bestimmt, die das infektiöse Agens im infizierten Organismus etabliert. Kommt es zu einer sogenannten lytischen Infektion, bei der das Virus die infizierte Zelle rasch zerstört, so entwickelt sich hieraus bei schneller Infektionsausbreitung eine akute Virusinfektion. Sie ist durch eine kurze Inkubationszeit von einigen Tagen bis Wochen, einem akuten Krankheitsprozeß mit Entzündungserscheinungen und einer antiviralen Immunreaktion charakterisiert. Diese Immunreaktionen sind zur Überwindung dieses Krankheitsprozesses von entscheidender Bedeutung. So neutralisieren virale Antikörper extrazelluläres Virus, während zelluläre Immunreaktionen die Aufgabe haben, infizierte Organzellen zu zerstören, um so dem eingedrungenen Virus die Basis seiner Replikation zu entziehen. Diese Abwehrmechanismen sind normalerweise erfolgreich und hinterlassen eine bleibende, lebenslange Immunität.

Außer diesen akuten Infektionen gibt es aber auch chronische, latente oder langsame (slow) Virusinfektionen, die mit unterschiedlichsten Krankheitsbildern assoziiert sind. Hier liegen offensichtlich ganz besondere Virus-Zell- und Virus-Wirts-Beziehungen vor, die es dem Virus ermöglichen, sich den Abwehrmechanismen des Organismus zu entziehen. Auch wenn es hierbei häufig zu einer Art Symbiose zwischen Virus und Wirtszelle kommt, die nicht unmittelbar zum Zelluntergang führt, entstehen doch über längere Zeiträume zelluläre Dysfunktionen, die die Basis chronischer oder permanenter Krankheitsprozesse darstellen.

Prof. Dr. Volker ter Meulen, Institut für Virologie und Immunbiologie der Universität Würzburg.

Im folgenden möchte ich am Beispiel einiger langsamer Virusinfektionen die Virus-Wirts-Interaktionen charakterisieren, die für diese Krankheitsprozesse verantwortlich sind.

Einteilung der durch Slow-Virus-Infektionen hervorgerufenen Erkrankungen

Als Sonderform einer Viruspersistenz sind die sogenannten Slow-Virus-Infektionen anzusehen, da sie im engeren Sinne bislang nur im Zusammenhang mit zentralnervösen Erkrankungen gefunden werden. Die Definition dieser Infektionsform entwickelte sich aufgrund tierexperimenteller Untersuchungen. So konnte beobachtet werden, daß Scrapie, Visna und Maedi übertragbare chronische zentralnervöse Infektionskrankheiten bei Schafen darstellen, die auf der Basis einer Viruspersistenz nach monate- bis jahrelangen Inkubationszeiten entstehen. Diese Krankheitsprozesse entwickeln sich langsam und progredient und verlaufen immer tödlich [1]. Eingehende experimentelle Untersuchungen zeigten, daß diese Krankheitsformen auch beim Menschen auftreten und durch sogenannte konventionelle oder unkonventionelle Viren hervorgerufen werden (Tab. I). Während sich die konventionellen Erreger der Slow-Virus-Infektionen biologisch und biochemisch von „normalen" Viren nicht unterscheiden lassen, weisen die unkonventionellen Erreger atypische, physikalische und chemische Eigenschaften auf (Tab. II). Dieses auffällige Verhalten ist zur Zeit noch unerklärt, da keine ausreichenden virologischen und biochemischen Daten über diese Viren vorliegen und spezifische Immunreaktionen gegen diese Erreger nicht gefunden wurden.

Tab. I. Slow-Virus-Infektionen des ZNS.

Subakute Enzephalomyelitiden	Subakute spongioforme Enzephalomyelitiden
im Tierreich	
Visna Staupeenzephalomyelitis	Scrapie übertragbare Nerzenzephalopathie
beim Menschen	
Subakute sklerosierende Panenzephalitis (SSPE) Progressive Rötelnpanenzephalitis (PRP) Progressive multifokale Leukoenzephalopathie (PML) AIDS-Enzephalopathie	Kuru Morbus Creutzfeld-Jakob Gerstmann-Sträussler-Syndrom
Erreger	
Konventionelle Viren	Unkonventionelle Viren

Tab. II. Charakteristika der unkonventionellen und konventionellen Virustypen bei Slow-Virusinfektionen des zentralen Nervensystems.

Unkonventionelle Virustypen	Konventionelle Virustypen
Fehlender Nachweis von intra- und extrazellulären Virionen. Infektiosität scheint membrangebunden zu sein.	Nachweis von Standard-Virusstrukturen intra- und extrazellulär
Kein Hinweis auf das Vorliegen von Nukleinsäuregenomen	Nukleinsäuregenome, Virusmultiplikation wird gehemmt durch Nukleinsäureinhibitoren
Bislang kein Nachweis von Antigenen oder einer Immunantwort des Wirtes	Unauffällige antigene Eigenschaften
Ungewöhnliche Resistenz gegenüber Temperatur, UV-, Röntgenstrahlen und chemischen Einflüssen	Physikalische Stabilität in Abhängigkeit der entsprechenden Virusgruppe
Induzierung einer Erkrankung, die nur auf das ZNS beschränkt ist	Pathologische Veränderungen, auch außerhalb des ZNS

Subakute, spongioforme Enzephalopathien

Diese zentralnervösen, chronischen Krankheitsprozesse sind rein degenerativer Natur und treten ohne Entzündungserscheinungen auf. Weder klinisch, neuropathologisch, immunologisch oder virologisch entsprechen diese Infektionen herkömmlichen Vorstellungen einer durch Viren induzierten Erkrankung. In unseren Breiten ist vor allem die Creutzfeld-Jakob'sche Erkrankung von klinischer Bedeutung.

Morbus Creutzfeld-Jakob

Diese Slow-Virus-Infektion ist eine seltene, degenerative ZNS-Erkrankung, die weltweit auftritt [2]. Das typische klinische Bild ist durch eine progressive, präsenile Demenz, Zeichen motorischer und sensorischer Störungen, sowie auffällige EEG-Abnormalitäten charakterisiert. Die Erkrankung ist nach ihren Erstbeschreibern Creutzfeld und Jakob benannt. Im Frühstadium dieser Erkrankung lassen sich in der Regel psychopathologische Symptome wie Gedächtnis-, Konzentrations- und Merkfähigkeitsstörungen, erhöhte Reizbarkeit, ängstlich agitierte Zustandsbilder oder depressiv/asthenische Syndrome nachweisen. Die Patienten klagen meistens über Kopfschmerz, Schlaflosigkeit und Schwindelgefühl. Schließlich tritt eine progrediente Demenz immer mehr in Erscheinung. Hinzu kommen Zeichen gestörter kortikaler Funktionen wie Aphasie, Apraxie, Dyslegsie, Dysgraphie, Agnosie und Desorientiertheit. Verbunden mit diesen Symptomen sind immer motorische Störungen wie Pyramidenbahnzeichen und Myoklonien. Pathognomonische Laboratoriumsbefunde zur Diagnose der

Creutzfeld-Jakobschen Erkrankung (CJE) liegen nicht vor. Der Liquor ist unauffällig, eine Immunreaktion gegen CJE-Agens ist nicht bekannt. Virus kann mit Standardmethoden im Serum oder Liquor nicht nachgewiesen werden. Histopathologisch findet sich stets ein Status spongiosus der grauen Substanz, neuronale Vakuolisierung mit Untergang von Neuronen, Hypertrophie der Astroglia und senile Plaques. Davon sind in der Regel der zerebrale Cortex, das Striatum und der Thalamus betroffen. Eine Kleinhirndegeneration kann gelegentlich vorliegen.

Epidemiologie und Übertragung

Die Creutzfeld-Jakobsche Erkrankung tritt sporadisch auf der ganzen Welt auf. Befallen werden Männer und Frauen zwischen dem 25.—70. Lebensjahr mit einem Maximum im 6. Lebensjahrzehnt. Gleichzeitige Erkrankungen von Ehepaaren wurden ebenso beobachtet wie familiäres Auftreten. Da völlig ungeklärt ist, wie das CJE-Agens normalerweise übertragen wird, haben einige bemerkenswerte Fallbeschreibungen besonderes Interesse erlangt. Iatrogene Übertragungen von Mensch zu Mensch sind nach Cornealtransplantationen [3], nach tiefen Elektrodenableitungen im Rahmen stereotaktischer EEG-Untersuchungen [4] sowie nach Gabe von Wachstumshormonen [5] bekannt geworden. Diese Veröffentlichungen dokumentieren, daß iatrogene Übertragungen möglich sind und insbesondere bei Organtransplantationen eine Rolle spielen können.

Virologische Untersuchungsergebnisse

Der Nachweis, daß den subakuten spongioformen Enzephalopathien ein infektiöses Agens zugrundeliegt, wurde durch Transmissionsversuche eindeutig erbracht. So läßt sich Creutzfeld-Jakob-Agens nicht nur auf einige Neu- und Altweltaffen, sondern auch auf Nagetiere und Katzen übertragen. Durch Filtrationsexperimente konnte die Größe (etwa 100 mm) dieser Erreger bestimmt werden ohne daß es direkte Hinweise über die Struktur und die physiko-chemischen Eigenschaften dieser Erreger gibt. Das Tierexperiment mit erfolgreicher Induktion eines zentralnervösen Krankheitsprozesses ist nach wie vor das einzige Testsystem, mit dem diese Erkrankung als infektiös nachgewiesen werden kann. Dieser Mangel an Nachweismethoden erklärt die experimentellen Schwierigkeiten, die diese Krankheitsgruppe aufzeigt. Trotzdem gibt es eine Reihe von interessanten Befunden über die Eigenschaften dieser Erreger, die vor allem für das Scapie- bzw. Creutzfeld-Jakob-Agens erarbeitet wurden und die im Prinzip für alle unkonventionellen Erreger der Gruppe der subakuten, spongioformen Enzephalopathie gelten (Tab. I).

Ein besonderes Merkmal dieser Erreger ist ihre ungewöhnliche Resistenz gegenüber Temperatur, ionisierende Strahlen und chemischen Inaktivierungssubstanzen. Die einzige Methode, die unkonventionellen Viren zu inaktivieren, ist das Autoklavieren bei 120° C und einem Druck von 1 kg/cm^2 [6]. Diese überraschenden und im Vergleich zu der klassischen Virologie ungewöhnlichen Eigenschaften dieser Virusgruppe werden dadurch erklärt, daß die unkonventionellen Viren bislang nicht in isolierter oder reiner Form vorliegen und durch zelluläre Membranproteine geschützt werden.

Molekularbiologische Untersuchungsbefunde

In jüngster Zeit wurden einige interessante molekularbiologische Beobachtungen gemacht, die die Komplexität der vorliegenden Virus-Wirts-Beziehungen dokumentieren. So wurde aus Scrapie-infiziertem Gewebe ein Protein isoliert, dem die Bezeichnung Prion (proteinaceous infectious particles) gegeben wurde [7]. Dieses Protein, das nach verschiedenen Isolierungs- und Reinigungsschritten gewonnen wurde, besitzt ein Molekulargewicht von ca. 28000 Dalton, ist mit Infektiösität assoziiert und enthält keine Nukleinsäure. Ein ähnliches Protein wurde auch aus CJE-Hirnmaterial isoliert, das mit dem Scrapie-Prion immunologisch verwandt ist. Diese Beobachtung veranlaßte die Erstbeschreiber, dieses Protein als Scrapie- bzw. CJE-spezifisch anzusprechen und verschiedene Modelle der Replikation ohne vorhandene Nukleinsäure zu diskutieren, wie zum Beispiel reverse Translation, proteinbestimmte Proteinsynthese oder Transkription nach Bindung von Prion an Wirts-DNA. Diese Hypothesen sind bislang jedoch unbewiesen und scheinen auch mit den derzeitigen molekularbiologischen Dogmen nicht vereinbar zu sein.

Die Isolierung von Prion ermöglichte jedoch weitere molekularbiologische Untersuchungen. So konnte mit Hilfe der Sequenz des Proteins eine cDNA gewonnen werden, mit der es möglich war, Hybridisierungsexperimente in infizierten Organen durchzuführen. Die erzielten Ergebnisse waren überraschend, da jedes untersuchte menschliche oder tierische, gesunde oder erkrankte Gewebe sowohl prionspezifische zelluläre DNA als auch mRNA aufwies [8]. Nur bei der Prionanalyse aus infiziertem und nicht infiziertem Gewebe fanden sich Unterschiede, die darauf hindeuten, daß in infiziertem Gewebe Prion als zelluläres Produkt möglicherweise posttranslational verändert ist.

Außer diesem Protein wurden sogenannte Scrapie-associated fibrils (SAF) aus Scrapie und Creutzfeld-Jakob Hirnmaterial isoliert, die aus synaptosomalen-mitochondralen Präparationen gewonnen wurden [9]. Diese Strukturen weisen einen Durchmesser von etwa 4—6 mm auf und sind 100—500 mm lang. Häufig sind zwei Filamente miteinander helikal verschlungen und bilden so eine Fibrille mit einem Durchmesser von etwa 11—14 mm. Diese SAF-Strukturen wurden bislang niemals in nichtinfiziertem Kontrollhirn nachgewiesen. Da Prion in Verbindung mit SAF auftritt, wird angenommen, daß diese Strukturen ein pathologisches Produkt der Virusinfektion sind. Zukünftige Untersuchungen werden ergeben, inwieweit diese Befunde für diese Slow-Virusinfektionen von pathogenetischer Bedeutung sind.

Subakute chronische Enzephalomyelitiden

Subakute sklerosierende Panenzephalitis (SSPE)

Aus diesem Formenkreis ist besonders die SSPE intensiv untersucht worden [10]. Sie stellt eine Spätkomplikation der akuten Masern dar und entwickelt sich auf der Basis einer Masernviruspersistenz im Zentralnervensystem. Die SSPE tritt selten auf, wird überwiegend bei Kindern und Jugendlichen beobachtet und ist weltweit zu finden. Diese Erkrankung entwickelt sich im allgemeinen 8—10 Jahre nach durchgemachten Masern. Die Patienten weisen klinisch zunächst intellektuelle und psychische Veränderungen auf, die allmählich von neurologischen Ausfallssymptomen einschließlich Myoklonien und epileptischen Anfällen begleitet werden. Nach monate- bis jahrelanger Erkrankung kommt es zu einer zunehmenden Dezerebrationsstarre mit Exitus letalis.

Pathognomonisch sind charakteristische EEG-Veränderungen eine Hyperimmunreaktion gegen verschiedene Strukturproteine des Masernvirus im Serum und Liquor sowie eine signifikante Gammaglobulinvermehrung, die in der Liquorelektrophorese vor allen Dingen als oligoklonale Banden in Erscheinung tritt. Neuropathologisch weisen die veränderten Hirnareale Entzündungsherde mit diffusen und perivaskulären Infiltrationen auf. Zusätzlich findet sich eine Proliferation von Makro- und Mikroglia, hypertrophische Astrozyten sowie intranukleäre Einschlußkörper vom Typ A und B nach Cowdry in Glia- und Ganglienzellen. In diesen Einschlußkörpern läßt sich Masernvirusnukleokapsid nachweisen, ohne daß es jedoch histologisch zu Riesenzellbildungen kommt, die ein typisches Zeichen einer aktiven Masernreplikation in Gewebekulturen oder Organen sind. Darüber hinaus kann kein infektiöses Virus direkt aus Hirnmaterial isoliert werden.

Molekularbiologische Untersuchungsergebnisse

Von großem virologischen Interesse sind die bei SSPE vorliegenden Viruswirtszellinteraktionen, die die Basis für diese Slow-Virus-Infektion bilden. Die morphologischen Befunde eines fehlenden Budding-Prozesses in infizierten Hirnzellen, die nicht stattfindende Produktion von infektiösem Virus sowie die nicht nachweisbaren Immunreaktionen gegen das masernspezifische Membranprotein weisen auf einen Defekt in der SSPE-Virusreplikation im Hirngewebe hin [10]. Molekularbiologische Analysen an SSPE-Hirnmaterial ergaben zu dieser Frage aufschlußreiche Befunde. So ließen immunhistologische Untersuchungen an SSPE-Hirnschnitten mit monoklonalen Antikörpern gegen Nukleokapsid-(N), Phospho-(P), Membran-(M), Fusion-(F)-Protein und Haemagglutinin-(H) des Masernvirus erkennen, daß die viralen Strukturproteine N und P in allen infizierten Zellen vorlagen, während die drei Envelopeproteine in den meisten infizierten Hirnarealen fehlten. Nur in wenigen Zellen fanden sich gelegentlich H, F und M Protein, doch wurden diese Proteine nie in ein und derselben Zelle gemeinsam angetroffen [11]. Diese Beobachtung legte nahe, daß entweder ein Transkriptions- oder Translationsdefekt für dieses Phänomen verantwortlich ist. Weiterführende Untersuchungen mit gentechnologischen Methoden zeigten, daß die mRNAs für die verschiedenen Strukturproteine des Masernvirus in SSPE-infizierten Hirnzellen nur in einer sehr restringierten Form vorlagen [12]. So fanden sich im Vergleich zur lytischen Masernvirusinfektion in Gewebekulturen keine oder nur wenige Kopien von mRNAs für F- und H-Protein, so daß diese geringe Konzentration für den fehlenden Nachweis dieser Proteine verantwortlich sein könnte [13]. Dieser Befund trifft jedoch nicht für die mRNA des M-Proteins zu. Diese mRNA findet sich in ausreichender Konzentration, ohne daß sie jedoch in vitro biologisch aktiv ist. Ursache für diese Inaktivität könnte eine hohe Mutationsrate dieser mRNA sein, die in einem SSPE-Fall sogar zu einem Stop-Kodon im Leserahmen geführt hat [14].

Pathogenetische Aspekte
Diese Befunde erklären, warum es im ZNS bei SSPE nicht zur Bildung von Viruspartikeln kommen kann, da ohne Envelope-Proteine eine Reifung und Ausschleusung des Virus nicht möglich ist. Darüber hinaus wird verständlich, warum infizierte Hirnzellen durch zytotoxische Antikörper nicht zerstört werden können, da die hierfür notwendigen Antigenstrukturen der Envelope-Proteine in infizierten Zellmembranen nicht vorliegen. Dies ermöglicht es dem Virus, sich über Zellfortsätze im ZNS auszubreiten, da der RNP-Komplex des Masernvirus infektiös ist. Warum allerdings die zelluläre Immunität bei diesen Patienten versagt, ist nach wie vor ungeklärt, da ein spezifischer Immundefekt nicht aufgedeckt werden konnte [10]. Es wäre jedoch denkbar, daß durch Mutationen im Nukleokapsidprotein entsprechende Erkennungssequenzen verändert werden, die es dem Virus ermöglichen, sich dem immunologischen Druck zu entziehen.

Auch wenn die bisher vorliegenden molekularbiologischen Untersuchungsergebnisse aufgedeckt haben, daß eine Restriktion der Genexpression des Masernvirus im ZNS bei gleichzeitig auftretenden Mutationen verschiedener Genabschnitte für die Masernviruspersistenz mit verantwortlich ist, so bleiben doch noch wichtige pathogenetische Fragen ungeklärt. Die auffällige Epidemiologie dieses Krankheitsbildes mit einer ländlichen Prävalenz läßt zusätzliche Faktoren vermuten. Eine genetische Prädisposition konnte bislang nicht belegt werden, da es mehrere Fälle von SSPE bei eineiigen Zwillingspaaren gibt, wo jeweils nur ein Zwilling an einer SSPE erkrankte. Auch die Möglichkeit einer zusätzlichen Infektion mit einem Virus aus dem Tierreich, die im Zusammenspiel mit der Masernvirusinfektion zur SSPE führt, ist diskutiert worden [10]. Diese Hypothese, die die epidemiologischen Befunde und das seltene Vorkommen der SSPE gut erklären würde, ist bislang aber unbewiesen. Nach wie vor kann nicht ausgeschlossen werden, daß die SSPE durch einen definierten Immundefekt begünstigt wird. Masernvirus weist einen Tropismus für lymphoide Organe auf. Das Virus vermehrt sich gut in stimulierten Lymphozyten und erzeugt in Lymphknoten und Thymusgewebe zytopathogene Effekte. Bei diesem Befall könnte gelegentlich eine Lymphozytenpopulation zerstört werden, die für die Eliminierung virusinfizierter Zellen im Organismus verantwortlich ist. Fällt diese Kontrollfunktion aus, könnte Masernvirus im ZNS persistieren und zu einer SSPE führen. Wann und wie allerdings das Masernvirus im Verlaufe der akuten Maserninfektion das Zentralnervensystem erreicht, wodurch die lange Inkubationszeit zwischen den akuten Masern und dem Ausbruch der SSPE bestimmt wird und welche Faktoren letztlich zum Krankheitsprozeß führen, sind nur einige der wichtigsten pathogenetischen Fragen, deren Beantwortung aussteht.

AIDS-Enzephalopathie

Untersuchungen der letzten Jahre haben gezeigt, daß es im Verlaufe des Acquired Immunodeficiency Syndromes (AIDS) auch zu einer ZNS-Beteiligung kommt. So finden sich bei ca. 60 % der AIDS-Patienten neurologische Symptome und bei 80—90 % aller AIDS-Patienten neuropathologische Veränderungen [15]. Klinisch weisen diese Patienten zunächst einen Gedächtnisverlust, Konzentrationsschwäche, Apathie und psychomotorische Retardierung auf. Später entwickelt sich das Vollbild einer Demenz sowie neurologische Ausfallssymptome je nach Sitz der Läsionen. Im Vordergrund stehen opportunistische Infektionen des Zentralnervensystem durch Toxoplasma gondii, Kryptokokken oder Zytomegalievirus. Daneben werden jedoch auch Veränderungen beobachtet, die als subakute Enzephalitis [16—19], vakuoläre Myelopathie [20] und aseptische Meningitis [21, 22] beschrieben werden. Diese neuropathologischen Läsionen stehen nicht in einem kausalen Zusammenhang mit opportunistischen Erregern, sondern werden mit dem Human Immunodeficiency Virus (HIV) in Verbindung gebracht. Histologisch dominieren diese Läsionen durch eine Gliose im zerebralen Cortex und subcortikalen Kerngebieten, fokalen Nekrosen der weißen und grauen Substanz, perivaskuläre Infiltrationen, atypische Vergrößerung von Oligodendrogliakernen, Auftreten von mikroglialen Knötchen und multinukleären Riesenzellen sowie Entmarkungen in der weißen Substanz [16, 18, 19, 23].

Virologische und pathogenetische Aspekte

Virologische Bemühungen, diese neuropathologischen Veränderungen mit HIV kausal in Zusammenhang zu bringen, sind nur teilweise erfolgreich gewesen. Ohne Zweifel findet man im Zentralnervensystem bei Patienten mit AIDS HIV-DNA und RNA und kann sowohl aus Hirngewebe als auch Liquores infektiöses HIV isolieren [15]. Allerdings fällt auf, daß der Nachweis von HIV infizierten Zellen indirekt proportional zur Größe der vorhandenen Läsionen steht. So weisen nur wenige eingewanderte Monozyten oder Makrophagen HIV-Antigene auf und der Nachweis von HIV in Neuronen oder Gliazellen ist äußerst selten, was zu der gegenwärtigen Interpretation geführt hat, daß die neuropathologischen Veränderungen nur das Ergebnis einer indirekten Schädigung durch HIV sein könnten.

Ausgehend von diesen vorliegenden neuropathologischen und virologischen Befunden wird zur Zeit angenommen, daß HIV über infizierte Monozyten das ZNS erreicht und infiziert. Im ZNS kommt es sowohl zur Infektion von Hirnzellen, wenn die Zielzellen entsprechende Rezeptoren aufweisen als auch möglicherweise zur Freisetzung von Monokinen oder proteolytischen Enzymen aus infizierten Monozyten, die toxisch für neurale Zellen sind. Darüber hinaus wird vermutet, daß chemotaktische Faktoren, die von infizierten Monozyten freigesetzt werden, zur Infiltration von entzündlichen Zellen führen. Diese Hypothese wird in gewisser Weise durch das Auftreten von fokalen Nekrosen bei der subakuten AIDS-Enzephalitis unterstützt, da die Nekrosen Infiltrationen von Makrophagen und Lymphozyten aufweisen [19]. Ein anderer Weg, der zur Schädigung neuronaler Zellen führen könnte, ist möglicherweise durch eine HIV-Infektion von Endothelzellen gegeben, da dies Permeabilitätsstörungen der Blut/Liquor-Schranke und neurologische Dysfunktionen hervorrufen könnte [24—27].

Außer diesen Möglichkeiten wird jedoch noch ein anderer Mechanismus einer HIV-induzierten, neuralen Dysfunktion diskutiert. Sequenzvergleiche zwischen dem viralen Hüllprotein gp120 und Neuroleukin haben eine 30%ige Homologie im Bereich einer bestimmten Aminosäuresequenz des gp120 ergeben [28]. Neuroleukin ist ein neurotrophischer Faktor, der von menschlichem Muskelgewebe, Hirnzellen oder Knochenmarkszellen synthetisiert wird. Er besitzt einen stimulatorischen Effekt auf die B-Zell-Immunglobulinsynthese und ist notwendig für experimentelle in vitro Kultivierung von embryonalen spinalen Neuronen. Dieser in vitro beobachtete Neuroleukineffekt kann jedoch überraschenderweise durch das Hüllprotein gp120 des HIV oder durch ein synthetisches Peptid, das die homologe Sequenz zwischen HIV und Neuroleukin aufweist, total blockiert werden. Dieser Blockierungseffekt ist äußerst spezifisch, da er keinen Einfluß auf den Nervenwachstumsfaktor aufweist. Es wäre denkbar, daß HIV, freigesetzt von infizierten Monozyten, die Anbindung von Neuroleukin an Neurone im ZNS blockiert und hierdurch Zellschädigungen herbeiführt.

Bedeutung der Slow-Virusinfektionen für die Humanmedizin

Die in diesem Beitrag aufgeführten menschlichen Slow-Virusinfektionen stellen Erkrankungen dar, die für Kliniker und Virologen interessante Aspekte bieten, auch wenn einige dieser Krankheitsprozesse für die tägliche Praxis von untergeordneter Bedeutung sind. Die zur Abklärung dieser Erkrankungen durchgeführten Forschungen haben neue Möglichkeiten aufgezeigt, wie persistierende Virusinfektionen durch unkonventionelle oder konventionelle Viren zu chronischen, tödlichen Erkrankungen führen. Es kann davon ausgegangen werden, daß andere chronisch-degenerative und chronisch-entzündliche Erkrankungen des Zentralnervensystems ebenso durch Slow-Virusinfektionen hervorgerufen werden. Einblick in die Mechanismen dieser Erkrankungen zu gewinnen, ist ein dringendes medizinisches Anliegen. Es besteht kein Zweifel, daß zu ihrer Aufklärung interdisziplinäre Bemühungen erforderlich sind, die gemeinsam von klinischen und theoretischen Fächern getragen werden müssen. Nur so wird es gelingen, die Krankheitsprozesse zu verstehen und vielleicht auch zu verhindern, bzw. therapeutisch zu beeinflussen.

Literatur

[1] Sigurdsson, B.: Brit. vet. J. **110,** 341 (1954).
[2] Traub, R., D. C. Gajdusek, C. J. Gibbs Jr.: Transmissible virus dementia: The relation of transmissible spongioform encephalopathy to Creutzfeld Jakob Disease. Spectrum N.V., Utrecht 1977.
[3] Duffy, P.: Mitarb. N. Engl. J. Med. **290,** 692 (1974).
[4] Bernoulli, C. und Mitarb.: Lancet I, 478 (1977).
[5] Brown, P.: Neurology **38,** 1135 (1988).
[6] Gajdusek, D. C. und Mitarb.: New Engl. J. Med. **297,** 1253 (1977).
[7] Prusiner, S. B., S. J. DeArmond: Lab. Investigation **56,** 349 (1987).
[8] Oesch, B. und Mitarb.: Cell **40,** 735 (1985).
[9] Merz, P. A. und Mitarb.: Nature **306,** 474 (1983).
[10] ter Meulen, V., J. R. Stephenson, H. W. Kreth: Subacute Sclerosing Panencephalitis. Comprehensive Virology (Ed. H. Fraenkel-Conrat und R. R. Wagner) **18,** 105 (1983).
[11] Liebert, U. G. und Mitarb.: J. gen. Virol. **67,** 2435 (1986).
[12] Baczko, K. und Mitarb.: J. Virol. **59,** 472 (1986).
[13] Cattaneo, R. und Mitarb.: Virology **160,** 523 (1987).
[14] Cattaneo, R. und Mitarb.: Virology **154,** 97 (1986).
[15] Ho, D. D., R. J. Pomerantz, J. C. Kaplan: N. Engl. J. Med. **317,** 278 (1987).
[16] Nielson, S. L. und Mitarb.: Am J. Clin. Pathol. **82,** 678 (1984).
[17] Navia, B. A., B. D. Jordan, R. W. Price: Ann. Neurol. **19,** 517 (1986).
[18] Navia, B. A. und Mitarb.: Ann. Neurol. **19,** 525 (1986).
[19] de la Monte, S. M. und Mitarb.: Neurology **37,** 562 (1987).
[20] Petito, C. K. und Mitarb.: N. Engl. J. Med. **312,** 874 (1985).
[21] Ho, D. D. und Mitarb.: N. Engl. J. Med. **313,** 1493 (1985).
[22] Ho, D. D. und Mitarb.: Ann. Intern. Med. **103,** 880 (1985).
[23] Anders, K. H. und Mitarb.: Am. J. Pathol. **124,** 537 (1986).
[24] Gabuzda, D. H. und Mitarb.: Ann. Neurol. **20,** 289 (1986).
[25] Koenig, S. und Mitarb.: Science **233,** 1089 (1986).
[26] Wiley, C. A. und Mitarb.: Proc. Natl. Acad. Sci. USA **83,** 7089 (1986).
[27] Stoler, M. H. und Mitarb.: Jama **256,** 2360 (1986).
[28] Gurney, M. E.: Immunological Reviews. **100,** 203 (1987).

Familien neuraler Zellerkennungsmoleküle

Melitta Schachner, Heidelberg

Die Entwicklung eines komplexen Organs, wie es das Nervensystem darstellt, wird nur durch den geordneten Ablauf einer Vielzahl von Prozessen auf zellulärer und molekularer Ebene ermöglicht. Eine Gruppe von Zelloberflächenmolekülen, die Zelladhäsionsmoleküle, spielen eine entscheidende Rolle bei der Spezifikation von Zellkontakten. Diese Moleküle haben ihren Namen deswegen erhalten, weil sie für die Aneinanderhaftung von Zellen notwendig sind. Es stellt sich die Frage, wie viele verschiedene Zelladhäsionsmoleküle für den Aufbau des Nervensystems notwendig sind, wie diese Zelladhäsionsmoleküle auf dem zellulären und molekularen Niveau funktionieren, ob sie in ihrer Funktion voneinander unabhängig sind und ob nicht trotz dieser strukturellen und funktionellen Unterschiede auch Gemeinsamkeiten zwischen Adhäsionsmolekülen bestehen. Ein Hinweis auf solche Gemeinsamkeiten zwischen Zelladhäsionsmolekülen war eine von dem monoklonalen Antikörper L2 erkannte Kohlenhydratstruktur, die auf einigen Zelladhäsionsmolekülen vorkommt. Zur Zeit der Entdeckung des monoklonalen L2 Antikörpers waren nur die beiden Glykoproteine L1 und N-CAM als Zelladhäsionsmoleküle hinreichend charakterisiert [29]. Vom myelinassoziierten Glykoprotein (MAG), eines der in ihrer Zahl unbekannten L2 Kohlenhydrat-positiven Glykoproteine, wurde angenommen — aber experimentell war dies noch nicht erwiesen — daß es an der Interaktion zwischen Axon und myelinisierender Zelle beteiligt ist [46, für Referenzen]. Da es sich bei den beiden, bis zu diesem Zeitpunkt funktionell charakterisierten L2-positiven Glykoproteinen um Zelladhäsionsmoleküle handelt, schlugen wir vor, daß es sich auch bei anderen Glykoproteinen, die diese Kohlenhydratstruktur tragen, um Adhäsionsmoleküle handelt. Zur Verifizierung dieser Hypothese wurden weitere L2-positive Glykoproteine funktionell charakterisiert.

Prof. Dr. Melitta Schachner, Institut für Neurobiologie der Universität Heidelberg und Professur für Neurobiologie der ETH Zürich.

MAG, J1 und andere Mitglieder der L2 Kohlenhydratfamilie sind Adhäsionsmoleküle

Daß es sich bei MAG tatsächlich um ein Adhäsionsmolekül handelt, konnte mit Hilfe MAG-spezifischer Antikörper gezeigt werden, die spezifisch die Zelladhäsion in vitro beeinflußten [46]. Wir konnten hierdurch zeigen, daß MAG an der Interaktion zwischen Oligodendrozyten und Neuronen und Oligodendrozyten und Oligodendrozyten beteiligt ist. Wurde MAG in Liposomen eingebaut, so adhärierten diese spezifisch an Neuriten und Neuritenbündel von Zellkulturen, die Myelinbildung zeigten, wie zum Beispiel Neuronen in Kulturen des Rückenmarks und von Hinterwurzelganglien. Körnerzellenneurone der Kleinhirnrinde, die im intaken Gewebe nicht myelinisieren, waren für MAG enthaltende Liposome schlechte Bindungspartner. In situ konnte tatsächlich gezeigt werden, daß MAG an der Kontaktstelle zwischen Axon und myelinisierender Zelle und auf den sich gegenüberliegenden Zelloberflächen der sich um das Axon herumwickelnden Fortsätze der myelinbildenden Zellen lokalisiert ist. Diese Beobachtungen führten zu der Annahme, daß MAG in verschiedene Typen von Zellinteraktionen eingreift [35]. MAG war auf myelinbildenden Schwannschen Zellen erst nachweisbar, nachdem diese ungefähr 1,5—2 Windungen um das Axon ausgeführt hatten. MAG ist nicht nur ein Ligand zwischen Zelloberflächen, sondern bindet auch an Komponenten der extrazellulären Matrix, wie verschiedene Typen von Kollagenen und Heparin [19]. Über die funktionelle Bedeutung dieser Interaktionen können wir zur Zeit noch keine definitiven Aussagen machen [35, 36].

Ein anderes Adhäsionsmolekül der L2 Familie, das J1 Glykoprotein, besteht aus mehreren Komponenten [30] und ist immunchemisch mit Tenascin [22], Cytotactin [25] und Hexabrachion [18] verwandt. Die J1 Glykoproteine sind sezernierte Moleküle der Extrazellulärmatrix, die, wie auch MAG, an verschiedene Typen von Kollagenen und Heparin bilden [22]. Während der Entwicklung des Nervensystems verändern sich die Molekulargewichte der J1 immunreaktiven Glykoproteine von höheren Molekulargewichten über 200 kD zu niedrigeren Molekulargewichten von 160 und 180 kD, die im erwachsenen Nervensystem überwiegen. J1 wird von Astrozyten, Oligodendrozyten und Fibroblasten, nicht aber von Neuronen des Nervensystems sezerniert. Die J1 Glykoproteine sind an Interaktionen von Neuronen und Astrozyten sowie von Neuronen und Schwannzellen beteiligt, nicht aber an der Interaktion zwischen Astrozyten, so daß man davon ausgehen muß, daß J1 nicht sein eigenes Rezeptormolekül ist.

Immunhistologische Beobachtungen am optischen Nerv und an der neuromuskulären Verbindung erlauben Vermutungen über die funktionelle Rolle der J1 Glykoproteine: Im optischen Nerv der erwachsenen Ratte markierten J1 und L2 Antikörper spezifisch die Ranvierschen Schnürringe [23]. J1 Immunreaktivität erschien konzentriert an der Stelle, wo das Axon nicht vom Myelin bedeckt wird, sondern in Kontakt mit astrozytären Fortsätzen steht. Interessanterweise war diese J1 Immunreaktivität nicht auf anderen Fortsätzen dieser Astrozyten zu erkennen, ein Hinweis auf die hohe Spezifität der topographischen Lokalisation von J1 Glykoproteinen. Da es sich bei J1 um ein sezerniertes Glykoprotein handelt, das auch von Oligodendrozyten synthetisiert wird, bleibt der Synthese-Ort des Moleküls unbekannt. Wenigstens der Rezeptor für das J1 Glykoprotein muß an dieser Stelle akkumuliert sein. Die Beobachtung, daß J1 am Ranvierschen Schnürring konzentriert auftritt, hat möglicherweise wichtige funktionelle Implikationen, da J1 an der Neuron-Glia Adhäsion beteiligt ist. Zusammengenommen deuten diese Beobachtungen in vivo und in vitro daraufhin, daß J1 eine wichtige Rolle bei Neuron-Glia Interaktionen spielt, die für den Bau und/oder die Erhaltung der besonderen Zytoarchitektur des Ranvierschen Schnürrings verantwortlich sind.

J1 scheint auch eine wichtige Rolle bei der Neuron-Muskel Interaktion zu spielen. Während der Entwicklung ist J1 in kleinen, umschriebenen Ablagerungen zwischen den Myotuben nachweisbar [51]. Bei Innervation des Muskels werden diese J1-positiven Strukturen weniger häufig und sind bei der Geburt nicht mehr nachweisbar. Nach Denervierung des erwachsenen Muskels wird J1 jedoch bereits innerhalb von zwei Tagen in der unmittelbaren Umgebung der ursprünglichen Synapse erneut exprimiert. Diese erneute Expression von J1 wird auch nach Paralyse des Nervs durch Tetrodotoxin beobachtet. Nach Reinnervierung des Muskels kann J1 nicht mehr nachgewiesen werden, das heißt, die Muskelaktivität macht die durch Denervierung induzierte Akkumulation von J1 rückgängig. Diese Akkumulation von J1 an der ursprünglichen Synapse ist bemerkenswert im Hinblick auf die Fähigkeit des regenerierenden Axons, den Muskel genau an der Stelle der ehemaligen Synapse zu reinnervieren. Aus diesen Beobachtungen schließen wir, daß J1 eines der Merkmale ist, das für die gezielte Leitung des neu auswachsenden Axons zu seinem Zielort von Bedeutung ist.

Neben N-CAM, L1, MAG und J1 gibt es eine Reihe anderer Zelloberflächenglykoproteine, die zur L2 Familie gehören. Zu diesen zählt P_0, das häufigste Glykoprotein des Myelins des peripheren Nervensystems [10], das neuronale Adhäsionsmodlekül F11, das am Neuritenwachstum beteiligt ist [13], der Rezeptor für Cytotactin [27], sowie zwei Glykoproteine, die zur Integrin-Familie gehören: die Zelloberflächenrezeptoren für Extrazellulärmatrix Komponenten CSAT [40] und Fibronectinrezeptor [41]. Eine Reihe von anderen Glykoproteinen tragen ebenfalls das L2 Epitop, aber ihre Funktion bei der Zellerkennung ist noch unbekannt.

Das Adhäsionsmolekül L1

Die Beobachtung, daß ein und dieselbe Zelle mehr als ein Adhäsionsmolekül exprimiert, drängt nach der Frage, warum eine Zelle sich den Luxus erlaubt, mehr als ein Adhäsionsmolekül zu synthetisieren. Man könnte argumentieren, daß durch Änderungen in Konzentration und topographischer Lokalisation (z. B. Axon gegenüber Dendrit) eines einzigen Adhäsionsmoleküls die Spezifität von

Zelloberflächenkontakten beeinflußt wird. Bevor wir nun erste Evidenzen dafür vorstellen, daß L1 und N-CAM nicht unabhängig voneinander in der Oberflächenmembran ihre Funktion ausüben, erscheint eine Zusammenfassung des derzeitigen Wissens über L1 notwendig.

L1 ist immunchemisch identisch mit dem NILE (*n*erve growth factor *i*nducible *l*arge *e*xternal) Glycoprotein und Ng-CAM [9, 24]. Wie N-CAM ist L1 an der Ca^{++}-unabhängigen Adhäsion zwischen neuralen Zellen beteiligt. Während der Entwicklung des zentralen Nervensystems erscheint L1 zuerst auf N-CAM-positiven postmitotischen Neuronen [52, 53 zur Übersicht]. Im Gegensatz zu N-CAM ist L1 jedoch auf bestimmte Neuronenpopulationen beschränkt. So ist zum Beispiel im Kleinhirn der Maus L1 auf Körner- und Purkinjezellen, nicht aber auf Stern- oder Korbzellen zu finden [39]. Eine topographisch beschränkte Lokalisation von L1 innerhalb einer Zelle ist ebenfalls zu beobachten: L1 ist nur auf Axonen, nicht aber auf Dendriten oder Zellkörpern erwachsener Neuronen nachweisbar. Besonders bemerkenswert ist die Beobachtung, daß ein und dasselbe Axon nicht gleichmäßig über seine ganze Länge hinweg L1 exprimiert. So gibt es im embryonalen Rückenmark Neuronen, deren Axone L1 nur dann exprimieren, wenn sie Faszikel bilden, L1 jedoch nicht exprimieren, wenn sie einzeln zwischen Neuroepithelzellen verteilt sind [52, 53, Holley u. Schachner, unveröffentlichte Beobachtungen]. Auch im optischen und Ischiasnerv exprimieren faszikulierende Axone das Adhäsionsmolekül L1, verlieren dieses jedoch, wenn sie von Myelin umhüllt sind [35, 36, 7]. So ist ein und dasselbe Axon im faszikulierten Zustand dazu in der Lage, L1 und N-CAM zu exprimieren, verliert jedoch L1, nicht aber N-CAM, im myelinisierten oder nicht faszikulierenden Zustand. Es ist daher möglich, daß die zusätzliche Expression von L1 in Kooperation mit N-CAM für Axon-Axon Interaktionen verantwortlich ist.

Funktionelle Interdependenz von L1 und N-CAM

Daß L1 und N-CAM nicht voneinander unabhängig an der Zelladhäsion beteiligt sind, wurde in zwei funktionellen Testsystemen in vitro sichtbar. Einerseits interagieren L1 und N-CAM miteinander synergistisch bei der Aggregation von Zellen [20], mißt man jedoch die Adhäsion von Neuronen an Neuronen in Gegenwart von L1 und N-CAM Antikörpern, so war die blockierende Wirkung der beiden Antikörper weniger als additiv [28]. Diese weniger als additive blockierende Wirkung der beiden Antikörper wurde auch bei der Körnerzellwanderung beobachtet [34]. Die funktionelle Abhängigkeit der beiden Moleküle könnte entweder aufgrund einer Interaktion der beiden Moleküle auf benachbarten Partnerzellen, oder innerhalb der Oberflächenmembran einer Zelle verursacht werden. L1 und N-CAM sind innerhalb der Oberflächenmembran einer Zelle tatsächlich miteinander assoziiert [57]. L1 ist spezifisch mit der hochmolekularen Komponente von N-CAM assoziiert, die ein Molekulargewicht von 180 kD (N-CAM 180) besitzt. Mit der niedermolekularen Komponente von N-CAM, N-CAM 140 ist L1 nicht assoziiert. Der Wechselwirkung zwischen diesen beiden Molekülen könnte eine funktionelle Kooperativität zugrunde liegen, wie sie zwischen verschiedenen Zelloberflächenmolekülen des Immunsystem gefunden wurde [17]. N-CAM 180 unterscheidet sich von N-CAM 140 und N-CAM 120 durch seine lange zytoplasmatische Domäne. Die extrazellulären Domänen der drei N-CAM Komponenten scheinen identisch zu sein. Während der Entwicklung des Kleinhirns wird N-CAM 180 zuletzt exprimiert und ist auf den Zellkörpern und Axonen von Körnerzellen erst dann erkennbar, wenn diese Zellen ihre Wanderung beendet haben [39]. N-CAM 180 wird somit von Körnerzellen erst dann exprimiert, wenn diese stabile Zellkontakte eingehen. Auch in Neuroblastomzellen wird N-CAM 180 erst nach morphologischer Differenzierung der Zellen zur dominanten Komponente [42, 43]. L1 und N-CAM 180 treten an Kontaktstellen zwischen benachbarten Zellen gemeinsam auf, während N-CAM 140 über die ganze Oberflächenmembran hinweg gleichmäßig verteilt ist [42—44]. Gehirnspektrin (Fodrin), das Zytoskelett und Membran verbindende Protein, sowie Aktin wurden ebenfalls an diesen Kontaktstellen akkumuliert gefunden, während andere Zellskelett assoziierte Proteine, wie Neurofilament, Alpha-Aktinin, Filamin, Vinculin, Beta-Tubulin, Ankyrin, die Band 4.1 und Synapsin I, diese Akkumulation nicht aufzeigten. Gehirnspektrin bindet spezifisch an N-CAM 180, aber nicht an N-CAM 140 oder N-CAM 120. Außerdem zeigt N-CAM 180 eine reduzierte laterale Mobilität in der Oberflächenmembran. Diese Beobachtung unterstützt die Annahme, daß N-CAM 180 in der Membran durch seine Assoziation mit dem Zytoskelett stabilisiert wird. In Übereinstimmung mit dieser Interpretation ist auch die Beobachtung, daß Wachstumskegel N-CAM 180 nur dann exprimieren, wenn sie in Kontakt mit ihrer Zielzelle sind. Im Gegensatz dazu ist N-CAM 140 auf Wachstumskegeln dann akkumuliert, wenn diese noch keine Kontakte zu Zellen ausgebildet haben. Es ist deshalb wahrscheinlich, daß N-CAM 180 durch seine Assoziation mit dem Zellskelett an Kontaktstellen akkumuliert wird und diese dadurch stabilisiert. Die Tatsache, daß L1 zusammen mit N-CAM an diesen Kontaktstellen lokalisiert ist, weist auf eine funktionelle Kooperation hin, die in ihrem molekularen Mechanismus noch zu untersuchen ist.

Regeneration

bei Säugetieren zeigen Neurone des peripheren und zentralen Nervensystems die Fähigkeit zur Regeneration. Entscheidend hierfür sind die Schwannschen Zellen, die Wiederauswachsen und Regeneration von Nervenzellaxonen zulassen [2, 47, 48]. Im Gegensatz zu den Gliazellen des peripheren Nervensystems erlauben Gliazellen des zentralen Nervensystems keine Regeneration jenseits eines bestimmten Entwicklungsstadiums [56]. In niederen Vertebraten findet Regeneration im zentralen Nervensystem jedoch noch im erwachsenen Tier statt. Diese Beobachtungen veranlaßten uns, nach den zellulären und molekularen

Mechanismen zu suchen, die die Expression von Adhäsionsmolekülen auf Schwannschen Zellen während der Entwicklung und Regeneration regulieren.

Immunhistologische Untersuchungen deuteten daraufhin, daß L1 und N-CAM auf Schwannschen Zellen bereits vor der Myelinisierung exprimiert sind [35]. Auf myelinisierenden Schwannschen Zellen ist L1 nicht mehr vorhanden, wenn diese 1,5 bis 2 Windungen um das Axon gebildet haben. Auf nicht myelinisierenden Schwannschen Zellen bleibt L1 bis in den erwachsenen Zustand vorhanden. Wird ein peripherer Nerv verletzt, treten die Schwannschen Zellen erneut in einen Proliferationszyklus ein, der mit der erneuten Expression von L1 und N-CAM einhergeht, selbst wenn die Schwannschen Zellen noch in Kontakt mit degenerierendem Myelin stehen [36]. Im Hinblick auf die erneute Expression von L1 und N-CAM durchlaufen die Schwannschen Zellen eine „Verjüngung", die sie ihre Entwicklung rekapitulieren läßt.

Die erneute Expression von L1 und N-CAM auf Schwannschen Zellen scheint für die Regeneration von Nervenzellen wichtig zu sein, denn sowohl L1 als auch N-CAM fördern die Adhäsion von Hinterwurzelganglien-Neuronen, den physiologischen Partnern von Schwannschen Zellen, an Schwannsche Zellen [55]. Jedoch nur L1 scheint in das Neuritenwachstum auf Schwannschen Zellen involviert zu sein [55, 8].

Die Klärung der Frage nach den zellulären und molekularen Signalen, die die erneute Expression von Zelladhäsionsmolekülen auf Schwannschen Zellen bewirken, ist eine wichtige Voraussetzung zum Verständnis der bemerkenswerten Plastizität dieser Zellen, sich nach einer Läsion zu verjugendlichen. Ausgehend von den Beobachtungen, daß nach Zerstörung des Axons der Nervenwachstumsfaktor (NGF) von Schwannschen Zellen synthetisiert wird [50], daß Schwannsche Zellen früh während der Entwicklung Rezeptoren für NGF synthetisieren [49], und daß ein Tumor von Zellen der Neuralleiste durch NGF erhöht L1 synthetisiert [33], wurde die Expression von L1 in Abhängigkeit von NGF auf Schwannschen Zellen untersucht. Tatsächlich induziert NGF eine erhöhte Synthese von L1 in Kulturen reiner Schwannscher Zellen [54]. Da Antikörper gegen NGF die L1 Expression in reinen Schwann Zellkulturen reduzieren, scheint NGF über einen autokrinen Mechanismus zu wirken. Ein neuronotropher Faktor reguliert somit nicht nur das Überleben von Neuronen, sondern beeinflußt in einer funktional bedeutsamen Weise die Expression von Adhäsionsmolekülen. NGF spielt somit bei der Regeneration eine doppelte Rolle: Er erhöht die L1 Expression sowohl auf Axonen als auch auf Schwannschen Zellen und ermöglicht somit ein erfolgreiches Neuritenwachstum.

Familienmerkmale

Die drei bisher sequenzierten Ca^{++}-unabhängigen Adhäsionsmoleküle N-CAM, MAG und L1 gehören zur Immmunglobulin Superfamilie [6, 26, 38]. Die Funktion dieser Immunglobulin-Domänen [59] ist jedoch nicht bekannt. Im Immunsystem konnte gezeigt werden, daß Mitglieder der Immunglobulin Superfamilie miteinander interagieren, wenn sie auf gegenüberliegenden Zellmembranen von Partnerzellen lokalisiert oder innerhalb der Zellmembran einer Zelle assoziiert sind. Diese Befunde ermutigen die Suche nach ähnlichen Interaktionen im Nervensystem.

Das L2 Kohlenhydratepitop, eine Struktur, die vom monoklonalen L2 Antikörper erkannt wird, ist ein anderes Familienmerkmal, das mehreren Ca^{++}-unabhängigen Adhäsionsmolekülen gemeinsam ist. Man könnte vermuten, daß es selbst eine wichtige Struktur darstellt, da sie auf mehreren, funktionell wichtigen Zellinteraktionsmolekülen vorkommt. Die L2 Kohlenhydratstruktur ist nicht auf das Nervensystem beschränkt, sondern wird auch in Subpopulationen von lymphoiden Zellen gefunden. Unter diesen Subpopulationen finden sich auch „natürliche Killerzellen", die zu dem alternativen Namen HNK-1 geführt haben [1]. Die L2/HNK-1 Kohlenhydratstruktur während der Entwicklung des Nervensystems wird auf dem Proteingrundgerüst von Zelladhäsionsmolekülen unabhängig von der Proteinexpression selbst reguliert [35, 58, 37]. Auch im erwachsenen Nervensystem sind die Zelladhäsionsmoleküle N-CAM, L1 und MAG heterogen in bezug auf die Expression des L2/HNK-1 Epitops, so daß nur Subpopulationen dieser Adhäsionsmoleküle diese Kohlenhydratstruktur exprimieren [21, 29, 45]. Das L2/HNK-1 Epitop wird auf der extrazellulären, aminoterminalen Domäne, jedoch nicht am äußersten aminoterminalen Ende von N-CAM exprimiert, das die Heparinbindungsdomäne trägt [15]. Seren von Patienten mit Gammopathie und peripherer Polyneuropathie reagieren ebenfalls mit dieser Kohlenhydratstruktur (für Referenzen [11, 58]). Das L2-Kohlenhydratepitop ist auch auf ungewöhnlichen Glykolipiden zu finden und enthält als immunreaktive Gruppe eine 3-sulfatierte-Glukuronsäure [5, 14]. Hinweise, daß das L2/HNK-1 Epitop in Zellinteraktionen involviert ist, kamen von Untersuchungen, die den Einfluß von L2 Antikörpern auf die Zelladhäsion von neuralen Zellen zum Gegenstand hatten [28]. Da jedoch Antikörper nicht nur das Epitop verdecken, gegen das sie gerichet sind, sondern auch räumlich benachbarte Strukturen blockieren können, schien ein direkter Nachweis der funktionellen Wichtigkeit des L2/HNK-1 Epitops bei Zellinteraktionen notwendig. Deshalb wurde untersucht, ob das isolierte, das L2 Epitop tragende Glykolipid und ein davon abgeleitetes Tetrasaccharid Zell-Zellinteraktionen in Kultur beeinflußt. Die isolierten Kohlenhydrate konnten nicht nur Zell-Zellinteraktionen, sondern auch, und sogar ausgiebiger, Zell-Substratinteraktionen inhibieren [32]. Da die inhibitorischen Effekte des Glykolipids und Tetrasaccharids in Adhäsionstests qualitativ und quantitativ den Inhibitionseffekten mit L2 Antikörpern erstaunlich ähnlich waren, ist die einfachste Interpretation dieser Befunde, daß das L2/HNK-1 Kohlenhydratepitop selbst als Ligand in Zellinteraktionen beteiligt ist. Jedoch könnte die Rolle von Kohlenhydratstrukturen in Zellerkennung und -adhäsion komplexer sein, so daß noch keine endgültigen Aussagen über die molekularen Mechanismen der

Kohlenhydratfunktionen gemacht werden können. So wäre es möglich, daß die L2 Kohlenhydratstruktur wegen verschiedener struktureller und funktioneller Eigenschaften mit Glykosaminoglykanen einen guten Kandidaten für Bindungen an Extrazellulärmatrixmoleküle darstellt [12, 32]. Es ist wahrscheinlich, daß die L2 Struktur auch Protein-Proteininteraktionen moduliert, möglicherweise über eine Feinregulierung der Stärke und der Qualität von Affinitäten zwischen Adhäsionsmolekülen.

Ein zweites, L3 genanntes, Kohlenhydratepitop zeichnet sich als neues Familienmerkmal ab. Es wird auf einigen, aber nicht allen Adhäsionsmolekülen exprimiert, darunter L1 und MAG, aber interessanterweise nicht auf J1 und N-CAM [31]. Es wird auch auf dem neuen neuralen Zelladhäsionsmolekül auf Gliazellen AMOG exprimiert, das an Neuron-Astrozyteninteraktionen in vitro beteiligt ist [3, 4]. AMOG gehört nicht zur L2/HNK-1 Familie. Somit zeichnen sich die beiden durch die Kohlenhydrate L2, beziehungweise L3 definierten Familien von Glykoproteinen sowohl durch gemeinsame als auch nur der jeweiligen Familie eigenen Mitglieder aus. Die Zahl der Mitglieder in der L3 Familie ist, wie in der L2 Familie, nicht bekannt.

Einige Charakteristika des L3 Kohlenhydratepitops erinnern an die des L2/HNK-1 Epitops. Wie das L2/HNK-1 Epitop, scheint das L3 Kohlenhydratepitop in Zellinteraktionen involviert zu sein, da L3 Antikörper Zelladhäsion und Neuritenwachstum in vitro stören [Weber u. Schachner, unveröffentlichte Resultate]. Das L3-Epitop zeigt innerhalb der Phylogenese eine starke Stabilität und tritt schon bei Invertebraten auf [16]. Wie L2/HNK-1 ist L3 N-glykosidisch an das Protein gebunden und seine Expression wird unabhängig von der des Proteinrückgrats reguliert, das heißt, nicht alle Moleküle jedes Mitglieds in dieser Familie exprimieren das Epitop. Mit diesen Befunden ist die Beobachtung in Übereinstimmung, daß nur 10—20% aller MAG-positiven Oligodendrozyten das L3 Epitop exprimieren. Gleichermaßen exprimieren AMOG-positive Astrozyten in Kultur kein L3 Epitop.

Diese Beobachtungen werfen Fragen auf, die in Zukunft beantwortet werden sollten: Ist das nächste, funktionell charakterisierte Mitglied der L3 Familie auch ein Adhäsionsmolekül? Was ist die Struktur und Funktion des L3 Kohlenhydratepitops? Wieviele Familien von Adhäsionsmolekülen existieren, die durch ein gemeinsames Familienmerkmal in Form einer bestimmten Kohlenhydratstruktur gekennzeichnet sind? Sind die Proteingrundgerüste der Adhäsionsmoleküle „Präsentatoren" für funktionell wichtige Kohlenhydratstrukturen, mit immensen kombinatorischen Möglichkeiten? Letztlich, wie interagiert das Proteingrundgerüst mit den Kohlenhydraten bei der Zellerkennung?

Die Aufklärung der funktionellen und strukturellen Vielfältigkeit innerhalb der schnell expandierenden Liste von Adhäsionsmolekülen wird wichtige Hinweise auf morphogenetische Mechanismen geben, die Bildung, Aufrechterhaltung und Plastizität des Nervensystems ermöglichen.

Danksagung. Die Autorin ist Rainer Probstmeier für seine Hilfe bei der Bearbeitung des Manuskripts dankbar. Dank gilt auch allen Mitarbeitern, die zu den Forschungsprojekten beigetragen haben, und der Gemeinnützigen Lilly-Schilling-Stiftung, National Multiple Sclerosis Society der USA, Fonds der Chemischen Industrie, Bundesministerium für Forschung und Technologie und Deutsche Forschungsgemeinschaft für Unterstützung.

Ein ähnlicher Artikel erschien in Neurology and Neurobiology, Vol. 48 (1988): Current Issnes in Neural Regeneration Research, eds. P. J. Reier, R. P. Bunge, F. J. Seil, Alan R. Liss, Inc., New York, in Englisch und im Ciba Foundation Symposium (1989) in Deutsch.

Literatur

[1] Abo, T., C. M. Balch, J. Immunol. **127,** 1024 (1981).
[2] Aguayo, A. J.: Axonal regeneration from injured neurons in the adult mammalian central nervous system. In: CW. Cotman (ed): Synaptic Plasticity. S. 457. The Guilford Press. New York 1985.
[3] Antonicek, H., E. Persohn, M. Schachner, J. Cell Biol. **104,** 1587 (1987).
[4] Antonicek, H., M. Schachner, J. Neurosci. **8,** 2961 (1988).
[5] Ariga, T., T. Kohriyama, L. Freddo, N. Latov, M. Saito, K. Kon, S. Ando, M. Suzuki, M. E. Hemling, K. L. Rinehart, S. Kusunoki, R. K. Yu, J. Biol. Chem. **262,** 848 (1987).
[6] Arquint, M., J. Roder, L. S. Chia, J. Down, D. Wilkinson, H. Bayley, P. Braun, R. Dunn, Proc. Natl. Acad. Sci. USA, **84,** 600 (1987).
[7] Bartsch, U., F. Kirchhoff, M. Schachner, J. of Comp. Neurol, in press.
[8] Bixby, J. L., J. Lilien, L. F. Reichardt, J. Cell Biol. **107,** 353 (1988).
[9] Bock, E., C. Richter-Landsberg, A. Faissner, M. Schachner, EMBO J. **4,** 2765 (1985).
[10] Bollensen, E., M. Schachner, Neurosci. Lett. **82,** 77 (1987).
[11] Bollensen, E., A. Steck, M. Schachner, Neurology **38,** 1266 (1988).
[12] Bronner-Fraser, M., Dev. Biol. **123,** 321 (1987).
[13] Chang, S., F. G. Rathjen, J. A. Raper, J. Cell Biol. **104,** 355—362 (1987).
[14] Chou, D. K. H., A. A. Ilyas, J. E. Evans, C. Costello, R. H. Quarles, F. B. Jungalwala, J. Biol. Chem. **261,** 11717 (1986).
[15] Cole, G. J., M. Schachner, Neurosci. Lett. **78,** 227 (1987).
[16] Dennis, R. D., H. Antonicek, H. Wiegandt, M. Schachner, J. Neurochem. **51,** 1490 (1988).
[17] Emmrich, F., Immunol. Today **9,** 296 (1988).
[18] Erickson, H. P., J. L. Inglesias, Nature **311,** 267 (1984).
[19] Fahrig, T., C. Landa, P. Pesheva, K. Kühn, M. Schachner, EMBO J. **6,** 2875 (1987).
[20] Faissner, A., J. Kruse, C. Goridis, E. Bock, M. Schachner, EMBO J. **3,** 733 (1984).
[21] Faissner, A., Neurosci. Lett. **83,** 327 (1987).
[22] Faissner, A., J. Kruse, R. Chiquet-Ehrismann, E. Mackie, Differentiation **37,** 104 (1988).
[23] ffrench-Constant, C., R. H. Miller, J. Kruse, M. Schachner, M. C. Raff, J. Cell Biol. **102,** 844 (1986).
[24] Friedlander, D. R., M. Grumet, G. M. Edelman, J. Cell Biol. **102,** 413 (1986).
[25] Grumet, M., S. Hoffman, K. L. Crossin, G. M. Edelman, Proc. Natl. Acad. Sci. USA **82,** 8075 (1985).
[26] Hemperly, J. J., B. A. Murray, G. M. Edelman, B. A. Cunningham, Proc. Natl. Acad. Sci. USA **83,** 3037 (1986).
[27] Hoffman, S., G. M. Edelmann, Proc. Natl. Acad. Sci. USA **84,** 2523 (1987).
[28] Keilhauer, G., A. Faissner, M. Schachner, Nature **316,** 728 (1985).

[29] Kruse, J., R. Mailhammer, H. Wernecke, A. Faissner, I. Sommer, C. Goridis, M. Schachner, Nature **311,** 153 (1984).
[30] Kruse, J., G. Keilhauer, A. Faissner, R. Timpl, M. Schachner, Nature **316,** 146 (1985).
[31] Kücherer, A., A. Faissner, M. Schachner, J. Cell Biol. **104,** 1597 (1987).
[32] Künemund, V., F. B. Jungalwala, G. Fischer, D. K. H. Chou, G. Keilhauer, M. Schachner, J. Cell Biol. **106,** 213 (1988).
[33] Lee, V. M., L. A. Greene, M. L. Shelanski, Neurosci. **6,** 2773 (1981).
[34] Lindner, J., G. Zinser, W. Werz, C. Goridis, B. Bizzini, M. Schachner, Brain Res. **377,** 298 (1986).
[35] Martini, R., M. Schachner, J. Cell Biol. **103,** 2439 (1986).
[36] Martini, R., M. Schachner, J. Cell Biol. **106,** 1735 (1988).
[37] Martini, R., E. Bollensen, M. Schachner, Devel. Biol., **129,** 330 (1988).
[38] Moos, M., R. Tacke, H. Scherer, D. Teplow, K. Früh, M. Schachner, Nature **334,** 701 (1988).
[39] Persohn, E., M. Schachner, J. Cell Biol. **105,** 569 (1987).
[40] Pesheva, P., A. F. Horwith, M. Schachner, Neurosci. Lett. **83,** 303 (1987).
[41] Pesheva, P., R. L. Juliano, M. Schachner, J. Neurosci. Res. **20,** 420 (1988).
[42] Pollerberg, E., R. Sadoul, C. Goridis, M. Schachner, J. Cell Biol. **101,** 1921 (1985).
[43] Pollerberg, E., M. Schachner, J. Davoust, Nature **324,** 462 (1986).
[44] Pollerberg, E., K. Burridge, K. Krebs, S. Goodman, M. Schachner, Cell Tiss. Res. **250,** 227 (1987).
[45] Poltorak, M., A. J. Steck, M. Schachner, Neurosci. Lett. **65,** 199 (1986).
[46] Poltorak, M., R. Sadoul, G. Keilhauer, C. Landa, T. Fahrig, M. Schachner, J. Cell Biol. **105,** 1893 (1987).
[47] Ramon y Cajal: Degeneration and regeneration of the nervous system. Vol. I, S. 1—396. Oxford University Press. Oxford 1928.
[48] Ramon y Cajal: Degeneration and regeneration of the nervous system. Vol. II, S. 397—768. Oxford University Press. Oxford 1928.
[49] Rohrer, H., Dev. Biol. **111,** 95 (1985).
[50] Rush, R. A., Nature **312,** 364 (1984).
[51] Sanes, J. R., M. Schachner, J. Covault, J. Cell Biol. **102,** 420 (1986).
[52] Schachner, M., A. Faissner, G. Fischer, G. Keilhauer, J. Kruse, V. Künemund, J. Lindner, H. Wernecke: Functional and structural aspects of the cell surface in mammalian nervous system development. In: G. M. Edelman, J.-P. Thiery (eds): The Cell in Contact. S. 257—275. John Wiley & Sons. New York 1985.
[53] Schachner, M., H. Antonicek, T. Fahrig, A. Faissner, G. Fischer, V. Künemund, R. Martini, A. Meyer, E. Persohn, E. Pollerberg, R. Probstmeier, K. Sadoul, B. Seilheimer, G. Thor: Families of neural cell adhesion molecules. In: G. M. Edelman, J.-P. Thiery (eds.): The Cell in Contact II. John Wiley & Sons, Ltd., in press.
[54] Seilheimer, B., M. Schachner: EMBO J. **6,** 1611 (1987).
[55] Seilheimer, B., M. Schachner: J. Cell Biol. **107,** 341 (1988).
[56] Smith, G. M., R. H. Miller, J. Silver: J. Comp. Neurol. **251,** 23 (1986).
[57] Thor, G., E. Pollerberg, M. Schachner: Neurosci. Lett. **66,** 121 (1986).
[58] Wernecke, H., J. Lindner, M. Schachner: J. Neuroimmunol **9,** 115 (1985).
[59] Williams, A. F.: Immunology Today **8,** 298 (1987).

Selbstorganisation des Nervensystems

Hans-Joachim Freund, Düsseldorf

Eine allgemeine Theorie der Hirnfunktion gibt es nicht. Erklärungsversuche müssen deshalb von einigen bruchstückhaften empirischen Ansätzen ausgehen. Trotzdem gibt es zur Zeit im wesentlichen zwei konzeptuelle Ansätze zur Funktionsweise des Gehirns. Auf der einen Seite steht die dualistische Hypothese von Eccles und Popper [2], bei welcher der ,,selbstbewußte Geist" eine Vorrangstellung einnimmt und in die Gehirnfunktionen ordnend und richtungsgebend eingreift. Es wird also von einer Wechselbeziehung zwischen der geistig-seelischen Ebene (Welt 2) und dem Gehirn (Welt 1) ausgegangen. Der ,,selbstbewußte Geist" wird als das Ordnungssystem angesehen, das die Einheit der bewußten Erfahrung aus der Vielfalt der Hirnereignisse aufbaut.

Auf der anderen Seite steht die monistische Hypothese, die davon ausgeht, daß geistig-seelische Vorgänge ebenso wie Bewußtsein Ausdruck integraler Hirnfunktionen und somit untrennbar von diesen sind. Dieser Ansatz setzt voraus, daß auch die höhere Hirntätigkeit des Menschen in der Lage ist, sich selbst zu integrieren und zu organisieren. Gerade dieses wird von den Dualisten für unmöglich gehalten, die hierfür ein externes Ordnungsprinzip fordern. Beide Annahmen sind zur Zeit rein hypothetisch.

Selbstorganisation der Form des Gehirns

Die Fragen der Selbstorganisation des Nervensystems läßt sich an zwei Beispielen besonders anschaulich machen, die beide die Entwicklung des Gehirns betreffen und sich auf die Ausbildung der Form des Gehirns beziehen. Diese während der Embryonalphase ablaufende *Morphogenese* ist weitgehend genetisch festgelegt. Der genetische Code kann aber die genaue Ausbildung der Verbindungsmuster für die etwa 10^{14} Synapsen im menschlichen Gehirn nicht bis ins letzte Detail festlegen. Es verbleibt somit eine geringe Restvarianz, die dafür verantwortlich ist, daß sich keine zwei Gehirne gleichen. Diese strukturelle Verschiedenheit ergibt sich aus der Wirkung mechano-chemischer regulativer Vorgänge durch die Zell- und Substratadhäsionsmoleküle.

Prof. Dr. Hans-Joachim Freund, Neurologische Klinik der Medizinischen Einrichtungen der Universität Düsseldorf

Die Inbetriebnahme dieses „primären Repertoires“ [3] nach der Geburt durchläuft noch einmal eine *kritische Periode* während der endgültigen Ausformung der synaptischen Matrix. Für diese detaillierte Ausformung der *Mikrostruktur* spielt die Interaktion des Organismus mit seiner Umwelt eine entscheidende Rolle. Dabei werden wichtige Elementarfunktionen wie das beidäugige Sehen etabliert. Solche Synapsen, die zeitlich koinzident mit den Nervenzellen, an denen sie enden, aktiv sind, werden gestärkt und vermehrt, während andere, nicht koinzident aktive Terminalen absterben. Solche zeitliche Koinzidenz ergibt sich aus den Interaktionen des Individuums mit seiner Umwelt. Auf diese Weise formt sich die endgültige Hirnarchitektur auf der Mikroebene noch nach der Geburt für eine gewisse Zeit weiter, wobei der Umwelt eine wichtige Rolle für die Ausformung der Feinstruktur zukommt. Nach Abschluß der kritischen Periode gilt die Struktur des Gehirns als auch im Mikrobereich festgelegt, so daß alle weiteren Veränderungen der Funktion des zentralen Nervensystems im Verlauf des Lebens sich nur noch auf der Ebene der funktionellen Organisation abspielen können.

Nur auf diese letztere Phase möchte ich mich im Folgenden beziehen. Als weitere Einschränkung sei vorausgeschickt, daß ich mich als Neurologe fast ausschließlich mit dem menschlichen Gehirn beschäftigen werde. Dabei soll exemplarisch an einer Reihe von Beispielen ausgeführt werden, wie sich solche Hirntätigkeit selbstorganisiert. Den Ausgangspunkt bilden die Elementarfunktionen der Sensomotorik. Allein an dieser Wechselwirkung zwischen Wahrnehmung und Bewegung läßt sich zeigen, welche anderen cerebralen Funktionssysteme Voraussetzung für den Ablauf selbst der einfachsten sensomotorischen Funktionen sind. Aus diesem Ansatz läßt sich ein gewisses Verständnis auch für die funktionelle Organisation höherer Hirnfunktionen ableiten und zwar aus dem wechselseitigen Bedingungsgefüge der verschiedenen Subsysteme und ihrer Integration zu globaleren cerebralen Funktionszuständen mit ihren Verhaltensanalogen.

Zur corticalen Organisation der Sensomotorik

Einfache Nervensysteme übersetzen Sinnesreize weitgehend reflektorisch in motorische Aktivität. Mit zunehmender Differenzierung der Sinnes- und Muskelsysteme vergrößern sich die entsprechenden sensomotorischen Hirnareale. Während bei einfachen Tieren die mit der Sensomotorik befaßten Hirnregionen noch den wesentlichen Teil des Gehirns einnehmen, kommt es bei den Primaten und besonders beim Menschen, zu einer Zunahme von Regionen, die nicht primär mit sensomotorischen Funktionen befaßt sind, sondern mit der Assoziation und Integration solcher Grundfunktionen. Wie aus Abbildung I zu ersehen, nehmen die primären sensorischen Projektionsareale des visuellen, akustischen und somatosensiblen Systems nur noch einen geringen Teil der Hirnoberfläche ein.

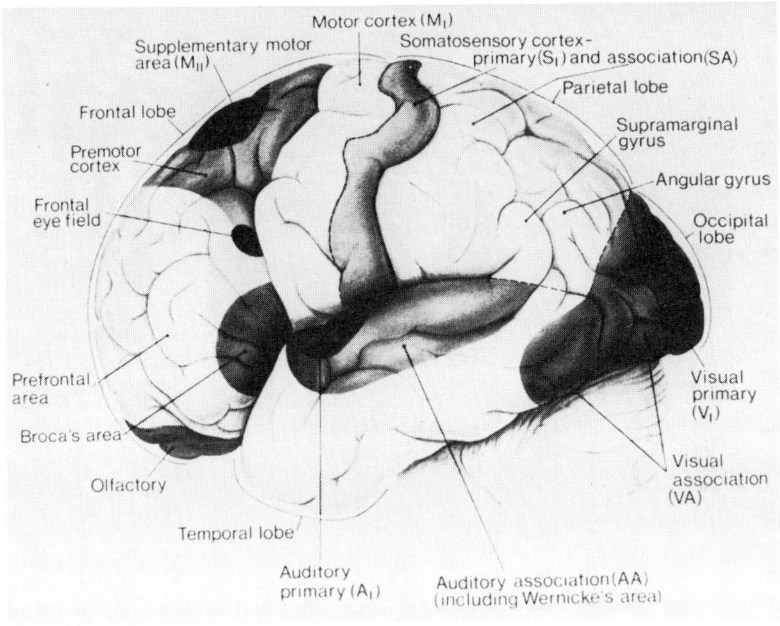

Abb. 1. Seitlicher Aufblick auf das menschliche Großhirn. Die primären sensorischen Projektionsareale des visuellen, auditorischen olfaktorischen und somatosensiblen Systems sind ebenso wie die motorischen Rindenfelder des Frontalhirns schwarz oder grau markiert. Im Gegensatz zum Affen und besonders zu niederen Säugetieren nehmen diese Areale nur noch einen kleinen Teil der Hirnrinde ein. Zwischen ihnen liegen die zunehmend größer gewordenen Assoziationsareale, einschließlich derjenigen für die polymodale sensorische Integration. (Aus [9].)

Diese primären sensorischen Projektionsareale sind so organisiert, daß jedem Körperteil oder Umfeldausschnitt bestimmte Anteile der Hirnrinde zugeordnet sind. Entsprechend dieser somatotopen Organisation wird auch im visuellen oder akustischen System die Umwelt nach einem genauen, punktförmig angeordneten räumlichen Abbildungsschema auf der visuellen Hirnrinde abgebildet oder für den auditorischen Cortex entsprechend der Frequenz oder anderen akustischen Merkmalen. Zusätzlich zu diesen räumlich-zeitlichen Ordnungsparametern werden bestimmte andere Merkmale der entsprechenden Sinnesmodalität in dafür spezialisierten Subarealen herausgearbeitet, zum Beispiel im visuellen System Farbe, Form oder Bewegung. Diese unterschiedlichen Merkmale der verschiedenen Modalitäten werden selektiv anderen Hirnarealen zuge-

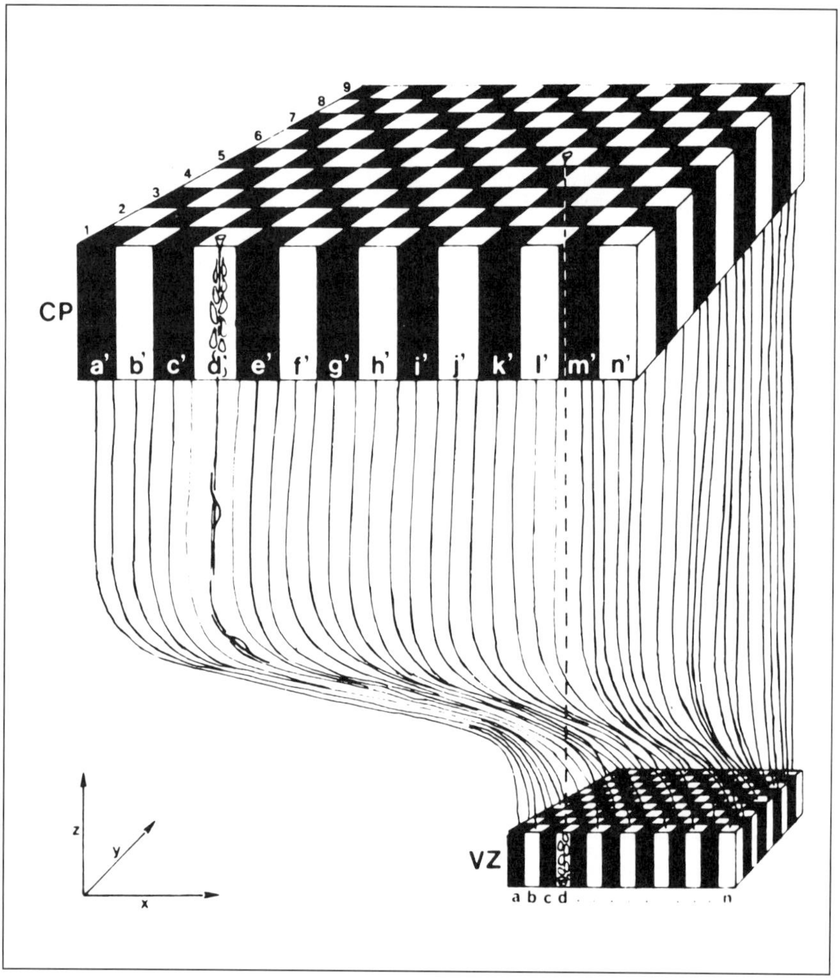

Abb. 2. Schematische Darstellung der corticalen Module nach Rakic [12]. Diese Elementareinheiten der Hirnrinde haben jeweils eng umschriebene Funktionen, wie zum Beispiel die Verarbeitung der Information aus einem bestimmten Hautbezirk (rezeptives Feld). Ihre vielfältigen Verbindungen sind Grundlage einer ausgesprochen dynamischen, den wechselnden Bedingungen angepaßten funktionellen Organisation.

leitet. Somit werden nicht einheitliche Gesamtwahrnehmungen dem motorischen System oder den Gedächtnisspeichern zugeleitet, sondern Teilaspekte gehen an entsprechend subspezialisierte motorische oder limbische Strukturen. Es handelt sich also um *distributive Systeme.* Wichtig für deren Verständnis ist die morphologische Untergliederung der Hirnrinde in *cytoarchitektonische Felder,* die als „Organe des Gehirns" unterschiedliche Funktionen haben. Die cytoarchitektonischen Felder sind weiter in verschiedene Subeinheiten unterteilt, von denen die *Module* am wichtigsten sind. Diese 0,5—1 mm breiten kortikalen Säulen sind wie Bienenwaben angeordnet (Abb. 2). Die Funktionsweise solcher Module ist nicht rein anatomisch zu verstehen, wie durch die schematische Abbildung 2 suggeriert wird, sondern als funktionelle Funktionseinheit der Hirnrinde. Sie ergibt sich aus den morphologischen Gegebenheiten dadurch, daß Hemmfelder entstehen, die zu einer funktionellen Begrenzung der einkommenden Erregung führen. Auf diese Weise bleibt in den primären sensorischen Hirnrindengebieten die Verarbeitung für einen ganz bestimmten Bezirk der Netzhaut oder der Haut (= rezeptives Feld) auf einzelne Module begrenzt. Obwohl bestimmte anatomische Vorgaben bestehen, ergibt sich aus der enormen Vielfalt von Verbindungen die Möglichkeit, unter verschiedenen funktionellen Gegebenheiten eine Vielzahl von Kombinationen solcher Module dynamisch zusammenzuschalten. Dafür spielt die zeitliche Kohärenz eine entscheidende Rolle, also Synchronisation in weit verzweigten neuronalen Netzwerken. Die aktuellen räumlich-zeitlichen Muster solcher kooperativen Netzwerke ergeben sich zu einem wesentlichen Teil aus der Interaktion mit der Umwelt. Sie sind somit in hohem Maße dynamisch und nicht statisch definiert. Solche „Modulkonferenzen" mit wechselnder Besetzung sind Voraussetzung der polymodalen Integration als Grundlage der ganzheitlichen Gestalterfassung und der Vorbereitung motorischer Handlungen.

Die Wechselwirkung zwischen Wahrnehmung und Bewegung

Motorik, um nicht blind zu handeln, braucht Sinnesmeldungen. Die Sinnesorgane sind aber im gleichen Ausmaß auf die Motorik angewiesen. Einfachstes Beispiel ist das Begreifen von Objekten mit der Hand. Oberflächenmerkmale von Testobjekten (z. B. ihre Rauhigkeit) können gut erkannt werden, wenn die entsprechenden Objekte auf die Hautoberfläche gedrückt werden. Solch passive Berührung reicht aber nicht zur Formerkennung aus. Hierzu ist die aktive Explorationsmotorik der Hand notwendig. Abbildung 3 zeigt hierzu ein Beispiel aus unserem Labor. Mittels eines optoelektronischen Systems wurden Fingerbewegungen während natürlicher Abtastvorgänge verschiedener Objekte registriert.

Die Versuchsperson hatte die Aufgabe diese bei geschlossenen Augen zu erkennen. Abbildung 3b zeigt die Bewegungen von Daumen und Zeigefinger für diejenigen Ebenen, welche die Finger im Aufblick von vorne darstellt. Die Bewe-

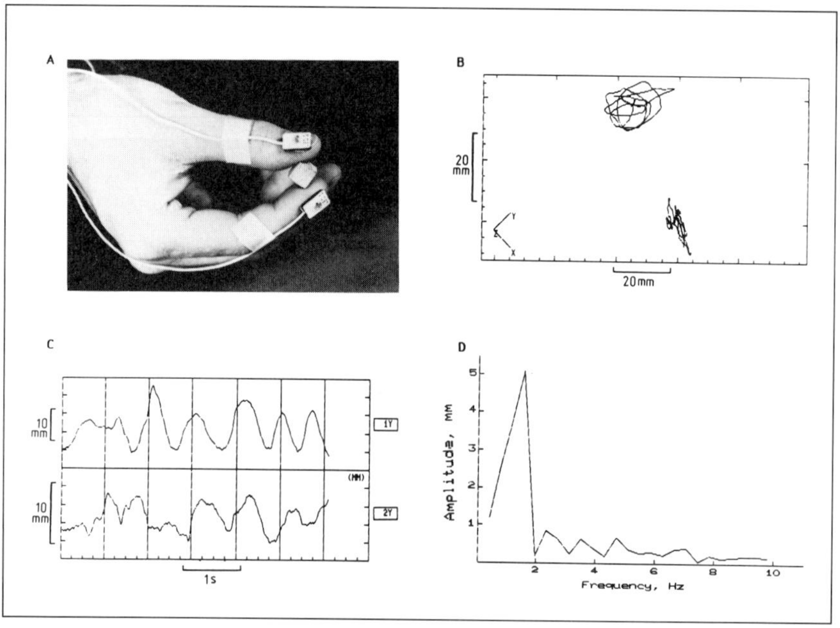

Abb. 3. Räumliche und zeitliche Charakteristiken explorativer Bewegungen von Zeigefinger und Daumen während der Aufgabe, ein Testobjekt bei geschlossenen Augen zu erkennen. Die Ableitung erfolgte mit einem optoelektronischen System (Selspot II). Die Lage der Dioden an den Fingern ist in **a** dargestellt, die räumlichen Bewegungsfelder der beiden Finger beim Aufblick der Fingerkuppen von vorne (Daumen oben, Zeigefinger unten) in **b,** die zeitliche Abfolge der beiden Fingerbewegungen in der vertikalen Ebene (Y) in **c** und deren Frequenzspektrum in **d.** (Aus [11].)

gungen der Finger sind keineswegs monotone Wiederholungen derselben Trajektorien, sondern weichen etwas voneinander ab. Somit werden jeweils verschiedene Hautrezeptorpopulationen durch die Bewegung aktiviert. In Abbildung 3c ist der zeitliche Ablauf der explorativen Fingerbewegungen in der Y-Achse dargestellt. Die Bewegungsspur zeigt wohlgeordnete räumliche Explorationsmuster und die Zeitspur eine Abfolge ziemlich regelmäßiger sinusoidaler Bewegungen, deren Frequenzspektrum im untersten Teil der Abbildung einen klaren Gipfel erkennen läßt und damit die Regelmäßigkeit der Abtastbewegungen nachweist. Wenn man während dieses Abtastvorganges einzelne Nervenfasern von Mechanorezeptoren der Haut mit der Mikroelektrode ableitet, deren rezeptives Feld an der Fingerbeere liegt, findet man eine starke Rezeptoraktivierung bei jeder Objektverschiebung über das rezeptive Feld. Dies ist in Abbildung 4 dargestellt. Die Bewegung erzeugt solche Rezeptorerregungen aus einer ganzen Population von Mechanorezeptoren deren rezeptive Felder im bewegten

Areal liegen. Auf diese Weise wird die Oberflächentextur von Tastobjekten ebenso wie deren Form und Materialeigenschaft durch das Nervensystem codiert und dem Gehirn zugleitet.

Ähnliche Verhältnisse wie für die Wechselwirkung zwischen Handbewegung und Wahrnehmung von Tastobjekten finden sich für die Beziehung zwischen Sehen und Augenbewegungen. MIt stabilisierten Netzhautbildern kann man nachweisen, daß die Abbildung relativ rasch verschwindet, wenn das Auge experimentell so fest fixiert wird, wie dies unter natürlichen Verhältnissen niemals passiert. Vielmehr sind die unwillkürlichen Mikrobewegungen der Augen Voraussetzung für die Erhaltung des Sehbildes während ruhiger Fixation des Auges. Die größeren Augenbewegungen dienen dazu, die Stelle des schärfsten Sehens, die Fovea, auf die interessierenden Bildpunkte zu transportieren. Abbildung 5 zeigt die beim Betrachten eines Gesichtsprofiles aufgezeichneten Bewegungsspuren der Augen. Man sieht, daß die Augenbewegungsspur im wesentlichen den Konturen folgt, während die Flächen unbeachtet bleiben. Solche Augenbewegungsstrategien sind sicherlich wichtig für die individuelle Erfassung bestimmter Bildmerkmale. Wie die vergleichende Betrachtung von solchen Augenbewegungsspuren bei optischen Täuschungen, beim Notenlesen oder bei komplexen Szenen zeigt, drücken die Augenbewegungen bereits in einem hohen Ausmaß subjektive Erwartungen des Betrachters aus, welche eine der wesentlichen Determinanten für die Programmierung der sakkadischen Augen-

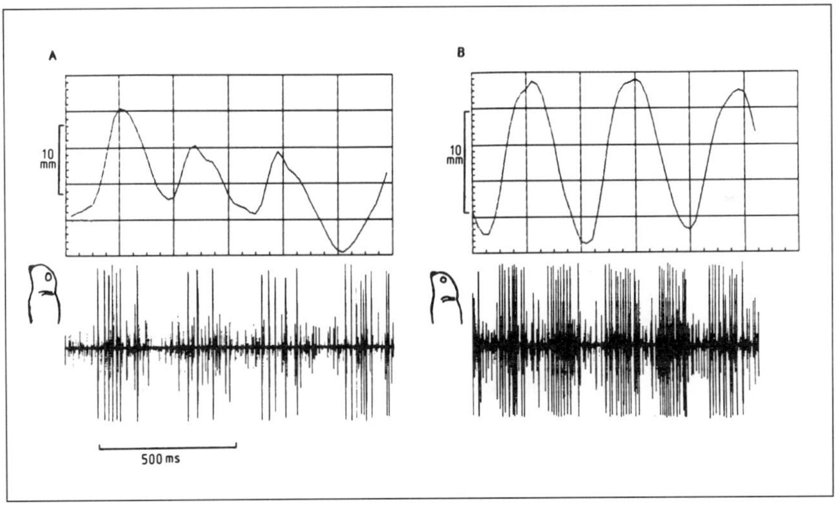

Abb. 4. Aktivierung eines Mechanorezeptors der Fingerbeere (SA II Rezeptor) während deren Bewegung über einen Würfel. Jede Fingerbewegung (der untere Teil zeigt die Bewegungsspur) führt zu einer phasischen Rezeptorerregung, die dem Gehirn zugeleitet wird. (Aus [11].)

bewegungen ist. Die Reihenfolge und Dauer der Sakkaden und der dadurch entstehenden Fixation der verschiedenen Bildpunkte entspricht also dem spezifischen Gedankenablauf des Betrachters. Yarbus [15], einer der Pioniere der Registrierung von Augenbewegungen, kam aufgrund seiner Analyse der verschiedenen okulomotorischen Explorationsstrategien zu dem Schluß, daß die unterschiedliche räumliche Strukturierung und Sequenz der Augenbewegungen bei verschiedenen Betrachtern ein und desselben Bildes den unterschiedlichen Gedankenabläufen entsprechen, so daß Personen, die unterschiedlich bewegen auch unterschiedlich denken.

Diese wenigen Beispiele aus dem Bereich der elementaren Sensomotorik weisen zum einen die wechselseitige Bedingtheit sensomotorischer Abläufe aus, zum anderen wird zum ersten Mal deutlich, wie aus solchen sensomotorischen Abläufen gewisse Rückschlüsse auf geistige Vorgänge möglich sind. Sicher bildete die Differenzierung der Funktion der Hand als Sinnes- und Manipulationsorgan ebenso wie die der Okulomotorik und der Auge-Hand-Interaktion eine ähnlich wichtige Rolle für die menschliche Evolution wie die Entwicklung der Sprache.

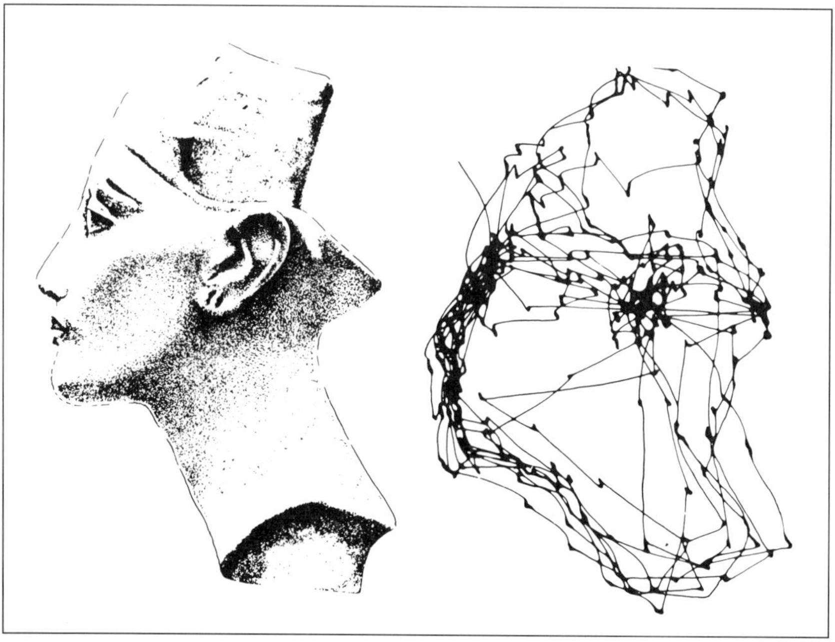

Abb. 5. Die Augenbewegungsspuren beim Betrachten eines Gesichtes sind dem Profil überlagert. Sie lassen erkennen, daß die Fixationspunkte und die darüberliegenden Blicksprünge (Sakkaden) entlang der Gesichtskonturen und wichtiger Merkmale angeordnet sind. (Aus [15].)

Das Problem der Reizreduktion

Die Entwicklung hochauflösender Sinnessysteme hat dazu geführt, daß unser Nervensystem ständig von einer Unzahl von Sinnesmeldungen bombardiert wird. Informatiker haben hierzu berechnet, daß nur winzige Bruchteile dieser Informationsfülle bewußt verarbeitet werden können. Die dafür notwendigen Auswahlmechanismen stellen einen wesentlichen Aspekt der Selbstorganisation komplexer Nervensysteme dar und gehen mit einer entsprechenden Entwicklung von Funktionssystemen einher, die der selektiven Aufmerksamkeit dienen. Dieses Problem wird am besten mit dem von Richard Jung [10] gewählten Beispiel einer Lampe illustriert, die jeweils nur einen kleinen Teil der dunklen Außenwelt beleuchten kann. Nur dieser kleine Ausschnitt ist der bewußten Wahrnehmung zugänglich. Neben diesen Mechanismen der selektiven Aufmerksamkeit sind Wachsein und Aufnahmebereitschaft allgemeine Voraussetzungen für bewußte Wahrnehmung. Es bedarf somit der konzertierten Aktion sowohl unspezifischer als auch selektiver Aufmerksamkeitsmechanismen als Voraussetzung bewußter Wahrnehmung. Neuronale Strukturen der allgemeinen Wachheit und Aufmerksamkeitszuwendung sind aufsteigende Hirnstamm- und Zwischenhirnprojektionen als wesentliche Bestandteile des sogenannten „coresystems".

Für die selektive Aufmerksamkeit spielt beim Menschen das Stirnhirn eine wichtige Rolle. Bewußte Wahrnehmung setzt weiterhin das Gedächtnis voraus, das den ständigen Abgleich des momentan Wahrgenommenen mit Vorbekanntem ermöglicht. Wichtigste Gedächtnisstruktur ist das limbische System, das auch für die Emotionalität eine maßgebliche Rolle spielt und sich aus dem Riechhirn entwickelt hat. Insbesondere ist der Hippocampus für das kognitiv-assoziative Lernen und Behalten unverzichtbar, während das Kleinhirn für das motorische Lernen notwendig ist. Beide Strukturen zeichnen sich durch eine besondere Regelmäßigkeit ihres Bauplans aus und entsprechen architektonisch nicht der sonst üblichen isokortikalen Hirnrinde. Auch die zeitliche Organisation ihrer Nervenzelltätigkeit weist Besonderheiten auf. Beide Strukturen haben vorgeschaltete potentiell rhythmische Kerngebiete, die synchronisierte Eingangssignale generieren. Weiterhin haben sie Mechanismen der Langzeitpotenzierung von erregenden oder hemmenden synaptischen Potentialen. Hippocampus und Cerebellum weisen damit Eigenschaften auf, die für die Arbeitsweise der oben beschriebenen verzweigten Subsysteme wahrscheinlich im Sinne der zeitlichen Koordinierung notwendig sind. Ob die über unterschiedliche Strukturen verzweigten Informationen wieder auf bestimmte Regionen konvergieren, ist derzeit ungeklärt. Ebenso wie die Frage der räumlichen *Konvergenz,* ist im Zeitbereich das Zustandekommen von *Koinzidenz* unklar. Diese ist vermutlich Voraussetzung der Erkennung zusammengehöriger aktueller Information und deren Vergleich mit korrelierenden Gedächtnisinhalten.

Zeitliche Aspekte neuronaler Verarbeitung sensomotorischer Signale

Die Schaffung ausreichend langer Integrationszeiten durch entsprechende Langzeitpotenzierung oder Langzeitdepression an Membranen wird derzeit besser verstanden als die Rolle der *oszillatorischen* Aktivität, die noch recht kontrovers diskutiert wird. Theoretisch wird zwar „reentrant activity" für wechselseitig miteinander verbundene, modal organisierte, parallele Systeme häufig gefordert. Experimentelle Nachweise fehlen aber, obwohl an der Existenz cerebraler Oszillatoren nicht zu zweifeln ist.

Interessante Hinweise für die Rolle oszillatorischer Aktivität für die Selbstorganisation von Nervensystemen ergeben sich aus dem Frequenzbereich. Cerebrale Oszillatoren scheinen Vorzugsfrequenzen bei 4—6 Hz, entsprechend dem Theta-Band, und 8—12 Hz entsprechend dem Alpha-Band im Electroencephalogramm zu haben. Interessanterweise zeigen eine ganze Reihe gelernter motorischer Aktivitäten relativ invariante Vorzugsfrequenzen im 4—6 Hz Bereich. Gelernte Hand- oder Fingerbewegungen wie Schreiben, Tippen, Radieren oder Schraffieren werden in einem engen Frequenzbereich zwischen 4—6 Hz ausgeführt. Die Abtastbewegungen der Finger, die Lippenbewegungen beim Sprechen oder die gemeinsame Bewegung von Auge- und Sprachapparat beim Lesen zeigen ähnlich enge Frequenzbänder im 2—4 Hz Bereich. Diese entstehen aber erst, nach dem oft jahrelangen *Lernprozeß.* Vor dem Erlernen werden solche Funktionen sehr viel langsamer ausgeführt, weil sie der detaillierten Kontrolle durch Sinnesorgane bedürfen, die zeitaufwendiger ist [5]. Gelernte Bewegungen sind ja weniger auf die fortlaufende genaue Kontrolle durch Sinnesorgane angewiesen, sondern beruhen zu einem hohen Ausmaß auf Prädiktion. Die Mehrzahl unserer motorischen Leistungen sind zudem rhythmisch organisiert und gleichen sinusoidalen Abläufen. Störungen solcher oszillatorischer Aktivitäten haben bei Patienten mit bestimmten Erkrankungen der Basalganglien und des Cerebellums Störungen des Sprachrhythmus zur Folge, aber auch einer Reihe von manuellen Verrichtungen. Die erst kürzlich möglich gewordene Analyse natürlicher Sprach- und Schreibvorgänge ebenso wie der explorativen Okulomotorik bei Patienten mit verschiedenen Hirnfunktionsstörungen zeigt, daß solche Dysfunktionen auf Störungen der zeitlichen Organisation beruhen. Hier reicht der Bogen von der Störung einfacher oszillatorischer Abläufe bis zur Zeitmusterstörung für Sequenzen höherer Ordnung. Während die Durchführung elementarer oszillatorischer Rhythmen die intakte Funktion subkortikaler Kerngebiete (Basalganglien, Kleinhirnkerne) voraussetzt, spielt das Stirnhirn eine wichtige Rolle für die Etablierung komplexer Rhythmen [4, 5, 7].

Das Frontalhirn hat sich beim Menschen besonders stark entwickelt. Es liegt am weitesten von den primären sensorischen Projektionsarealen entfernt, direkt vor den motorischen Rindenfeldern. Es kann als prämotorische Struktur eines Handlungszentrums betrachtet werden und erhält starke Projektionen von den Sinnesarealen ebenso wie vom limbischen System. Es wird angenommen, daß eine wichtige Funktion des Stirnhirns darin besteht, auf der einen Seite fortlaufend die momentane Wahrnehmung zu verfolgen und mit früheren Erfahrungsinhalten, die in Beziehung dazu stehen, abzugleichen, und auf der anderen Seite die Ziele und Pläne der jeweiligen Verhaltensstrategie nicht aus den Augen zu verlieren. Ingvar [8] hat hierfür den Begriff eines Gedächtnisses für die Zukunft (memory of the future) geschaffen. Dieser beschreibt treffend, daß es neben einem Gedächtnis für das Vergangene, einem Bewußtsein des Gegenwärtigen, auch eines Zukunftsgedächtnisses bedarf, das für den Menschen eine nach weitgehender Aufgabe instinktgebundener Verhaltensweisen ganz wesentliche Entwicklung erfahren hat und für das Verhalten, insbesondere auch dessen ethische und soziale Dimensionen, eine Rolle spielt. Die ausgeprägten wechselseitigen Verbindungen zwischen Frontalhirn und limbischen System sind sicher für die Motivation und die Zumessung subjektiver Lust-Unlust-betonter Werte durch die hedonistischen, limbisch-diencephalen Anteile wichtig. Die Relevanz der aktuellen Wahrnehmung vor dem Hintergrund früherer Erlebnisse, ihre emotionale Färbung und schließlich ihre kognitiv assoziativen Dimensionen sind einige Determinanten der integrativen Entscheidungsprozesse, für die das Frontalhirn eine zentrale Bedeutung hat. Über starke rückwärtige Projektionen sowohl in die nahegelegenen motorischen Zentren, aber auch in sensorische Areale, übt das Stirnhirn seine Kontrollfunktion aus. Roland [13] hat mit Messungen zur regionalen Hirndurchblutung und zum regionalen Metabolismus durch die Positron-Emissions-Tomographie nachgewiesen, daß primär sensorische Rindenanteile selektiv auf relevante Reize durch das Frontalhirn vorbereitet werden, ehe ein solcher Reiz tatsächlich einwirkt. Dieses frontale „tuning" parietaler somatosensibler Handregionen war auch dann nachweisbar, wenn der Stimulus die Hand gar nicht berührte. Die regionale Stoffwechselaktivierung war entsprechend ausgeprägter bei selektiver Aufmerksamkeitszuwendung als bei Berührung nach Ablenkung oder Nichtbeachtung. Gleichzeitig war in einem Frontalhirnanteil eine deutlich vermehrte regionale Aktivierung feststellbar. Diese Fokussierung selektiver Aufmerksamkeit durch den frontalen tuning-Mechanismus schließt den Kreis der verschiedenen interaktiven Mechanismen, die an einem so einfachen Ablauf wie dem Betasten eines Objektes beteiligt sind.

Wir können an dieser Stelle soweit zusammenfassen, daß bezüglich solcher Elementarfunktionen externe Reizmuster erst nach ihrer Auswahl für die bewußte Weiterverarbeitung zur Information und damit verhaltensrelevant werden. Motorische Handlungen stellen einen wesentlichen Bestandteil der Aufmerksamkeitszuwendung dar, durch den sensorische Information ausgewählt und räumlich-zeitlich strukturiert wird. Nach dem laufenden Abgleich mit Gedächtnisinhalten werden Entscheidungsprozesse ermöglicht. Erst in diesem Moment werden sie dem Sprachsystem zugänglich, wobei hierfür die Bewertung von Zusammenhängen eine zusätzliche Rolle spielt.

Bewußtsein als Monitor cerebraler Aktivität

Hiermit betreten wir eine neue, noch komplexere Ebene der Hirnfunktion, nämlich die der Sprachentwicklung. Obwohl Schimpansen durch intensives Training schon einen begrenzten „Wortschatz“ ohne Grammatik, in Form einer Zeichensprache erwerben können, gehört sprachliche Kommunikation noch nicht zu ihrem genetischen Repertoire. Dagegen finden sich erstaunliche Gemeinsamkeiten zwischen der Ausdrucksmotorik im mimisch und begrenzt auch gestischen Bereich von Affen und Mensch, die bereits Charles Darwin herausgearbeitet hat. Sein Buch „The Expression of Emotions in Man and Animal“ [1] enthält eine Fülle von Beobachtungen über solche Ähnlichkeiten im nicht verbalen Ausdrucksrepertoire von Emotion und Kommunikation. Mit der Sprache ist eine neue Dimension der cerebralen Organisation entstanden, die mit der noch später erworbenen Schriftsprache die Entwicklung der menschlichen Zivilisation ermöglichte.

Die mit dem Spracherwerb verbundene Hemisphärenasymmetrie gibt der Hirnforschung große Rätsel auf. Die bahnbrechenden Untersuchungen insbesondere von Gazzaniga [6] zunächst an den von Bogen in Kalifornien seit 1962 operierten split-brain Patienten und später an denen der Dartmouth-Gruppe, haben hierzu neue Einsichten gebracht. Es handelt sich um Patienten, denen entweder nur die neokortikalen Balkenverbindungen zwischen den beiden Hirnhälften aus therapeutischen Gründen durchtrennt wurden oder auch tiefer gelegene limbische Kommisuren. Dadurch kann der normale Informationsaustausch zwischen den beiden Hirnhälften nicht stattfinden. Die Eindrücke aus dem linken Gesichtsfeld oder Körpereindrücke von der linken Körperhälfte gelangen deshalb nur in die rechte Hemisphäre ohne der sprachkompetenten linken Hemisphäre zur Verfügung zu stellen. Mit raffinierten Testmethoden wurde nachgewiesen, daß die rechte Hemisphäre sehr wohl mit der Umwelt kommunizieren kann, solange diese Kommunikation nicht verbal bleibt. Eindrucksvoll waren die emotionalen Reaktionen auf Stimulusdarbietungen an die rechte Hemisphäre. Obgleich die Kommunikation mit der rechten Hemisphäre sich für den Experimentator rasch und klar abzeichnet ist dem Patienten überhaupt nicht bewußt, was die rechte Hemisphäre leistet. Gazzaniga entwickelte auf der Grundlage dieser Beobachtungen die recht radikale Hypothese, daß der Organismus nicht ein einziges Selbst hat, sondern eine Reihe von mentalen Systemen (emotional, motivational, perzeptiv usw.), wovon jedes mit seinen eigenen Werten und Antwortcharakteristiken versehen ist. Mit der Entwicklung des menschlichen Gehirns werden die Verhaltensweisen dieser verschiedenen Systeme von einem zunehmend dominant werdenden verbalen Sprachsystem erfaßt. Damit einher geht die Entwicklung eines Konzeptes der Selbstkontrolle. Dieses verbale System steuert in zunehmendem Maße die Tätigkeit der anderen. Demnach ist der Geist nicht als eine psychologische Einheit zu betrachten, sondern als eine soziologische Einheit, die aus verschiedenen mentalen Subsystemen zusammengesetzt wird. Die Einzigartigkeit des Menschen besteht demnach in seinem Verbalisationsvermögen und der damit verbundenen Schaffung eines persönlichen Wirklichkeits- oder Realitätsbewußtseins. Dieser Neuerwerb ist aber mit dem wesentlichen Nachteil verbunden, daß das verbale System das Warum und Wie, also das Bedingungsgefüge anderer Systeme, nicht kennt.

Dies ist ein völlig neuer Ansatz zur Problematik des Unbewußten. Viele rechtshirnige und limbische Vorgänge sind operational wirksam, auch wenn sie nicht bewußt werden. Unsere Schwierigkeiten, bestimmte Entscheidungen die wir getroffen haben, später rational nachzuvollziehen oder emotionale Schwankungen zu verstehen, beruhen sicherlich auf unserer derzeitigen Unkenntnis, wie der Monitor des Sprachsystems andere cerebrale Vorgänge abbildet und ins Bewußtsein läßt. An diesem Punkt wird auch deutlich, daß viele oben ausgeführte sensomotorische „bewußte" sensomotorische Prozesse einschließlich der selektiven Aufmerksamkeit nicht die Ebene des Selbstbewußtseins zu erreichen brauchen, um trotzdem handlungs- und damit auch wahrnehmungsrelevant zu werden. Unser Tun und Handeln wird offensichtlich zu einem wesentlich größeren Ausmaß als uns derzeit bekannt ist von cerebralen Prozessen bestimmt, über deren ungenügende Kommunikation mit dem Sprachsystem wir so wenig wissen. Das neu erworbene linguistische System hat offensichtlich recht beschränkte Kommunikationsmöglichkeiten mit anderen relevanten Prozessen.

Wir stehen mit solchen Einsichten erst am Anfang einer Entwicklung, die uns weitere, wahrscheinlich recht einschneidende Einblicke in die Funktionsweise des Gehirns bescheren wird. Dies mag insofern überschätzt wirken, als die soeben erwähnten Zusammenhänge von einer künstlichen Situation abgeleitet wurden und im Normalfall ja freier Zugang zum Sprachsystem gegeben ist. Dabei ist aber zu berücksichtigen, daß die Transferkapazität der verschiedenen Subsysteme zum Sprachsystem sehr begrenzt ist.

Technische Entwicklungen der letzten Jahre lassen erwarten, daß nicht nur sensomotorische Vorgänge wie der Gebrauch der Hand, des Auges oder der Sprache genauer erforschbar werden und damit gewisse Rückschlüsse auf mentale Funktionen zulassen, sondern daß auch das Gehirn und die Änderung seiner Tätigkeit unter standardisierten Bedingungen so genau abzubilden ist, wie es bislang nur den Anatomen möglich war. Mit dieser Auflösung lassen sich einzelne Hirnregionen wie beispielsweise das motorische oder sensorische Sprachzentrum nicht nur genau abbilden, sondern auch planimetrieren. Die deutliche Asymmetrie der Sprachregion und ihres Analagons in der subdominanten Hemisphäre kann auf diese Weise genau erfaßt werden, so daß die Seite der Sprachdominanz aus solchen Bildern ermittelbar ist [15]. Veränderungen im Krankheitsfall lassen durch genaue Korrelation von Struktur und Funktionsstörung Fortschritte gerade über menschliche Gehirnfunktionen erwarten. Bislang waren ja wesentliche Fortschritte in der Hirnforschung durch Experimente an

Affen möglich gemacht worden. Die spezifisch menschlichen Fragen der Hirnorganisation lassen sich damit nur begrenzt angehen.

Vielleicht wird sich im Zuge der weiteren Aufklärung der menschlichen Hirnfunktion abzeichnen, was sich auf der Grundlage der Ergebnisse aus der split-brain-Forschung schon andeutet: die Hirntätigkeit des derzeitigen Homo sapiens ist noch ein ziemliches Gemisch aus dem großen Repertoire phylogenetisch älterer und daher auch bei uns noch höchst wirksamer Mechanismen und der sprachassoziierten neuen Systeme. Es bleibt zu hoffen, daß wir hinsichtlich der Selbsteinschätzung unserer Natur kompetenter und dadurch vorsichtiger werden. Möglicherweise liegt angesichts der enormen Plastizität, die das erwachsene Nervensystem offensichtlich in höherem Maße besitzt, als angenommen, ein immenses Potential in der Anlage dieses hoch adaptiven Systems für die weitere Entwicklung des Gehirns, das sich in den letzten paar hundert Generationen so besonders rasch entwickelt hat. Es wären dies aber sicher nicht nur Wege nach außen, sondern Entwicklungen nach innen, die ja eigentlich schon immer das Anliegen aller Kulturen waren. Es sieht so aus, als ob Wissenschaft und Technik, die oft als Gegner der Wege nach innen angesehen wurden, zu neuen Einsichten über unsere Natur, unser Wesen führen werden.

Literatur

[1] Darwin, Ch.: The Expression of Emotions in Man and Animal. Originalausgabe 1872. Reprinted from Authorized Edition of D. Appleton & Co., New York. University of Chicago Press. Chicago 1985.

[2] Eccles, J. C., K. R. Popper: Das Ich und sein Gehirn. Piper Verlag. München 1982.

[3] Edelman, G. M.: Neural Darwinism. Basic Book Inc. Publ. N. 4 (1987).

[4] Freund, H.-J.: In: Handbook of Physiology Section 1: The Nervous System (F. Plum, ed.) S. 763, Vorl. V Higher Funktions of the Brain, Part 2. Williams and Wilkins. Baltimore 1987.

[5] Freund, H.-J., E. Kunesch. In: The Principles of Design and Operation of the Brain. Study Week, Pontificia Academia Scientiarum. Vatican City. 19.—24. 10. 1988 (im Druck).

[6] Gazzaniga, M. S., J. E. Ledoux: The Integrated Mind. Plenum Press. New York 1978.

[7] Halsband, U., H.-J. Freund: Brain 112 (1989).

[8] Ingvar, D. H.: Human Neurobiology **4,** 127 (1985).

[9] Jones, E., A. Peters: A Cerebral Cortex. Vol. IV Association and Auditory Cortices. Plenum Press. New York 1984.

[10] Jung, R.: In: Brain mechanisms and consciousness. (J. F. Delafresnaye, E. D. Adrian, F. Bremer, N. H. Jasper edts.) S. 310, Blackwell Publ. Oxford 1954.

[11] Kunesch, E., F. Binkofski, H.-J. Freund: zur Publikation eingereicht.

[12] Rakic, P.: Postgrad. Med. J. **54,** 25 (1978).

[13] Roland, P. E.: Hum. Neurobiol. **4,** 155 (1985).

[14] Steinmetz, H. u. Mitarb.: Ann. Neurol 24 (1989).

[15] Yarbus, A. L.: Eye Movements and Vision. Plenum Press. New York 1987.

Ordnung und Chaos bei Psychosen

Hans Heimann, Tübingen

Das Thema „Ordnung und Chaos in der unbelebten und belebten Natur", das uns auf dieser Tagung beschäftigt, führt den Arzt in einen Bereich, in welchem die beiden Leitbegriffe „Ordnung" und „Chaos" zunächst nur analoge Bedeutung haben können, wenn wir sie aus der Perspektive der Naturwissenschaften, insbesondere der Physik, betrachten. Wenn H. Haken für eine Darstellung der Selbstorganisation biologischer Systeme davon ausgeht, daß die moderne Naturwissenschaft von der Idee beherrscht ist, alle Anthropomorphismen bei der Deutung von Naturvorgängen zu eliminieren, besteht die Gefahr, daß man in meinen Ausführungen entweder die Naturwissenschaft vermissen könnte oder die Bedeutung der Analogie. Analogie ist jedoch neben der Intuition die wichtigste Quelle menschlicher Erkenntnis. Sie bedeutet nach Kant „eine vollkommene Ähnlichkeit zweier Verhältnisse zwischen ganz unähnlichen Dingen" und E. Mach hebt ihre heuristische Bedeutung hervor. Der Psychiater angesichts psychischer Erkrankungen und konfrontiert mit den Bedürfnissen seiner ihm anvertrauten Patienten — Menschen, nicht Systemen —, ist durch unser Thema gezwungen, sich auf eine Abstraktionsebene zu begeben, die sich zwischen Gehirnvorgängen pathologischer und kompensatorischer Art und menschlichen Existenzweisen bewegt.

Psychiatrie kann in analoger Weise wie Naturwissenschaft versuchen, geordnete Strukturen und Verhaltensweisen in komplexen Organisationsformen zu bestimmen, sie zu erklären und wenn möglich vorherzusagen. Im Vordergrund steht dabei die Frage, welche signifikanten Struktur- und Verhaltensänderungen auftreten können und warum dies von der Natur bevorzugt wird beziehungsweise in der Natur geschieht. In der Physik werden dazu „Ordnungsparameter", das heißt qualitative Verhaltensgrößen ausgewählt, welche die Art und den Grad von Struktur und Ordnung beschreiben, die in einem System aufgebaut oder zerstört werden. Wenn es der Psychiatrie gelänge solche Verhaltensvariablen zu identifizieren, wären zweifellos Analogien zu anderen Wissenschaften direkt zu erwarten. Angesichts der Komplexität der Gehirnmechanismen und ihrer Störungen

---

Prof. Dr. Hans Heimann, Klinik für Psychiatrie mit Poliklinik der Universität Tübingen.

bei psychischen Erkrankungen liegt ein solches Ziel heute noch in weiter Ferne. Wir sind deshalb gezwungen auf den eigentlichen Erfahrungsbereich des Psychiaters, der unserer Wissenschaft zugrundeliegt, zurückzugreifen, und ich möchte versuchen innerhalb dieses Erfahrungshorizontes etwas, wie ich hoffe Erhellendes, über chaotische Strukturen und Ordnungsversuche in der psychotischen Verfassung darzustellen. Der erste Schritt führt uns demnach auf die besondere Erfahrungsebene der Psychiatrie:

Psychiatrie ist die Lehre von den Erkrankungen im psychischen Bereich. Der Begriff der *Psychose,* mit dem wir uns im folgenden befassen, läßt sich bis heute nur auf zwei Beschreibungsebenen verstehen, nämlich auf den Ebenen des *Verhaltens* und des *Erlebens.* Es gibt bis heute keine biochemische oder psychophysiologische Methode oder entsprechende Daten, welche die Diagnose „Psychose" ermöglichen. Alles, was in dieser Richtung vorgeschlagen wurde, erwies sich als untauglich. Verhalten und Erleben enthalten die wesentlichen Informationen, die es uns ermöglichen, von „psychotisch" oder „nicht psychotisch" zu sprechen.

Wenn wir uns als Psychiater mit einem Patienten befassen, sind diese zwei Beschreibungsebenen als solche nicht weiter ableitbar. Sie sind etwas mit unserem Dasein immer schon Vorgegebenes. Auf die Frage, was sich auf diesen Ebenen abbildet, kann man mit H. Plügge eine ebenso einleuchtende wie einfache Antwort geben: „Es bildet sich ab das, was dieser Mensch im aktuellen Moment intendiert, mag und vermag." Wir erhalten also Auskunft über die *Intentionalität,* die Gerichtetheit von Erleben und Verhalten, die Gestimmtheit und Motivation, soweit uns diese in einer kommunikativen Situation zugänglich sind.

Die *Diagnose einer Psychose* stellen wir dann, wenn wir bei einem Patienten eine andauernde, umfassende und tiefgreifend gestörte Kommunikation mit der Umwelt nachweisen, die sich vor allem im zwischenmenschlichen Bereich manifestiert. Verbale und nichtverbale Signale und Informationen sind beim Psychotiker nicht mehr bezogen auf allgemein als normal anerkannte zwischenmenschliche kommunikative Bezugssysteme, oder sie sind dies nur teilweise und weichen dann unvorhersagbar von den im täglichen Leben üblichen, vorhersehbaren und situationsadäquaten Sequenzen im Verhalten oder Erleben ab. Dies bewirkt beim beobachtenden Mitmenschen Ratlosigkeit, Ärger oder Angst. Paradigmatisch äußert sich der Verlust geordneten kommunikativen Verhaltens in den sogenannten *formalen Denkstörungen psychotischer Patienten.* Sie erwecken den Eindruck des Chaotischen, des Regellosen, des Ungestalteten, Zerfallenden und Unzusammenhängenden: Im komplexen Verhalten des Patienten sind zunächst keine Ordnungsstrukturen mehr erkennbar. Freilich müssen wir anmerken, daß Patienten, welche formale Denkstörungen aufweisen (ob im Rahmen einer organischen oder einer schizophrenen Psychose), unter den Gesichtspunkten unseres Themas extreme Formen der Kommunikationsstörung repräsentieren, weshalb die formalen Denkstörungen nicht ein *notwendiges* Kriteriums für die Diagnose „psychotisches Verhalten“ sind.

Zunächst ein Beispiel einer stenographierten, sprachlichen Sequenz: . . . „Ziegeleibesitzer. Meister Luzius müssen wir hier zahlen, wir verlieren oft. Das wäre Trennung. Das Vermögen, das fremde Vermögen hoch verliert, frage nur Druckerei Wagner, 10 Pfennig klein und 30 Jahre vielleicht. Zwei Abonnenten geht sehr schwer. Ich habe Herren hier, reinrassige, Wolf bei der Ausstellung, verliert das Hausgeld. Die Prüfung wegen Rasse und Frauenhand wäre auch ein Herrentier. Ich bin jetzt im Hause ein Jahr lang links und rechts geimpft und wer kein Menschenfresser ist, ist über 30 Jahre. Aber das ist oft anders, wenn er schwach genährt ist, sind andere Leute unzufrieden. Ich wüßte jetzt auch nicht, was los ist . . .“

Wenn Sie diese sprachliche Sequenz hören, werden Sie mir sicher zustimmen, daß bei dem Patienten eine formale Denkstörung vorliegt. Das Beispiel stammt von einem sogenannten Schizophasiker Leonhards. Im Kapitel „schizophrene Störungen“ des DSM III, des diagnostischen Manuals der amerikanischen psychiatrischen Gesellschaft, steht zu den Denkstörungen folgendes: „Das häufigste Beispiel für formale Denkstörungen ist die Lockerung der Assoziationen, wobei die Gedanken von einem Gegenstand zu einem anderen wechseln, der dabei gar nicht oder nur kaum zusammenhängt, *ohne daß der Sprecher dies zu merken scheint.* Aussagen ohne eine sinnvolle Beziehung können nebeneinander gestellt werden, oder der Betroffene wechselt idiosynkratisch von einem Bezugsrahmen zu einem anderen. Wenn die Lockerung der Assoziationen sehr stark ist, kann Inkohärenz auftreten, d. h. die Rede wird unverständlich.“ Wenn jemand wie unser Schizophasiker in dieser Weise mit seinem Gegenüber sprachlich „kommuniziert“, werden wir ihn sicher für psychotisch halten. Nicht nur die Mitteilung selbst, sondern die Intention der Mitteilung ist unverständlich. Der Gedankengang ist inkohärent. Das Sonderbare ist nur, daß solche Patienten sich überhaupt einem Gegenüber zuwenden und mit ihm reden, so als würden sie verstanden. Da sie sich für uns nur unverständlich, inkohärent äußern, ist es uns nicht möglich zu verstehen, was in ihnen dabei vorgeht.

Diese Möglichkeit sprachlich sich äußerndes inkohärentes Denken zu untersuchen in bezug auf das, was der Betroffene dabei erlebt, ergab sich mir in den *vergleichend psychopathologisch elektroencephalographischen Untersuchungen der Scopolaminwirkung* in den 50er Jahren, die ich an gesunden Probanden und im Selbstversuch durchführte (Heimann 1952).

Hier ein Beispiel einer sprachlichen Sequenz 1 Stunde und 16 Minuten nach Einnahme von 1 mg Scopolamin: „ . . . Da ist ein Pfarrer neben mir gestanden, der halb im Ruhestand ist. Sie haben mich unterbrochen, die Reden von Pulver sind vorbereitet, der Pfarrer tut Medikamente und Musik vorbereiten. Nehmen sie noch jemanden dran heute, aha, jetzt dachte ich soeben, es sei Vormittag.

Ich bin in der Kappelen-Brücke gewesen, habe einen großen Hecht gefangen. (Draußen hört man etwas) Aha, das ist der Ophthalmologe, der ist gekommen wegen der Waschmaschine, das ist sicher. Fräulein X. ist im Bad am hellen Tag, sie wollte mich aber nicht beleidigen. Die Mutter hat gesagt, der Sohn sei schlechter geworden in M., und der Pulver wolle den P. nicht beleidigen. Aber der Klages sagt immer so pseudowissenschaftliche Sachen und deswegen ist er zur Graphologie gegangen . . ."

In seinem Selbstbericht faßte der Proband sein Erleben des inkohärenten Denkverhaltens folgendermaßen zusammen: „Ich hatte jedoch nie das Gefühl unzusammenhängend zu sprechen, dagegen deutlich das Erlebnis, daß alles Gedachte und Vorgestellte sofort wieder entschwand. Beim Durchlesen des Versuchsprotokolls nach dem Versuch habe ich bemerkt, daß die Inhalte meist Ereignisse und Gedanken aus der jüngsten Vergangenheit betrafen. Bei dem Pfarrer handelt es sich um einen Patienten, der einen Auftritt auf der Bundesterrasse provoziert hatte und pensioniert werden sollte. Pulver war ein Patient mit manischem Schub. Ein Ophthalmologe sollte einen Patienten untersuchen. Ein Vertreter wollte am gleichen Nachmittag eine Waschmaschine demonstrieren, die auch Fräulein X. beurteilen mußte. Fräulein X. benutzt das Bad auf der gleichen Etage und hatte sich kürzlich entschuldigt, weil sie es am Tage benützen wollte. Mit Klages hatte ich mich in letzter Zeit beschäftigt." Daraus läßt sich verstehen, daß der Proband in der Psychose sagte. „Ich habe ein inselförmiges Denken."

Auch in anderen Protokollen der damaligen Untersuchung mit Scopolamin findet man analoge Aussagen über das Erleben der Denkstörung, z. B.: „Ich kann nicht denken, weil ich den Faden verliere . . ." „Die Benommenheit ist jedenfalls geringgradig . . . Das ist das Unangenehmste, das man etwas sagen will und es dann sogleich vergißt." Oder: „Die Bewußtseinsinhalte aller Art entschwinden unhaltbar, kommen vielleicht wieder oder auch nicht. Man hat keine Macht darüber . . ." Oder: „Es war gerade so, wie wenn eine Halluzination oder ein Einfall dazwischenkäme, das Alte auslöschte und dann isoliert da wäre. Deshalb ist alles immer wie abgerissen, was man denkt. Deshalb hatte ich auch oft den Verdacht, ich spräche von etwas anderem, als wovon die Rede war."

Diese Erlebnisberichte der Probanden erlauben eine präzisere Erfassung dessen, was sich hinter der inkohärenten Denkstörung in der Scopolaminpsychose verbirgt: In einem schmalen Band relativer Klarheit wechseln die Bewußtseinsinhalte, tauchen auf und verschwinden ebenso rasch und beziehungslos. Der Proband ist unfähig, seine Intentionalität, seine Gerichtetheit über längere Zeit durchzuhalten und eine Mitteilung, die er machen möchte, zu Ende zu bringen, weil er keine Macht über seine Einstellung auf einen Gegenstand besitzt, sondern sozusagen seinen wechselnden Bewußtseinsinhalten steuerungslos verhaftet bleibt. Dazu paßt natürlich die in der Scopolaminpsychose zu beobachtende Antriebsstörung, die massiven Störungen der Wahrnehmung, der Stimmung und das Vegetativums, auf die ich hier nicht näher eingehen kann. Unsere leistungspsychologischen Untersuchungen zeigten ferner, daß durch die Einstellungsstörung auch eine Merkstörung vorgetäuscht wurde. Die Merkfähigkeitsprüfung ergab widersprüchliche Resultate. Wenn es jedoch gelang, die Probanden auf die Frage einzustellen, waren sie in der Lage Merkfähigkeitsaufgaben zu lösen. Die spontane Fähigkeit der Reproduktion gelang dagegen meist nicht mehr.

Die halbstündlich durchgeführten systematischen EEG-Untersuchungen ergaben einen Zustand zwischen Wachsein und Schlaf: Abflachung und Verschwinden des Alpharhythmus in Ruhe bei geschlossenen Augen ohne Übergang in eigentliche Schlafstadien. Ich habe deshalb diese 4—5 Stunden dauernde Psychose durch Scopolamin als *hypnagoges Syndrom* bezeichnet, dessen Kernsympton in der Unfähigkeit besteht, die Aufmerksamkeit einem Gegenstandsbereich willentlich und andauernd zuzuwenden, sich souverän auf etwas einzustellen. Scopolamin gehört heute mit anderen zentral wirksamen Anticholinergika zu den delirerzeugenden antimuscarinischen Substanzen (Agajanian). Als Angriffspunkt im Gehirn wird vor allem die cholinerge Projektion zwischen dem Septum und dem Hippocampus vermutet, welche Beziehungen zum Gedächtnis und zur Orientierung hat.

Interessant ist nun, daß auch bei der Schizophrenie ein Verlust der intentionalen Gerichtetheit beobachtet werden kann, wie aus den Beispielen hervorgeht, die K. Behringer gesammelt hat. Eine denkzerfahrene schizophrene Patientin aus seiner Studie berichtet z. B. folgendes: ,,Ich vergesse die Gedanken so rasch, wenn ich etwas aufschreiben will, einen Moment nachher weiß ich es nicht mehr. Ich müßte alles fortlaufend aufschreiben, was mir einkommt. Aber wie ich es versucht habe, habe ich keine Gedanken mehr. Das eben gehörte Wort weiß ich wohl noch, aber der Zusammenhang, da muß ich mich vergeblich darauf besinnen . . .“ Wir postulieren deshalb, daß Denkstörungen verschiedenen Grades bis zur Inkohärenz, auf einer Störung der Intentionalität beruhen, wie sie in der Scopolaminpsychose einwandfrei nachgewiesen werden kann. Sie sind offenbar nosologisch unspezifisch und betreffen einen Kernbereich psychotischen Verhaltens und Erlebens. Dieser kann subjektiv an einem dauernden Entschwinden der Bewußtseinsinhalte und objektiv an dem dauernden Wechsel der Einstellung nachgewiesen werden. Dieser Kernbereich psychotischen Verhaltens verweist uns auf eine Störung in cholinergen Systemen des zentralen Nervensystems.

Wir haben uns bisher mit dem deskriptiven Begriff einer Störung der *Intentionalität,* der Gerichtetheit von Verhalten und Erleben in der Psychose befaßt und festgestellt, daß unseren Probanden die aktive Zuwendung zu einem intendierten Gegenstandsbereich nicht mehr gelingt. Sie sind ihren momentanen Bewußtseinsinhalten steuerungslos ausgeliefert. Versuchen wir nun einen Schritt weiter zu gehen und uns zu fragen, welche *kognitiven Funktionssysteme* in der

Psychose gestört sind, denn es wäre denkbar, daß die Störungen der Intentionalität durch eine Beeinträchtigung der Informationsaufnahme bedingt sein könnte.

Heute wird allgemein *die Störung der selektiven Aufmerksamkeit* als Basis der psychotischen Desintegration betrachtet. Wir verstehen darunter ein funktionelles System psychophysiologischer Prozesse, das bei der Informationsaufnahme dafür sorgt, daß aus der Fülle der durch die Sinnesorgane vermittelten Informationen, vor allem auch der somatosensorischen der Leibsphäre, eine den Bedürfnissen des Organismus in seiner momentanen Situation, seinen Interessen und Intentionen gemäße *adäquate Informationsreduktion* erfolgt. Unter selektiver Aufmerksamkeit fassen wir die kognitiven Prozesse zusammen, die dem Organismus die Basis für ein geordnetes Verhalten in einer sinnvoll strukturierten Welt ermöglichen. Man kann von ,,Filtervorgängen" sprechen, wobei allerdings anzumerken ist, daß es sich nicht um passive Filterung, sondern um dynamische aktive Prozesse handelt, mit welchen fortlaufend Informationen verglichen, bewertet und mit vorhandenen Erfahrungsmodellen in Beziehung gesetzt werden. Dabei ist anzumerken, daß Intentionen und Interessen den Begriff der Motivation des Organismus umfassen, in dem Sinne, daß beim Menschen nicht nur die bewußten Intentionen zur Diskussion stehen, sondern auch die unbewußten Motivationen. Da diese Informationsaufnahme beim Menschen nicht ohne Bewertung für die momentane Situation und bezogen auf zukünftige beziehungsweise vergangene Werte erfolgt, ist der emotionale Aspekt mit eingeschlossen, welcher dem Organismus die Bedeutung zuströmender Information direkt vermittelt.

Versuchen wir *für dieses komplexe funktionelle System* ein vereinfachendes Schema zu finden, welches uns veranschaulicht, wie Informationsaufnahme, Verarbeitung und Aktion ablaufen. Es bietet sich das Schema des russischen Systemtheoretikers P. K. Anochin an, welches uns ermöglicht die kritische Punkte einer Störung in der Psychose zu lokalisieren:

Die Abbildung zeigt zunächst die *Afferenzsynthese,* welche einerseits die *Situationsafferenz,* andererseits den *Auslöser,* eines für den Organismus wesentlichen, zur Handlung auffordernden Reizes andeutet. Gedächtnis und Motivation lassen erkennen, daß Situationsafferenz und Auslöser keine emotionslose und wertfreien kognitiven Größen darstellen. Die Afferenzsynthese führt zur Entscheidung und Mobilisation des *Aktionsakzeptors* beziehungsweise des *Aktionsprogramms,* dann zur Aktion und zu dem Resultat sowie den Reafferenzen, welche die Kontrolle ermöglichen, ob die Aktion den erwarteten vorprogrammierten Erfolg gehabt hat. Es ist dies ein sehr vereinfachtes kybernetisches Modell des funktionellen Systems, welches als Basis für ein Verständnis der psychotischen Desintegration dienen kann. Sozusagen jeden Augenblick werden durch den Vorgang der Afferenzsynthese Entscheidungen über notwendige funktionelle Anpassung an situative Verhältnisse ermöglicht. Entscheidungen, die durch das Reafferenzprinzip fortlaufend wieder modifiziert werden.

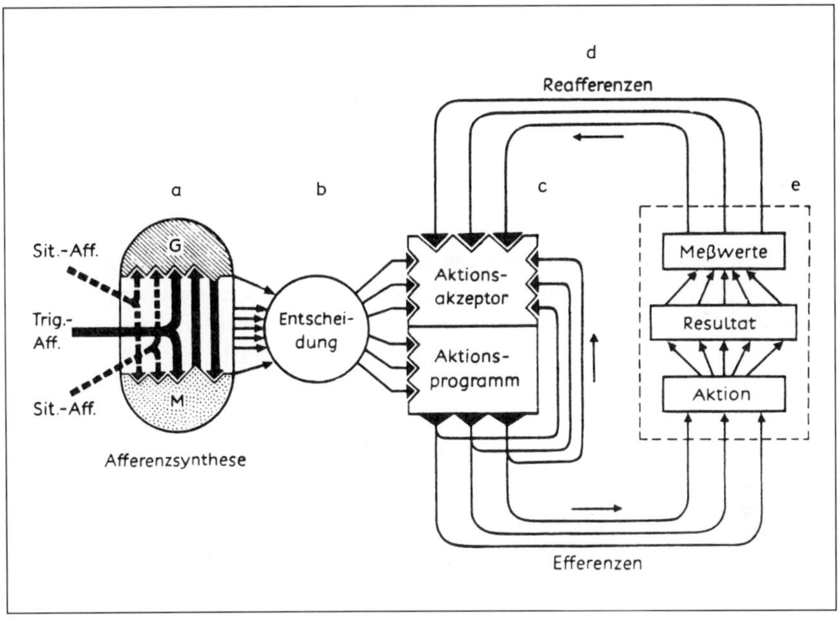

Abb. Allgemeine Architektur des funktionellen Systems, welche die Grundlage der „konzeptionellen Brücke" zwischen der Ebene der Systemprozesse und der Ebene der analytischen Prozesse darstellt. — **a.** Stadium der Afferenzsynthese; Sit.-Aff.-Situationsafferenz; Trig.-Aff.-Trigger (Auslöser)-Afferenz. — **b.** Entscheidungsfällung. — **c.** Formierung des Aktions (Resultats-)-Akzeptors und des Aktions (Efferenz)-Programms. — **d, e.** Ermittlung der Aktionsresultate und Formierung der Reafferenz für den Vergleich der erhaltenen mit den vorprogrammierten Resultaten. — G. Gedächtnis. — M. Motivation.

Am besten untersucht, und zwar vom Kliniker, der die sprachlichen Berichte und Verhaltensaspekte seiner Patienten analysiert, wie vom experimentell arbeitenden Psychologen, der zum Beispiel die Figurhintergrundrelationen von zu beachtenden und zu vernachlässigenden Reizverhältnissen evaluiert, ist die *Afferenzsynthese bei Psychotikern.* An welcher Stelle die *primären Störungen* in dem kognitiven System der Informationsaufnahme und -verarbeitung bei den verschiedenen Formen der psychotischen Desintegration eingreifen, ist zur Zeit Gegenstand experimenteller Untersuchungen. Wir können jedoch feststellen, daß die von Anochin als selbstverständlich vorausgesetzte Differenzierung zwischen Situationsafferenz und Trigger- beziehungsweise Auslöserreiz, in einer psychotischen Situation nicht mehr selbstverständlich ist. Unter Scopolamin gelingt dies nicht mehr, weil die spontane Zuwendung der Einstellung auf Wahrnehmungsinhalte nicht mehr gelingt. Die Probanden sind den entschwindenden Bewußtseinsinhalten steuerungslos ausgeliefert.

Betrachten wir dagegen ein Beispiel aus den Selbstberichten eines unserer Probanden nach LSD-Psychose (H. Heimann 1963): ,,für das, was dann folgte, besteht in der Erinnerung keine chronologische Reihenfolge. Es sind nur einzelne Bilder, die unzusammenhängend auftauchten. Ich weiß vor allem, daß ich nirgends verharren konnte. Sobald ich etwas anschaute, löste es sich auf. Mein Arm schrumpfte zu einer unansehnlichen Masse zusammen. Das Gesicht des Versuchsleiters löste sich in farbige Strukturen auf, sobald ich es länger als einen kurzen Augenblick betrachtete. Dabei hatte ich das entsetzliche Gefühl, daß sich in mir alles ebenso auflöste, wie die äußere Wahrnehmungswelt." Vergleichen wir dieses Beispiel mit dem Bericht eines Schizophrenen einer Studie von A. Storch: ,,Meine Gedanken sind so verschwommen, da schwankt alles, da gibt es gar nichts Festes mehr, sie sind so unklar, gefühlsmäßig, alles verschwimmt und wird zu etwas anderem, es ist wie im Traum, man kann nichts festhalten."

Es ist evident, daß auch unter solchen Bedingungen der Wahrnehmung eine Afferenzsynthese, welche Situationsafferenzen und Triggerafferenzen unterscheiden muß, nicht mehr gelingen kann. Charakteristischerweise verhalten sich in dieser Verfassung sowohl akut schizophrene Patienten wie Probanden in der Modellpsychose nach LSD oder Psilocybin passiv. Sie zeigen ein Verhalten, welches verständlich wird aus dem Überwältigtwerden durch chaotische, sich ständig wandelnde Sinnesreize, welche ein der Situation angepaßtes Verhalten mit adäquaten, jeden Augenblick modulierbaren Anpassungen verunmöglicht. Im Unterschied zu dem, was wir bei der Scopolaminpsychose gefunden haben, ist es den Probanden unter LSD und Psilocibin, aber auch den Schizophrenen, die nicht so extrem gestört sind, wie der erwähnte Schizophasiker, noch möglich, *sich aktiv einem Gegenstandsbereich zuzuwenden.* Das zeigt sich zum Beispiel in der Fortsetzung des Berichts des Probanden unter LSD: ,,Die Qual wurde noch schlimmer durch das Bewußtsein, daß das alles nie aufhören werde. Die Zeit schien nicht mehr vorwärts zu gehen. Einmal blickte ich voller Erwartung bei der Testaufnahme auf die Stoppuhr, weil für mich die Zeit stillstand. Ich wollte mir am Gang des Zeigers beweisen, daß die Zeit noch existiere. Der Zeiger blieb aber zu meinem Schrecken stehen, dann war er plötzlich an einer anderen Stelle. Als der Versuchsleiter später auf mich zukam, sah ich ihn zuerst sitzend, dann einen Augenblick später auf halbem Wege stehend, dann plötzlich neben mir. *Es schien gar nichts mehr wirklich zu sein".* Über den Heimweg berichtete er folgendes: ,,Bevor ich nach der letzten Testserie nach Hause ging, telefonierte ich meiner Frau, die mir entgegenkommen wollte. Ich bemühte mich schnell und unauffällig nach Hause zu gehen. Der Weg war endlos. Ich sah das Haus vor mir in der Abendsonne und es bewegte sich mit mir fort, so daß ich befürchtete, nie mehr bei ihm ankommen zu können . . . Unendliche Zeit schien verstrichen zu sein, bis ich endlich vor die Haustüre gelangte. Hier traf ich meine Frau, die sich gerade auf den Weg machte. Sie sagte, es seien nur wenige Minuten seit meinem Anruf vergangen."

Der Proband ist demnach in der LSD-Psychose trotz des Zerfließens der Wahrnehmungswelt noch in der Lage, persönliche Entscheidungen zu treffen, sich zum Beispiel der Stoppuhr zuzuwenden, um sein Zeiterleben zu kontrollieren, sich auf den Heimweg zu machen, der Frau zu telefonieren etc. Er konnte auch einigermaßen geordnet sprechen, obwohl er äußerte, *was in ihm vorgehe, könne man sprachlich gar nicht ausdrücken, Worte hätten keinen Sinn.* Hier ist in ganz besonderer Weise *die Informationsaufnahme gestört,* nicht durch eine Störung der Einstellung, sondern durch eine Überlastung in informationsverarbeitenden Zentren, bedingt durch eine ungefilterte chaotische Überflutung mit Sinneseindrücken vorwiegend aus der Körperfühlsphäre.

Die Wahrnehmung von Bewegungsgestalten gelingt nicht mehr und damit verbunden kommt es zu Störungen des Zeiterlebens im Sinne einer extremen Labilisierung der sogenannten subjektiven Zeiterfahrung (Heimann 1963). Verlust der Bewegungswahrnehmung und Zeitstillstand führen zum Erlebnisphänomen der Derealisierung. „Es schien nichts mehr wirklich zu sein". Auf dem Heimweg sind Tempo des Gehens, die durchschrittene Strecke und die vorausschauende Schätzung der benötigten Zeit nicht mehr wie im Alltag bezogen auf ein dahinterliegendes objektives, zeitliches Bezugssystem der Weltzeit, was zu der extremen Überschätzung der Zeitstrecke des Heimwegs führt.

Ähnlich wie Bewegungsgestalten zerfallen auch *akustisch wahrnehmbare Zeitgestalten, zum Beispiel Melodien bei musikalisch Gebildeten,* wie mein damaliger Mitarbeiter K. Weber nachgewiesen hat. Töne einer Melodie können nicht mehr bezogen werden auf das Ganze der Melodie als einer Zeitgestalt mit dem Erlebnis der Gestaltqualität, sondern sie stehen beziehungslos nebeneinander. Anstelle der Gestaltqualitäten treten jetzt Komplexqualitäten hervor, die auf der Summe der Teile, nicht auf deren Verhältnis beruhen, zum Beispiel treten Lautheit oder Helligkeit der Klänge hervor und der innere emotionale Zustand der Betroffenen wird wichtiger als die differenzierte Wahrnehmung und Verarbeitung der Melodie, welche sich in der Zeit entfaltet.

Wir können demnach feststellen, daß in den Modellpsychosen durch die sogenannten Phantastika, LSD, Psilocybin oder Meskalin, der Abbau kognitiver Funktionen weniger tief reicht als in der Psychose durch Scopolamin. Heute wird postuliert, daß die Phantastika eine Blockierung tonisch hemmender, serotonerger Projektionssysteme in limbische oder optische Projektionsfelder bewirken (Agajanian). Wir finden im EEG in Analogie zu den REM-Phasen des Traumschlafs eine Aktivierung, das heißt eine Vermehrung der Betafrequenzen und keine verflachte Kurve wie unter Scopolamin. Analoges wurde im EEG auch bei akut Schizophrenen beobachtet.

Wenn wir uns nun noch einmal die Erlebnisberichte unserer Probanden und die analogen Berichte Schizophrener vergegenwärtigen, können wir die zwei auf unterschiedlichen Störungen in Transmittersystemen beruhenden Stadien des kognitiven Abbaus in der psychotischen Desintegration unter dem Begriff des

,,protopathischen Gestaltwandels" nach Klaus Conrad näher analysieren. Conrad schreibt in ,,Psychiatrie der Gegenwart" in seinem Kapitel über die *symptomatischen Psychosen* folgendes: ,,Vom hellen Wachzustand bis zum traumlosen Tiefschlaf reicht eine breite physiologische Übergangszone, die offenbar den Bereich bildet, mit dem wir es bei einem Teil der körperlich begründbaren Psychosen zu tun haben. Nur ist an die Stelle des physiologischen Funktionswandels des Schlafes nun ein pathologischer Funktionswandel durch die Noxe getreten." Conrad zeigt, daß vom Standpunkt des erwachsenen Menschen das Subjekt in der symptomatischen Psychose eine Einbuße an Freiheitsgraden erleidet: Auf der niedrigsten Erlebensstufe ist es sozusagen ,,außer sich bei den Dingen". Erst durch eine Überstieg auf eine höhere Stufe der Reflexion kommt es zu sich und ist dann bei sich. Er nennt dies die ,,ptolemäische Wendung". Es kann sich aber noch nicht in einer gemeinsamen Welt mit den Anderen erleben. Es fehlt ihm die Möglichkeit der ,,kopernikanischen Wendung". Conrad betont ausdrücklich, daß dieser protopathische Gestaltwandel *für alle akut psychotischen Erlebnisformen Geltung habe.*

Wir können jetzt feststellen, daß unsere Probanden unter 1 mg Scopolamin in der Sprache Conrads der ,,ptolemäischen Wendung" nicht mehr fähig sind, denn sie sind ihren aktuellen Bewußtseinsinhalten ausgeliefert und haben ihre Spontaneität der Zuwendung und Einstellung verloren. Auf der neurophysiologischen Ebene im Elektroencephalogramm zeigen sie entsprechend der Hypothese Conrads einen Zustand zwichen Wachheit und Schlafstadien, befinden sich demnach in dieser hypnagogen Übergangszone, die Conrad für die deliranten Syndrome exogener Psychosen postuliert. Beachten wir nochmals, daß Conrad ausdrücklich betont, daß dieser protopathische Gestaltwandel unspezifisch sei, denn: ,,Es gibt praktisch kein psychotisches Zustandsbild, das man nicht auch bei körperlich begründbaren Psychosen fände."

In den Modellpsychosen durch Phantastika dagegen sind die Probanden der ,,ptolemäischen Wendung" zwar fähig, nicht aber der ,,kopernikanischen", das heißt sie sind bei sich selbst, können sich Gegenstandsbereichen zuwenden, erleben aber sich selbst nicht mehr wie Erwachsene in einer Welt und einer Wirklichkeit, die sie mit anderen Menschen problemlos gemeinsam und verfügbar haben. Das zeigt sich vor allem an den Störungen des Zeiterlebens und des Raumerlebens. Erinnern wir uns daran, wie der Proband unter LSD unfähig war, Bewegungsgestalten seines Gegenübers wahrzunehmen, in diesem Zusammenhang den Zeitstillstand als Bedrohung erlebte und ihm keine gültige Differenzierung des Raumes und der Zeit auf dem Heimweg mehr möglich war.

Man kann den protopathischen Gestaltwandel i. S. von Conrad noch aus der entgegengesetzten Perspektive betrachten, nämlich vom *ontogenetischen Aufbau der Strukturen der Wirklichkeitserfahrung beim Kinde,* wie sie Jean Piaget in seinen Forschungsergebnissen dargestellt hat: Das Kind ist ursprünglich ,,bei den Dingen", der stabile Ich-Kern bildet sich erst allmählich aus, was der ,,ptolemäischen Wendung“ entspricht. Diese ist erst die Voraussetzung intentionaler Akte. Auf dieser Stufe ist jetzt zunächst *egozentrisch anschauliches Denken* möglich, dem die Loslösung der Erfahrungswelt von der eigenen Aktivität und Befindlichkeit noch nicht gelingt. Ich erwähne als Beispiel, daß fünfjährige Kinder das Laufen des Sandes in einer Sanduhr entsprechend ihrer eigenen Aktivität als schneller oder langsamer beurteilen und daß sie Scheinbewegungen entfernter Objekte nicht als solche wahrnehmen, zum Beispiel meinen, daß ihnen die Berge oder die Sterne folgen, wenn sie marschieren. Das Kind kann noch nicht unabhängige Bewegungen voneinander in einem einheitlichen Bezugssystem erfassen und dadurch auf einen objektiven Zeitbegriff, der mit einem Raumbegriff korreliert ist, rekuorieren. Wenn man ihm zum Beispiel zwei Spielautos zeigt, wovon das eine schneller als das andere fährt, die aber beide gleichzeitig starten und gleichzeitig anhalten, und man frägt, welches Auto mehr Zeit gebraucht habe, verweist das Kind auf dasjenige, das die größere Strecke zurückgelegt hat. Erst mit dem 7.—9. Lebensjahr erwirbt es den Begriff von einheitlicher, für Objekte und andere Menschen gültige Zeit und Raum, in welche es selbst auch eingeordnet ist. Dieser Entwicklungsschritt entspricht nach Piaget dem Übergang von einem *egozentrischen, anschaulichen Denken* durch *fortschreitende Dezentrierung zu einem operationalen Denken.* Erst jetzt gelingt ihm die Loslösung von der unmittelbar wahrgenommenen Oberfläche der Objekte und Vorgänge. Jetzt erst kann es diese von der eigenen Aktivität und Zuständlichkeit lösen und sich selbst in ein für alle geltendes Bezugssystem von Raum und Zeit einordnen. Diese Entwicklung setzt neurobiologisch verschiedene Adaptationsebenen voraus, die einen zunehmenden Grad der Komplexität aufweisen und intern aufeinander abgestimmt sein müssen.

Aus der Perspektive des ontogenetischen Aufbaus der Wirklichkeit beim Kinde können wir in den von uns in der Terminologie Conrads beschriebenen zwei Stadien des psychotischen Abbaus kognitiver Funktionen auch kompensatorische Maßnahmen erkennen: Wenn die intentionale Steuerung der Filtermechanismen der Informationsaufnahme gestört ist, zum Beispiel durch zentral wirkende Anticholinergika wie Scopolamin, dann müssen ontogenetisch sehr frühe, das heißt kindliche und daher qualitative Erfahrungsformen aktiviert werden, damit dem Organismus noch eine gewisse Adaptation gelingt. Wir hätten dann einen Befund, wie wir ihn bei der Inkohärenz deliranter Syndrome dargestellt haben. Den Probanden gelingt die ptolemäische Wendung nicht, das heißt sie sind steuerungslos den wechselnden Bewußtseinsinhalten ausgesetzt.

Liegt dagegen die Störung auf der Ebene der eigentlichen Filterfunktion, beschreibbar und nachweisbar als Durchlässigkeit infolge einer Enthemmung tonisch hemmender serotonerger Projektionssysteme, dann wird eine Erfahrungsweise aktiviert, die dem egozentrisch anschaulichen Denken entspricht, wie wir sie in den Modellpsychosen durch Phantastica nachgewiesen haben. Hier gelingt die ptolemäische Wendung, aber die kopernikanische ist nicht mehr möglich. Ich erinnere nur daran, daß unser Proband unter LSD-Wirkung die Scheinbewegung des Hauses nicht mehr als solche von seinem Schreiten differenzieren konnte.

Unsere Beispiele der Modellpsychosen sind natürlich nur Analogien und Annäherungen an die echten organischen und schizophrenen Psychosen, schon dadurch, daß sie in der Regel nur Stunden dauern und die Probanden wissen, daß sie eine psychotogene Substanz erhalten haben.

Psychose bedeutet demnach im Rahmen unseres Themas „Ordnung und Chaos" zweierlei: Einerseits eine chaotische Überflutung des Gehirns durch ungefilterte oder durch intentionale Hemmung nicht mehr steuerbare Information. Andererseits die kompensatorischen Versuche des Organismus, diesen regellosen Informationszufluß durch Reaktivierung infantiler Erfahrungsweisen zu kompensieren. Beide Bereiche sind für die Therapie der Psychosen bedeutsam, auch wenn wir heute weder für die akute Schizophrenie, noch für das Delirium tremens, etwa die postulierten Noxen kennen, welche zu der primären Störung der selektiven Aufmerksamkeit führen. Neuroleptika bewirken eine Blockierung dopaminerger Strukturen in striären und mesolimbischen Systemen. Krankheitsunspezifisch führen diese Psychopharmaka zu einer Verbesserung der Filterfunktion selektiver Aufmerksamkeit und ermöglichen der kognitiven Organisation die Wiedergewinnung der Stufe des operationalen Denkens. Es ist deshalb nicht verwunderlich, daß diese Medikamente bei akut Schizophrenen nur die sogenannte „produktive Symptomatik", das heißt die Halluzinationen, die Verwirrtheit etc. zum Verschwinden bringen und durch eine Verbesserung der Filterfunktion eine geordnete Intentionalität wieder herstellen. Bei einem Übergang in chronische Formen dieser Erkrankung sind für die Behandlung die kompensatorischen Mechanismen des Organismus, die wir in akuten psychotischen Zuständen als Aktivierung kindlicher Erfahrungsstile kennengelernt haben, von größerer Bedeutung. Es handelt sich um Beeinträchtigungen der subjektiven und objektiven Freiheitsgrade des Ich, die durch rehabilitative und psychotherapeutische Methoden in längerfristiger Behandlung gestärkt werden müssen. Zur Zeit werden große Anstrengungen gemacht diese stützenden Verfahren wissenschaftlich zu begründen und adäquat auszubauen.

Wir sind damit wieder bei der von mir zu Beginn meines Referates nur kurz berührten Aufgabe des Arztes und Therapeuten angelangt. „Ordnung und Chaos in der unbelebten und belebten Natur" ist für den Naturwissenschaftler ein faszinierender Problemkreis, dem er beobachtend gegenübersteht und den er zu erklären versucht. Ich hoffe, daß Ihnen meine Ausführungen, die vorwiegend auf Analogien beruhen, gezeigt haben, wo heute *die Grenzen psychiatrischer Erkenntnis* liegen. In dem von mir behandelten Themenkreis der Psychose sind wir mit der *Komplexität unseres zentralen Nervensystems* konfrontiert, das sich in Milliarden von Jahren in subtilster und unentwirrbarer Weise durch fortgesetzte Anpassung an die Umwelt entwickelt hat. Verglichen mit der Komplexität der unbelebten Natur oder derjenigen isolierbarer biologischer Systeme, ist die Basis unserer seelischen Verfassung, Intentionalität und Motivation viel imponierender und dennoch sind wir als Seelenärzte und Therapeuten zu der ungewöhnlichen Aufgabe gezwungen *in chaotische psychobiologische Prozesse ordnend und helfend einzugreifen.* Obwohl wir meines Erachtens zu einer vernünftigen Klärung bloß erste Schritte gemacht haben, sind diese eine Basis, um auf dem langen Weg der empirischen Forschung in der Psychiatrie weiter zu schreiten.

Literatur

Agajanian, G. K.: Neurophysiologic Properties of Psychotomimetics. In: Psychotropic Agents. Part III. Ed.: F. Hoffmeister, G. Stille. Springer. Berlin-Heidelberg-New York 1982. S. 89—103.

Anochin, P. K.: Beiträge zur allgemeinen Theorie des funktionellen Systems. Hrsg.: W. Haschke: VEB. Gustav Fischer. Jena 1978.

Behringer, K., Z. Neurol. **103,** 184 (1926).

Conrad, K.: Organische Psychosen. In: Psychiatrie der Gegenwart. 2. Aufl. Bd. II. Teil 2. Hrsg.: K. P. Kisker, J. E. Meyer, Ch. Müller, E. Strömgren: Springer. Berlin, Heidelberg, New York 1972, S. 1—71.

DSM III: Deutsche Bearbeitung und Einführung von Köhler, K. und H. Sass: Belz. Weinheim, Basel 1984. S. 192.

Haken, H.: Die Selbstorganisation der Information in biologischen Systemen aus der Sicht der Synergetik. In: B. D. Küppers (Hrsg.) Ordnung aus dem Chaos. Serie Piper. München, Zürich 1987. S. 127—156.

Heimann, H.: Die Scopolaminwirkung. Vergleichend psychopathologisch-elektroencephalographische Untersuchungen. Bibl. Psychiat. Neurol. Bd. 93. S. Karger. Basel, New York 1952.

Heimann, H.: Schw. Med. Wschr. **92,** 1703 (1963).

Kant, I.: In: Wörterbuch der philosophischen Begriffe. Bearb. von R. Eisler. 1910. Bd. I, S. 39.

Leonhard, K.: Aufteilung der endogenen Psychosen in der Forschungsrichtung von Wernicke und Kleist. In: Psychiatrie der Gegenwart, Bd. II/I. Springer. Berlin, Heidelberg, New York 1972. S. 183—212.

Mach, E.: Wörterbuch der Philosophie I. c., S. 40.

Piaget, J.: Der Aufbau der Wirklichkeit beim Kinde. Klett. Stuttgart 1974. S. 309.

Plügge, H.: Befinden und Regulation. In: Probleme der zentralnervösen Regulation. Bad Oeynhausener Gespräche V. Hrsg.: L. Delius, H. P. Koepchen, E. Witzleb: Springer. Berlin, Göttingen, Heidelberg 1962. S. 81—94.

Storch, A.: Das archaisch-primitive Erleben und Denken der Schizophrenen. Springer. Berlin 1922. S. 14.

Weber, K.: Confin. psychiat. **20,** 79 (1977).

Fraktale Dimension in der Chemie

Jürgen Brickmann, Darmstadt

Die Begriffe ,,Ordnung" und ,,Chaos" stehen in unserer Alltagsterminologie an den Endpunkten einer Skala, auf der wir den Grad an Ordnung (oder Nichtordnung = Chaos) zu messen pflegen. Was hat es mit diesem Begriff Chaos auf sich? Spontan werden wohl viele schnell mit einer Definition zur Hand sein: das Gegenteil von etablierter Ordnung! Das Lexikon eröffnet einen Zugang zu Chaos als dem Anfangszustand der Welt vor der Schöpfung oder vor der Ordnung und Scheidung der Elemente. Diese jahrtausendealte Idee der Schöpfung von Ordnung aus Chaos erfreut sich heute in vielen Wissensbereichen einer breiten Renaissance. Selbstorganisation von Materie aus ungeordneter mikroskopischer Struktur hin zu makroskopischer Ordnung — von Hermann Haken [1] mit der Wortschöpfung Synergetik belegt — spielt in vielen Bereichen der Physik, der Chemie und der Biologie eine große Rolle [1—4]. Der vorliegende Beitrag ist jedoch nicht primär mit der Generierung von Ordnung aus dem Chaos gewidmet, es soll vielmehr beispielhaft aufgezeigt werden, daß auch dort ,,Ordnung" zu finden ist, wo nach landläufiger Vorstellung ungeordnete Materie vorliegt.

Ordnung in unregelmäßigen Strukturen

Schon jeher waren die Naturwissenschaftler bestrebt, die Vielfalt der Erscheinungsformen der Natur zu ordnen, Gesetzmäßigkeiten zu erkennen und aufgrund dieser Gesetzmäßigkeit Voraussage zu machen über Systeme, die noch nicht bekannt sind. Dieses gilt insbesondere auch für die Chemie. Nach den Entdeckungen von August Kekulé in der Mitte des vergangenen Jahrhunderts, daß die chemischen Eigenschaften von Substanzen nicht nur davon abhängen, aus welchen Atomen sich einzelne Moleküle zusammensetzen, sondern eine Funktion der dreidimensionalen Anordnung der Atome im Raum sind, ist es den Chemikern gelungen, systematisch Ordnung zu schaffen: neue Synthesen konnten gezielt geplant, makroskopische Strukturen (Kristalle) auf der Basis mikroskopischer Modellvorstellungen verstanden werden. Hierbei stehen Symmetriebe-

Prof. Dr. Jürgen Brickmann, Institut für Physikalische Chemie der Technischen Hochschule Darmstadt.

trachtungen im Mittelpunkt [7]: Moleküle oder molekulare Gruppen erweisen sich bei Betrachtung der räumlichen Atomlagen als invariant gegenüber *Spiegelungen, Drehungen* oder *Drehspiegelungen.* Der diese Eigenschaft beschreibende *Strukturparameter* ist die molekulare *Punktgruppe.* Perfekte Kristalle sind invariant gegenüber *Raumtranslationen,* als Strukturparameter dient die *Elementarzelle* (Raumgruppe). Kristalloberflächen lassen sich durch Angabe einer zweidimensionalen Elementarzelle vollständig charakterisieren. Die Einhaltung von Symmetrien beim Aufbau mikroskopischen und makroskopischen Systemen ist die Manifestierung von Ordnung in der Materie schlechthin. Die auf auf den genannten Symmetriebeziehungen basierende strukturelle Ordnung läßt sich im allgemeinen — wenn auch in reduzierter Form — auch noch beobachten, wenn vom Idealverhalten abgewichen wird: Man spricht von „Nahordnung" in Flüssigkeiten und Gläsern. Andere Systeme scheinen sich Ordnungsprinzipien der Symmetriegruppen zu entziehen: Katalysatoroberflächen, kolloidale Aggregate, die Sekundär- und Terziärstrukturen von Proteinen und synthetischen Polymeren weisen keine der genannten Invarianzen auf. Und dennoch ist bei diesen Systemen Ordnung vorhanden. Sie sind selbstähnlich. In der Mathematik spricht man von der Invarianzeigenschaft *Selbstähnlichkeit,* wenn ein Teilsystem bei entsprechender Maßstabsänderung (Vergrößerung) strukturell so aussieht, wie das Ganze. Der diese Selbstähnlichkeit beschreibende Strukturparater ist die *fraktale Dimension.*

Fraktale als Objekte in Mathematik und Naturwissenschaft und die mit diesen Objekten verbundene fraktale Dimension sind neue Begriffe, die als Wortschöpfung ihren Eingang in die Enzyklopädien noch nicht gefunden haben. Das Wort „fraktal" stammt wohl ursprünglich von Benoit Mandelbrot [5], der in faszinierender Weise klarmachte, daß die um die Jahrhundertwende von Mathematikern eingeführte Verallgemeinerung des Begriffs der Dimension auf nichtganzzahlige Werte (Hausdorff-Dimension) eine höchstrelevante Größe zur Beschreibung von unregelmäßigen Systemen in der Naturwissenschaft ist. Wenngleich die fraktale Dimension eines Objektes mathematisch einfach zu erfassen ist, so sträubt sich doch unsere Erfahrung im Umgang mit der Natur zunächst gegen diese neue Qualität. Eine Linie hat die Dimension eins, sie ist ein eindimensionales Gebilde. Eine Fläche hat die Dimension zwei und der Raum hat die Dimension drei. Wie sieht aber ein Gebilde mit der Dimension 1,33 oder 2,89 aus? Wie bereits aufgeführt, spielen Symmetriebetrachtungen in der Chemie eine zentrale Rolle [6]. Reaktionsverläufe können vorausgesagt, molekulare Symmetrie kann gezielt eingesetzt werden bei der Konzeption neuer Materialien (z. B. eindimensionale Leiter). Hat die Fraktalität als versteckte Symmetrie unregelmäßiger Strukturen [6] in der Chemie eine vergleichbare Bedeutung wie die Punktsymmetrie der Moleküle und Übergangsstrukturen [7] oder wie die Translationssymmetrie der Kristalle? Bevor dieser Frage nachgegangen wird, soll an einfachen Beispielen die Selbstähnlichkeit und die damit verbundene fraktale Dimension veranschaulicht werden.

Fraktale Kurven

Was versteht man unter einem Fraktal, was zeichnet ein Objekt mit fraktaler Dimension aus? Hier sollen einige einfache Beispiele diskutiert werden, die es erlauben, den Zusammenhang zwischen der Unregelmäßigkeit und der (fraktalen) Dimension eines Objektes zu erfassen [8]. In Abbildung 1 sind zwei Sequenzen von Polygonen wiedergegeben, bei denen in der Abfolge benachbarte Kurven durch eine Symmetriebeziehung miteinander verbunden sind.

Die jeweils obere ist ein vergrößertes Abbild eines Teils der jeweils unteren, oder die jeweils untere entsteht aus der oberen dadurch, daß alle Geraden durch die „Generatorfigur" (die zweite Kurve in der jeweiligen Serie) im richtigen Maßstab ersetzt wurden. Man könnte auch sagen, die jeweils obere sei eine Darstellung der jeweils unteren — nur mit vergröberter Auflösung gezeichnet. Die angesprochene Symmetrieeigenschaft nennen die Mathematiker Selbstähnlichkeit. Die untersten Kurven in Abbildung 1 lassen nur wenig mehr von der Art und Weise erkennen, in der sie entstanden sind: sie wirken unregelmäßig wie die Schnittlinie durch einen unregelmäßigen Körper oder wie der Weg, den ein Brownsches Teilchen genommen haben könnte. Wie lang werden diese Kurven, wenn der Teilungsalgorithmus beliebig oft wiederholt wird? Die Frage ist leicht zu beantworten, denn bei jeder Teilung verdoppelt sich die Länge der Kurve in Abbildung 1a während sie sich verdreifacht bei 1b. In beiden Fällen strebt die Länge somit gegen unendlich. Bei Verwendung eines endlich langen Maßstabes erhält man jedoch endliche Längen, der resultierende Wert ist jedoch von der Länge des Maßstabs (der Grundlänge einer Strecke in den Figuren der Abbildung 1) abhängig. In dieser Hinsicht unterscheiden sich die Beispielkurven von „herkömmlichen" Kurven, bei denen die Verkleinerung des Maßstabes eine Konvergenz des Längenwertes für die Kurve bewirkt.

Bestimmung der fraktalen Dimension

Wie läßt sich das übliche Meßverfahren für Längen, Flächen und Volumina auf Objekte wie die in Abbildung 1 gezeigten in einer Weise ausdehnen, die zu reproduzierbaren und vom Maßstab unabhängigen Ergebnissen führt? Die Vorgehensweise zur Beantwortung dieser Frage ist verbunden mit der Klärung, ob es sich bei einem gegebenen „normalen" Objekt um ein eindimensionales Gebilde (eine Kurve), ein zweidimensionales Gebilde (eine Fläche) oder ein dreidimensionales (also raumfüllendes) Gebilde handelt. Man fragt nach der Anzahl N(r) von Kugeln mit gegebenem Radius r, die notwendig sind, das fragliche Objekt zu überdecken (überdecken heißt, daß jeder zu dem Objekt gehörige Punkt in

Abb. 1. Sogenannte Kochkurven mit fraktaler Dimension D = 1,5 (**a**) und D = 1,79 (**b**).

mindestens einer der Kugeln enthalten sind muß). Für eine Gerade, ein Quadrat oder einen Würfel gelten die Proportionalitäten:

Gerade:	N(r)	$\sim$ Länge / (2r) $\sim r^{-1}$
Quadrat:	N(r)	$\sim$ Fläche / (π r^2) $\sim r^{-2}$
Würfel:	N(r)	$\sim$ Volumen / ($4\pi/3$) $r^3 \sim r^{-3}$

das heißt die Dimension D des Objekts erscheint im Exponenten des Potenzgesetzes, welches die r-Abhängigkeit von N(r) beschreibt:

$$N(r) \sim r^{-D} \quad (1)$$

Wie sieht die r-Abhängigkeit von N(r) für die in Abbildung 1 gezeigten ,,Kurven" aus? Ist der Radius r der überdeckenden Kugeln gerade gleich der halben Länge einer der Basisstrecken bei gegebener ,,Auflösung", dann wird N(r) gerade gleich der Zahl der Basisstrecken im entsprechenden Polygonzug. Für die in Abbildung 1a dargestellte ,,Kurve" ergibt sich für N(r) somit bei Einheitslänge der Initialstrecke und $r_k = 1/4^k$

$$N(r_k) = 8^k = r_k^{-\ln 8/\ln 4} = r_k^{-3/2} \quad (2)$$

das heißt liest man wie bei Objekten ganzzahliger Dimension aus dem Exponenten von r im Ausdruck für N(r) die Dimension des Objektes ab, dann ergibt sich für das in Abbildung 1a dargestellte eine Dimension von D = 1,5. Man nennt D in diesem Falle die fraktale Dimension des Objektes [5]. Das in Abbildung 1b dargestellte Objekt hat demnach die fraktale Dimension D = ln12/ln4 = 1,79, das heißt die abgebildete ,,Kurve" wird einer Fläche ähnlicher als einer einfachen Linie. Daß sich die durch sukzessive Generierung entstehenden Objekte in Abbildung 1 der Flächigkeit nähern, ist auch intuitiv durch die Zunahme der Schwärzung der Kurven — deutlich zu sehen beim Vergleich der jeweils untersten der beiden Graphen — zu erfassen.

Mit Einführung der fraktalen Dimension eines Objektes ist es möglich geworden, ein konvergierendes Maß für die ,,Länge" einer fraktalen Kurve, für den ,,Flächeninhalt" einer fraktalen Oberfläche oder auch für das ,,Volumen" eines fraktalen Körpers anzugeben: Die Grundmaßeinheit (der schon mehrfach zitierte Maßstab) muß selbst von der gleichen fraktalen Dimension sein, wie das Objekt, das es zu messen gilt. Wenn nämlich die Zahl N(r) der das Objekt überdeckenden Kugeln um r^{-D} wächst, während jedes Element selbst die Größe r^D hat, dann wird das Produkt aus beiden gegen einen festen Wert streben — der fraktalen Länge, Fläche usw. des Objekts.

Die raumfüllende Tendenz eines fraktalen Objekts — die fraktale Dimension — kann auch über die ,,Massenverteilung" um einen ausgewählten Punkt erfolgen. Es läßt sich zeigen, daß die Masse M(r) innerhalb einer Kugel mit dem Radius r sich proportional zu r^D verhalten:

$$M(r) \sim r^D \quad (3)$$

Die Dichte ergibt sich demnach zu

$$\varrho \sim r^{D-3} \quad (4)$$

Für manche Problemstellungen ist es einfacher, die fraktale Dimension über letztere Relation zu ermitteln. Abbildung 2 zeigt schematisch das Dichteprofil — zugänglich über Röntgenbeugungsexperimente — eines kristallinen Festkörpers, einer Flüssigkeit und eines fraktalen Gebildes. Während für kondensierte Materie diese Dichte für große r gegen einen konstanten Wert strebt, fällt sie für

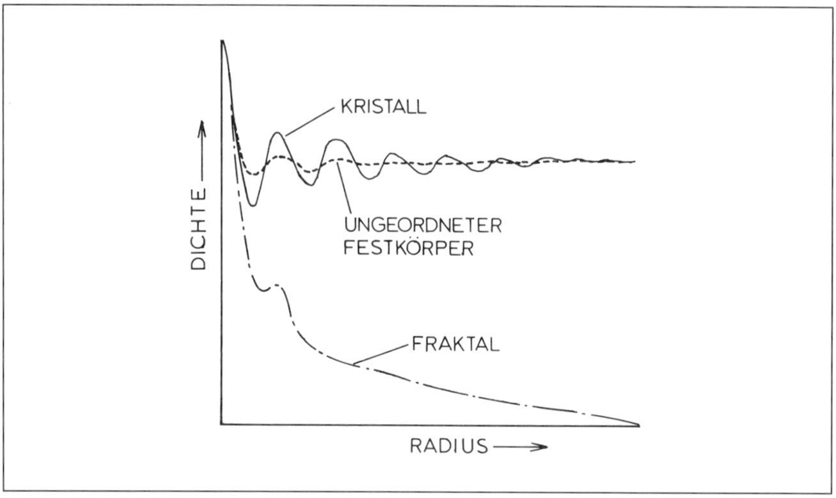

Abb. 2. Radiale Dichteverteilung für einen Kristall, einen amorphen Festkörper oder eine Flüssigkeit und für ein fraktales Gebilde (schematisch).

fraktale Objekte mit r^{D-3} ab. Die Oszillationen des Dichteprofils für kleine Werte von r sind in allen drei Fällen der Ausdruck von vorhandener Nahordnung.

Chemie an unregelmäßigen Oberflächen

Im Gegensatz zur Chemie in homogener Phase ist die Oberflächenchemie bestimmt durch stark anisotrope Reaktionsbedingungen. Die Anisotropie ist nicht nur dadurch gekennzeichnet, daß sich die Moleküle an einer (als Ebene gedachten) Phasengrenze befinden und damit zwei unterschiedliche Halbräume „sehen", sondern insbesondere auch dadurch, wie diese Phasengrenze „aus molekularer Sicht" geformt ist. Die unterschiedlichen Verhältnisse für Moleküle an „ebenen" und an zerklüfteten Oberflächen sind schematisch in Abbildung 3 wiedergegeben (siehe hierzu auch [5]).

Die Belegung der Oberfläche mit molekularen Monoschichten wird stark von der molekularen Form bestimmt [9] (Abb. 3a). Transportwege zur (Abb. 3b) und auf der Oberfläche (Abb. 3c) hängen stark vom Grad der Zerklüftung der Oberfläche ab. Dadurch werden alle diffusionskontrollierten oder -mitbestimmten Reaktionen vom Zerklüftungsgrad abhängig. Platztauschprozesse auf der Oberfläche können durch die Zerklüftung erleichtert werden (Abb. 3d). Dadurch werden etwa Phasenübergänge in molekularen Monoschichten beeinflußt. Die Verteilung von aktiven Zentren — wichtig für die heterogene Katalyse — wird geprägt durch die Form der Oberfläche. In Abbildung 3e ist dies (schematisch) durch die Ausrichtung von Elektronenorbitalen der Oberflächenmoleküle ange-

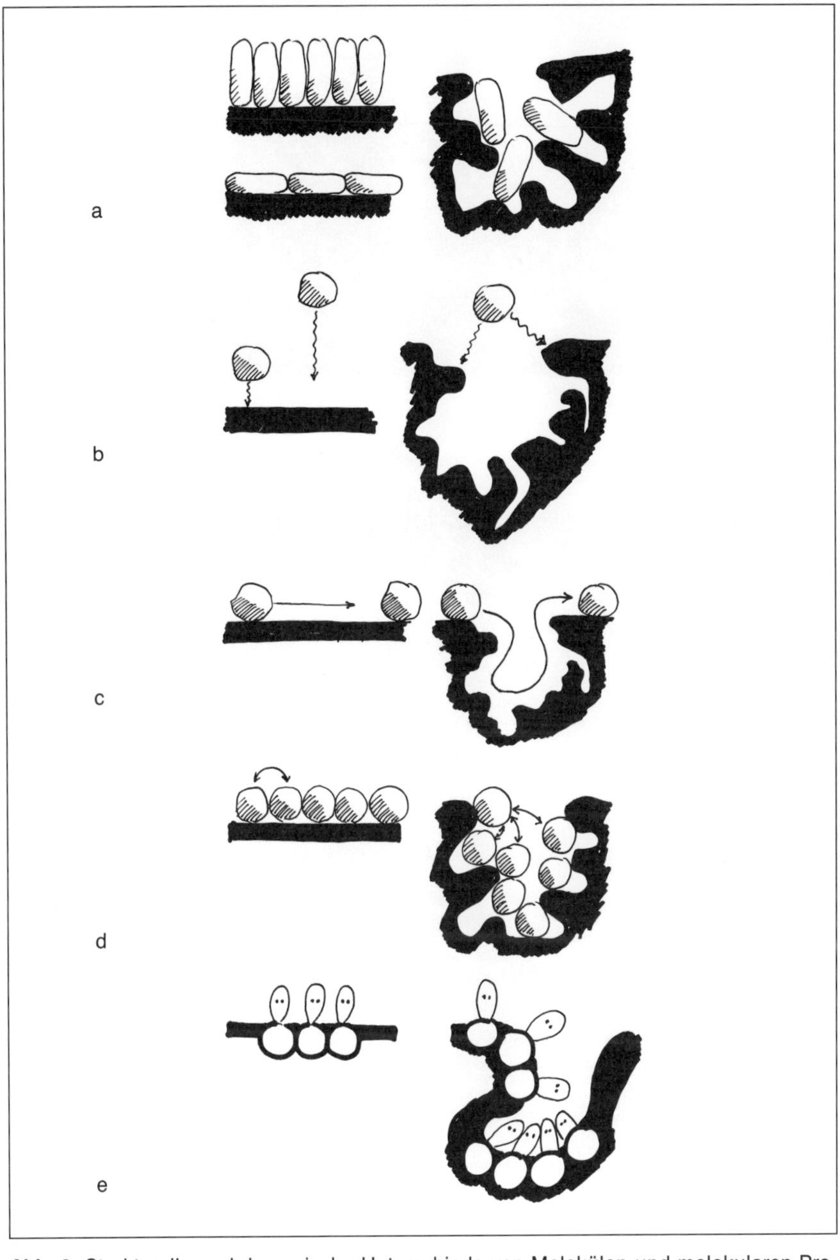

Abb. 3. Strukturelle und dynamische Unterschiede von Molekülen und molekularen Prozessen an ebenen und zerklüfteten (fraktalen) Oberflächen.

Abb. 4. Oberflächenbelegung eines Katalysators mit Monoschichten von Molekülen verschiedener Größe (schematisch). Quelle [8].

deutet. Schließlich wird die Monoschichtkapazität einer Oberfläche (diejenige Fläche, die sich ergibt, wenn alle in einer monomolekularen Schicht gebundenen Moleküle in dichtester Packung auf einer ebenen Unterlage angeordnet sind) drastisch vom Grad der Zerklüftung abhängig (Abb. 4). Sie kann für kleine Moleküle ein Vielfaches dessen betragen, was für große Moleküle gemessen wird.

Herkömmliche Rauhigkeitsmaße behandeln die Unregelmäßigkeit lediglich als Störung der glatten Oberfläche. Sie sind im allgemeinen nur geeignet zur Beschreibung ganz spezieller Prozesse und sie lassen sich häufig nicht von einer Molekülsorte auf eine andere übertragen [6]. Dies liegt daran, daß die meisten Oberflächen nichtkristalliner Körper nicht nur in bezug auf eine einzige Längenskala Rauhheit aufweisen, daß sich vielmehr die Unregelmäßigkeit über einen Längenbereich erstreckt und daß innerhalb dieses Bereiches Selbstähnlichkeit zu beobachten ist. Die fraktale Dimension erweist sich als adäquate Beschreibung dieses Sachverhalts. Wie sieht ein Gebilde mit fraktaler Oberflächendimension aus? Der sogenannte Mengerschwamm [5] mag als Modellbeispiel für einen Katalysator mit durchgehenden Poren (etwa einen Zeolyten) dienen (Abb. 5). Wenngleich auch die meisten gebräuchlichen Katalysatoren

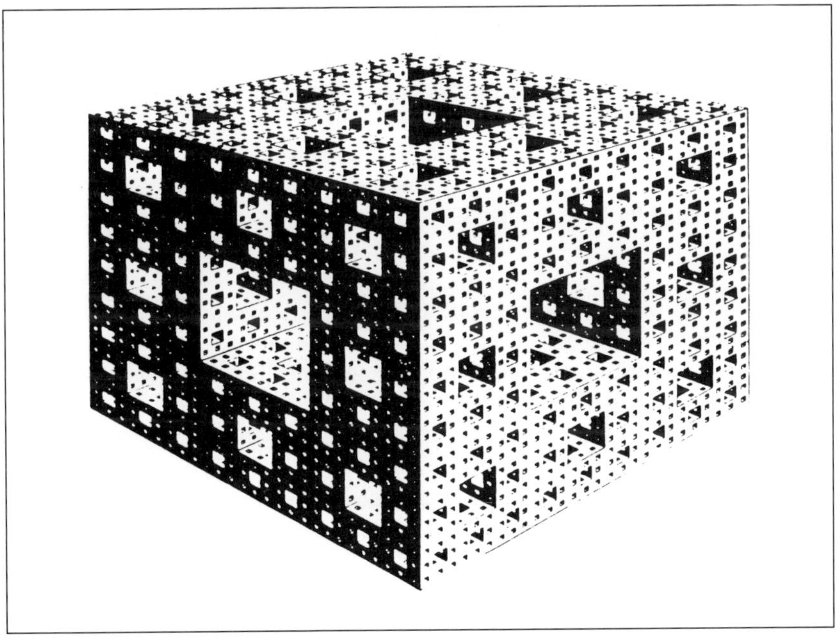

Abb. 5. Mengerschwamm als Modell für einen fraktalen Katalysator mit durchgehenden Poren. Quelle [5].

nicht die hohe Symmetrie des Mengerschwamms aufweisen, ist doch die Selbstähnlichkeit des Porensystems augenscheinlich.

Die am Beispiel der Kochkurven im vorangehendem Abschnitt vorgestellte Fraktalität gilt für alle Längenbereiche. Für Objekte der belebten und unbelebten Natur ist dies nie der Fall. Es gibt einen unteren und einen oberen ,,cutoff": Eine Oberfläche kann nicht mehr in selbstähnliche Fragmente zerlegt werden, wenn man molekulare Dimensionen unterschreitet. Auf der anderen Seite verliert die Selbstähnlichkeit ihren Sinn häufig im makroskopischen Bereich: Eine polierte Metalloberfläche hat dann die Dimension D = 2, auch wenn im Submakroskopischen eine andere fraktale Dimension gilt [6].

Aus dem Obengesagten läßt sich die Erwartung ableiten, daß die fraktale Dimension von Oberflächen in charakteristisch systematischer Weise die chemischen Prozesse, die an diesen Oberflächen ablaufen, beeinflußt. Dieser Schluß ist sicher gerechtfertigt, wenngleich heute noch mehr Fragen in diesem Zusammenhang unbeantwortet sind als Lösungen vorliegen. Aus der Sicht der Chemie stehen drei Problemkreise im Vordergrund:

1. Wie läßt sich die fraktale Dimension eines gegebenen Objekts (eine Katalysators, eines Adsoptionsmittels, eines Polymers usw.) experimentell bestimmen?
2. In welcher Weise müssen die für homogene Phase gültigen Gesetzmäßigkeiten (Gleichgewichtsbeziehungen, Transportgleichungen, Reaktionsgesetze und kinetische Gleichungen) modifiziert bzw. durch neue ersetzt werden, wenn die chemischen Prozesse auf fraktalen Strukturen stattfinden?
3. Wie lassen sich gegebenenfalls Strukturen (Katalysatoren, Filtersysteme u. a. m.) mit vorgegebener fraktaler Dimension gezielt herstellen?

Wenn auch aus dem heutigen Kenntnisstand diese Fragen nicht erschöpfend beantwortet werden können, so kann doch exemplarisch gezeigt werden, daß die oben formulierte Erwartungshaltung gerechtfertigt ist.

Adsorption an fraktalen Oberflächen

Die Bestimmung der fraktalen Dimension eines mathematisch definierten Gebildes durch Überdeckung mit Kugeln unterschiedlicher Größe läßt sich bei realen Objekten naturgemäß nicht durchführen. Dies ist aber auch nicht unbedingt nötig. Das gleiche Ergebnis läßt sich erzielen, wenn man an das zu untersuchende Objekt eine dichtgepackte Schicht von Kugeln gleicher Größe anlagert, die Kugeln zählt und das Experiment mit Kugeln anderer Größe mehrfach wiederholt. Die Bestimmung der fraktalen Dimension der Oberfläche kann dann wie oben beschrieben erfolgen. In Abbildung 4 ist schematisch der Schnitt durch eine unregelmäßige Oberfläche und die Belegung mit Monoschichten von kugelförmigen ,,Molekülen" verschiedener Größe (schematisch) wiedergegeben. Die Oberflächenschnittlinie wurde wie in Abbildung 1a als Kochkurve konstruiert, das heißt diese Schnittlinie hat die fraktale Dimension D = 1,5. Die ergibt sich auch „experimentell" aus den Zahlen N_1 und N_2 der Moleküle mit gegebenem Durchmesser d_1 bzw. d_2 nach der Beziehung

$$D = -\ln(N_1/N_2)/\ln(d_1/d_2) \qquad (5)$$

Aus den Abbildungen in Abbildung 4a, b und c ergibt sich $N_1 = 93$, $N_2 = 45$, $N_3 = 26$, $d_1 = 8$, $d_2 = 12{,}5$, $d_3 = 19{,}5$ und daraus durch Vergleich der Paare a—b und a—c eine fraktale Dimension der Schnittkurve von $D = 1{,}49$ bzw. $D = 1{,}48$ — Werte, die dem theoretischen Ergebnis sehr nahe kommen.

Das beschriebenen Gedankenexperiment (der Abdeckung eines Objekts mit Kugeln einheitlicher Größe) läßt sich auf die Realität übertragen: In der experimentellen Oberflächenchemie ist ein häufig anzutreffender Befund, daß für viele Adsorptionsdaten das Potenzgesetz [6]

$$n \sim r^{-D} \sim \sigma^{-D/2} \qquad (6)$$

gilt. Dabei ist n die adsorbierte Stoffmenge (oder Molekülzahl) pro Monoschicht, abhängig von der Größe des adsorbierten Moleküls, welche durch den molekularen Abdeckungsquerschnitt

$$\sigma \sim r^2 \qquad (7)$$

charakterisiert wird. D ist die fraktale Dimension der Oberfläche. Experimentell findet man auch in Proportionalität

$$n \sim R^{D-3} \qquad (8)$$

wobei R der effektive Radius der Adsorbensteilchen ist. Aus dieser letzten Beziehung geht hervor, daß n um so weniger von der Partikelgröße des Adsorbens ab-

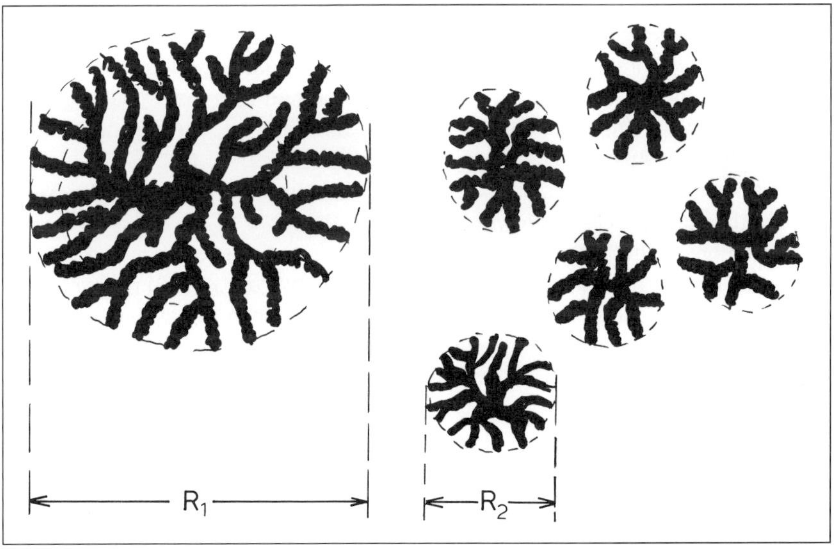

Abb. 6. Für sehr hohe fraktale Dimension des Adsorbensmaterials hängt die verfügbare Oberfläche nur noch schwach von der Korngröße (R_1 bzw. R_2) ab.

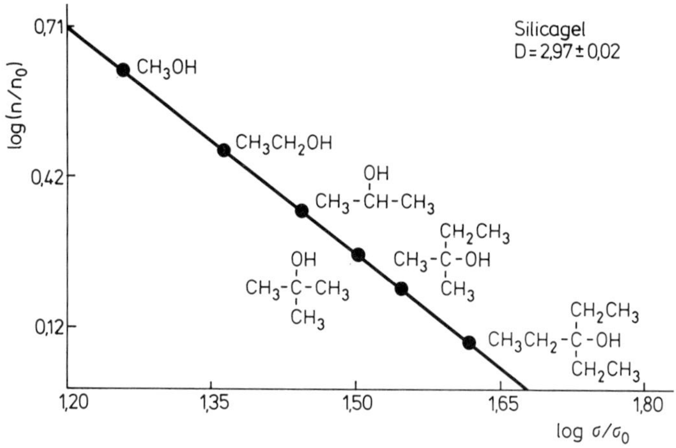

Abb. 7. Adsorbierte Menge n und molekulare Abdeckungsquerschnitte σ für die Adsorption von Alkoholen aus Toluol an Kieselgel; Quelle [10].

hängt, je näher D dem Wert 3 kommt. Dies ist schematisch dargestellt in Abbildung 6.

Ein besonders eindrucksvolles und das historisch wohl erste Beispiel für ein System mit hoher fraktaler Oberflächendimension ist Kieselgel, für das D ≈ 3,0 gefunden wurde [10]. Abbildung 7 gibt die Adsorption von verschieden großen Alkoholmolekülen auf Kieselgel wieder. Die Gerade zeigt, wie gut obige Gleichung erfüllt ist: Aus der Steigung ergibt sich D = 2,97 ± 0,02.

Auf analoge Weise läßt sich experimentell nachweisen, daß etwa Aktivkohle die Oberflächendimension D = 2,34 aufweist [11].

Für kantenspezifisch (eckenspezifisch) katalysierte Reaktionen ist die Häufigkeit und damit verbunden die fraktale Dimension etwa der Kanten (Ecken) maßgeblich entscheidend, nicht die Dimension der Oberfläche selbst. So ergibt sich für feinverteiltes Platin auf Kieselgel aus Adsorptionsdaten (etwa von H_2) die fraktale Dimension von D = 1,7 obwohl das Platin in Form von Mikrokristallen auf der Kieselgeloberfläche vorliegt und demnach eine Dimension von D = 2 (für die Oberfläche regulärer Körper) zu erwarten wäre. Zu erklären ist dieser scheinbare Widerspruch dadurch, daß die Adsorption nur an den Kanten der Mikrokristalle stattfindet und diese ein fraktales Netzwerk bilden [6].

Warum ist die Kenntnis der fraktalen Dimension einer adsorbierenden Oberfläche oder die Fraktalität der aktiven Bereiche eines Katalysators für die Chemie so wichtig? Es gibt auf diese Frage viele Antworten in deren Kern aber immer wieder die gleiche Aussage steht: In sehr vielen Fällen reicht die Kenntnis der fraktalen Dimension aus, um das Verhalten von Molekülen an diesen Oberflächen (Adsorption, Reaktion und Transport) vorauszusagen, wenn die molekularen Parameter (etwa der Belegungsquerschnitt) bekannt sind. Eine genaue Kenntnis der Oberflächenstruktur auf einem molekularen Maßstab ist für diese Voraussagen nicht erforderlich. Dies wird insbesondere auch deutlich bei der Untersuchung von biologischen Makromolekülen.

Die fraktale Dimension der Proteine

Die Struktur von Molekülen ,,normaler" Größe (etwa die mit weniger als 100 Atomen) läßt sich aufgrund der Bindungsverhältnisse unter Zurhilfenahmen von Standardbindungslängen und -winkeln relativ gut vorhersagen: Die strukturellen Eigenschaften sind durch die starken Wechselwirkungen der chemischen Bindungen bestimmt. Bei Proteinen und Polypeptiden, den Polymerbausteinen der belebten Natur ist dies nicht mehr der Fall. Hier sind die einzelnen Molekülteile (etwa die Aminosäuren) zwar auch noch durch chemische Bindungen in ihrer Struktur festgelegt, die Sekundär- und Tertiärstrukturen dieser Biopolymere läßt sich heute noch nicht prognostizieren, obwohl große Anstrengungen in dieser Richtung unternommen werden. Die Mechanismen und Strukturbildungsprinzipien der Proteinfaltung sind auch heute weitgehend ein Geheimnis der Natur, die diese mit enormer Reproduzierbarkeit ständig anwendet. Eine der Möglichkeiten, diesem Geheimnis auf die Spur zu kommen, ergibt sich aus der systematischen Analyse von bekannten Strukturen biologischer Makromoleküle. In Abbildung 8 ist die Struktur eines Proteins (Hühnereiweißlysozym) wiedergeben.

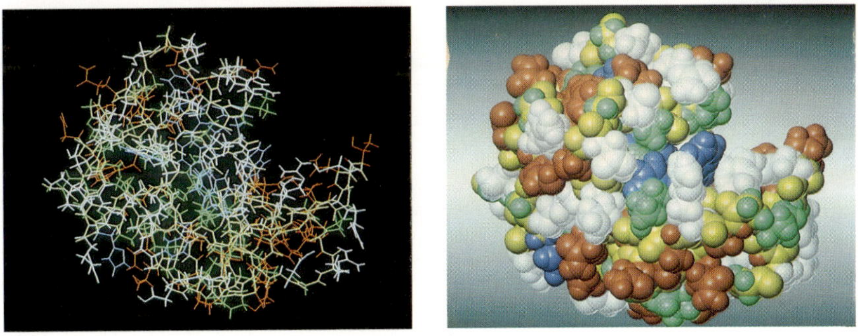

a b

Abb. 8. Darstellungen der Struktur eines Proteins (Hühnereiweißlysozym) auf der Basis von Röntgenstrukturdaten: (**a**) als Bindungsstrichmodell, (**b**) als Kalottenmodell.

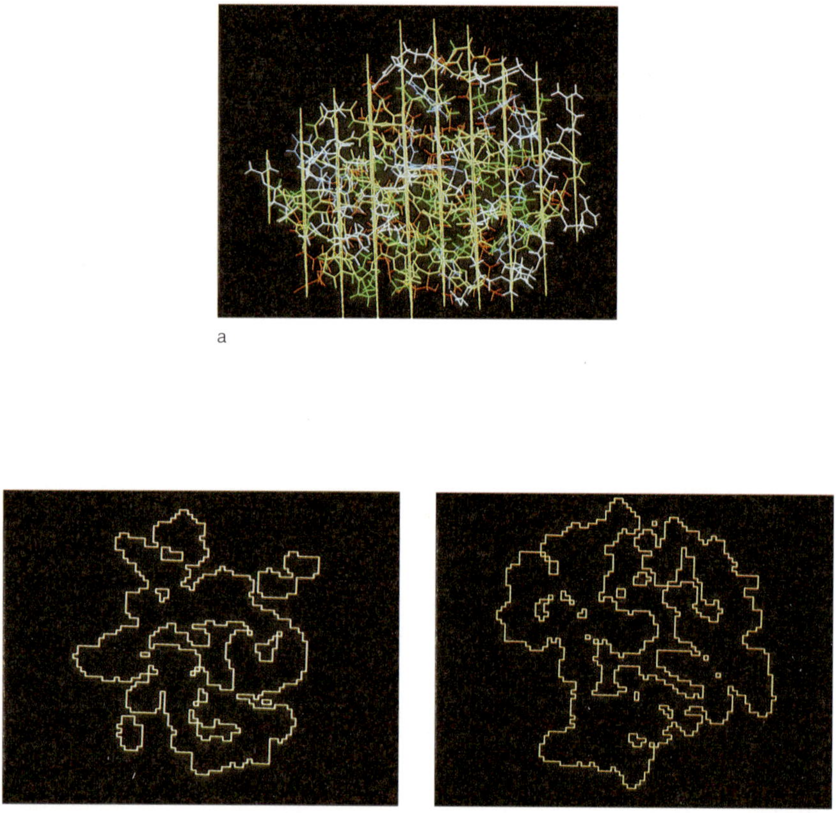

a

b

c

Abb. 9. Gedachte Schnitte durch ein Lysozymmolekül (**a**) und verschiedene Schnittkonturen durch die van-der-Waals Oberfläche (**b**) und (**c**) [12].

Keine der beiden Darstellungen dieser Abbildung läßt in irgendeiner Weise Ordnung erkennen. Und dennoch gibt es eine globale Eigenschaft, die die Proteine charakterisiert: ihre Strukturen weisen Selbständigkeit auf. Dies zeigt sich, wenn man die molekulare Oberfläche mit Molekülen unterschiedlicher Größe (in einem Computerexperiment [12] „abtastet" und dann analog verfährt wie bei der Bestimmung der fraktalen Dimension von Adsorptionsmitteln (siehe oben) oder indem man Schnitte durch die durch die Abtastung generierte Oberfläche legt und die Schnittlinien mit unterschiedlichen Maßstäben vermißt und daraus die fraktale Dimension berechnet [6]. In beiden Fällen ergibt sich für Lysozym eine fraktale Oberflächendimension von D = 2,2. Ähnliche Werte ergeben sich für andere Proteine, bei denen die Strukturen bekannt sind [12]. Die hohe Oberflächendimension der Proteine trägt der Tatsache Rechnung, daß diese Moleküle sehr locker aufgebaut sind. Dies zeigt sich deutlich bei Betrachtung der Oberflächenschnitte in Abbildung 9. Der mit der fraktalen Dimension von D = 2,2 einhergehende lockere Aufbau ist wohl auch eine der Grundvoraussetzungen für die Selektivität bei der biochemischen Katalyse, welche biologischen Makromolekülen eigen ist. Nur dieser Aufbau ermöglicht die Ausbildung von Rezeptortaschen mit hoher Spezifität in einem relativ großen Skalenbereich. Die Abbildung 10 zeigt eine solche Tasche in der Oberfläche des Trypsin Moleküls mit dem dazupassenden Inhibitor.

Die fraktale Oberflächendimension von D = 2,2 scheint auch für die Kinetik enzymatischer Reaktionen von elementarer Bedeutung zu sein. Für ein Enzym mit dem mittleren Durchmesser 2R gilt für die mittlere Zeit T, die ein Substrat von einem beliebigen Oberflächenpunkt hin zum aktiven Zentrum benötigt [6]

$$T \sim R^D \tag{9}$$

das heißt Prozeß wird durch eine hohe fraktale Dimension gehemmt. Auf der anderen Seite wird die Diffusion des Substratmoleküls zur Oberfläche hin durch eine hohe Dimension der Enzymoberfläche begünstigt. Der Wert von D = 2,2 für die Enzymoberflächen scheint ein günstiger Wert bei diesen gegenläufigen Einflüssen zu sein [6].

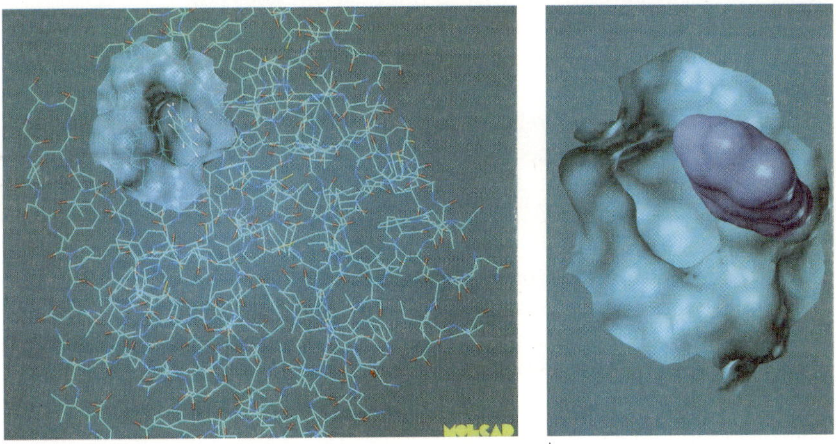

a b

Abb. 10a. Bindungsstrichdarstellung des Trypsinmoleküls mit Teilen der van-der Waals Oberfläche in der Umgebung einer Inhibitortasche. Das in der Tasche befindliche Inhibitormolekül ist in Strichdarstellung wiedergegeben. — (**b**). Oberflächendarstellungen von Inhibitortasche und Inhibitormolekül (Ausschnitt von **a**).

Reaktionen auf Fraktalen

Wenn die Oberfläche eines Teilchens (etwa eines Katalysatorkorns) fraktal ist, dann ergibt sich für die gesamte Oberfläche (siehe Gl. [8]):

$$F \sim R^{D-3} \tag{10}$$

Wenn man annimmt, daß ein ankommendes Molekül mit der Oberfläche nach einem Eley-Rideal Mechanismus [14] reagiert, dann läßt sich sowohl theoretisch als auch experimentell zeigen [15], daß eine solche Reaktion durch die fraktale Dimension D_R der effektiven oder reaktiven Oberfläche bestimmt wird. Daß diese nicht mit der Dimension D der Oberfläche selbst übereinstimmen muß (und meist auch nicht tut), wurde oben bereits am Beispiel von Platin auf Silicagel erläutert. Ersetzt man die Geamtoberfläche F durch eine effektive Fläche S der Reaktion, ergibt sich analog zu (10)

$$S \sim R^{D_R-3} \tag{11}$$

Da die Anfangsrate k_o der Reaktion mit der Oberfläche der Fläche selbst proportional ist [16]

$$k_o \sim S \tag{12}$$

läßt sich D_R aus einem log (k_o)/log R Diagramm leicht ermitteln.

Aus den Gleichungen (10—12) ergibt sich unmittelbar

$$k_o \sim F^{(D_R-3)/(D-3)} \tag{13}$$

als Verallgemeinerung des Wenzelsche Gesetzes [16]

$$k_o \sim F \tag{14}$$

für das die Unterscheidung von F und S nicht gemacht wurde. Mit Gl. (13) können viele empirisch gefundene Gesetzmäßigkeiten der Form

$$k_o \sim F^m \tag{15}$$

erklärt werden. Bei der Analyse von experimentellen Daten [15] zeigt sich, daß alle möglichen Fälle auftreten können: $D \cong D_R$, $D > D_R$ und $D < D_R$. Wenn sterische Hinderungen auftreten oder innere Teile der Oberfläche für die reagierenden Moleküle nicht zugänglich sind wird $D_R < D$, das heißt die reaktive Oberfläche ist „glatter" als die Oberfläche selbst. Auch in Fällen von chemischer Selektivität wird $D_R < D$. Der Fall $D_R > D$ kann beobachtet werden, wenn die reagierenden Moleküle „getrappt" werden. Schließlich kann die Oberflächendimension durch die Reaktion verändert werden.

Ein besonders eindrucksvolles Beispiel dafür, daß die Kenntnis der fraktalen Struktur von heterogener Materie ausreichen kann, um das kinetische Verhalten von Reaktionen adäquat zu beschreiben, stammt aus der Photochemie. Klafter und Blumen [17] fanden heraus, daß der elektronische Energietransfer zwischen Adsorbaten in fraktaler Umgebung im wesentlichen durch die fraktale Dimension dieser Umgebung bestimmt wird. So ist die Überlebenswahrscheinlichkeit P(t) eines angeregten Donormoleküls zu

$$P(t) = \exp\left[-\gamma(t/\tau)^{D/6} - t/\tau\right] \tag{16}$$

gegeben, wobei τ die Fluoreszenzlebensdauer des Donors und der Vorfaktor γ neben der fraktalen Dimension eine Reihe von molekularen Parametern enthält

[18]. Die Klafter-Blumen-Theorie hat eine Reihe von experimentellen Studien induziert [19]. Es blieb in vielen Fällen unklar, welche physikalische Bedeutung die Fraktalität in diesen Experimenten hatte. In einer Arbeit von Pines-Rojanski u. Mitarb. [19] konnte nachgewiesen werden, daß die effektive fraktale Dimension der Akzeptormoleküle (Malachitgrün) bestimmt wird durch die mittlere Porengröße des Trägermaterials. Das letztgenannte Beispiel zeigt, wie die Neuformulierung von Gesetzmäßigkeiten unter Einbeziehung der Fraktalität gesetzmäßige Ordnung in eine Vielzahl von experimentellen Ergebnissen bringen kann, die sonst nur durch begrenzt gültige empirische Regeln beschrieben werden können.

Generierung von fraktalen Strukturen

Die obengenannten Beispiele sollten zeigen, daß die Chemie in fraktaler Umgebung sich substantiell von der Chemie in homogener Phase unterscheidet, es sollte aber auch demonstriert werden, daß vielfach die Einbeziehung der fraktalen Dimension bei der Beschreibung von chemischen Prozessen hinreichend ist, um der Unregelmäßigkeit der Umgebung Rechnung zu tragen. Es ist naheliegend zu fragen, auf welche Weise eine chemische Umgebung mit vorgegebener fraktaler Dimension gezielt geschaffen werden kann. Die Antwort auf diese Frage eröffnet zum Beipiel in der heterogenen Katalyse ungeahnte neue Möglichkeiten.

Während man in der experimentellen Analyse von fraktalen Strukturen in der Chemie schon relativ weit fortgeschritten ist, läßt sich dies für die Generierung solcher Strukturen nicht sagen. Es ist bekannt, daß diffusionskontrollierte Prozesse unter bestimmten Bedingungen zur Ausbildung von fraktalen Gebilden führen [6, 20, 21]. Kaufmann u. Mitarb. [21] berichten über eine Wachstumsinstabilität bei diffusionskontrollierter Polymerisation in einer quasi zweidimensionalen elektrochemischen Zelle. Mit Erhöhung des Oxidationspotentials ändert sich schlagartig die fraktale Dimension des entstehenden Polypyrols von einer kompakten Struktur ($D = 2$) zu dendritischer Form ($D > 1$).

Der Mechanismus für das diffusionskontrollierte Wachstum von fraktalen Aggregaten ist maßgebend bestimmt durch zwei Prozesse: die Brownsche Bewegung der Teilchen (Diffussion) zur Oberfläche und deren Bindung an die Oberfläche. Obwohl viel analytische Versuche unternommen wurden [23—28] die fraktale Dimension D des entstehenden Aggregats aus der euklidischen Dimension des Raumes, aus dem die Aggregation stattfindet, herzuleiten, gibt es bis heute noch keine voll überzeugende Theorie hierfür. Ansätze sind jedoch vorhanden. So konnten Matsushita u. Mitarb. [28] zeigen, daß sich die fraktale Dimension D des entstehenden Aggregats zu

$$D = [D_S^2 + (D_w - 1)] / [D_S + (D_w - 1)] \qquad (17)$$

ergibt, wobei D_S die Dimension des Raumes ist in dem die Aggregation stattfindet und Dw die fraktale Dimension der Diffusionstrajektorie. Die Überprüfung der theoretischen Ansätze erfolgt vielfach über Computersimulationen. Mit dieser Methode läßt sich gezielt der Einfluß bestimmter Eingangsparameter auf die fraktale Struktur des Aggregates studieren. Als Beispiel hierfür seien die Monte Carlo Simulationen von Hepel [29] genannt. Der Autor studierte systematisch den Einfluß der Oberflächen auf die Dimension D und wies nach, daß wachsende freie Weglänge zu einer systematischen Reduzierung von D führt.

Ausblick

Das Studium von chemischen Vorgängen auf fraktalen Strukturen ist sicherlich noch im Anfangsstadium. Die gegebenen Beispiele und Erläuterungen sollten zeigen, daß hier ein konzeptionell neues „Werkzeug" zur systematischen Behandlung von Prozessen in unregelmäßig heterogener Umgebung vorliegt mit dem es gelingen sollte, auch dort Ordnung und Systematik zu erkennen, wo nach herkömmlicher Vorstellung nur Unordnung existiert.

Literatur

[1] Haken, H.: Synergetics. Springer Verlag. Heidelberg, New York 1978.
[2] Schuster, H. G.: Deterministic Chaos — An Introduction. Physik Verlag. Weinheim 1984.
[3] Schuster, P. (Ed.): Stochastic Phenomena and Chaotic Behaviour in Complex Systems. Springer Verlag. Berlin, Heidelberg, New York, Tokyo 1984.
[4] Fischer, P., W. R. Smith Editors: Chaos, fractals, and dynamics. Marcel Dekker. New York, Basel 1985.
[5] Mandelbrot, B. B.: The Fractal Geometry of Nature. Freeman Publ. San Francisco 1982.
[6] Pfeiffer, P., Chimia **39,** 120 (1985).
[7] Hargittai, I., M. Hargittai: Symmetry through the Eyes of a Chemist. Verlag Chemie. Weinheim 1986.
[8] Brickmann, J., H.-J. Bär, Nachr. Chem. Techn. Lab. **34,** 556 (1986).
[9] Meyer, A. Y., D. Farin, D. Avnir, J. Am. Chem. Soc. **108,** 7897 (1986).
[10] Farin, D., A. Volpert, D. Avnir, J. Am. Chem. Soc. **107,** 3368 (1985).
[11] Avnir, D., D. Farin, J. Chem. Phys. **79,** 3566 (1983).
[12] Goetze, Th., W. Heiden, J. Brickmann, unveröffentlicht.
[13] Avnir, D., D. Farin, P. Pfeiffer, J. Colloid, Interface Sci. **103,** 122 (1985).
[14] Adamson, A. W.: Physical Chemistry of Surfaces. Wiley. New York 1982.
[15] Farin, D., D. Avnir, J. Phys. Chem. **91,** 5518 (1987).
[16] Rideal, E. K.: An Introduction to Surface Chemistry. Cambridge. London 1930.
[17] Klafter, J., A. Blumen, J. Chem. Phys. **80,** 875 (1984).
[18] Even, N., K. Rademan, J. Jortner, N. Maner, R. Reisfeld, Phys. Rev. Lett. **52,** 2164 (1984); **58,** (1987).
[19] Pines-Rojanski, D., D. Huppert, D. Avnir, Chem. Phys. Lett. **139,** 109 (1987).
[20] Matsushita, M., M. Sano, Y. Hayakawa, H. Honjo, Y. Sawada, Phys. Rev. Lett **53,** 286 (1984).
[21] Kaufmann, J. H., O. R. Melroy, F. F. Abraham, A. I. Nazzal, Solid State Comm. **60,** 757 (1986).

[22] Kaufmann, J. H., A. I. Nazzal, O. R. Melroy, A. Kapitulnik, Phys. Rev. **B35,** 1881 (1987).
[23] Muthukumar, M., Phys. Rev. Lett **50,** 839 (1983).
[24] Hentschel, H. G. E., Phys. Rev. Lett **52,** 212 (1984).
[25] Turkevich, L. A., H. Scher, Phys. Rev. Lett **55,** 1026 (1985).
[26] Ball, R. C., R. M. Brady, G. Rossi, B. R. Thompson, Phys. Rev. Lett **55,** 1406 (1985).
[27] Honda, K., H. Toyoki, M. Matsushita, J. Phys. Soc. Jpn. **55,** 707 (1986).
[28] Matsushita, M., K. Honda, H. Joyoki, Y. Hayakawa, H. Kondo, J. Phys. Soc. Jpn. **55,** 2618 (1986).
[29] T. Hepel, J. Electrochem. Soc. **134,** 2685 (1987).

Ordnung und Wirrwarr als Konzepte der Makromolekularen Chemie

Gerhard Wegner, Mainz

Lineare Ketten mit Flexibilität

Die Schaffung neuer Werkstoffe aus organischen Grundbausteinen ist die zentrale Aufgabe der Makromolekularen Chemie. Die Makromoleküle, aus denen die zum Beispiel als „Kunststoffe", „Textilfasern", „Lacke", „Kautschuke" oder „Folien" bezeichneten Werkstoffe bestehen, lassen sich als fadenförmige Gebilde begreifen; ihre Länge ist in der Regel viele hundert- bis zehntausendmal größer als ihr Durchmesser. Die Makromoleküle entstehen durch planvolles Aneinanderreihen kleiner Bausteine, der sogenannten Monomeren. Die chemische Verbindung der Monomeren zu Ketten durch Reaktionen, die man Polymerisation oder Polykondensation nennt, führt zu den Polymeren. Die Begriffe Polymere und Makromoleküle werde heute weitgehend synonym gebraucht.

So entsteht beispielsweise Polyethylen, das uns als Isolation elektrischer Kabel oder als „Plastiktüte" im Kaufhaus begegnet, durch Polymerisation des Ethylen als dem zugehörigen Monomeren. Im Polyethylen sind einige zehntausend Methylengruppen zu einem Makromolekül verknüpft. Polyethylen als Modellfall besteht daher nur aus Kohlenstoff und Wasserstoff als den atomaren Bestandteilen.

Die Eigenschaften der polymeren Werkstoffe, wie mechanische Festigkeit, Elastizität, Transparenz, Wärmeleitfähigkeit usw. beruhen weit mehr auf dem Ordnungszustand der Makromoleküle als auf den Details ihrer chemischen Struktur.

In den Schmelzen oder Gläsern der üblichen, das heißt heute technisch relevanten Polymeren liegen die Makromoleküle in einem Zustand perfekter Unordnung vor. Die Makromoleküle bilden Knäuel, die sich wie wirre Fäden in einem Wollkorb gegenseitig durchdringen und ein Verhakungsnetzwerk bilden. Der Verlauf eines einzelnen Makromoleküls läßt sich statistisch im Rahmen eines Irrflugmodells beschreiben, das heißt nach der gleichen statistischen Behandlungsweise, mit der der Weg eines Gasmoleküls im idealen Gas beschrieben wird. Der exakte Nachweis wird mit Hilfe der Neutronenstreuung erbracht. Sie

---

Prof. Dr. Gerhard Wegner, Max-Planck-Institut für Polymerforschung, Mainz.

erlaubt es, die Knäuelstruktur eines einzelnen Makromoleküls in seiner Umgebung zu erfassen, wenn in Form der Zumischung deuterierter Moleküle ein Kontrast erzeugt worden ist, der es gestattet, die Segmente eines bestimmten Moleküls vor dem Hintergrund gleichartiger Moleküle zu unterscheiden.

Die Erkenntnis, daß Makromoleküle in der Regel flexible Gebilde sind, deren Gestalt und Bewegungen sich nach den Gesetzen einer Statistik beschreiben lassen, wie sie auch für die idealen und realen Gase gilt, hat sich erst im Lauf vieler Jahre entwickelt.

Hermann Staudinger, der Begründer der makromolekularen Chemie war viele Jahre lang kein Freund dieser Vorstellung, die auf den in Basel lehrenden Physikochemiker Hans Kuhn zurückgeht. Kuhn gelang es als erstem die elastische und reversible Deformation von Kautschuken quantitativ dadurch zu beschreiben, daß er Netzwerke aus Polymeren als ein Konformationsgas auffaßte. Wird ein Kautschuk gestreckt, so verringert sich die Zahl der möglichen Konformationen der Moleküle, der Ordnungszustand wird größer und daher nimmt die Entropie des Systems ab. Die Rückstellkraft bei gegebener Deformation eines Kautschuks ergibt sich daher aus der Tendenz des Systems, den Zustand größtmöglicher Unordnung, das heißt den Ausgangszustand, wieder einnehmen zu wollen.

Ordnung durch Kristallisation

Hermann Staudinger selbst war fasziniert von den Ordnungszuständen, die makromolekulare Stoffe einnehmen können. Er wußte früh um die Bedeutung biogener Makromoleküle, so der Polysaccharide, für die Cellulose und Stärke Beispiele sind, oder der Proteine mit Keratin und Kollagen als Beispielen, für die Bildung der Strukturen in der belebten Welt. Daher war er überzeugt, daß die Formentreue biologischer Erscheinungsformen nur auf einer Formentreue der Makromoleküle beruhen könne. Ein statistisches, das heißt ungeordnetes Verhalten der Makromoleküle war ihm fremd.

In der Tat können Makromoleküle, wenn sie periodisch aus Grundeinheiten aufgebaut worden sind, kristallisieren. Polyethylen, das aus Methyleneinheiten periodisch aufgebaut ist, dient als Beispiel. Die Ketten lagern sich selbst zu einem dreidimensional periodischen Gitter zusammen, dessen Motiv die Methylengruppe ist. Eine einzelne Kette durchläuft im Grenzfall unendlich viele Elementarzellen. In der Realität tritt jedoch ein neuer Typ von Unordnung auf. Bedingt durch die Kinetik der Kristallisation kommt es zur Bildung von Kristalliten, die in merkwürdiger, jedoch für Polymere charakteristischer Weise gestört sind. Nach einer endlichen, kleinen Anzahl von Schritten durch den Kristall kehrt die Kette ihren Weg um; unter Faltung der Ketten entstehen Kristallite mit der Struktur ausgedehnter Lamellen. Im massiven, aus der Schmelze erhaltenen Material sind die einzelnen Lamellen durch Verbindungsmoleküle verknüpft, das heißt ein Teil der Ketten falten in die gleiche Lamelle zurück, ein anderer, in der

Regel kleiner Teil der Moleküle verbindet unter Ausbildung von Wirrlagen benachbarte kristalline Lamellen. Diese merkwürdige Mischung von Ordnung und Unordnung ist für die technische Nutzung der Polymere als Werkstoffe und Faser von größter Bedeutung. Die kristallinen Bestandteile verleihen dem Werkstück Festigkeit und Härte, die Wirrlage der Molekülsegmente dagegen Zähigkeit und Elastizität. Durch gezieltes Einstellen des Verhältnisses von kristallinen zu amorphen Bereichen sowie der Zahl der Verbindungsmoleküle lassen sich die mechanischen Eigenschaften der Werkstoffe entsprechend den Bedingungen der Praxis festlegen.

Es bleibt die schon von Staudinger gestellte Frage, ob Strukturen aus vollkommen geordnet vorliegenden Makromolekülen, etwa Fasern, in denen lediglich Anfang und Ende der einzelnen Makromoleküle noch Fehlstellen darstellen, überhaupt realisierbar und, wenn realisierbar, dann wünschenswert sind. Es ist unmittelbar einleuchtend, daß derartige Gebilde die maximale Festigkeit in Molekülrichtung aufweisen müßten; denn ein Zerreißen eines solchen Gebildes bedeutet die Spaltung aller Bindungen in einer Ebene senkrecht zur Kettenrichtung. Daher ergibt sich die theoretische Festigkeit unmittelbar aus der Festigkeit der chemischen Bindungen pro Kettenquerschnitt. Daß diese Überlegung richtig ist, wissen wir heute auch aus der Praxis; so gelingt es mit besonderen Techniken Fasern aus Polyethylen zu erzeugen, die weitgehend in der geforderten Struktur vorliegen und daher einen ähnliche Elastizitätmodul aufweisen wie konventioneller Baustahl.

Ordnung durch Unverträglichkeit

Bevor die Frage weiterverfolgt wird, wie man zu absolut regelmäßigen Strukturen aus Polymeren gelangen kann, bei denen die Grundbausteine der Makromoleküle in Form makroskopischer Kristalle geordnet vorliegen und welche Eigenschaften sich daraus ergeben, wollen wir noch einmal zu Strukturen aus Makromolekülen zurückkehren, die in der Dimension der Moleküle selbst völlig ungeordnet sind. Man kann aus ihnen dennoch auf der Skala größerer Dimensionen, die das gesamte Molekül als Maßstab nimmt, dreidimensionale Ordnung erzeugen.

Wir betrachten hierzu Blockcopolymere, also Makromoleküle, die aus zwei Teilmolekülen unterschiedlicher chemischer Konstitution durch Verknüpfung an einer Stelle zusammengesetzt sind. Sind die beiden Teilbestandteile nicht miteinander mischbar, wie beispielsweise Öl und Wasser, dann kommt es zur Phasentrennung. Diese kann aber makroskopisch nicht stattfinden, da die Bestandteile auf der Ebene der Moleküle verknüpft sind. Die Phasentrennung kann daher nur in der Dimension der Makromoleküle selbst ablaufen, wobei alle Verknüpfungsstellen auf der Phasengrenze zwischen den unverträglichen Bestandteilen zu liegen kommen. Je nach relativer Länge und damit relativem Raumbedarf der unterschiedlichen Segmente entstehen definierte Überstrukturen aus Kugeln, Zylindern oder Lamellen. Die Durchmesser der Grundstrukturen ergeben sich eindeutig aus der Dimension der Makromoleküle. So entsteht ein sehr perfektes Übergitter aus Zylindern aus Polybutadienblöcken eingebettet in die Matrix aus Polystyrolblöcken in einem Zweiblock Copolymer aus Butadien und Styrol. Auf der Skala der Bindungslängen der Grundbausteine liegt hier vollkommene Unordnung vor; die sehr perfekte Ordnung erscheint erst auf einer Skala, die die Dimension des Knäuels selbst gibt. Daher ist ein solches Material für Röntgenstrahlen der üblichen Wellenlänge für die Strukturanalyse von Kristallen (λ = 0,154 nm) amorph, für monochromatisches sichtbares Licht (λ = 500 nm) dagegen ein ,,hochkristallines" Gebilde, das heißt, es treten Braggsche Reflexe auf.

Überstrukturen, die aus der geschilderten molekularen Unverträglichkeit zwischen Ketten verschiedener chemischer Konstitution resultieren, spielen in der modernen Praxis der Konstruktion von Materialien für die Zwecke der Technik eine überragende Rolle. Man spricht auch von Legierungen aus Polymeren und meint damit, daß aus der gezielten Einstellung des Phasenzustands von Mischungen verschiedenartiger Polymerer in ähnlicher Weise neuartige Eigenschaften entstehen, wie in der klassischen Metallurgie durch Zusammenfügen verschiedenartiger Elemente. Viele der heute gebräuchlichen ,,schlagzähen" Werkstoffe oder ,,thermoplastische Elastomere" sind nach dem geschilderten Prinzip konstruiert.

Kettensteife Makromoleküle

Während also die Eigenschaften der üblichen polymeren Werkstoffe auf der Flexibilität der Makromoleküle und der dadurch bedingten Zufallsgeometrie ihrer Struktur beruhen, müssen sich neue Eigenschaften einstellen, wenn Flexibilität verhindert wird. Wir gelangen zu der Frage, wie sich Makromoleküle verhalten, die Gestalt und Eigenschaften von steifen Stäbchen aufweisen. Man wird unmittelbar erwarten, daß sie sich aufgrund der Anisotropie ihre Form spontan ordnen. Vergleichen wir Moleküle einer solchen Geometrie in einem gegebenen Volumen mit Streichhölzern in einer Streichholzschachtel, dann wird klar, daß sie nicht wirr zueinander packen können, sondern sich aneinander zu einer Überstruktur ausrichten. Die einfachste Überstruktur, die sich ausbilden kann, nennen wir nematisch. In diesem Ordnungszustand sind die Längsrichtungen aller Moleküle miteinander korreliert und dies ist das einzige Ordnungsprinzip. Tatsächlich sind heute eine ganze Reihe von makromolekularen Substanzen bekannt, die derartige nematische Phasen bilden. Sie besitzen ein großes technisches Interesse, da nematische Strukturen leicht ,,orientierbar" sind, es können alle Molekülachsen auf die Richtung erwarteter mechanischer Beanspruchung ausgerichtet werden. Dies ist für die Erzeugung von hochfesten Synthesefasern von größter Bedeutung, wie sie heute in sogenannten Verbundwerkstoffen in Luft- und Raumfahrt, aber auch im Automobilbau, eingesetzt werden.

Die Kettensteifheit wird erreicht, indem systematisch alle Freiheitsgrade der Bewegung auf der Ebene der Segmente der Makromoleküle eingeschränkt, bzw. aufgehoben werden, also Rotation um Einfachbindungen, Verhinderung von konformativen Isomeren usw. Im Grenzfall völliger Kettensteifheit besitzt jedes Makromolekül nur noch die Freiheitsgrade der Translation; daher können Materialien aus solchen Molekülen nicht mehr schmelzen (und auch nicht in Lösung gebracht werden), denn der sehr geringe Unterschied zwischen in der Entropie der Schmelzen und des nematischen Zustands läßt den Schmelzpunkt weit über die Temperatur steigen, bei der Zersetzung eintritt.

Man muß daher ein neues Element der Unordnung einführen, um die Kettensteifigkeit als Strukturprinzip zu erhalten, jedoch gleichzeitig Schmelzbarkeit und Löslichkeit zu bewirken. Dies gelingt durch Anheften kurzer, flexibler Seitenketten an das steife Rückgrat eines als sehr lang gedachten Makromoleküls. Dadurch entsteht ein neuer Typ von Makromolekül, der eine neue Klasse von Wechselwirkungen und damit Eigenschaften mit sich bringt. Die kurzen Seitenketten wirken wie ein dünnes Fell von Haaren oder Borsten und besitzen insgesamt genügend Freiheitsgrade der Konformation um Löslichkeit und Schmelzbarkeit zu bewirken.

An einem konkreten Beispiel aus unserem Institut ist übrigens abzulesen, daß Flexibilität und Steifheit der Ketten nicht notwendigerweise Gegensätze sein müssen, sondern sich durchaus in einem Molekül vereinen lassen, wenn dessen temperaturabhängiges Verhalten untersucht wird.

So sind zum Beispiel aromatische Polyester mit kurzen aliphatischen Seitenketten bei Temperaturen oberhalb von 250° C knäuelartig geschmolzen, zeigen dann bei Abkühlen einen Übergang in eine nematische Phase, in der sich die Knäuel zu Stäbchen gestreckt haben. Bei noch tieferen Temperaturen tritt Fernordnung der Haupt- und Seitenketten zu echt kristallinen Strukturen auf.

Die Beherrschung solcher Phänomene, auch in technischem Maßstab, bildet die Grundlage für eine neue Generation von polymeren Werkstoffen. Fernziel ist unter anderem die Realisierung der Mischung von stäbchen- und knäuelförmigen Makromolekülen, also die Reduktion der Dimension der verstärkenden Elemente in den Verbundwerkstoffen (z. B. glasfaserverstärkte Harze) auf molekularen Maßstab zu ,,molekularen" Verbundstoffen.

Perfekte Kristalle aus Makromolekülen

Der perfekt dreidimensionale Zustand makromolekularer Stoffe, der in einem makroskopischen Einkristall aus einem Polymeren realisiert wäre, scheint auf den bisher geschilderten Wegen nicht erreichbar zu sein. Es ist meines Wissen auch so niemals erreicht worden, es wurde sogar bis vor einigen Jahren bezweifelt, ob er überhaupt darstellbar sei.

Um perfekte Kristalle aus Makromolekülen herzustellen, muß man einen ganz anderen Weg einschlagen.

Man geht von der Überlegung aus, daß zunächst ein dreidimensionaler, geordneter Zustand reaktiver Monomerer erzeugt werden muß, also ein Einkristall des geeigneten Monomeren. Gelingt es nun die Polymerisation im Kristall so auszulösen, daß dessen Ordnung nicht gestört wird, so sollte ein Einkristall des Polymeren entstehen, bei dem die Grundeinheiten auf den gleichen Gitterplätzen sitzen wie ehedem die Monomeren. Man bezeichnet eine solche Reaktion als topochemische Reaktion beziehungsweise Polymerisation, weil die Reaktion unter Kontrolle des Gitters und unter Erhalt der Symmetrie der Moleküle abläuft.

Die Polymerisation der Diacetylene, also von Monomeren, die zwei konjugierte C-C Dreifachbindungen als reaktives Strukturelement enthalten, gilt heute als Paradefall einer derartigen Reaktion. Sie führt direkt zur Synthese makroskopischer Einkristalle aus Polymeren, die wegen der π-konjugierten Struktur des Rückgrats der Polymeren zusätzliches Interesse finden. Die Perfektion der erhaltenen Kristalle ergibt sich nicht nur augenscheinlich aus den spiegelnden Flächen und perfekten Kanten der zentimetergroßen Kristalle, sondern auch aus röntgenographischen und elektronenmikroskopischen Untersuchungen. Seit Auffinden der Reaktion und ihrer Aufklärung im Sinn topochemischer Reaktionsweise vor etwa 20 Jahren hat sich daraus ein großes Feld chemischer und physikalischer Forschung entwickelt, das sich um die Analyse von Reaktionen und Verhalten von elektronisch angeregten Zuständen in perfekten Kristallen aus derartigen Makromolekülen rankt.

Ultradünne und molekular geordnete Schichten

Dazu hat unter anderem beigetragen, daß die topochemischen Polymerisationen es in besonders einfacher Weise erlauben, ultradünne und molekular exakt definierte Schichten aus organischen Molekülen zu stabilisieren. Man macht hierzu zunächst Gebrauch von der Langmuir-Blodgett-Technik, um den Aufbau zweidimensionaler geordneter Schichten auf planaren Trägern zu erzwingen. Bei dieser Technik wird an der Grenzfläche Wasser-Luft zuerst ein monomolekularer Film aus Molekülen mit seifenartigem Verhalten erzeugt. Dieser wird unter konstantem Oberflächendurck auf planare Träger aufgetragen, indem diese durch den monomulekularen Film hindurch ein- bzw. ausgetaucht werden. Bei jedem Durchtritt des Trägers wird im Regelfall exakt eine Schicht des monomolekularen Films von der Wasseroberfläche auf den Träger, zum Beispiel ein Quarzglas oder ein Metallplättchen, übertragen, so daß sich die Anzahl der übertragenen Schichten eindeutig aus der Zahl der Tauchvorgänge ergibt. Derartige LB-Schichten sind thermisch und mechanisch instabil, wenn es nicht gelingt, die Moleküle in den Schichten durch Polymerisation permanent festzulegen. Hierzu eignet sich die schon genannte topochemische Polymerisation von seifenartigen Molekülen mit konjugierten C-C-Dreifachbindungen als zusätzlichem Strukturelement in besonders schöner Weise.

Nach Spreiten dieser Moleküle auf der Grenzfläche Wasser/Luft eines Langmuir-Trogs und Übertragen der Schicht auf feste Träger, kann durch Belichten die LB-Multischicht permanent fixiert werden, weil durch Einstrahlung von Licht geeigneter Wellenlänge die Polymerisation der Diacetylengruppen ausgelöst wird. In den letzten Jahren sind eine große Zahl derartiger polymerisierbarer und grenzflächenaktiver Monomerer hergestellt worden, und zwar mit dem Ziel, Strukturen in Form dünner bzw. ultradünner Schichten aufzubauen. Solche Strukturen sind für Zwecke der Optik, Optoelektronik, Medizin und Membrantechnik und weitere Gebiete, in denen es darauf ankommt, Strukturierung bis zur Dimensionsskala der Moleküle hin vorzunehmen, von größtem Interesse. Unter anderem gelingt es auch, Sensibilisatoren für die Photopolymerisation gezielt in eine bestimmte Schicht eines ganzen Schichtpakets einzuführen und folglich diese Schicht selektiv zu polymerisieren. Dies eröffnet weitere Möglichkeiten für den Aufbau von Strukturen in molekularen Dimensionen.

Natürlich kann man auch versuchen, zunächst die Polymerisation getrennt von der Problematik der Schichtbildung durchzuführen, um dann das fertige Polymere zu spreiten und aufzuziehen. Wegen der angeborenen Tendenz der üblichen Makromoleküle, geknäuelte Strukturen zu bilden, gelingt es jedoch nur in sehr speziellen Fällen, Multischichten mit dem gewünschten Grad von Ordnung und Regelmäßigkeit herzustellen; insbesondere wird es dann schwierig z. B. die Dicke der Multischichten eindeutig durch molekulare Parameter festzulegen.

Molekulare Verbundwerkstoffe

Daher haben wir in jüngster Zeit neue Molekültypen entwickelt, die in besonderer Weise Ordnungsverhalten und vollständige Unordnung in sich selbst enthalten. Es handelt sich um eine Variante der bereits erwähnten kettensteifen Makromoleküle mit flexiblen Seitengruppen. Konstruiert man Makromoleküle mit zylindrischer Symmetrie, die mit kleinen, flexiblen Seitenketten bestückt sind, die als angeheftetes und mit Wasser nicht mischbares Lösungsmittel wirken, so kann man diese Moleküle an der Grenzfläche Wasser/Luft spreiten. Die Situation dieser Moleküle auf der Wasseroberfläche läßt sich in Analogie zu dem Verhalten von Strohhalmen auf einem Wasserbecken beschreiben. Man kann sie mit einer schwimmenden Barriere zu Flößen zusammenschieben und so einen „kondensierten" Oberflächenzustand erzwingen, der sich als zweidimensional flüssig-kristallin charakterisieren läßt. In diesem Zustand kann man nun nach dem bereits beschriebenen Tauchverfahren eine Lage nach der anderen auf einen festen Träger übertragen. Bei der Übertragung kommt es infolge der auf den monomolekularen Film wirkenden Kräfte zu einer makroskopischen Ausrichtung der stäbchenförmigen Moleküle bzw. der von ihnen gebildeten Flöße in die Tauchrichtung. In jeder einzelnen Lage wird also die Vorzugsrichtung der Moleküle durch die Tauchrichtung des Subtrats festgelegt, so daß man wie beim Bau eines Blockhauses die Balken, hier die Moleküle, zu einer gezielt komplexen Architektur zusammenfügen kann.

Die erreichbaren Architekturen sind Festkörper und Flüssigkeiten zugleich; denn die flexiblen Seitenketten verbleiben in einem flüssigen Zustand bezogen auf ihre innere Beweglichkeit, obgleich makroskopisches Fließen aufgrund der Verknüpfung mit den stäbchenartigen Makromolekülen unterbunden wird. Man kann diese neuartigen Materialien auch als molekular verstärkte Flüssigkeiten auffassen. Daher gelingt es problemlos, in die flüssige Phase zwischen den Stäbchen Farbstoffe bzw. photoreaktive Gruppen einzulagern und damit die Grundlage für viele weitere interessante Fragestellungen und mögliche Anwendungen zu schaffen. So gelingt es, in Schichten aus helicalen Poly-γ-alkylglutamaten β-Carotin so einzulagern, daß letzteres vorzugsweise parallel zur Achse des Polypeptids liegt. Es ist unschwer abzuschätzen, daß damit ein Modell von Relevanz für biochemische und biophysikalische Fragestellungen geschaffen ist.

Die geschilderten Möglichkeiten zur Organisation von Makromolekülen zu supramolekularen Architekturen besitzen einen faszinierenden Aspekt als Gemeinsamkeit. Perfekte Ordnung und perfekte Unordnung sind Grenzfälle des Verhaltens, jedoch entstehen die wirklich interessanten und nützlichen Organisationsformen aus einer gezielt eingestellten Kombination von Ordnung und Unordnung. Hierbei ist es natürlich wichtig, den Ort und den Zustand jedes einzelnen Moleküls in einer komplexen Architektur von vielen Molekülen genau bestimmen zu können, ähnlich wie jedes Steinchen in einem Mosaik seinen exakten Platz finden muß, um ein Muster zu ergeben. Andererseits ist nicht das perfekte Muster Ziel des Künstlers, der ein Mosaik zusammensetzt, sondern das Bild, das aus der Nähe betrachtet aus einer scheinbar wirren Anordnung von Steinchen besteht und erst aus der Ferne seine wahre Schönheit und den Plan des Erfinders zu erkennen gibt. Ähnlich ist es das Ziel der makromolekularen Wissenschaft, Funktion und Wirkungsweise neuartiger Materialien und Funktionseinheiten auf molekularer Ebene zu modellieren, wobei Ordnung und Unordnung in gleicher Weise nützliche Konzepte und Organisationsformen ergeben.

Literatur

Allgemeine Literatur zu Struktur und Eigenschaften von Polymeren
Wunderlich, B.: Macromolecular Physics. 3 Vol. Academic Press. New York 1973.
Hoffmann, M., H. Krömer, R. Kuhn: Polymeranalytik. 2 Bde, G. Thieme Verl. Stuttgart 1977.
Batzer, H. (Hrsg.): Polymere Werkstoffe. 3 Bde, G. Thieme Verlag. Stuttgart 1984.
Legge, N. R., G. Holden, H. E. Schroeder (Hrsg.): Thermoplastic Elastomers — A Comprehensive Review. Hanser Verlag. München 1987.

Kettensteife Markomoleküle
Ballauff, M., Macromolecules **19,** 1366 (1986).
Ballauff, M., Angewande Chem. (1989) im Druck.
Wenzel, M., M. Ballauff, G. Wegner, Makromol. Chem. **188,** 2865 (1987).

Einkristalle aus Polymeren, Festkörperpolymerisation
Wegner, G., Z. Naturforsch. **24B,** 824 (1969).
Enkelmann, V., Adv. Polym. Sci. **63,** 91 (1984).
Tieke, B., Adv. Polym. Sci. **71,** 79 (1985).

Langmuir-Blodgett-Technik, Dünne Schichten
Kuhn, H., D. Möbius, Angewandte Chem. **84,** 671 (1971).
Bader, H., K. Dorn, B. Hupfer, H. Ringsdorf, Adv. Polym. Sci. **64,** 1 (1985).
Duda, G., A. J. Schouten, T. Arndt, G. Lieser, G. F. Schmidt, C. Bubeck, G. Wegner, Thin Solid Flims **159,** 221 (1988).
Duda, G., G. Wegner, Makromol. Chem. Rapid Commun. **9,** 495 (1988).
Bubeck, C., B. Tieke, G. Wegner, Ber. Bunsenges. Phys. Chem. **86,** 495, 499 (1982).

Deterministisches Laser-Chaos: Experimente und quantitative Indikatoren

Ernst Brun, Zürich

Einleitung

Noch sind keine 20 Jahre verflossen, als die allgemeine Ansicht vorherrschte, daß komplexes Verhalten von Systemen mit vielen Freiheitsgraden — vielen Teilchen oder vielen Individuen — durch zufällige oder unerklärliche Ursachen bestimmt wird. Die gängige Lehrmeinung von dazumal gipfelte im Standpunkt, daß der Zufall nie der Schaffung von Ordnung dient, sondern unweigerlich zu wachsender Unordnung führt. Entsprechend herrschte der Glaube, daß über relevante komplexe Systeme und fern vom thermischen Gleichgewichtszustand keine quantitativen Aussagen gemacht werden können. Komplexität wurde von der tonangebenden Forschergemeinschaft weitgehend ignoriert, obwohl schon damals aus verschiedenen Disziplinen Beobachtungen vorlagen, die den kanonisierten Vorstellungen widersprachen, und die schließlich zu neuen Ansichten und Theorien über komplexe Systeme mit ihren prägnanten Ordnungsstrukturen führten.

Probleme des kollektiven Ordnens gehören heute zu den faszinierenden Fragestellungen interdisziplinärer Forschung, nachdem es sich zeigte, daß komplexe Systeme durchaus quantitativen Gesetzesmäßigkeiten folgen, und somit auch erforschenswürdig sind. Ein neuer Wissenschaftszweig hat sich entfaltet, der, von seinem Begründer Hermann Haken [1], Synergetik genannt wurde. Gemäß Haken existiert ein Gesetz der Versklavung, nach dem in einem komplexen System die meisten Freiheitsgrade oft so unterdrückt sind, daß nur wenige dominierende die Dynamik bestimmen. Der Phasenraum des Systems wird dadurch in seiner Dimension dramatisch reduziert: Das komplexe System verhält sich wie ein niederdimensionales.

Die synergetischen Systeme — dazu gehören als Prototypen die Laser — sind inhärent nichtlinear: Sie zeigen spontane Ordnungsübergänge und besitzen je nach Wahl der Systemsparameter eine komplexe Dynamik. Unter stationären Bedingungen können im effektiven Phasenraum neben Fixpunkten und Grenzzyklen verschiedener Periodizität auch unregelmäßige Bahnen angetroffen wer-

Prof. Dr. Ernst Brun, Physik-Institut der Universität Zürich.

den. Dieses scheinbar unregelmäßige Verhalten des Systems wird heute als Chaos, oder präziser, als deterministisches Chaos bezeichnet. Für dieses existieren bestimmte Szenarien [2—6], die von streng determinierten mathematischen Modellen abstammen und zum Teil ein universelles Skalenverhalten zeigen. Im Gegensatz zur eigentlichen Unordnung ist aber das deterministische Chaos ein Ausdruck hoher Ordnung.

Rauschen und Chaos

Chaotisches Verhalten eines nichtlinearen Systems zeigt, oberflächlich betrachtet, große Ähnlichkeit mit dem Rauschen, das durch zufällige Einflüsse verursacht wird. Rauschen und Chaos sind beide verknüpft mit dem Unregelmäßigen. Das scheinbar Paradoxe ist die Tatsache, daß das deterministische Chaos durch strenge Regeln, ohne irgendwelche Elemente des Zufalls, bewirkt und kontrolliert wird. Grundsätzlich ist die Zukunft eines chaotischen, aber rauschlosen dynamischen Systems voraussagbar; in praxi, werden aber die immer auftretenden, noch so kleinen Unbestimmtheiten des Anfangszustands über alle Maßen verstärkt, so daß das voraussagbare Kurzzeit-Verhalten ins unberechenbare Langzeit-Verhalten übergeht. Diese „empfindliche Abhängigkeit von den Anfangsbedingungen" ist das wesentliche Merkmal des deterministischen Chaos beziehungsweise eines damit verknüpften seltsamen Attraktors. Ein experimenteller Test des Chaos erfordert deshalb die Untersuchung dieses Attraktes, der im Phasenraum des Systems als fraktales Objekt dargestellt werden kann und ein scheinbar unregelmäßiges Herumirren illustriert. Da seltsame Attraktoren durch fraktale Dimensionen, Entropien und Lyapunov-Exponenten quantitativ charakterisiert werden können, verlangt der experimentelle Nachweis des deterministischen Chaos die Bestimmung dieser quantitativen Indikatoren aus Meßdaten.

Da bei einem System der realen Welt das zufällige Rauschen nie vollständig ausgeschaltet werden kann, war es unser Ziel, experimentelle Untersuchungen durchzuführen, die eine klare Trennung von stochastischen und deterministischen Unregelmäßigkeiten erlauben. Jedoch, im Experiment Chaos vom Rauschen zu unterscheiden, ist keine leichte Aufgabe. Ein Test des Chaos verlangt nicht nur ein gutmütiges, leicht kontrollierbares System hinreichender Komplexität, sondern auch ein hochentwickeltes Computersystem zur Steuerung der Experimente, zur Datenaquisition und Datenanalyse, wie auch zur graphischen Darstellung des außerordentlich umfangreichen Datenmaterials.

In meinem Vortrag berichte ich über die Zürcher Experimente mit dem Kernspinresonanz Laser, dem NMR-Laser, der die zugeführte Kriterien für relevante Chaos-Experimente erfüllt. Neben den qualitativen Aspekten der beobachteten Szenarien werden vor allem die quantitativen Indikatoren für das Chaos diskutiert.

Der NMR-Laser

Zu den wichtigsten Komponenten eines Lasers gehören das System der strahlungsfähigen Teilchen (Atome, Moleküle, Elektronen, Atomkerne usw.) und das von den Teilchen produzierte Strahlungsfeld. Eine äußere Pumpe sorgt für die Inversion der Besetzung von Quantenzuständen der Teilchen. Eine Resonanzstruktur (Kavität), die die Teilchen umschließt, verursacht die nichtlineare Rückkopplung des Strahlungsfeldes auf die Teilchen, welche zur spontanen, hochgeordneten Laserstrahlung führt.

Unser NMR-Laser [7—10] strahlt Radiowellen aus. Die kohärente Laseremission erfolgt durch präzessierende Kernspins von ^{27}Al von Al_2O_3: Cr^{3+} (Rubin) in einem starken Magnetfeld $\vec{B}_0$. Ein LC-Resonanzkreis spielt die Rolle der Kavität, wobei die Spule mit der Induktivität L das magnetische Strahlungsfeld erzeugt, und die Kapazität C der Abstimmung der Resonanzfrequenz ν_c auf die NMR-Frequenz ν_a dient. Die Spininversion erfolgt durch dynamische Kernspinpolarisation (DNP), wobei Mikrowellen Elektronenspin-Übergänge in den Cr^{3+}-Ionen, bei der Temperatur des flüssigen He, induziert werden, die die Kernspins ausrichten.

Schematisch ist der NMR-Laser in Abbildung 1 dargestellt. Er arbeitet typischerweise bei einer Frequenz ν_a = 12.3 MHZ in einem statischen Magnetfeld B_0 = 1.1 T. Er verhält sich dabei wie ein abgestimmter, homogen verbreiteter Ringlaser mit nur einer einzelnen Mode. Die Laseraktivität wird als induzierte Spannung V(t) am Abstimmkondensator gemessen.

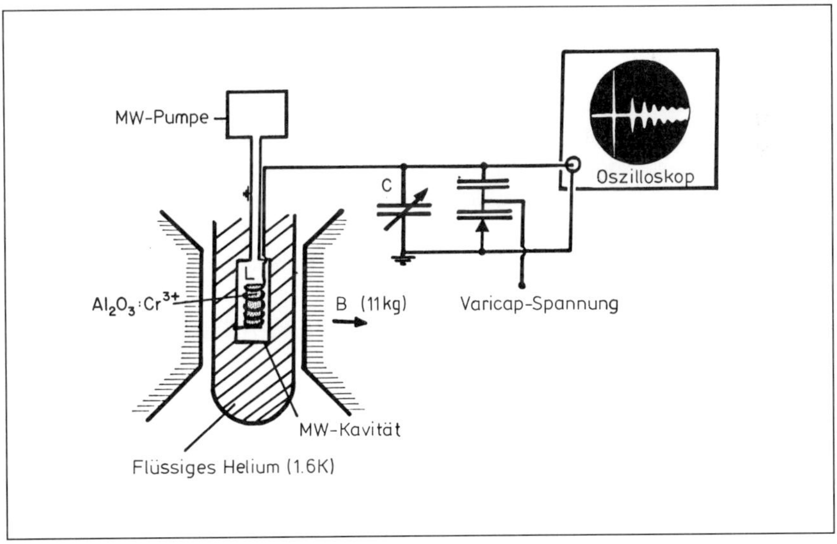

Abb. 1. Schema des NMR-Lasers.

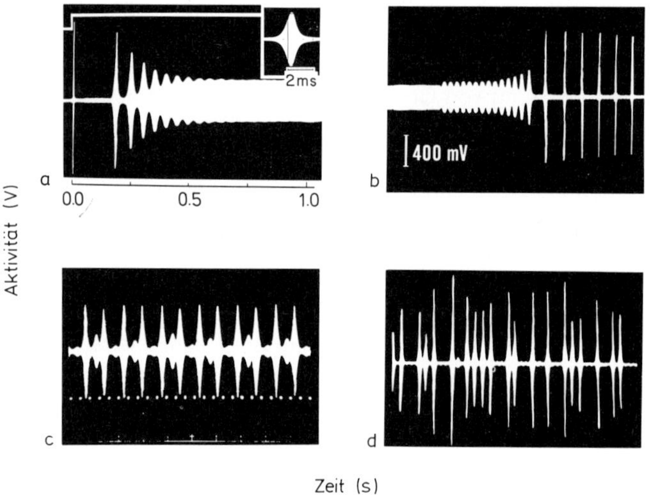

Abb. 2. Echtzeitaufnahmen der NMR-Laseraktivität — **a.** Einschwingvorgang des freien Lasers. — **b.** Laserinstabilität und Übergang zu periodischen Pulsationen. — **c.** Periodenverdoppelung bei schwacher Modulation (Punkte) der NMR-Linienbreite. — **d.** Unregelmäßige Laserpulse bei verstärkter Modulation.

In der Abbildung 2 sind typische Laseremissionen für verschiedene synergetische Ordnungsformen widergegeben, wie sie auf dem Schirm eines Oszillographen als Analogsignale der Zeit erscheinen. Die offensichtlich nichtlinearen Schwingungsformen sind: (a) ein Einschwingvorgang vom nicht strahlenden Zustand zur stationären Laseraktivität mit konstanter Amplitude (Fixpunkt); (b) eine Instabilität, die von der konstanten Laseraktivität zu periodischen Pulsationen (Grenzzyklus) führt; (c) eine stationäre, periodische Pulsation nach 3facher Periodenverdoppelung (P_8-Grenzzyklus) bei einer schwachen sinusoidalen Modulation eines Laserparameters; (d) unregelmäßige Pulsationen (Chaos) bei einer stärkern Modulation des gleichen Parameters. Da die Laserdynamik sich in der Amplitude von V äußert, wird zweckmäßigerweise das hochfrequente Signal demoduliert und nur die Enveloppe x(t) registriert: Wir nennen künftig x(t) den Ausgang (output) des Lasers.

Wir haben gezeigt [11, 12], daß der Ausgang des abgestimmten NMR-Lasers (Abb. 2a) sich durch einen 3d Fluß Lorenzscher Form [13] modellieren läßt:

$$\begin{aligned} \dot{X} &= -k(X + 2CP), \\ \dot{P} &= \gamma_{\perp}(P - DX), \\ \dot{D} &= -\gamma_{\parallel}(D + 1 + PX). \end{aligned} \qquad (1)$$

Dabei sind X, P und D skalierte makroskopische Variable, die das Strahlungsfeld (X), die präzessierende Kernmagnetisierung (P) und die longitudinale Kernmagnetisierung (D) repräsentieren. Die Dämpungsrate k des LC-Kreises, die Relaxationsrate $\gamma_\perp$ der frei präzessierenden Kernmagnetisierung, die Pumprate $\gamma_\parallel$ der longitudinalen Kernmagnetisierung und die Rückkopplungskonstante C infolge der Spin-Feld-Wechselwirkung sind die Parameter des Lasers. Die Raten können aus dem exponentiellen Zerfall von X, P und D direkt gemessen werden, wenn die Rückkopplung (C = 0) und die DNP Pumpe (+1) ausgeschaltet werden. Für unser System betragen die experimentellen Werte:

$k \cong 4 \times 10^5 s^{-1}$, $\gamma_\perp \cong 3 \times 10^4 s^{-1}$, $\gamma_\parallel \cong 10^1 s^{-1}$.

Die stark unterschiedlichen Zerfallsraten ermöglichen eine weitere, adiabitsche Reduktion des Flusses der Dimension 3 auf 2. Mit dem dimensionslosen Entwicklungsparameter

$$\mu = \sqrt{\frac{\gamma_\parallel (\gamma_\perp + k)}{\gamma_\perp k}} \cong 2 \times 10^{-2} \qquad (2)$$

wird der NMR Laser, in 1. Ordnung in μ, durch ein 2d Modell beschrieben: Dies erklärt die experimentelle Tatsache, daß der freie, abgestimmte NMR-Laser kein Chaos zeigt (Abb. 2a). Erst die Erhöhung der Dimension seines Phasenraums auf mindestens 3, etwa durch eine zusätzliche Modulation eines Laserparameters, bringt ihn auf einen Weg ins Chaos, wie dies in Fig. 2(c), (d) angedeutet ist.

Der NMR Laser als Chaos-Generator

Wir haben in eingehenden Untersuchungen [12, 14—20] gezeigt, daß der NMR-Laser sich unter ganz verschiedenen Versuchsbedingungen ins Chaos führen läßt; insbesondere wenn er als Laser mit injiziertem Signal (LIS) oder als parametrisch modulierter Laser (PML) betrieben wird. Für quantitative Untersuchungen des zeitlichen Laser-Chaos eignet sich in erster Linie der PML, auf den wir die anschließenden Ausführungen beschränken wollen.

Experimentell wird beim PML ein leicht kontrollierbarer Parameter des Systems harmonisch moduliert: $A\sin\omega_{mod}t$. Typische Modulationsfrequenzen liegen im Bereich von 20 ÷ 200 Hz, in der Nähe der Frequenz der Relaxationsschwingung (Abb. 2a) von etwa 100 Hz. Die modulierten Parameter sind u. a. die DNP Pumpstärke, die Verstimmung der Kavität, die Güte der Kavität (Q) und die NMR-Linienbreite ($\gamma_\perp$). Für systematische Untersuchungen eignete sich im besonderen die Q- und die $\gamma_\perp$-Modulation. Bei der Q-Modulation wird der Verlustwiderstand des NMR-Kreises, bei der $\gamma_\perp$-Modulation die Inhomogenität des statischen Magnetfeldes B_0 moduliert. Ein Olivetti-M24 PC steuert und kontrolliert die Parameter des PML und dient ebenso der digitalen Registrierung und Speicherung der Laseremission. Die Ausgangsspannung x(t) wird in diskreten Zeitschritten abgetastet und als Zeitserie $x_m = x(m\tau)$, m = 1, 2, . . ., mit einer Auflösung von 12 bit abgespeichert. Alle relevanten Parameter des Systems werden direkt über die Tastatur des PC's eingegeben und die Daten können nach Wahl — online — als Zeitbilder, 2d-Projektionen (x_{m+1} vs. x_m), Fourierspektren, Phasenportraits oder Bifurkationsdiagramme auf dem Terminal graphisch dargestellt werden. Lange Zeitserien bilden die Grundlage für die Rekonstruktion von chaotischen Attraktoren in Einbettungsräumen beliebiger Dimension E und dienen damit der numerischen Bestimmung von quantitativen Chaos-Indikatoren.

Routen ins Chaos

Beim PML ist das chaotische Verhalten durch die Wahl der beiden Kontrollparameter A (Modulationsamplitude) und ν_{mod} (Modulationsfrequenz) bestimmt. Es ist deshalb ratsam den Parameterraum (A, γ_{mod}) nach chaotischen Bereichen abzusuchen. Dazu helfen Bifurkationsdiagramme. Sie können beim PML nach folgendem Procedere erhalten werden: Bei fester Wahl von ν_{mod} wird der Ausgang des Lasers mit der Abtastrate ν_{mod}, also synchron mit dem Moldulationssignal, in Funktion von A gemessen; für jeden diskreten Wert von A werden N Meßwerte des stationären Verhaltens abgespeichert; der gesetzte Kontrollparameter A wird in diskreten Schritten ΔA erhöht oder erniedrigt. Typische Werte sind N = 256 und ΔA = 1/240 des zu überstreichenden Bereichs von A. In Abbildung 3 sind die Meßpunkte für zwei verschiedene Werte von ν_{mod} in Funktion von A dargestellt. Die Abbildung 3a zeigt bei wachsendem A zunächst eine periodenverdoppelnde Feigenbaumsequenz mit einem Übergang in einen breiten chaotischen Bereich. Bemerkenswert sind hier die abrupten Sprünge im chaotischen Verhalten bei A $\approx$ 0.26, 0.29 und 0.37: Es handelt sich dabei um drei aufeinanderfolgende Krisen [21], d. h. Kollisionen eines seltsamen Attraktors mit instabilen Grenzzyklen. Die Abbildung 3b zeigt ein reich strukturiertes Bifurkationsverhalten mit einer Kollision eines stabilen mit einem instabilen Grenzzyklus bei A $\approx$ 1.65, ferner chaotische Bänder, ein periodischen P_3-Fenster mit dem Beginn einer Feigenbaumsequenz bei A $\approx$ 0.275, sowie ein quasiperiodisches P_2-Fenster (verrauschter Grenzzyklus) bei A $\approx$ 0.4.

In ähnlichen Bifurkationsdiagrammen lassen sich auch chaotische Bereiche mit Intermittenz [3] abgrenzen. Starke Hysteresiseffekte kommen dann zum Vorschein, wenn bei gleichem Wert ν_{mod} A einmal hoch- und anschließend tiefgefahren wird: Daran lassen sich koexistierende Attraktoren erkennen.

Bifurkationsdiagramme eignen sich zur qualitativen Beschreibung der Wege ins Chaos und ermöglichen die Konstruktion von Phasendiagrammen, d. h. von Phasengrenzen im Raum der Kontrollparameter (A, ν_{mod}), entlang denen Bifur-

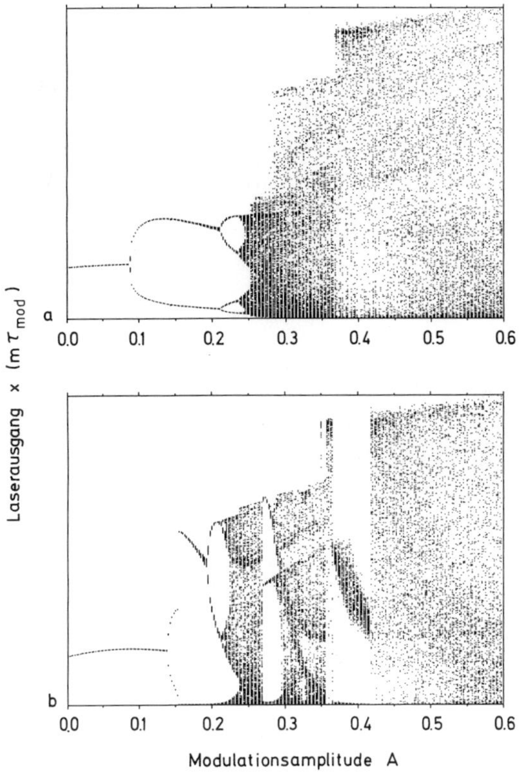

Abb. 3. Bifurkationsdiagramme für den NMR-Laser bei sinusoidaler Q-Modulation mit synchroner Abtastung aber unterschiedlicher Modulationsfrequenz: **(a)** $\nu_{mod}/\nu_{relax} \approx 1.80$, **(b)** $\nu_{mod}/\nu_{relax} \approx 1.20$.

kationen auftreten können. In Abbildung 4 sind zwei Phasendiagramme für die Q-Modulation und $\gamma_\perp$-Modulation widergegeben. Zur Konstruktion wurden A und ν_{mod} variiert und die Bifurkationswerte und Bifurkationstypen registriert. Dargestellt sind nur die wichtigsten Bifurkationsgrenzen. Wir sehen, daß die Wege ins Chaos des NMR-Lasers qualitativ unabhängig von der Art der Modulation sind, und daß die Bifurkationen mit ν_{mod}/ν_{relax} skalieren.

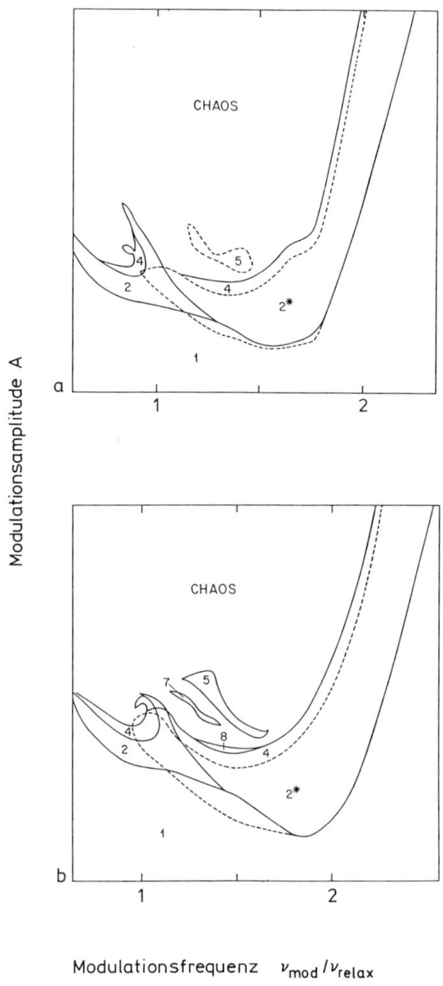

Abb. 4. Phasendiagramme für den NMR-Laser: **(a)** mit Q-Modulation, **(b)** $\gamma_{\perp}$-Modulation.

Chaos in Einbettungsräumen

Der als Chaos bezeichnete Bereich im Phasendiagramm (Abb. 4) zeigt eine reichhaltige Struktur mit einer vielfältigen, irregulären Dynamik, wenn man sich im Parameterraum herumbewegt. Die entsprechenden seltsamen Attraktoren ändern dabei sowohl Form und Größe wie auch das zeitliche Verhalten. Diese topologischen und dynamischen Eigenschaften wären quantitativ erfaßbar, stünden sämtlich relevanten Variablen als Funktionen der Zeit zur Verfügung. Beim NMR-Laser, wie bei vielen andern chaotischen Systemen, ist aber nur eine Variable direkt meßbar: Es ist der Ausgang x(t) in Form einer skalare Zeitserie $x_m = x(mr)$.

Zur Charakterisierung des seltsamen Attraktors faßt man E = 2, 3, 4, . . . konsekutive Werte der Zeitserie zu einem Vektor

$$\vec{x}_m = [x_m, x_{m+1}, \ldots x_{m+E-1}]$$

zusammen, der in einem E-dimensionalen Einbettungsraum einen Punkt mit den Koordinaten $x_{m+1}, x_m \ldots, x_{m+E-1}$ festlegt. Läßt man all die Abtastwerte m = 1, 2, . . . n durchlaufen, dann repräsentiert die generierte Punktmenge, ge-

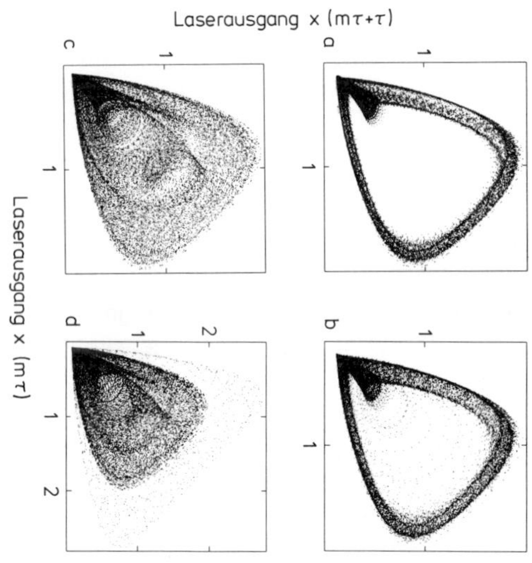

Abb. 5. Zweidimensionale Einbettungen (2d-Projektionen) von Zeitserien des chaotischen NMR-Lasers mit sinusoidaler Modulation; typisches Verhalten in der Nähe von Krisen (siehe Fig. 3a): **(a)** vor der 1. Krise, **(b)** unmittelbar nach der 1. Krise, **(c)** vor der 2. Krise, **(d)** nach der 2. Krise. Die Modulationsfrequenz betrug 110 Hz, die Abtastrate 3.49 KHz; gezeichnet sind 50 000 Punkte.

mäß dem Einbettungstheorem [22], den tatsächlichen Attraktor, sofern nur E genügend groß gewählt wird. Ein dermaßen im Einbettungsraum der Dimensionen E rekonstruierter Attraktor ist der Ausgangspunkt zur numerischen Bestimmung von qualitativen Chaos-Indikatoren.

Der spezielle Fall $E = 2$ eignet sich überdies zur visuellen Illustration der fraktalen Struktur eines seltsamen Attraktors. Derartige 2d-Projektionen sind für den Experimentator eine wertvolle Hilfe: Sie sind unabdinglich, um sich im chaotischen Bereich zurechtzufinden und die physikalisch interessanten Gebiete abzustecken. Als Beispiel zeigt Abbildung 5 anhand von 2d-Projektionen Veränderungen an einem Attraktor, die sich in der Nähe einer Krise (Abb. 3a) $A_k \approx 0.26$ und 0.29) abspielen: Vor der untern Krise, $A < A_1$, hat der Attraktor die Form eines homogenen, geschlossenen Bands (Abb. 5a); unmittelbar nach der Krise (Abb. 5b) wächst der Attraktor ins Innere, das sich mit zunehmendem Abstand von A_1 mehr und mehr mit Punkten füllt, wobei der Attraktor sich wieder homogenisiert (Abb. 5c); nach der oberen Krise stößt nun der Attraktor nach außen, und es bildet sich ein verdünnter Halo (Abb. 5d), der sich mit zunehmendem Abstand von der Krise auch wieder verdichtet und homogenisiert.

Quantitative Chaos-Indikatoren

Seltsame Attraktoren sind einerseits durch ihre Topologie anderseits durch ihre Dynamik ausgezeichnet. Zur Charakterisierung dieser Eigenschaften werden verallgemeinerte statistische Methoden benötigt, mit denen fraktale Dimensionen, Dimensionsspektren, metrische Entropien und Lyapunov-Exponenten bestimmt werden können. Wir haben entsprechende Verfahren optimiert, bzw. neu entwickelt, und zur Analyse unserer Einbettungsdaten verwendet.

Fraktale Dimensionen

Neben der Hausdorff-Dimension sind andere, verschieden definierte Dimensionen für fraktale Mengen zweckmäßig. Speziell geeignet ist eine Dimensionsfunktion D(q), die von Renyi [23] in Analogie zur Beschreibung einer Wahrscheinlichkeitsverteilung durch Entwicklung nach Momenten der Ordnung q eingeführt worden ist. Durch Änderung von q ist es möglich, daß Skalenverhalten des invarianten Maßes in verschiedenen Gebieten des Attraktors zu analysieren bei einer Änderung der Auflösungsstärke.

Von den verschiedenen Verfahren zur Bestimmung von D(q) aus den gemessenen Zeitserien haben wir die Methode der ,,konstanten Masse" [24] ausgewählt und verfeinert [25—27]. Zur Berechnung der fraktalen Dimension überdeckt man den Attraktor im Einbettungsraum der Dimension E mit Kugeln gleicher ,,Masse" das heißt mit Kugeln der gleichen Anzahl von Datenpunkten. Die Mittelpunkte sind statistisch ausgewählte Punkte des Attraktors, und der Kugelradius δ ist der Abstand vom Mittelpunkt zum k-ten nächsten Nachbarn. Be-

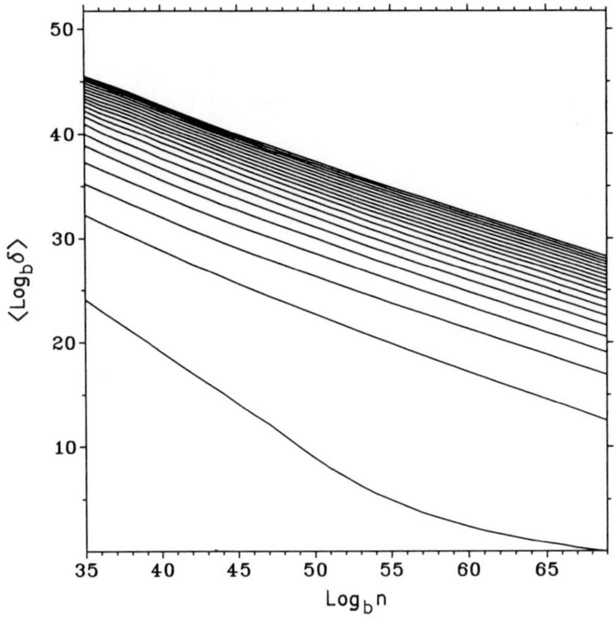

Abb. 6. Skalenverhalten von Abständen benachbarter Punkte der Ordnung k = 20 für verschiedene Einbettungsdimensionen E = 2 ÷ 20 (von unten nach oben).

rechnet wird der über den Attraktor gemittelte Logarithmus des Kugelradius (log δ) in Funktion der Anzahl n, der zur Mittelung benützten Datenpunkte. In Abbildung 6 sind Resultate für verschiedene Einbettungsdimensionen wiedergegeben. Aus der Steigung im asymptotischen Bereich kann für dieses Beispiel der Wert $D_1 = 2.12$ für die Informationsdimension ermittelt werden.

Dimensionsspektren

Die Attraktoren von chaotischen Systemen sind im allgemeinen nicht gleichförmig, d. h. das Skalengesetz, nach welchem die Punkte verteilt sind, ändert sich mit der Position auf dem Attraktor. Deshalb ist nicht nur die mittlere Dimension von Bedeutung, sondern auch die Verteilungsfunktion der Dimensionen auf dem Attraktor, welche durch eine geeignete Skalenfunktion f(α) definiert wird. Dies zeigt sich im besondern bei Übergängen zwischen verschiedenen chaotischen Zuständen. Zur direkten Bestimmung des Dimensionsspektrums F(α) verwen-

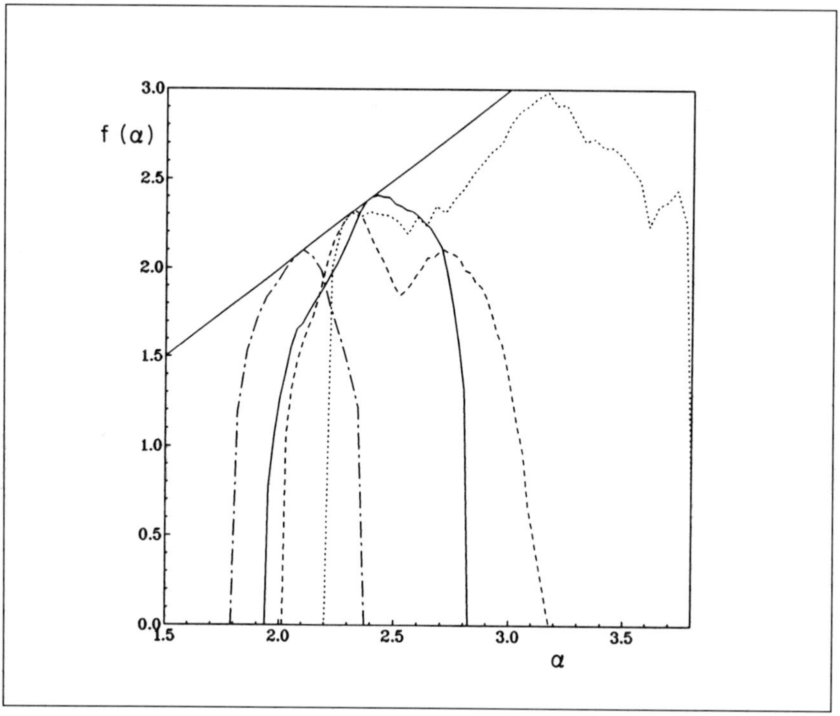

Abb. 7. Typische Dimensionsspektren für seltsame Attraktoren in der Umgebung einer Krise.

den wir wiederum die Methode der konstanten Masse. Dazu werden die Skaleneigenschaften der Verteilung von nächsten Nachbarn in der Umgebung von Referenzpunkten berechnet, die zufällig aus den Punkten auf dem Attraktor ausgewählt werden. Die Methode konvergiert auch in Fällen hoher Einbettungsdimensionen gut, da die statistischen Fluktuationen der Abstände zwischen nächsten Nachbarn klein sind. In Abbildung 7 sind 4 verschiedene Dimensionsspektren widergegeben, die die Empfindlichkeit von $f(\alpha)$ auf strukturelle Änderungen bei einer Krise im chaotischen Verhalten zeigen. Die gezeichneten Verteilungsfunktionen reflektieren die Verhältnisse von Abbildung 5. Die strichpunktierte, konkave Kurve entspricht dem homogenen Attraktor Abbildung 5a; die punktierte dem Attraktor Abbildung 5b unmittelbar nach erfolgter Krise; die gestrichelte und ausgezogene den Attraktoren Abbildung 5c und d. Da die Dimensionsspektren offensichtlich äußerst empfindlich auf Strukturänderungen reagieren, besteht die berechtigte Hoffnung [28], Spektren dieser Art vermehrt als nützliche Chaos-Indikatoren benützen zu können.

Lyapunov-Exponenten

Das chaotische Verhalten eines dynamischen Systems kann andererseits auch durch die „empfindliche Abhängigkeit von Anfangsbedingungen" charakterisiert werden. Dazu untersucht man, wie rasch benachbarte Bahnen im Phasenraum im Laufe der Zeit konvergieren oder auseinanderlaufen: Ein Maß dafür sind die sogenannten Lyapunov-Exponenten. Die Algorithmen, die gestatten, aus den Differentialgleichungen, die das System beschreiben, diese Exponenten zu bestimmen, sind wohlbekannt. Für die meisten experimentellen Systeme, und dazu gehört auch unser NMR-Laser, kennt man aber die dynamischen Gleichungen in hinreichender Güte nicht. Deshalb haben wir ein Verfahren entwickelt [29], welche es ermöglicht, Lyapunov-Exponenten aus Zeitserien von Meßpunkten zu berechnen. Dazu wird im Einbettungsraum die bestmögliche

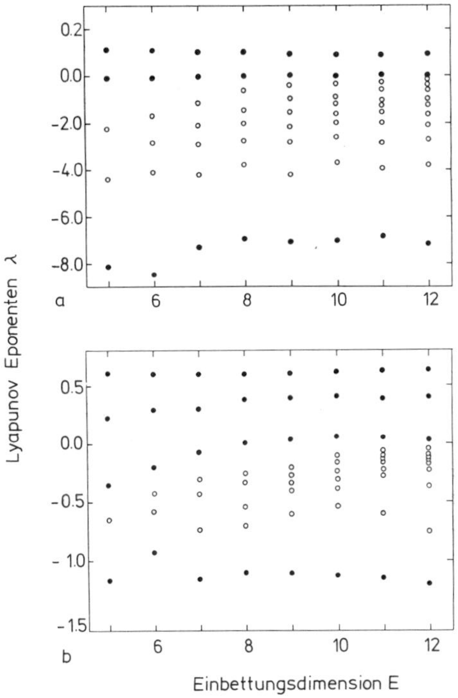

Abb. 8. Berechnete Lyapunov-Exponenten für chaotische Attraktoren des NMR-Lasers aus eingebetteten Daten: **(a)** beim schwach modulierten, **(b)** beim stärker modulierten Laser.

lineare Approaximation an die durch die experimentellen Daten festgelegte dynamische Abbildung bestimmt und daraus die Lyapunov-Exponenten ermittelt.

In Abbildung 8 zeigen wir derart Lyapunov-Exponenten aus NMR-Laserdaten, wobei die Zeitserie 250 000 Meßwerte umfaßte. Die relevanten Lyapunov-Exponenten (schwarze Punkte) streben für Einbettungsdimension $E > 7$ konstanten Werten zu. Aus Abbildung 8a können die Werte $\lambda_1 = 0.09$, $\lambda_2 = 0$, $\lambda_3 = -0.7$, alle in Einheiten der Abtastrate $\gamma_{mod} = 2996\ s^{-1}$, abgelesen werden, wodurch die Existenz eines niederdimensionalen deterministischen Chaos im modulierten NMR-Laser überzeugend und quantitativ zum Ausdruck kommt.

Besonders interessant sind die Ergebnisse in Abbildung 8b. Für eine Zeitserie des gegenüber (a) stärker modulierten Lasers, liefert unser Verfahren zwei positive Lyapunov-Exponenten, was eine Erhöhung der relevanten Dimension des Phasenraums auf mindestens 4 bedeutet. Dieses ,,Hyperchaos" läßt sich nun nicht mehr mit Lorenzgleichungen (1) beschreiben. Offensichtlich verlangt der stark modulierte NMR-Laser ein differenzierteres Modell.

Schlußbemerkung

Mit der Entwicklung neuer Verfahren zur Charakterisierung von chaotischen Attraktoren und der Verbesserung der Meßmethodik sollte es in Zukunft möglich sein, theoretische Lasermodelle quantitativ mit der Realität vergleichen zu können, und so zu einem vertieften Verständnis der faszinierenden nichtlinearen Dynamik des Lasers zu gelangen. Die skizzierten Verfahren dürften ferner, für die zu erwartenden Untersuchungen über höherdimensionales Chaos und räumlich-zeitliche Ordnungsstrukturen, an Bedeutung gewinnen.

An der Bestimmung der beschriebenen Chaos-Indikatoren und damit am Beweis der Existenz eines niederdimensionalen deterministischen Chaos für den NMR-Laser haben viele mitgewirkt: die Experimentatoren Bruno Derighetti, Michele Ravani, Lecci Flepp und die Theoretiker Remo Badii, Giorgio Broggi, Peter Meier und Ruedi Stoop. Für ihre Mitarbeit, auf den dieser Beitrag basiert, sei ihnen herzlich gedankt.

Literatur

[1] Haken, H.: Synergetics. An Introduction. Springer-Verlag. Berlin 1977.
[2] Feigenbaum, M. J.: J. Stat. Phys. **19,** 25 (1978).
[3] Pomeau, Y., P. Manneville: Commun. Math. Phys. **74,** 189 (1980).
[4] Eckmann, J.-P.: Reviews of Modern Physics **53,** 643 (1981).
[5] Ruelle, D.: Five turbulent problems. Physica **7D**: 40, 1983.
[6] Takens, F.: Invariants related to dimension and entropy. In: Atas do 13mo Coloquio Brasileiro de Matematica, 1984.
[7] Boesiger, P., E. Brun, D. Meier: Phys. Rev. Lett. **38** (1977).
[8] Boesiger, P., E. Brun, D. Meier: Phys. Rev. A **18** (1978).
[9] Boesiger, P., E. Brun, D. Meier: Phys. Rev. A **20** (1979).

[10] Boesiger, P., E. Brun, D. Meier: Collective effects in rasers. In: H. Haken (ed.): Dynamics of Synergetic Systems. Springer Verlag. Berlin 1979. Proc. of the Int. Symp. on Synergetics. Bielefeld, FRG. September 24—29. 1979.
[11] Meier, D., R. Holzner, B. Derighetti, E. Brun: Bistability and chaos in nmr systems. In: H. Haken (ed.): Evolution of Order and Chaos in Physics, Chemistry, and Biology, p. 146—156. Springer Verlag. Berlin 1982. Proc. of the Int. Symp. on Synergetics at Schloß Elmau. Bavaria. April 1982.
[12] Brun, E., B. Derighetti, D. Meier, R. Holzner, M. Ravani: J. Opt. Soc. Am. B **2,** 156 (1985).
[13] Lorenz, E. N.: J. Atmos. Sci **20,** 130 (1963).
[14] Brun, E., B. Derighetti, R. Holzner, D. Meier: Helvetica Physica Acta **56,** 825 (1983).
[15] Brun, E.: Diversity and universality along the roads to chaotic behavior of pumped nmr systems. In: R. Kind, K. A. Müller, J. Roos (ed.): XXIInd Congress Ampere on Magnetic Resonance and Related Phenomena. p. 121. Zürich Ampere Committee 1984.
[16] Brun, E., B. Derighetti, R. Holzner, M. Ravani: Physica Acta Austriaca **56,** 85 (1984).
[17] Brun, E., B. Derighetti, M. Ravani, P. f. Meier: Order and chaos in nonlinear nmr: synergetics at work. CIP, 1985.
[18] Brun, E.: Ordnungs-hierarchien. Neujahrsblatt d. NGZ, 1986.
[19] Brun, E., B. Derighetti, M. Ravani, G. Broggi, P. Meier, R. Stoop: Physica Scripta **T13,** 119 (1986).
[20] Brun, E., B. Derighetti, M. Ravani, G. Broggi, P. Meier, R. Stoop, R. Badii: Ordered and chaotic response of a modulated or driven nmr-laser. In: Quantum Optics IV. Proceedings of the Fourth International Symposium. Hamilton/New Zealand 1986.
[21] Grebogi, C., E. Ott, J. A. Yorke: Phys. Rev. Lett. **48,** 1507 (1982).
[22] Takens, F.: Detecting strange attractors in turbulence. p. 366—381. Springer. Berlin 1981.
[23] Renyi, A.: Probability Theory. North Holland. Amsterdam 1970.
[24] Badii, R., A. Politi: J. of Stat. Phys. **40,** 725 (1985).
[25] Badii, R., G. Broggi: Programs for the Evaluation of Fractal Dimensions of Experimental Signals. CAP Report Nr. 1. Physics Institute of the University of Zürich, 1986.
[26] Badii, R., G. Broggi: DIMxx: Programs of Evaluation of Fractal Dimensions and Metric Entropies. CAP Report Nr. 6. Physics Institute of the University of Zürich, 1987.
[27] Broggi, G.: J. Opt. Soc. Am. B **5,** 1021 (1988).
[28] Broggi, G., B. Derighetti, M. Ravani, R. Badii: Phys. Rev. A 1988, submitted for publication.
[29] Stoop, R., P. F. Meier: J. Opt. Soc. Am. B **5** (1988).

Spingläser und Hirngespinste: Einfache Modelle elementarer Funktionen des Gehirns

Heinz Horner, Heidelberg

Das Streben nach einem besseren Verständnis der Funktionen unseres eigenen Gehirns zählt ohne Zweifel zu den großen Herausforderungen. Es ist deshalb nicht verwunderlich, daß sich Heerscharen von Wissenschaftlern aller möglichen Disziplinen mit vielfältigsten Mitteln darum bemühen. Hier sind natürlich zunächst Neurologen, Biologen, Psychologen oder Informatiker gefragt. Aber auch eine wachsende Schar von Physikern beschäftigt sich mit Problemen aus diesem Bereich. Dies erstaunt zunächst, da deren Domäne die unbelebte Natur ist und die genaue Kenntnis der Naturgesetze oder der physikalischen Eigenschaften des Gehirns kaum Wesentliches zum Verständnis seiner Funktionen und Leistungen beitragen kann.

Eine weitere Motivation wird zunehmend wichtiger, nämlich der Wunsch nach Rechnersystemen, die für Aufgaben eingesetzt werden können, die unser Gehirn scheinbar mühelos bewältigt — etwa das Erkennen gesprochener Worte und deren Bedeutung aus dem jeweiligen Zusammenhang heraus — die automatische *Steuerung komplexer Bewegungsabläufe* — oder das Erinnerungsvermögen, das heißt die Fähigkeit Gelerntes und Erlebtes abzurufen, ohne eine Adresse angeben zu müssen, unter der es gespeichert ist. Der Versuch, dies durch Rechnerarchitekturen zu erreichen, die in irgendeiner Weise dem Gehirn nachgebaut sind, durch sogenannte Rechner, liegt nahe und es existieren bereits jetzt erfolgreiche Lösungsvorschläge für eine ganze Reihe von Aufgaben.

Es gibt natürlich die verschiedensten Möglichkeiten Erkenntnis über unser Gehirn zu gewinnen. Man kann Versuchspersonen testen, die Anatomie und die Physiologie studieren oder die biochemischen und elektrischen Vorgänge an einzelnen Neuronen oder in Verbänden untersuchen. Eine weitere, in vieler Hinsicht komplementäre Möglichkeit ist es, vereinfachte Modelle zu konstruieren und diese zu analysieren. Solche Modelle stehen zunächst oft im Widerspruch zu physiologischen Gegebenheiten. Hat man sie verstanden, kann man versuchen, diese realistischer zu gestalten. Oft hat sich gezeigt, daß solche Verbesserungen keinen wesentlichen Einfluß auf die Eigenschaften des Modells haben,

Prof. Dr. Heinz Horner, Institut für theoretische Physik der Universität Heidelberg.

in manchen Fällen hat sich sogar eine Verbesserung durch eine realistischere Modellierung ergeben. Ist man mehr an technischen Anwendungen interessiert, ist quasi alles erlaubt, was realisierbar ist und Vorteile bringt. Dieser Bereich der Modellbildung und Analyse ist die Spielwiese vieler Physiker. Insbesondere bei der Analyse haben sich Methoden der theoretischen Physik, speziell der statistischen Mechanik ungeordneter Festkörper, sogenannter Spingläser, bewährt und neue Erkenntnisse geliefert.

Bevor wir versuchen, ein solches Modell zu skizzieren, seien einige Zahlen genannt. Unser Gehirn enthält mehrere 10^{10} Neuronen. Jedes ist mit durchschnittlich einigen 10000 anderen über sogenannte Synapsen verbunden. Allein der „Schaltplan", das heißt die Angabe welches Neuron mit welchem verknüpft ist, erfordert mehr als 10^{16} Bit an Information. Dies übersteigt die gesamte genetische Information um etwa sieben Größenordnungen. Das bedeutet aber, daß die Verschaltung der Neuronen ein Produkt aus genetisch Vorbestimmtem, Selbstorganisation, Zufall und Lernvorgängen sein muß. Untersuchungen haben in der Tat gezeigt, daß die Zahl und Stärke der synaptischen Verbindungen durch Lernvorgänge geändert wird. Dies kann sowohl durch Absterben „nicht genutzter" Synapsen geschehen wie auch durch länger anhaltende Modifikation ihrer Übertragungsstärken.

Ein Wort zur Struktur: Es existieren wohldefinierte Bereiche in unserem Gehirn, die für spezielle Aufgaben reserviert sind und die in ganz bestimmter Weise durch Nervenbündel verbunden sind, das heißt untereinander kommunizieren können. Auch auf einer mittleren Skala findet man mehr oder weniger stark ausgeprägte Strukturen — etwa in Form von Schichten oder Säulen. Auf kleiner Skala ist nur noch wenig Struktur zu erkennen. Hier durchdringen sich die Dendriten und Verzweigungen der Axonen vieler Neuronen. Oft erkennt man durch die Ausrichtung der Dendriten, aus welcher Richtung die Neuronen vorwiegend ihre Signale empfangen und durch die Ausrichtung der Axonen, wohin sie Signale senden; aber auch diese Struktur kann je nach Aufgabe eines Areals mehr oder weniger ausgeprägt sein. Dies ist insofern wichtig, als die meist betrachteten Modelle keine oder nur geringe a priori Struktur aufweisen und damit möglicherweise nur Modelle für kleine organisatorische und funktionelle Untereinheiten des Gehirns sein können.

Das im folgenden skizzierte Modell [1—5] — oder genauer die skizzierte Klasse von Modellen — ist das Resultat vieler Wissenschaftler, die ihre Ideen teilweise aufeinander aufbauend, teilweise parallel und unabhängig entwickelt und oft in recht verschiedenen „Sprachen" formuliert haben. Dies hat zu manchen Mißverständnissen und Argumenten über Prioritäten geführt und ich möchte auch nicht versuchen, die Beiträge einzelner gebührend zu würdigen.

Ein solches Modell eines neuronalen Netzes besteht zunächst aus Knoten (Neuronen), deren momentaner Zustand durch eine geringe Zahl von Variablen erfaßt wird. Hierzu gehört zunächst eine Potentialdifferenz $u_i(t)$ zwischen dem

Inneren eines Neurons „i“ und der Umgebung. Dieser Wert bestimmt den Erregungszustand $\sigma_i(t)$ des Neurons, beziehungsweise die Rate, mit der es Signale erzeugt, die sich dann entlang seiner Nervenfaser, dem Axon, ausbreiten. Eine weitere Vereinfachung kann darin bestehen, daß diese Variable nur zwei Werte $\sigma_i = 1$ „erregt“ oder $\sigma_i = 0$ (oder —1) „ruhend“ annehmen kann. In diesem Fall ist

$$\begin{aligned} \sigma_i(t) &= 1 \quad && \text{für } u_i(t) > \vartheta_i \\ \sigma_i(t) &= 0\ (-1) && \text{für } u_i(t) < \vartheta_i \end{aligned} \qquad (1)$$

wobei ϑ_i ein geeigneter Schwellwert ist.

Ein von Neuron i ausgesandtes Signal wird über Axon und Synapse auf weitere Neuronen übertragen. Dabei wird seine Stärke durch die jeweiligen Stärken der synaptischen Kopplungen J_{ij} modifiziert. Diese Kopplungen können positive (erregende) wie auch negative (hemmende) Werte annehmen. Die ankommenden Signale werden aufsummiert und führen zu einem gesamten Signal

$$h_i(t) = \sum_j J_{ij} * \sigma_j(t). \qquad (2)$$

Die eigentliche Dynamik des Modells wird dadurch bestimmt, daß das Potential gegen den Wert des gesamten ankommenden Signals relaxiert

$$\frac{du_i(t)}{dt} = \frac{h_i(t) - u_i(t)}{\tau}. \qquad (3)$$

Dabei ist τ eine Relaxationszeit von einigen Millisekunden. In einer weiter vereinfachten und oft benutzten Form wird das Potential zur Zeit t dem Signal zur Zeit $t-\tau$ gleichgesetzt

$$u_i(t) = h_i(t-\tau) \qquad (4)$$

und man erhält eine Dynamik in diskreten Zeitschritten.

Natürlich enthält dieses Modell starke Vereinfachungen. Die Signale, die in Form einzelner Pulse auftreten, werden lediglich durch mittlere Feuerraten berücksichtigt und Laufzeiteffekte für die Ausbreitung der Signale entlang Axon, Synapse und Dendrit werden nur pauschal durch die Relaxationszeit τ erfaßt.

Obige Gleichungen stellen ein geschlossenes System dar, das es gestattet die zeitliche Abfolge von Zuständen zu berechnen. Als „Eingabe“ kann man noch Signale von Sinnesorganen oder anderen Arealen des Gehirns hinzunehmen und als „Ausgabe“ Signale an Motoneuronen oder ebenfalls andere Areale. Der jeweilige Zustand ist durch ein Muster von erregten und ruhenden

Neuronen, also in gewissem Sinn in digitaler Form gegeben. Die Digitalisierung geschieht durch den nichtlinearen Zusammenhang zwischen Erregung und Potential, Gl. (1), und trägt, wie auch bei elektronischen Rechnern, zur Fehlertoleranz bei.

Zur Analyse einer Klasse von Modellen, solchen mit symmetrischen Kopplungen $J_{ij} = J_{ji}$, ist es zweckmäßig eine ,,Energie"

$$E(t) = \frac{1}{2} \sum_{i,j} \sigma_i(t) \cdot J_{ij} \cdot \sigma_j(t), \qquad (6)$$

zu definieren. Es läßt sich zeigen (Hopfield [4]), daß sich jeder beliebige Zustand unter der oben angegebenen Dynamik in einen Zustand minimaler Energie entwickelt.

Eine identische Form der Energie dient auch der Beschreibung sogenannter Spingläser [3]. Dies sind ungeordnete Festkörper, die eine geringe Zahl magnetischer Ionen enthalten. Die σ_i geben die Einstellungen der magnetischen Momente — der Spins — an und die Kopplungen J_{ij} können zufällig positive wie auch negative Werte annehmen. Dadurch ergibt sich eine große Zahl stabiler Zustände, in denen die Spins scheinbar regellos eingefroren sind, vergleichbar mit den scheinbar regellos eingefrorenen Positionen der Atome in einem Glas. Auch in neuronalen Netzen treten, wie oben erwähnt, positive und negative J_{ij} auf. Die Analogie zu Spingläsern ist zwar rein formal, gestattet es aber Methoden der theoretischen Physik, die für diese entwickelt wurden, auf die Analyse von Modellen neuronaler Netze zu übertragen.

Wie eingangs erwähnt, werden die synaptischen Stärken J_{ij} durch Lernvorgänge modifiziert und auch dies ist ein dynamischer Prozeß, der in einem vollständigen Modell enthalten sein muß. Dabei geht man meist davon aus, daß dieser Prozeß auf einer viel langsameren Zeitskala abläuft. Diskutieren möchte ich hier den Fall eines assoziativen Speichers. Seine Aufgabe ist es, eine gewisse Menge von Mustern zu speichern. Ein Muster ist dabei eine bestimmte Konfiguration von erregten und ruhenden Neuronen. Das Muster ,,μ" sei durch zugehörige Variable $\xi_{\mu i} = \{1, 0\}$ spezifiziert. Der Abruf des Musters μ soll dadurch geschehen, daß nur ein Teil des Musters oder das Muster mit Fehlern dem Netzwerk angeboten wird und dieses das Muster ergänzt beziehungsweise korrigiert. So soll beispielsweise der Duft einer Rose den gesamten Begriff ,,Rose" abrufen — oder vielleicht auch die Erinnerung an eine Sommernacht in einem Rosengarten — oder das Wort ,,Rohse" soll trotz Schreibfehler noch erkannt werden beziehungsweise Schreibfehler sollen korrigiert werden.

Einen schematisierten Lernvorgang hat man sich folgendermaßen vorzustellen. Bringt man ein solches Netzwerk durch äußere Reize in einen Zustand, den es bisher nicht gelernt hat, sollen die synaptischen Stärken so geändert werden, daß dieser Zustand, auch nach Abschalten der äußeren Reize, stabil bleibt. Ist man an biologisch plausiblen Modellen interessiert, darf die Änderung der

Synapsenstärke J_{ij} nur von den jeweiligen Zustandsvariablen der Neuronen i und j abhängen (Hebb'sche Regel). Eine einfache, mehrfach vorgeschlagene Möglichkeit ist

$$J_{ij} \rightarrow J_{ij} + \Delta \cdot \xi\mu_i \cdot \xi\mu_j \qquad (5)$$

wobei Δ geeignet zu wählen ist. Dies bewirkt, daß die Signale die an einem der Neuronen ankommen, welches im Muster μ erregt ist, durch andere erregte Neuronen musterspezifisch zusätzlich verstärkt werden und damit das Muster stabilisiert wird.

Bemerkenswert ist die Tatsache, daß die Information über jedes einzelne Muster dezentral in allen Kopplungen gleichzeitig gespeichert ist. Dies bedingt, daß die Fähigkeit des Netzwerkes, Muster zu ergänzen oder Fehler zu korrigieren, kaum vermindert wird, wenn ein Teil der Synapsen zerstört wird. Auch wenn die Dynamik durch zusätzliches Rauschen gestört ist, beeinträchtigt dies die Funktion nicht wesentlich, kann sogar manchmal verbessert werden. Dies ist insofern relevant als die Übertragung der Signale über eine Synapse hinweg in Realität ein hohes Maß von Stochastizität aufweist. Diese Fehlertoleranz resultiert einerseits aus der dezentralen Speicherung und der damit verbundenen parallelen Datenverarbeitung, andererseits aus der, wenigstens angenähert, digitalen Arbeitsweise, die durch die obige Schwellenfunktion, Gl. (1), bedingt ist.

Mit geringen Modifikationen kann man auch Modelle für andere Aufgaben konstruieren, etwa die, auf ein Reizmuster $\xi\mu$ mit einem Erregungsmuster $\eta\mu$ zu reagieren. Der Zustand $\xi\mu$ könnte dabei Reize von Sinnesorganen repräsentieren und die in $\eta\mu$ erregten Neuronen könnten Motoneuronen sein. Damit würden letztlich bestimmte Reize bestimmte Bewegungen auslösen. Eine geeignete Lernregel für diesen Zweck ist

$$J_{ij} \rightarrow J_{ij} + \Delta \cdot \eta\mu_i \cdot \xi\mu_j. \qquad (7)$$

Auch Folgen von Mustern können mit ähnlichen Regeln gelernt werden und ein solches Netzwerk ist dann beispielsweise in der Lage, komplexe Bewegungsabläufe zu steuern oder ein Gedicht zu lernen.

Auch ganz andere Aufgaben lassen sich durch ähnliche Modelle und Lernregeln bewältigen, etwa die neuronale Verschaltung zwischen einer Sinnesfläche und einem entsprechenden Areal der Hirnrinde, in Form einer Topologie erhaltenden Abbildung [5].

Dies sind nur einige wenige Beispiele aus einer großen Zahl von Aufgaben, die durch einfache neuronale Netze der beschriebenen Art, mit gewissen Modifikationen, bewältigt werden können. Die Vielfalt resultiert nicht so sehr aus einer Vielfalt von Regeln für die zeitliche Entwicklung der Erregungsmuster oder der Lernregeln, sondern mehr aus einer Vielfalt des zum Lernen gebotenen, verbunden mit elementaren Strukturen. Im Modell eines assoziativen Speichers können alle Neuronen untereinander verbunden sein, im letztgenannten Beispiel existieren nur Verbindungen von der Sinnesfläche zur Rindenfläche und solche innerhalb der Rindenfläche, jedoch keine von der Rindenfläche zur Sinnesfläche.

Obige Lernregeln, Gl. (5, 7), sind nicht allzu effektiv wenn es darum geht eine große Zahl von Mustern oder sehr ähnliche Muster zu speichern. Bessere Regeln erhält man, wenn man das Lernen an gewisse Bedingungen knüpft. Sind beispielsweise die an einem Neuron ankommenden rückgekoppelten Signale beim Lernen eines neuen Musters bereits stark genug, ist eine weitere Verstärkung durch Modifikation der Synapsen unnötig und würde nur das Erkennungsvermögen für andere bereits gelernte Muster beeinträchtigen. Geht man an die Grenze der Kapazität ist es erforderlich jedes zu lernende Muster mehrfach anzubieten und damit die synaptischen Stärken optimal anzupassen. Dies entspricht einerseits unserer Erfahrung etwa beim Lernen lateinischer Vokabeln, andererseits können wir uns sehr wohl an einmalige Erlebnisse oder Dinge, die wir nur einmal gesehen haben, erinnern. Möglicherweise spielen Schlaf und Träume hierbei eine wichtige Rolle. Auch hierfür existieren entsprechende Modelle.

Man kann das Lernen eines Reiz-Reaktions-Paares, Gl. (7), auch an Erfolgskriterien knüpfen. Damit erhält man aber einen Evolutionsmechanismus, der nicht mehr an Generationswechsel gebunden ist, sondern in jedem einzelnen Individuum ablaufen kann — ein reizvoller Gedanke, den ich aber nicht weiter spinnen möchte.

Ein nächster Schritt in der Entwicklung von Modellen besteht nun darin, verschiedene Netzwerke, von denen jedes eine bestimmte Aufgabe erfüllt, aneinander zu koppeln und damit komplexere Aufgaben zu bewältigen. Auch hierfür gibt es Ansätze, die aber von der Komplexität der Gehirne, selbst solchen einfacher Wirbeltiere, weit entfernt sind.

Hier zeigt sich in verstärktem Maße eine Problematik, die auch schon bei den einfacheren Modellen auftritt, die Notwendigkeit das Verhalten und die Grenzen dieser Modelle zu analysieren. Zwar sind die benutzten Algorithmen, wie wir gesehen haben, sehr einfach, das typische Verhalten zeigt sich aber oft nur bei großen Zahlen von Neuronen. Simulationen erfordern deshalb einen Speicherbedarf und Rechenleistungen, die es, auch bei Verwendung von Großrechnern, nur gestatten einige tausend Neuronen zu simulieren, was oft nicht ausreicht. Insbesondere das Studium von Lernregeln erfordert sehr lange Simulationszeiten.

Ausgehend von Methoden der statistischen Physik, die für Spingläser entwickelt wurden, hat man (Amit, Gutfreund, Sompolinski [6]; Gardner u. a.) einige wichtige Abschätzungen über die Kapazität, das heißt die maximale Zahl von Mustern, die in einem Netzwerk noch zuverlässig gespeichert werden kann,

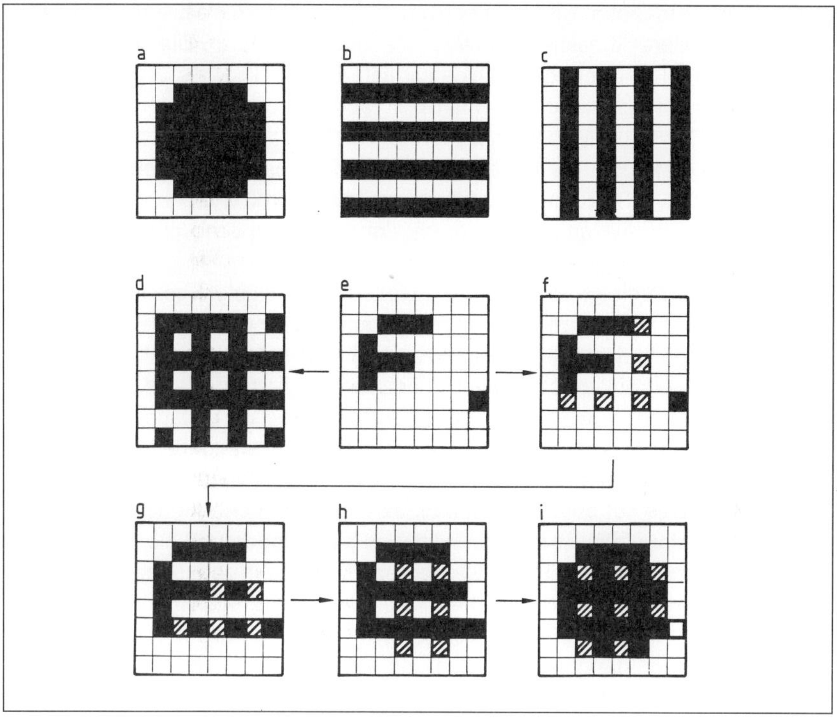

Abb. In einem Netzwerk von 64 Neuronen wurden Muster **a, b** und **c** gelernt. Angeboten wird **e.** Dynamik, Gl. (4), liefert **d,** einen Mischzustand. Dynamik, Gl. (3) erkennt schrittweise, **f, g, h, i** das Muster **a.**

oder über die Zahl der Fehler in erkannten Mustern, durch analytische Rechnungen gewinnen können. Dabei konnte auch der Einfluß von Stochastizität in der Dynamik berücksichtigt werden. Andere Fragen, etwa über den zeitlichen Verlauf des Erkennens von Mustern, oder die Frage, wieviele Fehler ein angebotenes Muster enthalten darf, damit es noch erkannt wird, sind nur mit gröberen Näherungen faßbar [2]. Während der erste Komplex von Fragen mit Methoden der statistischen Physik des Gleichgewichts untersucht werden kann, ist dies für die zweite Gruppe nicht mehr möglich. Ganz generell ist die Behandlung zeitabhängiger Phänomene, außerhalb des Gleichgewichtes, im Rahmen der statistischen Physik weitaus schwieriger und die Methoden sind weit weniger entwickelt.

Von Interesse ist auch, inwieweit die gewählte Dynamik, z. B. die durch Gl. (3) oderr die durch Gl. (4) gegebene, die Eigenschaften des Modells beeinflußt. Dazu ein einfaches Beispiel: In einem Netzwerk von 64 Neuronen, zur Veranschaulichung in einem Quadrat angeordnet, wurden drei Muster, Abb. (1, a, b, c), gespeichert. Angeboten wird Muster Abb. (1, e), welches mit Muster „a“ eine geringfügige größere Ähnlichkeit aufweist als mit „b“ und „c“. Die stärker vereinfachte, durch Gl. (4) gegebene Dynamik liefert Abb. (1, d) als Ergebnis, einen sogenannten Mischzustand, der eine Überlagerung aus allen drei gelernten Mustern ist. Die etwas realistischere Dynamik, Gl. (3), erkennt schrittweise, Abb. (1, f, g, h, i) das erste gelernte Muster. Diese Schritte lassen sich interpretieren: Im ersten Schritt e → f wird nur ergänzt was mit allen drei Mustern verträglich ist, dann wird versuchsweise „c“ verworfen, dann „b“ und schließlich, h → i, wird „a“ erkannt.

Ich hoffe durch die geschilderten Prinzipien und Beispiele gezeigt zu haben, daß auch das Studium stark vereinfachter, abstrakter und in vieler Hinsicht unrealistischer Modelle einen gewissen, zu anderen Untersuchungen komplementären, Beitrag zum Verständnis eines so komplexen Systems, wie es unser Gehirn darstellt, liefern kann. Gemeinsam sind diesen Modellen einfache Ansätze für Dynamik und Lernvorgänge, einfach genug um eine weitgehend vollständige Analyse zu ermöglichen. Bedingt durch die weitgehend vollständige Analyse zu ermöglichen. Bedingt durch die große Zahl von Neuronen, die dezentrale Speicherung der Information in den synaptischen Kopplungen und die quasi digitale Arbeitsweise zeigen sie ein hohes Maß an Robustheit gegenüber allen möglichen Störungen, wie man es generell für biologische Systeme erwartet.

Freilich muß man sich auch immer der Grenzen bewußt sein. Diese sind wohl nicht primär durch die grobe Modellierung elektrischer und biochemischer Vorgänge in Neuronen und Synapsen bedingt. Was allen untersuchten Modellen weitgehend fehlt, ist eine Strukturierung in Untereinheiten, entsprechend den verschiedenen Zentren und Arealen unseres Gehirns, die untereinander Information austauschen und sich gegenseitig in ihrer Funktion beeinflussen.

Für einfachere Aufgaben im technischen Bereich — Steuerung von Robotern, Expertensysteme oder Spracherkennung, um nur einige zu nennen — reichen aber auch wenig strukturierte Netzwerke aus. Sie bieten den Vorteil, daß sie ihre Fähigkeiten durch Training erwerben können und damit nicht starr programmiert werden müssen. Außerdem stellen sie intrinsisch parallele Rechnerarchitekturen dar. — Hirngespinste?

Literatur:

[1] Haken, H. (Hrsg.): Proceedings of the International Symposium on Synergetics at Schloß Elmau, Bavaria 1987. Springer Verlag. Heidelberg, Berlin 1987. Dgl. (1988).

[2] Horner, H. in [1], sowie in: Physikalische Blätter **44,** 29 (1988).

[3] van Hemmen, J. L., I. Morgenstern (Hrsg.): Heidelberg Colloquium on Glassy Dynamics. Lecture Notes in Physics. Springer Verlag. Heidelberg, Berlin 1987.

[4] Hopfield, J. J.: Proc. Natl. Acad. Sci. USA **79,** 2554 (1982).

[5] Kohonen, T.: Self-Organization and Associative Memory. Springer Verlag. Heidelberg, Berlin 1984.

[6] Amit, D. J., H. Gutfreund, H. Sompolinsky in [3].

Dynamische Strukturbildung in Flüssigkeiten und Planetenatmosphären

Friedrich H. Busse, Bayreuth

Einleitung

Die Beobachtungen der Atmosphären der Planeten und der Sonne zeigen überraschend vielfältige Strukturen, die durch dynamische Vorgänge hervorgerufen werden. Angefangen von den oft sehr regelmäßigen Wolkenstraßen der Erdatmosphäre bis hin zu den Bandstrukturen der großen Planeten und der Sonnengranulation begegnen wir regulären Mustern mit relativ wohldefinierten Wellenlängen. Das Erstaunliche an diesen Beobachtungen ist die Tatsache, daß es sich um hochturbulente Systeme handelt, bei denen aufgrund der üblichen Erfahrungen nur chaotische Verwirbelung zu erwarten wäre. Offenbar ist die Ausbildung von regulären Mustern auf den großen Skalen durchaus mit der Turbulenz auf kleineren Skalen vereinbar.

Eine andere kaum weniger überraschende Tatsache ist die Ähnlichkeit der auf der planetarischen Skalen realisierten Dynamik mit den im Laboratoriumsversuch bei analogen Antriebskräften erzeugten Strömungen. Experimente haben aus diesem Grunde schon einiges zum Verständnis von meteorologischen Erscheinungen beitragen können, und auch im Fall der großen Planeten und der thermischen Konvektion in Sternen kann der Astrophysiker von den Laboratoriumsversuchen lernen. Die Ähnlichkeit von Strömungssystemen über viele Zehnerpotenzen des Verhältnisses ihrer Dimensionen hinweg beruht darauf, daß die Turbulenz in den großräumigen Systemen in ähnlicher Weise wirkt wie die Viskosität der Flüssigkeiten in Laboratoriumsversuchen. In den Einzelheiten ist diese Ähnlichkeit aber noch nicht gut verstanden.

Strömungsvorgänge, die eine charakteristische Struktur aufweisen, unabhängig von den geometrischen Randbedingungen, unter denen sie ablaufen, gehen im allgemeinen aus der Instabilität eines Grundzustandes hervor. Während der Grundzustand die Symmetrie der externen Bedingungen reflektiert, zeichnen sich die Instabilitäten durch ihr eigenes charakteristisches Muster aus — man sagt die Instabilitäten ,,brechen" die Symmetrie des Grundzustandes aus dem sie entstehen. Die einfachste Instabilität dieser Art ist die thermische Konvektion

Prof. Dr. Friedrich H. Busse, Physikalisches Institut der Universität Bayreuth.

in einer von unten erhitzten Flüssigkeits- oder Gasschicht. In diesem Fall herrscht im Grundzustand hydrostatisches Gleichgewicht und keine horizontale Richtung ist ausgezeichnet. Man spricht daher auch von Isotropie bezüglich der horizontalen Dimensionen. In der Erdatmosphäre beobachtet man diese Instabilität oft am Morgen, wenn die Erdoberfläche durch die Sonneneinstrahlung erhitzt wird und damit die bodennahe Luftschicht erwärmt wird. Viel wichtiger für das Wetter sind aber andere Instabilitäten von etwas komplizierterer Art. Die Erdatmosphäre ist ja auf großen Skalen auch keinesfalls isotrop, wie schon durch den Temperaturunterschied zwischen Polargebieten und Tropen deutlich wird. Bei Gasschichten mit einem horizontalen Temperaturgradienten, die zudem noch um eine vertikale Achse rotieren, ist es die baroklinische Instabilität, welche die im Grundzustand vorhandene Symmetrie bricht und welche zumindest in vielen phänomenologischen Aspekten dem Wetter in mittleren Breiten mit seinem zyklonischen und antizyklonischen Windsystemen entspricht.

Die Dynamik der Erdatmosphäre ist in mancher Hinsicht komplizierter als die der großen Planeten oder die der Sonnenatmosphäre. In den letzteren Fällen ist die Dynamik durch den Wärmestrom aus dem Innern der angenähert sphärisch symmetrischen Gaskugeln bestimmt. Wieder ist es die thermische oder Rayleigh-Bénard-Konvektion, welche für die Instabilität des im Prinzip möglichen kugelsymmetrischen Grundzustand verantwortlich ist. Nur dadurch, daß die Himmelskörper rotieren, wird die horizontale Isotropie gestört und eine Abhängigkeit der Konvektionsbewegungen von der Breite eingeführt. Da Konvektionsströmungen nicht nur aus der einfachsten Form einer hydrodynamischen Instabilität hervorgehen, sondern auch für das Verständnis der Dynamik der Planetenatmosphären eine fundamentale Bedeutung spielen, wollen wir uns mit ihnen im folgenden näher beschäftigen.

Konvektion in einer von unten erhitzten Flüssigkeitsschicht

Da die Dichte ϱ einer Flüssigkeit im allgemeinen mit der Temperatur abnimmt,

$$\varrho = \varrho_0 (1 - \gamma (T - T_0))$$

wird durch Erwärmung von unten in einer horizontalen Flüssigkeitsschicht eine instabile Situation geschaffen, indem die leichtere, warme Flüssigkeit die Tendenz hat, nach oben zu steigen, während die kalte nach unten drängt. Man kann leicht die Bedingungen dafür ableiten, daß es zu dieser Instabilität kommt, indem man die pro Zeiteinheit gewonnene Energie, L_{pot}, mit der durch die Zähigkeit der Flüssigkeit verbrauchten Energie vergleicht. Letztere ist gegeben durch

$$L_{dis} = c_1 \frac{\nu \varrho_0 V^2}{d^2},$$

wobei ν die kinematische Zähigkeit der Flüssigkeit und V eine charakteristische Geschwindigkeit ist. Die Schichtdicke d haben wir als typische Größe für die Ausdehnung der Strömungswirbel eingesetzt, während c_1 eine numerische Konstante ist, die man bei einer mathematischen Analyse des Problems ausrechnen kann. Die pro Zeiteinheit gewonnene Energie, L_{pot}, ist proportional zur Auftriebskraft $\varrho_0\gamma$ $(T_2—T_1)$ g multipliziert mit der charakteristischen Geschwindigkeit V, wobei T_2 und T_1 die Temperaturen am unteren und oberen Rande der Schicht sind und g die Erdbeschleunigung bezeichnet. Nun haben wir allerdings die Auftriebskraft überschätzt, da ein Flüssigkeitsteilchen nicht seine ursprüngliche Dichte beibehält, sondern sich beim Aufsteigen abkühlt bzw. sich beim Abstieg erwärmt. Die typische Geschwindigkeit, V_t, mit der die verbogenen Isothermen (siehe Abb. 1) sich ihrer horizontalen Gleichgewichtslage wieder annähern, ist durch $\varkappa$/d gegeben, wobei $\varkappa$ die Temperaturleitfähigkeit ist. Mit dieser thermischen Geschwindigkeit muß die Strömungsgeschwindigkeit V konkurrieren, damit es zu einer Instabilität kommen kann. Nur der Bruchteil V/V_t des Dichteunterschiedes steht also als Auftrieb zur Verfügung, wenn wir von kleinen Geschwindigkeiten V ausgehen, für welche diese Überlegungen gelten. Wir erhalten daher

$$L_{pot} = c_2\varrho_0 (T_2—T_1)\, gV \frac{Vd}{\varkappa},$$

wobei wir wieder eine numerische Konstante C_2 eingeführt haben. Damit die Instabilität einsetzen kann, muß $L_{pot} > L_{dis}$ gelten oder

$$\frac{\gamma\, (T_2—T_1)\, gd^3}{\nu\varkappa} = \frac{L_{pot}c_1}{L_{dis}c_2} > \frac{c_1}{c_2} = R_c. \qquad (1)$$

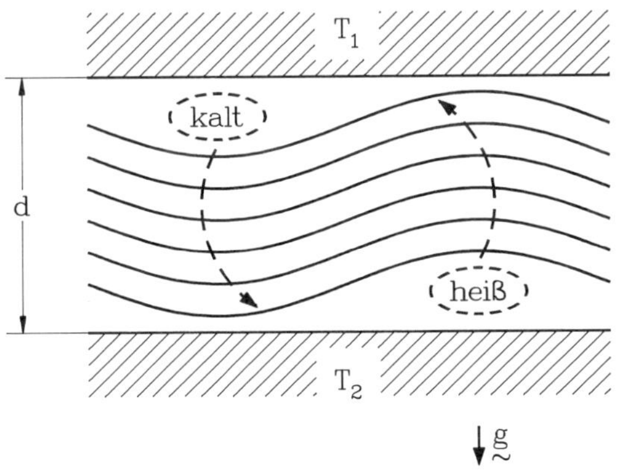

Abb. 1. Von unten erhitzte Flüssigkeitsschicht mit Isothermen, die durch die Konvektion aus ihrer horizontalen Gleichgewichtslage ausgelenkt werden.

Der dimensionslose Ausdruck auf der linken Seite wird die Rayleighzahl genannt. Dieser Ausdruck hat den Vorteil, daß sich die Geschwindigkeit V herausgekürzt hat, und er damit nur von den Eigenschaften der Flüssigkeit und von den äußeren Bedingungen, nämlich der angelegten Temperaturdifferenz, der Schichtdicke d und der Stärke g der Schwerkraft abhängt. Die Zahl R_c, die auf der rechten Seite der Ungleichung (1) erscheint, hängt davon ab, ob die Schicht durch einen festen Rand begrenzt wird oder nach oben hin offen ist, und nimmt typischerweise Werte von der Größenordnung 10^3 an. Bei Zimmertemperatur wird in einer Wasserschicht von nur 1 cm Dicke das Kriterium (1) für Instabilität bereits erreicht, wenn die Temperaturdifferenz T_2—T_1 ein Zehntel Grad Celsius nur wenig übersteigt. Bei einer Gasschicht wird eine wesentlich größere Temperaturdifferenz von etwa 15° C benötigt, da sowohl die Temperaturleitfähigkeit als auch die kinematische Zähigkeit größer sind als im Fall des Wassers.

Die Rayleighzahl hat im Fall von thermisch angetriebenen Strömungen die gleiche Bedeutung wie die bekanntere Reynoldszahl, die man bei Rohrströmungen oder bei Strömungen um Objekte herum verwendet. Beide ,,Zahlen“ sind dimensionslose Parameter, welche die Ähnlichkeit zwischen Systemen mit verschiedenen räumlichen Abmessungen und mit verschiedenen Flüssigkeiten zum Ausdruck bringen. Wenn eine Strömung im Wasser und eine Strömung in Öl unter proportionalen geometrischen Bedingungen die gleiche Reynoldszahl haben, dann zeigen sie das gleiche Verhalten. Insbesondere geschieht der Umschlag von laminarer zur turbulenten Strömung in beiden Systemen, wenn die Reynoldszahl einen bestimmten kritischen Wert erreicht. Im Fall der thermischen Konvektion ist die Rayleighzahl der relevante dimensionslose Parameter und ihr kritischer Wert bestimmt den Übergang von der statischen Schichtung der Flüssigkeit zum konvektiven Zustand. Eine zweite dimensionslose Zahl, die bei höheren Amplituden der Konvektion eine Rolle spielt, ist die Prandtlzahl, welche das Verhältnis von kinematischer Zähigkeit zur Temperaturleitfähigkeit angibt,

$$P = \nu/\varkappa. \qquad (2)$$

Da die Rayleigh-Bénard-Konvektion einer viel einfacheren Instabilität entspricht als die Scherungsinstabilitäten, welche den Umschlag von laminaren zum turbulenten Zustand in einer Kanalströmung verursachen, sind experimentell realisierte Konvektionsströmungen zunächst nicht turbulent. Erst wenn die Rayleighzahl hohe Werte erreicht und mehrere Übergänge von einfacheren zu komplizierteren Strömungsvorgängen stattgefunden haben, bekommt man den Eindruck einer turbulenten Verwirbelung. Wegen dieser Eigenschaft ist die thermische Konvektion ein besonders attraktives System, um das Einsetzen des turbulenten Verhaltens zu studieren, und hat deshalb in den vergangenen Jahrzehnten als grundlegendes System zunehmend an Bedeutung gewonnen.

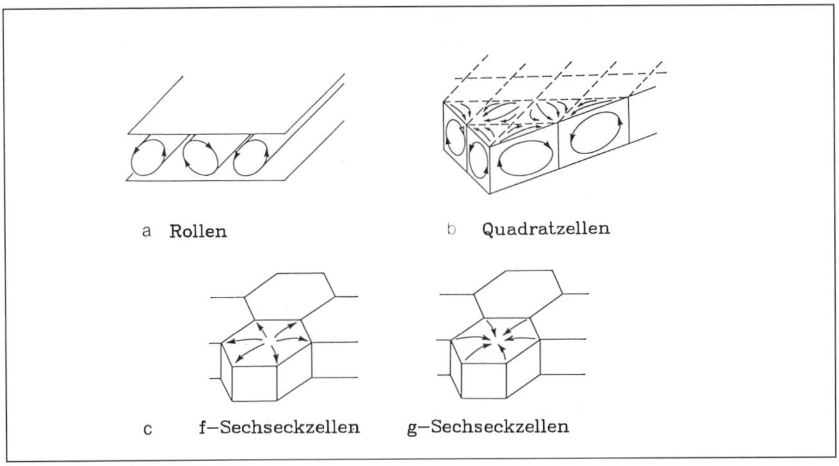

Abb. 2. Konvektionsmuster in der Form von Rollen **(a)**, Quadratzellen **(b)**, und f- und g-Sechseckzellen **(c)**.

Die einfachste Art der Konvektion geschieht in der Form einer rollenförmigen Strömung, wie sie in Abbildung 2a gezeigt wird. Diese Form wird in der Tat auch häufig in Experimenten beobachtet, wobei zu berücksichtigen ist, daß die Rollen in einer ausgedehnten Konvektionsschicht an verschiedenen Stellen eine verschiedene Orientierung aufweisen und daher nicht dem theoretischen Idealbild eines Musters von parallel ausgerichteten Gitterstäben entsprechen. Die nächst kompliziertere Art der Konvektion sind die Quadratzellen, die man sich als Überlagerung von zwei mit einem rechten Winkel zueinander orientierten Rollenmustern vorstellen kann. Auch Quadratzellen können bei bestimmten Randbedingungen der Konvektionsschicht beobachtet werden, kommen aber relativ selten vor.

Wenn man drei Rollenmuster überlagert mit je um 60° geänderter Orientierung in der horizontalen Richtung, dann hat man die Wahl, ob das dritte Rollenmuster an den Stellen, wo die anderen Rollenmuster beide aufsteigende Strömungen aufweisen, ebenfalls eine aufsteigende Strömung oder eine absteigende Strömung haben soll. Im ersteren Fall erhält man f-Sechseckzellen, welche eine in der Mitte aufsteigende und am Zellrand absteigende Strömung zeigen und vor allem in Flüssigkeiten beobachtet werden (daher f-Zellen). Im zweiten Fall ist es stets möglich, Stellen zu finden, an denen alle drei Rollen absteigende Strömung haben. Das entsprechende zu den f-Zellen komplementäre Konvektionsmuster wird als g-Sechseckzellen bezeichnet, da es oft bei Konvektion in Gasen beobachtet wird. Dadurch daß es zwei Arten der Sechseckzellen gibt, kann sich diese Form der Konvektion besonders gut den eventuellen vertikalen Inhomogenitäten der Schicht anpassen. Eine solche Asymmetrie wird zum

Beispiel durch die Temperaturabhängigkeit der Zähigkeit hervorgerufen, und der Unterschied der Strömungsrichtung in Flüssigkeiten und Gasen ist darauf zurückzuführen, daß letztere eine mit der Temperatur zunehmende Zähigkeit haben, während die Zähigkeit der meisten Flüssigkeiten bei erhöhter Temperatur abnimmt. Die in Abbildung 2 skizzierten Strömungsformen erschöpfen die Möglichkeit für Muster, die in der horizontalen Ebene periodisch sind, falls man noch den Fall berücksichtigt, daß der Winkel der beiden Rollenrichtungen in Abbildung 2b von einem rechten Winkel abweichen kann. Darüber hinaus gibt es aber noch eine unendliche Mannigfaltigkeit von möglichen stationären Lösungen, die nicht in der Ebene periodisch sind [1]. Es muß daher eine Stabilitätsuntersuchung angestellt werden, um die physikalisch realisierbaren Strömungsformen auszuwählen. Dabei zeigt sich, daß je nach den Randbedingungen der Schicht eine oder mehrere der in Abbildung 2b dargestellten Konvektionsformen stabil sein können, alle anderen Formen aber instabil sind. Interessanterweise gibt es ein Extremalprinzip, in dem die Existenz einer stationären Lösung durch den stationären Wert einer Funktion gekennzeichnet ist und bei dem die Stabilität der Lösung genau dann gegeben ist, wenn der stationäre Wert ein Minimum darstellt [2]. Aus der Form der Funktion kann geschlossen werden, daß mindestens ein Minimum existiert und damit die Existenz mindestens einer stabilen stationären Konvektionsform gewährleistet ist. Natürlich ist es möglich, daß zwei oder mehr Minima existieren. Dann hängt die realisierte Lösung von den Anfangsbedingungen ab.

Das Extremalprinzip ist in seiner Gültigkeit auf kleine Amplituden der Konvektion beschränkt und gilt auch dann nicht in allen Fällen. Wenn die betrachtete Konvektionsschicht zum Beispiel um eine vertikale Achse rotiert, treten zusätzliche durch die Corioliskraft verursachte Terme auf, die zu Abweichungen von dem Prinzip führen. Damit ist die Existenz einer stabilen stationären Konvektionsströmung nicht mehr garantiert. Tatsächlich wurde von Küppers und Lortz [3] eine neue Instabilität gefunden, welche die unter den angenommenen Bedingungen allein stabile Rollenkonvektion instabil werden läßt, sobald die Rotationsrate einen kritischen Wert übersteigt. Da bei den meisten Flüssigkeiten auch die Prandtlzahl hinreichend groß ist, daß keine oszillatorischen Strömungen existieren können, stellt sich die Frage, welche Form von zeitabhängiger Konvektion realisiert wird. In Abbildung 3 ist eine Zeitfolge von experimentellen Beobachtungen dargestellt, bei denen fleckenweise rollenartige Konvektion zu sehen ist. Wie von Küppers und Lortz vorhergesagt, werden die Rollen durch neue Rollen instabil, die einen Winkel von 60° in der Drehrichtung gegenüber den ursprünglichen Rollen einnehmen. Die neuen Rollen werden wieder instabil, bis bei der dritten Instabilität ungefähr das ursprüngliche Bild wiederkehrt. An einem festen Ort läßt sich dieses Verhalten durch einen stochastischen Grenzzyklus beschreiben [5], der auch die Tatsache beschreibt, daß bei höheren Rayleighzahlen die Periode des Zyklus so kurz wird, daß die drei Rollen lokal zu

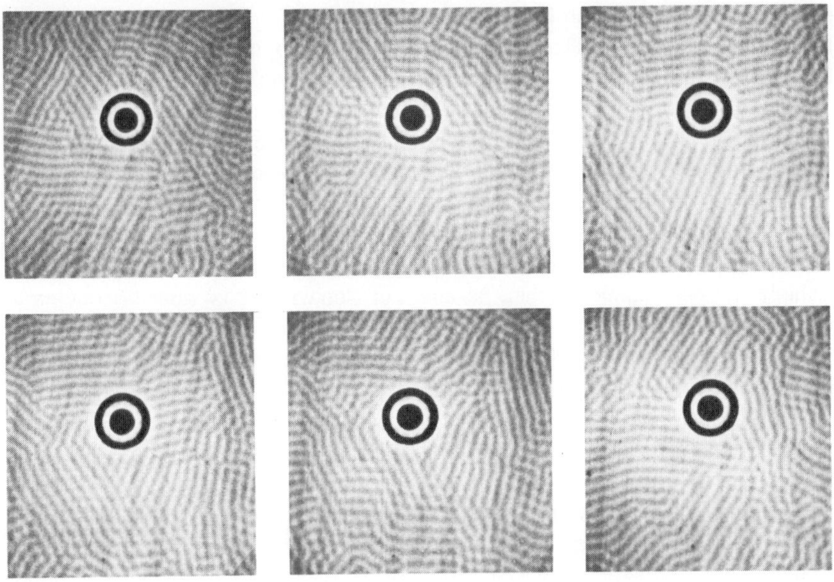

Abb. 3. Chaotische Konvektion in einer horizontalen Flüssigkeitsschicht, die um eine vertikale Achse gedreht wird. Die Bilder zeigen Konvektionsrollen, die in unregelmäßigen Flecken jeweils eine bestimmte Richtung haben, die aber durch neue Rollen mit einer um 60° gedrehten Orientierung instabil werden. Die zeitliche Reihenfolge der Bilder ist oben von links nach rechts, dann unten von links nach rechts. Dunkle Stellen deuten aufsteigende warme Flüssigkeit an, helle Stellen entsprechen kalter Flüssigkeit. Der Kreis in der Mitte rührt vom Kühlsystem her und hat keinen Einfluß auf die Konvektion. Für weitere Einzelheiten siehe [4].

einem fluktuierenden Sechseckmuster verschmelzen. Wegen der statistischen Natur des zyklischen Verhaltens und der sich dauernd ändernden räumlichen Struktur der Konvektion hat man es bereits bei niedrigen Rayleighzahlen in der Nachbarschaft des kritischen Wertes mit einem chaotischen System zu tun, das wegen des Abklingens räumlicher und zeitlicher Korrelationen wesentliche Merkmale der Turbulenz aufweist. Da kein breites Spektrum von Wellenlängen partizipiert, wird diese Art von Turbulenz auch Phasenturbulenz genannt.

Ein anderes Beispiel von Phasenturbulenz tritt im Fall der experimentell nur angenähert realisierbaren spannungsfreien Randbedingungen auf [6]. Auch in diesem Fall existieren unendlich viele stationäre Lösungen, die aber alle instabil sind, und die Konvektionsströmung wird daher gezwungen, ihre Form fortlaufend zu ändern. Diese Beispiele zeigen, daß selbst bei kleinen Rayleighzahlen regelmäßiges und chaotisches Verhalten nahe beieinander liegen. Relativ kleine Änderungen können von einem stationären zu einem phasenturbulenten Zustand führen.

Konvektionsströmungen in rotierenden Kugeln

Die großen Planeten besitzen sehr tiefe Atmosphären, die nach innen durch die Phasengrenze begrenzt werden, bei der der Wasserstoff vom molekularen in einen metallischen Zustand übergeht. Durch die langsame Abkühlung des Planeten und die damit einhergehende Kompression wird im Inneren genügend Wärme frei, um noch für viele Milliarden Jahre Konvektion in der Atmosphäre anzutreiben, durch welche die Wärme nach außen transportiert wird. Man könnte annehmen, daß die Rotation die Dynamik der Atmosphäre wesentlich kompliziert, so wie es bei der ebenen Schicht der Fall zu sein scheint. Die ebene Schicht mit der Rotationsachse parallel zur Schwerkraft ist aber höchstens in den polaren Regionen der Planeten relevant. In der Tat zeigen die Aufnahmen von Jupiter eine zellulare Granulation in den polaren Gebieten ähnlich der, die man in den Experimenten beobachten kann.

In den äquatorialen Gebieten ist die Dynamik dadurch geprägt, daß Rotationsachse und Schwerkraft angenähert senkrecht zueinander sind. Diese Situation kann durch eine horizontale Schicht mit einer horizontalen Rotationsachse simuliert werden, wie in Abbildung 4a schematisch angedeutet wird. Bei dieser anisotropen Anordnung sind Konvektionsrollen bevorzugt, welche parallel zur Rotationsachse ausgerichtet sind. Die Corioliskraft kann in diesem Fall durch den Druckgradienten im Gleichgewicht gehalten werden und ihren normalerweise stabilisierenden Einfluß nicht geltend machen.

Um die Konvektion in Äquatornähe noch besser zu beschreiben, muß die endliche Ausdehnung der Konvektionsschicht in Richtung der Rotationsachse berücksichtigt werden (Abb. 4b). Die Neigung der konischen Endflächen der zylindrischen Konvektionsschicht führt dazu, daß die Konvektionsrollen nicht mehr als stationäres Phänomen auftreten können, sondern sich wie die aus der Meteorologie bekannten Rossbywellen in Richtung der Rotationsbewegung relativ zum rotierenden System fortbewegen. Dieser Effekt kommt dadurch zustande, daß eine Flüssigkeitssäule, die sich in radialer Richtung bewegt, wegen der Massenerhaltung auf dem Weg nach innen dünner, auf dem Weg nach außen aber dicker wird. Die Säule ändert damit aber ihr Trägheitsmoment. Wegen der Erhaltung des Drehimpulses muß sich dabei ihre Rotationsrate ändern. Also erwirbt die sich nach außen bewegende Flüssigkeit eine zyklonische Wirbelstärke relativ zum rotierenden Bezugssystem, während die sich nach innen bewegende Flüssigkeit sich als antizyklonischer Wirbel manifestiert. Wie in Abbildung 4c gezeigt wird, führt die Wechselwirkung der Wirbel zu einem Fortschreiten der Welle in Richtung der Rotationsbewegung des Systems, falls die Höhe wie im Fall der Abbildung 4b mit dem Abstand von der Rotationsachse abnimmt. Der gleiche Effekt tritt auch in der Erdatmosphäre auf, wenn sich Luftmassen in der Nord-Süd-Richtung bewegen, und ist verantwortlich für die zyklonischen und antizyklonischen Windsysteme unseres Wetters.

Im Laboratorium ist die kugelsymmetrische Schwerkraft der Planeten schwer

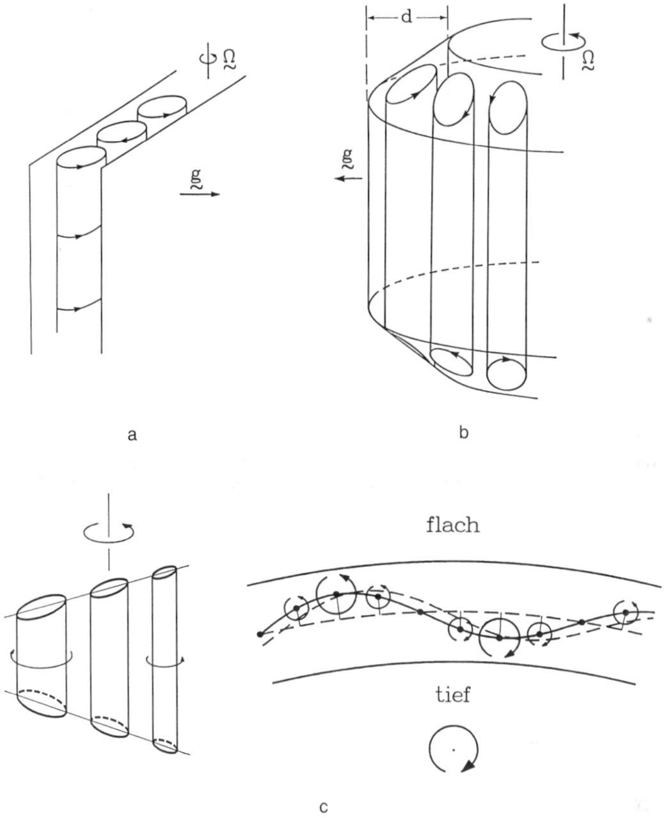

Abb. 4. Konvektion in rotierenden zylindrischen Schichten: Ausrichtung der Rollen parallel zur Rotationsachse **(a)** und Einfluß der konischen Endflächen **(b)**, der zur Drift der Konvektionsrollen führt, wie in Bild **(c)** schematisch dargestellt wird. Die gestrichelte Linie gibt die Auslenkung der Flüssigkeitssäulen einen Moment später an. Die Änderung der Auslenkung wird jeweils durch die Advektion durch die benachbarten Wirbel verursacht und führt auf diese Weise zum Fortschreiten der Welle.

zu simulieren und man ist deshalb schon zu Experimenten übergegangen, die im schwerkraftlosen Bereich einer Raumstation durchgeführt werden [7]. Bei diesen Spacelab-Experimenten wurden elektrische Kräfte zur Simulation der Schwerkraft verwendet. Man kann es sich aber einfach machen, indem man nur die zur Rotationsachse senkrechte Komponente der Schwerkraft simuliert, die ohnehin die dynamisch wichtige Komponente darstellt. Da die Konvektionsrollen

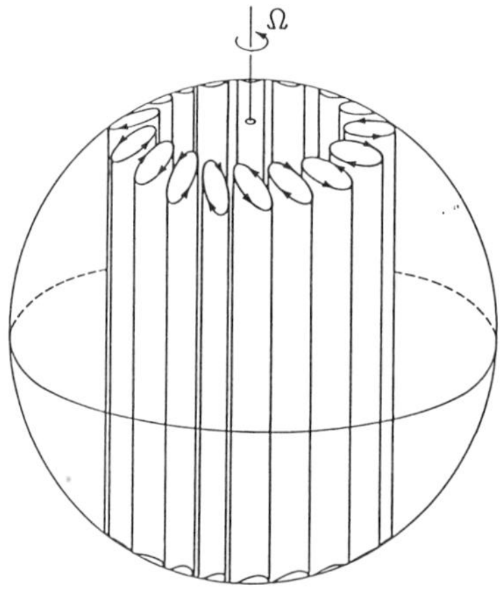

Abb. 5. Konvektion in einer rotierenden, selbstgravitierenden Kugel mit homogen verteilten Wärmequellen.

parallel zur Rotationsachse ausgerichtet sind, beteiligt sich die parallele Komponente der Schwerkraft kaum an der Auftriebskraft. Die Komponente der Schwerkraft senkrecht zur Achse kann gut durch die ohnehin im rotierenden Experiment vorhandene Zentrifugalkraft simuliert werden. Die Tatsache, daß die Zentrifugalkraft nach außen gerichtet ist, während die Schwerkraft der Planeten nach innen weist, spielt für die eigentliche Auftriebskraft keine Rolle, sofern man nur den Temperaturunterschied zwischen innen und außen entsprechend umdreht. Der Antrieb der Konvektionsströmung hängt nämlich nur von dem Produkt von Schwerkraft mal Temperaturgradient ab.

Aufgrund dieser Analogie sind zunächst Experimente in schnell rotierenden, von innen gekühlten und von außen erhitzten Zylindern durchgeführt worden [8], deren Resultate gut mit den theoretischen Vorhersagen übereinstimmen. Für den Fall der Kugel braucht die Theorie kaum abgeändert zu werden, da die Ausdehnung der Konvektionsrollen in radialer ebenso wie in azimutaler Richtung klein bleibt, wie in Abbildung 5 gezeigt wird. Die experimentelle Realisierung dieses Falles [9] zeigt wiederum gute Übereinstimmung mit der Theorie. Im Gegensatz zur theoretischen Analyse ist es im Experiment einfacher, die Konvektion großer Amplitude bei hohen Rayleighzahlen zu realisieren als im Bereich der kritischen Rayleighzahl, wo die Strömungsamplitude noch relativ schwach ist. Die Beobachtungen zeigen, daß die Konvektionsrollen auch bei hohen Rayleighzahlen perfekt parallel zur Rotationsachse ausgerichtet bleiben; ihre Anordnung in der azimuthalen Richtung bleibt aber nicht periodisch, sondern wird chaotisch. Auch kommen in der radialen Richtung neue Rollen dazu, so daß der gesamte Raum der Kugelschale außerhalb der zylindrischen Fläche, welche die innere feste Kugel an ihrem Äquator berührt, von Konvektionsrollen ausgefüllt wird.

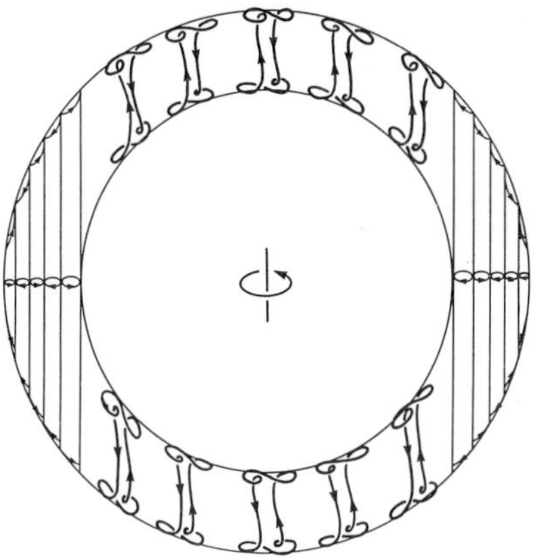

Abb. 6. Ein einfaches Modell für die thermische Konvektion im Jupiter.

Eine Theorie der Bandstruktur der großen Planeten

Wenn wir die bisher gewonnene Information für ein Modell der Konvektion im Planeten Jupiter benutzen, so kommen wir zu dem in Abbildung 6 dargestellten Bild. Da der Übergang zum metallischen Wasserstoff bei etwa 3 Mbar stattfindet, weiß man, daß der Radius des metallischen Kerns des Jupiter ungefähr $^5/_7$ des äußeren Radius ist. Die zwei verschiedenen Arten der Konvektion, die innerhalb und außerhalb der zylindrischen Fläche stattfinden, welche den Kern am Äquator berührt, scheinen sich tatsächlich an der Oberfläche bemerkbar zu machen, indem schon lange bekannt ist, daß sich die Bandstruktur der Planeten auf niedrige Breiten beschränkt, während die Breiten oberhalb von 50° eine granulare Struktur zeigen, welche auf eine zellulare Konvektion hindeutet, wie sie in Experimenten in Schichten mit vertikaler Rotationsachse beobachtet werden kann. Für Saturn, der einen wesentlich kleineren metallischen Kern aufweist, würde man aufgrund dieses einfachen Modells eine zu weit höheren Breiten reichende Bandstruktur erwarten, wie dies die Voyager-Bilder tatsächlich auch bestätigt haben.

In einem Punkt scheint das simple Bild von Abbildung 6 im Widerspruch mit den Beobachtungen zu bestehen. Wir haben von Konvektionsrollen gesprochen, die in der Nord-Süd-Richtung ausgerichtet sind, während die Wolkenbänder der Planeten parallel zu Breitenkreisen verlaufen. Dieser Widerspruch verschwindet, wenn wir beachten, daß der sichtbare Teil der Atmosphäre der großen Planeten nur eine dünne Haut darstellt, die außerdem wie die Stratosphäre der Erde stabil geschichtet ist. Die Konvektionsströmungen spielen sich unterhalb dieser sichtbaren Schicht in der schwach instabil geschichteten tiefen Atmosphäre ab, und nur die horizontalen Komponenten der Strömung können sich in die „Stratosphäre“ der Planeten fortsetzen, da sie von der stabilen Schichtung nicht betroffen werden.

Seit den detaillierten Beobachtungen durch die Voyager-Missionen wissen wir, daß die Bandstrukturen mit starken zonalen Winden zusammenhängen und daß die Wolkensysteme nur ein sekundärer Effekt der Jetströme sind, die im Fall des Saturn bis zu 500 m/sec erreichen. Erstaunlich ist die große Symmetrie der Jets in der Nord- und Südhalbkugel und ihre Permanenz. Die Unterschiede zwischen Voyager 1- und Voyager 2-Beobachtungen, die mehrere Monate auseinander liegen, halten sich innerhalb der Meßgenauigkeit. Dies ist bei hochturbulenten Phänomenen wie diesen Jets geradezu sensationell, vor allem wenn man daran denkt, daß die Jetstreams der Erdatmosphäre ihre Position fast täglich ändern. Diese Eigenschaften sind nur durch den dominierenden Einfluß der schnellen Rotation der großen Planeten erklärbar, welche den dynamischen Vorgängen eine zylindrische Symmetrie aufzwingt. Die Tatsache, daß alle Strömungen nur minimal in der Richtung der Rotationsachse variieren dürfen, erklärt die Symmetrie zwischen Nord- und Südhalbkugel, die nur durch die Präsenz des großen roten Flecks gestört wird. Dieser aber bleibt in unseren Überlegungen als reines Oberflächenphänomen unberücksichtigt, da er im wesentlichen auf die Stratosphäre beschränkt ist. Die Permanenz der zonalen Strömungen hängt mit der großen Masse der beteiligten Materie zusammen und damit, daß parallel zur Achse ausgerichtete Materiesäulen ihren Abstand von der Rotationsachse nur beschränkt ändern können, da sonst gemäß unseren obigen Betrachtungen ihr Rotationszustand zu stark geändert wird.

Es bleibt noch zu erklären, wie es zur Erzeugung der starken zonalen Jets kommt, die wir als eine differentielle Rotation des Planeten interpretieren müssen. Die einfache lineare Theorie der Konvektion sagt nichts über einen derartigen axialsymmetrischen Effekt voraus. Wenn aber eine nichtlineare Theorie durchgeführt wird, dann zeigt sich, daß bei höheren Rayleighzahlen ein Übergang zu einer neuen Form der Konvektion stattfindet, bei der die Phase von der radialen Richtung abhängt, wie es in Abbildung 7 dargestellt ist. Wenn die Rollen nach außen hin vorwärts geneigt sind, dann transportieren sie Impuls in dieser Richtung, der zur Ausbildung einer differentiellen Rotation führt. Der Theorie nach geht die mittlere Strömung im äußeren Teil der zylindrischen Konvektionsschicht in die Vorwärtsrichtung, während sie in der inneren Hälfte relativ zur Rotationsrichtung rückwärts gerichtet ist. Dies ist das Verhalten, das man bei den großen Planeten und übrigens auch auf der Sonne beobachtet.

Es führt hier zu weit, die Einzelheiten der Theorie [10, 11] darzustellen. Wir wollen zum Schluß nur auf die Fülle der dynamischen Phänomene hinweisen, die besonders auf dem Planeten Jupiter sichtbar sind und die durch ihre Regelmäßigkeit den Strömungsphysiker in Erstaunen versetzen. Während die mehr ausgedehnten antizyklonischen Flecken der Stratosphäre zuzurechnen sind und durch hydrodynamische Scherinstabilitäten erklärt werden können, lassen

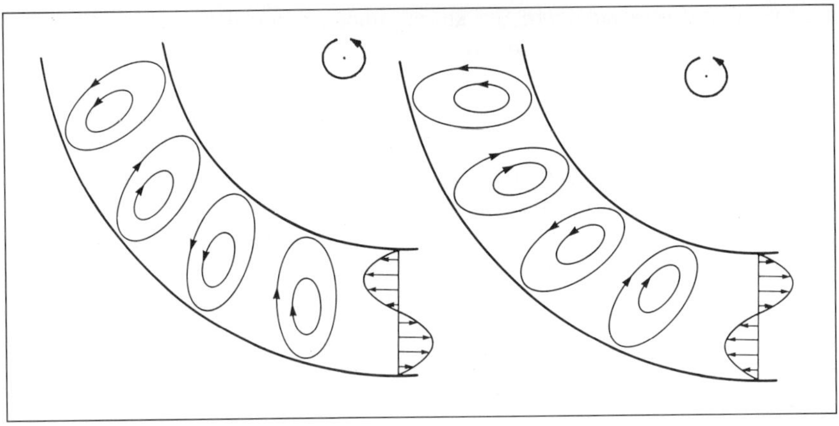

Abb. 7. Geneigte Konvektionszellen in der äquatorialen Ebene einer zylindrischen Schicht, die für einen Drehimpulstransport in radialer Richtung sorgen und damit die angezeigte differentielle Rotation verursachen.

die kleine zyklonischen Wirbel Rückschlüsse auf die Konvektion im Innern des Planeten zu. Die regelmäßig angeordneten Wolken am nord-äquatorialen Band sehen aus, als ob sie wie Schornsteinfahnen aus den Zentren tiefer liegender Wirbel ausgestoßen werden. Die dunkelbraunen Flecken, „barges" genannt, bezeichnen Stellen, bei denen die obere Wolkendecke fehlt und der Blick in etwas tiefere Schichten geht. Die beobachteten periodischen Verformungen dieser Gebilde könnten eventuell mit Amplitudenmodulationen der Konvektionsrollen zusammenhängen, welche sowohl in Experimenten als auch in numerischen Rechnungen auftreten. Warum diese und andere Phänomene stets auf bestimmte Breiten beschränkt sind, ist aber bis heute noch nicht verstanden worden. Ebensowenig ist klar, warum die kleinräumigen Wirbelstrukturen auf der Nord- und der Südhalbkugel so verschieden aussehen. Die faszinierenden dynamischen Phänomene des Jupiter werden uns daher sicher noch lange beschäftigen.

Zusammenfassende Bemerkungen

Daß schnell rotierende Planeten, bei denen die Rotationsrate groß ist gegenüber der Wirbelstärke der kleinräumigen Bewegungen der Atmosphäre, eine Fülle von regelmäßigen dynamischen Phänomenen zeigen, hängt sicher damit zusammen, daß die Corioliskraft die Tendenz hat, Fluktuationen der Geschwindigkeit in der Richtung parallel zur Rotationsachse zu unterdrücken. Damit ist die Turbulenz auf zwei räumliche Freiheitsgrade beschränkt und die nichtlineare Dynamik der Konvektion vereinfacht sich. So wird es verständlich, daß die Jupiteratmosphäre regelmäßigere Strukturen zeigt als zum Beispiel die Erdatmosphäre oder die Sonne, bei denen der Einfluß der Rotation viel kleiner ist.

Aber auch in nicht oder nur schwach rotierenden Systemen zeigt die turbulente Konvektion erstaunlich regelmäßige Strukturen, welche zum Beispiel durch Wolken gut sichtbar gemacht werden. Auch andere turbulente Strömungen zeigen bei geeigneter Sichtbarmachung mehr Regelmäßigkeit, als man zunächst vermuten würde. Die von Kármánschen Wirbelstraßen, die bei gleichmäßigen Winden hinter Inseln mit hohen Bergen sichtbar werden, sind dafür ein gutes Beispiel. Bei genauer Betrachtung von Wolkenbildern läßt sich sogar eine Hierarchie von Skalen feststellen. Vielleicht sind bestimmte Wellenlängen der Konvektionswirbel bevorzugt in dem Sinne in dem auf der Sonne die Granulation mit einer charakteristischen Dimension von 2000 km und die Supergranulation mit einer etwa zehnmal größeren typischen Länge besonders deutlich hervortreten.

Daß wohldefinierte Wellenlängen in turbulenten Systemen durchaus einen Sinn haben, wird deutlich, wenn man sich die Frage stellt, welche Art von Bewegung optimale Transporteigenschaften aufweist. Diese Frage läßt sich mathematisch als Variationsproblem formulieren und für die Probleme von Impuls- und Wärmetransport lösen [12]. Dabei stellt sich heraus, daß Geschwindigkeitsfelder mit diskreten Wellenlängen den maximalen Transport leisten. Die Frage, inwieweit turbulente Strömungen die Tendenz zu optimalen Transporteigenschaften zeigen, ist aber nur schwer zu beantworten.

Literatur

[1] Schlüter, A., D. Lortz, F. Busse: J. Fluid Mech. **23,** 129 (1965).
[2] Busse, F. H.: J. Fluid Mech. **30,** 625 (1967).
[3] Küppers, G., D. Lortz: J. Fluid Mech. **35,** 609 (1969).
[4] Busse, F. H., K. E. Heikes: Science **208,** 173 (1980).
[5] Busse, F. H.: Transition to Turbulence via the Statistical Limit Cycle Route. S. 197—202. In: Turbulence and Chaotic Phenomena in Fluids. Ed. T. Tatsumi. Elsevier. Amsterdam 1984.
[6] Busse, F. H.: Americ. Math. Soc. **56,** 1 (1986).
[7] Hart, J. E., G. A. Glatzmaier, J. Toomre: J. Fluid Mech. **173,** 519 (1986).
[8] Busse, F. H., C. R. Carrigan: J. Fluid Mech. **62,** 579 (1974).
[9] Carrigan, C. R., F. H. Busse: J. Fluid Mech. **126,** 287 (1983).
[10] Busse, F. H.: PAGEOPH **121,** 375 (1983).
[11] Or, A. C., F. H. Busse: J. Fluid Mech. **174,** 313 (1987).
[12] Busse, F. H.: Advances in Appl. Mech. **18,** 77 (1978).

Molekulare Grundlagen der Embryogenese bei Insekten

Ulrich Nauber, Reinhard Schuh, Herbert Jäckle, München

Die Etablierung komplexer Strukturen aus einer Einzelzelle, dem Ei, ist allen höheren Organismen gemeinsam. Die Frage nach den Mechanismen und den Substanzen, die das Entwicklungsschicksal embryonaler Zellen festlegen, wurde erstmals gegen Ende des letzten Jahrhunderts von den amerikanischen Embryologen Conklin und Wilson formuliert [1, 2]. Erst jetzt, nach achtzig Jahren intensiver embryologischer Studien, beginnen wir mit Hilfe genetischer und molekularer Analysen ein komplexes Netzwerk von molekularen Interaktionen aufzulösen, das für eine unterschiedliche Determination von Zellen in verschiedenen Bereichen des frühen Embryos verantwortlich ist. Dieser Erfolg ist in erster Linie der intellektuellen Inspiration eines Genetikers zu verdanken: Mittels genetischer Analyse hat E. B. Lewis den Bithorax-Komplex von Drosophila melanogaster enträtselt, dessen Einzelfunktionen die Hinterleibsegmente (Abdomen) des Embryos spezifizieren [3]. Mit dieser bahnbrechenden Analyse hat Lewis einen Weg aufgezeigt, der letztlich bis auf die molekulare Ebene der Erbfaktoren (,,Gene") erfolgreich war.

Das larvale Segmentmuster als genetisches System

Durch Mutagenese können einzelne Komponenten eines komplexen Systems — in unserem Fall die an der Segmentierung des Drosophila-Embryos beteiligten Gene — inaktiviert werden. Der Ausfall der betroffenen Genfunktion wird dann in einer Veränderung des Segmentmusters im mutanten Embryo sichtbar, das heißt, der veränderte ,,Phänotyp" des Embryos erlaubt Rückschlüsse auf die biologische Funktion des mutierten Gens.

Das Körpermuster einer Drosophila-Larve kann grob in vier Bereiche unterteilt werden, die sich morphologisch sehr einfach unterscheiden lassen: Kopf, Thorax, Abdomen und Schwanz (Abb. 1). Der Kopf ist eingestülpt und scheinbar unsegmentiert. Der Thorax besteht aus drei, das Abdomen aus acht Segmenten; der Schwanzbereich erscheint wieder unsegmentiert. Äußerlich unterscheiden sich die Segmente aufgrund der Zahl und Verteilung von ventralen Kutikulazähn-

Prof. Dr. rer. nat. Herbert Jäckle, Institut für Genetik und Mikrobiologie der Universität München.

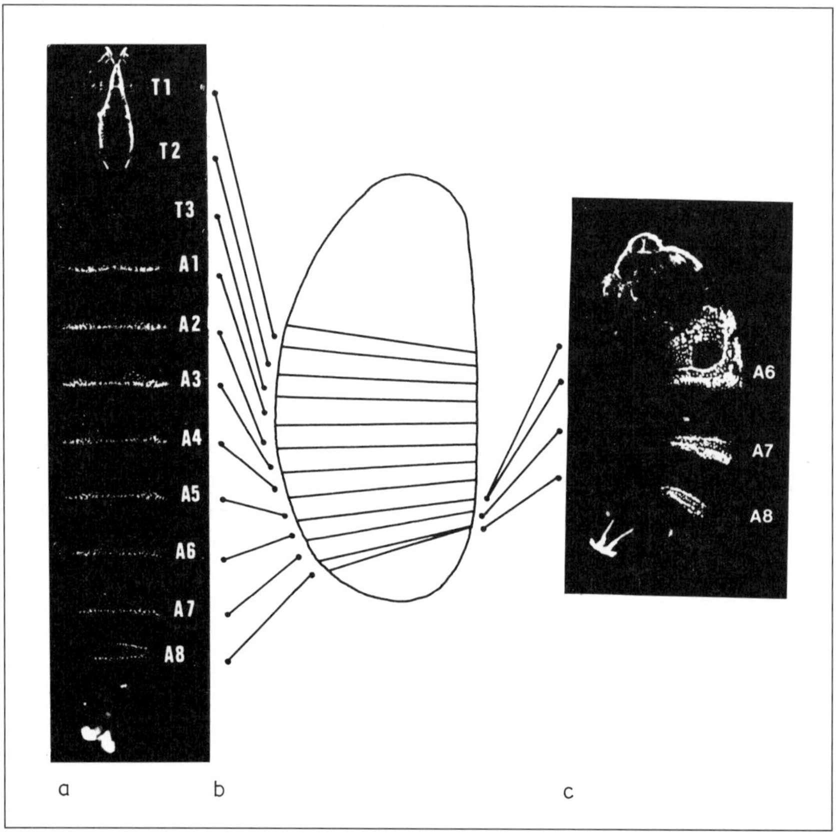

Abb. 1. Segmentmuster der Drosophila-Larve. Blastodermanlagenplan und mutanter Phänotyp. — **a.** Kutikulapräparat einer normalen Drosophila-Larve (Dunkelfeldaufnahme; Präparatlänge etwa 1 mm). Das Segmentmuster besteht aus elf sichtbaren Einheiten: drei thorakalen Segmenten (T1, T2, T3) und acht Abdominalsegmenten (A1—A8), die jeweils durch ventral gelegene Zähnchenbänder im anterioren Bereich eines jeden Segments charakterisiert sind. Am anterioren Ende der Larve erkennt man das Skelett des eingestülpten Kopfes, am posterioren Ende die Tracheenenden („Filzkörper"). — **b.** Anlagen der Thorax- und Abdominalsegmente im Blastoderm. Das Blastoderm ist ein einschichtiges Zellepithel, das die Dottermasse des Embryos umhüllt. Mittels klassischer embryologischer Methoden [15] wurde die Lage der Vorläuferzellen der Segmente im Blastoderm bestimmt: Eine Segmentanlage entspricht einem Querband von etwa 3—4 Zellen Breite. Die Anlagen der Segmente, die in der Larve später sichtbar sind (siehe **a**), liegen zwischen 15 % und 65 % der Eilänge; der posteriore Pol ist 0 % (unten). — **c.** Kutikulamuster eines *Krüppel*-Embryos (Gap-Mutante). *Kr*-Embryonen zeigen normale Kopfelemente, die auf Grund von Sekundäreffekten nicht eingestülpt sind. Die Segmente T1—A5 sind deletiert und durch ein spiegelbildlich verdoppeltes A6 ersetzt (oberhalb des mit A6 bezeichneten Segmentes). Der Segmentbereich A6—A8, sowie die Enden des Embryos erscheinen normal.

chen, die zu Bändern geordnet den anterioren Teil eines jeden Segmentes charakterisieren. Diese kurze Beschreibung zeigt, daß der Larvenkörper im Wesentlichen durch die Abfolge metamer angeordneter Wiederholungseinheiten, den Segmenten, gekennzeichnet ist, deren Spezifität von der antero-posterioren Position in der Larve abhängt (Abb. 1).

In systematischen Mutageneseexperimenten wurden Gene identifiziert [4, 5; Übersichtsartikel], deren Aktivitätsverlust das Segmentmuster des Embryos drastisch verändert. Die genetische Analyse dieser Gene mittels der jeweiligen Mutanten erlaubt eine Unterteilung in maternale Gene (die ausschließlich während der Oogenese exprimiert werden) und zygotische Gene (die früh während der Embryogenese aktiv sind). Die Inaktivierung maternaler Gene führt zu einer großbereichigen Änderung im Embryo, während der Aktivitätsverlust zygotischer Gene in homozygot mutanten Embryonen zu Veränderungen vergleichsweise kleiner Areale im Segmentmuster zur Folge hat. Meinhard hat die klassischen embryologischen Arbeiten und die Analyse der mutanten Phänotypen zu einem mathematischen Modell verarbeitet [6]. Dieses Modell erlaubte die Vorhersage, daß im Ei die Positionsinformation in Form eines Konzentrationsgradienten gelagert wird. In Abhängigkeit von der Lage in diesem Gradienten werden entlang der Längsachse des Embryos zygotische Gene aktiviert, die in einem selbstregulierenden Prozeß ein räumliches Muster von regionspezifischen Genkombinationen ergeben, die letztlich die unterschiedlichen Segmentqualitäten im Embryo bestimmen (siehe unten).

Vom Phänotyp zum Genprodukt

Die Kombination der genetischen Analysen mit zytologischen Untersuchungen mutanter Chromosomen erlaubt die Lokalisierung eines Wildtypgens in Chromosomen. Eine solche Analyse ist bei Drosophila durch die Tatsache erleichtert, daß die Chromosomen in den Speicheldrüsenkernen der Larven polytänisieren und durch diese Vervielfältigung des Erbmaterials (DNS) ein reproduzierbares Bandenmuster im Mikroskop aufweisen. Einzelbanden in Riesenchromosomen wiederum bieten einen Einstieg für eine molekulare Analyse der durch Mutagenese identifizierten Gene: Mittels einer feinen Glasnadel wird eine bestimmte Chromosomenbande unter dem Mikroskop ausgeschnitten und die darin enthaltene DNS im Mikromaßstab so zubereitet, daß einzelne Fragmente unter Zuhilfenahme eines Klonierungsvektors in Bakterien als rekombinante DNS-Moleküle vermehrt (kloniert) werden können [7].

Die Identifizierung eines Gens, das heißt die Zuordnung einer genetischen Funktion zu einer DNS-Sequenz, kann bei Drosophila auf verschiedene Arten erreicht werden:

(a) Injektion von in vitro synthetisierter mRNS, dem Transkriptionsprodukt der DNS-Sequenz eines Gens, in *mutante* Embryonen führt zu einer *Normalisierung* des Phänotyps [8]. Diese ,,Heilung" des genetischen Defektes beruht darauf,

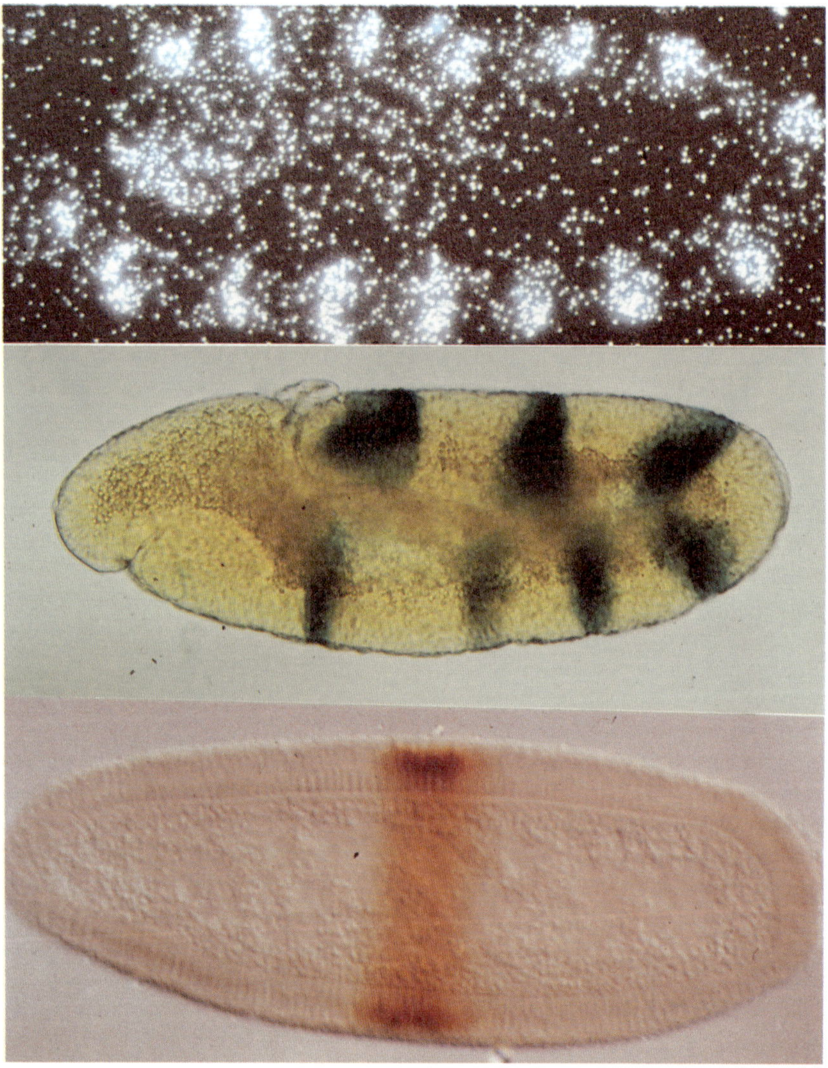

Abb. 2. Darstellung von Genexpression in Drosophila-Embryonen. Orientierung der Embryonen: anterior ist links, dorsal ist oben. — **Oben.** Lokalisierung von Transkripten eines Segmentpolaritätsgens während der frühen Gastrulation. Gewebeschnitte wurden mit einer radioaktiv markierten DNS-Genprobe hybridisiert, die spezifisch die RNS-Sequenzen eines Segmentpolaritätsgens erkennt. Danach wurden die Schnitte mit einer strahlungsempfindlichen Filmschicht überzogen und exponiert. Nach der Entwicklung der Filmschicht zeigt die Anhäufung von Silberkörnchen die Lage der radioaktiven Genprobe im Gewebeschnitt an, deren Position der Lage spezifischer RNS-Sequenzen entspricht. Die Dunkelfeldabbildung zeigt, daß die Transkripte eines Segmentpolaritätsgens in einem be-

daß die injizierte mRNS in ein Protein translatiert wird und daß dadurch zumindest ein Teil des natürlichen Genproduktes ersetzt wird.
(b) Injektion von in vitro synthetisierter „anti-sense RNS" (RNS mit komplementärer Sequenz zur endogenen RNS) in *Wildtypembryonen* führt zu einer *Phänokopie* des mutanten Phänotyps [9]. Dieser Effekt beruht auf der Tatsache, daß komplementäre Sequenzen hybridisieren können. Anti-sense RNS und endogene RNS bilden einen Doppelstrang, der nicht mehr effizient translatiert werden kann, so daß die Synthese eines spezifischen Proteins mit Normalfunktion — wie bei einer Mutante — gestört oder verhindert wird.
(c) Die isolierte Drosophila-DNS kann in einen sogenannten „P-Element"-Vektor inseriert werden [10]. Rekombinante P-Elemente verhalten sich wie Transposons (springende Gene) und können sich nach einer Injektion in Embryonen in die DNS der Keimbahnzellen integrieren und danach genetisch stabil vererbt werden [10]. Mutante Drosophilae, die ein rekombinantes P-Element mit der vollständigen Wildtyp-DNS-Sequenz des mutierten Gens tragen (transgene Fliegen), sind in der Lage normal zu überleben. Dies bedeutet, daß der genetische

Fortsetzung Bildunterschrift Abb. 2

stimmten Abschnitt einer jeden Segmentanlage exprimiert werden. Die entsprechenden Segmentabschnitte sind in mutanten Embryonen deletiert. — **Mitte.** Die DNS-Kontrollregion eines Paar-Regel-Gens wurde mit der kodierenden Region des β-Galaktosidasegens aus Bakterien fusioniert und mittels des P-Elementvektors ins Drosophila-Genom integriert. Die Expression dieses „Indikator-Enzyms" steht jetzt unter der Kontrolle derjenigen Genprodukte, die normalerweise das Paar-Regel-Gen regulieren. Das räumliche Muster des funktionsfähigen Enzymproduktes wird durch einen Färbetest (Blaufärbung) im Embryo sichtbar (siehe auch Referenzen [12, 13]). Es entspricht dem Expressionsmuster des Paar-Regel-Gens (sieben Streifen). Mit diesem Ansatz kann untersucht werden, welche regulatorischen DNS-Abschnitte für eine räumliche und zeitliche Expression eines Gens erforderlich sind und welche Genprodukte mit diesen Kontrollsequenzen interagieren (siehe Text). — **Unten:** Nachweis eines Gap-Gen-Proteinproduktes im Embryo. Klonierte DNS des Kr-Gens wurde in Bakterien zur Expression gebracht und in ein Protein übersetzt, das dann zur Produktion von Antikörpern in Kaninchen verwendet wurde. Diese Antikörper erkennen das *Kr*-Proteinprodukt in Ganzembryo-Präparaten. Mit einer Färbereaktion wird die Lokalisation des gebundenen Proteins indirekt sichtbar gemacht (Braunfärbung). Im Gegensatz zu den Segmentpolaritäts- und Paar-Regel-Genen, deren Expressionsdomänen mit dem Ausfallphänotyp der Mutanten der übereinstimmen (siehe oben und mittlere Abb.) wird das *Kr*-Protein (und die RNS) in einer kleineren Domäne exprimiert (maximal vier Segmenteinheiten), obwohl im larvalen Segmentmuster acht Segmente deletiert sind. Dies zeigt, daß ein Fehlen von *Kr*-Aktivität im Embryo einen weitreichenden Effekt auf das Segmentmuster ausübt. Der Effekt ist asymmetrisch nach posterior und kann daher mit Diffusion des Genproduktes (in Mengen unterhalb der Nachweisgrenze) allein nicht erklärt werden; möglicherweise wird dieser asymmetrische Effekt von *Kr* auf das Segmentmuster über die Aktivität nachgeschalteter Gene vermittelt (siehe Abb. 3).

Defekt im transgenen Tier aufgehoben ist und daß die Normalfunktion eines Gens durch das ins Genom integrierte, rekombinante P-Element formal wieder hergestellt ist. Dieser experimentelle Ansatz erlaubt sowohl die Identifikation der informationstragenden (kodierenden) Teile eines Gens, als auch der Sequenzen, die für die normale Kontrolle eines Gens notwendig sind (Kontrollregion).

Klonierte DNS-Proben stellen eine Sonde dar, mit der Genexpression durch Hybridisierung an die RNS des Embryos sichtbar gemacht werden kann. Hierfür stehen derzeit zwei Techniken zur Verfügung:

(a) Nach Extraktion der gesamten RNS aus Embryonen können im ,,Northern blot"-Verfahren mit Hilfe der klonierten DNS spezifische komplementäre RNS-Moleküle nachgewiesen werden. Der Nachweis dieser RNS in verschiedenen Entwicklungsstadien erlaubt es, das zeitliche Expressionsprofil eines Gens zu bestimmen [7].

(b) Durch Hybridisierung der Proben an Gewebeschnitten von Embryonen (,,in situ-Hybridisierung") können spezifische RNS-Moleküle auch direkt im Gewebe lokalisiert werden, das heißt das zeitliche Expressionsprofil kann in ein raumzeitliches Muster überführt werden (Abb. 2). Mit der letzteren Technik kann also die Frage geklärt werden, wann und wo im Embryo ein bestimmtes Gen exprimiert wird (siehe Beispiele in [11]).

Entscheidend für die Funktion eines Gens ist die Aktivität seines Endproduktes, in der Regel ein Protein, im Zielgewebe. Die Frage, wann und wo im Embryo entwicklungsspezifische Proteine synthetisiert werden, kann mittels spezifischer Antikörper gegen die jeweiligen Proteine beantwortet werden. Solche Antikörper können relativ einfach erzeugt werden: Klonierte DNS wird in Bakterien zur Expression gebracht und in ein Protein übersetzt, das dann zur Produktion von Antikörpern in Kaninchen verwendet wird. Diese Antikörper erkennen ihr Antigen, das Drosophila-Protein, in Ganzembryo-Präparaten. Mit einer Färbereaktion wird die Lokalisierung des gebundenen Proteins sichtbar gemacht (Abb. 2).

Alternativ kann die Kontrollregion eines Gens mit der kodierenden Region eines Enzymgens fusioniert werden, das natürlicherweise nicht in Drosophila vorkommt. Nach P-Element-Transformation (siehe oben) steht die Expression dieses ,,Indikator-Enzyms" unter der Kontrolle derjenigen Genprodukte, die normalerweise das Drosophila-Gen regulieren, das heißt, das Indikator-Enzym, dessen Nachweis in der Regel ein einfacher Färbetext ist, wird parallel zum Drosophila-Gen exprimiert [12, 13]. Mit diesem Ansatz werden regulatorische Sequenzen eines Gens experimentell zugänglich; es kann untersucht werden, welche DNS-Abschnitte für eine räumliche und zeitliche Expression eines Gens erforderlich sind und welche Genprodukte mit diesen Kontrollsequenzen interagieren (siehe unten).

Hinweise auf die biochemische Funktion eines Genproduktes werden aus der DNS-Sequenz abgeleitet: Bei der Translation einer mRNS ins Protein kodieren jeweils drei Basenpaare für eine bestimmte Aminosäure. Ein ,,offenes Leseraster" erlaubt also die Ableitung einer Aminosäuresequenz, die mit der anderer

Proteine (oder Proteindomänen) bekannter Funktion verglichen werden kann. Im Falle von signifikanten Übereinstimmungen ist eine funktionale Ähnlichkeit oder Homologie der verschiedenen Genprodukte zu erwarten. Damit können erste Erkenntnisse über die biochemische Bedeutung eines Gens, dessen biologische Funktion aus dem Phänotyp des Embryos abgeleitet werden kann (siehe oben), gewonnen werden.

Diese hier in aller Kürze beschriebenen molekularen Techniken wurden verwendet, um verschiedene Mitglieder der nachfolgend beschriebenen Genklassen zu identifizieren und molekular zu charakterisieren. Im Folgenden sollen Ansätze einer mechanistischen Studie der Segmentierung beschrieben werden; technische Einzelheiten sind in den zitierten Literaturstellen ausführlich beschrieben.

Das Segmentmuster von Drosophila wird im Blastoderm entschieden

Das Blastoderm ist ein einschichtiges Epithel. Es bildet sich etwa 2,5 Stunden nach der Befruchtung an der Peripherie des Embryos, der sich während früher Furchungsstadien als ein Plasmodium entwickelt: Die Zellkerne teilen sich synchron und ohne Abgrenzung durch Zellmembranen in der Dotterregion des Embryos. Von dort aus wandern sie nach der achten Kernteilung an die Peripherie. Nach weiteren drei Kernteilungen werden im Kortex synchron Zellwände eingezogen. Damit vollzieht sich eine simultane Zellularisierung im Embryo, das heißt aus einer Einzelzelle mit vielen Zellkernen wird ein einschichtiges Epithel, das aus etwa 6000 morphologisch homogenen Zellen besteht. Nach Abschluß dieser Zellularisierung, also während des Blastodermstadiums, ist das Schicksal der einzelnen Zellen bereits festgelegt. Die Festlegung ist auf jeweils ein bestimmtes Segment begrenzt (siehe Anlagenplan des Embryos; Abb. 1). Die Entscheidung, welche Tochterzellen in welche Teilbereiche eines Segmentes differenzieren, hängt von späteren Zellinteraktionen ab, die während der Gastrulation, einem Entwicklungsstadium das vom Blastoderm zur Keimstreifbildung und Organogenese überleitet, stattfinden [14].

Mit Beginn der Gastrulation verlaufen die Kernteilungen asynchron und verschiedene Areale im Embryo lassen sich zellmorphologisch klar unterscheiden. Die Embryogenese kommt ca. 24 Stunden nach der Befruchtung des Eies mit dem Schlüpfen der Larve, die das oben beschriebene Segmentmuster aufweist, zum Abschluß.

Klassische embryologische Experimente, bei denen Teile des Embryos durch Schnürung zeitlich begrenzt voneinander getrennt wurden oder bei denen Zytoplasma durch Transplantation von einem Eibereich in andere verlagert wurden, zeigten, daß die Segmentbildung entlang der Längsachse des Embryos von zwei Zentren beeinflußt wird, die an den Eipolen während der Oogenese lokalisiert werden [15]. Diese maternellen Faktoren legen die anteroposteriore Polarität im Ei fest. Es liegt nahe, daß diese Positionsinformation während der frühen

Embryogenese diskrete Gene des Embryogenoms aktivieren, die wiederum während des Blastodermstadiums auf zellulärer Ebene das später sichtbare Segmentmuster festlegen. Diese Annahme impliziert, daß die Morphogenese des Embryos durch ein Zusammenspiel von Genaktivitäten der Mutter (maternale Gene) und des Embryos (zygotische Gene) bestimmt wird.

Maternale Gene organisieren den Aufbau der Segmente entlang der Längsachse des Embryos

Die Inaktivierung maternaler Gene, die am Aufbau des Segmentmusters entlang der Längsachse des Embryos beteiligt sind, hat drastische Ausfälle im Segmentmuster zur Folge. Aufgrund der verschiedenen Phänotypen der Mutanten können die maternalen Gene in drei Klassen unterteilt werden. Die erste Klasse von Genen ist zur Etablierung der anterioren Körpersegmente und des Kopfes notwendig (Anteriororganisatorgene), die zweite Klasse für die Abdominalsegmente (Posteriororganisatorgene) und die dritte Klasse für die anterioren und posterioren Terminalstrukturen [4; Übersichtsartikel].

Ein wesentlicher Faktor zur Determination der Körperlängsachse ist das Genprodukt des Anteriororganisatorgens *bicoid (bcd).* Ein Fehlen dieses Genproduktes hat einen Ausfall von Kopf und thorakalen Segmenten zur Folge [4; Übersichtsartikel]. Das *bcd*-Gen wird während der Oogenese in den Nährzellen exprimiert. Seine mRNS wird von dort in die Oozyte transportiert und am anterioren Pol lokalisiert. Zwei weitere Genprodukte dieser Genklasse sind wahrscheinlich an dieser Lokalisierung beteiligt: *exuperantia (exu)* und *swallow (swa).* Es wird vermutet, daß diese beiden Gene für Zytoskelettkomponenten kodieren, die zur Fixierung der *bcd* mRNS am Eivorderpol notwendig sind [4; Übersichtsartikel]. Ebenfalls während der Oogenese aktivieren fünf Posteriororganisatorgene ein „posteriores Signal“, wahrscheinlich das *nanos (nos)* Genprodukt. Die Produkte dieser Genklasse sind molekular noch nicht charakterisiert. Die Ergebnisse von Transplantationsexperimenten sind jedoch mit der Annahme vereinbar, daß das *nos*-Genprodukt am Hinterpol der Oozyte lokalisiert ist [4; Übersichtsartikel].

Nach der Befruchtung des Eies werden die lokalisierten mRNS-Spezies, die von maternalen Genen kodiert sind, in Proteine translatiert und innerhalb des Eies verlagert. Nach der Translation der *bcd* mRNA diffundiert das Protein vom anterioren Pol ins Eiinnere und bildet dabei einen Konzentrationsgradienten in der Vorderhälfte des Embryos [16]. Das *nos*-Genprodukt wird ebenfalls verlagert: ein siebtes Gen der Klasse der Posteriororganisatorgene ist am Transport des *nos*-Genproduktes vom Hinterpol in die prospektive Abdominalregion des Embryos involviert [4; Übersichtsartikel]. Mit Beginn der späten Migrationsphase der Kerne in den Eikortex (siehe oben) sind also mindestens zwei maternale Genprodukte, deren Aktivität für das anteriore beziehungsweise posteriore Segmentmuster notwendig ist, unterschiedlich im Embryo verteilt. Diese quantitative Information wird nun in qualitative Unterschiede überführt, die als regionspezifische Expression der zygotischen Gene im Embryo sichtbar wird. Dieser Prozeß bedarf einer Interaktion der maternalen Genprodukte mit dem Genom des Embryos.

Regionspezifische Aktivität zygotischer Segmentierungsgene

Die zygotischen Gene, die an der Etablierung des Segmentmusters beteiligt sind, können wiederum aufgrund des Phänotyps mutanter Embryonen in drei Klassen gruppiert werden [5; Übersichtsartikel]. Die erste Klasse, die „Gap"-Gene, umfaßt mindestens drei Mitglieder: *hunchback (hb), Krüppel (Kr)* und *knirps (kni).* Mutante Embryonen zeigen einen Ausfall zusammenhängender Segmentbereiche im Embryo. In *hb*-Embryonen sind Kopf und Thorax deletiert und das siebte Abdominalsegment ist mit dem achten fusioniert. *Kr*-Embryonen fehlt der Thorax und die ersten fünf Abdominalsegmente. In *kni*-Embryonen sind das erste und siebte Abdominalsegment fusioniert, die Zwischensegmente fehlen. Alle drei Gene werden kurz vor dem Blastodermstadium in definierten Abschnitten des Embryos exprimiert: *hb* in der anterioren Hälfte und im posterioren Bereich des Embryos, *Kr* in der Mitte des Embryos und *kni* im hinteren Bereich im Anschluß an *Kr* bis zur posterioren *hb*-Domäne sowie am anterioren Pol [5; Übersichtsartikel].

Die regionspezifische Expression der Gap-Gene ist eine Funktion der Aktivität maternaler Gene. Dieser Befund leitet sich aus Experimenten ab, bei denen die Expression von *hb, Kr* und *kni* mittels in situ-Hybridisierung und/oder mittels Antikörpernachweis in maternal mutanten Embryonen untersucht wurden [5, 17; Übersichtsartikel]. Fehlt die *bcd*-Aktivität, dann fällt die *hb*-Expression in der anterioren Hälfte des Embryos aus, während *Kr*-Expressionsdomäne nach anterior verschoben und breiter ist als normal. Beim Ausfall eines der Posteriororganisatorgene wird *kni* im posterioren Bereich nicht exprimiert, während die *Kr*-Domäne nach hinten verschoben und breiter ist.

Diese und ähnliche Experimente [5, 17; Übersichtsartikel] lassen vermuten, daß die maternalen Organisatorgene die Expression von *Kr* im anterioren und posterioren Abschnitt des Embryos unterdrücken und somit *Kr*-Aktivität auf den zentralen Abschnitt des Embryos eingrenzen. Gleichzeitig wirkt *bcd* als positiver Regulator auf die anteriore Expression von *hb* [17; Übersichtsartikel] und *nos* auf die posteriore Expression von *kni* (U. Nauber; unveröffentlicht). Die Abgrenzung der drei Gap-Gendomänen erfolgt weiterhin durch gegenseitige Repression der Gap-Gene im Grenzbereich. Ob diese Repression direkt oder über zwischengeschaltete Genprodukte vermittelt wird, ist noch nicht geklärt. Die Etablierung der Gap-Gendomänen ist somit ein zweistufiger Prozeß: unterschiedliche Reaktion von *hb, Kr* und *kni* auf maternale Positionsinformation und gegenseitige Repression benachbarter Genaktivitäten führt zu stabiler Abgrenzung der Gap-Gendomänen entlang der Längsachse des Embryos. Die Information, die von den Gap-Genen ausgeht, wird dann, wie wir später sehen werden, für zwei unterschiedliche Prozesse benötigt — zur positionsabhängigen Regulation von Genen der Paar-Regel-Klasse und zur Eingrenzung der Genaktivitäten, die einzelne Segmente spezifizieren.

Die zweite Klasse der Segmentierungsgene umfaßt acht „Paar-Regel-Gene". Sechs dieser Gene sind molekular analysiert [17; Übersichtsartikel]. Ihnen ist gemeinsam, daß sie kurz vor dem zellulären Blastodermstadium zunächst gleichmäßig in dem Bereich des Embryos exprimiert werden, der die Segmentanlagen enthält (siehe Abb. 1), das heißt zwischen ca. 15—65 % der Eilänge. Bis zum zellulären Blastodermstadium entwickeln sich aus diesem einheitlichen Expressionsmuster sieben bis acht Streifen, die genspezifisch lokalisiert werden. Das Expressionsmuster von zwei Paar-Regel-Genen, *hairy* und *runt,* wird zeitlich früher in das Streifenmuster überführt als das der anderen vier Gene: Beide Gene werden in komplementären Streifen entlang der Längsachse des Embryos exprimiert. Die Ausbildung dieser Streifen ist essentiell für die Bildung der Segmentanlagen. Sie hängt wahrscheinlich von einer lokalen Expressionsverstärkung von *hairy* und *runt* als Folge lokaler Gap-Genaktivität ab und wird durch gegenseitige Repression beider Paar-Regel-Gene als komplementäres Muster stabilisiert.

In situ-Expressionsstudien mit den verschiedenen DNS-Proben der Paar-Regel-Gene an mutanten Embryonen zeigen, daß die Aktivität von *hairy* und *runt* zur normalen Expression der anderen Paar-Regel-Gene notwendig ist, während diese Gene umgekehrt keinen sichtbaren Einfluß auf das Expressionsmuster von *hairy* und *runt* haben. Formal wirken beide Genprodukte negativ auf die Expression der Gene *fushi tarazu (ftz)* und *even-skipped (eve),* die wiederum in einem zueinander exakt komplementären Streifenmuster exprimiert werden. Diese und weitere Befunde zeigen deutlich, daß die Paar-Regel-Gene hierarchisch geordnet sind und daß ihre Expressionsmuster voneinander abhängen [17; Übersichtsartikel]. Jeder Expressionsstreifen der Gene *ftz* und *eve* umfaßt durchschnittlich eine Breite von vier Zellen, die einer metameren Einheit, dem Parasegment, entsprechen. Die Parasegmente sind gegenüber den später sichtbaren, morphologischen Segmenteinheiten um eine Segmenthälfte versetzt und entsprechen den Expressionsdomänen derjenigen Gene, die für die Festlegung der Segmentqualität im Embryo verantwortlich sind (Homöotische Gene; siehe unten).

Die Kombination verschiedener Gap- und Paar-Regel-Aktivitäten scheinen den Status einer bestimmten Blastodermzelle zu definieren, der als Referenzpunkt für die Aktivität der dritten Klasse der Segmentierungsgene, den Segmentpolaritätsgenen, dient. Diese Gene legen die Polarität innerhalb eines jeden Segmentes fest. Vertreter dieser Genklasse, wie zum Beispiel *engrailed (en),* werden in jedem Segmentäquivalent exprimiert; letztlich in einem Streifen, der nur eine Zelle breit ist. Die Lage der *en*-Streifen entspricht jeweils der anterioren Grenze eines Parasegmentes. Da die Segmentpolaritätsgene in 14—15 Streifen, die Paar-Regel-Gene jedoch nur in 7—8 Streifen exprimiert werden, bedarf die Ausbildung alternierender Streifen der Aktivität verschiedener Paar-Regel-Gene, die entweder aktivierend oder reprimierend auf die Segmentpolaritätsgene wirken [17; Übersichtsartikel].

Aus dieser kurzen Beschreibung der Segmentierungsgenaktivitäten und ihrer räumlichen Expressionsmuster sowie deren Abhängigkeit von verschiedenen anderen Segmentierungsgenen ist bereits ersichtlich, daß die Unterteilung des Embryos in metamere Einheiten von einem Netzwerk von Genaktivitäten abhängt, das letztlich einzelne Blastodermzellen und deren Tochterzellgeneration auf ein definiertes Unterteilungsschema festlegt. Ein Ausfall eines jeden Gens innerhalb dieses Netzwerkes hat einen definierten Phänotyp des Embryos zur Folge: Den Gap-Mutanten fehlen zusammenhängende Segmenteinheiten (siehe oben), Paar-Regel-Mutanten bewirken den Ausfall alternierender Segmente im Embryo und den Segmentpolaritätsmutanten fehlen Teile eines jeden Segmentes (die vorhandenen Segmentbereiche werden zum Teil spiegelbildlich dupliziert). Die Domänen der Genexpression stimmen im Wesentlichen mit den Bereichen überein, die den entsprechenden Mutanten fehlen [5, 17; Übersichtsartikel]. Eine wichtige Ausnahme dieser Regel sind die Gap-Gene *Kr* und *kni,* deren Expressionsdomänen kleiner sind als das Ausfallmuster im mutanten Embryo.

Homöotische Gene definieren die Qualität der Einzelsegmente

Aktivitätsverlust eines Segmentierungsgens hat einen Ausfall von Segmenten im mutanten Embryo zur Folge (siehe oben). Mutationen in „Homöotischen Genen", einer weiteren Klasse zygotischer Gene, bewirken im Gegensatz dazu keinen Segmentausfall, sondern führen zu einer Transformation von Segmentqualitäten. Das heißt Segmente oder Segmentteile einer definierten Qualität entwickeln sich an einer falschen Position im Segmentmuster [5, 17; Übersichtsartikel]. Die Homöotischen Gene, die an der Spezifikation der Rumpfsegmente beteiligt sind, liegen in zwei Genkomplexen, dem *Antennapedia*-Komplex *(ANT-C)* und dem *Bithorax*-Komplex *(BX-C).* Diese Gene werden kurz vor der Zellularisierung im Blastodermembryo etwa gleichzeitig mit den Paar-Regel-Genen exprimiert. Die Expressionsdomänen der verschiedenen Homöotischen Gene sind zunächst breit und überlappend und werden durch die maternalen Organisatorgene und die Gap-Gene reguliert [5, 17; Übersichtsartikel]. Eine Verstärkung der Expression erfolgt in spezifischen Parasegmentdomänen durch die Aktivität eines Paar-Regel-Gens: *ftz* zum Beispiel erhöht die Aktivität der *ANT-C*-Gene *Sex combs reduced (Scr)* und *Antennapedia (Antp)* und des *BX-C*-Gens *Ultrabithorax (Ubx)* in bestimmten Parasegmenten im Kiefer- und des Thoraxbereichs des Embryos.

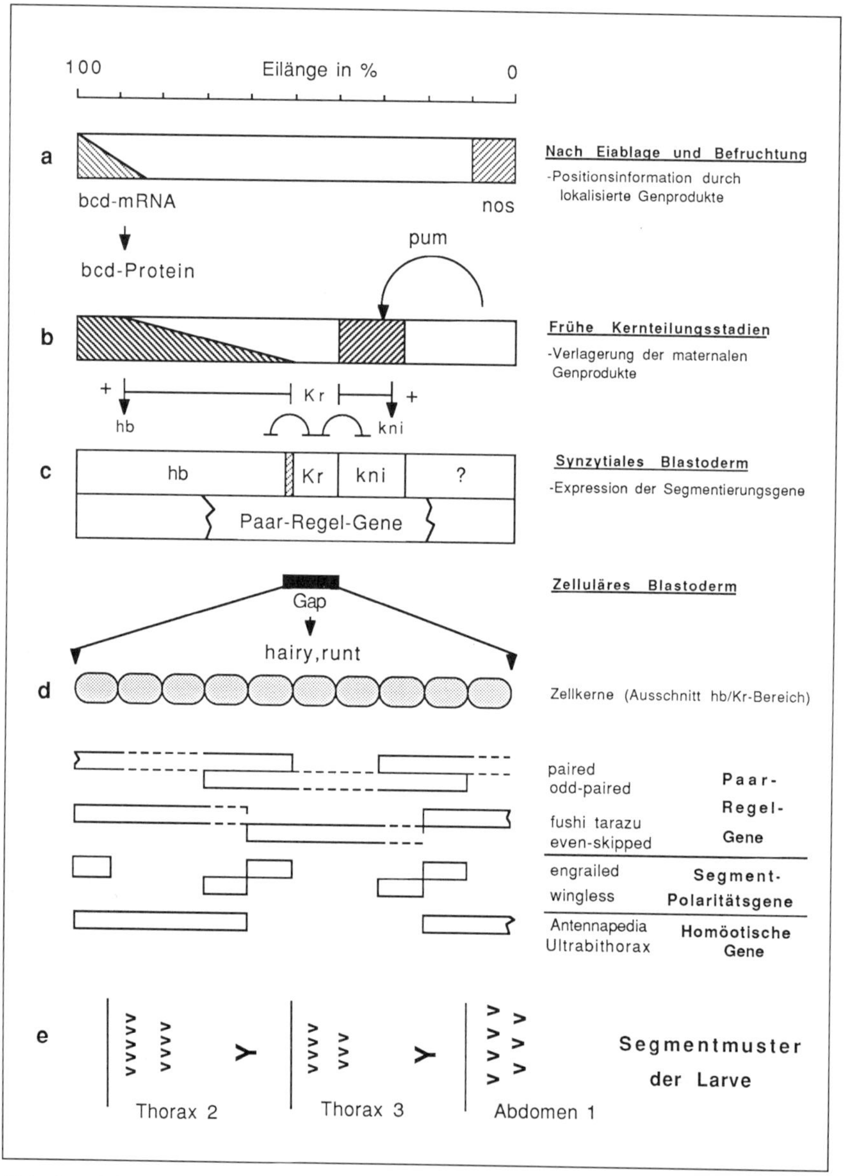

Abb. 3. Zeitliche Abfolge der Lokalisierung von Genprodukten, die das Segmentmuster des Drosophila-Embryos während der Frühentwicklung etablieren. Die Lage der Genprodukte ist bezogen auf die Eilänge; 0% entspricht der Position des posterioren Pols. — **a.** Die Polarität des Eis wird durch maternale Gene festgelegt. Während der Oogenese wird das *bcd*-Gen in den Nährzellen exprimiert. Die *bcd*-mRNS wird von dort in die Oozyte

transportiert und wahrscheinlich mit Hilfe von mindestens zwei weiteren Genprodukten (siehe Text) am anterioren Pol lokalisiert [4]. Fünf Posterior-Organisatororgene etablieren ein ,,Signal", wahrscheinlich das *nos*-Genprodukt, das am posterioren Ende des Eis gelagert wird [4]. Durch diese beiden Genprodukte wird direkt oder indirekt Positionsinformation im Ei festgelegt, die während der frühen Kernteilungen **(b)** verlagert wird. Nach der Translation der *bcd*-mRNA diffundiert das Protein vom anterioren Pol ins Eiinnere und bildet dabei einen Konzentrationsgradienten in der Vorderhälfte des Embryos [16]. Das *nos*-Genprodukt wird durch das siebte Gen der Klasse der Posterior-Organisatorgene *(pumilio)* vom Hinterpol in die prospektive Abdominalregion des Embryos verlagert [4]. Durch Interaktion der maternalen Genprodukte mit dem Genom des Embryos wird diese quantitative Information noch vor Beginn des zellulären Blastoderms in qualitative Unterschiede überführt, die als regionsspezifische Expression der zygotischen Gene im Embryo sichtbar wird **(c)**. Die drei Gap-Gene *hb, Kr* und *kni* werden in definierten Abschnitten des Embryos in Abhängigkeit von der Aktivität maternaler Gene exprimiert (siehe Text). Die maternalen Organisatorgene grenzen die *Kr*-Aktivität auf den zentralen Abschnitt des Embryos ein (direkte oder indirekte Repression). Gleichzeitig wirkt *bcd* als positiver Regulator auf die anteriore Expression von *hb* [17; Übersichtsartikel] und *nos* auf die posteriore Expression von *kni* (U. Nauber; unveröffentlicht). Die Abgrenzung der drei Gap-Gendomänen erfolgt weiterhin durch gegenseitige Repression der Gap-Gene im Grenzbereich. Die Information, die von den Gap-Genen ausgeht, führt in der Folge zur positionsabhängigen Regulation von Paar-Regel-Genen und zur Eingrenzung der homöotischen Genaktivitäten. Die Paar-Regel-Gene werden kurz vor dem zellulären Blastoderm zunächst gleichmäßig exprimiert **(c)**. Bis zum zellulären Blastoderm entwickeln sich aus diesem einheitlichen Expressionsmuster jeweils sieben bis acht Streifen, die genspezifisch lokalisiert werden (Ausschnittvergrößerung in **d.**). Das Expressionsmuster von zwei Paar-Regel-Genen, *hairy* und *runt,* wird zeitlich früher in das Streifenmuster überführt als das der anderen vier Gene, welche als komplementäre Streifenpaare entlang der Längsachse des Embryos exprimiert werden. Jeder Expressionsstreifen der Gene *ftz* und *eve* umfaßt durchschnittlich vier Zellen, die der Breite einer metameren Einheit — dem Parasegment — entsprechen. Die Parasegmente sind gegenüber den später sichtbaren, morphologischen Segmenteinheiten **(e)** um eine Segmenthälfte versetzt und entsprechen den Expressionsdomänen der Homöotischen Gene. Die Kombinationen verschiedener Gap- und Paar-Regel-Aktivitäten dienen wahrscheinlich als Referenzpunkte für die Aktivität der Segmentpolaritätsgene. Diese werden in jedem Segmentäquivalent exprimiert; letztlich in einem Streifen, der nur eine Zelle breit ist. Die Lage der *en*-Streifen entspricht jeweils der anterioren Grenze eines Parasegmentes. Da die Segmentpolaritätsgene in 14—15 Streifen, die Paar-Regel-Gene jedoch nur in 7—8 Streifen exprimiert werden (siehe Abb. 2), bedarf die Ausbildung alternierender Streifen der Aktivität verschiedener Paar-Regel-Gene, die entweder aktivierend oder reprimierend auf die Segmentpolaritätsgene wirken [17; Übersichtsartikel]. Die Kombination aller Genaktivitäten in bezug auf die Position einzelner Zellen im Blastoderm **(d)** bewirkt dann wahrscheinlich die Aktivierung der Homöotischen Gene (z. B. *Antennapedia* und *Ultrabithorax*), die einzelne Segmenteinheiten **(e)** spezifizieren. Die biochemische Natur der bisher analysierten Genprodukte (siehe Text) macht die Annahme plausibel, daß die maternale Positionsinformation entlang der Längsachse des Eies regionspezifische Genprogramme aktiviert, die dann durch gerichtete Wechselwirkungen untereinander für die metamere Unterteilung sorgen und die Domänen der Homöotischen Gene festlegen, welche ,,Realisatorgene" aktivieren, die letztlich morphologisch distinkte Segmente im Embryo bewirken.

Die Domänen der Expressionsverstärkung sind im entsprechenden mutanten Phänotyp reflektiert: *Ubx*-Mutanten zeigen zum Beispiel eine Transformation des ersten Thoraxsegmentes in ein zweites Thoraxsegment; die Expression des *Ubx*-Gens ist am stärksten in den Primordien des entsprechenden (sechsten) Parasegments (Abb. 3). *Ubx*-Mutanten zeigen außerdem subtile Effekte im Differenzierungsmuster in den Abdominalsegmenten, deren Anlagen wiederum eine schwache Expression von *Ubx* aufweisen. Ähnliches gilt für *Antp,* das die stärkste Expression im vierten Parasegment aufweist und im mutanten Phänotyp eine Transformation des zweiten Thoraxsegmentes zeigt [17; Übersichtsartikel].

Die räumliche Kontrolle der Homöotischen Genaktivitäten ist noch nicht aufgeklärt. Erste Interaktionsversuche mittels Embryonen, die für ein bestimmtes Gen mutant sind und molekularen Proben für andere Gene (in situ-Hybridisierung; Antikörper; siehe oben) haben gezeigt, daß das komplexe Expressionsmuster und die regionale Expressionsverstärkung von den Interaktionen der Homöotischen Gene untereinander abhängt. Die posterior aktiven Gene des *BX-C,* deren Aktivität Abdomensegmente spezifizieren, reprimieren die Expression der anterior aktiven Gene wie *Ubx* und *Antp* [5, 17; Übersichtsartikel].

Festlegung des Entwicklungsprogramms im Blastodermstadium

Die bisher beschriebenen Studien zeigen, daß die Untergliederung der Körperlängsachse in metamere Einheiten und die positionsabhängige Spezifikation primär auf eine Ungleichverteilung von maternellen Genprodukten im Ei zurückzuführen ist. In Abbildung 3 ist zusammenfassend gezeigt, daß morphogenetisch relevante Genprodukte an den Eipolen lokalisiert sind und von dort aus auf die Aktivität der zygotischen Segmentierungsgene wirken. Das *bcd*-Protein, das im anterioren Bereich des Embryos wirksam ist, bewirkt die Aktivierung von *hb* und ist daran beteiligt, daß *Kr* nicht im anterioren Bereich exprimiert wird. Das *nos*-Genprodukt wird vom posterioren Pol (mit Hilfe des *pumilio*-Genproduktes) in die prospektive Abdominalregion verlagert. Es aktiviert dort die *kni*-Expression und verhindert, daß *Kr* exprimiert wird. Das Resultat dieser unterschiedlichen Aktivierung/Repression der Gap-Gene entlang der Längsachse führt zu einer ersten Unterteilung des Embryos. Die Interaktion der Gap-Gene untereinander, ihre Wirkung auf die nachgeschalteten Paar-Regel-Gene *hairy* und *runt,* und deren Wechselwirkungen miteinander sowie ihr Einfluß auf die ihnen untergeordneten anderen Paar-Regel-Gene, führt letztlich dazu, daß Einzelzellen im Blastodermembryo eine positionsabhängige Kombination von Gap-, Paar-Regel-, Segmentpolarität- und Homöotischen Genaktivitäten aufweisen, und dadurch unterschiedliche Entwicklungslinien festlegen (Abb. 3). Das Netzwerk von Genen und deren Interaktionen ist sicherlich wesentlich komplexer als hier dargestellt: die Darstellung soll daher nur als Richtlinie eines Prinzips dienen, wie nämlich aus einer Einzelzelle, dem Ei, ein komplexes Körpermuster erzeugt werden kann: Aufgrund von zwei Positionsdeterminanten, die ursprünglich an den Eipolen lokalisiert sind, werden bestimmte Genaktivitäten des Embryos reguliert, die ein positionsabhängiges Expressionsmuster entlang der anteroposterioren Achse des Embryos erzeugen und dadurch den Embryo in zunehmend kleinere Einheiten untergliedern, sowie die Qualität der Einheiten positionsabhängig festlegen.

Biochemische Natur der Segmentierungsfaktoren

Antikörper erlauben eine Lokalisierung eines Antigens innerhalb einer einzelnen Zelle. Da alle bisher mit Antikörpern nachgewiesenen Genprodukte Kernproteine sind, liegt die Vermutung nahe, daß sie genregulatorische Funktionen während der frühen Entwicklung des Embryos wahrnehmen. Die Analyse der DNS-Sequenz von verschiedenen dieser Gene ist mit dieser Annahme vereinbar. Die aus der kodierenden DNS-Sequenz abgeleitete Proteinsequenz der meisten Gene weist eine auffällige und signifikante Ähnlichkeit mit bekannten Transkriptionsregulatoren auf. Das maternale Gen *bcd,* die meisten der untersuchten Paar-Regelgene, die Segmentpolaritätsgene *gooseberry* und *engrailed,* und die Homöotischen Gene des *ANT-C-* und des *BX-C*-Komplexes kodieren für ein 180 Aminosäuren langes Proteinmotiv, die „Homöodomäne", die molekular mit den Proteinprodukten der *mat*-Gene aus Hefe homologisiert werden kann [18]. Die Gap-Gene hingegen kodieren für „Fingerproteine", die für Transkriptionsaktivatoren vieler Systeme, einschließlich Hefe und Mensch, charakteristisch sind [19].

Die Transkriptionsregulatoren *mat*-alpha und *mat*-a kontrollieren die Festlegung des Paarungstyps bei Hefen, indem sie an der Regulation verschiedener weiterer Gene beteiligt sind. Die DNS-bindende Domäne der *mat*-Proteine zeigt eine „helix-turn-helix"-Struktur, die sich in der „Homöodomäne" der genannten Drosophila-Entwicklungsgene wiederfinden läßt. Die Regulation der *mat*-Gene hängt wiederum indirekt von der Aktivität des *swi-5*-Gens ab, das für ein Fingerprotein kodiert. Das Entwicklungsschicksal von Hefezellen wird also, in Analogie zu Drosophila, ebenfalls durch regulatorische Interaktionen von Genen entschieden, die für ähnliche oder gar homologe Proteine kodieren: Homöodomänen- und Fingerproteine [20].

Die Konservierung dieser funktionellen Proteinmotive ermöglicht somit die Isolierung und Identifikation ähnlicher Gene in anderen Organismen, die für eine genetische Analyse, wie sie für Drosophila bahnbrechend war, nicht geeignet sind: Es sind inzwischen viele homöodomänen- und fingerproteinkodierende Gene der Maus und des Menschen identifiziert worden. Ähnlich wie bei Drosophila zeigen diese Gene in der Maus regionspezifische Expressionsmuster im Embryo [21; Übersichtsartikel]. Diese ersten Befunde lassen erwarten, daß die Untersuchungen des molekularen Prinzips der Musterbildung in Drosophila-Embryonen einen Zugang zu Genen unter anderem in Säugetieren verschafft, die Zelldetermination und/oder Differenzierung während der Entwicklung bewirken.

Literatur

[1] Conklin, E. G. J.: Exp. Zool. **2,** 145 (1905).
[2] Wilson, E. B.: The cell in development and heredity, 3rd ed. Macmillan. New York 1925.
[3] Lewis, E. B.: Nature **276,** 565 (1978).
[4] Nüsslein-Volhard, C., H.-G. Frohnhöfer, R. Lehmann: Science **238,** 1675 (1987).
[5] Akam, M.: Development **101,** 1 (1987).
[6] Meinhardt, H.: J. Cell Sci. Suppl. **4,** 357 (1986).
[7] Preiss, A.: Mitarb., Nature **313,** 27 (1985).
[8] Gaul, U. und Mitarb.: Cell **50,** 639 (1987).
[9] Rosenberg, U. B. und Mitarb.: Nature **313,** 703 (1985).
[10] Spradling, A. C., G. M. Rubin: Science **218,** 341 (1982).
[11] Jäckle, H. und Mitarb.: Nature **324,** 668 (1986).
[12] Hiromi, Y. und Mitarb.: Cell **43,** 607 (1985).
[13] Schröder, C. und Mitarb.: EMBO J. **7,** 2881 (1988).
[14] Campos-Ortega, J., V. Hartenstein: The embryonic development of Drosophila melanogaster. Springer Verlag. Berlin 1985.
[15] Sander, K.: Adv. Insect Physiol. **12,** 125 (1976).
[16] Driever, W., C. Nüsslein-Volhard: Cell, **54,** 83 (1988).
[17] Ingham, P.: Nature **335,** 25 (1988).
[18] Gehring, W. J.: Science **236,** 1245 (1987).
[19] Evans, R. M., S. M. Hollenberg: Cell **52,** 1 (1987).
[20] Nasmyth, K., D. Shore: Science **237,** 1162 (1987).
[21] Dressler, G. R., P. Gruss: TIGS **4,** 214 (1988).

Phylogenese und System: Erkennung und Wiedergabe der stammesgeschichtlichen Ordnung in der Natur

Peter Ax, Göttingen

Das Individuum

Im Strom des Lebendigen, dem ständigen Wechsel von Werden und Vergehen, repräsentiert das Individuum eine einzigartige raum-zeitlich determinierte Erscheinung mit distinktem Anfang und Ende. Jedes Individuum ist ein separates Struktur- und Funktionsgefüge mit einer eigenen, nicht wiederholbaren Geschichte; es unterliegt in seiner Lebensspanne den in der Natur ablaufenden Prozessen — und das schließt die Potenz zu erblicher Veränderung ein, zur Mutation der genetischen Substanz in den Keimzellen.

So zweifelsfrei wie das Individuum der ganzheitliche Grundkörper der lebenden Natur ist, so unbezweifelbar steht das Individuum als singulärer Organismus in einem kontinuierlichen überindividuellen Zusammenhang — eben, im Strom des Lebens mit der Herkunft aus vorangehenden Individuen und als der Erzeuger neuer Individuen im Prozeß der Fortpflanzung.

Wenn aber Individuen nicht beziehungslos nebeneinander existieren, dann muß unsere erste Frage lauten: Wie sehen die überindividuellen Einheiten aus, in denen sich der Zusammenhang zwischen Individuen manifestiert?

Überindividuelle Einheiten der Natur

Für den menschlichen Geist gab es offensichtlich niemals Schwierigkeiten, umfassendere Gruppen von Organismen zu konzipieren, welche über das einzelne Individuum hinausgreifen. Aristoteles behandelt in der ,,Historia animalium" des 4. vorchristlichen Jahrhunderts etwa 500 Tiere als basale, aus Individuen komponierte Einheiten der Natur. Für ihre Charakterisierung wird ein breites Arsenal unterschiedlichster Merkmale eingesetzt. Bei dem Vergleich von Trampeltier und Dromedar steht die auffällige Divergenz in der Ausprägung der Fetthöcker im Mittelpunkt; ein Seeigel wird über die Genießbarkeit seiner Eier charakterisiert und der Floh anhand der vermeintlichen Herkunft aus Ansammlungen faulender Stoffe gekennzeichnet.

Prof. Dr. Peter Ax, II. Zoologisches Institut und Museum der Universität Göttingen

Aristoteles bleibt indes nicht bei den einzelnen Tieren stehen, sondern geht mit ihrer Vereinigung zu übergeordneten, einander umschließenden Einheiten konsequent weiter. So gehören die beiden Kamele zu jenen Vierfüßern, welche Haare tragen und lebende Junge zur Welt bringen. Und diese Vierfüßer sind dann ihrerseits eine Teilgruppe der Bluttiere. Mit der Gegenüberstellung von Bluttieren und Blutlosen erreichen wir die höchste Ebene in der Gliederung der Tiere durch Aristoteles.

Bis zur Konzeption international verbindlicher Namen für Tiere und Pflanzen sollten allerdings weitere zwei Jahrtausende verstreichen. Es war Carl von Linné vorbehalten, die Biologie im 18. Jahrhundert über die Einführung von Nomenklaturregeln hinaus mit bestimmten Kategorien wie Art, Gattung, Ordnung und Klasse zu beglücken. Überindividuelle Einheiten der Kategorie Art erhalten im Linnéischen „Systema naturae" grundsätzlich Doppelnamen, Binomina. Trampeltier und Dromedar heißen seitdem Camelus bactrianus und Camelus dromedarius, der eßbare Seeigel hört auf den Namen Echinus esculentus und der Floh saugt das lebensnotwendige Blut nunmehr als Pulex irritans. Alle über die Art hinausgreifenden Einheiten tragen einfache Namen, Uninomina. Gerade haben wir das Wort Camelus gebraucht; es steht jetzt für jene supraspezifische Einheit, welche die beiden Kamel-Arten umschließt und zugleich mit der Kategorie Gattung etikettiert wird. Linné gründet die Klasse Mammalia für die lebendgebärenden Vierfüßer mit Haaren und Milchdrüsen — Lamarck prägt gegen Ende des 18. Jahrhunderts den Namen Vertebrata für die aristotelischen Bluttiere, und die Versammlung der Blutlosen führen wir heute gewöhnlich unter der Bezeichnung Invertebrata, Wirbellose weiter.

Diese Beispiele mögen genügen, um die zentrale ontologische Problematik der Systematik, ja der Biologie schlechthin offenzulegen.

Wir fragen: Sind das Trampeltier Camelus bactrianus, der Seeigel Echinus esculentus und der Floh Pulex irritans als Einheiten der Kategorie Spezies — und sind weiterhin die Mammalia, die Vertebrata und die Invertebrata als übergeordnete supraspezifische Gruppierungen jeweils reale Gebilde der lebenden Natur? Oder täuschen wir uns vielleicht, bleiben sie ungeachtet schöner Namen und wortreicher Diagnosen möglicherweise nicht mehr als willkürliche Schöpfungen des Menschen?

Die Alternative Individuum — Klasse

In der Logik steht dem Individuum die Klasse gegenüber — eine Alternative, die fundamentale Bedeutung für unsere ontologischen Entscheidungen über die Komposition der lebenden Natur hat.

Individuen sind einmalige Erscheinungen in Raum und Zeit; dementsprechend kann jedes Individuum einen einzigartigen, nur ihm bestimmten Eigennamen tragen — ein Nomen proprium erhalten. Dabei bleibt gleichgültig, ob es sich im konkreten Einzelfall um einen lebenden Naturkörper oder ein unbelebtes Objekt handelt, also etwa um Charles Darwin oder die Stadt Hamburg.

Individuen — oder wenn ich ganz exakt formuliere — die Eigennamen von Individuen sind nicht wie Wörter definierbar. Es gibt keine Definitionen für Einzeldinge! Wohl aber kann ich Individuen anhand bestimmter Merkmale, Eigenschaften charakterisieren — so Charles Darwin als den Autor des Buches „On the Origin of Species" (1859), Hamburg als eine Stadt an der Elbe in Norddeutschland.

Klassen sind dagegen mentale Konstruktionen ohne raum-zeitliche Bindungen. Mit der Definition eines Wortes anhand subjektiver Festlegungen schaffe ich einen Allgemeinbegriff, das Universale für eine Klasse — und jedes Individuum, auf das die Definition zutrifft, wird dann automatisch zu einem Mitglied eben dieser Klasse. Geben wir Beine, Sitzfläche und Rückenlehne in die Definition des Wortes Stuhl ein, so ist jedes Einzelding mit diesen Teilen ein Mitglied der Klasse Stuhl, ein harter Holzstuhl ebenso wie ein gepolsterter Armchair.

Auf dieser Basis läßt sich die soeben gestellte Frage präzisieren. Sind Arten und supraspezifische Artengruppen die Abbilder realer Einheiten der lebenden Natur mit dem Charakter logischer Individuen oder sind sie Klassen der Logik, beliebige Konstrukte des Menschen anhand subjektiv ausgewählter Ähnlichkeiten ohne Realität in der Natur?

Die Antwort steht und fällt über eine kausale Interpretation der Mannigfaltigkeit des Lebendigen, eine ursächliche Erklärung für die Unterschiede und Übereinstimmungen im Vergleich der Merkmalsmuster verschiedener Organismen.

Wieso bevölkern 4000 Säugetiere unterschiedlichster Lebensformen die Erde — vom Wal bis zur Fledermaus, mit dem Maulwurf im Boden und den Affen auf den Bäumen? Und warum besteht ungeachtet dieser Divergenzen zugleich eine Serie eindrucksvoller Übereinstimmungen zwischen allen Säugetieren, so im gemeinsamen Besitz von Haaren und Milchdrüsen — oder in der Ausprägung von drei Gehörknöchelchen im Mittelohr, die uns das Erlebnis des Violinkonzerts von Beethoven schenken.

Die evolutionäre Art

Nehmen wir den kontinuierlichen Strom von Individuen in der Zeit und die Mutabilität ihres Keimgutes erneut in die Diskussion. Ein Zusammenhang unter Verknüpfung der Geschlechter kann nur zwischen solchen Individuen existieren, bei denen die Vereinigung von Ei- und Sammelzellen zu fruchtbaren Nachkommen, zu neuen reproduktionsfähigen Individuen führt. Mit anderen Worten: Die lebende Natur besteht im Zeitquerschnitt jeweils aus Populationen von Individuen, die miteinander geschlossene Fortpflanzungsgemeinschaften bilden und gegen andere derartige Gemeinschaften von Individuen isoliert sind. Was aber spielt sich entlang der Zeitachse ab? Mutationen der genetischen Information einzelner Individuen führen zu evolutiven Neuheiten. Setzen sie sich in den Ket-

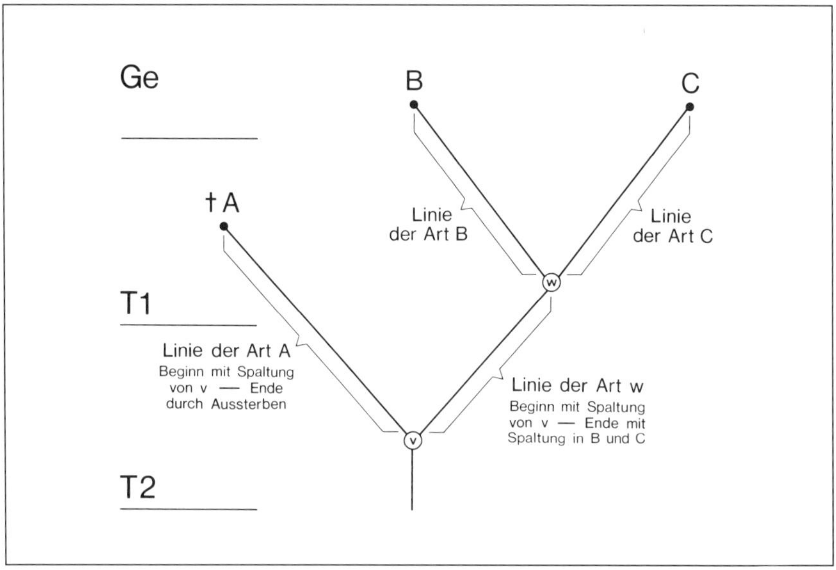

Abb. 1. Existenz evolutionärer Arten in der Zeit mit den folgenden Möglichkeiten: (1) Die Linie der Art A beginnt mit der Spaltung der Stammart v in der Erdperiode T2; die Art stirbt ohne Nachkommen im Zeithorizont T1 aus. (2) Die Lebensspanne der Art w wird durch zwei Speziationsprozesse begrenzt; sie beginnt in T2 mit der Spaltung der Art v und endet in T1 mit der eigenen Auflösung in die Folgearten B und C. (3) Die aus der Auflösung der Stammart w hervorgehenden Linien B und C reichen in die Gegenwart Ge; ihr Schicksal ist offen.

ten zusammenhängender Individuen durch, dann können sie das Erscheinungsbild einer bestimmten Population in der Zeit verändern.

Und wir benötigen eine letzte Überlegung. Eine einzelne Population möge durch beliebige ökogeographische Schranken in zwei Teilpopulationen zerlegt werden; der ehemalige Zusammenhang ihrer Individuen ist damit unterbrochen. Kommt es dann in dem einen oder anderen Teil mit der Evolution von Neuheiten zum Aufbau reproduktiver Barrieren, so entstehen zwei neue Einheiten im Chor der Millionen und aber Millionen geschlossener Fortpflanzungsgemeinschaften, wie sie heute auf der Erde existieren.

Damit haben wir der Natur die wesentlichen Dinge abgelauscht, die wir für eine Definition des Wortes ,,Art" benötigen, oder vielleicht besser für die Definition der Wortverbindung ,,evolutionäre Art", weil die Art die Einheit ist, in der allein Evolution ablaufen kann. Evolutionäre Arten sind Linien von Populationen mit Individuen im Verhältnis von Vorfahren-Nachkommen, welche zu jedem Zeitpunkt ihrer Lebensspanne geschlossene Fortpflanzungsgemeinschaften bilden. Arten entstehen durch die Spaltung existierender Arten; Arten erlöschen unter

Auflösung in Folgearten in einem neuen Speziationsprozeß oder aber durch Aussterben ohne Nachkommen (Abb. 1).

Jetzt können wir die Alternative ,,Individuum-Klasse" wieder aufnehmen. Mit der Definition des Wortes Art haben wir unzweifelhaft einen Klassenbegriff, das Universale Art geschaffen. Jedes einzelne Mitglied der Klasse Art aber, jede in der Natur lebende Art ist ein logisches Einzelding mit erstaunlichen Analogien zu den Eigenschaften des biologischen Individuums. Jede einzelne Art ist wie ein Individuum eine raum-zeitlich determinierte Erscheinung mit Anfang und Ende. Wie das einzelne Individuum so unterliegt die Art als ein Kontinuum in der Summe ihrer Individuen den in der lebenden Natur ablaufenden Prozessen. Und so wie wir unseren Phänotyp, unser Erscheinungsbild von der Geburt bis in das hohe Alter gravierend verändern und dennoch stets ein und dasselbe Individuum sind, so selbstverständlich bleibt die einzelne Art unabhängig von allen nur denkbaren evolutiven Veränderungen im Verlauf ihrer Lebensspanne solange ein und dieselbe Art, wie sie als eine Linie individueller Vorfahren und Nachkommen ohne Aufspaltung in der Natur existiert. Evolutionäre Arten sind mit anderen Worten keine Fiktion des Menschen, sondern repräsentieren reale Naturkörper. Als Einzeldinge in der Vielfalt des Lebendigen verdienen sie wie das biologische Individuen einen Eigennamen; insoweit lag Linnaeus vollkommen richtig, als er den lästigen Floh Pulex irritans nannte und für die Art Mensch das Binomen Homo sapiens schuf.

Die geschlossene Abstammungsgemeinschaft

Wir kommen zur zweiten Form überindividueller Gruppierungen durch den Menschen — der Vereinigung einzelner Arten in supraspezifische Artengruppen. Hier liefert das eben behandelte Phänomen der Speziation, die Spaltung evolutionärer Arten in der Zeit den Schlüssel für eine logisch widerspruchsfreie Interpretation. Der einzelne Speziationsprozeß führt nämlich nicht nur zu neuen evolutionären Arten; er bedingt vielmehr zugleich die Genese einer bestimmten supraspezifischen Einheit in der Natur, welche im Minimum aus zwei Arten und ihrem gemeinsamen Vorfahren besteht — in unserem Beispiel aus den evolutionären Arten B und C sowie der nur ihnen gemeinsamen Stammart w (Abb. 2). Einheiten dieser Komposition nennen wir ,,geschlossene Abstammungsgemeinschaften" und schaffen mit der Definition — Einheit aus einer Stammart und allen ihren Folgearten — erst einmal wieder einen Klassenbegriff der Logik; das kann hier nicht anders sein als bei der Definition der Wortverbindung ,,evolutionäre Art". Aber wie dort ist jetzt auch hier jedes einzelne Mitglied der Klasse als eine reale Einheit der lebenden Natur mit wesentlichen Eigenschaften eines logischen Individuums begründbar. Jede geschlossene Abstammungsgemeinschaft hat — wie etwa die Einheit Mammalia — einen präzise bestimmbaren Ursprung in der Zeit, gegeben durch die Auflösung ihrer Stammart in Folgearten. Jede Abstammungsgemeinschaft ist ein historisches Kontinuum, in wel-

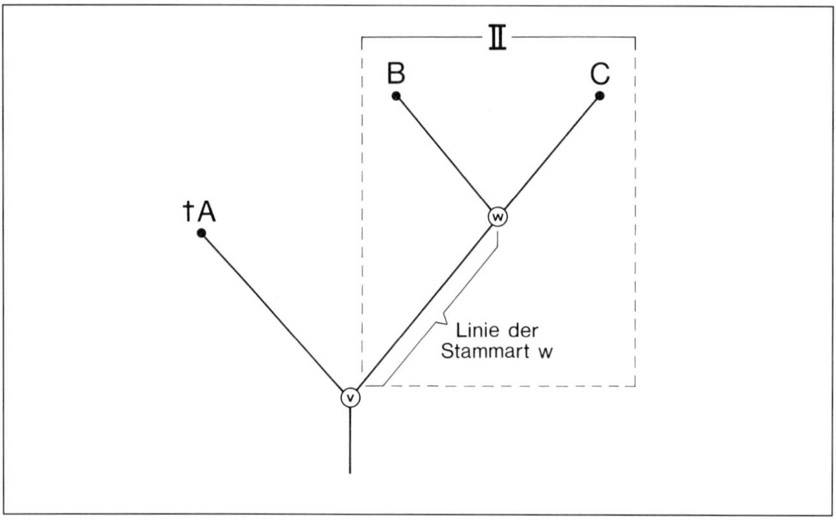

Abb. 2. Entstehung einer geschlossenen Abstammungsgemeinschaft von minimalem Umfang. Mit der Spaltung der Art w entsteht eine reale supraspezifischen Einheit der Natur (II) in der Zusammensetzung aus drei Arten — den beiden rezenten Arten B und C sowie der gesamten Linie ihrer erloschenen Stammart w.

chem die einzelnen Arten durch die Ketten sukzedierender Speziationen miteinander verbunden sind. Und schließlich kann die einzelne Abstammungsgemeinschaft erlöschen, in der Summe ihrer Arten aussterben. Noch einmal wollen wir uns bei Linnaeus für die Schöpfung des Namens Mammalia bedanken, wenn wir zu dem Schluß kommen, daß 4000 heute lebende Säugetierarten einen realen Naturkörper bilden, dem als Einzelding in der Natur ein Nomen proprium zukommt.

Mit allem Nachdruck muß ich indes einen fundamentalen Unterschied zum Individuum und zur Einheit Art herausstellen. Geschlossene Abstammungsgemeinschaften unterliegen nicht den Kausalfaktoren der Evolution. Wir kennen keinen evolutiven Mechanismus, welcher eine einmal in der Natur etablierte Abstammungsgemeinschaft in ihrer Gesamtheit verändern, transformieren könnte. Evolution kann sich einzig und allein auf die Teile einer geschlossenen Abstammungsgemeinschaft erstrecken, und das sind ihre einzelnen Arten, welche unter diesem Aspekt völlig unabhängig sind, getrennt voneinander evolvieren.

Der Prozeß Phylogenese

„Phylogenese ist der Prozeß der Entstehung geschlossener Abstammungsgemeinschaften der Natur durch Spaltungen jeweils nur ihnen zugehöriger Stammarten" [3].

Die Definition des Schlüsselwortes der stammesgeschichtlichen Forschung [5] umschreibt Verlauf und Resultat des Naturprozesses, welcher die Mannigfaltigkeit des Lebendigen auf unserer Erde hervorgebracht hat und der zugleich für die Unterschiede und Übereinstimmungen zwischen Organismen verantwortlich zeichnet.

Mithin kann ich jetzt auf die 4000 rezenten Arten der Abstammungsgemeinschaft Mammalia zurückkommen. Sie alle sind durch sukzessive Aufspaltungen von Stammarten entstanden. Die Unterschiede zwischen ihnen gehen auf divergierende evolutive Veränderungen der genetischen Substanz einzelner Arten in der Auseinandersetzung mit verschiedenen Umweltbedingungen zurück. Auf der anderen Seite haben 4000 Säugetiere deshalb Haare, Milchdrüsen und drei Gehörknöchelchen im Mittelohr gemeinsam, weil vor spätestens 200 Millionen Jahren eine ganz bestimmte evolutionäre Art gelebt hat, in deren Merkmalsmuster diese drei Eigenheiten mit vielen weiteren säugerspezifischen Neuheiten zusammengefügt waren. Diese Art ist der Ahne, war die letzte gemeinsame Stammart aller heute lebenden Mammalia — und ihre Aufspaltung ist die Ursache für die genannten Übereinstimmungen zwischen den 4000 Arten.

Das System

Der Prozeß Phylogenese hat in einem einmaligen Gang eine einzigartige Ordnung in der lebenden Natur hervorgebracht. Unsere Aufgabe ist es, diese Ordnung aufzudecken und in einem ihr äquivalenten systemaren Gefüge wiederzugeben. Die Verwandtschaftsbeziehungen zwischen Arten und Abstammungsgemeinschaften, welche in der Phylogenese festgeschrieben wurden, bilden die einzige objektivierbare Bezugsgröße für eine Gliederung des Lebendigen durch den Menschen; dementsprechend kann es nur ein einziges phylogenetisches System der Organismen geben.

Wir schließen die nächste elementare Aussage unmittelbar an. Wenn in der lebenden Natur oberhalb der Ebene des biologischen Individuums nur zwei Einheiten mit Realität und Individualität existieren, dann kann das phylogenetische System nur zwei Formen überindividueller Gruppierungen — Taxa — akzeptieren (Abb. 3):

— Art-Taxa als die Äquivalente geschlossener Fortpflanzungsgemeinschaft der Natur, welche als evolutionäre Arten die Wirkeinheiten der Evolution bilden.

— Supraspezifische Taxa als die Äquivalente geschlossener Abstammungsgemeinschaften der Natur. Als Äquivalente historischer Produkte aus einer Stammart und allen ihren Folgearten werden sie gewöhnlich monophyletische Taxa oder Monophyla genannt.

Damit wird unmißverständlich vorgegeben, was aus der zweitausendjährigen Geschichte klassifikatorischer Bestrebungen um die lebende Natur brauchbar ist und was wir für das System der Organismen zurückweisen — für ein konsequent phylogenetisches System, mit welchem allein die Systematik — seit dem

Reale überindividuelle Einheiten der Natur	Taxa des phylogenetischen Systems	Kategorien der Klassifikation
Evolutionäre Art → (Geschlossene Fortpflanzungsgemeinschaft) als Wirkeinheit der Evolution	Taxon Art →	Kategorie Art als eine Klasse unter anderen Klassen (Genus, Familia u.a.) Obligatorische Kategorie der Nomenklatur-Regeln
Geschlossene Abstammungsgemeinschaft → als Historisches Produkt der Phylogenese	Supraspezifisches Taxon → als eine monophyletische Gruppe von Arten (= Monophylum)	Kategorien Genus-Phylum als willkürliche Kennzeichen der relativen Ranghöhe ohne verbindliche Korrespondenz zu Einheiten der Natur und Taxa des Systems

Abb. 3. Der Zusammenhang zwischen überindividuellen Einheiten in der lebenden Natur, ihren Äquivalenten als Taxa des phylogenetischen Systems und den Linnéischen Kategorien der Klassifikation.

Reale überindividuelle Einheiten der Natur	Taxa des phylogenetischen Systems	Kategorien der Klassifikation
Evolutionäre Art →	Pan troglodytes →	Species
Geschlossene Abstammungs-Gemeinschaften →	Pan Hominidae Primates Mammalia Chordata →	Genus Familia Ordo Classis Phylum

Abb. 4. Das Beispiel des Schimpansen Pan troglodytes. Als eine evolutionäre Art wird Pan troglodytes zu einem Art-Taxon des Systems und erhält das Etikett Kategorie Art. Die supraspezifischen Taxa Pan, Hominidae, Primates, Mammalia und Chordata werden für das phylogenetische System nur dann akzeptiert, wenn sie als Äquivalente geschlossener Abstammungsgemeinschaften ausgewiesen sind. Die Etikettierung dieser Taxa mit kategorialen Bezeichnungen wie Genus-Phylum ist eine beliebige Maßnahme ohne wissenschaftliche Bedeutung.

revolutionären Werk von W. Hennig [6—8] — eine Wissenschaft in der Biologie bilden kann.

Ich darf ein letztes Mal von Trampeltier, Seeigel und Floh sprechen. Wir übernehmen sie sowie alle weiteren Tiere und Pflanzen als Art-Taxa in das phylogenetische System, wenn sie jeweils als evolutionäre Arten der Natur interpretierbar sind. Wir stellen uns ferner in die Kontinuität des Linnéischen „Systema naturae", indem wir die Binomina Camelus bactrianus, Echinus esculentus und Pulex irritans weiterführen, mit anderen Worten also die Eigennamen für Arten der Natur auf die ihnen äquivalenten Taxa des Systems übertragen.

Kommen wir zu den supraspezifischen Taxa, dann werden etwa die Mammalia von Linnaeus und die Vertebrata (Bluttiere) von Lamarck in das phylogenetische System übernommen, weil sie mit guten Gründen als geschlossene Abstammungsgemeinschaften der Natur ansprechbar sind. So selbstverständlich wie diese Maßnahmen sind, ebenso unausweichlich kommen wir jetzt aber an einen Punkt erbitterter Kontroversen. Strikt und kompromißlos verwirft die phylogenetische Systematik ganze Serien eingebürgerter supraspezifischer Gruppierungen — so die „Flagellata", die Rhizopoda" und selbst das Taxon „Protozoa" unter den einzelligen Organismen. Sie lehnt bekannte Vielzeller-Einheiten wie die „Turbellaria" als freilebende Plathelminthen ebenso ab wie die „Apterygota" als primär flügellose Insekten oder die Gruppe „Invertebrata" für die Gesamtheit wirbelloser Tiere. Schließlich bleiben bei den Vertebraten altehrwürdige „Klassen" wie die „Pisces" und die „Reptilia" auf der Strecke. So etwas erzeugt verständlicherweise Unruhe, bedingt Widerstand. Wir haben indes keine andere Wahl, wenn wir Objektivierbarkeit fordern, wenn das von uns konzipierte System der Organismen ein Produkt von Wissenschaft sein soll. Die in den eben genannten Gruppierungen zusammengeführten Arten lassen sich nicht auf jeweils nur ihnen gemeinsame Stammarten zurückführen, sie sind samt und sonders keine Äquivalente geschlossener Abstammungsgemeinschaften.

Und mit den Kunstprodukten müssen selbstredend auch ihre Namen verschwinden, denn sie sind keine Eigennamen für Einzeldinge in der lebenden Natur, sondern sie stehen als Universalia für Schöpfungen des Menschen mit dem Charakter von Klassen der Logik.

Ich verscherze mir weitere Sympathien, wenn ich im nächsten Schritt die Kategorien der Klassifikation, wie sie seit Linnaeus zur Kennzeichnung der Ranghöhe überindividueller Einheiten Verwendung finden, für das phylogenetische System zurückweise. Auch Kategorien sind Klassen der Logik, werden aber selbst als solche fragwürdig, weil in der systematischen Biologie noch nicht einmal brauchbare Definitionen für Wörter wie Genus, Familia, Ordo usw. existieren. Dementsprechend gibt es keinerlei rationale Legitimation, eine konkrete Abstammungsgemeinschaft der Natur mit einer bestimmten Kategorie zu versehen. Es bleibt absolut beliebig, ob man die geschlossene Abstammungsgemeinschaft Mammalia bzw. das ihr äquivalente Taxon Mammalia des Systems mit dem Etikett Klasse, Überklasse, Unterklasse schmückt, vielleicht lieber als eine Ordnung oder auch als einen Stamm führen möchte.

Kategorien sind nicht nur ohne jeden wissenschaftlichen Wert, es kommt noch viel schlimmer. Die tief verwurzelte Meinung, es gäbe so etwas wie Gattungen und Ordnungen, Klassen und Stämme in der lebenden Natur, verführt zu seltsamen Behauptungen über die Beziehungen zwischen Organismen, die mit unseren Einsichten in die Mechanismen der Evolution und den Prozeß Phylogenese unvereinbar sind. Eine fossile Dokumentation mag so lückenlos sein wie sie will, sie kann — entgegen verbreiteter Meinung — niemals den Übergang von der Klasse Reptilia in die Klasse Mammalia belegen. In der lebenden Natur geht keine Kategorie aus einer anderen Kategorie hervor, gibt auch keine einzige supraspezifische Einheit der nächsten ihren Ursprung. Geschlossene Abstammungsgemeinschaften entstehen als reale Naturkörper grundsätzlich nur aus der Spaltung einzelner evolutionärer Arten.

In der Übertragung auf das Beispiel des Schimpansen (Abb. 4) darf ich den geschilderten Zusammenhang resümieren. Als eine evolutionäre Art in der Natur trägt der Schimpanse das Nomen proprium Pan troglodytes; unter diesem Namen geht er als Art-Taxon in das phylogenetische System ein; man mag es ertragen, wenn die Nomenklaturregeln auf dieser basalen Ebene der Systemhierarchie die Kategorie Art vorschreiben. Zusammen mit dem Zwergschimpansen Pan paniscus bildet Pan troglodytes sodann die supraspezifische Einheit Pan. Des weiteren stehen die beiden Schimpansen-Arten zusammen mit Gorilla, Orang-Utan und Mensch im Taxon Hominidae, bilden sie mit den übrigen Affen und Halbaffen ein Taxon Primates, mit allen übrigen Säugetieren die Einheit Mammalia usw. Jedes einzelne supraspezifische Taxon hat nur dann Existenzberechtigung in unserem System, wenn es als Äquivalent einer geschlossenen Abstammungsgemeinschaft der Natur begründet werden kann. Die Zuweisung der Kategorien Genus bis Phylum an diese Taxa ist dagegen eine ebenso willkürliche wie bedeutungslose Maßnahme des Menschen.

Erkennung geschlossener Abstammungsgemeinschaften

Damit bin ich bei dem Problem der Erkennung und Begründung geschlossener Abstammungsgemeinschaften der Natur. Phylogenese ist ein historischer Prozeß, der gelaufen war, als wir begannen, über ihn nachzudenken. Als Quelle der Empirie verbleiben uns allein die mannigfaltigen Merkmalsmuster von Arten und Artengruppen, welche die Natur in diesem Prozeß zusammen mit den Verwandtschaftsbeziehungen festgeschrieben hat. Was fangen wir damit an? Wir suchen nach Übereinstimmungen in den Merkmalsmustern verschiedener Arten, so wie sie beispielsweise mit den Haaren und Milchdrüsen zwischen verschiedensten Säugetieren offenkundig sind. Rasch allerdings wird deutlich, daß die Ordnung in der lebenden Natur so leicht nicht aufzudecken ist, denn es gibt — leider — drei verschiedene Möglichkeiten evolutiver Übereinstimmungen (Abb. 5).

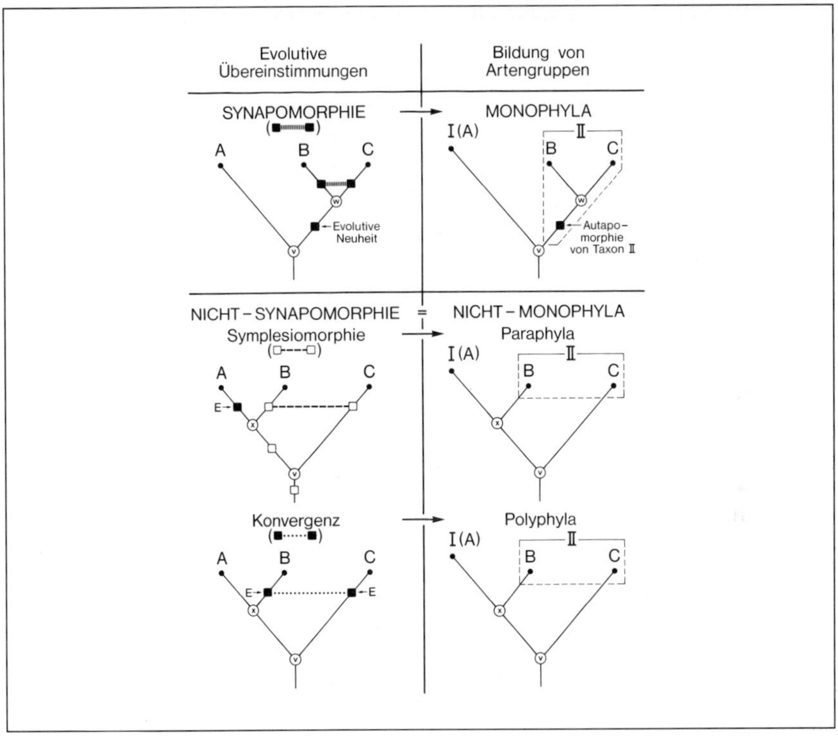

Abb. 5. Die drei Möglichkeiten evolutiver Übereinstimmungen zwischen den Adelphotaxa B und C (Schwesterarten, Schwestergruppen) sowie die an diese Übereinstimmungen gebundene Bildung von Artengruppen durch den Menschen.

Nehmen wir in einem formalen Beispiel an, daß die drei Arten A, B und C zusammen mit ihrer Stammart v eine geschlossene Abstammungsgemeinschaft der Natur bilden. Für diesen Fall können zwischen zwei der drei Arten — wir wählen B und C — grundsätzlich folgende Übereinstimmungen existieren:

1. Synapomorphie als Übereinstimmung in einem abgeleiteten Merkmal mit einmaliger Evolution.
   In der Linie der Stammart w evolvierte eine Neuheit, die sich nach Spaltung der Stammart im Vergleich zu A als eine neue, apomorphe Gemeinsamkeit der Schwesterarten B und C präsentiert.
2. Symplesiomorphie als Übereinstimmung in einem ursprünglichen Merkmal. B und C haben von der weiter zurückliegenden Stammart v ein Merkmal übernommen, das in der Linie von A in einen neuen, apomorphen Zustand transformiert wurde. Im Vergleich mit A haben B und C also ein altes, plesiomorphes Merkmal gemeinsam.

3. Konvergenz als Übereinstimmung in einem abgeleiteten Merkmal mit mehrfach unabhängiger Evolution.
   Das B und C gemeinsame Merkmal war weder bei Stammart v noch bei Stammart x vorhanden; es wurde in den Linien der Arten B und C zweimal unabhängig in ähnlicher Ausprägung evolviert.

Schlagartig sollte deutlich werden, daß einzig und allein die Synapomorphie für die phylogenetische Verwandtschaftsforschung von Relevanz ist. Nur über den gemeinsamen Besitz einmal evolvierter Apomorphien sind Einheiten der Natur als Schwesterarten oder Schwestergruppen (Adelphotaxa) ansprechbar. Nur über sie können wir die geschlossenen Abstammungsgemeinschaften der Natur aufdecken und Monophyla als ihre Äquivalente in das phylogenetische System einbringen.

Das stattliche Heer artifizieller Schöpfungen — von den Flagellaten bis hin zu den Reptilien — basiert auf Symplesiomorphien oder auf Konvergenzen. Zumeist sind es Paraphyla, fehlerhafte Vereinigungen aufgrund gemeinsamer ursprünglicher Merkmale, manchmal Polyphyla anhand von mehrfach evolvierten Apomorphien. In jedem Fall sind die Mitglieder derartiger Gruppierungen nicht auf nur ihnen gemeinsame Stammarten zurückführbar.

Wenn das so ist, dann müssen wir eine Methodologie zur Hand haben, welche eine Unterscheidung zwischen Plesiomorphie und Apomorphie ebenso wie zwischen Synapomorphie und Konvergenz gestattet.

Für die Bewertung der Alternative Plesiomorphie-Apomorphie ist der Außengruppen-Vergleich die elementare Methode mit nahezu universeller Anwendbarkeit. Zur Erläuterung darf ich den Bogen über die Säugetiere hinaus auf sämtliche landlebenden Wirbeltiere ausspannen. Über die identische Entwicklung des Embryos in einer besonderen Amnionhöhle vereinigen wir die Mammalia mit den Sauropsida, der Gesamtheit der Vögel und Kriechtiere. In dieser Einheit Amniota haben die Mammalia konstant Hammer, Amboß und Steigbügel im Mittelohr (Abb. 6), die Sauropsida ebenso konstant nur ein Gehörknöchelchen, den Steigbügel. Was ist die Plesiomorphie, was ist die Apomorphie der Alternative „1 zu 3 schalleitende Knochen im Mittelohr“? Jetzt ziehen wir mit den Amphibia eine Außengruppe heran und finden hier ausnahmslos ein Gehörknöchelchen, und das ist wieder der Steigbügel. Dieser Sachverhalt gestattet folgende Hypothese: Bei den Landwirbeltieren ist die Ausprägung eines einzigen Gehörknöchelchens der ursprüngliche Zustand, die Plesiomorphie der Alternative, die Existenz von drei Gehörknöchelchen die Apomorphie. Wir formulieren die Aussage allgemein: „Tritt ein Merkmal in einem mutmaßlichen Monophylum in Alternativen auf, so ist mit großer Wahrscheinlichkeit derjenige Zustand die Plesiomorphie, welcher auch in der weiteren Verwandtschaft realisiert ist.“

Damit bin ich unmittelbar beim zweiten Problem. Wurde der Mittelohrkomplex mit drei Gehörknöchelchen einmal in der Stammlinie der Mammalia evolviert oder vollzog sich die Transformation des schalleitenden Apparates von einem zu

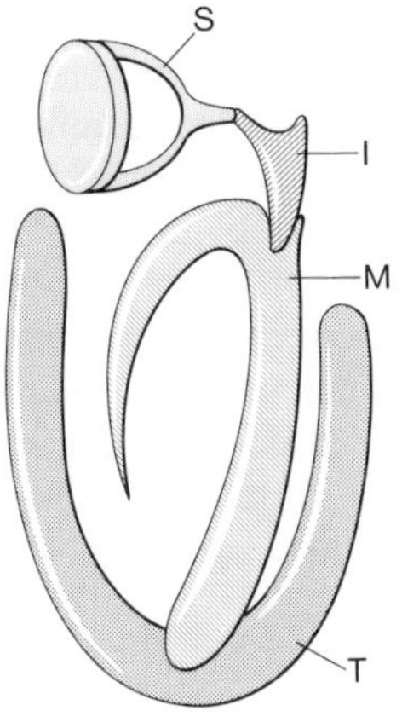

Abb. 6. Ausprägung der drei Mittelohrknochen Hammer (M = Malleus), Amboß (I = Incus) und Steigbügel (S = Stapes) sowie des Tympanicum (T) bei den Mammalia.

drei Knochenstücken vielleicht zweimal, dreimal konvergent in verschiedenen Teileinheiten der Säugetiere?

Die Antwort mag überraschen, man mag sie bedauern; ich muß hier auf einer einwandfreien theoretischen Position bestehen. Für die Wahrscheinlichkeitsentscheidung der Alternative Synapomorphie-Konvergenz existiert im Gegensatz zum besprochenen Außengruppen-Vergleich kein eigener empirischer Maßstab. Das aber bedeutet keineswegs Kapitulation. Das „Principle of Parsimony", das Prinzip der sparsamsten Erklärung — ohne welches Wissenschaft unmöglich ist — fordert uns auf, die Deutung empirischer Befunde stets mit den einfachsten Hypothesen anzustreben. Gewiß kann niemand behaupten, daß die Wege, welche unserem Erkenntnisvermögen als die einfachsten Lösungen erscheinen, auch immer die Wege der Evolution lebender Materie gewesen sein müssen. Anders herum aber gibt es auch nicht den Schatten einer Legitimation, den komplizierteren Weg unbesehen vor die einfachere Lösung zu setzen. Die Hypothese einer einmaligen Umkonstruktion des Mittelohres der Säugetiere unter Einbau von zwei neuen Knochenstücken ist entschieden sparsamer als die Annahme wiederholt unabhängiger evolutiver Prozesse in Richtung auf ein identisches Resultat.

Allgemein formuliert, haben wir apomorphe Übereinstimmungen zwischen verschiedenen Arten solange als die Produkte einer einmaligen Evolution zu interpretieren, wie Vereinbarkeit mit der Bewertung anderer Merkmale besteht. Nur bei unabweisbaren Konflikten der Beweisführung kann im konkreten Einzelfall a posteriori die Annahme konvergenter Evolution erzwungen werden.

Das Beispiel der Mammalia

Dreh- und Angelpunkt der Arbeit am System der Organismen ist die beständige Suche nach dem 1. Grad der phylogenetischen Verwandtschaft. Das ist die engstmögliche stammesgeschichtliche Beziehung, die Verwandtschaft zwischen Schwesterarten oder Schwestergruppen als den alleinigen Nachkommen einer bestimmten Stammart. Beim Übergang auf die nächste Hierarchie-Ebene werden dann die Synapomorphien zwischen den Adelphotaxa zu den Eigenmerkmalen, den Autapomorphien der sie umfassenden Einheit.

Unter dieser Perspektive wollen wir abschließend ein Segment der Phylogenese exemplarisch herausgreifen und das System der Mammalia auf den drei obersten Ebenen der Hierarchie vorführen. Ob wir dabei das optisch einprägsame Verwandtschaftsdiagramm oder die dürre hierarchische Niederschrift unter Einrücken der Schwestergruppen wählen, in beiden Fällen speichern wir eine identische Aussage ohne Verwendung irgendeiner kategorialen Etikette (Abb. 7).

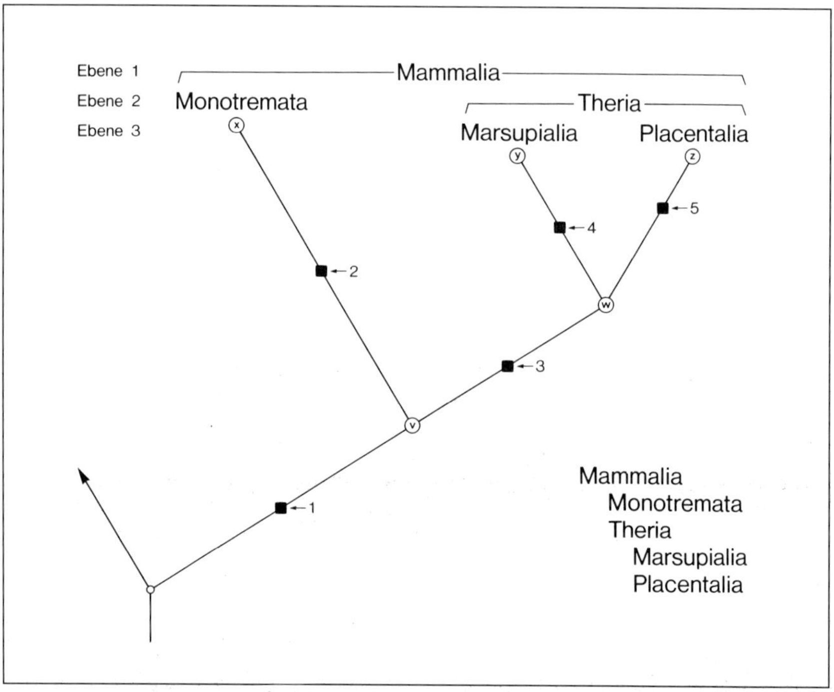

Abb. 7. Das phylogenetische System der Mammalia in der Wiedergabe als Verwandtschaftsdiagramm und als hierarchische Niederschrift unter Einrückung der Adelphotaxa (rechts unten). Die fünf schwarzen Blöcke stehen für Autapomorphien, über welche die Monophylie der fünf Einheiten Mammalia (1), Monotremata (2), Theria (3), Marsupialia (4) und Placentalia (5) begründet wird.

Auf der Ebene 3 befinden sich die Taxa Marsupialia und Placentalia nebeneinander; wir fordern mit anderen Worten die Rückführung der Beuteltiere und Plazentatiere auf eine nur ihnen gemeinsame Stammart w — und dementsprechend werden sie auf der nächst höheren Ebene in dem superordinierten Taxon Theria vereinigt. Dieser Einheit stehen auf der Ebene 2 sodann die Monotremata als Adelphotaxon gegenüber — eine Verwandtschaftshypothese, gemäß welcher die australischen Kloakentiere und die Zitzentiere weiter zurück in der Zeit eine nur ihnen gemeinsame Stammart v hatten; mithin fügen wir sie beide auf der Ebene 1 im Taxon Mammalia zusammen.

Diese Aussagen haben nur dann den Charakter wissenschaftlicher Hypothesen, wenn sie Punkt für Punkt in einer Form begründbar sind, in welcher sie der intersubjektiven Prüfung auf empirischer Basis zu jeder Zeit und durch jedermann offenstehen. Wir müssen für alle fünf Einheiten spezifische Eigenheiten vorweisen, deren einmalige Evolution in den fünf Stammlinien jeweils konfliktfrei postulierbar ist — Eigenheiten also, die in den Merkmalsmustern der fünf Stammarten v, w, x, y und z als Autapomorphien realisiert gewesen sein müssen.

Autapomorphien 1 der Mammalia

Zu Haaren, Milchdrüsen und drei Gehörknöchelchen im Mittelohr treten ca. 60 weitere Eigenmerkmale hinzu, mit welchen die Monophylie der Einheit Mammalia hervorragend begründet wird. Ich nenne nur das Phänomen der Homoiothermie und die kernlosen roten Blutkörperchen, das sekundäre Kiefergelenk zwischen den Knochen Squamosum und Dentale sowie die Differenzierung des Gebisses in Schneidezähne, Eckzähne, vordere und hintere Backenzähne.

Alle diese Eigenheiten fordern wir für das Merkmalsmuster der letzten gemeinsamen Stammart v der rezenten Säugetiere und nennen dieses Merkmalsgefüge dann das Grundmuster der Mammalia.

Autapomorphien 2 der Monotremata

Das Schnabeltier (Ornithorhynchus anatinus) und die beiden Schnabeligel (Tachyglossus aculeatus, Zaglossus bruijni) sind mit einer Fülle ursprünglicher Merkmale besonders berühmt geworden. Allein diese drei Arten haben innerhalb der Säugetiere eine Kloake als gemeinsame Öffnung für Enddarm und Urogenitalsystem. Sie legen bekanntlich Eier, und die schlüpfenden Jungen sind im strengen Sinn des Wortes gar keine Säugetiere; sie saugen nicht, sondern lecken die Milch von größeren Mammarfeldern ab, wo das Sekret diffus durch die Haut austritt.

Das mag alles noch so interessant, sensationell sein, für die Begründung des Taxons Monotremata als Äquivalent einer geschlossenen Abstammungsgemeinschaft der Natur zählen diese Plesiomorphien überhaupt nichts.

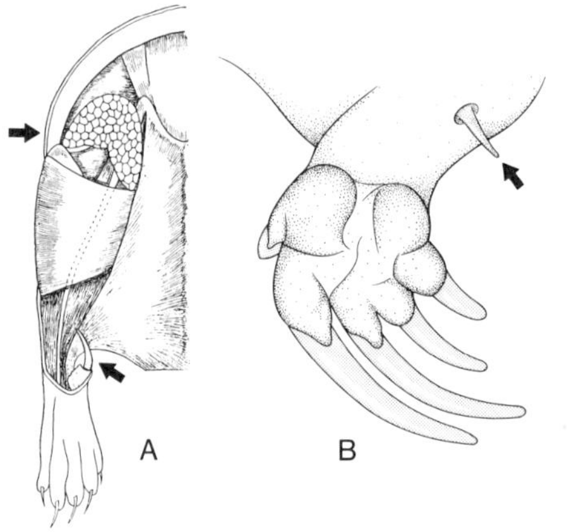

Abb. 8. Hinterextremität von Männchen der Monotremata. A. Ornithorhynchus anatinus. B. Tachyglossus aculeatus. Pfeile weisen auf einen besonderen Sporn neben den Krallen und die zugeordnete Schenkeldrüse.

Das Einzigartige der Kloakentiere ist an der Hinterextremität verborgen (Abb. 8). Hier tragen die Männchen der drei Arten übereinstimmend einen hornigen Sporn neben den fünf Krallen, und dieser Sporn ist mit einer Schenkeldrüse verbunden, welche ein giftiges Sekret produziert. Wir schließen so extrem divergierende Lebensformen wie das aquatile Schnabeltier und die terrestrischen Schnabeligel in einer Einheit zusammen, weil wir die einmalige Evolution von Sporn und Schenkeldrüse hypothetisieren und die Existenz der Autapomorphie bei der nur den drei monotremen Säugetieren gemeinsamen Stammart x postulieren können.

Autapomorphien 3 der Theria

Wir kommen rasch voran, wenn wir das Taxon Theria über die apomorphen Alternativen jener Merkmale rechtfertigen, deren plesiomorphe Ausprägungen wir eben für die Schwestergruppe Monotremata hervorgehoben haben.

In der Stammlinie der Theria wurden After und Urogenitalsinus voneinander getrennt, vollzog sich der Wechsel von Oviparie zu Viviparie und kam es zur Konzentration der Milchausführung in lokalisierten Zitzen.

Autapomorphien 4 der Marsupialia

Beuteltiere bringen winzige, millimetergroße Junge zur Welt, die den Brutbeutel aufsuchen und erst in einer langen postembryonalen Entwicklung außerhalb des Mutterleibes zu selbständig lebensfähigen Organismen heranwachsen. Das Auf-

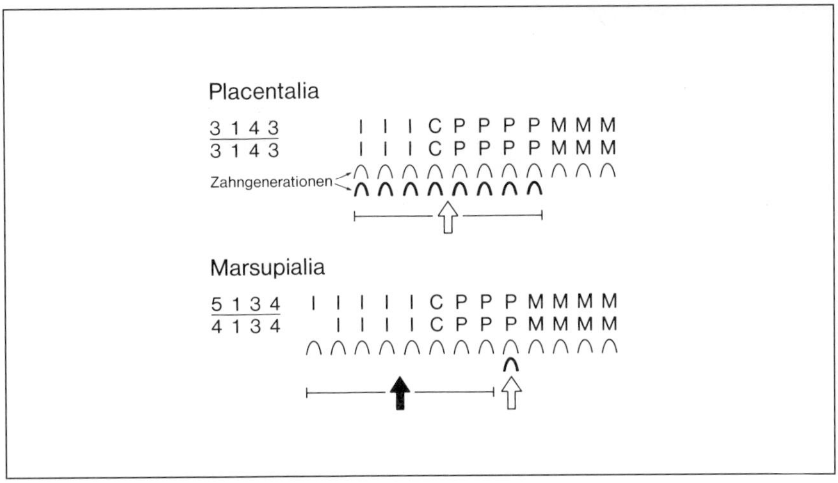

Abb. 9. Zahnwechsel bei den Mammalia. Die Placentalia haben zwei Zahngenerationen für Schneidezähne (I), Eckzähne (C) und Praemolaren (P); die Molaren (M) werden nur einmal angelegt. Bei den Marsupialia ist der ursprüngliche Zahnwechsel auf den letzten Praemolar reduziert (heller Pfeil); als apomorphes Verhalten gibt es hier nur eine Zahngeneration für Schneidezähne, Eckzähne und vordere Praemolaren (dunkler Pfeil).

fällige ist hier wie bei den Monotremata wiederum eine Plesiomorphie, ein für unser Anliegen unbrauchbarer, ursprünglicher Zustand.

Wir müssen lange suchen, bis wir in den Zähnen ein ganz unscheinbares Eigenmerkmal der Marsupialia finden. Bei den Placentalia werden Schneidezähne, Eckzähne und Praemolaren in zwei Generation mit Zahnwechsel produziert; das sind im Grundmuster der Plazentatiere 32 Zähne und bei Homo sapiens immerhin noch 20 Zähne. Dagegen wechseln die Beuteltiere nur 4 von maximal 50 Zähnen, je einen Praemolar links und rechts in Ober- und Unterkiefer (Abb. 9). Wir können diese Transformation in der Stammlinie der Marsupialia postulieren und sodann den quasi monophyodonten Zustand als Autapomorphie in das Merkmalsmuster der Stammart y aller rezenten Beuteltiere einsetzen, ob sie nun in Australien oder in Südamerika leben.

Autapomorphien 5 der Placentalia

Lassen wir es für das Gros der Säugetiere mit der namensgebenden Plazenta bewenden. In der Alternative zur Dottersackplazenta der Marsupialia zeichnen sich die Plazentatiere durch eine enge Verbindung von Mutter und Embryo im Uterus über die Allantois und Chorionzotten aus. Den apomorphen Zustand einer voll entwickelten chorio-allantoiden Plazenta setzen wir konfliktfrei in das Merkmalsmuster der Placentalia-Stammart z ein.

Stammlinien und Fossilien

Stammlinien bilden die Segmente der Phylogenese, in denen die Eigenheiten geschlossener Abstammungsgemeinschaften mit rezenten Vertretern als evolutive Neuheiten entstanden sind. Die einzelne Stammlinie kann theoretisch der Lebensspanne einer einzelnen evolutionäre Art entsprechen; sie kann aber auch aus zahlreichen aufeinanderfolgenden Stammarten zusammengesetzt und mit Seitenzweigen beliebiger Zahl versehen sein (Abb. 10).

Für die Mammalia dokumentieren über 250 verschiedene Fossilien eine komplexe zusammengesetzte Stammlinie. Die ersten Säugetiere mit einem Schläfenfenster hinter der Augenhöhle sind aus dem oberen Karbon überliefert. Spätestens zu diesem Zeitpunkt im Paläozoikum also muß die gemeinsame

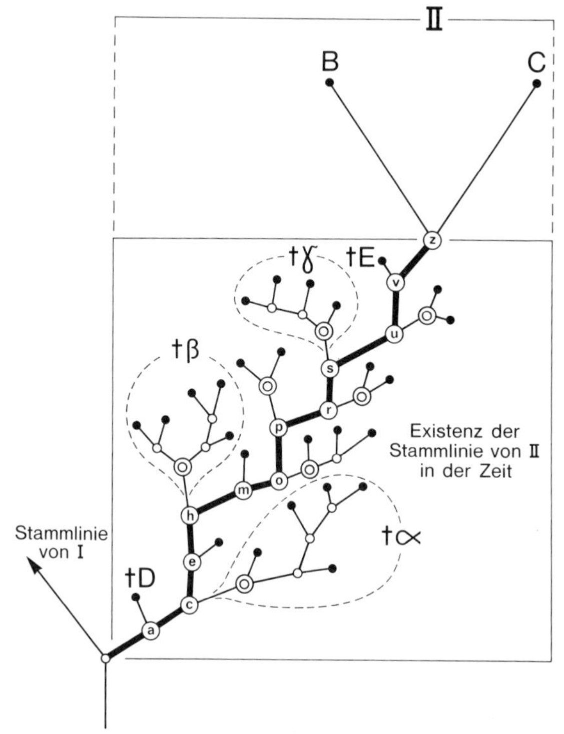

Abb. 10. Komplexe zusammengesetzte Stammlinie der Abstammungsgemeinschaft II mit den rezenten Einheiten B und C. Stammlinie mit aufeinander folgenden Stammarten (a—z) sowie ausgestorbenen Arten († E, † D, u. a.) und ausgestorbenen monophyletischen Artengruppen († α, † β, † γ, u. a.) als Seitenzweigen.

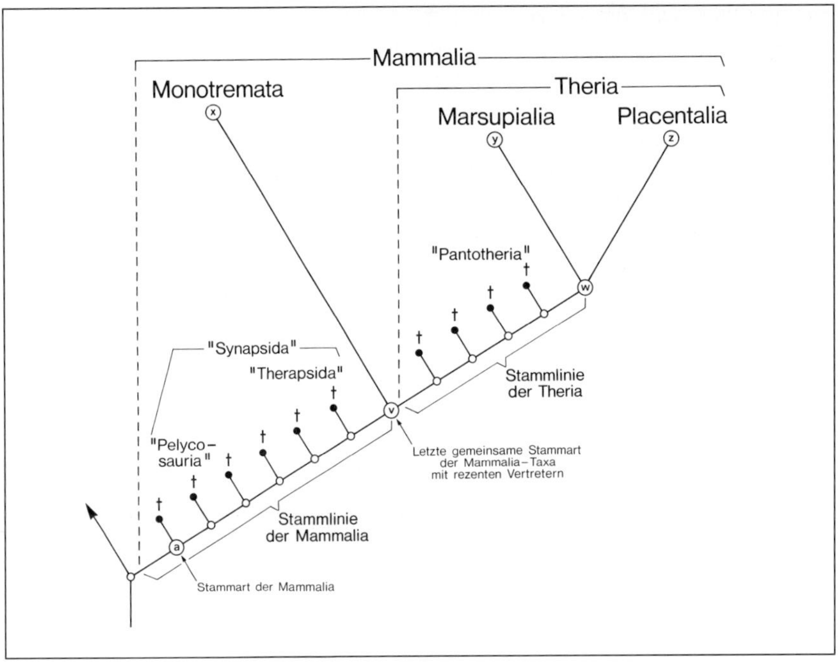

Abb. 11. Ergänzung des phylogenetischen Systems der Mammalia durch Integration fossiler Taxa in die Stammlinien der Mammalia und der Theria. Die Namen in Anführungsstrichen stehen für traditionelle nicht-monophyletische Gruppierungen, welche für das phylogenetischen System abgelehnt werden. Alle Abbildungen [3].

Stammart a aller fossilen und rezenten Säugetiere existiert haben. Mit der evolutiven Ausformung des sekundären Kiefergelenks im oberen Jura zeichnet sich auf der anderen Seite das Ende der Stammlinie ab; die letzte gemeinsame Stammart v der heutigen Säugetiere lebte an der Wende zwischen Jura und Kreide (Abb. 11). Dazwischen stand ein Zeitraum von mindestens 150 Millionen Jahren für die Evolution der über 60 säugerspezifischen Eigenheiten zur Verfügung. Die Aufgabe der Systematik ist es, die Gesamtheit der fossilen Stammlinien-Vertreter in einer Sequenz gemäß der Zunahme der fossilisationsfähigen Autapomorphien in der Stammlinie anzuordnen.

Schlußplädoyer

Das phylogenetische System der Organismen ist nicht mehr als eine Serie miteinander vereinbarer Hypothesen über die Hierarchie des Lebendigen — streng orientiert an den Produkten eines einzigartigen historischen Naturprozesses, den wir Phylogenese nennen. Das phylogenetische System ist aber auch nicht weniger als ein Gefüge wissenschaftlicher Hypothesen und unterscheidet sich mit ihnen fundamental von beliebigen, nicht testbaren Spekulationen, wie sie die stammesgeschichtliche Literatur in Unzahl überschwemmen.

Phylogenetische Systematik präsentiert jede einzelne Verwandtschaftshypothese mit einer Begründung, über welche sie im Verfahren der empirischen Überprüfung ebenso Bestätigung finden wie Zurückweisung erfahren kann.

Als Systematik schlechthin führt sie mit dem Anspruch auf eine Wissenschaft zu den Fundamenten der vergleichbaren Biologie.

Literatur

[1] Ax, P.: Das Phylogenetische System. Systematisierung der lebenden Natur aufgrund ihrer Phylogenese. G. Fischer, Stuttgart, New York 1984.
[2] Ax, P.: The Phylogenetic System. The Systematization of Organisms on the Basis of their Phylogenesis. J. Wiley & Sons, Chichester, New York, Brisbane, Toronto, Singapore 1987.
[3] Ax, P.: Systematik in der Biologie. Darstellung der stammesgeschichtlichen Ordnung in der lebenden Natur. UTB 1502. G. Fischer, Stuttgart 1988.
[4] Eldredge, N., J. Cracraft: Phylogenetic Patterns and the Evolutionary Process. Method and theory in Comparative Biology. Columbia University Press, New York 1980.
[5] Haeckel, E.: Generelle Morphologie der Organismen. G. Reimer, Berlin 1866.
[6] Hennig, W.: Phylogenetic Systematics. University of Illinois Press, Urbana, Chicago, London 1966.
[7] Hennig, W.: Phylogenetische Systematik. Pareys Studientexte 34. P. Parey, Berlin, Hamburg 1982.
[8] Hennig, W.: Aufgaben und Probleme stammesgeschichtlicher Forschung. Pareys Studientexte 35. P. Parey, Berlin, Hamburg 1984.
[9] Wiley, E. O.: Phylogenetics. The Theory und Practice of Phylogenetic Systematics. J. Wiley & Sons, New York, Chichester, Brisbane, Toronto 1981.

Ordnungsprinzipien im Verhalten und im Nervensystem von Insekten

Franz Huber, Seewiesen

Räumliche und zeitliche Ordnungsphänomene kennzeichnen die Lebewesen auf molekularer, zellulärer und organismischer Ebene. Sie werden auch erkennbar im Zusammenleben der Tiere und in den Beziehungen zwischen den Tieren und den Pflanzen. Ordnungsprinzipien manifestieren sich in geordneten Strukturen und in ihren Wechselwirkungen. Sie sind während der Stammesgeschichte herausgebildet worden und entstehen stets neu während der Individualentwicklung. Genetische Instruktionen geben den Zellen ihre spezifische Ausprägung. Bei vielzelligen Organismen erhalten die Zellen durch Kommunikation untereinander ihre jeweils organspezifische Anordnung. Sinnes- und Nervenzell-Fortsätze finden ihren Weg zu den Zielorganen mit Hilfe bestimmter Leitstrukturen. Ihre endgültigen Verzweigungen und Verschaltungen werden aber oft durch das Umfeld, in das die Zellen eingebettet sind, und bei Nervenzellen auch durch sensorische Einflüsse mitbestimmt. Im Verhalten wird Ordnung durch phylogenetisch überkommene und ontogenetisch gewordene Programme festgelegt, häufig modifiziert durch individuelle Erfahrung. Den molekularen, den zellulären und den multizellulären Vorgängen im Nervensystem, die Grundlage des Verhaltens sind, können Algorithmen zugeordnet werden, selbst wenn man diese häufig noch nicht im Detail kennt und somit nicht passend simulieren kann.

Grillen: Modelltiere der Neuroethologie

Am Beispiel der Grillen und ihrer innerartlichen akustischen Verständigung sollen einige Aspekte der räumlichen und zeitlichen Ordnung des Verhaltens und des Nervensystems von Insekten dargestellt werden.

Grillen repräsentieren eine artenreiche Insektengruppe, die im Laufe der Stammesgeschichte recht unterschiedliche Biotope besetzt hat, von den Wüsten bis nahe den Gletscherregionen. Sie sind mit leistungsfähigen Sinnesorganen für unterschiedliche Reizmodalitäten ausgestattet und verfügen über motorische Apparate für diverse Körperstellungen und Bewegungen. Ihr Nervensystem besitzt zwar im Vergleich zu dem der Wirbeltiere mit 10^5 bis 10^6 Neuronen weit

Prof. Dr. Franz Huber, Max-Planck-Institut für Verhaltensphysiologie, Seewiesen.

weniger Nervenzellen und vermutlich auch weniger Schaltungen, dennoch muß es leistungsfähig sein, wenn man es an der Komplexität des Verhaltens mißt. Freilich, Lernen und Gedächtnis sind den Grillen weniger eigen als beispielsweise den Bienen oder gar den höheren Wirbeltieren.

Dieser Reichtum an Verhaltensstrategien und die Organisation des Nervensystems, mit der Möglichkeit, einzelne Nervenzellen in ihrer Gestalt, Funktion und Bedeutung für das Verhalten charakterisieren zu können, haben auch Grillen zu geeigneten Modelltieren der Neuroethologie gemacht, einer interdisziplinären Forschungsrichtung, die versucht, die nervösen Grundlagen des Verhaltens aufzuklären [20, 24, 25].

Bereits die alten Chinesen kannten die durch schrille Laute eingeleiteten Kämpfe der Grillenmännchen und schlossen Wetten über den Sieger ab. August Johann Roesel von Rosenhof porträtierte sie im 18. Jahrhundert und schilderte Aspekte ihres Verhaltens. Johannes Regen hat zu Beginn dieses Jahrhunderts über ein erst wenige Jahrzehnte zuvor entwickeltes Telefon die Laute des Grillenmännchens in einen anderen Raum übertragen und konnte dort das paarungsbereite Weibchen zum Lautsprecher locken [46]. Er wurde zum Pionier der Erforschung akustischer Kommunikationsleistungen bei den Insekten.

Aspekte der zeitlichen und räumlichen Ordnung

Zeitliche Ordnung umfaßt bei den Grillen, wie bei anderen Tieren, einen Bereich von wenigen Millisekunden, wenn man an die synaptische Übertragung von Erregungen zwischen Nervenzellen denkt, bis hin zur Tages- und Jahresuhr, die zeitliche Staffelung des Verhaltens und anderer Lebensfunktionen kontrollieren. Ein Beispiel: Männchen vieler Grillenarten singen bevorzugt abends bis in die Nacht hinein vor ihrer Wohnhöhle, paarungsbereite Weibchen verlassen um diese Zeit ihre Höhle und wandern herum, um Geschlechtspartner aufzuspüren. Die Tagesuhr, in den optischen Ganglien lokalisiert, sorgt für eine geschlechterspezifische Ausprägung und zeitliche Abstimmung von Gesang und Lokomotion [35].

Räumliche Ordnung spiegelt sich in der bilateralen Symmetrie des Grillenkörpers und in seiner segmentalen Gliederung, äußerlich erkennbar in den paarig angelegten Gliedmaßen und Sinnesorgangen, oft auch in der spiegelsymmetrischen Zeichnung. Sie zeigt sich auch im Aufbau des Nervensystems, das als Strickleiternervensystem ausgebildet ist (Abb. 1a). Jeder Nervenknoten (Ganglion) besteht aus zwei Hälften, den Neuromeren der linken und rechten Seite, mit spiegelbildlich angeordneten Bahnen und Zonen (Abb. 1b), in denen Erregung übertragen und verarbeitet wird. Besonders auffällig drückt sich Bilateralität in spiegelsymmetrischen Paaren von Nervenzellen aus (Abb. 1c) [65].

Im Verhalten äußern sich bilaterale und segmentale Organisation z. B. in der Gangart der drei Beinpaare, in dem nahezu synchronen Auf- und Abschlag der Vorder- und Hinterflügel beim Flug und Öffnen und Schließen der Vorderflügel

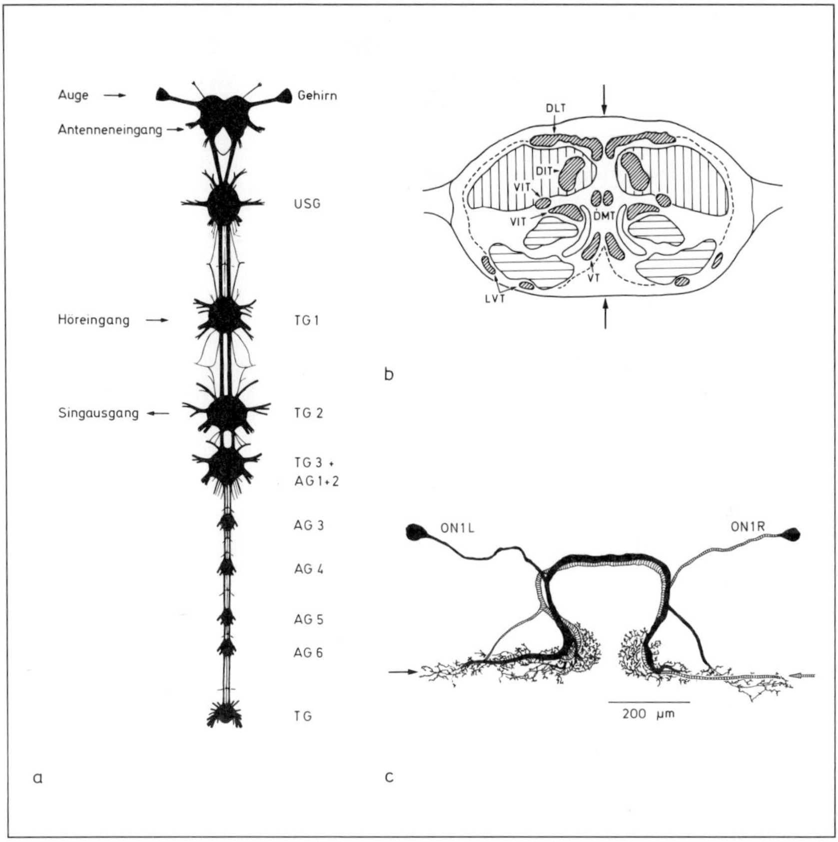

Abb. 1. Bilaterale und segmentale Organisation des Zentralnervensystems einer Grille. — **a.** Strickleiternervensystem mit Ganglien (Namen abgekürzt) und Nerven. — **b.** Transversalschnitt durch ein Ganglion (TG 2) mit der spiegelsymmetrischen Anordnung von Bahnen (eng schraffiert) und Neuropilgebieten (Faserverzweigungen, weit schraffiert). Pfeile kennzeichnen die Mittellinie. — **c.** Spiegelsymmetrisches Paar von Nervenzellen (Omegazellen). ON1L wird vom linken, ON1R vom rechten Ohr erregt (Pfeile). (a, b nach [21], c nach [19], modifiziert.)

beim Gesang. Das Männchen stellt zum Singen beide Flügel auf (Abb. 2a) und streicht beim Schließen eine mit Zähnchen besetzte Leiste auf der Unterseite des einen Flügels, die *Schrilleiste,* gegen die randständige *Schrillkante* des Gegenflügels (Abb. 2b). Bei diesem Anstrich werden bestimmte Flügelflächen (Harfen) zu Schwingungen angeregt und strahlen Schall ab [39]. Hochauflösende Messungen der Singbewegungen zeigten, daß die Schrillkante beim lauthaften Schließen von Zahn zu Zahn vorwärtsgleitet und jeder Zahnanschlag mit einer

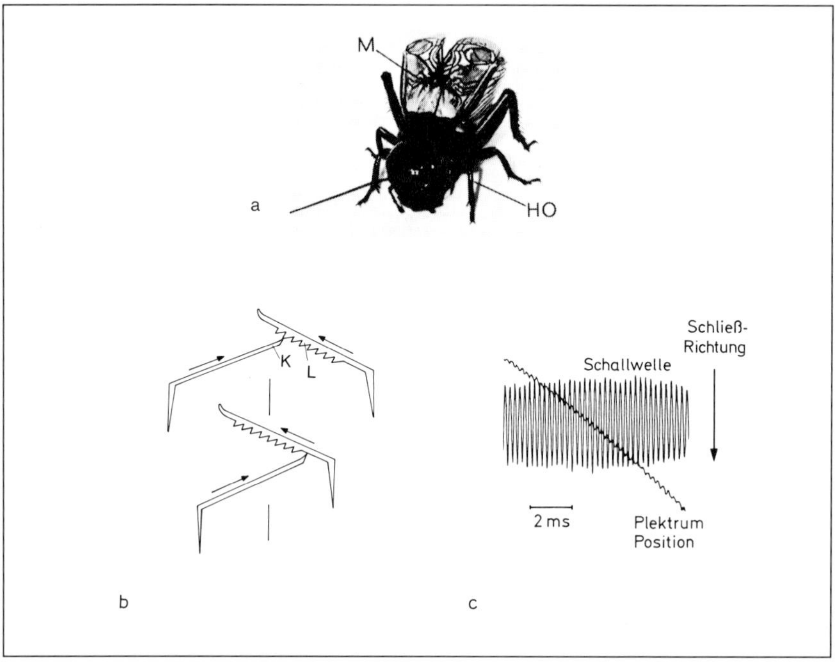

Abb. 2. Lauterzeugung bei Grillen. — **a.** Singendes Männchen von vorne. M aufgestellte Vorderflügel; rechter Flügel liegt über dem linken; HO Hörorgan im Vorderbein. — **b.** Stellung von Schrillkante (K) und Schrilleiste (L) zu Beginn und am Ende der lauthaften Einwärtsbewegung (Pfeile). — **c.** Schallwelle und korrespondierende Kanten-(Plektrum) Position. (a, b nach [18], c nach [31] modifiziert.)

einzelnen Schallwelle korreliert ist (Abb. 2c). Die Zahnanschlagsrate entspricht somit der Trägerfrequenz [31].

Nur die Einwärts- oder Schließbewegung führt zu einem kurzen Lautstoß *(Silbe)*. Die Auswärts- oder Öffnungsbewegung wird lautlos ausgeführt [32, 39]. Dieser Rhythmus wird im thorakalen Nervensystem durch einen zentralen Mustergenerator erzeugt [3], an motorische Nervenzellen weitergegeben, die die Flügelöffner- und Flügelschließermuskeln im Gegentakt ansteuern [32]. Für diese Zusammenarbeit der beiden Vorderflügel sind im Zentralnervensystem Zellen zu fordern, welche die beiden in je einem Halbganglien lokalisierten Singgeneratoren zeitlich koppeln [48].

Die Männchen vieler Grillenarten sind *Rechtsgeiger:* Bei ihnen streicht die Schrilleiste des oben liegenden rechten Flügels über die Schrillkante des darunter liegenden linken Flügels, obgleich die Tiere mit spiegelsymmetrisch angeordneten Garnituren auf jedem Flügel ausgerüstet sind. Invertiert man die Lage der beiden Flügel, so korrigieren die Männchen die falsche Lage, sobald sie mit dem Singen beginnen. Diese Korrektur vermitteln männchenspezifische, mechanosensitive Haarpolster auf beiden Vorderflügeln (Abb. 3a), die die Amplitude der Flügelöffnungsbewegung kontrollieren [37]. Werden diese Haarpolster ausgeschaltet (Abb. 3b1), so singen die Männchen zwar noch im gleichen Rhythmus, öffnen aber die Flügel zu weit, genauso wie Linksgeiger (Abb. 3b2), und können dabei die Flügellage vertauschen [11, 12]. Durch häufigeres Umlegen der Flügel kann man Linksgeiger erzeugen. Ihr Gesang ist erheblich leiser und verrauscht im Gegensatz zu dem fast reinen Ton des Rechtsgeigers und hat keinesfalls seine Reichweite. Ebenfalls nur auf den männlichen Vorderflügeln wurden campaniforme Sensillen in je einer Ader (Cubitalader) gefunden, die den adäquaten Andruck der Schrilleiste an die Schrillkante kontrollieren (Abb. 3c), denn nur dieser garantiert einen lauten Gesang. Wird ihr Einfluß ausgeschaltet, so fallen wegen Störungen in den Leisten-Kanten-Interaktionen einzelne Silben im Vers aus, wodurch sich das artspezifische Lautmuster drastisch ändert (Abb. 3d1, 2). Grillenweibchen bevorzugen im Wahlversuch den intakten Sänger [50—52].

Die Grille ist auch ein geeignetes Objekt zum Studium der segmentalen Organisation des Verhaltens und für die Zusammenarbeit verschiedener Abschnitte des Nervensystems. Das Männchen ist mit seinem gesamten Körper auf Gesang eingestellt: beim Singen hört es zu laufen auf, streckt die Antennen nach vorne, hebt den Körper stärker vom Boden ab und atmet im Rhythmus der Verse. Beim Singen kooperieren Gehirn und Bauchmark (ventral gelegene Ganglien). Durch lokalisierte elektrische Reizung (Abb. 4a), zum Beispiel im Umfeld der in beiden Hirnhälften angelegten pilzhutförmigen Körper, die aus hochgradig geordneten Populationen von mehreren Tausenden von Nervenzellen bestehen (Abb. 4b), konnten wir Gesang mit Balz- und Kampfhandlungen künstlich auslösen, komplexe Bewegungsvorgänge, an denen Kopf, Thorax und Abdomen beteiligt sind [17, 42]. Dazu benötigt die Grille Nervenzellen, die das Zusammenspiel zwischen Hirn und Bauchmark ermöglichen. Es handelt sich um plurisegmentale Nervenzellen, die ins Bauchmark ziehen und Informationen von den Kopfganglien zur Bauchganglienkette übertragen [43]. Bereits durch elektrische Reizung einer einzelnen absteigenden Nervenfaser konnten die artspezifischen Gesänge ausgelöst werden [4]. Ihre Ausführung im Thorax wird den Kopfganglien rückgemeldet [44].

Sinneswelt und Kommunikationsstrategien

Die Leistungsfähigkeit der Sinnesorgane und des Nervensystems der Grillen wird deutlich in dem Vermögen, Formen, Farben und Bewegungen optisch zu erkennen und vom Hintergrund zu unterscheiden [15]. Ihre Augen können linear polarisiertes Himmelslicht analysieren. Grillen nutzen diese Fähigkeit vermutlich für die Orientierung im Biotop [15, 33]. Mit hochempfindlichen Sinnesorganen in den Beinen, den Subgenualorganen, nehmen sie noch geringste Bodenerschütterungen wahr [8]. Äußerst bewegliche und innervierte Fadenhaare auf Körper-

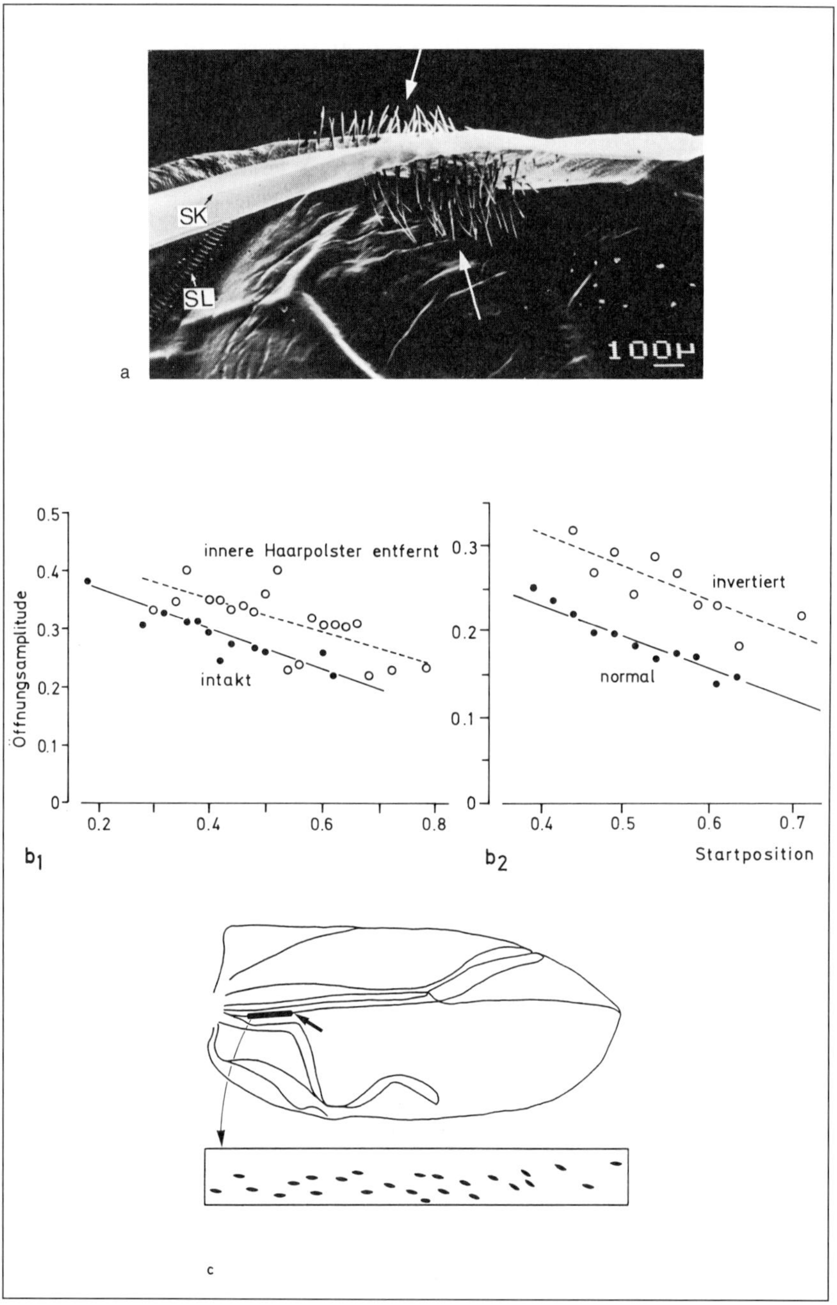
SK
SL
100µ
a
0.5
0.4
0.3
0.2
0.1
0
Öffnungsamplitude
innere Haarpolster entfernt
intakt
0.2
0.4
0.6
0.8
b1
0.3
0.2
0.1
0
invertiert
normal
0.4
0.5
0.6
0.7
Startposition
b2
c

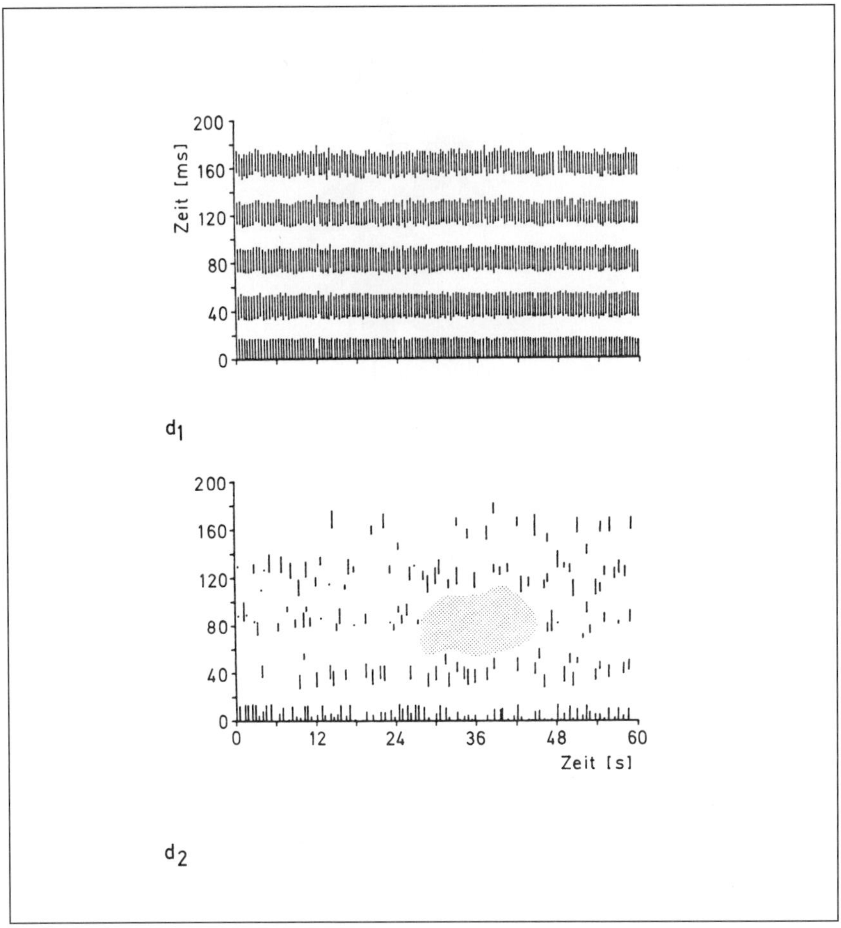

Abb. 3 (links und oben). Männchenspezifische Sinnesorgane auf den Flügeln und ihre Rolle bei der Stabilisierung der Flügelstellung und des Gesanges. — **a.** Vorderflügel in Seitansicht mit Schrillkante (SK) und Schrilleiste (SL) und nach oben und unten gerichteten Polstern mechanosensitiver Sinneshaare (Pfeile). — **b.** Öffnungsamplituden vor und nach Entfernen zweier innerer Haarpolster, des rechten unteren und des linken oberen (1), bzw. nach Inversion der Flügel (2). — **c.** Aufsicht auf den rechten Flügel. Pfeile: Ort der männchenspezifischen cubitalen campaniformen Sensillen auf dem Flügel, sowie deren Anzahl und räumliche Ausrichtung (darunter). — **d.** Regelmäßige Anordnung der Silben (y-Achse) und der Verse (x-Achse) von fünfsilbigen Lockgesangversen bei intakter Sensorik (1) und nach Ausfall der campaniformen Sensillen (2). (a nach [11], b nach [12], c, d nach [50] modifiziert.)

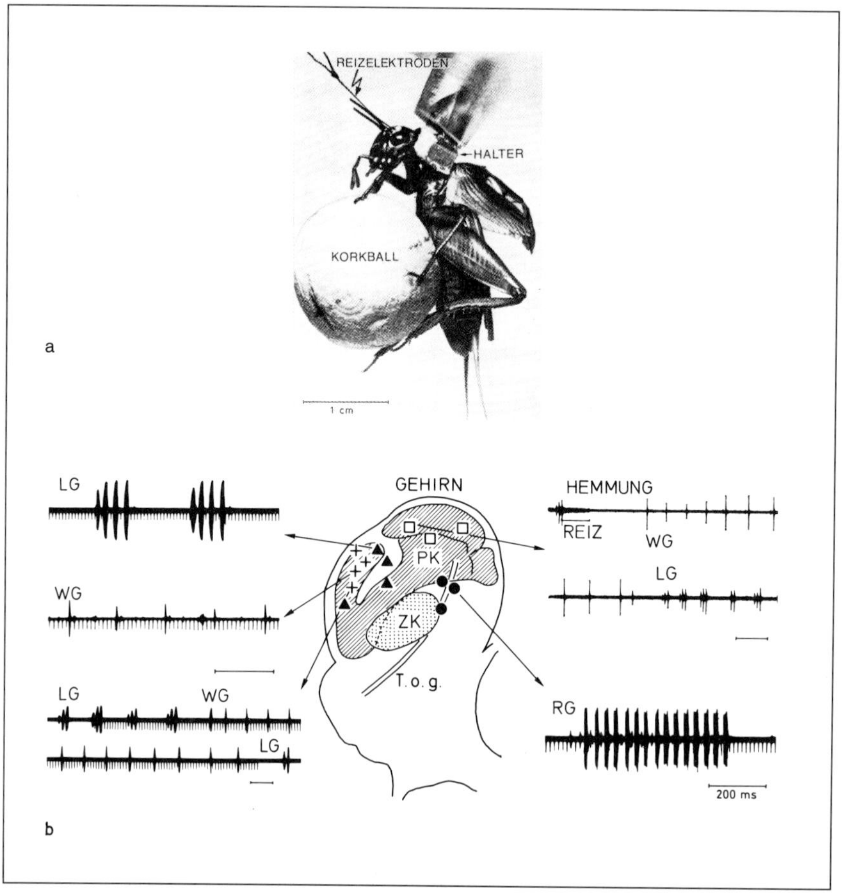

Abb. 4a. Singendes Grillenmännchen während der elektrischen Hirnreizung. — **b.** *Mitte:* Sagittalschnitt durch eine Hirnhälfte mit pilzhutförmigem Körper (PK), Zentralkörper (ZK) und einem Fasertrakt (T. o. g.). Symbole kennzeichnen die Reizorte, Pfeile die Reizeffekte. — LG, Lockgesang — WG, Werbegesang — RG, Rivalengesang — Reizpulse sind als Auslenkungen nach unten in den Registrierungen sichtbar. (a, b nach [19], modifiziert.)

anhängen in der Analregion (Cerci) werden durch geringste Luftbewegungen ausgelenkt, selbst durch solche, die das Männchen beim Singen mit den eigenen Flügeln erzeugt [28]. Diese Sinneseinrichtungen erlauben es dem Tier, zum Beispiel Freßfeinde oder parasitierende Wespen bereits auf größere Entfernung zu orten. So kann es rechtzeitig fliehen [13]. Die Hörorgane sind in den Vorderbeinen lokalisiert und dienen nicht nur dem Empfang arteigener akustischer Signale. Der Hörsinn reicht bei vielen Grillenarten bis in den Ultraschallbereich und ermöglicht es nächtlich fliegenden Tieren, den mit Ultraschall peilenden und sie jagenden Fledermäusen auszuweichen [38].

Besonders instruktiv läßt sich der evolutive Erfolg der Grillen an ihren innerartlichen akustischen Kommunikationsstrategien ablesen, die für Partnerfindung und Revierverteidigung herausgebildet worden sind [1, 22]. Neben Heuschrecken und Zikaden, erzeugen auch Grillen Laute, die sich von Art zu Art in der zeitlichen Gliederung und häufig auch in den Frequenzspektren unterscheiden [45] (Abb. 5), wobei individuelle Unterschiede zwar feststellbar sind, aber offenbar für die Verständigung nicht gewichtet werden. Es gibt zur Zeit noch keine gesicherten Hinweise für individualspezifisches Erkennen bei den lautbegabten Insekten. Beim Zusammentreffen zweier Grillenmännchen wirkt der sehr laute und in der Regel länger andauernde Kampfgesang des Revierbesitzers häufig als Drohgebärde, der den Eindringling abschreckt, ehe es zum Kampf kommt [1, 16]. Eine Steppengrilleart hat eine besonders raffinierte Strategie. Bei ihr treten *Satellitenmännchen* auf, die selbst nicht mehr locken, sich aber im Umkreis des Sängers postieren und die von dem Sänger angelockten Weibchen abfangen und begatten [6].

Bereits diese wenigen Beispiele belegen die in der Stammesgeschichte und während der Individualentwicklung entstandenen komplexen Beziehungen zwi-

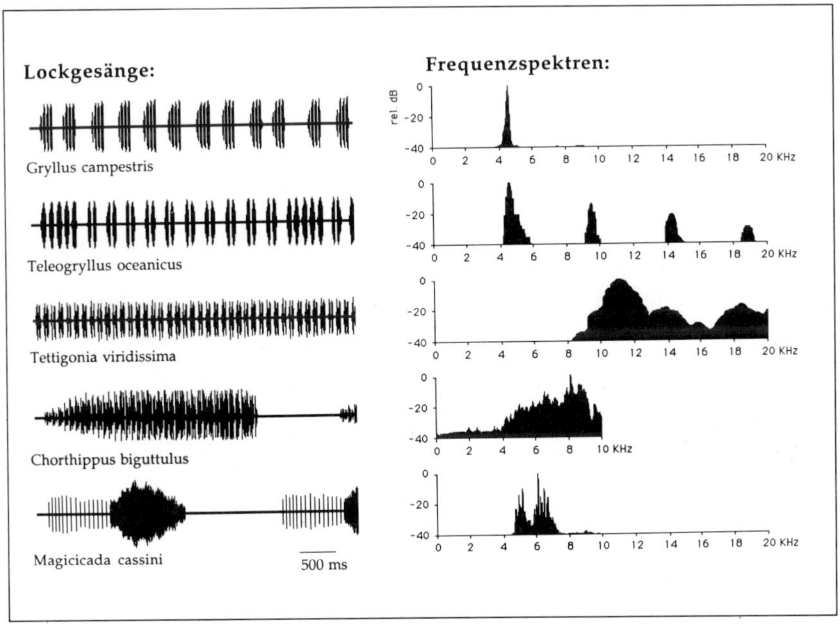

Abb. 5. Zeitliche Muster *(links)* und Frequenzspektren *(rechts)* der Lockgesänge von 2 Grillenarten, 2 Heuschreckenarten und 1 Zikadenart.

schen Sender und Empfänger, mit Mechanismen im Nervensystem, die sicherstellen, welche der akustisch übermittelten Nachrichten genutzt werden und wie sie zu interpretieren sind. Der Sender, das singende Männchen, besitzt Netzwerke von Nervenzellen, die artspezifische Folgen von Lauten „entwerfen". Dem Nervensystem des Empfängers, zum Beispiel dem Grillenweibchen, stellen sich bei der Partnerfindung zwei gleich wichtige Aufgaben:

(1) Es muß die im Biotop auftretenden Geräusche, abiotischen und biotischen Ursprungs, von artspezifischen Signalen unterscheiden können, um letztere auszufiltern.

(2) Es muß den Sender im Raum orten, um ihn gerichtet anlaufen bzw. anfliegen zu können.

Diese Verhaltensleistung des Empfängers, die Erkennen und Orten des Lautes einschließt, bezeichnet man als *Phonotaxis.*

Im Biotop läßt sich der gerichtete Anmarsch zum arteigenen Sänger an markierten Weibchen nachweisen, die durch das Grasgestrüpp laufen [21], obgleich durch die Vegetation das ausgesandte Schallsignal in seiner Intensität abgeschwächt, in seiner Frequenzzusammenfassung und auch in einigen Zeitparametern modifiziert wird [36, 45]. Im Laboratorium wurde eine Versuchsanordnung entwickelt (Abb. 6a), in der das Weibchen auf dem Nordpol einer Kugel läuft. Diese Kugel steht in einem schallgedämpften Raum. Der Laufkurs wird im Dunkeln gemessen, oder bei optisch homogener Umgebung, um andere Sinneseindrücke, z. B. von optischen Marken, auszuschließen, obgleich diese im natürlichen Lebensraum eine Rolle spielen (Abb. 6b, c, d) [15]. Über der Kugel befindet sich ein System, das periodisch Infrarotpulse aussendet, welche die Augen der Grille nicht wahrnehmen können. Diese Pulse werden von einer Folie, die das Weibchen auf seinem Rücken trägt, reflektiert und von einem Auswertsystem empfangen, das Steuerbefehle an die Kugel gibt. Bei geringfügiger Bewegung des Weibchens aus dem Zentrum dreht sich die Kugel im Gegensinn und bringt es wieder in das Zentrum zurück. Der natürliche oder elektronisch synthetisierte Gesang des Männchens, beziehungsweise gesetzmäßige Abweichungen in seiner spektralen und zeitlichen Zusammensetzung wird über Lautsprecher angeboten. Man kann in einer solchen Anordnung das völlig ungehindert laufende Weibchen am Ort halten und, sofern es mitmacht, über Stunden im geschlossenen Regelkreis seine Fähigkeiten beim *Erkennen* und *Orten* der Laute testen [58, 62—64].

Für das *Erkennen der arteigenen Laute* steht dem Tier ein leistungsfähiges Gehör zur Verfügung. Vor allem aber besitzt es Nervenzellen im Gehirn, die bestimmte der artspezifischen, zeitlichen Parameter des Gesanges ausfiltern mit Mechanismen, die vermutlich im Tierreich weiter verbreitet sind. So wurden von K. Schildberger [53] in jeder Hirnhälfte der Grillen (Abb. 7a) und von amerikanischen Kollegen [7, 49] im Gehirn der Frösche Nervenzellen identifiziert, deren Aktivitäten auf den effektivsten Zeitparameter des arteigenen Gesanges für Pho-

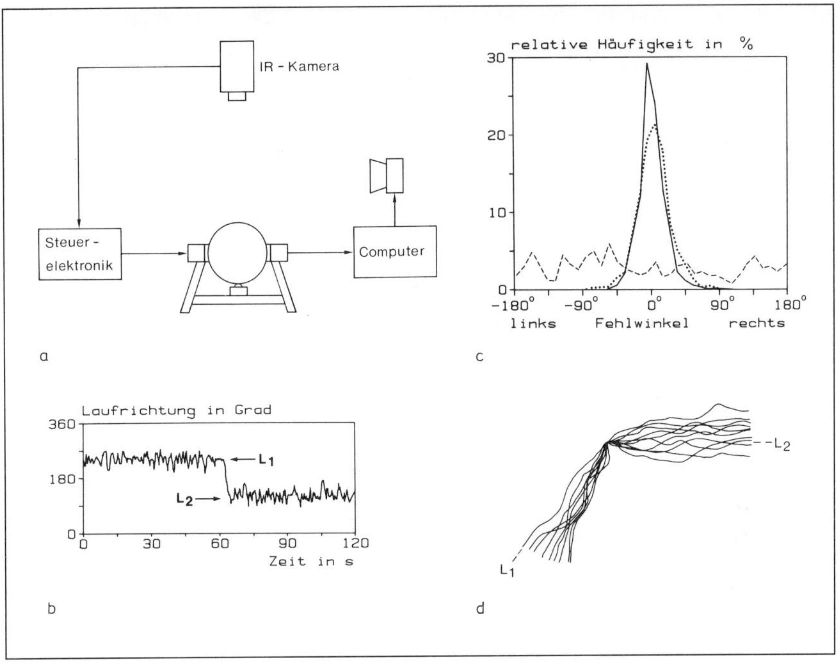

Abb. 6a. Versuchsanordnung (Laufkompensator) zur quantitativen Messung der Phonotaxis. IR-Kamera zur Abgabe von Infrarotpulsen und Auswertung der vom Weibchen reflektierten Pulse. — **b.** Laufrichtung mit Mäandrieren und ihre Änderung beim Wechsel der Schallquelle von Lautsprecher L_1 zu L_2. — **c.** Relative Häufigkeit der Abweichungen von der Schallrichtung (0°) bei Beschallen mit Lockgesang von 60 dB (·····), bzw. 80 dB (—) und ohne Schall (---). — **d.** Laufkurse, projiziert auf die Ebene. (a, b, c nach [29], d nach [23], modifiziert).

notaxis [62], die *Silbenrate,* abgestimmt sind (Abb. 7b). Hierfür wird ein Netzwerk verantwortlich gemacht, das aus *Tiefpaß-, Hochpaß-* und *Bandpaßzellen* besteht, die durch ein logisches *UND-GLIED* verknüpft sind (Abb. 7c) [27].

Um zu klären, ob auch die Trägerfrequenz des Lautes beim *Erkennen* und *Orten* des Gesanges eine Rolle spielt, wurden die Silben mit einer falschen Frequenz ausgefüllt, aber im arteigenen Zeittakt angeboten. Weibchen reagieren auf diesen Gesang, laufen aber bei höheren Schallfrequenzen als den natürlichen einen von der Frequenz und vom Ort der Schallquelle abhängigen *Fehlwinkel,* als stände der Sänger an einer anderen Stelle im Raum. Diese ,,Fehlreaktion" wurde *anomale Phonotaxis* genannt [62]. Sie beweist, daß eine falsche Trägerfrequenz nicht das Erkennen, wohl aber das Orten beeinträchtigt.

Der verantwortliche Mechanismus für diesen abweichenden Laufkurs ist noch nicht ganz geklärt. Um ihm und der Schallortung der Grillen insgesamt beizukommen, muß man das Hörsystem dieser Tiere und die Richtungsempfindlichkeit des Mechanismus kennen.

Weibchen und Männchen haben die Ohren in den Vorderbeinen. Ihre Lage ist äußerlich sichtbar an den Trommelfellen. Diese werden durch Schall zu Schwingungen angeregt, welche im Inneren des Beines über eine Kaskade biomechanischer Vorgänge, die wir im einzelnen noch nicht voll verstehen, schließlich zur Reizung und Erregung der dort in Reihen angeordneten Hörsinneszellen führen [9]. Die Hörsinneszellen sind tonotop gegliedert, das heißt jeweils auf bestimmte Schallfrequenzen abgestimmt und führen eine Frequenzanalyse durch [41]. Die auf die Frequenz des Lockgesanges abgestimmten Hörsinneszellen bilden das artspezifische Muster der Silben und Verse in ihrer nervösen Erregung ab [10], ohne allerdings auf den für die Phonotaxis wichtigsten Parameter, die Silbenrate, *selektiv abgestimmt* zu sein. Das Ohr der Grille kann also weit mehr als die Tiere für die innerartliche Partnerfindung benötigen [21, 22].

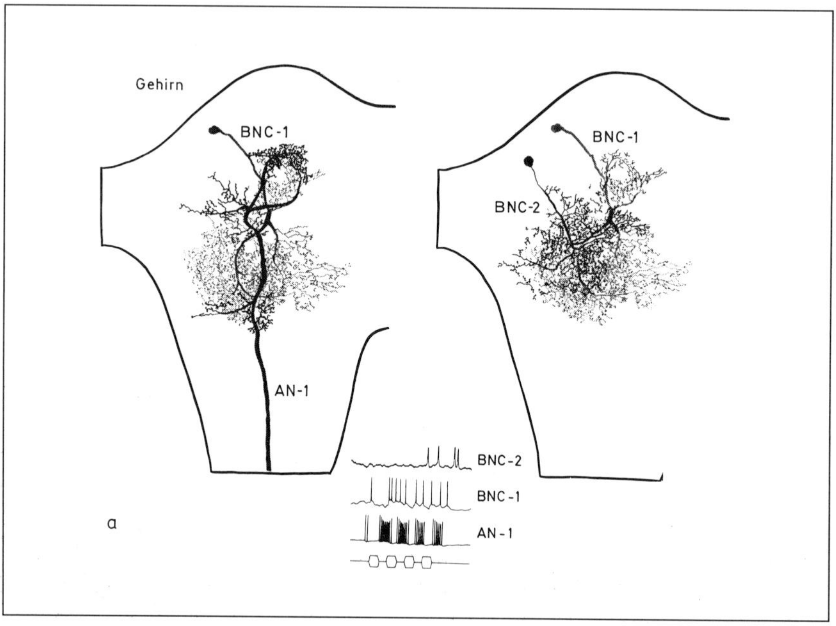

Abb. 7 (links und oben). Artspezifische Lauterkennen im Grillengehirn. — **a.** Hirnhälfte mit drei in ihrer Struktur und Funktion bekannten Nervenzellen. Eine aus dem Bauchmark aufsteigende Zelle (AN1) bringt die Gesangsinformation in das Gehirn. Dort wird sie auf eine erste Klasse von Hirnnervenzellen (BNC-1) übertragen und von dieser auf eine zweite Klasse (BNC-2). Einschaltbild: Reaktionen dieser Nervenzellen auf einen Lockgesangsvers. Nur die AN1 Zelle bildet des Silbenmuster mit hoher Verläßlichkeit ab. — **b.** Schraffierte Fläche: Phonotaktische Reaktion des Grillenweibchens (in % der gelaufenen Strecke) bei verschiedenen Silbenperioden, mit einem Optimum bei einer Periode von

Bei den Grillen erreicht der Schall das Trommelfell auf vier verschiedenen Wegen: direkt von außen und durch schalleitende Röhren von innen, über je eine ipsi- und kontralaterale Öffnung in der Körperwand, sowie vom Gegenohr [14, 34]. Grillenohren sind *Druckgradienten-Empfänger,* weil Druck- und Phasendifferenzen der Schallwellen, von außen und innen zugeleitet, die Schwingungen des Trommelfelles bestimmen. Durch raffiniert ausgeklügelte Interferenzexperimente unter Einsatz von Beinhörern, kombiniert mit Laservibrometrie, hat Herr

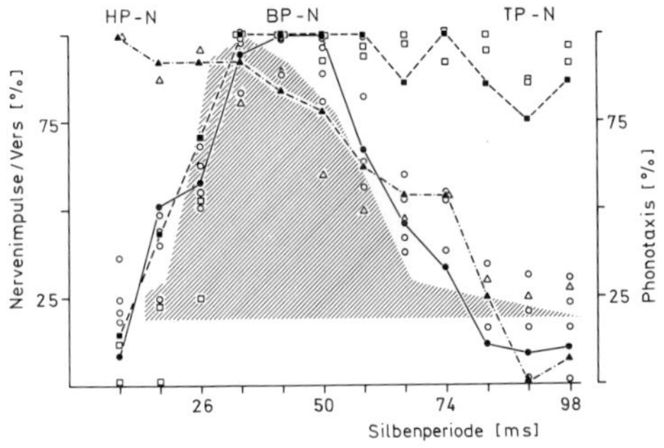

b

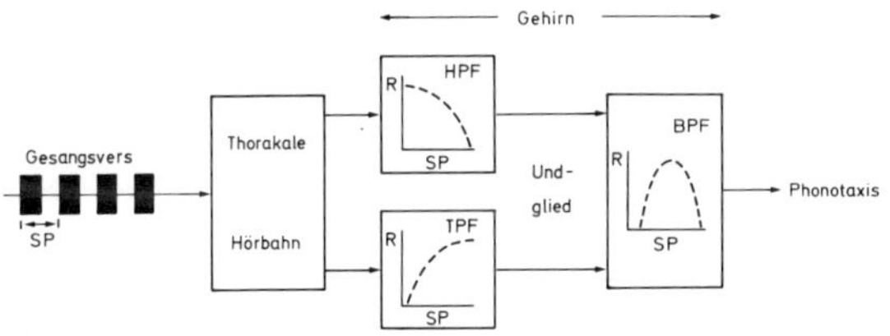

c

30—40 ms. Symbole und Kurven kennzeichnen die Reaktionen von drei funktionellen Typen von Hirnnervenzellen der Klassen BNC-1 und BNC-2, mit Hochpaß- (HP-N), Tiefpaß- (TP-N) und Bandpaßeigenschaften (BP-N). — **c.** Schema des Zusammenwirkens von HP- und TP-Filtern über ein Und-Glied zum Erzeugen eines BP-Filters. R, Reaktion, SP, Silbenperiode. (a nach [24], b nach [27], modifiziert.)

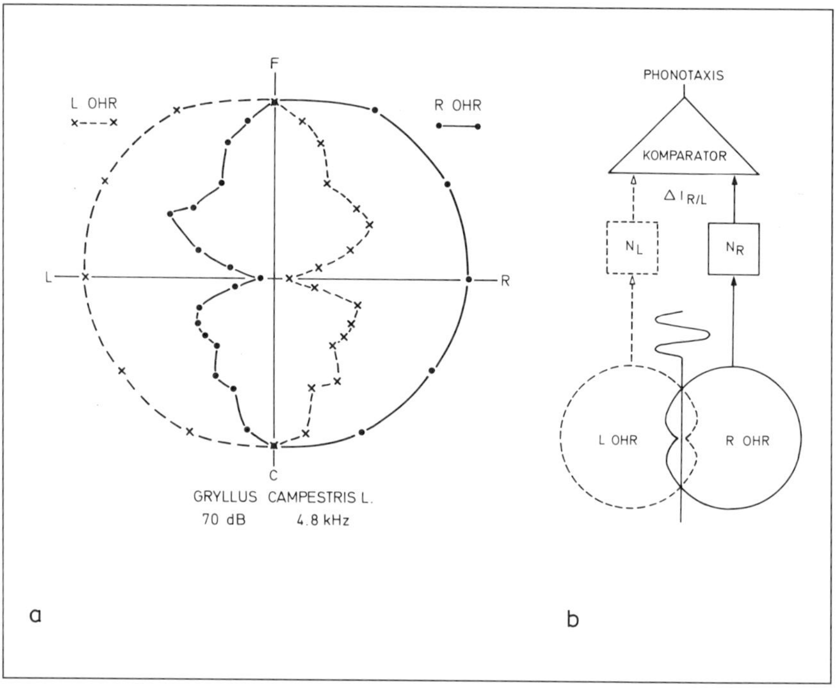

Abb. 8a. Spiegelsymmetrische Richtcharakteristik des linken (---) und des rechten Ohres (—) gemessen als Änderung der Erregung des Hörnerven bei einer Trägerfrequenz von 4,8 kHz, konstanter Schallintensität (70 dB) und sich änderndem Einfallswinkel (F, frontal, L, Links, R, rechts, C, caudal). Der frontale Schnittpunkt der Richtkurven weist in Richtung Schallquelle (nach [5], modifiziert). — **b.** Schema zur binauralen Hörtheorie. Die Information über die Richtung, kodiert in Erregungsstärken, wird von jedem Ohr auf gleichseitige Nervenzellen (N_L bzw. N_R) der zentralen Hörbahn übertragen; ein Komparator (vermutlich im Gehirn) vergleicht die Erregungen zwischen links und rechts ($\Delta\ I_{R/L}$) und steuert den Laufkurs nach dem Algorithmus *„drehe stets zur stärker erregten Seite"*. Bei genügend großer Erregungsdifferenz korrigiert das Tier die Abweichung, erkennbar an dem mäandrierenden Laufstil (M).

Kleindienst in unserem Labor nicht nur die Schalleitung in den Röhren und ihre Abschwächung gemessen, sondern auch die am Trommelfell auftretenden Druck- und Phasendifferenzen bestimmt [29, 30].

Druckgradientenempfänger zeichnen sich durch charakteristische Richtkurven aus (Abb. 8a). Ihr Verlauf zeigt, daß Schall von gleicher Intensität aus verschiedenen Raumrichtungen geboten in den Hörsinneszellen eine unterschiedlich starke Erregung auslöst. Am stärksten ist die Erregung bei Beschallung des jeweiligen Ohres von seiner Seite und am geringsten bei Beschallung von der Gegenseite [5].

Schon Ende der dreißiger Jahre hat Autrum [2] für Insekten eine *binaurale Theorie* für das *Orten einer Schallquelle* formuliert, die auf der Auswertung, genauer gesagt dem Vergleich von Meldungen beider Ohren beruht (Abb. 8b). Dieser Theorie liegt der Algorithmus zugrunde *„drehe stets zur Seite des stärker gereizten Ohres“*. Was kann ausgewertet werden?

(1) Binaurale Zeitdifferenzen, das heißt der zeitliche Unterschied in der Ankunft der Signale vom rechten und linken Ohr im Nervensystem,
(2) Binaurale Intensitätsdifferenzen als Funktion der unterschiedlichen Schalleinfallsrichtung für beide Ohren.

Zeitdifferenzen bewegen sich bei den Abmessungen des Grillenkörpers im Bereich von wenigen μsec, und es ist unwahrscheinlich, aber nicht gänzlich ausgeschlossen, daß Grillen diese sehr geringen Zeitunterschiede nutzen. Intensitätsdifferenzen, ausgedrückt in den unterschiedlichen Erregungstärken und den von ihnen abhängenden Latenzzeiten der korrespondierenden Nervenzellen [10], sind vermutlich der entscheidende Faktor für das Orten, wie Untersuchungen an Heuschrecken zeigten [47].

Bereits aus dem phonotaktischen Verhalten eines Grillenweibchens auf der Kugel erhalten wir Hinweise für den Mechanismus der Schallortung. Das Tier stellt sich jeweils so ein, daß der frontale Schnittpunkt der Richtkurven zur Schallquelle weist; es weicht dabei periodisch ca. 40° von der Sollrichtung zu jeder Seite ab und erzeugt auf diese Weise eine genügend große Intesitätsdifferenz zwischen den beiden Ohren. Diese gibt Anlaß zu einer Erregungsdifferenz in der bilateral aufgebauten Hörbahn und zu Korrekturwendungen nach dem bereits genannten Algorithmus *„drehe zur Seite des stärker gereizten Ohres“* [58, 63, 64]. Gibt es zu diesen Verhaltensbefunden ein nervöses Korrelat?

Dazu wurde von Herrn Schildberger [57] in unserem Labor eine Versuchsanordnung entwickelt, mit der man die Phonotaxis des Weibchens in einem aufgeschnittenen Regelkreis studieren kann (Abb. 9a). Das Weibchen ist über einem luftgetragenen Ball befestigt und kann nur geradeaus laufen, aber durch Drehen des Balles mit seinen Beinen die Wendetendenz anzeigen, wenn etwa attraktiver Gesang von links oder von rechts eingespielt wird und sie zur Schallquelle „laufen will“. Die Drehung des Balles wird gemessen. Einige Weibchen waren äußerst kooperativ und zeigten selbst unter diesen Bedingungen Phonotaxis (Abb. 9b), auch dann noch, als eine Meßsonde in einer akustisch aktivierbaren Nervenzelle steckte, mit der man während der Phonotaxis die elektrische Aktivität der Zelle ableiten konnte (Abb. 9c, d).

Wenn die Tiere die Richtung zur Schallquelle durch Vergleich der Erregungen in der bilateral angelegten Hörbahn bestimmen, so sollte eine Veränderung der Erregungsdifferenz zwischen linker und rechter Hörbahnseite zu voraussagbaren Änderungen in der Orientierung führen. Durch elektrische Manipulation, zum Beispiel durch *Hyperpolarisation* (Verminderung der Erregung), gelingt es, eine vorher durch Schall von der gleichen Seite stärker erregte Zelle unter das

Erregungsniveau der Partnerzelle zu drücken, wodurch nun diese nach dem Algorithmus *„drehe zur stärker erregten Zelle“* die Richtung bestimmt. Das Tier *wendet in die Gegenrichtung* (Abb. 9b, Kurve c).

Ähnliche Untrsuchungen wurden bei gehaltert fliegenden Grillen durchgeführt. Auch hier zeigte sich, daß die Manipulation einer einzelnen Nervenzelle

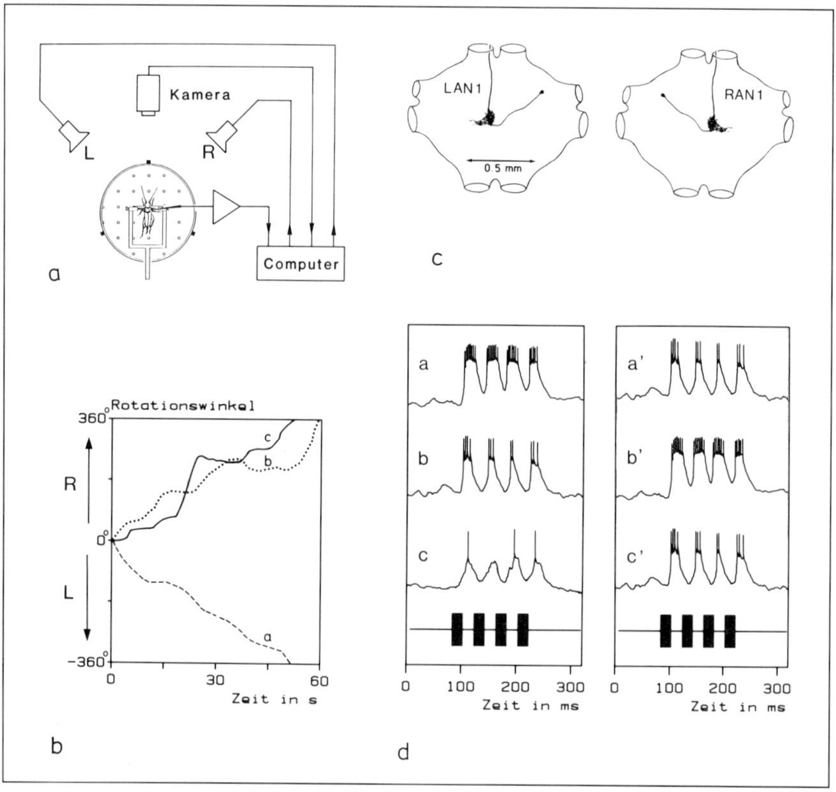

Abb. 9. Nervöses Korrelat zur binauralen Hörtheorie im Bauchmark der Grille. — **a.** Versuchsanordnung zur Messung der Wendebewegung einer gehalterten und laufenden Grille bei gleichzeitiger Messung der Aktivität einer identifizierten Nervenzelle (vergl. **c.**) der zentralen Hörbahn. — **b.** Rotation der luftgelagerten Laufkugel als Indikator für die beabsichtigte Wendebewegung des fixierten Tieres. Drehung zum linken (---, a), bzw. rechten (···, b) aktiven Lautsprecher; (—, c) Drehung nach rechts bei aktivem linken Lautsprecher nach künstlicher Verminderung der Erregung der linken Zelle. — **c.** Gestalt der abgeleiteten Zelle (LAN 1) und ihres spiegelsymmetrischen Partners (RAN 1). — **d.** Nervenzellantworten der Zelle LAN1 auf einen Lockgesangvers bei Beschallung von links (a), rechts (b) und von links nach Hyperpolarisation (c). Zum Vergleich sind in a', b' und c' die nicht abgeleiteten Antworten der RAN1 gezeigt, wie man sie von dieser Zelle bei der entsprechenden Lautsprecherstellung erwarten würde, wenn die beiden Zellen spiegelbildlich reagierten. (nach [29, 57] modifiziert.)

der Hörbahn ausreicht, um motorische Reaktionen zu steuern, die im freien Flug zur Abwendung von der „Feindquelle“ führen könnten [40].

Eine Grille mit unterschiedlich empfindlichen Ohren sollte, da der frontale Schnittpunkt der Richtkurven zur Seite des weniger erregten Ohres verschoben ist, einen Fehlwinkel zur Seite des stärker erregten Ohres laufen, um die Schallquelle zu erreichen. Dies ist experimentell durch Bedecken eines Trommelfelles mit Wachs nachgewiesen worden, wodurch das zugehörige Ohr unempfindlicher gemacht wird [21, 59]. Problematisch wird es bei völligem Ausfall eines Ohres. Es gibt nun keinen Schnittpunkt der Richtkurven mehr, folglich kann auch kein binauraler Erregungsvergleich durchgeführt werden. Gilt auch bei einohrigen Tieren der gleiche Algorithmus, so müßten sie ständig zur *Seite des gereizten* und einzig vorhandenen *Ohres kreisen.* Genau hier beginnt die Geschichte spannend zu werden, denn diese Vorschrift haben manche Grillenweibchen offenbar nicht gelesen; sie können auch mit einem Ohr die Schallquelle orten.

Plastizität bei der Schallortung

Die Fähigkeit einohriger Grillen, die Schallquelle zu finden, gibt uns erste Hinweise für *Plastizität im nervösen Schallortungssystem* bei sensorischen Störungen. Grillen zeigen nach dem Ausfall eines Ohres Kompensationsleistungen im Verhalten, die mit neuronalen Reorganisationen einhergehen. Über sie möchte ich abschließend berichten.

Trennt man einem Grillenweibchen kurz nach der Häutung zum adulten Tier eines der Vorderbeine zwischen Coxa und Trochanter ab, so läuft es mit fünf Beinen, meist ohne auffällige motorische Asymmetrie, besitzt aber nur ein Ohr. Durch Kontrollexperimente konnten wir ausschließen, daß jetzt andere auf Schall ansprechende Sinneseinrichtungen das ausgefallene Ohr ersetzen [26]. Prüft man die Phonotaxis vor und nach der Amputation des Vorderbeines auf der Kugel (Abb. 10a), so ändern auch einohrige Weibchen ihre Laufrichtung mit Änderung der Schallquelle, ein Zeichen, daß sie den artspezifischen Gesang mit einem Ohr noch erkennen und sich sogar orientieren können [26, 60, 61]. In aller Regel treten Fehlwinkel unter 90° auf, die in freier Natur das Weibchen im Bogen zum Männchen führen würden. Wird einem adulten Weibchen, das zuvor die Schallquelle präzise angesteuert hat, einer der beiden Hörnerven durchtrennt, so tritt in den ersten Tagen nach dem Eingriff eine Phonotaxis mit deutlichem Fehlwinkel zur Seite des intakten Ohres auf, der aber nach 10 bis 12 Tagen kompensiert werden kann [26, 56]. Amputiert man ein Vorderbein bereits in einem frühen Larvenstadium, so *regeneriert* das Tier sein *Vorderbein* zwischen den Häutungen in der nachfolgenden Larvenentwicklung, oft bis zur normalen Länge [23, 26, 60]. Dem adult gewordenen Weibchen sieht man beim Laufen nicht mehr an, daß eines seiner Vorderbeine regeneriert ist. Prüft man bei diesen Tieren die Phonotaxis, so gibt es einige Weibchen, die sich so präzise orientieren wie normale Tiere (Abb. 10b). Trennt man jetzt das regenerierte Vorderbein ab

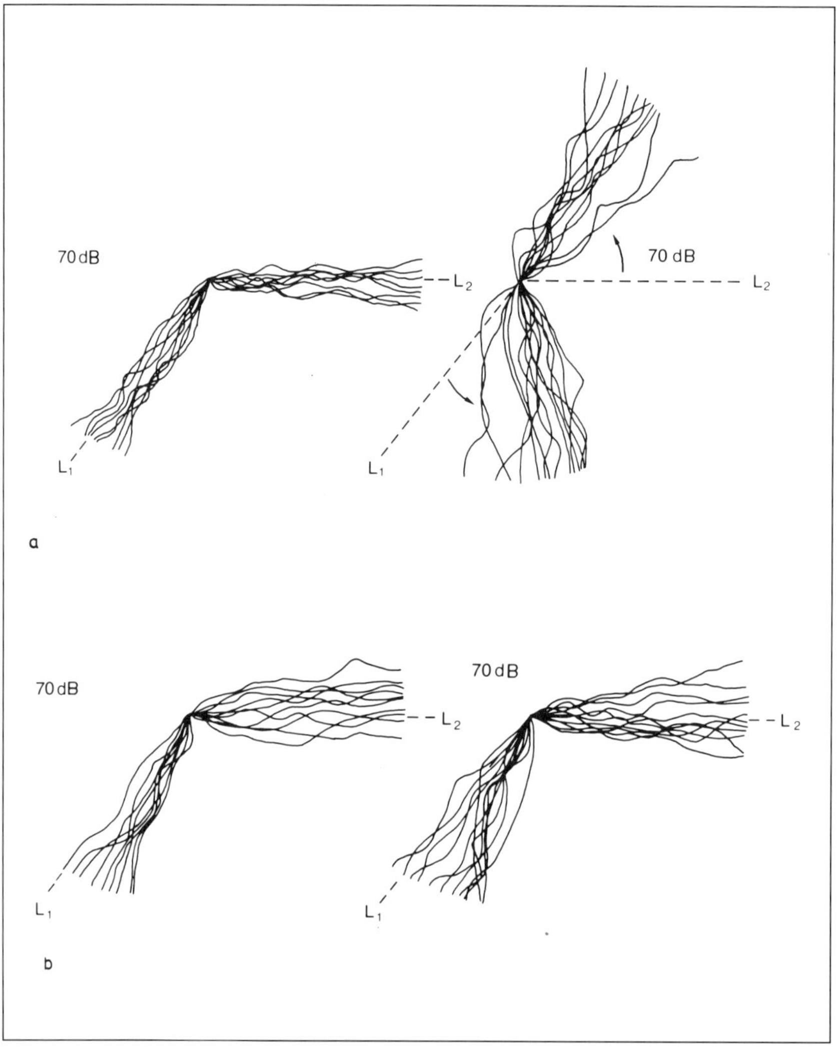

Abb. 10. Schallortung bei Grillen mit einem Ohr. — **a.** Links, Laufkurse eines intakten zweiohrigen Weibchens in Richtung Schallquelle (L1, L2); rechts, Abweichungen der Laufkurse nach Amputation des rechten Vorderbeines bei demselben Weibchen. Man beachte die schallquellenabhängige Richtungsänderung nach links. — **b.** Links, Laufkurse eines adulten Weibchens in Richtung Schallquelle nach Amputation des rechten Vorderbeines in einem frühen Larvenstadium mit anschließender Regeneration des Beines (links) und nach Amputation des regenerierten Beines (rechts). (a, b, nach [23] modifiziert.)

und prüft erneut, so tritt keine Verschlechterung in der Orientierung ein, im Unterschied zu den akut amputierten Weibchen, die meist einen größeren Fehlwinkel laufen [26]. Trennt man dagegen das andere, nicht regenerierte Vorderbein ab, so fehlt jegliche akustische Reaktion, genauso wie bei den Tieren, denen im Larvenstadium beide Vorderbeine amputiert worden waren und die diese regenerierten [60].

Diese Befunde haben unsere Vermutung bestärkt, daß während der Regeneration des Vorderbeins zwar seine Motorik wieder hergestellt, aber kein funktionstüchtiges Hörorgan im Inneren gebildet worden ist. In der Tat fehlt im tibialen Bereich des regenerierten Vorderbeines bei adulten Tieren die charakteristische Anordnung der Hörsinneszellen und entsprechend fehlen auch die Projektionen der Hörnervenfasern im 1. Brustganglion, während die bilateral angeordneten Nervenzellen in der zentralen Hörbahn noch vorhanden sind [23]. Es galt daher zu klären, ob bei einohrigen Tieren die von ihrem Ohr getrennten zentralen Nervenzellen jetzt Erregung von dem noch vorhandenen Gegenohr erhalten und auf diese Weise zentral ein bilaterales System für einen Erregungsvergleich wieder aufbauen können, oder ob bei ihnen ein ganz anderer Mechanismus der Schallortung eingesetzt wird.

In der zentralen Hörbahn sind für eine Ansteuerung bilateral vorhandener Nervenzellen zwei Möglichkeiten einer neuen Verschaltung denkbar:

(1) Es wachsen von den Terminalen der Hörnervenfasern des noch vorhandenen Ohres Fortsätze über die Ganglienmitte und nehmen synaptischen Kontakt zu den kontralateralen und von ihrem Ohr getrennten Nervenzellen auf, die sich freilich als solche zu erkennen geben müssen. Solche Fortsätze wurden zwar gefunden, sind aber gering an Zahl und außerdem bereits bei Tieren mit zwei Ohren vorhanden. Ferner fehlen Hinweise, ob diese Fortsätze funktionstüchtig sind [61].

(2) Die deafferentierten zentralen Zellen bilden selbst Fortsätze in Richtung zu den Terminalen der Hörnervenfasern des noch vorhandenen kontralateralen Ohres aus (Abb. 11a, b). Es wachsen nicht nur Dendriten aus; sie bilden auch neue funktionelle Verbindungen mit den Endstellen der Hörnervenfasern des Gegenohres (Abb. 11c, d) [54, 61].

Einohrigkeit führt also, sofern dem Tier genügend Zeit bleibt, zu Umorganisationen in den Verzweigungen zentraler Nervenzellen der Hörbahn, wobei nun die deafferentierten Zellen durch Dendritenwachstum mit dem *falschen Ohr* Kontakt aufnehmen. Die ähnlichen Schwellenkurven und Intensitäts-Antworts-Kennlinien (Abb. 11c, d) lassen vermuten, daß bei dieser neuen Verschaltung die auswachsenden Dendriten mit dem spiegelsymmetrischen Hörzellen-Kollektiv des falschen Ohres Synapsen bilden; dies impliziert, daß sie „wissen“ müssen, wohin sie zu wachsen und mit welchen Zielzellen sie Verbindung aufzunehmen haben.

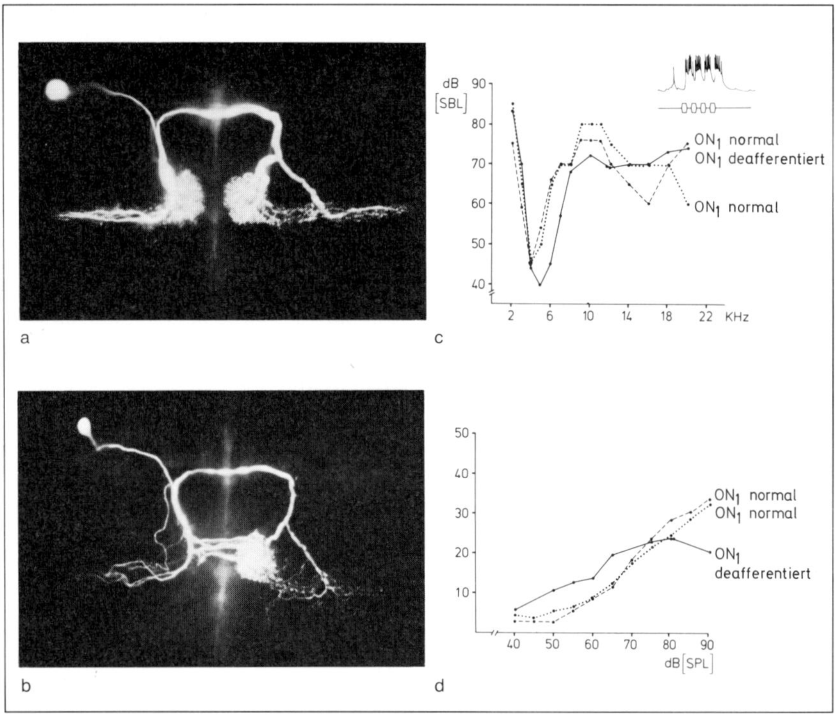

Abb. 11. Reorganisation von Gestalt und Funktion zentraler Nervenzellen der Hörbahn nach einseitiger Entfernung des Ohres im Larvenstadium — **a.** Normale Omegazelle mit erregendem Höreingang vom linken Ohr (Seite des Zellkörpers). — **b.** Eine Omegazelle, der dieser Eingang fehlt, zeigt Dendritenwachstum zur kontra-lateralen Seite mit funktioneller Verschaltung zum falschen Ohr. Autofluoreszenz kennzeichnet die Ganglionmittellinie. — **c.** Etwa gleicher Verlauf der Hörschwellenkurven von normalen und deafferentierten Omegazellen. Einschaltbild: Abbildung der zeitlichen Struktur eines Lockgesangverses durch das Erregungsmuster der deafferentierten Zelle mit Eingang vom falschem Ohr. — **d.** Intensitäts-Antwort-Kennlinien der gleichen Zellen. (nach [54, 23] modifiziert.)

Eine Verschaltung der linken und rechten zentralen Nervenzellen mit nur einem Ohr führt zwangsläufig dazu, daß beide die gleiche Erregung erhalten, auch in Abhängigkeit von der Raumrichtung, denn Informationen liefert nur das verbliebene Ohr. Das heißt: Die Kennlinien sollten ähnlich verlaufen. Nur eine geänderte synaptische Wirksamkeit oder andere noch unbekannte zelluläre Wechselwirkungen zwischen alt und neu verschalteten Zellen könnten Ursache sein, daß eine der beiden stärker erregt ist. Auch ein paralleler Verlauf der Kennlinien kann nicht die im Verhalten nachgewiesene phonotaktische Orientierung erklären, wenn auch hier der Algorithmus gilt, das Tier zu der jeweils stärker erregten Seite zu drehen. Es ist ein Schnittpunkt der Kennlinien zu fordern, der als *Abgleichpunkt* dient [56]. Dazu schildere ich ein letztes Experiment (Abb. 12), das von den Herren Schildberger und Kleindienst geplant und erfolgreich durchgeführt worden ist [55].

Einige der einohrigen Weibchen (Beispiel: Grille A in Abb. 12), deren rechtes Vorderbein im Larvenstadium amputiert worden war, die also Zeit hatten, ihre

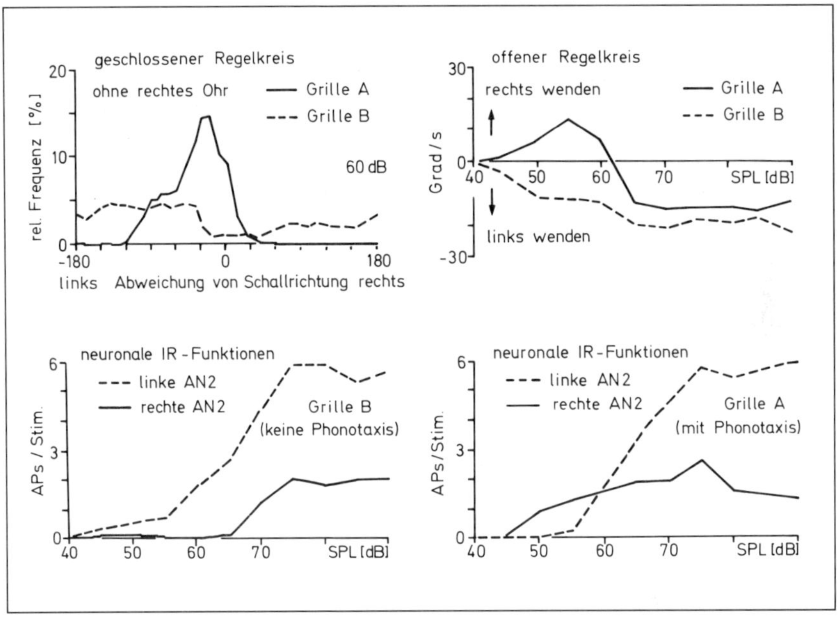

Abb. 12. Experimenteller Nachweis für einen bilateralen zentralen Erregungsvergleich bei der Schallortung einohriger Grillen, denen das rechte Vorderbein im Larvenstadium amputiert worden ist und die das Bein ohne funktionierendes rechtes Ohr regenerierten. — *Oben links:* Verteilung der Laufwinkel in % bei zwei Tieren auf dem Laufkompensator im geschlossenen Regelkreis mit Orientierung (Grille A) und ohne Orientierung (Grille B). — *Oben rechts:* Im offenen Regelkreis gibt nur das phonotaktisch reagierende Tier (A) durch einen Wechsel der Wenderichtung zu erkennen, daß es eine Änderung der Schallintensität unterschiedlich beantwortet. Bei geringen Intensitäten dreht es zur Seite des fehlenden Ohres, bei höheren Intensitäten zur Seite des intakten Ohres. Das unorientierte Tier (B) dreht bei allen Schallintensitäten zur Seite des intakten Ohres. — *Unten:* Nur bei dem phonotaktisch reagierenden Tier *(rechts)* schneiden sich die Intensitäts-Antwort-Kennlinien der beiden spiegelsymmetrischen Nervenzellen (AN2) im gleichen Intensitätsbereich, der im aufgeschnittenen Regelkreis zum Wechsel der Wenderichtung führt. Die deafferentierte und neu verschaltete Zelle reagiert stärker unter 60 dB (bestimmt daher die Richtung zu ihrer Seite); über 60 dB reagiert die alt verschaltete Partnerzelle stärker (daher Wechsel zur intakten Seite). Dem nicht orientierten Tier fehlt ein Schnittpunkt der Kennlinien *(links).* Hier ist die alt verschaltete Zelle im gesamten Intensitätsbereich stärker erregt; entsprechend dreht das Tier ständig zur intakten Seite (nach [55]).

zentrale Hörbahn zu reorganisieren, hielten im geschlossenen Regelkreis, meist bei niedrigen Lautstärken (um 60 dB), einen schallquellenabhängigen Kurs ein, wenn auch oft mit einem Fehlwinkel (Abb. 12, oben links). Dieselben Weibchen zeigten im aufgeschnittenen Regelkreis eine Umkehr der Wendetenz in etwa dem gleichen Intensitätsbereich; sie drehten bei niedrigen Lautstärken zur Seite des fehlenden Ohres und bei höheren zur Seite des vorhandenen Ohres (Abb. 12, oben rechts). Eine Änderung der Schallintensität ist beim gehaltert laufenden Tier im aufgeschnittenen Regelkreis doppeldeutig, denn sie kann sowohl einer Änderung der Intensität bei gleicher Richtung als auch einer Änderung der Richtung bei konstant bleibender Lautstärke entsprechen. Wiederum bei denselben Weibchen wurde die Aktivität spiegelsymmetrischer Nervenzellen (AN2), deren Fasern zum Gehirn aufsteigen, simultan abgeleitet; es konnte ein *Schnittpunkt der Kennlinien* im gleichen Intensitätsbereich gefunden werden (Abb. 12, unten rechts). Die Wenderichtung zur Seite des fehlenden Ohres bei niedriger Lautstärke findet ihre Erklärung in der stärkeren Erregung der zuvor deafferentierten und nun neu verschalteten Zelle, jene zur Seite des vorhandenen Ohres in der stärkeren Erregung der alt verschalteten Zelle. Bei Tieren, die sich einohrig nicht mehr orientierten (Beispiel: Grille B in Abb. 12), weder freilaufend auf der Kugel, noch durch Anzeigen eines Wechsels in der Wendetendenz, wurde auch kein Schnittpunkt der Kennlinien gefunden (Abb. 12, unten links). Sie drehten stets zur Seite des vorhandenen Ohres.

Somit ist ein deutlicher Hinweis vorhanden, daß einohrige Grillen, die Zeit hatten, neue nervöse Verschaltungen aufzubauen, zentral einen bilateralen Erregungsvergleich durchführen können. Bei ihnen bleibt jedoch die phonotaktische Reaktion auf einen engen und meist niedrigen Schallintensitätsbereich begrenzt.

Fragen für die Zukunft sind:

(1) Welches sind die Gründe dafür, daß sich nicht alle einohrigen Weibchen mit neu ausgewachsenen Dendriten und neu hergestellten funktionierenden Verbindungen phonotaktisch orientieren [60]?

(2) Welche Mechanismen garantieren bei akut amputierten, einohrigen Tieren eine oft schon nach wenigen Stunden beobachtete phonotaktische Orientierung [23]? Es kann ausgeschlossen werden, daß sich neue Verschaltungen in so kurzer Zeit bilden konnten [61].

(3) Welche molekularen und zellulären Signale und Vorgänge sind verantwortlich für das Auswachsen von Fortsätzen, für die Zielfindung und die richtige Verschaltung der Nervenzellen?

(4) Was macht Zellen mit neu gebildeten Synapsen empfindlicher im niedrigen Schallintensitätsbereich gegenüber alt verschalteten Zellen und warum ändern sich ihre Kennlinien mit steigender Intensität anders als die der Partnerzellen?

(5) Warum können Grillen nach Amputation des Vorderbeines zwischen Coxa und Trochanter zwar noch das Bein und seine Motorik regenerieren, nicht aber ein funktionstüchtiges Hörorgan [56]?

Zusammenfassung

Mit Schallsignalen kommunizierende Grillen haben uns Einblick gegeben, wie weit man in der Analyse der nervösen Grundlagen des Verhaltens kommen kann, wenn *Verhaltensleistungen des Tieres die Fragen an das Nervensystem bestimmen.* Wir fanden Korrelationen zwischen dem ,,Zeitfenster" wirksamer Silbenraten im Verhalten und den auf dieses ,,Fenster" abgestimmten Aktivitäten in einzelnen Nervenzellen des Gehirns. Es ist ein Mechanismus in Sicht, der diese Aufgabe leisten kann, wenn auch die detaillierte Analyse der neuronalen Verschaltung noch aussteht und wir noch nicht wissen, wohin diese Zellen ihre Meldungen weitergeben. Bei der Schallortung sind bestimmte Zellen der Hörbahn wichtige, wenn nicht gar notwendige Glieder für den binauralen Algorithmus zur Lokalisation. Freilich muß die Umsetzung des Verrechnungsprozesses in den phonotaktischen Lauf noch geklärt werden. Schließlich haben uns die Grillen Einblicke erlaubt, wie durch neuronale Reorganisationen auf zellulärer Ebene Voraussetzungen für Verhaltensplastizität geschaffen werden. Ihr Nervensystem ist kein festverdrahter *Biokomputer;* es besitzt Fähigkeiten — analog dem anderer Tiere — sich durch Änderung in der Verschaltung und der synaptischen Wirksamkeit den wechselnden Bedingungen des eigenen Körpers und der Umwelt und vor allem sensorischen Störungen anzupassen.

Dank gebührt den wissenschaftlichen Mitarbeitern und Gästen, insbesondere Frau Schmitz und den Herren Kleindienst, Schildberger, Thorson und Weber, sowie den technischen Kräften, die an den Untersuchungen mitgewirkt haben, über die hier berichtet werden durfte.

Literatur

[1] Alexander, R. D.: Behaviour **17,** 130 (1961).
[2] Autrum, H.-J.: Z. Vergl. Physiol. **28,** 326 (1941).
[3] Bentley, R. D.: Z. Vergl. Physiol. **62,** 267 (1969).
[4] Bentley, R. D.: J. Comp. Physiol. **116,** 19 (1977).
[5] Boyd, P., B. Lewis: J. Comp. Physiol. **153,** 523 (1983).
[6] Cade, W. H.: In: M. S. Blum, N. H. Blum (Hrsg.): Sexual Selection and Reproductive Competition in Insects. 343 (1979).
[7] Capranica, R. R., G. Rose: In: F. Huber, H. Markl (Hrsg.): Neuroethology and Behavioral Physiology. 136. Springer Verlag. Berlin, Heidelberg 1983.
[8] Dambach, M., F. Huber: In: J. Schwartzkopff (Hrsg.): Mechanoreception. Abh. Rhein.-Westf. Akad. Wiss., **53,** 263. Westdeutscher Verlag, Opladen 1974.
[9] Eibl, E.: Zoomorphol. **89,** 185 (1978).
[10] Esch, H., F. Huber, D. W. Wohlers: J. Comp. Physiol. **137,** 27 (1980).
[11] Elliott, C. J. H., U. T. Koch, K. H. Schäffner, F. Huber: Naturwiss. **69,** 288 (1982).
[12] Elliott, C. J. H., U. T. Koch: Anim. Behav. **31,** 887 (1983).

[13] Gnatzy, W., H. Heusslein: Naturwiss. **73,** 212 (1986).
[14] Hill, K. G., G. S. Boyan: Nature **262,** 390 (1976).
[15] Honegger, H. W., R. Campan: In: F. Huber, T. E. Moore, W. Loher (Hrsg.): Cricket Behavior and Neurobiology. Cornell Univ. Press. Ithaca, im Druck.
[16] Huber, F. Z.: Tierpsychol. **12,** 12 (1955).
[17] Huber, F.: Z. Vergl. Physiol. **44,** 60 (1960).
[18] Huber, F.: Rhein.-Westf. Akad. Wiss. **N 205,** 41, Westdeutscher Verlag. Opladen 1970.
[19] Huber, F.: Verh. Dtsch. Zool. Ges. Berlin **12,** (1980).
[20] Huber, F.: In: J. P. Ewert, R. R. Capranica, D. J. Ingle (Hrsg.): Advances in Vertebrate Neuroethology. Series A: Life Sciences **56,** 91. Plenum Press. New York, London 1983.
[21] Huber, F.: Abh. Akad. Wiss. Lit. Mainz, Math. Naturw. Kl. Jg. **82/83,** 1 (1983).
[22] Huber, F.: In: F. Huber, H. Markl (Hrsg.): Neuroethology and Behavioral Physiology. 108. Springer Verlag. Berlin, Heidelberg 1983.
[23] Huber, F.: J. Comp. Physiol. **A 161,** 583 (1987).
[24] Huber, F.: Konstanzer Universitätsreden **162,** 6 (1987).
[25] Huber, F.: Experientia **44,** 428 (1988).
[26] Huber, F., H.-U. Kleindienst, T. Weber, J. Thorson: J. Comp. Physiol. **A 155,** 725 (1984).
[27] Huber, F., J. Thorson: Sci. Am. **253,** 60 (1985).
[28] Kämper, G., M. Dambach: J. Insect Physiol. **31,** 925 (1985).
[29] Kleindienst, H.-U.: Fortschr. Akustik — DAGA — **87,** 25 (1987).
[30] Kleindienst, H.-U., D. W. Wohlers, O. N. Larsen: J. Comp. Physiol. **151,** 397 (1983).
[31] Koch, U. T., C. J. H. Elliott, K. H. Schäffner, H.-U. Kleindienst: J. Comp. Physiol. **A 162,** 213 (1988).
[32] Kutsch, W.: Z. Vergl. Physiol. **63,** 335 (1969).
[33] Labhart, T., B. Hodel, I. Valenzuela: J. Comp. Physiol. **A 155,** 289 (1984).
[34] Larsen, O. N., A. Michelsen: J. Comp. Physiol. **123,** 217 (1978).
[35] Loher, W.: Z. Vergl. Physiol. **79,** 173 (1972).
[36] Michelsen, A., O. N. Larsen: In: F. Huber, H. Markl (Hrsg.): Neuroethology and Behavioral Physiology 321. Springer Verlag. Berlin, Heidelberg 1983.
[37] Möss, D.: Z. Vergl. Physiol. **73,** 53 (1971).
[38] Moiseff, A., G. S. Pollack, R. R.: Hoy, Proc. Natl. Acad. Sci. USA **75,** 4052 (1978).
[39] Nocke, H.: Z. Vergl. Physiol. **74,** 272 (1971).
[40] Nolen, T. G., R. R. Hoy: Science **226,** 992 (1984).
[41] Oldfield, B. P., H.-U. Kleindienst, F. Huber: J. Comp. Physiol. **A 159,** 457 (1986).
[42] Otto, D.: Z. Vergl. Physiol. **74,** 227 (1971).
[43] Otto, D., T. Weber: J. Comp. Physiol. **148,** 209 (1982).
[44] Otto, D., T. Weber: J. Insect Physiol. **31,** 537 (1985).
[45] Popov, A. V., V. F. Shuvalov, I. D. Svetlogorskaya, A. M. Markovich: In: J. Schwartzkopff (Hrsg.): Mechanoreception. Abh. Rhein.-Westf. Akad. Wiss., **53,** 281. Westdeutscher Verlag. Opladen 1974.
[46] Regen, J.: Pflügers Arch. **155,** 193 (1913).
[47] Rheinlaender, J., A. Mörchen: Nature **281,** 672 (1979).
[48] Robertson, R. M.: J. Comp. Physiol. **A 160,** 431 (1987).
[49] Rose, G., R. R. Capranica: Science **219,** 1087 (1983).
[50] Schäffner, K. H.: Diss. Fak. LMU. München 1984.
[51] Schäffner, K. H., U. T. Koch: J. Exp. Biol. **129,** 1 (1987).
[52] Schäffner, K. H., U. T. Koch: J. Exp. Biol. **129,** 25 (1987).
[53] Schildberger, K.: J. Comp. Physiol. **A 155,** 171 (1984).
[54] Schildberger, K., D. W. Wohlers, B. Schmitz, H.-U. Kleindienst, F. Huber: J. Comp. Physiol. **A 158,** 291 (1986).

[55] Schildberger, K., H.-U. Kleindienst: In: N. Elsner, F. G. Barth (Hrsg): Sense Organs. Proc. 16th Göttingen Neurobiology Conf., A 18. Thieme Verlag. Stuttgart, New York (1988).
[56] Schildberger, K., F. Huber: In: H. Flohr (Hrsg.): Post-Lesion Neural Plasticity. 567. Springer Verlag. Berlin, Heidelberg 1988.
[57] Schildberger, K., M. Hörner: J. Comp. Physiol. **A 163,** 621 (1988).
[58] Schmitz, B., H. Scharstein, G. Wendler: J. Comp. Physiol. **148,** 431 (1982).
[59] Schmitz, B., H. Scharstein, G. Wendler: J. Comp. Physiol. **152,** 257 (1983).
[60] Schmitz, B., H.-U. Kleindienst, K. Schildberger, F. Huber: J. Comp. Physiol. **A 162,** 715 (1988).
[61] Schmitz, B.: J. Comp. Physiol. A., in press.
[62] Thorson, J., T. Weber, F. Huber: J. Comp. Physiol. **146,** 361 (1982).
[63] Weber, T., J. Thorson, F. Huber: J. Comp. Physiol. **141,** 215 (1981).
[64] Wendler, G., M. Dambach, B. Schmitz, H. Scharstein: Naturwiss. **67,** 99 (1980).
[65] Wohlers, D. W., F. Huber: J. Comp. Physiol. **146,** 161 (1982).

Ökologische Grenzzustände: Verhungern oder Verdursten — das Dilemma der Pflanzen

Ulrich Lüttge, Darmstadt

Metastabile Zustände zwischen Grenzzuständen — Konsequenzen für ökologische Anpassungen auf verschiedenen Ebenen der Organisation

In der Biologie beobachten wir allenthalben metastabile Zustände, die in unterschiedliche Grenzzustände übergehen können. Nicht selten treten in bestimmten Bereichen von Bedingungen zwischen unterschiedlichen Zuständen Oszillationen auf. Solche Oszillationen können bei kritisch definierten konstanten Außenbedingungen freilaufende oder endogene Rhythmen darstellen.

Eine pflanzensoziologische Sukzessionstheorie nimmt an, daß *progressive Sukzessionen* über verschiedene Zwischenstufen unabhängig von den Ausgangsstadien in einer gegebenen Klimazone immer zu dem selben Endergebnis, der *Klimaxgesellschaft,* führen. Danach sind Klimaxgesellschaften durch die vorherrschenden natürlichen Umweltfaktoren in den jeweiligen Klimazonen bedingte Grenzzustände, d. h. stabile ökologische Gleichgewichte. Nur bei Störungen von außen entfernen sich *regressive Sukzessionen* von der Klimaxgesellschaft. Gibt es solche Klimaxgesellschaften wirklich? Oder können die Endstadien von Sukzessionen innerhalb eines Klimagebietes von den Ausgangsstadien beeinflußt werden? Können kleine Abweichungen von mittleren Jahrestemperaturen und Niederschlägen ausreichen, um große Auslenkungen der Entwicklung von Sukzessionen zu bewirken? Gibt es verschiedene mögliche ökologische Grenzzustände? Synergetik [1] und Chaostheorie [2] könnten solche Fragen stellen. Sie scheinen bisher in der Populationsgenetik mehr Beachtung gefunden zu haben [3, 4], als in der Umweltforschung.

Ernst Haeckel hat 1866 den Begriff der Ökologie bereits sehr breit definiert: *„Die gesamte Wissenschaft von den Beziehungen des Organismus zur umgebenden Außenwelt, wohin wir im weiteren Sinne alle Existenzbedingungen rechnen können.“* Wir können verschiedene Größenmaßstäbe anlegen und in Bereichen verschiedener Dimensionen metastabile Zustände zwischen Grenzzuständen mit Konsequenzen für ökologische Anpassungen betrachten, zum Beispiel auf

Prof. Dr. Ulrich Lüttge, Institut für Botanik der Technischen Hochschule Darmstadt.

— der synökologischen oder biogeographischen Ebene	$\geq 10^1$ m,
— der autökologischen oder ökophysiologischen Ebene	$10^1 - 10^{-1}$ m,
— der zellphysiologischen Ebene	$10^{-4} - 10^{-5}$ m,
— der membranphysiologischen Ebene	10^{-8} m,
— der molekularen Ebene	$\leq 10^{-8}$ m.

Die synökologische oder biogeographische Ebene

Streß formt. Große Artenvielfalt wird nur erreicht, wenn Störungen von außen [5] oder von innen [6] auf Ökosysteme einwirken. Sie ist auf einen engen Bereich der Biomassendichte begrenzt. Für die Bedingungen der britischen Inseln liegt dieses Fenster zwischen 350 und 750 g Trockenmasse pro m^2 [7], darunter ist die Vielfalt durch zu hohen Streß, darüber durch die Dominanz weniger robuster Arten begrenzt.

Streß kann Schwingungen auslösen. In seiner kritischen Würdigung der Klimaxtheorie zeigt Remmert [6] auf, daß Urwälder und wahrscheinlich alle anderen großen Ökosysteme keine Gleichgewichte darstellen, sondern einem ständigen Zyklus von Sukzessionen unterworfen sind, die das Großsystem in ein sich zyklisch änderndes Mosaikmuster auflösen.

Überschaubare biogeographische Beispiele sind Inseln, die offenbar nicht in stabile Gleichgewichte kommen können, sondern einer ständigen Habitatsdynamik unterliegen [8, 9]. Anschaulich zeigen dies kleine Vegetationsinseln auf einer sandigen alluvialen Ebene an der Nordküste von Venezuela. Nach unseren Beobachtungen stellen solche Inseln einen metastabilen Zustand zwischen zwei möglichen Grenzzuständen dar. Sie können durch Sandanwehungen und Pionieransiedlung neu gebildet werden und über verschiedene Sukzessionen schließlich in einen Wald aus in der Trockenzeit laubabwerfenden Gehölzen übergehen. Die Inseln können aber ihre Entstehung ebenso gut der Erosion bewaldeter Bereiche verdanken. Beides mag nebeneinander ablaufen, und so betrachtet bilden die Inseln einen metastabilen ökologischen Zustand, der in zwei Grenzzustände übergehen kann, einerseits den Wald und andererseits die vegetationsfreie Sandfläche (Abb. 1) [10].

Dies kann durch mittelfristige Klimaschwankungen beeinflußt werden. Die Nordküste von Venezuela, wo die hier betrachteten Vegetationsinseln untersucht wurden, ist einem semiariden tropischen Klima mit Winterregen unterworfen. Die Sandebene, aus der die Vegetationsinseln herausragen, ist während der Regenzeit (November bis Dezember) oft viele Dezimeter hoch mit Süßwasser überflutet. In der Trockenzeit (Dezember bis März) kann sie durch Verdunstung salzhaltigen Grundwassers, das durch den Boden hochperkoliert, mit einer dicken Kruste von Salzausblühungen überzogen sein (Abb. 1). Diese jahreszeitlichen Schwankungen kehren natürlich nicht gleichmäßig wieder. So lag der Jahresniederschlag im Durchschnitt von 1964 bis 1975 um 162 mm über und zwischen 1976 und 1986 um 152 mm unter dem Gesamtdurchschnitt von 1008 mm zwischen 1964 und 1986. Eine feuchtere wurde von einer trockeneren Peri-

Abb. 1. Dynamik der Vegetationsinseln auf einer sandigen alluvialen Ebene an der Nordküste von Venezuela. Linke Reihe von oben nach unten: Lokale Anhebung der Sandebene mit schütterer Vegetation niederwüchsiger Pflanzen *(oben);* kleine Vegetationsinsel *(Mitte)* und dieselbe Insel in deutlichem Verfall eineinhalb Jahre später *(unten).* Rechte Reihe von oben nach unten: Vegetationsinseln mit zunehmender Nähe zum Wald bzw. abnehmender Isolation auf der Sandebene [10].

ode abgelöst. Umweltbedingungen können auf diese Weise unterschiedliche autökologische Strategien selektionieren und Fluktuationen der Muster von Inselbildungen beeinflussen.

Die autökologische Ebene

Die autökologische Ebene wird durch die Potenz einzelner Arten zur Anpassung charakterisiert. Aber Anpassung entzieht sich jedem Versuch der absoluten Erfassung. Wir erinnern uns auch, daß — wenn auch nur in einem engen Fenster von Streß — oftmals eine Vielfalt verschiedener Arten an einen Standort gut angepaßt zu sein scheint. Hier wird der Vergleich entscheidend, interspezifisch zwischen verschiedenen Arten, intraspezifisch zwischen verschiedenen Formen einer Art.

Interspezifische Vergleiche

Wasser ist einer der wichtigsten Faktoren für das Pflanzenleben. Insbesondere in ariden und semiariden Gebieten werden die Pflanzen dadurch vor das Dilemma Verhungern oder Verdursten gestellt. Pflanzen nehmen das zur assimilatorischen Produktion neuer Biomasse notwendige Kohlendioxid, CO_2, durch die Stomata — dies sind kleine Poren in ihrer Oberfläche — aus der Atmosphäre in die Gasphase der interzellulären Räume im Blattinneren auf. Auf dem selben Wege verlieren sie gleichzeitig Wasserdampf. Sie können diesen Wasserverlust durch das Verschließen der Stomata einschränken. Durch dieses Absenken der Blattleitfähigkeit für Wasserdampf verhindern sie aber auch die CO_2-Aufnahme. In diesem unausweichlichen Dilemma können Anpassungsmechanismen nur Kompromisse sein. Für unsere Vegetationsinseln können wir Vergleiche zwischen physiognomisch oder auch stoffwechselphysiologisch ähnlichen Pflanzen anstellen.

Der Saum der Inseln wird von einer Zone niederwüchsiger, holziger und daher ausdauernder Pflanzen mit dickfleischigen sukkulenten Blättern gebildet, die den jahreszeitlichen Schwankungen zwischen Überflutung und extremer Salzbelastung am stärksten ausgesetzt sind (Abb. 2). Es sind überwiegend drei Arten: Batis maritima, Sesuvium portulacastrum und Portulaca rubricaulis. Obwohl sie untereinander physiognomisch sehr ähnlich sind, verfolgen sie doch unterschiedliche Strategien. B. maritima wird von den Schwankungen der Bedingungen im Biotop offensichtlich am wenigsten beeinflußt. Es hat in der Regenzeit zwar eine höhere Blattleitfähigkeit für Wasserdampf als in der Trockenzeit, die CO_2-Aufnahme ist aber dann nur unwesentlich eingeschränkt. Bei S. portulacastrum findet man demgegenüber eine sehr starke Reduktion der CO_2-Aufnahme in der Trockenzeit und zudem eine ausgeprägte Mittagsdepression, d. h. eingeschränkten Gaswechsel während der heißesten Stunden des Tages, wenn das Wasserdampfdruckgefälle zwischen den Blättern und der Atmosphäre, ΔN, und daher auch der Wasserverlust durch offene Stomata besonders groß ist. Es zeigt dagegen in der Regenzeit viel höhere Raten der CO_2-Aufnahme als B. maritima (Abb. 3). P. rubricaulis schließlich wirft während der Trockenzeit seine Blätter ab [11].

Abb. 2. Salzangepaßte Arten der sandigen alluvialen Ebene und ihrer Vegetationsinseln an der Nordküste von Venezuela: Sesuvium portulacastrum *(oben links),* Batis maritima *(oben rechts)* [11], Conocarpus erectus *(unten links),* Avicennia germinans *(unten rechts)* [12].

Ein interessantes Paar sind die größeren Sträucher Avicennia germinans und Conocarpus erectus (Abb. 2). Als Mangrove-Art ist A. germinans eine echte salzliebende Pflanze (Halophyte) und steht häufig mit den Wurzeln direkt im Meerwasser. C. erectus kann sich als physiognomisch ähnlicher Strauch entwickeln, meidet aber die unmittelbare Berührung mit dem Meerwasser an Küsten und Lagunen. Die Areale beider Arten überdecken sich auf den Vegetationsinseln. C. erectus dominiert hier häufig und bildet dichte Gebüsche.

Die Blattleitfähigkeit für Wasserdampf und die CO_2-Aufnahme sind bei C. erectus in der Trockenzeit drastisch eingeschränkt. Die Pflanze fällt zudem schon im Laufe des Vormittags in eine Mittagsdepression, von der sie sich auch am späteren Nachmittag nicht mehr erholt. Dagegen ist der Gaswechsel von A. germinans am Vormittag in der Trockenzeit und in der Regenzeit sehr ähnlich. Auf einer landeinwärts gelegenen Vegetationsinsel zeigt A. germinans wie C. erectus eine Mittagsdepression, erholt sich aber am Nachmittag wieder weitgehend (Abb. 3). Auf Standorten näher an einer Salzwasserlagune bleibt diese Mittagsdepression bei A. germinans sogar aus, während C. erectus noch stärker beeinträchtigt erscheint [12].

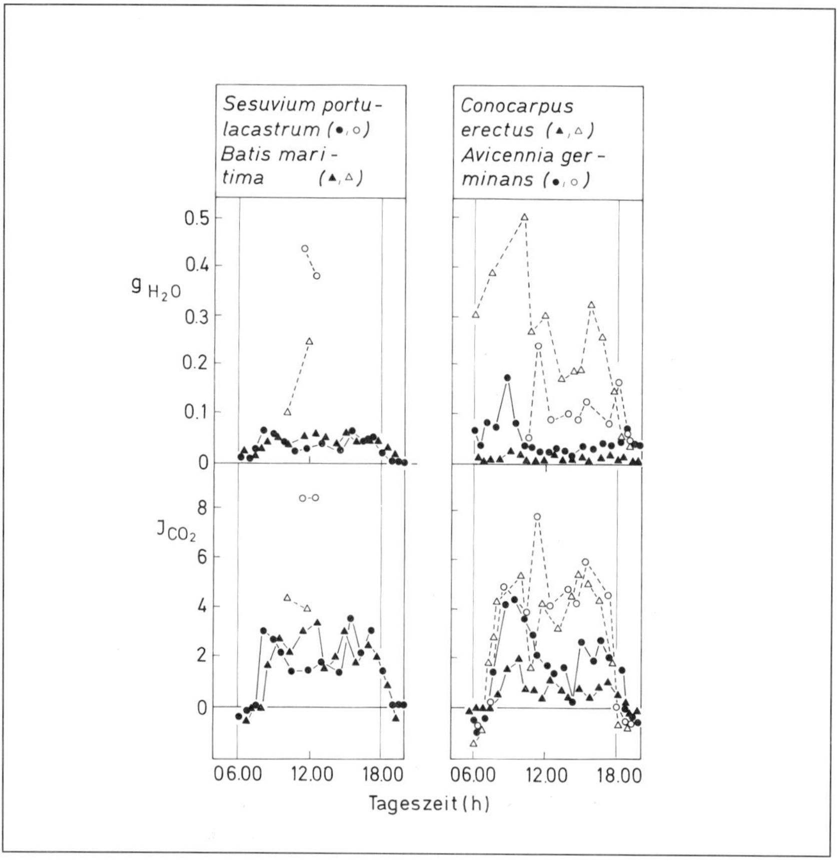

Abb. 3. Interspezifischer Vergleich des Gaswechsels physiognomisch vergleichbarer Arten *(links bzw. rechts)* am selben Standort. g_{H_2O} Blattleitfähigkeit für Wasserdampf *(links:* mol $kg^{-1}s^{-1}$, *rechts:* mol $m^{-2}s^{-1}$); J_{CO_2} Netto CO_2-Austausch *(links:* μmol $kg^{-1}s^{-1}$, *rechts:* μmol $m^{-2}s^{-1}$,); positive Werte von J_{CO_2} stellen eine Netto-CO_2-Aufnahme, negative Werte eine Netto-CO_2-Abgabe dar. Offene Symbole und gestrichelte Linien Regenzeit; ausgefüllte Symbole und ausgezogene Linien Trockenzeit [11, 12].

Diese Pflanzen stellen sich auf das Dilemma Verhungern oder Verdursten also so ein, daß sie zeitweise, das heißt wenn die Gefahr des Wasserverlustes besonders groß ist, durch Spaltenschluß die Wasserabgabe senken oder sogar durch Blattabwurf den Wasserbedarf erniedrigen und die dadurch verursachte Einschränkung der CO_2-Aufnahme in Kauf nehmen. Einen Schritt weiter sind Pflanzen gegangen, die den Stoffwechselweg des Crassulaceen-Säurestoffwechsels (CAM) entwickelt haben. Sie sind davon frei geworden, das verfügbare

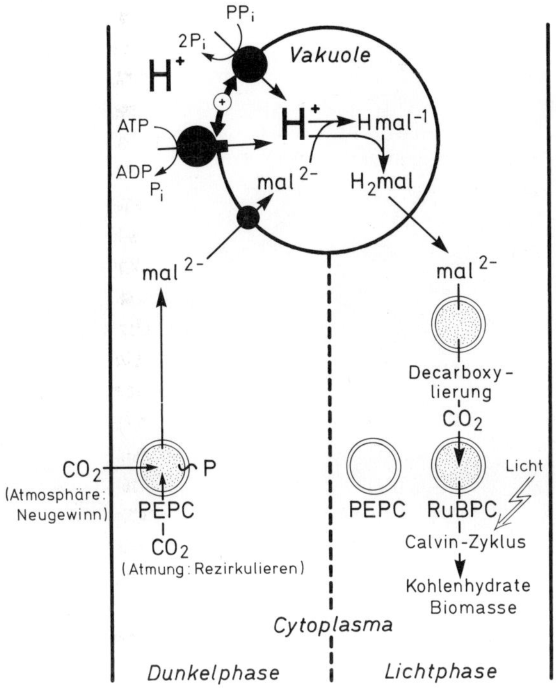

Abb. 4. Schematische Übersicht über die Wirkungsweise der zentralen Funktionselemente des Crassulaceen-Säurestoffwechsels (CAM), soweit sie im Text dargestellt wurden. — ATP, Adenosin-5'-triphosphosäure; H_2mal, undissoziierte Äpfelsäure; Hmal^{1-}, univalentes Malatanion; mal^{2-}, divalentes Malatanion; PEPC, Phosphoenolpyruvat-Carboxylase, mit ~P phosphoryliert und aktiv, ohne ~P nicht-phosphoryliert und inaktiv; P_i, anorganisches Phosphat; PP_i, anorganisches Pyrophosphat; RUBPC, Ribulosebisphosphat-Carboxylase.

CO_2 direkt photosynthetisch assimilieren zu müssen, d. h. CO_2 nur im Licht aufnehmen zu können. CAM-Pflanzen schalten der CO_2-Assimilation durch das Photosyntheseenzym Ribulosebisphosphat-Carboxylase (RUBPC) eine CO_2-Dunkelfixierung durch die Phosphoenolpyruvat-Carboxylase (PEPC) voran. Dadurch können sie nachts CO_2 aufnehmen, wenn ΔN viel niedriger ist als bei gleichzeitiger Sonneneinstrahlung am Tage, das CO_2 in Form des Reaktionsproduktes Äpfelsäure festlegen und speichern und tagsüber hinter verschlossenen Stomata zur Assimilation im Licht wieder remobilisieren (Abb. 4). Die

Abb. 5. Epiphytische Arten mit Crassulaceen-Säurestoffwechsel auf Kakteen: Die Bromelie Tillandsia flexuosa *(links)* und die Orchidee Schomburgkia humboldtiana *(rechts)* [16].

CAM-Pflanzen haben also einen sehr raffinierten Weg aus dem Dilemma Verhungern oder Verdursten gefunden. Allerdings ist aus verschiedenen Gründen die Produktivität bei diesem Stoffwechselweg viel niedriger als bei der direkten CO_2-Assimilation. CAM-Pflanzen können bei ganz prekärer Wasserversorgung die Stomata sogar Tag und Nacht geschlossen halten und dann immer noch das nachts in der Atmung freigesetzte CO_2 intern wieder einfangen, d. h. rezirkulieren. Dann ist natürlich keine Produktion neuer Biomasse mehr möglich, aber die Pflanzen können Perioden von extremem Streß durch Trockenheit ohne große Verluste überdauern. Andererseits können CAM-Pflanzen bei guter Wasserversorgung ihre Stomata auch zu direkter CO_2-Assimilation ohne den vorgeschalteten Weg über die Äpfelsäure am Tage öffnen. Die Flexibilität ist sehr groß, und es gibt alle möglichen Übergänge [13].

Ein Paar terrestrischer CAM-Pflanzen auf unseren Vegetationsinseln sind die Bromelie Bromelia humilis und die Kaktee Pilosocereus ottonis. Beide stimmen in ihrem photosynthetischen Stoffwechsel überein, sind aber im Gegensatz zu den vorher betrachteten Paaren physiognomisch sehr verschieden. B. humilis bildet mit ihren Blattbasen Zisternen, in denen sie Regenwasser auffangen kann, und in die auch sproßbürtige Wurzeln hineinwachsen. Man sieht immer wieder blühende Exemplare, aber wir haben nie keimende Samen gefunden. Die Vermehrung erfolgt vorwiegend vegetativ durch Ausläufer. Auch die Kakteen können Ableger erzeugen. Sie bilden aber vor allem regelmäßig große Mengen keimfähiger Samen aus. Während der Regenzeit findet man häufig sogar in den Zisternen von B. humilis viele Kakteenkeimlinge. Kakteen verfügen in ihren Sprossen über viel mächtiger ausgebildete Wasserspeichergewebe als sie die Bromelien in ihren Blättern haben. Es ist für die Kakteenkeimlinge aber äußerst schwer, sich auf dem Standort zu etablieren. Sie müssen in der Regenzeit rasch wachsen und eine ausreichende Biomasse und damit genügend große Wasserspeichergewebe ausbilden, um die Trockenzeit zu überdauern. Ein Erfolg wird sich nur sporadisch einstellen [14]. Das Etablieren neuer Kakteenpflanzen kann sogar Klimarhythmen folgen, wenn Regenzeiten stark ausgeprägt und Trockenzeiten mild sind [15].

Ein Paar epiphytischer CAM-Pflanzen auf unseren Vegetationsinseln sind die Bromelie Tillandsia flexuosa und die Orchidee Schomburgkia humboldtiana (Abb. 5). Hier beobachten wir unterschiedliche relative Reaktionen auf die Trockenzeit. Die nächtliche CO_2-Aufnahme wird bei der Orchidee viel stärker eingeschränkt als bei der Bromelie, ist in der Trockenzeit aber immer noch größer. Das intern rezirkulierte Atmungs-CO_2 im Verhältnis zum von außen aufge-

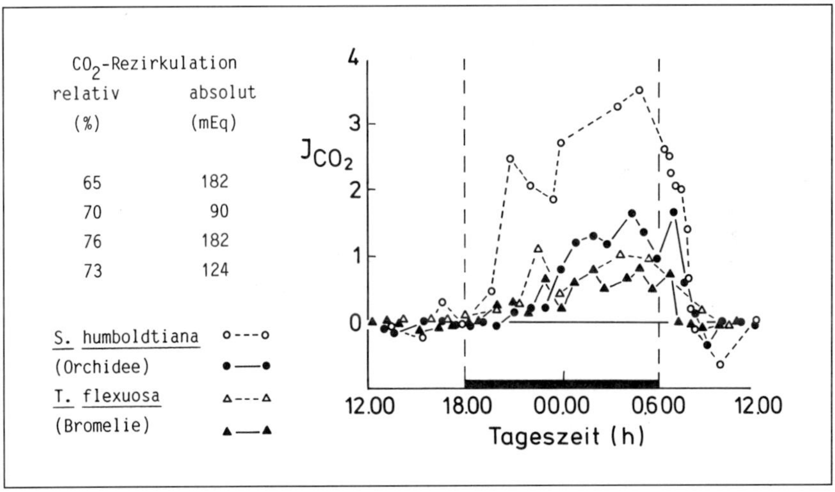

Abb. 6. Interspezifischer Vergleich des Netto-CO_2-Austausches (J_{CO_2}, μmol $m^{-2}s^{-1}$) und des internen CO_2-Rezirkulierens während der Dunkelphase (schwarzer Balken auf der Abszisse) bei epiphytischen CAM-Pflanzen am selben Standort. Offene Symbole und gestrichelte Linien Regenzeit; ausgefüllte Symbole und ausgezogene Linien Trockenzeit. Die relative CO_2-Rezirkulation bezieht sich auf die gesamte CO_2-Fixierung in Prozent, die absolute CO_2-Rezirkulation ist in Milliäquivalenten titrierbarer Säure (also mEq H^+) angegeben.

nommenen CO_2 ist bei beiden Arten und zu allen Zeiten etwa gleich groß. Auch absolut gesehen rezirkulieren beide Arten in der Regenzeit etwa gleiche CO_2-Mengen, aber in der Trockenzeit rezirkuliert die Bromelie mehr als die Orchidee (Abb. 6) [16].

Intraspezifischer Vergleich
Als Beispiel für intraspezifische Vergleiche wähle ich B. humulis. Die Pflanze begegnet uns auf der alluvialen Sandfläche in drei Erscheinungsformen (Phänotypen), nämlich als grüne Form im Schatten von Gesträuch sowie als grüne und als gelbe Form auf sonnenexponierten Standorten (Abb. 7). Die verschiedenen Färbungen beruhen auf unterschiedlicher Pigmentausstattung der Blätter. Unsere Beobachtungen deuten daraufhin, daß der grün-exponierte Phänotyp einen Übergangszustand zwischen den Grenzzuständen des grün-schattierten und des gelb-exponierten Phänotyps darstellt. Im Vergleich zum grünen Phänotyp im Schatten zeigt der gelbe und exponierte Typ einen sehr stark erniedrigten Nettogewinn von Kohlenstoff und ein hohes relatives Rezirkulieren von CO_2 (Abb. 8). Seine ganze Produktivität wird für den Ersatz absterbender Pflanzenteile verbraucht. Er kann sich zwar selbst erhalten, aber keinen Zuwachs erzeugen (Tab. I) [17]. Da die Vermehrung von B. humilis vornehmlich durch Ausläufer erfolgt, ist es denkbar, daß die drei Phänotypen sich innerhalb von Klonen genetisch identischer Individuen ausbilden können.

Der Übergang von grün-schattiert über grün-exponiert zu gelb-exponiert könnte bei der Entstehung von Inseln aus dem Wald erfolgen. Ein Übergang in

Abb. 7. Phänotypen von Bromelia humilis. Die Pflanzen wurden für die Aufnahme nebeneinander auf den Sand gelegt. Von links nach rechts: gelbe exponierte Form, grüne exponierte Form, grüne beschattete Form [17].

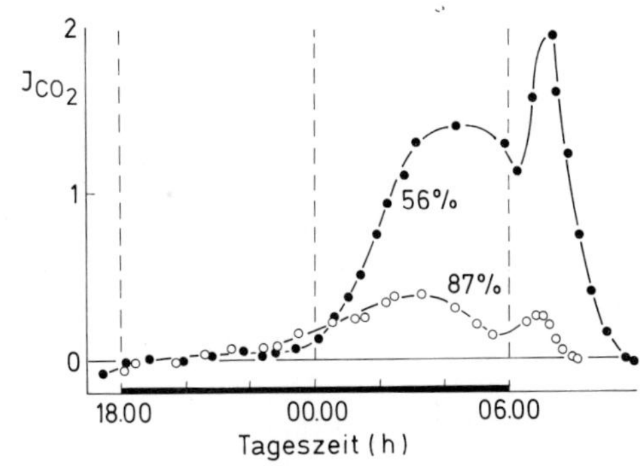

Abb. 8. Intraspezifischer Vergleich des Netto-CO_2-Austausches (J_{CO_2}, μmol $m^{-2}s^{-1}$) und des internen CO_2-Rezirkulierens in Prozent der gesamten CO_2-Fixierung (Zahlen an den Kurven) während der Dunkelphase (schwarzer Balken auf der Abszisse) bei dem grün-schattierten (●) und dem gelb-exponierten Phänotyp (○) von Bromelia humilis [17].

der umgekehrten Richtung wäre bei der Waldbildung aus Inseln zu erwarten. Damit würde sich innerhalb der Art B. humilis ein Trend wiederholen, den man in der Evolution der ganzen großen Familie der Bromeliaceen zu erkennen glaubt. Die Evolution der drei rezenten Unterfamilien der Bromelien scheint von einer heute ausgestorbenen Unterfamilie mit an aride Bedingungen von Savannen und Steppen angepaßten Arten ausgegangen zu sein [18]. Dadurch war auch die Präadaptation für die epiphytische Lebensweise zahlreicher Bromelien

Tab. I. Pigmentgehalte und durchschnittliche Produktivitätsdaten der Phänotypen von Bromelia humilis.

Phänotyp	grün/Schatten	grün/exponiert	gelb/exponiert
Chlorophylle (grüne Pigmente) (μg g^{-1} FG)	205	74	46
Carotinoide (gelbe-rote Pigm.) (μg g^{-1} FG)	63	34	42
Chlorophylle : Carotinoide	3.25	2.16	1.09
Potentielle maximale Bruttoproduktivität (t TG ha^{-1} p. a.)	6	6	
FG/Pflanze (kg)	0.54	0.18	
Blattzahl/Pflanze	70	42	
Neue Blätter/Pflanze p. a.	48	36	
Blattverlust/Pflanze p. a.	23	36	
Neue Ausläufer/Pflanze p. a.	0.67	0.24	

TG, Trockengewicht — FG, Frischgewicht — p. a., per annum

auf extrem exponierten Standorten in Baumkronen gegeben, von wo aus sich manche Arten auch in schattigere Standorte hinein zu entwickeln scheinen.

Die zellphysiologische Ebene

Der CAM ist also eine besondere Strategie im Dilemma zwischen Verhungern und Verdursten. Als Beispiel für die Untersuchung von Anpassungsmechanismen auf zellphysiologischer Ebene können wir den Nacht-Tag-Rhythmus von Äpfelsäureakkumulation und -mobilisierung beim CAM heranziehen. Hohe Säureschwankungen werden bei der viel benutzten Laboratoriumspflanze Kalanchoe daigremontiana gefunden (bis zu 440 mM H^+), der höchste Wert wurde bisher bei einem tropischen Baum (Clusia rosea) im Freiland beobachtet (770 mM H^+) [19]. Solche hohen Säuremengen und -konzentrationen sind mit dem Cytoplasma nicht kompatibel. Die Säure wird nachts gegen einen Gradienten in die großen Saftvakuolen der CAM betreibenden Zellen transportiert. Bei der Analyse dieses Vorgangs gebrauchten wir drei Ansatzmöglichkeiten: Thermodynamik, Energetik und Physiologie.

Mit der Thermodynamik nutzen wir Beziehungen, die den elektrochemischen Protonengradienten, $\Delta\bar{\mu}_{H^+}$, am Tonoplasten, d. h. an der die Vakuole begrenzenden Membran und die aus der ATP-Hydrolyse verfügbare Energie (ΔG_{ATP}) beschreiben:

$$\Delta\bar{\mu}_{H^+} = RT \ln \frac{10^{-pH\ vac}}{10^{-pH\ cyt}} + F\,\Delta E \qquad (1),$$

$$\Delta G_{ATP} = \Delta G'_{0\ ATP} + RT \ln \frac{[ADP]\,[P_i]}{[ATP]} \qquad (2).$$

Dabei ist R die universelle Gaskonstante, T die absolute Temperatur, F die Faraday-Konstante, ΔE das transmembranäre elektrische Potential am Tonoplasten, P_i anorganisches Phosphat, ATP und ADP sind Adenosin-tri- und -di-Phosphat, cyt steht für Cytoplasma und vac für Vakuole, $\Delta G'_{0\ ATP}$ ist die freie Enthalpie bei Standardbedingungen. Der Quotient $\Delta G_{ATP}/\Delta\bar{\mu}_{H^+}$ gibt an, wieviele H^+-Ionen pro ATP maximal durch die Membran transportiert werden können. In allen bisher untersuchten CAM-Pflanzen ist $\Delta G_{ATP}/\Delta\bar{\mu}_{H^+}$ meistens kleiner als 3, so daß höchstens 2 H^+ pro ATP transportiert werden können, und die tatsächlich beobachtete maximale Säureakkumulation nähert sich asymptotisch der Grenze von $\Delta G_{ATP}/\Delta\bar{\mu}_{H^+} = 2$ oberhalb der noch 2 H^+ pro ATP transportiert werden können, überschreitet sie aber nicht, d. h. gerät nie in den Bereich, wo nur noch 1 H^+ pro ATP transportiert werden kann [13].

Mit der Energetik betrachten wir die Stoffwechselwege, die zur Äpfelsäurebildung führen und leiten daraus den theoretischen Energieumsatz ab. Mit der

Physiologie messen wir den Energieumsatz und vergleichen ihn mit dem Energiebedarf der tatsächlich beobachteten Äpfelsäureakkumulation. Die Ergebnisse dieser Untersuchungen schließen den thermodynamisch noch möglichen Transport von 1 H^+ pro ATP aus.

Der Ansatz auf der zellphysiologischen Ebene zeigt uns also, daß wir auf der nächsten Ebene, d. h. der Membranebene, nach einem Mechanismus suchen müssen, der stöchiometrisch 2 H^+ auf Kosten der Hydrolyse von 1 ATP in die Vakuolen transportieren kann (Abb. 4). Diese Betrachtungen führen aber auch zu einem Rätsel. Mit den Gleichungen (1) und (2) haben wir Beziehungen der Gleichgewichtsthermodynamik angewandt, und in der Tat schien die nächtliche Säureakkumulation asymptotisch einem Gleichgewicht zuzustreben. Sie wird aber dann im Nacht-Tag-Rhythmus vom Säureefflux aus der Vakuole abgelöst, der passiv, unabhängig von der Stoffwechselenergie in Form der nichtdissoziierten Äpfelsäure erfolgt, die sich mit zunehmender Ansäuerung der Vakuole verstärkt aus dem Dissoziationsgleichgewicht bildet (Abb. 4) [20].

Warum erreicht dieses System kein Steady-State-Gleichgewicht, in dem es bleiben kann? Es gibt keinen Grund, warum dies nicht der Fall sein sollte, sofern sich die Bedingungen nicht ändern. Letzteres geschieht natürlich in ausgeprägtem Maße im Nacht-Tag-Rhythmus des CAM. Licht und andere Außenfaktoren können dabei als Signale oder Steuergrößen eingreifen und den Efflux aus der Vakuole und das Umlenken des Stoffwechsels zur Remobilisierung des CO_2 aus der Äpfelsäure und zur lichtabhängigen Assimilation bewirken. Das Schwingen zwischen Äpfelsäurebildung und -verbrauch erfolgt aber auch unter konstanten Bedingungen ohne jedes Signal von außen. Der CAM ist ein endogener Rhythmus. Dabei oszillieren die CO_2-Aufnahme durch die Blätter, die Wasserdampfleitfähigkeit und die Äpfelsäureniveaus miteinander in Phase [21]. In solchen endogenen Oszillationen liegt das Rätsel. Die oben benutzten Beziehungen der Gleichgewichtsthermodynamik können wir nur in erster Näherung und nur für die natürliche Dunkelphase anwenden.

Die Chaostheorie könnte helfen, das nichtlineare Verhalten zu analysieren. Seltsamerweise ähneln bestimmte Phänomene der endogenen CAM-Oszillationen denen der berühmten logistischen Rekursionsgleichung

$$x_{t'} = r\, x_t\, (1 - x_t) \qquad (3),$$

wo x_t der Zustand zum Zeitpunkt t und $x_{t'}$ der nächste darauf folgende Zustand ist. Wichtig ist der Parameter r. Im ökologischen Zusammenhang kann er durch Außenbedingungen gegeben sein, die die Entwicklung eines Systems beeinflussen, z. B. durch irgendwelche Ressourcen oder bei photosyntheseabhängigen Systemem durch die Lichtintensität. Niedriges r ergibt ein Steady-State-Gleichgewicht. Die Erhöhung des Parameters r führt die Iterationen der Gleichung (3) zu Bifurkationen, erzeugt zuerst Lösungen mit regelmäßigen Schwin-

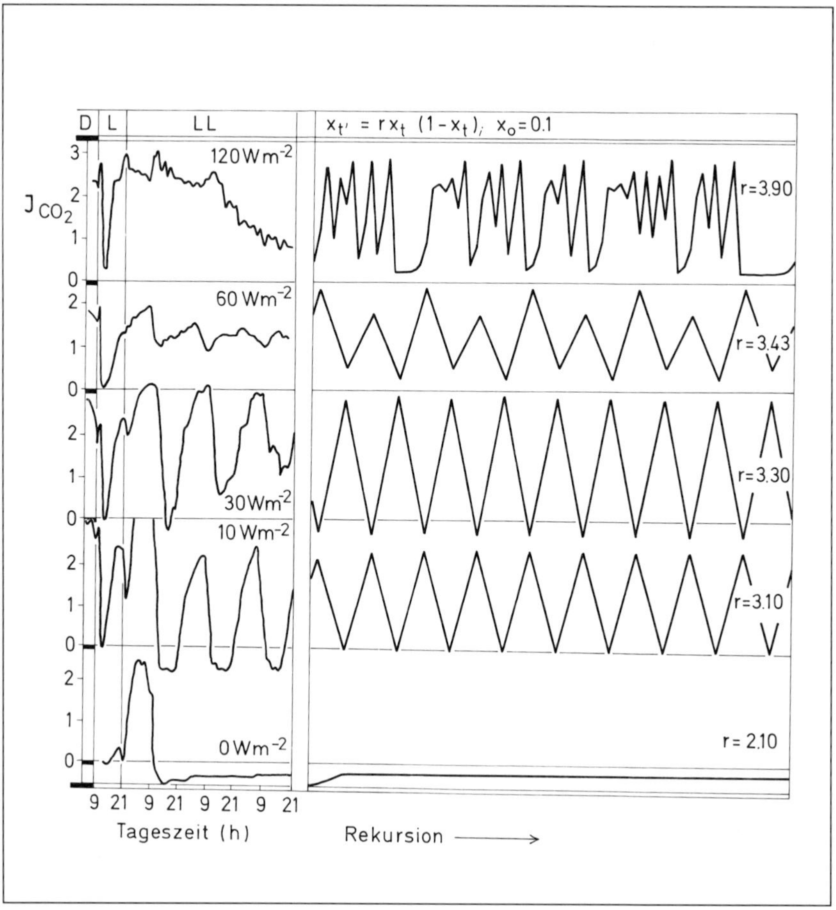

Abb. 9. Suggestiver Vergleich zwischen dem Netto-CO_2-Austausch, J_{CO_2}, beim endogenen Rhythmus des Crassulaceen-Säurestoffwechsels von Kalanchoe daigremontiana bei steigender Lichtintensität und Temperatur (linke Hälfte von unten nach oben) und iterativen Lösungen der logistischen Rekursionsgleichung (Gl. 3) bei steigendem r (rechte Hälfte von unten nach oben). — Die Pflanzen wurden aus einem natürlichen Licht-Dunkel-Rhythmus von 12:12 h (D = letzte normale Dunkelphase, L = letzte normale Lichtphase) in Dauerlicht (LL) verschiedener Intensität (bzw. Dauerdunkel: unterste Kurve) gebracht. Mit steigender Lichtintensität stieg auch die Blattemperatur an (von unten nach oben: 20.5 — 23.2 — 24.2 — 28.6 — 34.2 °C); Daten aus [22]. Iterative Lösungen der Rekursionsgleichung ergeben bei r = 2.10 Steady State, vergleichbar mit J_{CO_2} im Dauerdunkel (0 Wm^{-2}), bei r = 3.10 und 3.30 regelmäßige Schwingungen vergleichbar mit J_{CO_2} bei 10 und 30 Wm^{-2}, bei r = 3.43 eine Phasenverdoppelung, was sich für J_{CO_2} bei 60 Wm^{-2} andeutet (wenngleich sehr viel bessere Daten nötig wären) und bei r = 3.90 Chaos, wobei hier die Rekursionsachse gegenüber den anderen Darstellungen gestaucht wurde. [Für die Computerspielereien mit der Rekursionsgleichung danke ich Chr. Lüttge.]

gungen, dann eine Periodenverdoppelung etc. und führt auf den Weg in das Chaos (Abb. 9) [2—4]. Buchanan-Bolligs Kurven des CO_2-Gaswechsels im endogenen Rhythmus des CAM zeigen bei steigender Lichtintensität und Blattemperatur phänomenologisch ein sehr ähnliches Verhalten (Abb. 9) [22]. Es gibt mindestens noch ein weiteres Beispiel, wo die Lichtintensität über die photosyntheseabhängige Bereitstellung von Substraten auf solche Weise endogene Oszillationen beeinflußt, nämlich die stimulierte Biolumineszenz der einzelligen Meeresalge Gonyaulax beim Meeresleuchten [23]. Auch ein Photosynthese-rhythmus bei dem Flagellaten Euglena gracilis verlief nur in schwachem, nicht in starkem Licht über mehrere Tage endogen [24].

In der umfangreichen Literatur über endogene Rhythmen wird ein Oszillator heute vielfach bei Membranfunktionen vermutet. Für den CAM legen Simulationen mit einem Modell nahe, daß ein endogener Oszillator Membrantransportfunktionen und nicht Enzymkapazitäten beeinflußt [25]. Eine Rückkoppelung könnte durch den passiven Äpfelsäureefflux gegeben sein. Gegen Ende der Phase der aktiven Malatakkumulation steigt durch die Ansäuerung in den Vakuolen die Konzentration der nichtdissoziierten Säure sehr steil an. Dies begünstigt den passiven Efflux stark [20]. Man sucht gegenwärtig auch intensiv auf der Ebene der Membranen und der Makromoleküle nach Rückkoppelungsmechanismen.

Die Membranebene

Die Entwicklung von Methoden zur Isolierung, Anreicherung und Reinigung von Membranfraktionen und zur Untersuchung der Transportvorgänge an Membranvesikeln hat auch große Fortschritte bei der Charakterisierung der Funktion der Tonoplastenmembran beim CAM ermöglicht (Abb. 4). Es gibt zwei „Protonenpumpen", die H^+-Ionen in die Vakuolen transportieren, wobei die eine ATP (ATPase) und die andere Pyrophosphat (PPase) als Substrat und Energiequelle nutzt [26, 27]. Der Malattransport ist indirekt oder sekundär an diesen primär aktiven Transport von Protonen gekoppelt [28]. Die ATPase und die PPase haben verschiedene Eigenschaften, neben der Substratspezifität z. B. unterschiedliche Abhängigkeiten von anorganischen Anionen und Kationen und Hemmstoffempfindlichkeiten. Beide Enzyme lassen sich aus der Membran herauslösen und durch geeignete flüssigkeitschromatographische Verfahren trennen [29]. Sie arbeiten aber wahrscheinlich nicht unabhängig voneinander. Der maximale Protonengradient, den sie gemeinsam aufbauen können, ist zwar thermodynamisch begrenzt, und beide Aktivitäten führen hier immer nichtadditiv maximal zum gleichen Ziel, aber der ATP-abhängige H^+-Transport wird durch vorangegangene Energetisierung der PPase zeitabhängig sehr stark beschleunigt. Durch die Wechselwirkung beider Enzyme ergibt sich offensichtlich eine kinetische Regulation mit möglichen Rückkoppelungseffekten.

Die molekulare Ebene

Die CO_2-Dunkelfixierung durch die Phosphoenolpyruvat-Carboxylase (PEPC) und der Äpfelsäuretransport am Tonoplasten sind kritische Schlüsselstellen des CAM. Die Proteinmoleküle der PEPC und der Tonoplasten-ATPase von CAM-Pflanzen werden daher besonders intensiv untersucht.

Die PEPC kommt im Tag-Nacht-Rhythmus des CAM in zwei Zuständen vor. Das aktive Enzym, die Nachtform, ist phosphoryliert, das inaktive Enzym, die Tagform ist nicht phosphoryliert [30, 31], unter bestimmten Bedingungen beobachtet man endogene Oszillationen zwischen diesen beiden Zuständen synchron mit Oszillationen der CO_2-Fixierung [30]. Hier könnten Rückkoppelungen auf der molekularen Ebene liegen.

Weitere Ansatzmöglichkeiten eröffnen Induktionsphänomene. Bei der fakultativen Halophyte Mesembryanthemum crystallinum kann der CAM durch Trockenheit und Salzstreß induziert werden. Dabei wird auch ein neues Isoenzym der PEPC gebildet [32], und die Aktivität der Tonoplasten-ATPase wird stark erhöht [29, 33]. Die Regulation liegt auf der genetischen Ebene [32, 34]. Die Tonoplasten-ATPase von CAM-Pflanzen besteht wie bei anderen Pflanzen aus mehreren Untereinheiten, von denen teilweise die Funktion bekannt ist (Tab. II). Nach der CAM-Induktion enthält die ATPase von M. crystallinum eine neue 24 kDa große Untereinheit, die überraschenderweise nicht nur vor der Induktion, sondern auch bei K. daigremontiana fehlt, wo der CAM konstitutiv ist (Abb. 10, Tab. II) [29].

Sequenzanalysen von Proteinen und Nukleinsäuren tragen durch Vergleiche abgestufter Ähnlichkeiten zunehmend zum Erfassen phylogenetischer Zusammenhänge bei. Hierzu gehören auch Untersuchungen der Membran-ATPasen [35]. Auch für das Verständnis biochemischer und molekularer Grundlagen öko-

Tab. II. Untereinheiten von Tonoplasten-ATPasen (kDa) [29].

Funktion laut Literatur	K. daigremontiana mit konstitutivem CAM M. crystallinum vor der CAM-Induktion	M. crystallinum nach der CAM-Induktion
ATP-Hydrolyse	72	72
	56	56
	48	48
	42	42
	28	28
	—	**24**
Protonenkanal durch die Membran	16	16

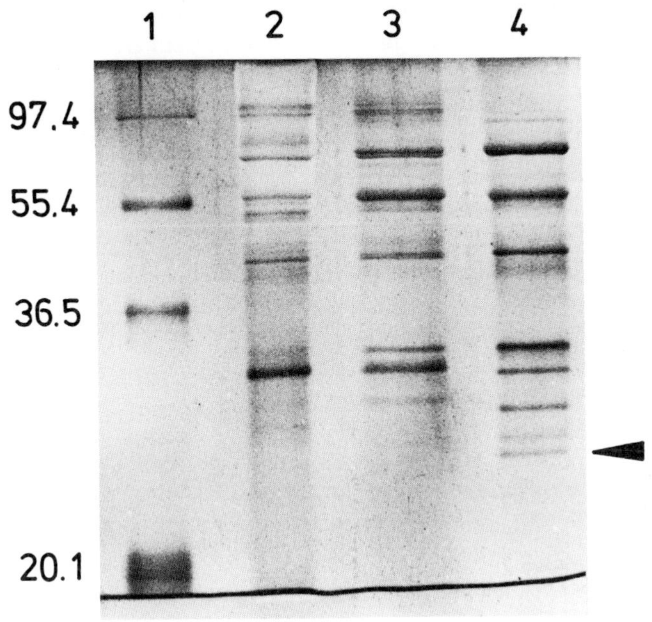

Abb. 10. Auftrennung der Untereinheiten von gereinigten Tonoplasten-ATPasen mittels der Gelelektrophorese. Die einzelnen Spuren zeigen die Banden von Markerproteinen mit den Molekulargewichten 97,4 kDa, 55,4 kDa, 36,5 kDa und 20,1 kDa *(Spur 1)* und die Banden der Tonoplasten-ATPasen von Kalanchoe daigremontiana *(Spur 2),* von Mesembryanthemum crystallinum im C_3-Zustand *(Spur 3)* und von M. crystallinum im CAM-Zustand *(Spur 4)* mit der zusätzlichen Bande bei 24 kDa (Pfeil) [29].

logischer Anpassungen steckt in dieser Methode ein großes Potential. Für Eukaryonten wurde dieses Potential in der Ökologie bisher erst wenig genutzt. Die Induktion des CAM bei M. crystallinum eröffnet Möglichkeiten zu gezielter Suche.

Zwei Anliegen

Zwei Anliegen habe ich hier verfolgt, ein altes und neues.

1. Die Ökologie konfrontiert uns mit umfassenden Fragestellungen. Wir brauchen deshalb einen breiten Ansatz der Forschung. Ich habe versucht, das mit den verschiedenen Ebenen deutlich zu machen. Dies macht ökologische Forschung zu einer besonders schwierigen aber ebenso lohnenden Herausforderung [13]. Die Beispiele habe ich überwiegend aus der eigenen Forschungspraxis gewählt.

2. Das neue Anliegen folgte aus der Themenstellung. Chaostheorien und Synergetik haben vielfache wissenschaftliche Begeisterung ausgelöst. Man sagt, sie können uns auf ein ganz neues Niveau der Paradigmen heben. Sie lehren uns zum mindesten eine neue Betrachtungsweise der Phänomene. Dies bringt in vielen Bereichen Fortschritt. Aber führen sie uns auch zu tieferem Verständnis der metastabilen Gleichgewichte zwischen Grenzzuständen, die uns auf allen Ebenen der ökologischen Anpassung und ihrer physiologischen, biochemischen und molekularen Grundlagen begegnen? Ich habe versucht, dazu einige Fragen zu formulieren.

Hier habe ich zahlreichen Mitarbeitern und der Deutschen Forschungsgemeinschaft für Unterstützung zu danken.

Weiterhin möchte ich meinem Kollegen Friedrich Beck für stundenlange interdisziplinäre Diskussionen danken.

Literatur

[1] Haken, H.: Erfolgsgeheimnisse der Natur. Synergetik. 4. Aufl. Deutsche Verlagsanstalt. Stuttgart 1986.
[2] Gleick, J.: Chaos: Making a new science. Viking Penguin Inc. New York 1987.
[3] May, R. M.: Nature **261,** 459 (1976).
[4] Schaffer, W. M., M. Kot: Bio Science **35,** 342 (1985).
[5] Conell, J. H.: Science **199,** 1302 (1978).
[6] Remmert, H.: Naturw. **72,** 505 (1985).
[7] Grime, J. P., J. M. L. Mackey, S. H. Hillier, D. J. Read: Nature **328,** 420 (1987).
[8] Gilbert, F. S.: J. Biogeography **7,** 209 (1980).
[9] Brown, M., J. J. Dinsmore: Oecologia **75,** 426 (1988).
[10] Medina, E., W. J. Cram, H. S. J. Lee, U. Lüttge, M. Popp, J. A. C. Smith, M. Diaz: New Phytol. (1989).
[11] Lüttge, U., M. Popp, E. Medina, W. J. Cram, M. Diaz, H. Griffiths, H. S. J. Lee, C. Schäfer, J. A. C. Smith, K.-H. Stimmel: New Phytol. (1989).
[12] Smith, J. A. C., M. Popp, U. Lüttge, W. J. Cram, M. Diaz, H. Griffiths, H. S. J. Lee, E. Medina, C. Schäfer, K.-H. Stimmel, B. Thonke: New Phytol. (1989).
[13] Lüttge, U.: New Phytol. **106,** 593 (1987).
[14] Lüttge, U., E. Medina, W. J. Cram, H. S. J. Lee, M. Popp, J. A. C. Smith: New Phytol. (1989).
[15] Jordan, P. W., P. S. Nobel: Botanical Gazette **143,** 511 (1982).
[16] Griffiths, H., J. A. C. Smith, U. Lüttge, M. Popp, W. J. Cram, M. Diaz, H. S. J. Lee, E. Medina, C. Schäfer, K.-H. Stimmel: New Phytol. (1989).
[17] Lee, H. S. J., U. Lüttge, E. Medina, J. A. C. Smith, W. J. Cram, M. Diaz, H. Griffiths, M. Popp, C. Schäfer, K.-H. Stimmel, B. Thonke: New Phytol. (1989).
[18] Smith, J. A. C., H. Griffiths, U. Lüttge: Plant, Cell and Environment **9,** 359 (1986).
[19] Popp, M., D. Kramer, H. Lee, M. Diaz, H. Ziegler, U. Lüttge: Trees **1,** 238 (1987).
[20] Lüttge, U., J. A. C. Smith: J. Membr. Biol. **81,** 149 (1984).
[21] Ritz, D., M. Kluge: J. Plant Physiol. **131,** 285 (1987).
[22] Buchanan-Bollig, I. C.: Planta **160,** 264 (1984).
[23] Sweeney, B. M.: Rhythmic phenomena in plants. Academic Press. London, New York 1969.

[24] Lonergan, T. A., M. L. Sargent: Plant Physiol. **61,** 150 (1978).
[25] Nungesser, D., M. Kluge, H. Tolle, W. Oppelt: Planta **162,** 204 (1984).
[26] Jochem, P., U. Lüttge: J. Plant Physiol. **129,** 251 (1987).
[27] Marquardt, G., U. Lüttge: J. Plant Physiol. **129,** 269 (1987).
[28] Nishida, K., O. Tominaga: J. Plant Physiol. **127,** 385 (1987).
[29] Bremberger, C., H.-P. Haschke, U. Lüttge: Planta. **175,** 465 (1988).
[30] Nimmo, G. A., M. B. Wilkins, C. A. Fewson, H. G. Nimmo: Planta **170,** 408 (1987).
[31] Krüger, I., M. Kluge: Botanica Acta **101,** 32 (1988).
[32] Höfner, R., L. Vazquez-Moreno, K. Winter, H. J. Bohnert, J. M. Schmitt: Plant Physiol. **83,** 915 (1987).
[33] Struve, I., U. Lüttge: Planta **170,** 111 (1987).
[34] Brulfert, J., J. Vidal, E. Keryer, M. Thomas, P. Gadal, O. Queiroz: Physiol. Vég. **23,** 921 (1985).
[35] Nelson, N.: Plant Physiol. **86,** 1 (1986).

Biologie der sozialen Organisation

Hubert Markl, Konstanz/Bonn

Soziale Organisation zwischen Ordnung und Chaos

Wer daran zweifelt, daß die soziale Organisation von Lebewesen ein vortreffliches Beispiel für „Ordnung und Chaos" in der belebten Natur ist — vielleicht am Ende das beste Beispiel überhaupt —, der braucht nur an einem warmen Sommertag vor einem Waldameisennest stehenzubleiben oder einen Blick auf einen schwarmbereiten Bienenstock zu tun und den Versuch zu machen, zu verstehen, was in dem Wirrwarr vor sich geht: Die eine Ameise zerrt hin, die andere her, ein Dutzend Bienen drängt zum Ausflug, während nicht weniger in den Stock zurückstreben: Ist ein chaotischeres Durcheinander vorstellbar? Und dennoch: betrachtet man das Ganze aus etwas weiterer Perspektive und über größeren Zeitabstand, dann wird dreierlei deutlich: eine bei allem Wandel *längerfristig beständige Mitgliedschaft; eine komplexe Verhaltensorganisation* der Gemeinschaft, die uns häufig in kunstvollen Bauleistungen gleichsam kristallisiert erkennbar wird [28]; und ein unaufhörlicher *Strom gemeinschaftlich erbrachter Leistungen,* ob wir diese nun am Nahrungszu- oder Abfallabstrom, an der Erzeugung neuer Angehöriger der Gemeinschaft, an der Klimaregulation des Nestinneren oder an der Gemeinschaftsverteidigung gegen fremde Artgenossen oder Feinde von außen ablesen. Gemeinschaftsorganisation und Gemeinschaftsleistung zur Aufrechterhaltung und schließlich Vermehrung dieser Organisation, dies sind die global und längerfristig hervortretenden Kennzeichen sozialer Systeme von Lebewesen — trotz oder, wie sich zeigen wird, gerade wegen des Wirrwarrs scheinbar oder wirklich chaotischer Einzelleistungen ihrer vielen Mitglieder.

Wer sich dies einmal am Beispiel von Bienenvölkern und Ameisenstaaten so richtig klargemacht hat, den kann auch die verwirrende Vielfalt von Abertausenden an Forschungsprojekten, wie sie die Deutsche Forschungsgemeinschaft zur Aufrechterhaltung von Organisation und Leistungsstrom unseres Forschungssystems fördert, nicht mehr überraschen — geschweige denn, daß er gerade in

Prof. Dr. Hubert Markl, Fakultät für Biologie der Universität Konstanz und Deutsche Forschungsgemeinschaft, Bonn-Bad Godesberg der scheinbar verwirrenden Vielfalt einen Mangel, der zu Zweifel an der Leistungsfähigkeit Anlaß gibt, erkennen wird. Die Einsicht in das Wesen der Leistungen sozialer Organisation wird ihn sehr schnell vom Gegenteil überzeugen. Mit anderen, einfacheren Worten: Alles, was ich als Wissenschaftler an Bienen und Ameisen gelernt habe, hilft mir jetzt vortrefflich zur Bewältigung meiner Aufgaben als Präsident der Deutschen Forschungsgemeinschaft. Bonn mag nicht Weimar sein, aber ein ausgewachsenes Wespennest ist es allemal. Daß hier wie da nicht immer nur Ordnung herrscht, ist unverkennbar. Soziale Systeme bringen jedoch ihre spezifischen Erhaltungsleistungen nicht durch Ordnung, sondern durch *zweckmäßige Organisation* zustande, wie Norbert Bischof [12] kürzlich überzeugend dargelegt hat: Jeder General und jede Putzfrau kann schließlich für Ordnung sorgen. Deshalb muß jede Betrachtung der Biologie sozialer Organisation, die ihre Leistungen — und da die Evolution sie auf diese Leistungsfähigkeit hin selektiv geformt hat, auch ihre evolutive Entstehung — verständlich machen soll, diese nicht so sehr im Spannungsbogen zwischen *Ordnung* und Chaos, wie es der Betrachtung der unbelebten Natur angemessen sein mag, sondern in dem zwischen leistungsbezogener funktionaler *Organisation* und den Kräften betrachten, die diese Organisation zu verändern und im Extremfall chaotisch zu sprengen geeignet sind.

Von Entstehung und Erscheinungsformen sozialer Organisation und von den Kräften, die sie gefährden und die doch für ihre Fortentwicklung und dadurch evolutive Erhaltung unentbehrlich sind, soll im Folgenden die Rede sein. Dieses *chaotische Potential* geht vor allem von der *genetischen Individualisierung* auf Grund *sexueller Vermehrung* der Mitglieder sozialer Gemeinschaften aus. Diese genetische Differenzierung schafft jedoch nicht nur eine *evolutionsgenetische Barriere* für fortschreitende Integration sozialer Gemeinschaften, sie wird zugleich wieder zur wesentlichen Voraussetzung für eine *arbeitsteilige Leistungsdifferenzierung* der Mitglieder, die die Leistungsfähigkeit des Systems steigert. Diese erfordert andererseits wieder gesteigerte *soziale Koordination,* vor allem durch *Kommunikation,* damit das System als Ganzes seine Organisation beständig aufrechterhalten kann. So erzwingt der Vorteil, der mit der differenzierenden, spezialisierenden Individualisierung der Mitglieder verbunden ist, die Notwendigkeit zu höherer Koordination und Integration ihrer auseinanderstrebenden Leistungen, gegen die sie sich — zur Verfolgung jeweils eigener Interessen disponiert und befähigt — wiederum verstärkt auflehnen können. Diese positiven Rückwirkungen zwischen Sozialität und Individualität — oder um im Tagungsthema zu bleiben: zwischen Ordnung und Chaos — bedingen die enorme evolutive Dynamik sozialer Organisation von Lebewesen, für die unsere eigene Spezies nur das letzte — aber hoffentlich nicht das allerletzte — Beispiel ist.

Evolutionsgenetische Grundlagen

Dazu bedarf es allerdings noch einiger Klarstellungen über die Mechanismen der natürlichen Evolution, denen auch genetisch beeinflußtes Sozialverhalten von Tieren unterworfen ist. Ich werde nämlich mein Thema ausdrücklich aus der Sicht neodarwinisch-genetischer Evolutionsbiologie behandeln, die unser Verständnis der Bedingungen der Verhaltensevolution seit Anfang der sechziger Jahre tiefgreifend verändert hat (wobei sie allerdings in vielem wieder direkt auf Charles Darwin zurückgreifen kann, der trotz unzureichender Genetikvorstellungen eine überaus moderne Betrachtungsweise des Evolutionsgeschehens hatte, s. [30—32]).

Das wesentliche Kennzeichen dieser Sichtweise — die, auch wenn sie sich etwas modisch *Soziobiologie* nennt, doch nur normale *Evolutionsbiologie der Anpassungsleistungen sozialen Verhaltens* bleibt — ist die Überwindung eines lange gehegten Denkfehlers, der das *Ergebnis* eines evolutiven Geschehens — die Arterhaltung — mit seinem *Antriebsmechanismus* verwechselt. Obwohl als mode de parlance auch heute noch weit verbreitet (aber schon von Darwin als fehlerhaft erkannt), ist es nämlich ziemlich sinnlos, die Entstehung einer Verhaltensleistung im Lauf der Evolution durch Variation und Auslese dadurch zu erklären, daß man darauf hinweist, dieses Verhalten diene auf diese oder jene Weise der Arterhaltung. Im Evolutionsprozeß variieren genetische Anlagen und in der Folge unterscheiden sich die Genotypen der Individuen einer Population, deren Phänotypen in Konkurrenz miteinander zu überleben und sich zu vermehren trachten. Deren unterschiedliche Bewährung in diesem Daseinswettbewerb unter gegebenen Umweltbedingungen und unter Einfluß zufälliger Einflußfaktoren bezeichnen wir als natürliche Auslese, die über die phänotypischen Leistungen von Individuen die Vermehrungsrate der ihnen innewohnenden Erbanlagen bestimmt. Wären wir alle — vom Virus bis zum Pottwal — nur asexuell vermehrungsfähig, so könnte man in der Beschreibung des grundlegenden Evolutionsmechanismus hier innehalten: Er ließe sich auf der Ebene der einzelnen Individuen beschreiben und würde Individuen nach Maßgabe ihrer Vermehrungsrate als isolierte Klone auslesen. Genetische und phänetische Evolutionsbetrachtung stimmten überein — und wir hätten überdies die größte Mühe, überhaupt Gene zu unterscheiden: jeder ganze Genotyp erschiene uns im Zuchtexperiment als ein einziges, riesiges, verklebtes Gen [72]. Da es dem Schöpfer — bzw. seinem Evolutionsprozeß — aber anders beliebte, schuf er erstens den Mechanismus sexueller Rekombination und zweitens Gregor Mendel, der ihn enträtselte. (Welch feine Ironie, daß ausgerechnet ein zölibatärer Mönch das wirkliche Wesen der Sexualität enträtseln durfte!)

Deshalb reicht die *Individual*buchführung zur Beschreibung der Evolution durch genetische Variation und natürliche Selektion nicht hin, da die einzig über viele Generationen hin identisch vermehrungsfähigen Partikel die Gene sind, die uns im Kreuzungsexperiment durch unabhängige Rekombination erkennbar werden. Dadurch wird die Evolutionsbühne der phänotypischen Individuen, auf der sich die für jeweils eine Lebensdauer zum Genotyp verbündeten Gene in der Umwelt bewähren und vermehren können, wie durch ein Netzwerk von einer Evolutionsebene der Gene unterlagert, die sich — sexuell Generation für Generation immer wieder und, je nach Koppelungsgrad in Chromosomen, mehr oder weniger gut durchmischt — in immer neuen Genotypverbänden auf dem Markt evolutiver Chancen zur Selektion durch Vermehrung feilbieten. Neben der *Individualerfolgsbilanz* brauchen wir also die damit verbundene, aber nicht identische *Generfolgsbilanz.* Sex macht — fast — jedes sexuell entstandene Individuum nicht nur wesensmäßig absolut einzigartig, sondern auch zeitlich einmalig; *Sex macht daher Evolution erst richtig innovativ* und läßt die Lebewesen den Eigenschaftsraum genetischer und phänetischer Möglichkeiten explorieren; Sex macht Evolution dadurch jedoch gleichzeitig durch das Zerreißen von funktionsfähigen Genotypen spielerisch, zwar chancenreich, aber auch riskant, ja gefährlich. Oder anders ausgedrückt: *Sex macht Evolution chaotisch,* und demgemäß machte Mendel Evolutionstheorie auch mathematisch anspruchsvoll. (Welch feine Ironie, daß ausgerechnet der Mathematiklehrer Mendel durch Spiel mit Pflanzensex im Klostergarten und Erbsenzählerei Generationen von Bio-Mathematikern zu Lohn und Ruhm verhalf!) Da Gene von Generation zu Generation getrennte Wege in immer neue Genotypen gehen können, ist die Genebene die eigentliche *Bilanzebene* — wenn auch keineswegs die *Leistungsebene* — der biologischen Evolution.

Die Folgen der Tatsache, daß Individualvermehrungserfolg und Genvermehrungserfolg zwar in der Regel eng verknüpft, aber für die Evolution des Verhaltens von Organismen keineswegs identisch sind, hat erstmals der geniale englische Evolutionsbiologe William D. Hamilton [33] populationsgenetisch konsequent zu Ende gedacht. Er erkannte, daß der *Vermehrungserfolg* (oder die *Darwin-Fitneß)* eines definierten Genexemplars durch den *Gesamtvermehrungserfolg* (die *Gesamtfitneß)* aller genealogischen Verzweigungen bestimmt wird, in die seine Vermehrungsprodukte geraten — also durch die ganze *Sippe,* in der seinesgleichen vertreten sind. Zerstreut sich diese Sippe in alle Winde, ohne mehr miteinander zu tun zu haben als beliebige Artgenossen, so kann man den Vermehrungserfolg dieses Genexpemplars natürlich einfach am Vermehrungserfolg seiner einzelnen Träger abzählen. Organisieren sich jedoch diese Sippen von Trägern abstammungsgleicher Genkopien in kooperativen Sozialsystemen, so kann auch ein Genträger, der selbst keinerlei Nachkommen hervorbringt, zum Vermehrungserfolg der in ihm vorhandenen Gene beitragen, indem er verwandten Individuen mit abstammungsidentischen Erbanlagen bei ihrer Vermehrung und Nachkommenaufzucht behilflich ist. Seine direkte oder klassische genetische Darwin-Fitneß mag also Null sein (obwohl er natürlich phänetisch höchst fit, also lebenstüchtig sein mag, beides darf man nicht verwechseln!). Dennoch kann über den Beitrag, den dieses Individuum zur Vermehrung von genetisch Verwandten leistet, also über den indirekten genetischen Fitneß-Effekt, seine genetische Gesamtfitneß beachtlich sein (s. zur weiteren Erläuterung dieser Begriffe Brown [48, 17]). *Kin Selection, Sippen-* oder *Verwandtschaftsselektion* nennt man (die Einsicht stammt von Hamilton [33], der Begriff von Maynard Smith [54]) die *Selektion von Erbanlagen für Eigenschaften, die die Fitneß genetisch verwandter Individuen begünstigen.* Sie setzt nicht etwa voraus, daß ein Individuum die Nachkommenschaft Verwandter zum Nachteil der eigenen begünstigt, im Gegenteil: Die typische Auswirkung von Verwandtschaftsselektion dürfte sein, daß Individuen zusätzlich zu den eigenen Nachkommen auch die ihnen genetisch verwandter Individuen — je näher verwandt um so besser — fördern, um so neben direkten auch indirekte Fitneßerträge erwirtschaften zu können, deren Summe die wirklich evolutive Bewährung ausmacht. *Sippenselektion ist sozusagen nur die umfassende Ansicht der natürlichen Selektion, keine Alternative zu ihr.* Allerdings — und dies ist eine eminent wichtige Einsicht, die wir Hamilton verdanken — gestattet es der gleiche Evolutionsmechanismus, auch Anlagen für Verhaltensdispositionen zu selektieren, auf Grund derer ein Individuum auf eigene Nachkommenförderung verzichtet und sich ganz der Verwandtenförderung zuwendet, wenn nämlich der indirekte genetische Fitneßertrag solchen verwandtenkooperativen Verhaltens größer ist als der direkte Fitneßertrag eigener Vermehrung wäre. Wie Hamilton ebenso aufzeigte, ist dabei allerdings zu berücksichtigen, daß eigene Nachkommen die eigenen Erbanlagen typischerweise mit höherer Wahrscheinlichkeit enthalten als die Nachkommen mehr oder weniger nahe verwandter Individuen: Nichten und Neffen etwa nur halb so wahrscheinlich wie Söhne und Töchter. Man findet solches *Begünstigungsverhalten* der Fitneß anderer Individuen in der biologischen Literatur häufig als *„Altruismus"* bezeichnet — keine sehr glückliche Wortwahl, da gerade durch seine Erklärung als indirekt-fitneßförderliches Verhalten auch noch der Anschein der Uneigennützigkeit dahin ist, die menschlichen Altruismus ausmacht (soweit er nicht auch nur verkappter Eigennutz ist). *Scheinaltruismus* wäre eine zutreffendere Bezeichnung für dieses Begünstigungsverhalten von Tieren. Allerdings hat die unglückliche Bezeichnung auch ihr Gutes: sie weist nämlich auf Verhalten hin, dessen Evolution für die „klassisch-darwinische" Evolutionstheorie, wie Darwin selbst sah, besonders schwierig zu erklären ist. Die Leistung Hamiltons bestand sozusagen darin, einen mit dem ganz normalen Evolutionsparadigma lückenlos übereinstimmenden Weg gewiesen zu haben, wie sich selbst die Evolution steriler Arbeiterkasten in Tiersozietäten durch natürliche genetische Auslese erklären läßt. Dieses Denken in Gensippen hat uns gelehrt, natürliche Populationen nicht als strukturlos-beliebige Ansammlungen von Individuen, sondern als gestaltete genetische Netzwerke, das heißt als *soziale Systeme* zu verstehen.

Zur Darstellung dieser Prozesse bedurfte es des Bezugs auf Vorteile für die *Arterhaltung* nicht. Sie ist nicht *Ursache,* sondern *Ergebnis* erfolgreichen Strebens von Individuen nach möglichst hohem direktem und indirektem genetischem Vermehrungserfolg. Daß die Evolution Individual- und über ihn Generfolg und nicht Arterhaltung optimiert, hat profunde Folgen für unser Verständnis der belebten Natur: Nichts kann den Evolutionsprozeß nämlich daran hindern, Anlagen für Eigenschaften zu selektieren, die sich augenblicklich, zu gegebener Zeit, als überlegen gegen Konkurrenten erweisen, selbst wenn dadurch längerfristig die Lebensgrundlagen der Spezies zerstört werden oder sie anfälliger für künftig neu auftretende Feinde wird. Viel spricht dafür, daß die *natürliche Evolution zwar ein artenschaffender, aber kein artenerhaltender Prozeß* ist, weshalb wir selbst gut daran täten, unser Heil selbst dann nicht allzu kopflos in mehr biologischer Natürlichkeit zu suchen, wenn uns unerwünschte Folgen unserer Kulturentwicklung ängstigen und plagen.

Ein Letztes noch zu diesem Abschnitt: Der biologische Mechanismus der Sexualität — und nicht etwa ein leerlaufender szientistischer Erklärungsreduktionismus — zwingt uns dazu, zum Verständnis des Evolutionsprozesses die Bilanzebene der Gene als eigentlicher Replikationseinheiten [21] aufzusuchen. Aufmerksamkeitsfördernd, aber auch leicht irreleitend wurde diese Perspektive der Evolution als die des *„egoistischen Gens"* bezeichnet [20]. Dies ist jedenfalls für den falsch, der den Begriff Egoismus nur dann verwenden will, wenn damit bewußte eigensüchtige Absicht eines aktiv Handelnden gemeint sein soll. Das muß man allerdings nicht unbedingt tun, so wenig, wie man bei der Rede von magnetischer Anziehung auf nordsüdpolare Liebesgefühle schließen muß. Wenn Gene — wie Manfred Eigen [23] und viele andere dargelegt haben — in ihren strukturellen und funktionalen Eigenschaften nur dadurch verstanden werden können, daß man sie schon auf der rein chemischen Betrachtungsebene als daraufhin selektiert begreift, sich in einem autokatalytischen Kreisprozeß möglichst fehlerfrei zu replizieren, so kann man eben diese Charakteristik, wenn man so will, durchaus metaphorisch als „eigensüchtig" bezeichnen. Die Mißverständnisse, die man damit heraufbeschwört — am plattesten in der Form: Egoismus sei also damit natürlich gerechtfertigt —, sollten einen jedoch belehren, daß einen solcher Sprachgebrauch nur zu ständigem Hinterhererklären zwingt, weshalb es wohl doch besser ist, darauf zu verzichten, wie ich es hier tun werde. Worauf wir indes, wie erläutert, ganz und gar nicht verzichten können — auch und gerade nicht, wenn wir die Biologie sozialer Organisation zu verstehen suchen —, ist die Betrachtung der Evolution aus genetischer Perspektive und aus der Einsicht, daß Gene und die von ihnen gesteuerten biochemischen Folgeprozesse, aus denen phänotypische Individuen hervorgehen, die sich in ihrer Umwelt verhalten und bewähren müssen, im Evolutionsprozeß daraufhin ausgelesen sind, die *Genvermehrungsrate zu maximieren.*

Dabei hat es sich zugleich als besonders folgenreich erwiesen, daß uns in den letzten zwei Jahrzehnten die weitreichenden Ähnlichkeiten und Übereinstimmungen — bei allen ebenfalls unübersehbaren Unterschieden — zwischen evolutionsbiologischen und ökonomischen Prozessen immer deutlicher geworden sind. Dies wird zum einen an der bedeutenden Rolle, die die Theorie von Spielen in beiden Disziplinen spielt, klar [62, 56, 5, 36]. Zum anderen daraus, daß heute kein evolutionsbiologischer Forscher versäumen wird zu berücksichtigen, daß jedes körperliche oder Verhaltensmerkmal eines Organismus nicht nur unter dem Gesichtspunkt fitneßförderlicher *Anpassungsgewinne* — z. B. für das individuelle Überleben, für Vermehrungschancen oder für die Nachkommenaufzucht —, sondern auch dem der unvermeidlich damit verbundenen Nachteile oder, ökonomisch gesprochen, *Risiken und Kosten* zu betrachten ist — Körperbau- und Betriebskosten, Beschädigungs-, Unfall-, Feind- oder Krankheitsrisiken, vor allem aber jene Opportunitätskosten, die darin bestehen, daß ein Anpassungshandwerk perfekt zu beherrschen eben meist bedeutet, zahlreiche andere schlecht oder gar nicht ausüben zu können [46]. Darauf wird auch im Folgenden hinsichtlich der *Nutzen/Kosten-Bedingungen sozialen Verhaltens* zu achten sein.

Ich meinte, meinem Thema diese ausführliche evolutionsbiologische Einführung schuldig zu sein, da sonst nur schwer verständlich wird, warum gerade die Erforschung des Sozialverhaltens von Tieren — und, weiter gefaßt, der Organisation kooperativer Systeme von Lebewesen ganz allgemein — zu einem der interessantesten und ertragreichsten Gebiete evolutionsbiologischer Forschung geworden ist. Die Phänomene des Sozialverhaltens von Tieren hat man natürlich mindestens seit Aristoteles beschrieben, klassifiziert und in immer genaueren Details aufgeklärt [26, 22, 78]. Die evolutiven Bedingungen, unter denen sich seine Ausprägungsformen in verschiedenen Organismengruppen entwickeln konnten, was deren Leistungen ausmacht und begrenzt, welche Hindernisse der Entfaltung und Intensivierung sozialen Lebens entgegenstehen, das alles ist uns erst in allerjüngster Zeit auf der Grundlage einer in sich schlüssigen evolutionstheoretischen Analyse zugänglich geworden (s. zusammenfassend [48, 79, 35, 71, 64, 67, 17, 52, 27, 41]).

Kennzeichen sozialer Phänomene

Was sind — in solchem Sinne — soziale Phänomene bei Lebewesen, was sind soziale Systeme, was zeichnet ihre Organisation aus? Das Grundphänomen der Sozialität ist die *Kooperation,* das Zusammenwirken von zwei oder mehr Individuen, die wenigstens prinzipiell auch getrennt existieren könnten. Nicht jede Wechselwirkung, nicht jede beliebige Anhäufung von Lebewesen weist sie als sozial aus: Erforderlich ist das *vorteilhafte Zusammenwirken in einem Systembezug,* der den Mitgliedern des sozialen Systems — wenn auch keineswegs immer allen gleichermaßen — *Konkurrenzvorteile* gegen den jeweils als ursprünglich anzusehenden, aber auch wieder sekundär erreichbaren Zustand solitären Daseins verleiht: Soziale Kooperation ist also immer eine Eigenschaft, die darauf ausgelesen ist, die Fähigkeit von Gruppen zur Konkurrenz mit anderen Wettbewerbern zu verbessern, nicht eine, die aus sich heraus die innerartliche Konkurrenz mindert oder gar abschafft (die idyllische, aber falsche Arterhaltungsperspektive verleitet leicht, dies zu übersehen).

Als soziales System erweisen sich Gruppen durch eine mehr oder weniger scharf *definierte Mitgliedschaft* — also durch Abgrenzung gegen andere solche typischerweise konkurrierende Einheiten —, durch die zumindest *mittelfristige Beständigkeit* dieser Mitgliedschaft, durch kooperative Leistungen, die einzelne Mitglieder nicht oder nicht so gut zustande brächten, durch die gemeinsam bewirkte *Widerstandsfähigkeit gegen Störungen* von außen, sozusagen ihre Verteidigungsfähigkeit, sowie schließlich durch ihre Fähigkeit, sich auch als *Systeme zu vermehren,* also Ableger aus sich hervorgehen zu lassen. Zur Abgeschlossenheit der Mitgliedschaft — primärer Ausweis einer sozialen Ordnung — ist allerdings sogleich hinzuzufügen, wie Beispiele gleich zeigen werden, daß sie, so wichtig sie ist, niemals vollständig sein kann: In häufig ganz bestimmten Entwicklungsphasen jedes sozialen Systems wird sie durchbrochen, es kommt zu *Mitgliederaustausch,* zu Gruppenvermischung, meist nicht unbegrenzt, aber dennoch nie unbeachtlich. Was wir hier erkennen, scheint auf den ersten Blick wie eine Störung sozialer Organisation, der Einbruch chaotischer Kräfte in das wohlgeordnete System, die dem Zufall, der ungeplanten Veränderung Raum geben. Diese Tatsache des schwankenden Wechsels zwischen vollendet kontrollierter, exklusiv gehaltener Mitgliederorganisation und der Auflösung dieser geordneten Beziehungen zeigt dem evolutionsbiologisch geschärften Blick sogleich ein wichtiges Faktum an, daß nämlich *soziale Systeme* offenkundig *Kompromißlösungen zwischen gegenläufigen Kosten/Nutzen-Kalkülen* sind: Der Zustand zunehmend perfektionierter spezialisierter Ordnung, also Angepaßtheit, bringt steigende Opportunitätskosten durch Verlust flexibler Anpassungsfähigkeit an neue Herausforderungen mit sich, Optimierung der Perfektion führt zu perfekter Erstarrung. Andererseits verlöre das System, das sich in amorpher Flexibilität für tausend verschiedene Möglichkeiten bereitzuhalten suchte, die Fähigkeit, auch nur eine einzelne davon so gründlich auszunutzen, wie jeweils spezialisiertere Konkurrenten dies zu tun vermögen, die proteische Formlosigkeit vermeidet die Kosten spezialisierender Festlegung, läßt dadurch aber unter scharfen Konkurrenzbedingungen auch alle Gewinnchancen schwinden.

Diese zunächst nur allgemein vorhergesagte *Dialektik von Ordnung und Chaos in sozialen Systemen* sei nun an ein paar Beispielen aufgezeigt, die zugleich einen kurzen Überblick über die Vielfalt sozialer Phänomene geben können.

Beispiele sozialer Organisation

Es wäre zwar verlockend, das Phänomen der vorteilhaften Kooperation bis in die Vorstufen des Lebens zurückzuverfolgen — was ist schließlich ein Hyperzyklus anderes als ein Zusammenschluß arbeitsteilig differenziert kooperierender Makromoleküle zu Systemerhaltung und Systemvermehrung, den die chaotische

Wirkung mutativer Veränderung der Nucleinsäurekette unter Konkurrenz um knappe Ressourcen zugleich zur Wandlung unter Anpassung befähigt und zwingt? Aber selbst wenn wir nicht gar so weit bis ins kaum Belebte zurückgreifen, genügt uns das *Genom eines Bakteriums* als Beispiel: In ihm finden wir — durch koordinative biochemische Prozesse der Zellumwelt wohl organisiert — das Zusammenwirken einiger Tausend individualisierter, durch jeweils eigentümliche Enzymprogrammeigenschaften gekennzeichneter Gene, die nach allem, was ich vorher gesagt habe, eine solide Gensozietät bilden, sich zum Teil einzeln, überwiegend aber im Gesamtzusammenhang des Systems identisch vermehren und der Trägerzelle somit eine ganz bestimmte genetische Fitneßleistungscharakteristik verleihen. Ordnung par excellence: sprächen wir von etwas nur ein wenig Kleinerem, zum Beispiel einem Virus, so könnten wir sie sogar noch sauber kristallisiert erkennen. Nun mag man einwenden, daß dabei doch nicht von potentiell unabhängiger Existenzweise der Mitglieder gesprochen werden könne: Was könnte ein Gen allein denn für sich tun? Das Ganze ist dann eben kein soziales System, sondern einfach ein einheitliches Individuum. Daß dies nicht zutrifft, wird aus zweierlei ersichtlich: Erstens können nämlich einzelne Genomabschnitte tatsächlich als transponierbare Elemente im gleichen Genom herumwandern oder durch Übertragung in ein anderes Genom eindringen, wie aus den bahnbrechenden Arbeiten von Peter Starlinger und seinen Mitarbeitern bekannt geworden ist. Zweitens aber geriete gerade das perfekt nur sich selbst und möglichst massenhaft reduplizierende Bakterium unter Umständen rasch in eine molekulare Abwehrfalle, zum Beispiel seiner Wirte oder seiner Freßfeinde, aus der es sich eben gerade dadurch befreien kann, daß es die schöne eigene Ordnung durch Einlaß fremder Erbinformation immer wieder aufs Spiel setzt, was natürlich Gewinn oder Verlust bedeuten kann. Zugleich öffnet solche *parasexuelle Rekombination* mit Genen anderer Individuen den Zugang zu den *genetischen Ersatzteilen für eine Reparatur* nachteilig mutierter Genabschnitte (s. [58, 68]): *Rekombination ist also ein genetischer Innovations- und Wartungsprozeß.* Die ganze Population einer solchen Bakterienart — und, da Genaustausch mittels spezieller Plasmidvehikel auch zwischen Individuen verschiedener Spezies erfolgen kann, auch weit darüber hinaus — wird somit eine soziale Solidargemeinschaft mit gemeinsam bewirtschaftetem, aber dispers die Umwelt explorierendem und ausbeutendem Erbanlagenbestand. Dieses Phänomen findet sich ähnlich ausgeprägt erst wieder in der menschlichen Kulturgemeinschaft. „Spezies" bezeichnet bei diesen Lebensformen daher keine scharf und dauerhaft abgegrenzten „Gruppen-Individuen", sondern gewisse Eigenschaftskonzentrationen, gleichsam Eigenschaftshügel in einer zusammenhängenden Eigenschaftslandschaft.

Tun wir einen Schritt weiter zur *Eukaryotenzelle,* die zu Diploidie, Meiose und damit echter sexueller Befruchtung fähig ist, so wiederholt sich dieses Bild des Geschehens. Auch sie ist zwar unzweifelhaft ein sauber abgegrenztes, hochorganisiertes Individuum, dem sein Genotyp bestimmte Leistungseigenschaften verleiht, die bei identisch-asexueller Vermehrung auch schön beisammengehalten werden könnten, doch rumort es unter dieser phänotypischen Decke unverändert im genetischen Bestand: Dank der unabhängigen Verteilung der Chromosomen väterlicher oder mütterlicher Herkunft in der Meiose denken die Gene gar nicht daran, von Generation zu Generation im gleichen Geleitzug zu marschieren; nicht genug damit, hangeln sie sich auch noch im Austausch mit homologen Partnern von Chromosom zu Chromosom und können gelegentlich auch noch auf dem eigenen Chromosom herum- oder in andere Chromosomen auswandern — was alles phänotypische Konsequenzen haben kann, die die reproduktive Fitneß beeinflussen. *Cross-over,* der wichtigste *Auswanderungsmechanismus der Gene,* sozusagen Mittel ihres Parteiübertritts auf der Suche nach besseren Wahlchancen, demonstriert uns unter dem Mikroskop ad oculos, daß unter der Oberfläche des wohlorganisierten Eukaryotenindividuums das Chaos genetischer Veränderung wirkt. Wer daher meint, daß er *sich* sexuell vermehrt hat, wenn er voll Stolz auf seine Kinder blickt, der sollte sich gelegentlich bewußtmachen, daß er dabei zwar durchaus *etwas* vermehrt hat — nämlich eine Zufallsauswahl seiner Gene — daß diese Kinder aber etwas gänzlich anderes, eigenständiges sind. (Wenn er dies nicht selbst erkennt, werden sie übrigens nicht zögern, es ihm klarzumachen!)

Der *vielzellige Körper* ist die nächste Stufe gesteigerter Kooperation. Während Bakterien oder Einzeller ihren durch asexuelle Vermehrung hervorgebrachten „Körper" gleichsam flächendeckend auseinanderdriften lassen, verschafft der Vielzeller sich Konkurrenzüberlegenheit durch ortsfeste Masse. Manche Organismen, wie etwa *Myxobakterien* [65] oder *Schleimpilze* [13] haben sich zwischen beiden Alternativen noch nicht endgültig entschieden: sie leben meist dispers und werden nur im Notfall zur Fruchtbarkeit gesellig. Sie zeigen dabei jedoch ein Phänomen fortgeschrittener sozialer Kooperativität, das für alle Vielzellerkörper charakteristisch ist: Ein Teil der sich vereinigenden Zellen — am Ende evolutiver Entwicklung deren größter Teil — wird vermehrungsunfähig und trägt nur zur Vermehrungsleistung der allein fruchtbar bleibenden Keimbahn bei. Da zwischen allen aus der gleichen Zygote hervorgegangenen Zellen des Vielzellerkörpers genetische Identität herrscht, wird diese Kooperativität evolutiv nicht schwer erklärlich — vorausgesetzt, die verwirklichte genetische Fitneß dieses kooperativ-sozialen Vielzellers übersteigt jene, die die Einzelzellen, wären sie alle solitär und fruchtbar geblieben, zustande hätten bringen können. Es ist leicht einsichtig, daß der größte *Vorteil der Vielzelligkeit* darin besteht, daß sich die unfruchtbaren Somazellen sehr *vielseitig spezialisieren* und dadurch das *Leistungsspektrum* des Körpers gegenüber selbst dem vielseitigsten Einzeller gewaltig erhöhen können. Wie erfolgreich dieses Prinzip ist, sehen wir daran, daß einige Tiergruppen es gleich zweistöckig anwenden: *Hohltiere,* zu denen zum Beispiel Riffkorallen oder Staatsquallen gehören, und *Moostiere* lassen ungeschlechtlich erzeugte vielzellige Individuen zusammen einen genetisch homogenen Superkörper bilden, in dem einige Geschlechtsindividuen von den Leistungen vieler anderer steriler und funktionsspezifisch differenzierter Arbeitsindividuen profitieren. Gerade bei diesen hochentwickelten und zum Teil ökologisch überaus erfolgreichen Tiergruppen, die die Fähigkeit zu ungeschlechtlicher Vermehrung voll erhalten haben, stellt sich natürlich wiederum die Frage, warum sie es denn nicht dabei beließen: wozu zusätzlich das umständliche sexuelle Verfahren, zu dem man ungezählte wertvolle Gametenzellen ins Meer werfen muß, von denen sich die allerwenigsten überhaupt artgerecht und paarweise zusammenfinden (tun dies schon die Elterntiere für sie, so geht dies auch nicht ohne Aufwand ab)? Vor allem: Wozu wertvolle Ressourcen in männlicher Ausfertigung verschwenden, wenn zwei ungeschlechtlich reproduktive weibliche Wesen logischerweise doppelt so viel Kinder haben könnten als eines davon, das sich dazu von einem Spermaspender abhängig macht (man nennt dieses Dilemma heute angelsächsisch das Problem des *„cost of sex"*; s. [55]?

Sexuelle Vermehrung und Kosten der Sexualität

Der erste Biologe, der sich diese Frage in ganzer Konsequenz stellte und dessen geniale Beiträge zur Evolutionsbiologie gerade hier in Freiburg besonders gewürdigt zu werden verdienen, da er hier lehrte und forschte, war der Entdecker der *Keimbahn,* August Weismann [74]. Da er, anders als Darwin, erkannt hatte, daß phänotypisch erworbene Modifikationen, die gerade dem Vielzellerkörper eine enorme zusätzliche Anpassungsplastizität verleihen, nicht vererbbar sind, suchte er — vor der Entdeckung genetischer Mutationen — nach einer *Quelle der Variabilität,* aus der die natürliche Auslese auswählen kann, und fand sie in der *Sexualität.* Mutationen füllen das Variantenreservoir, so wissen wir heute, daß durch sexuelle Fortpflanzung immer neu gemischt und phänotypisch immer anders wirksam in Individuen abgefüllt und aufgetischt wird. Zwar ist dies im Grundsatz auch heute noch unbestritten, doch fällt es den Evolutionsbiologen nach wie vor schwer zu erklären, warum dieser variantenreiche, umständliche Modus der Vermehrung mit seinen chaotischen genetischen Starmixqualitäten nicht ständig von effektiveren asexuellen oder unisexuellen (parthenogenetischen) Varianten aus dem evolutiven Markt gedrängt wird [76, 55, 68, 58]. Eine der zur Zeit am meisten diskutierten neueren Erklärungshypothesen wurde wiederum vor allem von William D. Hamilton besonders fruchtbar entwickelt und empirisch gestützt: Nur sexuelle Vermehrung macht die eigenen Nachkommen ausreichend stark und unvorhersagbar von ihren Eltern verschieden, um zu verhindern, daß sich Mikroparasiten allzu gefährdend auf bestimmte Genotypen spezialisieren können und dadurch ganze Stammlinien auf einmal ausrotten können *(Sex als Antiparasitenstrategie* s. [42, 34, 3, 68, 58]). Es ist hier nicht Platz, dies ausführlich zu erläutern, aber es darf in unserem Zusammenhang schon darauf hingewiesen werden, daß nach diesen recht überzeugenden evolutionsbiologischen Überlegungen die sexuelle Fortpflanzung und damit, das sei auch ganz klar gesagt, der *Platz von männlichen Wesen* in unserer Welt jedenfalls bei höheren Organismen vielleicht überhaupt nur deshalb gewährleistet blieb, weil sich die weiblichen Individuen sonst ihrer Schmarotzer nicht hätten erwehren können. Daß weibliche Tiere dabei überaus wählerisch in der Auswahl der genetischen Qualität der Väter ihrer Nachkommen sein sollten und häufig genug ja auch sind, war schon Darwin als Teil dessen, was er sexuelle Selektion nannte, bekannt. Es findet durch diese neue Betrachtungsweise eine wesentliche Stütze durch eine realistische selektionistische Begründung (s. [16]). Das konnte freilich nicht verhindern, daß bei manchen Spezies die männliche Ausfertigung zu einer Miniaturspermienspritze reduziert wurde (bis zum auch evolutionsbiologisch kaum mehr vertretbaren Exzeß trieben es allerdings manche unisexuellen, sozusagen allweiblichen Fische, die das männliche Geschlecht der eigenen Art völlig abgeschafft haben und sich als Entwicklungstrigger für ihre Eier die Samenzellen der Männchen anderer Spezies klauen: [61].

Als evolutionssicher erweist sich — am Geschlechtszahlenverhältnis gut ablesbar — eine ansehnliche und auskömmliche Rolle für männliche Tiere vor allem dann, wenn diese sich *aktiv und gleichwertig mit ihren Partnerinnen an der Nachkommenaufzucht* beteiligen, vor allem also in den typisch *monogamen Paarbindungsbeziehungen* zum Beispiel von Vögeln oder manchen Säugetieren und Fischen, denn dann kann ihr Leistungsbeitrag zur Brutpflege die Investitionen aufwiegen, die unnötigerweise auf sie — als cost of sex — entfallen.

Familiäre Organisation

Damit haben wir zugleich den Schritt zur nächsten Stufe sozialer Organisation getan: dem Zusammenwirken von Eltern in der sexuellen Fortpflanzung und gegebenenfalls auch bei der Jungenaufzucht. Daß diese *„familiäre Organisation“* ein besonders einfach gangbarer evolutiver Weg zur sozialen Gemeinschaft ist, geht nicht nur daraus hervor, daß die allermeisten uns bekannten multiindividualen Sozialsysteme von Tieren diese *„Volksstruktur“* besitzen — ich erinnere an *Ameisen, Bienen, Wespen, Termiten* und die meisten hochsozialen *Säugetiere,* fast insektenhaft extrem mit sterilen Arbeitstieren bei den unterirdischen afrikanischen Maulwurfsratten oder *Nacktmullen* [29] —; es leuchtet auch insofern ein, als im Sinne des eingangs über Sippenselektion Dargelegten die eigenen Nachkommen und die eigenen Vollgeschwister für diploide, bisexuell sich fortpflanzende Vielzeller eben die genetisch nächsten Verwandten, also die mit größter Wahrscheinlichkeit Kopien der eigenen Gene tragenden Individuen sind. Dies gilt für die Hymenopteren, die mit Ameisen, Bienen und Wespen ganz besonders viele hochsozial lebende Entwicklungslinien hervorbrachten, wie ebenfalls Hamilton [33] zuerst klar erkannte, deshalb in besonderem Maße, weil ihr *haplodiploider Geschlechtsbestimmungsmechanismus* — die männlichen Drohnen entstehen aus unbefruchteten Eiern — dafür sorgt, daß sich Vollschwestern genetisch noch ähnlicher sind als Mutter und Kind. Vielleicht ist dies der Grund, warum bei ihnen die Entwicklung steriler Arbeiterinnen, die ihrer Mutter helfen, effizienter mehr Schwestern herzustellen, besonders häufig ist (s. dazu [78, 71]), obwohl es sterile — männliche und weibliche — Arbeitstiere auch bei den normal-diploiden Termiten oder bei den Nacktmullen gibt; eine sterile „Soldatenlarvenkaste" besitzen manche Blattläuse [4] und mindestens eine parasitische Wespenart [18], bei denen die genetische Übereinstimmung mit den begünstigten Individuen dank Parthenogenese bzw. asexueller Polyembryonie besonders hoch ist. Dies alles spricht sehr für eine wesentliche Rolle der Sippenselektion bei der Evolution solcher sozialer Organisationen von Tieren, deren Komplexität und vielfältige Leistungsfähigkeit — im Falle von Ameisen, Bienen oder Termiten — nur noch von menschlichen Kulturen übertroffen wird [77, 78, 51].

Direkte *experimentelle Belege für die Wirkung der Verwandtschaftsselektion* und für den Gewinn indirekter Fitneß durch gezielte Verwandtenbegünstigung haben vor allem ausgezeichnete *Feldexperimentalstudien an einigen Vogelarten* geliefert, bei denen Eltern von älteren Jungen bei der Aufzucht weiterer Geschwister unterstützt werden (Nesthelfersysteme). Besonders eindrucksvoll sind die Ergebnisse von Reyer an afrikanischen Eisvögeln (s. Zusammenfassung in Brown [17]) von Curry [19] an Galápagos-Spottdrosseln und von Emlen u. Wrege [25] an Weißstirnbienenfressern. Klare Belege für mit dem Verwandtschaftsgrad korreliertes Kooperationsverhalten wurden auch bei einer Reihe von Säugetieren erbracht (z. B. Erdhörnchen, Zusammenfassung [66], oder Primaten, Zusammenfassung [67]).

Es kann hier nur kurz darauf hingewiesen werden, daß die Entwicklung von sozialer Kooperation durch Verwandtschaftsselektion wirksame Verhaltensmechanismen voraussetzt, die es erlauben, genetisch Verwandte, vor allem Nächstverwandte von Fremden zu unterscheiden und kooperativ zu bevorzugen. Forschung über *Verwandtenerkennung* — meist durch erlernte Vertrautheit — (Kin Recognition: [27]) hat jüngst auch auf Grund der geschilderten Fortentwicklung der Evolutionstheorie bedeutende Erkenntnisfortschritte erbracht; die tiefgründigste Studie des Verwandtenerkennungsproblems verdanken wir Karl Eduard Linsenmairs fast zwei Jahrzehnte dauernder Experimentalanalyse des *Familiensystems einer afrikanischen Wüstenassel* (s. seine Zusammenfassung [27]).

Wenn von Verwandtenbegünstigung die Rede ist, sollte auch ein kurzer Blick auf die *Kehrseite* geworfen werden, auf den scheinbar schlimmsten Fall des Versagens der Verwandtschaftsselektionserklärung für kooperatives Verhalten, nämlich *Infanticid* und *Siblicid,* die *Tötung genetisch Nächstverwandter* [35]. Ohne hier auf Details eingehen zu können, sei nur daran erinnert, daß der Evolutionsprozeß nicht die Verwandtenbegünstigung an sich oder Kooperation mit Artgenossen als Selbstzweck herausselektiert, sondern jedes Verhaltensmerkmal nur nach Maßgabe seines Beitrages zur Maximierung der genetischen Gesamtfitneß eines Individuums bzw. seiner Gene bewertet. Erweist sich ein Weg, der Verwandtenopfer mit sich bringt, als gesamtfitneßergiebiger, so ist Kindermord oder Kannibalismus bei Tieren genauso selektierbar wie aufopferungsvolle Hingabe der Eltern für ihre Nachkommen. Dies warnt uns einmal mehr davor, die falsche, nämlich die Artnutzensperspektive zu wählen, wenn wir die Evolution des Verhaltens verstehen wollen.

Wenn es nun aber für die Evolution der sozialen Kooperation so wichtig ist, daß man die Begünstigung auf genetisch möglichst ähnliche Individuen konzentriert, warum sorgt dann die Evolution nicht durch Inzuchtpaarungen naher Verwandter dafür, daß diese Übereinstimmung immer größer wird? Norbert Bischof hat dieses Problem in seinem Buch ,,Das Rätsel Oedipus" [11] gründlich von vielen Seiten erörtert. *Inzestvermeidung* hat sich, bei genauerem Hinsehen, bei vielen Tier- (und übrigens auch Pflanzen-)arten als weit verbreitet erwiesen. Patrick Bateson [7] hat an Vögeln zeigen können, daß diese reine Inzucht genauso vermeiden wie die maximal mögliche Auszucht: sie *bevorzugen eine optimale Zwischenstufe genetischer Partnernähe.* Bei hochgradig ingezüchteten Mäusestämmen, die sich nur noch in Allelen eines einzigen Gens des Histokompatibilitätskomplexes unterschieden, wurde nachgewiesen, daß die Tiere sich im Wahlversuch bevorzugt mit einem fremdalleligen Partner paaren, was sie am Uringeruch erkennen: Selbst diese Produkte lange anhaltender Inzucht vermeiden diese also immer noch, wenn sie dies können [15, 80]. Spricht dies dann nicht gegen die Rolle der Sippenselektion und gegen deren Selektionsdruck auf Begünstigung größter genetischer Verwandtschaftsnähe bei sozialer Verhaltensbegünstigung? Keineswegs: Eine Maus erweist einem Mäuserich eben keine Gunst, wenn sie sich ihm hingibt, sie benutzt ihn für ihre Fortpflanzungszwecke (wie er umgekehrt sie genauso), und hierbei gilt evolutiv das gleiche wie beim Vergleich sexueller Mixis mit asexueller Vermehrung: *Der Vorteil genetisch variabler Nachkommenschaft würde durch extreme Inzucht genauso zunichte gemacht wie durch asexuelle Vermehrung.* Einfach gesagt: Genetisch identische Tiere können sich auch durch noch so viel Sex genetisch nicht wesentlich mischen. Allerdings kann erneut nicht übersehen werden, daß der evolutionäre Zwang zur Inzuchtvermeidung diese sozialen Systeme davon abhält, das soziale Idealstadium homogen-gleichnütziger Kooperation zu erreichen: Er nötigt sie, sich den unvorhersagbar-chaotischen Einflüssen fremder Individuen und ihrer Erbanlagen, aber damit auch ihrer Krankheitserreger zu öffnen, selbst wenn Sex eine Antiparasitenstrategie ist; keine Gewinne ohne neue Risiken!

Ich habe die Mithilfe von älteren Nachkommen bei der Aufzucht jüngerer Geschwister — die wir zum Beispiel von sozialen Insekten, Fischen, Vögeln und Säugetieren kennen — als schöne Beispiele der Kooperation unter genetisch nahen Verwandten vorgestellt, was ja immer noch schön bleibt, selbst wenn sie dabei zur Förderung der eigenen Gesamtfitneß handeln. Dies hat nun jedoch durchaus auch eine Schattenseite, da diese Situation — zumal wenn mächtige

Elterntiere eher schmächtigen Jungtieren gegenüberstehen — eine Möglichkeit heraufbeschwört, die meist als *elterliche Manipulation der Nachkommen* bezeichnet wird [1], die man aber auch als *Kindsausbeutung* oder *Schmarotzen der Eltern bei ihren Nachkommen* bis hin zur glatten *Nachkommensversklavung* bezeichnen kann. Da die Eltern die Aufzuchtbedingungen für ihre Nachkommen sozusagen in eigener Hand haben — oft auch die erste Brut nur unzureichend zu versorgen vermögen —, stellen sich auf die eine oder andere Weise sehr leicht Bedingungen ein, unter denen die — für selbständiges Leben und Vermehren unzureichend oder jedenfalls *noch* nicht hinreichend entwickelten — Jungtiere die Vermehrung der eigenen Gene am besten dadurch fördern können, daß sie ihre Eltern bei der Aufzucht von Geschwistern unterstützen. Die Eltern können die Nachkommen in die evolutive Zwickmühle bringen: Im Notfall frißt der Teufel Fliegen, und das ältere füttert das jüngere Geschwisterlein. Man erkennt, daß auch dies im Grunde der Weg der Sippenselektion ist, der hier zur Herbeiführung sozialer Kooperation beschritten wird, doch eher unter Zwang oder mangels besserer Alternativen — für die Gene, die so vermehrt werden, macht dies jedoch keinen Unterschied, was erneut zeigt, wie wichtig die Genperspektive ist, um die Evolution solcher Nachkommenausbeutung zu verstehen. Es gibt allerdings auch Ameisenarten, die Jungtiere anderer Spezies [77] oder — wie Bert Hölldobler [39] an Honigtopfameisen nachwies — fremder Kolonien der eigenen Spezies versklaven, eine Art umgekehrter Brutparasitismus. Hochkooperativ geht es in den Staaten solcher Sklavenhalter auf den ersten Blick durchaus zu. Erst die genaue Analyse der Ontogenie zeigt, daß hier die Gesamtfitneß nur *einer* Partnerseite optimiert wird, während die andere evolutionsgenetisch erbarmungslos, das heißt fitneßlos unterjocht ist.

Mutualismus

Das Zusammenwirken zweier Partner verschiedenen Geschlechts und verschiedener genetischer Anlagenausstattung eröffnet nun jedoch erneut den Blick auf einen weiteren evolutiven Mechanismus zur sozialen Kooperation und Organisation, der zu den ursprünglichsten Wegen in die Gemeinschaft gehört — wir lernten ihn schon bei Prokaryoten kennen. Er rückte in letzter Zeit vor allem deshalb immer mehr ins Blickfeld der Biologen, weil er vermutlich auch eine besonders wichtige Rolle in der sozialen Evolution unserer eigenen Vorfahren gespielt hat. Man nennt ihn meist *Mutualismus* (oder *Reziprozität)* und könnte ihn auch als *evolutiv-genetischen Tauschhandel* bezeichnen (der sich natürlich genausogut auch unter genetisch Verwandten abspielen kann!). Selbst das selbstsüchtigste Verfolgen der eigenen Fitneßvorteile steht ja offenkundig einer Kooperation mit Partnern nicht im Wege, von der beide Seiten gleichermaßen einen Fitneßvorteil ziehen, der abzüglich der Kosten des gemeinsam Handelns den Gewinn aus dem beiderseitigen Alleingang deutlich überwiegt. Dies ist bekanntlich schon das Prinzip der *Symbiose* zwischen artfremden Organismen [14]. Warum sollte dies nicht auch zwischen Artgenossen gelingen? Ein wesentliches Hindernis, das dem entgegensteht, ist es, daß Artgenossen immer zugleich auch die schärfsten Konkurrenten um alle lebensnotwendigen und fitneßrelevanten Ressourcen sind, zumal — wenn sie einander nicht verwandt sind — auch keine indirekten genetischen Fitneßerwartungen mildernd wirken können. Es bedarf also schon massiver, beidseitiger Vorteile, um diese *Konkurrenzbarriere* überwinden zu lassen, möglichst ein völlig aufeinander Angewiesensein, wie es für Geschlechtspartner zutrifft, die sich nun partout nicht allein zu vermehren vermögen. Ähnlich kann dies aber auch bei gemeinsamen Bemühungen um *Zugang zu Geschlechtspartnern* [63, 10, 9] bei der Gemeinschaftsjagd auf große Beute sein [8] (wenn möglich doch lieber zusammen mit Verwandten) oder bei der *gemeinsamen Abwehr* gegen übermächtige Feinde (hier dürfen Fremde eher teilnehmen, denn es mindert das genetische Risiko bei Verlusten). Auch eine *Brutkolonie* bietet mutualistische Vorteile: etwa weil man am Nahrungsentdeckerglück anderer Mitglieder teilhaben kann — auch Information kann ebenso wie Nahrung oder Schutz eine gemeinsam nutzbare Ressource sein [73, 59, 24]. Eine besonders interessante Form mutualistischer Gemeinsamkeit sind *gemeinsame Nestgründungen* — nichtverwandter oder, wenn möglich, verwandter — Elterntiere, die wir von so verschiedenen Tiergruppen wie Ameisen [6], Vögeln [17] oder Säugetieren kennen [57, 43, 75, 40]. Wenn Einzeleltern eine nur geringe Chance des Überlebens und damit zur Aufzucht ihrer Nachkommen haben, lohnt selbst das unterschiedslose Mitversorgen fremder Jungtiere, wenn dadurch die „Versicherungspolice" dafür bezahlt werden kann, daß auch die eigenen Jungen dadurch eine höhere Chance zu überleben haben, oder wenn man, wie im Fall der Honigtopfameisen, sich dadurch die Chance sichert, am Ende vielleicht als einzig Überlebende des tödlichen Ausscheidungskampfes um die künftige genetische Alleinherrschaft über das ganze Volk hervorzugehen [6].

Freilich ist mutualistisches Zusammenwirken unter nichtverwandten Partnern besonders durch *„Betrug"* gefährdet, also durch einseitige Vorteilnahme durch einen überlegenen oder einfach rücksichtslosen Partner, der den anderen nach erfolgter Zusammenarbeit um den Lohn seiner Mühen bringt [69, 70, 31, 49, 52, 5, 38, 60]. Der fremde Artgenosse ist eben zunächst immer Konkurrent oder gar potentielles Ausbeutungsobjekt. Partnerbindung an ihn kann allenfalls die Aussicht auf künftige Vorteile der Risikoteilung oder gemeinsamer Fitneßmehrung bewirken. Da für beide Seiten dasselbe gilt und bei erster Begegnung die Fairneß und künftige Zuverlässigkeit des Partners schwer abzuschätzen ist, muß *vorsichtiges Mißtrauen* den Beginn der Beziehung behindern — keine ideale Voraussetzung für leichte Kooperation! Aus diesem Gefangenendilemma evolutionären Eigennutzes, das den Weg zu viel größerem, kooperativ gewonnenem Eigennutzen versperrt, kann schrittweise *Partnererprobung* heraushelfen. Selbst dann erfordert dies — vor allem wenn die Notwendigkeit zur Verbindung wie bei der sexuellen Paarung ganz unumgänglich ist — etwas höchst Bemerkenswertes: einen einseitig-mutigen, risikoreichen Akt des *Vertrauenschenkens* — mit wachsamer Kontrolle der Folgen. Wer nicht wagt, der nicht gewinnt. Solch gefährdende Hingabe ist uns als höchst emotionsbestimmte Erfahrung aus menschlichem Erleben wohl vertraut. Jack Hirshleifer [37] hat auf diesen Aspekt der Evolution „sozialer Emotionen“ vor kurzem besonders hingewiesen [47].

Wesentlich erleichtert und überdies fitneßertragreicher ist mutualistisches Zusammenwirken natürlich unter genetisch Verwandten. Besonders schön hat dies neuerdings Barbara König an Mäuseweibchen gezeigt, die auch im Freiland Gemeinschaftsnestgründungen mit Schwestern bevorzugen [75] und die in der Tat die Kosten und Risiken der Nachkommenaufzucht mutualistisch teilen, indem alle Weibchen alle Jungen im Nest, also nicht nur die eigenen, gemeinsam säugen und betreuen, was deren Überlebenschancen erheblich verbessert — vor allem, wenn dabei Schwestern zusammenarbeiten [43—45].

Faire Kooperation kann unter Tieren — auch ohne die Fähigkeit zur doppelten Buchführung — dadurch sicherer gemacht werden, daß, wie bei vielen Vögeln vor der endgültigen Verpaarung, dem Partner erhebliche und nicht leicht mit anderen wiederholbare Vorleistungen, zum Beispiel des Nestbaus oder einfach des Zeitaufwandes für die Balz, abverlangt werden. Vor allem lohnt es, langfristig nur mit solchen Partnern zu kooperieren, die sich ständig reziprok als verläßlich erweisen, wofür die einfachste Spielstrategie wohl das bekannte *Tit for Tat* ist [5], die sich zugleich als erstaunlich betrugsstabil und auch für einfache Verhaltensfähigkeiten von Tieren nicht als zu schwierig zu verwirklichen erweist. Sie setzt freilich zur Einleitung der Kooperation den vertrauenschenkenden ersten Versuch einer Seite voraus [50, 52].

Die erweiterte Gemeinschaft

Mutualistische Kooperation kann deshalb zu lang *andauernden Partnerschaften* führen, für die lebenslange *monogame Fortpflanzungspartnerschaften* — zum Beispiel vieler Vögel — wohl die eindrucksvollsten Beispiele liefern. Sie vermeiden sozusagen das Risiko des Scheiterns immer neuer Partnerschaftsversuche und profitieren von den Vorteilen *erwiesener Zuverlässigkeit* und wohl abgestimmten *bewährten Zusammenwirkens.* Nun ist diese Tatsache dazu in Bezug zu setzen, daß mutualistische Kooperation sich zwar unter Verwandten besonders leicht erreichen läßt und sozusagen direkt und indirekt auszahlt, sich jedoch grundsätzlich auch zusätzlich auf Nichtverwandte ausdehnen läßt, besonders leicht, wenn es Hinweise darauf gibt, daß die nichtverwandten Partner ebenfalls „vertrauenswürdig“ sind. Nun bringt es die auszüchtende sexuelle Vermehrung bei monogamem Paarungssystem mit sich, daß jeder der beiden — nichtverwandten — Paarungspartner einen ganzen Schwarm mit ihm genetisch Verwandter in diese Beziehung einbringt, an den ihn weiter verwandtschaftlich-kooperative Bande binden können. Diese Situation öffnet bei einem Zusammenleben in größeren Gruppen mit grundsätzlich monogamer oder gemäßigt, aber stabil polygamer Struktur, wie sie für Menschen vermutlich schon seit sehr langer Zeit charakteristisch gewesen sein dürfte [51], eine Möglichkeit dauerhafter Gruppenorganisation, in der sich die Vorteile prinzipiell nach außen partnerschaftlich offener, aber relativ stark betrugsgefährdeter mutualistischer Kooperation mit denen von vornherein genetisch stabiler disponierter, aber dafür — jedenfalls bei Säugetieren mit kleinen Nachkommenzahlen — zur Abschließung in relativ kleinen Gruppen tendierender Verwandtenkooperation verbinden. Mutualistisch *und* verwandtschaftlich verknüpft vereinen sich mit jeder auf Dauer angelegten sexuellen Partnerbeziehung in einer solchen Gemeinschaft gleichlaufende Interessen zweier Sippen, die sich, auf Grund immer neu sippenübergreifender Verschwister- und Verschwägerungen, wie ein stabilisierendes Netz selbst über große Gruppen legen können, ohne sie doch dadurch zur Verbindung mit anderen befreundeten, benachbarten Gruppen unfähig zu machen (wie es rein sippengenetisch geschlossene soziale Systeme leicht tun): im Gegenteil, sie werden ja häufig zum Eintauschen erwünschter Heiratspartner benötigt und dadurch sogar weiter angegliedert.

Nun soll damit nicht gesagt werden, daß sich die Einsichten in die Biologie der sozialen Organisation von Tieren so einfach bruchlos hinüber auf eine Spezies verlängern und übertragen lassen, deren wesentliches Kennzeichen gerade die zunehmende Befreiung ihrer Verhaltensorganisation von genetischen Programmvorgaben zugunsten einsichtiger und sozial, vor allem sprachlich vermittelter Selbstorganisation ist. Vor allem wenn ihr soziales Verhalten ganz maßgeblich durch in der Gemeinschaft gelehrte und gelebte Normen geregelt wird, deren Einhaltung sorgfältig gemeinsam überwacht wird, wie dies nun einmal für unsere eigene Spezies gilt. Dennoch bleibt dazu einiges anzumerken: Der hochentwickelte kognitive Apparat des Menschen dient maßgeblich dazu, sein Dasein durch zielgerichtetes Handeln zu bewältigen, zu dem er fast ohne Ausnahme auf das Zusammenwirken von Gruppengefährten angewiesen ist, zu denen er hochdifferenzierte, von Individuum zu Individuum unterschiedliche Beziehungen unterhalten muß. Diese Beziehungen, die nicht nur individuelles Erkennen, sondern auch individuen- und rollengerechtes Einschätzen des Verhaltens der Partner voraussetzen, werden durch Vorschriften geordnet, die sich vor allem auf Rechte, Ansprüche und Verpflichtungen, auf Leistungen und Gegenleistungen partnerschaftlichen Handelns beziehen. Sie suchen das System in einem Zustand erwünschter *Verteilungsgerechtigkeit* oder jedenfalls erträglicher bzw. auf Grund von Machtverhältnissen hinzunehmender Ungerechtigkeit zu halten. Diese kulturellen Mechanismen sozialer Organisation können sich auf dem Weg kontinuierlicher Evolution des Menschen aus dem Tierzustand nur dadurch entwickelt und etabliert haben, daß sie sozusagen *nahtlos an biologisch begründete Dispositionen anschließen* und diese mehr und mehr entlasten, wenn nicht überflüssig machen konnten, indem sie mit kulturellen, durch sprachliche Vermittlung und durch Vorbild gelehrten oder *in eigener Einsicht und freier Entscheidung gründenden Mitteln das leisteten, was vorher mit biologisch-genetischen Mitteln auch zu leisten war:* die *Gemeinschaft* möglichst spannungsfrei *produktionsfähig, reproduktionsfähig und verteidigungsfähig* zu halten. Wenn, worauf zum Beispiel Richard Alexander in seinem Buch „The Biology of Moral Systems" [2] mit einer Reihe guter Gründe hinwies, für die Kulturevolution des Menschen der Wettstreit zwischen verschiedenen Menschengruppen um Ressourcen, Verfügungsgebiete, Nutzungsansprüche, auch um die die Vermehrungsrate begrenzenden Frauen von maßgeblicher Bedeutung war, ein Wettstreit, der immer von der Leistungsfähigkeit ganzer Gruppen, nicht nur einzelner Individuen abhing, sei es nun im friedlichen oder weniger friedlichen Messen der Kräfte, so könnte gerade der Tatsache biologisch vorbereiteter, auf *Verwandtschafts- und Reziprozitätskooperation ausgerichteter innerer Verhaltensdispositionen* eine ganz wesentliche Rolle für die Möglichkeit echt menschlicher Kulturevolution zukommen: Daß deren Dynamik und damit die Geschwindigkeit der Befreiung von rein genetischer Verhaltenssteuerung von jeder Zunahme kognitiver Fähigkeiten der zusammenwirkenden Mitglieder nur immer stärker synergetisch angetrieben werden konnte, leuchtet leicht ein.

Wenn die *Konkurrenz zwischen Gruppen* ein wesentlicher Faktor der Kulturevolution war, so mußten darin jene Stämme besonders erfolgreich — da volkreich — sein, deren soziale Organisationskraft weit über einzelne Kernfamiliensippen hinausreichte. Dazu ist nun gerade die mutmaßliche Sozialstruktur der Frühmenschheit, ja der Menschheit bis heute bestens geeignet: über lang dauernde eheliche Partnerschaften praktisch aller erwachsenen Gruppenmitglieder wird ein Netzwerk von Tausch- und Unterstützungsverpflichtungen auch zwischen den genetisch nicht nahe verwandten, den „angeheirateten" Sippschaften hergestellt, das prinzipiell unbegrenzt weiterwuchern kann, ohne an Integrationskraft einzubüßen. Eine solche Struktur läßt sich direkt auf Verhaltensbereitschaften und Partnerschaftsfähigkeiten aufbauen, die wir — auf rein biologischer Grundlage — schon bei Tierprimaten erkennen, bei denen Dauerpartnerbindungen jedoch die Ausnahme sind. Das muß nicht bedeuten, daß uns unsere biogenetische Natur zu den einerseits *familienzentrierten* und andererseits *tauschvertragstüchtigen Wesen* determiniert, als die uns jeder unbefangene Beobachter beschreiben kann. Aber daß sie zumindest unsere Vorfahren biologisch darauf vorbereitet hat, auf solcher Grundlage in kontinuierlichem Übergang eine durch Normen gefestigte, *tradierbare Kulturorganisation* zu schaffen, das scheint mir schon etwas wahrscheinlicher als die Annahme eines vorzeitlichen Vertragsabschlusses einer Rousseauschen Vollversammlung oder als eines Gesetzeserlasses durch einen Paläo-Lykurg oder durch Aushändigen göttlicher Gesetzestafeln auf nahöstlichen Bergen. Freilich: Die biologische Evolution hat uns diese Normen nicht fertig geliefert, geschweige denn, daß sie sie rechtfertigen könnte. Sie hat uns aber vielleicht im frühesten Vorfahrenstadium so angeleitet, daß wir — als unser Nachdenken darüber erwachte und wir uns mit unseren Mitmenschen darüber zu verständigen lernten — viele Regeln, zu denen uns biologische Dispositionen einstimmten, eben ganz einfach als fraglos richtig empfanden, so wie wir uns ja selbst heute mitunter auf unser spontanes Rechtsempfinden und Pflichtbewußtsein berufen. Gewiß, es ist unmöglich, eindeutig nachzuweisen, was uns dabei von Natur aus oder durch Erziehung und frühes soziales Lernen als spontan richtig erscheint. Wir wissen auch, daß nicht jede solche spontane Regung unserer kritisch bewertenden Prüfung standhält und daß auch solches Rechtsgefühl gegen indoktrinierende Verzerrung oder Abdressur ganz und gar nicht immun ist. Dennoch bleiben in den normativen — oft genug einfach unbefragt als selbstverständlich empfundenen — Grundzügen sozialer Organisation der Menschen verschiedenster Kulturen so viele Beziehungselemente, die auch in den Grundstrukturen verwandtschaftsgestützter und mutualistischer Beziehungen der sozialen Systeme unserer Tiervorfahren erkennbar sind, daß der Entwicklungszusammenhang naheliegt, so wenig wir ihn letztlich zwingend nachweisen können. Zumindest erscheint uns dadurch jedoch die *soziale Organisation von Tieren und Menschen verwandtschaftlich näher gerückt,* von gleichen Evolutionsprinzipien beeinflußt.

Ordnung und Chaos in der Kulturorganisation

Deshalb zum Schluß noch eine andere Frage: Im ganzen Tierreich fanden wir immer den Weg in die kooperative Organisation mit der Notwendigkeit belastet, chaotischen Veränderungskräften Wirkungsraum zu belassen, damit das soziale System nicht in Entwicklungsunfähigkeit erstarrte. Wie ist dies nun im kulturbestimmten System, in das die biologische Evolution uns hineingeleitet, dabei zugleich aber auch in die Freiheit der Selbstbestimmung entlassen hat? Gewiß, sexueller Genaustausch und Selektion nach Maßgabe des Bewährungswertes der genetischen Typen — das sind nicht mehr die Mechanismen der sozialen Innovation wie bei Tieren. Dennoch hat das auf Tradition, Normen und Einsicht gegründete kultursoziale System die Notwendigkeit zur Veränderung, den Bedarf an Innovation der sozialen Strukturen nicht abstreifen können, den weiter vor allem die Konkurrenz zwischen verschieden organisierten Gruppen antrieb. Vor allem hat es ganz und gar keinen perfekt-stabilen Zustand erreicht. An die Stelle der Gene und ihrer Vermischung traten allerdings immer mehr Ideen, Zeichen, Symbole, Begriffe und ihre Verbindung in immer neuen revolutionierenden Bedeutungszusammenhängen. Um es in ein drastisches Bild zu bringen: Die Sprache ist die Sexualität der Kultur. Die Versuchung, die Chance, die Gefährdung, die von dem Chaos ausgeht, darauf können wir immer noch nicht verzichten. So bleiben Ordnung und Chaos die Scylla und die Charybdis, zwischen denen kulturgeformte soziale Systeme genauso den Weg der Fortentwicklung in ständiger Lebensbewährung zu finden haben wie in der langen biologischen Geschichte des Lebens, die zu ihnen hingeführt hat.

Die *Entlastung* vieler unserer individuellen Verhaltensäußerungen *von genetischer Vorprogrammierung* — wohlgemerkt: nur der *Verhaltensweisen,* nicht der *Antriebe,* die hinter ihnen wirken, die meist die alten geblieben sind: nach Lust, Gewinn, Befriedigung —, diese Entlastung haben wir durch die häufig nicht weniger strenge *Programmierung durch soziales Lernen* bezahlt. Die ,,Natur" mag im menschlichen Individuum teilweise abgedankt haben, um ihren Ordnungsauftrag um so wirkungsvoller auf die Gesellschaft und ihre Traditionsvorschriften zu übertragen. Das soziale System ist dadurch gewiß im Vergleich zu dem unserer Tiervorfahren noch viel effektiver und produktiver geworden — wer könnte dies bestreiten, wenn er den Siegeszug der Kulturmenschheit betrachtet? Ob aber unsere Befreiung von Naturzwängen in Anbetracht der dadurch freigesetzten Zwänge sozialer Selbstorganisation und ihrer verhaltensnormierenden Aufsicht viel mehr ist als eine schöne Illusion, das müssen wir uns fragen. Zwar ist der Spielraum für unser Lebensschauspiel größer geworden und die Gene schreiben den Mitwirkenden den Text nicht mehr im einzelnen vor, obwohl sie wohl nicht aufgehört haben, fleißig einzuflüstern: Der Darsteller ist immer mehr zum Autor geworden, aber der Spielplan hat sich nicht geändert. The evolutionary show goes on: mit neuem Ensemble unter alter Leitung, aber zunehmend auf eigene Verantwortung.

Literatur

[1] Alexander, R. D.: Ann. Rev. Ecol. Syst. **5,** 325 (1974).
[2] Alexander, R. D.: The Biology of Moral Systems. Aldine de Gruyter. New York 1987.
[3] Anderson, R. M., R. M. May (eds.): Population Biology of Infectious Diseases. Dahlem Konferenzen. Springer Verlag. Berlin 1982.
[4] Aoki, S.: In: Y. Itô, J. L. Brown, J. Kikkawa: Animal Societies. 53—66. Japan Sci. Soc. Press. Tokyo 1987.
[5] Axelrod, R.: Die Evolution der Kooperation. Oldenbourg Verlag. München 1987.
[6] Bartz, S. H., B. Hölldobler: Behav. Ecol. Sociobiol. **10,** 137 (1982).
[7] Bateson, P. (ed.): Mate Choice. Cambridge University Press. Cambridge 1983.
[8] Bednarz, J. C.: Science **239,** 1525 (1988).
[9] Bercovitch, F. B.: Anim. Behav. **36,** 1198 (1988).
[10] Bertram, B. C. R.: In: Current Problems in Sociobiology. p. 251—267. Cambridge Univ. Press. Cambridge 1982.
[11] Bischof, N.: Das Rätsel Ödipus. Piper Verlag. München 1985.
[12] Bischof, N.: Nova acta Leopoldina, N. F. (im Druck).
[13] Bonner, J. T.: Amer. Nat. **119,** 530 (1982).
[14] Boucher, D. H. (ed.): The Biology of Mutualism. Croom Helm. London 1985.
[15] Boyse, E. A., G. K. Beauchamp, K. Yamazaki: Trends Genet. **3,** 97 (1987).
[16] Bradbury, J. W., M. B. Andersson (eds.): Sexual Selection: Testing the Alternatives. Dahlem Workshop Reports. Wiley. Chichester 1987.
[17] Brown, J. L.: Helping and Communal Breeding in Birds. Princeton University Press. Princeton 1987.
[18] Cruz, Y. P. J.: Exper. Zool. **237,** 309 (1986).

[19] Curry, R. L.: Behav. Ecol. Sociobiol. **22,** 141 (1988).
[20] Dawkins, R.: The Selfish Gene, Oxford University Press. Oxford 1976; deutsch: Das egoistische Gen. Springer Verlag. Berlin 1978.
[21] Dawkins, R.: The Extended Phenotype. Freeman. Oxford 1982.
[22] Deegener, P.: Die Formen der Vergesellschaftung im Tierreiche. Veit. Leipzig 1918.
[23] Eigen, M.: Stufen zum Leben. Piper. München 1987.
[24] Elgar, M., P. Harvey: Trends Ecol. Evol. **2,** 34 (1987).
[25] Emlen, S. T., P. H. Wrege: Behav. Ecol. Sociobiol. **23,** 305 (1988).
[26] Espinas, A. V.: Des Societés Animales. Bailliere. Paris 1878.
[27] Fletcher, D. J. C., Ch. D. Michener (eds.): Kin Recognition in Animals. Wiley. Chichester 1987.
[28] Frisch, K. von: Tiere als Baumeister. Ullstein. Berlin 1974.
[29] Gamlin, L.: New Scientist **114,** Nr. 1571, S. 40 (1987).
[30] Ghiselin, M. T.: The Triumph of the Darwinian Method. Univ. of California Press. Berkeley 1969.
[31] Ghiselin, M. T.: The Economy of Nature and the Evolution of Sex. Univ. of California Press. Berkeley 1974.
[32] Ghiselin, M. T., in: R. E. Michod, B. R. Levin (eds.): The Evolution of Sex. 7—23. Sinauer. Sunderland 1988.
[33] Hamilton, W. D.: J. Theoret. Biol., **7,** 1, 17 (1964).
[34] Hamilton, W. D., M. Zuk: Science **218,** 384 (1982).
[35] Hausfater, G., S. B. Hrdy (eds.): Infanticide. Aldine. New York 1984.
[36] Hirshleifer, J.: Economic Behaviour in Adversity. University of Chicago Press. Chicago 1987a.
[37] Hirshleifer, J., in: J. Dupré (ed.): The Latest on the Best. 307—326. MIT Press. Cambridge 1987b.
[38] Hirshleifer, J., J. C. M. Coll: What Strategies can Support the Evolutionary Emergence of Cooperation. Los Angeles 1987.
[39] Hölldobler, B.: Behav. Ecol. Sociobiol. **9,** 301 (1981).
[40] Hoogland, J. L., R. H. Tamarin, C. K. Levy: Behav. Ecol. Sociobiol. **23,** (1988) (im Druck).
[41] Ito, Y., J. L. Brown, J. Kikkawa (eds.): Animal Societies. Japan Sci. Soc. Press. Tokyo 1987.
[42] Jaenike, J.: Evol. Theor. **3,** 191 (1978).
[43] König, B., Ph. D. Thesis: Univ. Konstanz 1985.
[44] König, B., H. Markl: Behav. Ecol. Sociobiol. **20,** 1 (1987).
[45] König, B., J. Riester, H. Markl: J. Zool. Lond. **216,** 195 (1988).
[46] Krebs, J. R., N. B. Davies (eds.): Behavioural Ecology. Blackwell. Oxford 1984.
[47] Luhmann, N.: Vertrauen. Enke. Stuttgart 1973.
[48] Markl, H. (ed.): Evolution of Social Behavior: Hypotheses and Empirical Tests. Dahlem Konferenzen. Verlag Chemie. Weinheim 1980.
[49] Markl, H.: Fortschritte der Zoologie **31,** 163 (1985a).
[50] Markl, H. in: M. Svilar (ed.): Mensch und Tier. S. 211—244. Lang. Bern (1985b).
[51] Markl, H. in: H. Rössner: Der ganze Mensch. S. 29—46. Deutscher Taschenbuch Verlag. München 1986.
[52] Markl, H.: Rhein.-Westfäl. Akademie der Wissenschaften Vorträge N 354. Westdeutscher Verlag. Opladen 1987.
[53] Markl, H. in: K. Hierholzer, H.-G. Wittmann: Phasensprünge und Stetigkeit in der natürlichen und kulturellen Welt. S. 149—168. Wissensch. Verlagsges. Stuttgart 1988.
[54] Maynard Smith, J.: Nature **201,** 1145 (1964).
[55] Maynard Smith, J.: The Evolution of Sex. Cambridge Univ. Press. Cambridge 1978.

[56] Maynard Smith, J.: Evolution and the Theory of Games. Cambridge Univ. Press. Cambridge 1982.
[57] McCracken, G. F.: Science **223,** 1090 (1984).
[58] Michod, R. E., B. R. Levin (eds.): The Evolution of Sex. Sinauer. Sunderland 1988.
[59] Milinski, M.: Der Ornithologische Beobachter **83,** 257 (1986).
[60] Milinski, M.: Trends Ecol. Evol. **3,** 325 (1988).
[61] Moore, W. S. in: B. J. Turner (ed.): Evolutionary Genetics of Fishes. Plenum. New York 1984.
[62] Neumann, J. von, O. Morgenstern: Theory of Games and Economic Behaviour. Princeton Univ. Press. Princeton 1953.
[63] Packer, C.: Nature **265,** 441 (1977).
[64] Rubenstein, D. J., R. W. Wrangham (eds.): Ecological Aspects of Social Evolution. Birds and Mammals. Princeton Univ. Press. Princeton 1986.
[65] Shapiro, J. A.: Sci. Amer. **258,** Nr. 6, 62 (1988).
[66] Sherman, P. W., W. G. Holmes: Fortschritte der Zool. **31,** 437 (1985).
[67] Smuts, B. B., D. L. Cheney, R. M. Seyfarth, R. W. Wrangham, Th. T. Struhsaker (eds.): Primate Societies. Univ. of Chicago Press. Chicago 1986.
[68] Stearns, S. C. (ed.): The Evolution of Sex and its Consequences. Birkhäuser. Basel 1987.
[69] Trivers, R. L.: Quart. Rev. Biol. **46,** 35 (1971).
[70] Trivers, R. L. in: B. Campbell (ed.): Sexual Selection and the Descent of Man 1871—1971. S. 136—179. Aldine. Chicago 1972.
[71] Trivers, R. L.: Social Evolution: Benjamin/Cummings. Menlo Park 1975.
[72] Turner, J. R.: Evolution **21,** 645 (1967).
[73] Ward, P., A. Zahavi: **Ibis** 115, 517 (1973).
[74] Weismann, A.: Vorträge über Deszendenztheorie. Fischer. Jena 1902.
[75] Wilkinson, G. S., A. E. M. Baker: Ethology **77,** 103 (1988).
[76] Williams, G. C.: Sex and Evolution. Princeton Univ. Press. Princeton 1975.
[77] Wilson, E. O.: The Insect Societies. Harvard Univ. Press. Cambridge 1971.
[78] Wilson, E. O.: Sociobiology. The New Synthesis. Harvard Univ. Press. Cambridge 1975.
[79] Wittenberger, J. F.: Animal Social Behavior. Duxbury Press. Boston 1981.
[80] Yamazaki, K., G. K. Beauchamp, D. Kupniewski, J. Bard, L. Thomas, E. A. Boyse: Science **240,** 1331 (1988).

TEIL II

Berichte und Mitteilungen

Allgemeiner Bericht über die 115. Versammlung

Heinz Gibian, Berlin

Genau 150 Jahre, nachdem die Gesellschaft Deutscher Naturforscher und Ärzte für ihre 16. Versammlung zum ersten Mal Freiburg als Tagungsort gewählt hatte, fand die 115. Versammlung wieder an diesem Orte statt. (Dazwischen hatte man 1883 und 1954 hier getagt.) Die Vignette, die das Programmheft zierte und auch den vorliegenden Band schmückt, zeigt Hans Spemann, einen der überragenden Entwicklungsphysiologen in der ersten Hälfte unseres Jahrhunderts, der von 1919 bis 1937 Direktor des Zoologischen Institutes der Universität Freiburg war. Für die Entdeckung und Erforschung des „Organisatoreffektes" erhielt er 1935 als erster deutscher Biologe den Nobelpreis für Medizin.

Das Generalthema der 115. Versammlung war „Ordnung und Chaos in der unbelebten und belebten Natur". Es wurden 19 Vorträge aus den Bereichen der Physik, Chemie, Biologie und Medizin gehalten; eine relativ strikte zahlenmäßige und zeitliche Begrenzung der Vorträge ermöglichte jeweils am Schluß der Vor- und Nachmittage eine gemeinsame Diskussion der Vor- bzw. Nachmittagsvorträge vor dem gesamten Auditorium.

Den Vorsitz der Versammlung hatte Professor Dr. Wolfgang Gerok, Freiburg, inne. Ihm standen bei der wissenschaftlichen Planung zur Seite als Vorsitzende der naturwissenschaftlichen und medizinischen Gruppen: Professor Dr. Dr. h. c. Hermann Haken, Stuttgart, Professor Dr. Dr. h. c. Harald zur Hausen, Heidelberg, Professor Dr. Werner Nachtigall, Saarbrücken, Professor Dr. Herbert W. Roesky, Göttingen, dieser zugleich als Delegierter der GDCh.

Als örtliche Geschäftsführer waren gewonnen worden: Dr. Klaus Mangold, Freiburg, Vorsitzender des Vorstandes der Rhodia AG, und Professor Dr. Karl Decker, Biochemisches Institut der Universität Freiburg. Ihnen und ihren Mitarbeitern ist für die gute Vorbereitung an Ort und Stelle der Tagung einschließlich des Rahmenprogramms sehr zu danken. Sie erleichterten damit die Arbeit der Leverkusener Geschäftsstelle, wo Frau Keufen mit ihren Mitarbeiterinnen ein erheblicher Teil der technischen Organisation oblag.

Prof. Dr. Heinz Gibian, Generalsekretär der GDNÄ, Berlin/Leverkusen

Besonderer Dank gebührt aber auch Professor Dr. Jürgen Schölmerich, der als Mitarbeiter von Professor Gerok seine Lokalkenntnis und Erfahrung in zahllosen Details in wirksamer Weise einsetzen und verwerten konnte.

Die 115. Versammlung wurde in großzügiger Weise durch folgende Firmen und Institutionen gefördert:
Agfa-Gevaert AG, Leverkusen
BASF AG, Ludwigshafen
Bayer AG, Leverkusen
Bayerische Hypotheken- und Wechsel-Bank AG, München
Bayerische Vereinsbank AG, München
BMW AG, München
Boehringer Mannheim GmbH, Mannheim
Robert Bosch GmbH, Stuttgart
Byk Gulden Lomberg Chemische Fabrik GmbH, Konstanz
Commerzbank AG, Frankfurt a. M.
Commerzbank AG, Freiburg i. Br.
Daimler-Benz AG, Stuttgart
Degussa AG, Frankfurt a. M.
Deutsche Bank AG, Frankfurt a. M.
Deutsche Bank AG, Freiburg i. Br.
Deutsche Forschungsgemeinschaft, Bonn
Deutsche Lufthansa AG, Köln
Dresdner Bank AG, Frankfurt a. M.
Dresdner Bank AG, Freiburg i. Br.
Dr. Falk GmbH & Co., Pharmaz. Präparate KG, Freiburg i. Br.
Goedecke AG, Freiburg i. Br.
Th. Goldschmidt AG, Essen
Hoechst AG, Frankfurt a. M.
Dr. Keller Maschinen GmbH, Freiburg i. Br.
Klinge Pharma GmbH, München
Knoll AG, Ludwigshafen
Paul-Martini-Stiftung, Bonn
Miele & Cie GmbH & Co., Freiburg i. Br.
Nattermann GmbH, Köln
Raschig GmbH, Ludwigshafen
Rhodia AG, Freiburg i. Br.
Dr. Otto Röhm Gedächtnisstiftung GmbH, Darmstadt
Rudolf Siedersleben'sche Otto Wolf-Stiftung, Köln
Sanol Schwarz GmbH, Monheim
Schering AG, Berlin
Schluchseewerk AG, Freiburg i. Br.
Siemens AG, München

Springer-Verlag, Heidelberg
Stadt Freiburg, Freiburg i. Br.
Stifterverband für die Deutsche Wissenschaft, Essen
Thyssen AG, Duisburg
Verlag der Zeitschrift für Naturforschung, Mainz
Volkswagen AG, Wolfsburg

Trotz des meist relativ schlechten, besonders kühlen Wetters wurden die angebotenen Tagesfahrten ins Elsaß („Auf Goethes Spuren"), in den Schwarzwald, das Markgräflerland, zum Kaiserstuhl und nach Basel genutzt und genossen. Die Stadt Freiburg selbst bot musealen Kunstgenuß von der Früh- bis zur Neuzeit, vor allem das Münster mit Bauhütte und Glasfenstern, ihre Gäßle, Bächle und Brunnen und den Alten Friedhof. Die Rhodia bot ihre Anlagen zur Besichtigung wie auch das Max-Planck-Institut für Immunbiologie.

Beeindruckend war ein Orgelkonzert im Münster (auf vier Orgeln!); Professor Dörr spielte Buxtehude, Böhm, Bach, F. Mendelssohn und eigene Kompositionen.

Zeitlich etwas überlappend war anschließend ein Empfang der Stadt Freiburg in dem wunderschönen Historischen Kaufhaus am Münsterplatz. Ein geselliger Abend in der „Scheune" des „Jesuitenschlosses" fand allgemeinen Anklang und Zuspruch.

Im Vorraum des Auditorium maximum hatte Herr Schneider, Sektor Gesundheit/Bayer, eine Münz- und Medaillenausstellung „scientia naturae in nummis" aus Beständen der Bayer AG und verschiedener Leihgaben von privater Hand einschließlich besonderer Erinnerungsstücke an Lorenz Oken aus dem Besitz der Freiburger Universität gestaltet, die auch wegen vielfältigen Bezugs auf die GDNÄ lebhaft beachtet wurde.

Interesse fand weiter eine kleine Poster-Ausstellung von zunächst chaotisch anmutenden farbigen Bildern, die Kuhnert/Berlin nach Original-Vorschriften von Runge (Mitte vorigen Jahrhunderts) produziert hatte. Die betreffenden Farbreaktionen entstehen letztlich auf geordneter chemisch-physikalischer Grundlage durch Ineinanderlaufen und Verlaufenlassen geeigneter Farb- und Salzlösungen auf Papier: Wir würden heute von papierchromatographischen Methoden sprechen.

Ort und Thema der Versammlung, eine Reihe bedeutender Namen, schließlich auch die zeitliche Anbindung der Jahreshauptversammlung des Verbandes Deutscher Biologen und nicht zuletzt eine vom Vorsitzenden Professor Gerok selbst geführte intensive Werbekampagne innerhalb der Universität hatte eine Beteiligung zur Folge, die alles Bisherige und Erwartete weit übertraf: Es wurden 2650 Karten aller Kategorien ausgegeben! Die Eröffnungsveranstaltung ist nach bisherigen Erfahrungen immer am besten besucht, deswegen waren schon neben dem Auditorium maximum zwei Hörsäle mit Video-Übertragung vorgeplant. Schon am ersten Nachmittag erwies es sich als notwendig, auch für die wissenschaftlichen Vorträge Video-Übertragungen vorzusehen. So führte der unerwartete Andrang, der alle Erwartungen übertraf, zu einigen Mißhelligkeiten, die aber letzten Endes die gesamte sehr dichte Atmosphäre nicht trüben konnten.

Jeder 3. Besucher war Schüler oder Student, ein Zeichen des großen Interesses in diesem Bereich. Neun Mitglieder des Wissenschaftlichen Ausschusses der GDNÄ hatten Freiburger Schulen Vorträge angeboten, die großes Interesses und rege Teilnahme gefunden haben. Nicht nur auf den Massenandrang von Zuhörern, sondern auch auf die festliche Eröffnungssitzung schien das Generalthema Ordnung und Chaos auszustrahlen. Ihr Ablauf, für den die Gegenwart des Bundespräsidenten und eine Ansprache des Bundesforschungsministers in Gegenwart zahlreicher Ehrengäste aus Wissenschaft, Wirtschaft und Politik Bedeutung verleihen sollte, schien zunächst durch Nebel bedingte Verspätungen oder gar Abhaltung von Weizsäckers beziehungsweise Riesenhubers arg durcheinander zu geraten. Nach verspätetem Anfang ohne die beiden Herren trafen diese dann doch noch so rechtzeitig ein, daß der Ablauf schließlich in geordneten Bahnen auf die Minute pünktlich verlief, was die Vorbedingung für die Teilnahme des Bundespräsidenten gewesen war.

Die Eröffnungssitzung wurde umrahmt von den Freiburger Barock-Solisten, die J. B. de Boismortiers Konzert in e-Moll und G. Ph. Telemanns Konzert in a-Moll spielten.

Dr. Mangold eröffnete die 115. Versammlung als deren 1. Örtlicher Geschäftsführer. Der Text der Rede findet sich auf Seite 9. Anschließend richtete in Vertretung des Baden-Württembergischen Ministerpräsidenten Dr. Späth der Minister für Wissenschaft und Kunst, Prof. Engler, Grußworte an die Versammlung.

Grußwort: Minister Professor Dr. Helmut Engler, Stuttgart

Für die Landesregierung und in Vertretung von Herrn Ministerpräsident Lothar Späth, der zu seinem großen Bedauern wegen einer Auslandsreise nicht hier sein kann, heiße ich Sie herzlich willkommen in Baden-Württemberg und an der traditionsreichen Albert-Ludwigs-Universität in Freiburg. Diese Universität, die das breite Fächerspektrum einer klassischen Universitas litterarum et scientiarum aufweist, ist ein passender Ort für anspruchsvolle Vorträge und Verhandlungen, wie sie im Programm angekündigt sind. Naturforscher und Ärzte sind hier zu Hause. Die Medizinische Fakultät war schon eine der Ur-Fakultäten der 1457 gegründeten Freiburger Universität. Ihre naturwissenschaftlichen Fächer weitete die Universität vor allem im ausgehenden 18. Jahrhundert aus. 1767 wurde erstmals eine Professur für Angewandte Mathematik in der Philosophischen Fakultät errichtet, und 1785 wurde, was manchen verwundern wird, ein Ordinariat für Naturgeschichte und Technologie aufgebaut. Zwei Jahre später folgte die erste Professur für Forstwissenschaft an einer deutschen Universität. Zu voller wissenschaftlicher Breite ausgebaut wurden die naturwissenschaftlichen Fächer um die Wende vom 19. zum 20. Jahrhundert; aus dieser Zeit berühmt sind die

Namen von August Weismann und Hans Spemann, der 1935 den Nobelpreis für Medizin und Physiologie erhielt. Die Entwicklung der Naturwissenschaften nach dem Zweiten Weltkrieg wird wiederum markiert durch einen Nobelpreis, der Hermann Staudinger 1953 für seine Arbeiten in der makromolekularen Chemie verliehen wurde.

Das Rahmenthema der Tagung lautet „Ordnung und Chaos in der unbelebten und belebten Natur". Die Frage, wie Strukturen entstehen und welche Kräfte dabei am Werk sind, wurde noch vor gut zehn Jahren in den einzelnen wissenschaftlichen Disziplinen gesondert untersucht.

Inzwischen betrachtet man komplexe Systeme ganz unterschiedlicher Fachgebiete unter dem Aspekt allgemeingültiger Gesetzmäßigkeit. Professor Haken nennt dies in einem 1981 erschienenen Buch die Suche nach „Erfolgsgeheimnissen der Natur". Im Tagungsprogramm sieht man, daß sich die Frage nach Wechselwirkungen zwischen Ordnung und Chaos im Rahmen dieser viertägigen wissenschaftlichen Großveranstaltung auf viele Bereiche der Wissenschaft erstreckt. Synergetik, Deterministik und Stochastik, Fraktale und die Mandelbrot-Menge, Wörter, die nicht gerade zur Umgangssprache gehören, Begriffe, die einen hohen Abstraktionsgrad der Gedanken andeuten, die auch ungeachtet der Herkunft der Redner aus technischen und naturwissenschaftlichen Fächern eine Nähe zur Philosophie vermuten lassen, stehen wesentlich konkreter anmutenden Themen aus modernen Disziplinen der Medizin und der Biologie, beispielsweise aus der Virologie, der Immunologie und der Molekularbiologie, gegenüber. Ich meine, es läßt einen ganz großen und wichtigen Fortschritt der Wissenschaft erkennen, daß die Versammlung der Gesellschaft Deutscher Naturforscher und Ärzte in diesen Tagen immer wieder die Grenzen zwischen Naturwissenschaften und Geistes- oder Sozialwissenschaften überschreitet, etwa wenn Hubert Markl über die Biologie der sozialen Organisation und — im Rahmen der zeitlich angebundenen Jahreshauptversammlung des Verbandes Deutscher Biologen — Christian Vogel von der Natur des Menschen in der Kultur und Hans Mohr über biologische und kulturelle Evolution der Moral sprechen. Was mich besonders beeindruckt, ist der Umstand, daß es sich hier nicht um Interdisziplinarität in einem schon traditionellen Sinn oder gar nur um einen Blick über die Grenzen des eigenen Faches hinaus handelt, sondern — wie ich es nach den Ankündigungen annehmen darf — um das Herausstellen von Ordnungsprinzipien, die in so heterogen erscheinenden Gebieten, wie ich sie aufgezählt habe, einheitlich gelten und Begriffe so gut wie unverändert von einer Disziplin in die andere transferiert werden können.

Die baden-württembergische Landesregierung ist bemüht, an den Universitäten des Landes Bedingungen zu schaffen, die es den Forschern ermöglichen, immer wieder auf Neuland vorzustoßen und sich dabei auch die Vorteile, die eine Zusammenarbeit mit den Vertretern anderer Fächer bringen kann, zunutze zu machen. Ich will jetzt nicht die einzelnen Leistungen des Landes beim Ausbau unseres Hochschulsystems aufzählen, sondern nur sagen, daß wir uns um eine stetige und verläßliche Wissenschaftspolitik bemühen; zu ihren Zielen gehört auch die ständige Verbesserung des Arbeitsklimas an den Hochschulen, das neben einer guten personellen und apparativen Ausstattung den Erfolg der wissenschaftlichen Arbeit wesentlich beeinflußt.

Wir wissen aber auch, daß es keinen Stillstand geben darf; wir müssen uns darum bemühen, daß die Einrichtungen der Universitäten konkurrenzfähig bleiben und die Entwicklung in ihren Fächern vorantreiben können. Nun ist es außerordentlich schwer, Forschung zu planen, auch wenn dies nur durch Verteilung der nicht unbegrenzt verfügbaren finanziellen Mittel geschieht. Eine Regierung und eine Verwaltung, und wäre sie auch noch so gut besetzt, sind dazu ohne die Hilfe der Fachleute schwerlich imstande. Deshalb hat die Landesregierung vor Jahresfrist eine Kommission berufen, die aus 15 Mitgliedern besteht, von denen die neun Landesuniversitäten je eines benennen konnten unter der einzigen Bedingung, daß der oder die Benannte nicht an einer Universität des Landes tätig sein durfte. Diese Kommission hat den Auftrag, der Landesregierung Vorschläge zu machen für den Ausbau der Universitäten in den nächsten 10 bis 15 Jahren.

Die Kommission, die sich aus je drei angesehenen Vertretern der Fächergruppen der Geisteswissenschaften, der Sozialwissenschaften, der Naturwissenschaften, der Medizin und der Ingenieurwissenschaften zusammensetzt, hat mit den Vertretern aller Universitäten deren Vorstellungen von ihrer weiteren Entwicklung erörtert. Der Bericht der Kommission mit den einzelnen Vorschlägen soll bis zum Frühsommer 1989 vorliegen.

Auf Bitte des Ministeriums für Wissenschaft und Kunst hat die Kommission aber kürzlich schon für vier Einzelprojekte Vorabempfehlungen ausgesprochen, über deren Umsetzung der Ministerrat noch beraten muß. Dazu gehört auch der Vorschlag, die Lebertransplantation (und nur darum geht es, nicht um die Transplantationschirurgie allgemein) auf die Universitäten Heidelberg, Freiburg und Tübingen zu konzentrieren, wobei der Schwerpunkt zunächst auf Heidelberg gelegt werden soll, Freiburg und Tübingen aber nicht gehindert sind, ihre Transplantationspraxis weiterzuentwickeln. Eine solche Entscheidung, für die die Kommission Gründe angeführt hat, mit denen sich jedermann sachlich auseinandersetzen kann, hindert also die nur in zweiter Linie berücksichtigten Universitäten nicht an weiterer Arbeit auf dem Gebiet der Transplantationsmedizin. Daß es sich hier, wo sich vom Prinzip her die Freiheit der Forschung und auf der anderen Seite neben Erwägungen finanzieller Art das — von der Landesregierung gleichfalls zu beachtende — Prinzip der Verantwortung gegenüber den Patienten gegenüberstehen, um ein besonders schwer zu lösendes Problem handelt, brauche ich sicher nicht näher auszuführen.

Ich will auch auf die gegenüber dem Vorschlag der Kommission geäußerte Kritik jetzt nicht eingehen; ich habe den aktuellen Fall nur erwähnt, weil er anschaulich macht, daß es auch in der Forschungspolitik im Einzelfall oft nicht gelingt, eine Entscheidung zu finden, mit der alle zufrieden sind, daß die Landesregierung sich aber bemüht, ihre Entscheidungen, die hier ja eine große Bedeutung und Wirkung haben können, auf ein möglichst hohes Maß an Sachverstand zu stützen und ihre Gründe ohne Vorbehalt offenzulegen.

Es kommt mir darauf an, Ihnen deutlich zu machen, meine sehr verehrten Damen und Herren, daß das Land Baden-Württemberg die Förderung der Wissenschaft als ein ganz vorrangiges Ziel der Politik ansieht. Die Landesregierung betrachtet den Einsatz der öffentlichen Mittel, die in Forschung und Lehre fließen als die wichtigste Investition in die Zukunft, weil nur mit einer leistungsfähigen Forschung und mit einem hervorragend ausgebildeten Nachwuchs die Probleme gelöst werden können, die uns schon jetzt bedrängen und die wohl noch stärker die nächsten Generationen bedrängen werden.

In den letzten Jahren hat man ab und zu von einem Wettbewerb der Länder in der Bundesrepublik Deutschland im Bereich der Forschungsförderung gesprochen, nachdem dieses Thema für viele Politiker lange Zeit gänzlich uninteressant gewesen war, und mancher hat vielleicht auch ein wenig mißgünstig auf das Land Baden-Württemberg gewiesen, weil sich hier ein überdurchschnittliches Forschungspotential angesammelt hat. Ich meine, wir sollten es mit Genugtuung vermerken, daß sich das Bewußtsein von der Wichtigkeit dieses Bereichs jetzt durchgesetzt hat, und ich kann Ihnen versichern, meine sehr verehrten Damen und Herren, daß die baden-württembergische Landesregierung jeden fairen Wettbewerb begrüßt, der dazu führt, daß das wissenschaftliche Potential in Deutschland wächst und unsere wissenschaftlichen Institutionen immer leistungsfähiger werden. Ich freue mich vor allem aber auch darüber, daß die Bundesregierung die gleiche Richtung verfolgt; ihr nächster Haushaltsplan sieht ja — wenn ich recht unterrichtet bin — ebenso wie der Entwurf des baden-württembergischen Haushaltsplans für 1989 und 1990 — ein überproportionales Wachstum der Ausgaben für die Wissenschaft vor.

Meine sehr verehrten Damen und Herren, ich wünsche der 115. Versammlung der Gesellschaft Deutscher Naturforscher und Ärzte einen reichen wissenschaftlichen Ertrag und Ihnen allen einen angenehmen Aufenthalt in unserem Land.

Der Rektor der Universität Freiburg, Professor Rüchardt, begrüßte das Auditorium mit folgenden Worten:

Grußwort: Prof. Dr. Christoph Rüchardt, Freiburg i. Br.

Die Universität Freiburg nimmt in Baden-Württemberg und noch mehr in der Bundesrepublik geographisch eine Randlage ein. Als Nachbaruniversitäten sind Basel und Straßburg schneller zu erreichen, als die anderen Landesuniversitäten. Dies kommt sicher auch im Stil der Atmosphäre und dem Selbstverständnis unserer Universität zum Ausdruck.

Durch den hohen Besuch des Herrn Bundespräsidenten, der Mitglieder von Bundesregierung und Landesregierung und der mehr als 2000 Teilnehmer der traditionsreichen Versammlung der Gesellschaft Deutscher Naturforscher und Ärzte, sind wir heute zweifellos in das Zentrum der Ereignisse gerückt.

Sehr geehrter Herr Bundespräsident, ich heiße Sie auf das Herzlichste in unserer Alma mater willkommen. Ich weiß aus vielen Gesprächen, daß ich diesen Willkommensgruß ebenso im Namen meiner Kollegen, wie der Studenten und aller Mitarbeiter aussprechen kann. Sie haben es verstanden und verstehen es immer wieder, auch bei kritischen Fragen, klare Worte und Gedanken als Leitlinien zur eigenen geistigen Auseinandersetzung zu formulieren, und damit gerade die junge Generation anzusprechen. Hierfür möchte ich Ihnen ganz besonders danken.

Natürlich schmälert die Freude über die Anwesenheit des Bundespräsidenten nicht die Herzlichkeit, mit der ich den Bundesminister für Forschung und Technologie, Herrn Dr. Riesenhuber, und unseren Wissenschaftsminister, Herrn Professor Engler, begrüße.

Das Verhältnis der Universitäten zur Landesregierung ist natürlich wesentlich direkter und realitätsbezogener. Wir sind für den offenen Dialog, den wir mit der Landesregierung in allen uns betreffenden Fragen haben, dankbar. Die gemeinsame Arbeit zur Stärkung der Leistungsfähigkeit der baden-württembergischen Universitäten in Forschung und Lehre, hat auch in Freiburg im letzten Jahr eine Reihe wichtiger neuer Impulse ausgelöst, die sehr begrüßt werden. Für die Unterstützung des Bundesministeriums für Forschung und Technologie in diesem Zusammenhang sind wir besonders dankbar.

Die Universität Freiburg gilt als Domäne der Geisteswissenschaften und sie ist stolz darauf. Dies schließt aber nicht aus, daß sich auch auf anderen Gebieten wichtige und anerkannte Schwerpunkte in Forschung und Lehre gebildet haben. Dies gilt besonders für die Grenzgebiete von Medizin und Naturwissenschaften mit ihren vielen aktuellen Fragestellungen. Sie finden in unserer Universität eine Reihe hervorragend miteinander kooperierender Forschungsschwerpunkte, die vor allem auch für den klinischen Bereich von großer Bedeutung sind und damit der Allgemeinheit zugute kommen.

Die Empfehlung der Forschungskommission unseres Landes, an unserer Universität die Lebertransplantation zu einem der drei Landeszentren auszubauen, ist daher nicht nur für die Krankenversorgung, sondern auch für die Entwicklung der klinischen Forschung von großer Bedeutung. Die traditionelle Kooperation von Naturforschern und Ärzten in Freiburg ist daher ein weiterer Anlaß sich zu freuen, daß die Gesellschaft Deutscher Naturforscher und Ärzte in diesem Jahr unsere Universität als Tagungsort gewählt hat. Ich danke Ihnen, Herr Kollege Gerok und Ihnen, Herr Dr. Mangold, hierfür sehr herzlich.

Fortschritt der Wissenschaften findet heute stärker auf Grenzgebieten, als in den klassischen Disziplinen statt. Mit dem Thema „Ordnung und Chaos in der unbelebten und belebten Natur“ haben Sie ein Grundproblem unseres Weltverständnisses angesprochen, das über den Ausdruck „interdisziplinär“ eigentlich erhaben ist.

Wir interpretieren heute, so meine ich, den Begriff „Chaos“ in der Alltagssprache zu negativ, um nicht zu sagen falsch, im Sinne des ungeordneten „Noch Nicht“, des Durcheinanders. So ist dieser Begriff durch die christliche Theologie der abendländischen Tradition vertraut geworden, also dem hebräischen Tohuwabohu, der Genesis entsprechend. Die viel ältere Vorstellung des Chaos in der Theogonie von Hesiod (700 v. Chr.), die wir gleichzeitig als Theologie und Kosmogonie verstehen müssen, unterscheidet sich hierin.

In ihr heißt es: „Zuerst wurde das Chaos, danach aber die breitbrüstige Erde, der sichere Sitz aller.“ Chaos wird hier als der Urgrund verstanden, aus dem sich eine nicht voraussagbare Ordnung erst entwickeln kann. Chaos ist also die Voraussetzung für das Entstehen von Ordnung und weniger ihr Gegenteil.

Der Prozeß der Evolution, der mit der Ausbildung und dem Erkennen von Ordnung einhergeht, wird heute, stark vereinfacht, oft mit Fortschritt gleichgesetzt. Ein Zustand vollkommener Ordnung, wie er Laplace vorgeschwebt haben mag, wäre aber im Gegenteil Erstarrung. Das Leben bedarf des Chaos ebenso wie der Ordnung. Daß es in der Sicht der modernen Naturwissenschaften nicht mehr um das von Tieck gepriesene „wilde Chaos“, sondern um ein „deterministisch“ genanntes Chaos geht, entspricht unserem Weltverständnis, das sich damit wieder den Hesiod'schen Vorstellungen verbunden fühlt.

Die Antipoden Ordnung und Chaos gehen in ihrer Bedeutung weit über den Bereich von Naturwissenschaften und Medizin hinaus. Wenn wir von Freiheit und Gesetz sprechen, ein Thema, das alle Bereiche unseres Lebens betrifft, so erkennen wir auch hier, daß beides Not tut, beides in Ausgewogenheit, und wir sprechen nicht von Anarchie.

Ich wünsche Ihrer Tagung eine große Ausstrahlung in viele Bereiche des Lebens und Ihnen allen anregende, diskussionsreiche Tage in unserer Universität.

Den Willkommensgruß der Stadt Freiburg entbot Oberbürgermeister Dr. Böhme.

Grußwort: Oberbürgermeister Dr. Rolf Böhme, Freiburg i. Br.

Die Stadt Freiburg im Breisgau begrüßt die Teilnehmerinnen und Teilnehmer der 115. Versammlung der Gesellschaft Deutscher Naturforscher und Ärzte sehr herzlich. Freiburg rechnet es sich als Ehre an, genau 150 Jahre nach dem ersten Zusammentreffen der Gesellschaft in dieser Stadt heute zum vierten Male Versammlungsort für die Gesellschaft Deutscher Naturforscher und Ärzte zu sein. Die Beziehungen der Stadt Freiburg zu der Gesellschaft sind sogar älter als die

Gesellschaft selbst: Professor Lorenz Oken, der die Gesellschaft im Jahre 1822 gründete, war von 1800 bis 1804 unter dem Namen ,,Laurentius Ockenfuss" an der Albert-Ludwigs-Universität zu Freiburg als Medizinstudent immatrikuliert. An Oken erinnert heute noch in Freiburg eine Straße, die nach ihm benannt ist.

Die Gesellschaft Deutscher Naturforscher und Ärzte hat sich der ,,Förderung fachübergreifender wissenschaftlicher Information . . . unter Naturforschern und Ärzten" verschrieben. Diese Aufgabe wird um so wichtiger, je mehr sich die einzelnen Wissenschaftsdisziplinen spezialisieren. Die erste, in Freiburg abgehaltene Versammlung im Jahre 1838 fand zu einer Zeit statt, da viele heute selbständige Disziplinen noch unter einem Dache vereint waren — damals tagten etwa Physiker, Astronomen und Geographen gemeinsam in einer Sektion, ebenso Zoologen, Anatomen oder Physiologen. Das ist heute nicht mehr so.

Der deshalb notwendige Gedankenaustausch über die Grenzen der eigenen naturwissenschaftlichen Spezialgebiete hinaus ist nicht nur für die Wissenschaft selbst wichtig. Unsere moderne, arbeitsteilige Gesellschaft und auch die Politik sind auf die Zusammenführung von Ergebnissen durch Naturwissenschaftler dringend angewiesen. Wenn dies nicht geschähe, stünden die politisch Verantwortlichen in Kommunen, im Land und im Bund vor der sie überfordernden Aufgabe, diese Zusammenführung und auch die Bewertung der Ergebnisse selbst vorzunehmen. Als Beispiel möchte ich anführen: Auswirkungen von Klima und Klimaveränderungen auf Pflanzen, Tiere und Menschen.

Erst auf der Grundlage als gültig anerkannter naturwissenschaftlicher Erkenntnisse ist der schwierige Diskurs über moralisch verantwortbares Handeln zu führen. Ich möchte Sie, meine Damen und Herren Naturwissenschaftler und Ärzte, darum bitten, daß Sie sich noch mehr als bisher in die Diskussion um die ethischen Folgen und Probleme Ihrer wissenschaftlichen Erkenntnisse einmischen, um den Akteuren in Politik, Wirtschaft und Gesellschaft neue Denkanstöße und Hilfestellungen für ihre Entscheidungen zu geben.

Diese Aufgabe kann nicht nur in Ihrer Gesellschaft geleistet werden; sie ist auch eine tägliche Aufgabe der Universitäten. Die Stadt Freiburg ist deshalb glücklich, daß sie eine Universität in ihren Mauern hat, die nicht nur eine starke geisteswissenschaftliche, sondern auch eine nicht minder bedeutende naturwissenschaftliche und vor allem medizinische Schwerpunktbildung aufweist, womit die fachübergreifende naturwissenschaftliche Information ebenso wie die geistes- und gesellschaftswissenschaftliche Verarbeitung gewährleistet sind.

Eine weitere wichtige Aufgabe ist es, die Auswirkungen der modernen Zivilisation in vielen Bereichen zu beobachten und schädlichen Entwicklungen entgegenzuwirken. Die Fragen der Erhaltung der Lebensqualität und des Umweltschutzes sind für unsere Zukunft von zentraler Bedeutung. Dieses Anliegen ist so alt wie das menschliche Leben überhaupt. Die Mediziner orientieren sich bis heute am Eid des Hippokrates. Aus der gleichen Zeit stammt aber auch die Forderung der Stoa, ,,in Übereinstimmung mit der Natur zu leben". Der Philosoph Bloch hat in seinem Buch ,,Prinzip Hoffnung" hierauf besonders hingewiesen und den griechischen Satz zitiert: ὁμολογοξμνος τῆ φξσει

Diese uralte Menschheitsforderung müssen wir neu begreifen, um unsere natürlichen Lebensgrundlagen zu erhalten. Ich bin überzeugt, daß die Akzeptanz jeder künftigen gesellschaftspolitischen, sozialen und auch wirtschaftlichen Entwicklung entscheidend daran gemessen wird, ob es uns gelingt, die globalen und weltweiten umweltschädlichen Auswirkungen der modernen Zivilisation bewußt zu machen und Gegenstrategien zu entwickeln.

Ich würde mich freuen, wenn diese Fragen auch bei Ihrer Konferenz eine Rolle spielen könnten.

Aber nicht nur fachübergreifende wissenschaftliche Information, sondern auch die ,,Pflege persönlicher Beziehungen unter Naturforschern und Ärzten" ist Zweck Ihrer Gesellschaft. Zur Unterstützung dieses — wie ich weiß — nicht minder gewichtigen Zweckes hat die Stadt Freiburg viel zu bieten. Ein Blick in das Rahmenprogramm Ihrer Versammlung zeigt, daß die Organisatoren des Kongresses mit großer Sachkunde am Werk waren. Wenn Sie mir als Oberbürgermeister der Stadt Freiburg erlauben, einige Programmpunkte herauszugreifen, so darf ich Ihnen vor allem eine Besichtigung des Freiburger Münsters, einen Besuch im Augustinermuseum sowie einen Rundgang durch den Alten Friedhof empfehlen: An allen drei Orten erfahren Sie verschiedene Seiten der Rolle Freiburgs als geistiges, kulturelles und wirtschaftliches Oberzentrum der Region im Schwarzwald und am Oberrhein.

Schließlich ist nicht zu vergessen: Freiburg ist das Zentrum des badischen Weinbaus, in dem nicht nur selbst Wein gebaut, sondern Weine vor allem aus dem Kaiserstuhl und aus dem Markgräflerland getrunken werden. Bekanntlich steckt im Wein nicht nur die Wahrheit, sondern der Wein ist auch ein bewährter Katalysator für die Pflege und die Förderung zwischenmenschlicher Beziehungen. Freiburg ist bekannt als schöne Stadt und für seine gemütlichen Lokale. Vielleicht deshalb, weil es bei uns heißt: ,,Suffet Wi bigott!"

Und so ist es sicher auch ein gutes Omen, daß der Mechanikus Öchsle aus Pforzheim auf der ersten Freiburger Versammlung Ihrer Gesellschaft 1838 über das von ihm erfundene und nach ihm benannte Maß der Mostgewichte vorgetragen hat, nach dem heute noch der Zuckergehalt des Weinmostes gewogen wird. Der ,,Öchsle"-Grad ist heute im Kaiserstuhl und Markgräflerland in aller Munde!

Ich wünsche der 115. Versammlung der Gesellschaft Deutscher Naturforscher und Ärzte in Freiburg einen erfolgreichen und harmonischen Verlauf. Sie sind uns hoch willkommene Gäste in unserer Stadt Freiburg.

Ein Höhepunkt der Eröffnungssitzung war wiederum eine längere Ansprache des Bundesministers für Forschung und Technologie, Dr. Heinz Riesenhuber, Bonn, deren Wortlaut sich auf Seite 13 findet.

Verleihung der Lorenz-Oken-Medaille

Anschließend verlieh der Vorsitzende, Professor Gerok, zum dritten Mal eine Lorenz-Oken-Medaille und zwar an Professor Dr. Dr. h. c. Heinz Maier-Leibnitz, den er mit folgenden Worten würdigte:

Die Gesellschaft Deutscher Naturforscher und Ärzte verleiht auf der 115. Versammlung zum 3. Mal die Lorenz-Oken-Medaille. Diese Medaille wird auf Beschluß des wissenschaftlichen Ausschusses an einen Preisträger verliehen, der sich durch die deutschsprachige Interpretation und Verbreitung naturwissenschaftlicher und medizinischer Erkenntnisse und Einsichten besonders verdient gemacht hat. Sie ehrt damit Wissenschaftler, die das gleiche Anliegen haben wie die Gesellschaft selbst. Der wissenschaftliche Ausschuß hat auf seiner letzten Sitzung beschlossen, die Lorenz-Oken-Medaille im Jahr 1988 an Prof. Dr. Heinz Maier-Leibnitz zu verleihen.

Einige Bemerkungen zu Lorenz Oken, nach dem die Medaille benannt ist: Lorenz Oken, eigentlich hieß er Okenfuß, ist 1779 in Bohlsbach bei Offenburg, nicht weit entfernt von unserem Tagungsort Freiburg, geboren. Seine Eltern bewirtschafteten dort einen kleinen Bauernhof. Der katholische Pfarrer und der Dorflehrer erkannten früh die Begabung des Schülers und brachten ihn auf das Gymnasium der Franziskaner-Patres in Offenburg. Im Wintersemester 1800 hat er sich an der Medizinischen Fakultät der Universität Freiburg immatrikuliert. Als er ins Freiburger medizinische Staatsexamen ging, schrieb er an seinen Freund Keller nach Oberrimsingen am Tuniberg, er möge ihm ein gebügeltes Hemd bringen, einen Anzug habe er sich geliehen und auf dem Trödelmarkt ein Paar Schuhe erstanden, den Rest habe er im Kopf. Nach dem Examen, das er „cum eminentia" bestanden hat, fragte er sich: „Soll ich, Ochsendoktor auf dem Feldberg werden oder gar Naturphilosoph?". Er ist letzteres geworden.

Nach einer kurzen und enttäuschenden Zeit als Assistent bei Schelling in Würzburg und einer Privatdozentur in Göttingen wird Oken im Alter von 28 Jahren nach Jena berufen. Seine Berufungsurkunde ist vom damaligen Minister und Geheimen Rat Johann Wolfgang Goethe unterzeichnet. Damit beginnt jedoch für Oken kein ruhiges Gelehrtenleben. Scharfe Angriffe gegen die Universitätsverwaltung und das Ministerium in der von ihm gegründeten Zeitschrift „Isis" sind der Anlaß für seine Entlassung.

Er geht anschließend für ein halbes Jahr als Landarzt auf die Nordseeinsel Wangeoog und ist begeistert von den botanischen und zoologischen Einsichten, die ihm die karge Insel und das Meer vermitteln. Es folgten Wander- und Hungerjahre bis zur Berufung nach München. Aber auch dort gibt es Schwierigkeiten mit der Obrigkeit, ebenso wie mit den Kollegen, die er einen „Haufen verwilderter Männer" nennt. Er soll nach Erlangen strafversetzt werden. Dies verhindert die Berufung nach Zürich, wo er der erste Rektor der dortigen, neu gegründeten Universität wird. In Zürich ist Oken 1851 als international hochangesehener Gelehrter gestorben.

Oken ist nicht nur der Gründer der Gesellschaft Deutscher Naturforscher und Ärzte. Ich darf an diesem Ort sagen, daß Oken sich auch um die Universität Freiburg besonders verdient gemacht hat. Er hat zwar einen Ruf hierher, als er noch in Jena war, abgelehnt. Aber als mit der Gründung Badens die damalige vorderösterreichische Universität aufgelöst werden sollte, schrieb er einen sehr geharnischten öffentlichen Brief, „daß es ein unberufener Mensch im Ministerium in Karlsruhe darauf anlege, seine Universität Freiburg zu ruinieren". Das gleiche wiederholte sich einige Jahre später, als erneut die Schließung der „Universität" drohte und die Stadt mit einem Bischof und einer Garnison entschädigt werden sollte.

Lorenz Oken war also nicht nur ein großer Gelehrter und Naturphilosoph, sondern trat auch wirkungsvoll in der Öffentlichkeit für Universität und Wissenschaft ein.

Professor Maier-Leibnitz hat als Student und Doktorand noch die große Blüte der Naturwissenschaften in Göttingen in den 20iger und im Anfang der 30iger Jahre erlebt. Sein weiterer Weg führte ihn über das Max-Planck-Institut für Medizinische Forschung in Heidelberg zur Professur an der Technischen Hochschule München mit Leitung des Laboratoriums für Technische Physik. Er war entscheidend beteiligt am Bau und Betrieb des ersten deutschen Forschungsreaktors. 1967 bis 1972 war er erster Direktor des europäisch-internationalen Instituts in Grenoble. Von 1973 bis 1979 leitete er als Präsident die Deutsche Forschungsgemeinschaft. Viele Schüler, darunter ein Nobelpreisträger, verdanken ihm wichtige Anregungen, Prägung und Förderung.

Unsere Gesellschaft verleiht Professor Dr. Maier-Leibnitz die Lorenz-Oken-Medaille in Anerkennung seines stetigen und erfolgreichen Bemühens, die Probleme der Forschung und der Forscher der Öffentlichkeit verständlich und einsehbar zu machen.

Es ist gewiß selten, besonders in Deutschland, daß ein international anerkannter und erfolgreicher Forscher bereit ist, sich für dieses Ziel der besseren Verständigung von Wissenschaft und Öffentlichkeit einzusetzen. Prof. Maier-Leibnitz hat in den letzten 20 Jahren die Forscher immer wieder aufgerufen, keine abgeschlossene Kaste zu bilden und nicht nur über das Unverständnis der Medien und der Öffentlichkeit für die Belange der Wissenschaft zu klagen, sondern die sachgerechte und sachkundige Information der Öffentlichkeit über die Belange der Wissenschaft als Verpflichtung aufzufassen. Er hat dies nicht nur gefordert, sondern beispielhaft vorgelebt.

Diese Verpflichtung bedeutet für die Wissenschaftler, zu sagen, was sie wissen und können, aber auch — und dies ist ebenso wichtig — was sie nicht wissen und nicht verstehen. Es bedeutet aber auch, gegen selbsternannte Experten und wissenschaftliche Scharlatane aufzutreten.

Zwei Schwierigkeiten bei dieser Aufgabe sind offensichtlich:
Zum einen bildet die Sprache des Wissenschaftlers oft eine Barriere für volle Verständlichkeit der wissenschaftlichen Sachverhalte und damit für ihre Bewertung durch den Nicht-Wissenschaftler. Zum anderen besteht die Schwierigkeit in der besonderen Argumentationsweise des Wissenschaftlers, der aufgrund seiner wissenschaftlichen Ausbildung und Erziehung als erster an seinen Aussagen selbstkritisch zweifelt und ebensosehr die Argumente wie auch Gegenargumente seiner Thesen darzustellen hat.

Professor Maier-Leibnitz hat gezeigt, daß die Schwierigkeiten überwindbar sind durch eine präzise, allgemeinverständliche Sprache mit klarem Duktus, ohne Schnörkel und ohne Pathos. Zweifel und Selbstkritik werden von ihm offen ausgesprochen. Sie sind auch deutlich in seiner oft zögernden Formulierung, wenn er seine Argumente und Gegenargumente mit leicht schwäbischen Akzent vorträgt. Aber gerade dies hat das Gewicht seiner Aussagen nicht gemindert, sondern erhöht. Als Vertreter der Wissenschaft besitzt er die uneingeschränkte Glaubwürdigkeit in der Öffentlichkeit, weil auch der vielzitierte „Mann auf der Straße" weiß oder fühlt, daß es ihm nur um die Sache geht.

Daß wir bei der Verständigung von Wissenschaft und Öffentlichkeit erst am Anfang stehen und vieles noch zu tun und zu verbessern ist — dies weiß er selbst aus eigener Erfahrung wohl am besten.

Aber er ist optimistisch aus Vertrauen in die Vernunft. Das mag vielen als Utopie erscheinen. Doch, um es mit seinen eigenen Worten zu sagen, „Utopie ist Hoffnung, Utopie ist eine freundliche Vorstufe von Realismus".

Für Ihr Bemühen, die Probleme der Wissenschaft, ihre Erfolge und Enttäuschungen der Öffentlichkeit verständlich zu machen, dankt Ihnen, verehrter Herr Maier-Leibnitz, die Gemeinschaft der Wissenschaftler. Die Lorenz-Oken-Medaille ist Zeichen dieser Anerkennung und des Dankes.

Der Text der Verleihungsurkunde lautet:

Die Gesellschaft Deutscher Naturforscher und Ärzte verleiht im Jahre 1988 die Lorenz-Oken-Medaille an Professor Dr. Heinz Maier-Leibnitz, München.

Professor Dr. Maier-Leibnitz hat bedeutende wissenschaftliche Arbeiten auf dem Gebiet der Atomphysik vorgelegt und eine große Zahl von Schülern auf diesem Gebiet entscheidend gefördert. Er hat aber darüber hinaus in Reden und Aufsätzen die Prinzipien, Methoden und Krisen der Forschung, ebenso wie die Erfolge, Enttäuschungen und Hoffnungen der Forscher den wissenschaftlich interessierten Laien verständlich gemacht. Er hat so in der Öffentlichkeit, besonders im politischen Bereich, um Verständnis für die Belange der Wissenschaft geworben, zugleich aber auch die Forscher auf ihre Aufgaben gegenüber der

Gesellschaft hingewiesen. Damit hat er beispielhaft eine Brücke zwischen Öffentlichkeit und Wissenschaft geschlagen.

Freiburg, den 17. September 1988

Der Vorsitzende der Gesellschaft Deutscher Naturforscher und Ärzte
gez. Prof. Dr. W. Gerok

Dank Heinz Maier-Leibnitz

Herr Bundespräsident, Herr Vorsitzender, meine Damen und Herren, zunächst natürlich ein großer Dank für eine solche Ehrung. Das ist ein Trost, wenn Sie verstehen was ich meine. Das zweite aber, wofür ich danken will, ist etwas anderes, nämlich daß ich hier bei der Tätigkeit im Rahmen dieser Gesellschaft außerordentlich viel gelernt habe von dem, was ich heute öffentlich sagen kann. Wissenschaftliche Autorität und Erfahrung und dann Freundschaft und Vertrauen unter denen, die die Wissenschaft darstellen und machen, und schließlich die bei unseren Sitzungen bei jedem Satz auftönende Kritik, aber auch Selbstkritik, das ist das, was wir für ein öffentliches Wirken brauchen. Dankeschön.

Nunmehr hielt Professor Gerok seinen Festvortrag „Ordnung und Chaos als Elemente von Gesundheit und Krankheit", Text siehe Seite 19, in dem er seine Sicht des Generalthemas im Bereiche der Inneren Medizin in außerordentlich klarer Weise darstellte.

Von Samstagnachmittag bis Dienstagnachmittag wurde das wissenschaftliche Programm abgewickelt. Dies wurde traditionsgemäß unterbrochen durch eine Festsitzung der GDCh an „ihrem" Montagvormittag. Der GDCh-Präsident, Professor Dr. Heinrich Nöth, führte in die Festsitzung ein. Text siehe Seite 59. Anschließend wurden folgende Auszeichnungen verliehen: „Alfred-Stock-Gedächtnispreis", „Otto-Wallach-Plakette", „Carl-Duisberg-Plakette", Preis der Carl-Duisberg-Stiftung zur Fortbildung von deutschen Studierenden der Medizin. Texte der Urkunden siehe Seite 422.

Die anschließend folgenden zwei Vorträge des Chemie-Vormittags paßten sich wiederum vorzüglich in das Generalthema der 115. Versammlung der GDNÄ ein. Texte siehe Seite 229.

Ein weiterer Höhepunkt war die ebenfalls vor überfülltem Auditorium stattfindende öffentliche Abendveranstaltung unter dem Titel „Ordnung und Chaos in ökonomischen Systemen", wobei der Vortragende, Professor Dr. Carl-Christian von Weizsäcker (der Sohn des Physikers und Philosophen Carl-Friedrich von Weizsäcker), das Generalthema im wirtschaftlichen Bereich variierte; in der Diskussion wurde angesprochen, daß möglicherweise Modellrechnungen aus dem naturwissenschaftlichen Bereiche in analoger Weise auf ökonomische Probleme angewandt werden könnten, das heißt, daß Naturwissenschaftler und Wirtschaftswissenschaftler miteinander in Kontakt kommen sollten. Text s. Seite 43.

Die letzte Nachmittagssitzung am Dienstag, zu der sich schon viele Mitglieder des anschließend tagenden Verbandes Deutscher Biologen eingefunden hatten, wurde durch den 2. Örtlichen Geschäftsführer, Professor Decker, abgeschlossen.

Schlußwort: Karl Decker, Freiburg i. Br.

Das Auftreten des wissenschaftlichen örtlichen Geschäftsführers ist das sichere Zeichen dafür, daß die Jahresversammlung der GDNÄ ihr Ende erreicht. Sie, die hier Anwesenden, haben bis zuletzt an dem Versuch teilgenommen, Ordnung aus dem vielfach beschworenen Chaos zu gewinnen. Es war kein einfaches Unterfangen! Wie sollte es auch, da sich diese Tagung das ehrgeizige Ziel gesetzt hatte, ein Problemfeld auszuleuchten, das erst in den letzten Jahrzehnten das Interesse einer größeren Zahl von Wissenschaftlern fand und das man erst im Bereich einfacher anorganisch-physikalischer Systeme zu verstehen beginnt. Es war eine Thematik im Aufbruch, voll von faszinierenden Aspekten, reich an offenen Fragen und ungelösten Problemen. Es war also so recht ein Thema für unsere Jahresversammlung! Die GDNÄ hatte sich stets dadurch ausgezeichnet, daß sie hochaktuelle Fragen aus dem naturwissenschaftlich-biomedizinischen Bereich aufgriff, eine Bilanz durch führende Vertreter der angesprochenen Disziplinen zog, um ihre Mitglieder und Zuhörer mit neuen Impulsen, Herausforderungen und vor allem mit neuem Optimismus über die künftige Entwicklung unserer Wissenschaften in den Alltag zu entlassen.

Ich gewann den Eindruck, daß dies *auch* und *besonders* von dieser Tagung gesagt werden kann. Das Thema „Ordnung und Chaos in der unbelebten und belebten Natur" hat eine unerwartet große Zahl von Interessierten angelockt und ein lebhaftes Echo unter den Zuhörern hervorgerufen. Eine schöne Bestätigung für die Aktualität des Problemfelds und ein Grund mehr, dem Initiator und Vorsitzenden dieser Tagung, Herrn Kollegen Gerok, Anerkennung und Dank zu zollen.

Der Weg, auf dem wir vom deterministischen Chaos über die Entwicklung von Ähnlichkeitsbeziehungen in fraktalen Dimensionen, über Organisationsmechanismen und Gestaltbildung bei Insekten bis zu den Strukturen des menschlichen Organismus, seiner Pathophysiologie und seinen neuronalen Grenzzuständen geführt wurden, forderte den Hörer, belohnte ihn aber auch mit einem Blick in die vorderste Front unserer Wissenschaften. Es war tief beeindruckend zu erfahren, daß die Selbstorganisation und Gestaltfindung von Zellverbänden, das komplexe, wahrscheinlich nicht streng determinierte Funktionieren des Zentralnervensystems und vielleicht auch die Verhaltensweisen von Sozietäten im Tierreich und beim homo sapiens nicht mehr ohne Zuhilfenahme der irreversiblen Thermodynamik erklärt werden können. Hier sind wichtige Erkenntnisse zu erwarten, die nicht ohne Rückwirkung auf unser Selbstverständnis sein können.

Es galt auch Abschied zu nehmen von der landläufigen Vorstellung von Chaos als dem Zustand maximaler Entropie, der sich nur als ein Grenzfall erweist. Wir hörten, daß nicht nur das Vakuum — eigentlich das χάος κάτ' εξοχήν — über minimale Oszillationen zur Schaffung von Ordnungszuständen führen kann; daß — wie Prigogine und seine Mitarbeiter darlegten — Fluktuationen eines nichtlinearen Systems, dessen Entropiegehalt rasch zunimmt, dissipative Strukturen kreieren kann; daß sich durch Kopplungen in einem instabilen System Dominanzen herausbilden und zu neuen Ordnungen führen können: die zuerst von Haken beschriebene und von ihm eindrucksvoll dargestellte Synergetik. Wir haben das mikroskopische vom deterministischen Chaos zu differenzieren gelernt und gehört, daß letzterem im Grunde ein hochgeordneter Vorgang zugrunde liegt, der sich aber durch eine große Empfindlichkeit gegenüber den Anfangsbedingungen auszeichnet. Der Umgang mit „seltsamen Attraktoren" und mit fraktalen Dimensionen wird den Teilnehmern dieser Tagung in Zukunft weniger seltsam, mitunter sogar durch die Ästhetik seiner Ausdrucksformen attraktiv erscheinen.

Die Tagung hat aber auch gezeigt, wo die Schwierigkeiten für eine heuristisch nützliche Anwendung der irreversiblen Thermodynamik und der Chaostheorien liegen; es wurde verständlich, weshalb Fortschritte auf diesem Gebiet mühsam sind. Besonders von den Vortragenden aus dem biomedizinischen Sektor wurde nicht verschwiegen, daß mit zunehmender Komplexität der betrachteten Organismen — im Vergleich zu den physikalischen Systemen — der Analogiecharakter der Aussagen stetig zunimmt. Das Problem liegt hier in der Erarbeitung von Testverfahren, die eine qualitative und quantitative Beschreibung der chaosverdächtigen Zustände gestatten.

Auch ist — verständlich bei der vollen Hingabe an das Tagungsthema — die Tatsache etwas in den Hintergrund getreten, daß beileibe nicht *alle* Ordnungszustände einer chaotischen Vergangenheit bedürfen. Die Natur kennt auch das Prinzip Ordnung aus Ordnung! Der hohe Grad an Determiniertheit bei der Expression und Reduplikation der Gene, die Kontinuität des biologischen Membranaufbaus, die große Zahl enzym- und matrizen-gesteuerter Prozesse legen hierfür Zeugnis ab. Es scheint mir aber gerade das Vorhandensein beider Optionen — der determinierten Kontinuität einer- und der durch begrenzte Instabilität gewährleisteten Plastizität andererseits — für die Vielfalt und die Entwicklungsmöglichkeiten in der unbelebten wie in der belebten Natur von höchster Bedeutung zu sein. Sehr wahrscheinlich ist das Zusammenwirken beider Prinzipien eine unabdingbare Voraussetzung gewesen für die Evolution, die vom primordialen Auftreten von Materie und Energie zum heutigen Universum, einschließlich dem Leben auf unserem Planeten, führte.

Für die Einblicke in diese faszinierende Welt der Kräfte und Strukturen sind wir vielen zu Dank verpflichtet. Ich darf mich zu ihrem Sprecher machen und

Herrn Gerok für die gelungene Wahl dieses Themas, den Gruppenvorsitzenden für die Auswahl der Redner und den Vortragenden für die Fülle an Informationen und Anregungen, die sie uns mitgaben, herzlich danken. In diesen Dank möchte ich die zahlreichen Teilnehmer an den Diskussionen und auch die Zuhörerschaft insgesamt miteinbeziehen, die durch ihr großes Interesse das Fluidum aktiven wissenschaftlichen Gestaltens und Erlebens in dieser Tagung mitgetragen haben. Zu großer Dankbarkeit sind wir ferner jenen verpflichtet, welche die materiellen und organisatorischen Voraussetzungen für das Gelingen dieser großen Veranstaltung schufen. Ich spreche wiederum in Ihrer aller Namen, wenn ich Herrn Dr. Mangold von der Rhodia/Freiburg und seinen bewährten Mitarbeitern für ihre großzügige und wirkungsvolle Mitgestaltung unsern tiefen Dank übermittle.

Wie stets, durfte die Versammlung auf die bewährte, reibungs- und geräuschlose innergesellschaftliche Organisationskunst der Herren Kollegen Gibian und Geks sowie von Frau Keufen rechnen; ihnen ist unsere Anerkennung und unser Dank für die geleistete Arbeit gewiß.

Nicht unerwähnt soll auch jene Schar stiller aber engagierter junger Damen und Herren sein, die unter der umsichtigen Leitung von Herrn Kollegen Schölmerich an allen Brennpunkten mithalfen. Der Universität Freiburg fühlen wir uns für die Bereitstellung der Räume und der Infrastruktur verpflichtet.

Zuletzt habe ich die angenehme Pflicht, Sie auf die nächste Tagung der GDNÄ in Berlin aufmerksam zu machen, welche unter dem Thema

„Materie und Prozesse: Vom Elementaren zum Komplexen“
vom 22. 9. bis 25. 9. 1990 in Berlin

stattfinden wird und Sie im Namen von Herrn Prof. Wittmann, dem Vorsitzenden der Berliner Tagung, herzlich zur Teilnahme einzuladen. Ich hoffe schließlich, daß Sie alle eine glückliche Heimreise haben werden, mit guten Erinnerungen an diese Versammlung und an die gastgebende Stadt Freiburg.

Ehrungen der Gesellschaft Deutscher Chemiker

Auf der 115. Versammlung der GDNÄ verlieh die Gesellschaft Deutscher Chemiker den **Alfred-Stock-Gedächtnispreis**, die **Otto-Wallach-Plakette**, die **Carl-Duisberg-Plakette** und den **Preis der Carl-Duisberg-Stiftung zur Fortbildung von deutschen Studierenden der Medizin.**

Die Urkundentexte haben folgenden Wortlaut:
Die Gesellschaft Deutscher Chemiker verleiht in ihrer Festsitzung anläßlich der 115. Versammlung der Gesellschaft Deutscher Naturforscher und Ärzte in Freiburg am 19. September 1988

Herrn Professor Dr. rer. nat. Helmut Werner, Mitvorstand des Instituts für Anorganische Chemie der Universität Würzburg

den Alfred-Stock-Gedächtnispreis in Würdigung seiner hervorragenden Leistungen auf dem Gebiet der Komplexchemie. Durch seine präparativen Arbeiten und seine kinetischen Untersuchungen hat er wesentliche Beiträge zur Entwicklung der modernen Komplexchemie erbracht.

Gesellschaft Deutscher Chemiker
Prof. Dr. Heinrich Nöth, Präsident

Professor Helmut Werner wurde am 19. April 1934 in Mühlhausen/Thüringen geboren. Sein Chemiestudium begann er an der Universität Jena und fertigte seine Diplomarbeit im Arbeitskreis von Herrn Professor Dr. Dr. h. c. Franz Hein an. Die Doktorarbeit begann er 1958 in München im Arbeitskreis von Professor Dr. Dr. h. c. E. O. Fischer, wo er 1961 mit „Auszeichnung" promovierte. 1962 war er Assistent an der Technischen Hochschule München. Aus diesem Jahr stammt die gemeinsam mit seinem Lehrer E. O. Fischer herausgegebene Monographie „Metall-π-Komplexe mit di- und oligoolefinischen Liganden". 1962/63 verbrachte Herr Werner am California Institute of Technology in Pasadena/USA. Dort begann er photochemische und kinetische Arbeiten, die er nach seiner Rückkehr in München weiterführte, wo er sich 1966 mit der Arbeit „Kinetische und mechanistische Untersuchungen über Substitutionsreaktionen an Neutralkomplexen" habilitierte.

Knapp zwei Jahre war Herr Werner Privatdozent in München und folgte Ende 1968 einer Berufung als Assistenz-Professor an die Universität Zürich. Dort wurde er 1970 zum ordentlichen Professor berufen, nachdem er vorher die Berufung zum ordentlichen Professor und Direktor am Eduard-Zintl-Institut an der Technischen Hochschule Darmstadt abgelehnt hatte. 1975 folgte er einer Berufung zum ordentlichen Professor für Anorganische Chemie an die Universität Würzburg, wo er bis heute tätig ist.

Das wissenschaftliche Werk von Herrn Werner ist auf die metallorganische Chemie der Übergangsmetalle ausgerichtet und umfaßt neben den präparativ orientierten Arbeiten kinetische und mechanistische Untersuchungen von Reaktionen an Übergangsmetallkomplexen. Besonders hervorzuheben sind folgende Arbeiten auf seinem wissenschaftlichen Weg: Die Synthese der ersten Barazol-Metallkomplexe; Darstellung und strukturelle Charakterisierung des ersten Tripeldecker-Sandwich-Komplexes; Synthese von Bimetall-Sandwich-Verbindungen und Aufklärung ihres Bildungsmechanismus; systematische Erforschung der Chemie nucleophiler Metallkomplexe mit dem Metall als nucleophilem Zentrum; erstmalige Fixierung kleiner, extrem reaktiver Moleküle wie CH_2Se, $CH_2{=}C{=}S$ in der Koordinationssphäre eines Übergangsmetalls; Verwendung von Phosphin- und Aromaten-Metallkomplexen zur C-H-Aktivierung.

Seine in über 300 Publikationen zusammengefaßten Arbeiten haben ihn schnell in der wissenschaftlichen Welt bekannt gemacht. 1972 wurde ihm eine Fellowship des British Council verliehen, 1983 war er Gastprofessor an der Universität Cambridge, 1984 Gastprofessor der Universidad Catolica de Chile in Santiago. Die Arbeiten von Herrn Werner sind gekennzeichnet durch originelle Fragestellungen und hervorragende experimentelle Bearbeitung.

Bei seiner ungewöhnlichen Schaffenskraft bleibt ihm kaum noch Zeit für Freizeit-Hobbies, denen er gerne nachgehen würde. Bis vor einigen Jahren hat er noch aktiv Tischtennis gespielt und es einmal sogar zur Teilnahme an der Deutschen Jugendmeisterschaft gebracht. Auch heute ist diese Liebe noch vorhanden, und so bringt er manchmal an einer Tischtennisplatte, die in einem Keller der Universitätsverwaltung steht, einige Mitarbeiter zum Schwitzen. — Seit seiner „Schweizer-Zeit" zählt auch der Skilanglauf zu den Dingen, die er bei gegebenen Verhältnissen sehr gerne tut.

Körperlich nicht so anstrengend für ihn ist sein Interesse für die deutsche Geschichte sowie seine Liebe zur Musik.

Die Gesellschaft Deutscher Chemiker verleiht in ihrer Festsitzung anläßlich der 115. Versammlung der Gesellschaft Deutscher Naturforscher und Ärzte in Freiburg am 19. September 1988

Herrn Professor Dr. rer. nat. Erich Hecker, Geschäftsführender Direktor des Instituts für Biochemie und Leiter der Abteilung „Mechanismus der Tumorgenese" im Deutschen Krebsforschungszentrum, Heidelberg

die Otto-Wallach-Plakette in Würdigung seiner weltweit anerkannten hervorragenden wissenschaftlichen Leistungen, die nicht nur die Biochemie entscheidend gefördert, sondern vor allem das Verständnis der Krebsentstehung zu neuen Erkenntnissen geführt haben, die Verbesserungen bei Maßnahmen zur Krebsverhütung ermöglichen.

Gesellschaft Deutscher Chemiker
Prof. Dr. Heinrich Nöth, Präsident

Erich Hecker wurde am 7. Juli 1926 in Tübingen geboren, wo er 1945 das Studium der Chemie, Biochemie und Pharmazie aufnahm, das er im Jahre 1952 mit der Promotion zum Dr. rer. nat. bei Adolf Butenandt am Max-Planck-Institut für Biochemie abschloß. Zunächst arbeitete er bis 1955 als wissenschaftlicher Assistent an diesem Institut, um danach bis 1956 an das Physiologisch-chemische Institut überzuwechseln.

Nach Postdoktorandenaufenthalt im Rahmen eines Fulbright-Stipendiums wurde er Abteilungsleiter am MPI für Biochemie in München, habilierte sich im Jahre 1962 und wurde 1963 als ordentlicher Professor für Biochemie an der Universität Heidelberg und zum Direktor des Instituts für Biochemie am Deutschen Krebsforschungszentrum berufen.

Die wissenschaftlichen Arbeiten, die mit hervorragender Präzision ausgeführt wurden, führten zur Entdeckung der neuartigen Klasse oligozyklischer, polyfunktionalisierter und polychiraler Diterpene des Tiglian-, Ingenan-, Daphnan- und 1α-Alkyldaphnantyps in Wolfsmilch-(Euphorbiaceen) und Seidelbastgewächsen (Thymelaeaceen), und zur Aufklärung der biologischen, hormonähnlichen Aktivitäten dieser neuen Diterpene, speziell ihrer bedingt krebsauslösenden Wirkung als „Tumorpromotoren" bei Wirbeltieren. Erich Hecker gelang die Partialsynthese zahlreicher „maßgeschneiderter Moleküle" als Werkzeug für biochemisch-mechanistische und Struktur/Wirkungs-Untersuchungen, und er erforschte mit Erfolg die Toxikokinetik der neuen Wirk- und Schadstoffklasse sowie die mechanistische Rolle bioaktiver Diterpenester als Agonisten membranständiger Rezeptoren pleiotroper Signalübertragungssysteme in Organen und Zellen von Säugetieren. Von besonderer Bedeutung sind seine Erkenntnisse zur Rolle der neuen Wirk- und Schadstoffklasse als Prototyp nichtklassischer natürlicher, bedingt krebsauslösender Risikofaktoren.

Es nimmt nicht wunder, daß Erich Hecker weltweite Anerkennung genießt und daß er Mitherausgeber mehrerer einschlägiger Zeitschriften ist, als wissenschaftlicher Berater mehrerer Institutionen seine Erfahrungen und seinen guten Rat zur Verfügung stellt, prominente nationale und internationale wissenschaftliche Veranstaltungen geleitet hat und maßgebende Funktionen in nationalen und internationalen Behörden und Organisationen ausübt. Sie alle hier aufzuzählen, würde den Rahmen dieser Veranstaltung sprengen.

Bis Ende 1987 hat er insgesamt über 90 Diplomarbeiten, Doktorarbeiten, Staatsexamensarbeiten und Habilitationen betreut und 371 wissenschaftliche Publikationen verfaßt.

Soweit die Chemie zeitliche Freiheitsgrade läßt, beschäftigt er sich gerne mit Naturphilosophie und Erkenntnistheorie. — So manchen Berg hat er schon erstiegen bzw. erwandert und mit der Höhe des Aufstieges wächst auch die Distanz zu den alltäglichen Problemen.

Wir freuen uns, daß wir zu den vielen Auszeichnungen, die Erich Hecker erhielt, nun die Otto-Wallach-Plakette hinzufügen können.

Die Gesellschaft Deutscher Chemiker verleiht in ihrer Festsitzung anläßlich der 115. Versammlung der Gesellschaft Deutscher Naturforscher und Ärzte in Freiburg am 19. September 1988

Herrn Professor Dr.-Ing. Dr. E. h. Dipl.-Kfm. Kurt Hansen, Ehrenvorsitzender des Aufsichtsrates der Bayer AG, Leverkusen

die Carl-Duisberg-Plakette.

Gesellschaft Deutscher Chemiker
Prof. Dr. Heinrich Nöth, Präsident

Bei dieser Auszeichnung ist es üblich, die Verdienste im Sinne der Stiftungssatzung im einzelnen in der Verleihungsurkunde aufzuführen.

Sehr verehrter Herr Hansen,

Ihr wissenschaftlicher Werdegang begann an der TH München. Dort studierten Sie Chemie bis zum Vorexamen und wechselten dann an die TH Dresden, wo Sie Ihr Diplomexamen ablegten. Ihre Doktorarbeit über Benzoyl-Phyrine und Benzoylporphyrine fertigten Sie bei dem Nobelpreisträger Geheimrat Hans Fischer wiederum an der TH München an und schlossen 1935 mit dem Dr.-Ing. ab. Alle Prüfungen bestanden Sie mit Auszeichnung und fanden trotzdem noch die Zeit, neben der Chemie auch Volkswirtschaft zu studieren. Dieses Studium beendeten Sie 1936 in München als Diplom-Kaufmann. Anschließend traten Sie in die IG Farbenindustrie AG ein. Während Ihrer Tätigkeit im Werk Leverkusen arbeiteten Sie in der damaligen Alizarin-Abteilung, im Wissenschaftlichen Hauptlaboratorium und in der Zwischenprodukte-Abteilung an völlig unterschiedlichen Themengebieten. Aus diesen Arbeiten gingen einige Ihrer Patente hervor.

Nach über einjährigem Aufenthalt in den USA zum Wiederaufbau des Amerikageschäftes des Unternehmens wurden Sie am 1. Januar 1955 zum Prokuristen ernannt. Im Sommer 1955 waren Sie mehrere Monate als Berater der indischen Regierung für den Aufbau der chemischen Industrie in Indien tätig.

Nach weiteren Zwischenstationen im Unternehmen wurden Sie im Jahre 1957 vom Aufsichtsrat in den Vorstand der Farbenfabriken BAYER AG berufen und vier Jahre später als Nachfolger des verstorbenen Professor Ulrich Haberland zum Vorsitzenden des Vorstands ernannt. Nach Erreichen der Altersgrenze gaben Sie 1974 den Vorstandsvorsitz an Dr. Herbert Grünewald ab und übernahmen den Vorsitz im Aufsichtsrat.

In die 13 Jahre Ihrer Tätigkeit als Vorstandsvorsitzender fällt die Neuorganisation des Unternehmens und die Namensänderung von Farbenfabriken Bayer AG in Bayer AG.

Ihre große Verbundenheit mit Forschung und Lehre an den Hochschulen wurde durch die Ernennung zum Honorarprofessor der Mathematisch-Naturwissenschaftlichen Fakultät der Universität Köln im Jahre 1963, die Berufung in mehrere Ehrensenatorämter an verschiedenen Universitäten sowie durch die Verleihung des Ehrendoktortitels der TH Aachen gewürdigt. In diesem Zusammenhang sei Ihr großes bildungspolitisches Engagement erwähnt. Sie bemühten sich stets um angemessene Ausbildungszeiten und plädierten deshalb für reduzierte Schulzeiten sowie im Rahmen der Studienreform für ein verkürztes Hochschulstudium der Chemie. Große Aufmerksamkeit schenkten Sie auch der Nachwuchsförderung, insbesondere der Förderung von Studenten für das Lehramt Chemie, weil Sie die Bedeutung gut ausgebildeter Chemielehrer für die Nachwuchssituation und für die Akzeptanz der Chemie im gesellschaftlichen Umfeld erkannten. Mit der Errichtung der Kurt Hansen-Stiftung ermöglichen Sie die finanzielle Unterstützung begabter Lehramtsstudenten. Über diese Stiftung hinaus dokumentieren Sie Ihr großes gesellschaftspolitisches Engagement in zahlreichen Vorträgen zum Thema Wissenschaft und Ethik.

Schon sehr früh setzten Sie sich für einen größeren Stellenwert des Themas Umweltschutz und volkswirtschaftlicher Aspekte im Chemiestudium ein.

Mit der Verleihung der Carl-Duisberg-Plakette an Sie ehrt die GDCh Ihre langjährigen Verdienste um die Förderung der Chemie und Ihren unentwegten Einsatz für die Ziele der GDCh. Von 1963 bis 1965 und von 1972 bis 1977 arbeiteten Sie aktiv im Vorstand unserer Gesellschaft mit und wurden 1964 in das Kuratorium der Chemiker-Hilfskasse berufen.

In Ihrer Amtszeit als Präsident der GDCh 1974/75 lagen Ihnen die Aktivitäten unserer Gesellschaft besonders am Herzen, und Sie haben sie mit Ihrem Engagement und Vorschlägen nachhaltig geprägt. Darüber hinaus führten auch Ihre ehrenamtlichen Tätigkeiten in zahlreichen anderen Gremien zu vielfältigen für die Arbeit der GDCh nützlichen Querverbindungen.

Mit ihrem Dank verbindet die Gesellschaft Deutscher Chemiker den Wunsch, daß Sie ihr auch künftig mit Ihrem guten Rat zur Seite stehen.

Seit Jahren wird der Preis der Carl-Duisberg-Stiftung zur Fortbildung von deutschen Studierenden der Medizin in einer GDCh-Festsitzung vergeben. Das Kuratorium der Stiftung hat ihn in diesem Jahr Herrn Dr. Hans-Joachim Gabius zuerkannt.

Die Dr.-Carl-Duisberg-Stiftung zur Fortbildung von deutschen Studierenden der Medizin verleiht auf Vorschlag der Gesellschaft Deutscher Chemiker den Preis 1988

Herrn Dr. Hans-Joachim Gabius, Max-Planck-Institut für experimentelle Medizin, Göttingen,

in Anerkennung seiner hervorragenden wissenschaftlichen Leistungen im Grenzgebiet von Medizin und Chemie. Insbesondere werden seine Untersuchungen über Tumorlektine gewürdigt, die eine prinzipiell neue Tumordiagnostik und Tumortherapie ermöglichen. Darüber hinaus hat seine Entdeckung der endogenen Lektine auch in normalen Geweben zum Verständnis der spezifischen Zell-Zell-Erkennung und des Aufbaus von Zellverbänden und Geweben wesentlich beigetragen.

Für das Kuratorium
Prof. Dr. H. Büchel, Dr. Appel

Dr. Hans-Joachim Gabius, geboren am 30. Oktober 1955, hat an der Universität Hannover Biochemie studiert und am Max-Planck-Institut für experimentelle Medizin in Göttingen bei Herrn Professor Cramer eine Diplomarbeit über Fragen der Genauigkeit der Proteinbiosynthese angefertigt. Anschließend ging er für acht Monate an die University of California zu Professor Abelson und arbeitete dort über die Enzymologie des Splicing. Nach seiner Rückkehr zu Professor Cramer promovierte er 1982 mit Auszeichnung.

Für seine Doktorarbeit wurde ihm von der Max-Planck-Gesellschaft die Otto-Hahn-Medaille verliehen. Damit verbunden war ein Auslandsaufenthalt bei Professor Barandes an der University of California vom August 1984 bis Juli 1985, wo er seine Kenntnisse auf dem Gebiet der endogenen Tumorlektine erweitern konnte. Die internationale Anerkennung erfolgte 1985 durch eine Preisverleihung auf der International Conference of Anticancer Research in Loutraki.

Seit etwa fünf Jahren untersucht Herr Gabius membranständige Proteine von Säugetierzellen, insbesondere von Tumorgeweben, die spezifische Oligosaccharidstrukturen von Glykoproteinen und Glykolipiden erkennen und binden. Diese Kohlenhydrat-bindenden Proteine nicht-immunogenen Ursprungs werden als Lektine bezeichnet.

Er geht dabei von der Grundidee aus, daß die typisch veränderten Oligosaccharidstrukturen — wie sie von Tumorzellen bekannt sind — sich auch im Lektinmuster durch veränderte Zuckerspezifitäten widerspiegeln.

Tatsächlich ergaben seine biochemischen Analysen signifikante Unterschiede im Lectinmuster zwischen Primärtumoren mit unterschiedlicher Histologie und normalem Gewebe. Die molekular-biologische Bearbeitung wurde begonnen. Diese Ergebnisse lassen neue interessante Ansätze zur Turmordiagnose erwarten. Darüber hinaus fand Herr Gabius erste Hinweise auf ein mögliches „drug targeting" mit Neoglykokonjugaten, einen auch für die Tumortherapie interessanten Ansatz.

Seit dem Wintersemester 1986/87 beteiligt sich Herr Gabius außerdem an Lehrveranstaltungen der Universität Göttingen.

Die knappe Freizeit läßt trotzdem ein wenig Raum für persönliche Interessen. Körperlich fit hält er sich mit Mittel- und Langstreckenlauf. Am Abend beobachtet er gerne den Sternenhimmel: Astronomie und Astrologie sind seine weiteren Hobbies.

Niederschrift über die Mitgliederversammlung am 20. September 1988 in der Universität zu Freiburg

Vorsitz:	*Gerok*
Protokoll:	*Gibian*
Teilnehmerzahl:	zu Anfang etwa 70, zum Schluß 97
Beginn:	8.05 Uhr
Ende:	8.55 Uhr

Gerok stellt zu Beginn fest, daß zur Mitgliederversammlung ordnungsgemäß eingeladen worden ist. Zur Tagesordnung werden keine Anmerkungen gemacht. Vor Eintritt in diese gedenkt Gerok der in den letzten 2 Jahren verstorbenen 139 Mitglieder; er erwähnt besonders Hans Musso, der, von der GDCh in unsere Gremien delegiert, sich als Gruppenvorsitzender Chemie über mehrere Jahre hin engagiert für die Gestaltung der 114. und 115. Versammlung eingesetzt hat.

1. Bericht des Vorstandes einschließlich Mitgliederbewegung und Finanzsituation.

(a) In den vergangenen 2 Jahren haben sich die Gremien der Gesellschaft Deutscher Naturforscher und Ärzte vorwiegend der Vorbereitung der Freiburger Versammlung gewidmet. Gerok dankt an dieser Stelle den Örtlichen Geschäftsführern und den Gruppenvorsitzenden für ihre Teilhabe an dem offensichtlichen Gelingen der 115. Versammlung.

(b) Im Berichtszeitraum ist zum dritten Mal die Lorenz-Oken-Medaille verliehen worden, und zwar an Professor Dr. Dr. h. c. Heinz Maier-Leibnitz, München.

(c) Die Verhandlungen mit dem Deutschen Museum in München haben inzwischen dazu geführt, daß Einigkeit darüber besteht, daß unser Heidelberger Archiv und das archivwürdige Material des Leverkusener Generalsekretariats bis spätestens 1990 definitiv vom Deutschen Museum übernommen und verwaltet werden wird.

(d) Von der von Engelhardt und Schipperges im Auftrag der GDNÄ herausgegebenen Buchreihe zur Geschichte der Versammlungen der GDNÄ steht die Auslieferung des 5. Bandes (Bauer, Aufbau der Pathologie) kurz bevor. Für 1989 wird ein weiterer Band erwartet.

(e) Gibian berichtet, daß innerhalb der ersten 8 Monate des Jahres 1988 bei 350 Neubeitritten ein positiver Mitgliedersaldo von + 227 auf insgesamt 5980 zu verzeichnen ist. Infolge weiterer Neubeitritte während der gegenwärtigen Tagung dürfte inzwischen der Mitgliederstand auf über 6000 angewachsen sein. Nach wie vor sind alle Mitglieder aufgerufen, durch Werbung zur positiven Mitgliederentwicklung beizutragen.

(f) Geks gibt einen detaillierten Bericht über die beiden zurückliegenden Geschäftsjahre 1986 und 1987. Es wurde die Feststellung getroffen, daß die Finanzverhältnisse der Gesellschaft geordnet sind und eine gesunde finanzielle Basis vorhanden ist. Auf der Einnahmen- und Ausgabenseite hat es 1986 einen Überschuß von DM 51 014,92 gegeben und 1987 eine Unterdeckung von DM 18 201,88.

Der Überschuß 1986 ergibt sich aus vermehrten Beiträgen, Spenden und aus höheren Erträgen unserer Wertpapiere sowie den Einnahmen der 114. Versammlung. Die Unterdeckung 1987 resultiert aus reduzierten Mitgliedsbeiträgen und den in einem versammlungsfreien Jahr immer geringeren Spenden.

Gegenüber 1986 ist 1987 eine Reduzierung der Mitgliedsbeiträge in Höhe von ca. DM 24 500,— zu verzeichnen. Diese Differenz ist darauf zurückzuführen, daß der Zeitpunkt der Beitragszahlung in 1986 umgestellt worden ist.

Die Prüfung der Kassenführung wurde durch die Revisionsabteilung der Bayer AG vorgenommen; sie ergab keinerlei Beanstandungen.

2. Bericht der Kassenprüfer und Entlastung des Vorstandes. Während des Berichtszeitraumes verstarb unser Kassenprüfer Professor Straub. An seiner Stelle übernahm freundlicherweise Professor Appel zunächst kommissarisch mit Professor Albrecht zusammen die Kassenprüfung.

Albrecht berichtet auch im Namen von Appel, daß die Einnahmen- und Ausgabenrechnung der GDNÄ für die Jahre 1986 und 1987 von der fachlichen Seite her geprüft und völlig in Ordnung befunden worden ist.

Auf Antrag von Albrecht wird dem Vorstand ohne Gegenstimme bei Enthaltung der anwesenden Vorstandsmitglieder Entlastung erteilt.

3. Ergänzungen der Gremien (des Vorstandes, des Vorstandsrates, des Wissenschaftlichen Ausschusses).

(a) Satzungsgemäß scheidet der bisherige 1. stellvertretende Vorsitzende Lüst aus. Routinemäßig wird der bisherige Vorsitzende zum 1. stellvertretenden Vorsitzenden (Gerok). Der bisherige 2. stellvertretende Vorsitzende wird zum Vorsitzenden und damit Leiter der nächsten, 116., Versammlung (Wittmann). Die Amtszeit des Schatzmeisters läuft weiter.

Auf Vorschlag des Vorstandes wird von der Mitgliederversammlung Professor Dr. Günther Wilke, Mülheim/Ruhr, Max-Planck-Institut für Kohlenforschung, zum neuen 2. stellvertretenden Vorsitzenden und damit designierten Nachfolger von

Gerok und Leiter der 117. Versammlung 1992, einstimmig bei einer Enthaltung bestellt.

(b) Auf Antrag des Vorstandes beruft die Mitgliederversammlung turnusmäßig auf 6 Jahre in den Vorstandsrat Frau Professor Stange/Kassel und Professor Dransfeld/Konstanz einstimmig bei zwei Enthaltungen.

(c) In den Wissenschaftlichen Ausschuß beruft die Mitgliederversammlung auf Antrag des Vorstandes einstimmig und ohne Gegenstimmen und Enthaltungen turnusmäßig für 6 Jahre folgende Personen, die der Wissenschaftliche Ausschuß aus jeweils zwei vom Vorstandsrat Nominierten ausgewählt hatte:

Trümper/Garching (Astrophysik), Trümpy/Zürich* (Geologie), Birnstiel/Wien* (Molekularbiologie), Lüttge/Darmstadt (Botanik), Freund/Düsseldorf (Neurologie), Starke/Freiburg (Pharmakologie/Toxikologie).

(d) Gerok gibt bekannt, daß der Vorstand Gibian auf weitere 2 Jahre (1989/90) zum Generalsekretär bestellt hat. Weiterhin ist Schipperges vom Vorstand auf 2 Jahre 1989/90 in den Vorstandsrat kooptiert worden. Als Pressereferent wird auch für 1989/90 Gerwin zur Verfügung stehen.

4. Ort und Zeit der 116. Versammlung 1990 sowie deren Gruppenvorsitzende.

Gerok gibt bekannt, daß die 116. Versammlung in Berlin unter dem Titel „Materie und Prozesse: Vom Elementaren zum Komplexen" vom 22.—25. September 1990 unter der Leitung von Wittmann stattfinden wird.

Als Gruppenvorsitzende hat der Wissenschaftliche Ausschuß Martienssen/Frankfurt (Physik), Roesky/Göttingen (Chemie, von der GDCh nominiert), Trautner/Berlin (Biologie) und Scriba/Lübeck (Medizin) gewählt.

5. Bestellung der Örtlichen Geschäftsführer der 116. Versammlung. Auf Antrag von Wittmann als Vorsitzenden der nächsten Versammlung bestellt die Mitgliederversammlung als Örtliche Geschäftsführer der 116. Versammlung Dr. Asmis** (Vorstandsmitglied der Schering AG, Berlin) und Professor Hierholzer (Klinische Physiologie der FU Berlin).

6. Bestellung der Kassenprüfer 1989/90.

Auf Vorschlag des Vorstandes bestellt die Mitgliederversammlung Professor Albrecht/Hamburg und Professor Appel/Bonn zu Kassenprüfern des Zeitraumes 1989/90 einstimmig bei zwei Enthaltungen.

7. Festsetzung des Mitgliedsbeitrages 1989/90.

Auf Antrag des Schatzmeisters beschließt die Mitgliederversammlung einstimmig ohne Enthaltungen Beibehaltung des Beitrages von DM 30,— bzw. DM 10,— für Mitglieder unter 30 Jahre.

8. Verschiedenes.

---

* Berufung nicht angenommen.

** Nachtrag März 1989: Nachfolger ab 1. Mai 1989 Prof. Dr. Günter Stock.

Lebhaft diskutiert wurde die Erstellung eines Mitgliederverzeichnisses. Offensichtlich besteht ein ernsthaftes Bedürfnis dafür. Finanzielle und technische Realisierbarkeit wird überprüft werden.

Weiterhin wurde vorgeschlagen, daß vor der Berufung der neuen Mitglieder des Wissenschaftlichen Ausschusses diese nach Möglichkeit auf der Mitgliederversammlung vorgestellt werden sollten.

Eine informelle Anfrage von Wilke, ob als Tagungsort Aachen 1992 Zustimmung finden könnte, wurde deutlich positiv beurteilt.

Unter allgemeinem Beifall der Mitgliederversammlung dankt wiederum Bock dem Vorstand für die geleistete Arbeit und besonders Gerok für die Ausrichtung der bisher außerordentlich gut abgelaufenen 115. Versammlung.

Freiburg und Leverkusen im Oktober 1988

Vorsitzender
gez. Wolfgang Gerok

Protokoll
gez. Heinz Gibian (Generalsekretär)

Zusammensetzung des Vorstandes, des Vorstandsrates und des Wissenschaftlichen Ausschusses ab 1. Januar 1989

I. Vorstand

Vorsitzender

Prof. Dr. Heinz Günter Wittmann
Direktor des Max-Planck-Instituts für molekulare Genetik
Ihnestraße 73
1000 Berlin 33
Telefon: (030) 8307-220/221

1. stellvertretender Vorsitzender

Prof. Dr. Wolfgang Gerok
Direktor der Medizinischen Klinik der Universität Freiburg
Hugstetter Straße 55
7800 Freiburg i. Br.
Telefon: (0761) 270-3403/04

2. stellvertretender Vorsitzender

Prof. Dr. Günther Wilke
Direktor des Max-Planck-Instituts für Kohlenforschung
Kaiser-Wilhelm-Platz 1
4330 Mülheim a. d. Ruhr
Telefon: (0208) 306401

Schatzmeister

Dr. Franz Josef Geks
Bayer AG
5090 Leverkusen
Telefon: (0214) 308626

Generalsekretär (nur mit beratender Stimme)
Prof. Dr. Heinz Gibian
Bergstraße 20
1000 Berlin 39
Telefon: (030) 8053350

II. Vorstandsrat
Alle Vorstandsmitglieder, ferner als
berufene Mitglieder:

Ende 1990 ausscheidend
Prof. Dr. Günther Kreil
Institut für Molekularbiologie
Billrothstraße 11
A-5020 Salzburg
Telefon: (0043662) 24961

Ende 1992 ausscheidend
Prof. Dr. Hanns Hippius
Direktor der Psychiatrischen Klinik der Universität München
Nußbaumstraße 7
8000 München 15
Telefon: (089) 5160(1)-3300

Prof. Dr. Dr. h. c. Andreas Oksche
Geschäftsführender Direktor des Zentrums für Anatomie und Zytobiologie
Klinikum der Universität Gießen
Aulweg 123
6300 Gießen
Telefon: (0641) 7023940

Ende 1994 ausscheidend
Prof. Dr. Klaus Dransfeld
Universität Konstanz
Postfach 5560
7750 Konstanz
Telefon: (07531) 88(1)-3589/90

Prof. Dr. Luise Stange
Arbeitsgruppe Pflanzenphysiologie
Gesamthochschule Kassel
Heinrich-Plett-Straße 40
3500 Kassel
Telefon: (05 61) 8 04-47 87

Gruppenvorsitzende der 115. Versammlung

Prof. Dr. Hermann Haken
Institut für Theoretische Physik und Synergetik der Universität Stuttgart
Pfaffenwaldring 57
7000 Stuttgart 80
Telefon: (07 11) 6 85-49 89/90

Prof. Dr. Harald zur Hausen
Deutsches Krebsforschungszentrum
Stiftungsvorstand
Im Neuenheimer Feld 280
6900 Heidelberg 1
Telefon: (0 62 21) 48 48 50

Prof. Dr. Werner Nachtigall
Zoologisches Institut der Universität des Saarlandes
6600 Saarbrücken
Telefon: (06 81) 30 21

Prof. Dr. Herbert W. Roesky (von der GDCh delegiert)
Institut für Anorganische Chemie der Universität Göttingen
Tammannstraße 4
3400 Göttingen
Telefon: (05 51) 39 30 01

Gruppenvorsitzende der 116. Versammlung

Prof. Dr. Werner Martienssen
Direktor des Physikalischen Instituts der Universität Frankfurt
Robert-Mayer-Straße 2—4
6000 Frankfurt a. M. 11
Telefon: (0 69) 7 98-23 45/46

Prof. Dr. Herbert W. Roesky (von der GDCh delegiert)
Institut für Anorganische Chemie der Universität Göttingen
Tammannstraße 4
3400 Göttingen
Telefon: (0551) 393001

Prof. Dr. Peter C. Scriba
Direktor der Klinik für Innere Medizin der Medizinischen Universität zu Lübeck
Ratzeburger Allee 160
2400 Lübeck
Telefon: (0451) 500-2305/06

Prof. Dr. Thomas A. Trautner
Geschäftsführender Direktor des Max-Planck-Instituts für molekulare Genetik
Ihnestraße 73
1000 Berlin 33
Telefon: (030) 8307-260

Örtliche Geschäftsführer der 116. Versammlung
Dr. Herbert Asmis*
Mitglied des Vorstandes Schering Aktiengesellschaft
Müllerstraße 170—178
1000 Berlin 65
Telefon: (030) 468-2514

Professor Dr. med. Klaus Hierholzer
Geschäftsführender Direktor des Instituts für Klinische Physiologie der FU Berlin
Hindenburgdamm 30
1000 Berlin 45
Telefon: (030) 798-2534/35

Außerdem *als Leiter des Archivs kooptiert*
Prof. Dr. Dr. Heinrich Schipperges
Schriesheimer Straße 58
6901 Dossenheim
Telefon: (06221) 869155

---

* Nachtrag März 1989: Nachfolger ab 1. Mai 1989 Prof. Dr. Günter Stock, stellv. Vorstandsmitglied der Schering Aktiengesellschaft. Telefon: (030) 468-5092

III. Wissenschaftlicher Ausschuß

Der gesamte Vorstandsrat, ferner

frühere Vorsitzende der Gesellschaft

Prof. Dr. Adolf Butenandt
Ehrenmitglied der GDNÄ
Ehrenpräsident der MPG
Marsopstraße 5
8000 München 60
Telefon: (089) 885490

Prof. Dr. Franz Büchner
Holbeinstraße 32
7800 Freiburg i. Br.
Telefon: (0761) 73152

Prof. Dr. Otto Kratky
Drosselweg 15
A-8010 Graz/Steiermark

Prof. Dr. Alf Meyer zum Gottesberge
Heiligenstraße 38
4000 Düsseldorf 13
Telefon: (0211) 713522

Prof. Dr. Heinz Maier-Leibnitz
Pienzenauerstraße 110
8000 München 81
Telefon: (089) 980320

Prof. Dr. Hans Erhard Bock
Spemannstraße 18
7400 Tübingen 1
Telefon: (07071) 65998

Prof. Dr. Peter Sitte
Institut für Biologie II der Universität Freiburg
Lehrstuhl für Zellbiologie
Schänzlestraße 1
7800 Freiburg i. Br.
Telefon: (0761) 203-2674/72

Prof. Dr. Gustav Adolf Martini
Blitzweg 18
3550 Marburg
Telefon: (06421) 26821

Prof. Dr. Dr. Heinz A. Staab
Direktor der Abteilung für Organische Chemie
Max-Planck-Institut für Medizinische Forschung
Jahnstraße 29
6900 Heidelberg 1
Telefon: (06221) 486421/22

Prof. Dr. Dr. Peter Karlson
Haselhecke 32
3550 Marburg 1-Marbach
Telefon: (06421) 32803

Prof. Dr. Reimar Lüst
Director General European Space Agency
8—10, rue Mario Nikis
F-75738 Paris Cedex 15
Telefon: (00331) 42737404

Berufene Mitglieder des Wissenschaftlichen Ausschusses
Ende 1990 ausscheidend

Prof. Dr. Johannes Geiss
Physikalisches Institut der Universität Bern
Sidlerstraße 5
CH-3012 Bern
Telefon: (004131) 654402

Prof. Dr. Gerhard Neuweiler
Zoologisches Institut der Universität München
Luisenstraße 14
8000 München 2
Telefon: (089) 5902-315

Prof. Dr. Hans-Dietrich Röher
Chirurgische Universitätsklinik
Moorenstraße 5
4000 Düsseldorf
Telefon: (0211) 311(1)-7351

Prof. Dr. Jozef Schell
Direktor am Max-Planck-Institut für Züchtungsforschung
Egelspfad
5000 Köln 30
Telefon: (0221) 5062350

Prof. Dr. Meinhard H. Zenk
Vorstand des Instituts für Pharmazeutische Biologie
Karlstraße 29
8000 München 2
Telefon: (089) 5902244

Ende 1992 ausscheidend
Prof. Dr. Hans Blobel
Institut für Bakteriologie und Immunologie
FB Veterinärmedizin der Universität Gießen
Frankfurter Straße 107
6300 Gießen
Telefon: (0641) 7024831

Prof. Dr. Albrecht Dold
Direktor des Mathematischen Instituts der Universität Heidelberg
Im Neuenheimer Feld 288
6900 Heidelberg 1
Telefon: (06221) 562766

Prof. Dr. Karl Fuchs
Leiter des Geophysikalischen Instituts der Universität Karlsruhe
Hertzstraße 16, Bau 42
7500 Karlsruhe-West (21)
Telefon: (0721) 608-4443

Prof. Dr. Gustav Kollmann
FB Maschinenelemente und Getriebe der TH Darmstadt
Magdalenenstraße 8—10
6100 Darmstadt
Telefon: (06151) 162901

Prof. Dr. Sigrid Peyerimhoff
Lehrstuhl für Theoretische Chemie der Universität Bonn
Wegelerstraße 12
5300 Bonn 1
Telefon: (0228) 73-2351

Prof. Dr. Melitta Schachner
Leiterin des Instituts für Neurobiologie der Universität Heidelberg
Im Neuenheimer Feld 364
6900 Heidelberg 1
Telefon: (06221) 563827

Prof. Dr. Karl Julius Ullrich
Direktor der Abteilung Physiologie im Max-Planck-Institut für Biophysik
Kennedyallee 70
6000 Frankfurt a. M. 70
Telefon: (069) 6303231

Ende 1994 ausscheidend

Prof. Dr. Hans-Joachim Freund
Medizinische Einrichtungen der Universität Düsseldorf
Neurologische Klinik
Moorenstraße 5
4000 Düsseldorf 1
Telefon: (0211) 311-7880

Prof. Dr. Ulrich Lüttge
Institut für Botanik
FB Biologie (10)
Technische Hochschule
Schnittspahnstraße 3—5
6100 Darmstadt
Telefon: (06151) 16-3200/3700

Prof. Dr. Klaus Starke
Pharmakologisches Institut der Universität
Hermann-Herder-Straße 5
7800 Freiburg i. Br.
Telefon: (0761) 203-2723

Prof. Dr. Joachim Trümper
Max-Planck-Institut für Physik und Astrophysik
Institut für extraterrestrische Physik
Karl-Schwarzschild-Straße 1
8046 Garching bei München
Telefon: (089) 3299-559

Außerdem *als Generalsekretär*
Prof. Dr. Heinz Gibian
Bergstraße 20
1000 Berlin 39
Telefon: (030) 8053350

IV. Pressereferent

Robert Gerwin
Heubergstraße 28
8017 Ebersberg bei München
Telefon: (08092) 22564

Der bisherige Vorsitzende der Gesellschaft Deutscher Naturforscher und Ärzte, Prof. Dr. Wolfgang Gerok, Freiburg i. Br., und sein Nachfolger ab 1989, Prof. Dr. Heinz-Günter Wittmann, Berlin (links), bei der 115. Versammlung der Gesellschaft in Freiburg i. Br.